Hans-Lukas Kieser • Talât Pascha

Hans-Lukas Kieser

Talât Pascha

Gründer der modernen Türkei und
Architekt des Völkermords an den Armeniern
Eine politische Biografie

Aus dem Englischen übersetzt von Beat Rüegger

Informationen zum Verlagsprogramm:
www.chronos-verlag.ch

Umschlagbild: Mehmed Talât Pascha, Alamy Stock Foto.

Copyright der englischen Originalausgabe
© 2018 by Princeton University Press
Originaltitel: Talaat Pasha. Father of Modern Turkey, Architect of Genocide

Deutsche Ausgabe: vom Autor durchgesehen, aktualisiert und erweitert
© 2021 Chronos Verlag, Zürich
ISBN 978-3-0340-1597-4

Inhaltsverzeichnis

Vorwort zur deutschen Ausgabe	9
Einleitung	13

Teil I: Istanbul 1915. Ein Revolutionär an der Spitze eines Weltreichs   19

1	Vermählt mit einer grossen Sache	19
2	Auf den ersten Blick ein klarer Geist (April 1915)	23
3	Unter Druck, doch hochgestimmt: Vor dem Verbrechen, das die Nation neu begründet	30
4	Verlass auf Deutschland	35
5	«Das Volk ist der Garten, wir sind die Gärtner»	40
6	Revolutionäre «Staatskunst», imperial voreingenommen und brachial – ein Prototyp	43
7	Ein nachosmanisches Jahrhundert überbrücken	48

Teil II: Rebellion der Patrioten. Gemeinsam gegen Sultan Abdulhamid II.   53

8	Aus Edirne im europäischen Teil der Türkei – die 1870er-Jahre	55
9	Verbannt nach Saloniki	59
10	Verschwörung in Saloniki und Paris	62
11	Talâts Führerschaft auf dem Weg zur Revolution von 1908	66
12	Im Schatten von Dr. Nâzım und Dr. Bahaeddin Şakir	70

Teil III: Ein Komitadschi und die Herausforderung des Parlamentarismus (1908–1911)   75

13	Der osmanische Frühling	78
14	Wider die Konterrevolution: Mehr Macht für das Zentralkomitee	82
15	Von verborgener zu halb öffentlicher Politik: Talât als Minister	85
16	Ernüchtert, beunruhigt, niedergeschlagen: Talâts Krise und die osmanische Zukunft	92
17	Ein neuer Freund: Ziya Gökalp, Prophet des messianischen Türkismus	107

Teil IV: Hinwendung zu Krieg und Parteidiktatur (1911–1914) — 115

18 Krisen, Sturz und radikale Neuausrichtung des CUP — 117
19 Kriegslustig, revanchistisch, risikobereit: Talât holt das CUP aus seiner Depression heraus — 126
20 Der Putsch, Januar 1913 — 134
21 «Revolutionäre» an den Hebeln imperialer Macht — 140
22 Edirne 1913: Initialisierung der Komiteevorherrschaft — 145
23 Der Moment der Wahrheit: Die armenische Frage — 154
24 Verhandlungen über von Europa unterstützte Reformen der Ostprovinzen — 159
25 Bizarrer Frühling 1914: Reform und Frieden oder Krieg und Katastrophe? — 167
26 Vertreibung der Rûm: Ein katastrophaler Erfolg — 173

Teil V: Totaler Krieg, Zerstörung der Heimat, forcierter Aufbau der Nation — 181

27 Krieg in Europa: Liquidation der orientalischen Frage? — 185
28 Aus Liebe für Turan, nach Deutschlands Willen: Angriff statt Reform — 195
29 Polarisierung und Neugestaltung des Ostens — 202
30 Ja zu Krieg und Machtkonzentration: Talâts diktatorische Herrschaft — 208
31 Auftrumpfen nach der Depression, dank Gallipoli — 217
32 Heldentat? «Die armenische Frage existiert nicht mehr» — 226
33 Die Bündelung antichristlicher Kräfte in den Ostprovinzen — 241
34 Ausplünderung und Gleichschaltung, Ausrottung und nationaler Aufbau — 251
35 «Sieger», «Noah», «Vater der Nation» – die toxische Ausstrahlung einer schillernden Figur — 267
36 Talât, die Juden und der Zionismus in Palästina — 286

Teil VI: Triumph und Fall in Istanbul, Tod in Berlin und Nachleben in Ankara — 307

37 Die «neue Türkei» von Grosswesir Talât Pascha — 312
38 Vermessene Nationalrevolutionäre im Bund mit haltlosen Eliten Europas — 322
39 Mit Deutschland gegen das wankende British Empire — 336
40 Imperialismen, Utopien und Dystopien: Sykes-Picot, Balfour, Brest-Litowsk — 346
41 Verdrängung in Istanbul und Wahrheit in Berlin – Talâts Rücktritt — 360
42 Den Kampf fortsetzen: Flucht nach Deutschland — 370
43 Eine antiliberale Internationale von Revolutionären — 384
44 Tod und Nachleben in Deutschland und der Türkei — 393
45 Talâts langer dunkler Schatten — 400

Epilog	413
Dank	417
Bibliografie	419
Archive	419
Veröffentlichte Quellen	419
Memoiren und Egodokumente	420
Ausgewählte Studien	422
Personenindex	431

Vorwort zur deutschen Ausgabe

Vor hundert Jahren, am 15. März 1921, wurde der vormalige Grosswesir Mehmed Talât Pascha auf offener Strasse mitten in Berlin erschossen. Täter war der armenische Student Soghomon Tehlirian, ein Mitglied der Geheimorganisation «Nemesis» (Rachegöttin). Während dies in Deutschland heute weitgehend zum Allgemeinwissen gehört und auch wissenschaftliche Literatur das damals sensationelle Ereignis ergründet hat, ist die Person Talât Paschas bisher kaum beleuchtet worden. Eine Biografie nach wissenschaftlichen Standards jenseits von Nationalgeschichte gab es bisher nicht und eine in westlicher Sprache schon gar nicht.

Dabei ist Mehmed Talât nicht nur der Pionier und Mitbegründer einer nationalstaatlichen Türkei in Kleinasien vor Kemal Atatürk, seinem politischen Erben. Er ist auch als prägende Figur der deutschen Geschichte der ersten Hälfte des 20. Jahrhunderts wahrzunehmen. Mehr noch als Kriegsminister Enver Pascha, der Liebling des wilhelminischen Kaiserhofs und der deutschsprachigen Presse (mit Ausnahme der Schweiz), steht Talât für die Zusammenarbeit und wechselseitige Identifikation imperialer Nationalisten in Deutschland und der Türkei. Vor, während und nach dem Ersten Weltkrieg, vor allem aber seit dem Kriegsbündnis vom August 1914 genoss Talât eine ergebene Berichterstattung, die ihn und seine Mitarbeiter einer breiteren Leserschaft positiv bekannt machte. Sie sparte nicht mit Lob für den reformfreudigen Führer der spätosmanischen Türkei, der den begrüssenswerten energischen Stil einer neuen Ära verkörpere.

Die Zustimmung hielt an, obwohl trotz Pressezensur durchsickerte, dass Talât nicht nur der führende Kopf einer repressiven jungtürkischen Einparteidiktatur war, sondern 1915 als Innenminister auch der Organisator des Völkermords an den Armeniern. Mehmed Talât Pascha trat im frühen 20. Jahrhundert somit auch als Pionier einer systematischen, extrem gewalttätigen Bevölkerungsinnenpolitik, die neben den Armeniern weitere nichttürkische osmanische Gruppen betraf, in Erscheinung. Zudem ist dieser Architekt des Einparteiregimes an der Spitze des Osmanischen Reichs als Vorreiter einer spätosmanischen Frühform von Faschismus zu entdecken, dessen Muster den Nahen Osten bis heute heimsuchen. Seine Politik ging einher mit der wirksamen ideologischen Produktion seines engen Parteifreunds Ziya Gökalp. Bis heute als geistiger Vater des türkischen Nationalismus verehrt, vertrat Gökalp in den 1910er-Jahren einen militarisierten Führerstaat, die muslimisch-türkische Homogenisierung Kleinasiens und eine pantürkisch-panislamische Expansion des Reichs.

Die deutschen Behörden gewährten nach der Weltkriegsniederlage dem vormaligen Grosswesir und Bundesgenossen, der Berlin mehrfach besucht hatte, Asyl. Sie statteten ihn mit Papieren aus, die ihm unter falschem Namen eine ausgedehnte Agitation in ganz Europa ermöglichten. Als «Meister der Revolution», als der er seit der jungtürkischen Revolution, zwei erfolgreichen Putschen und der Einparteiherrschaft von 1913 galt, genoss er bei vielen, auch bei Bolschewiken, Respekt. Er bereitete das russisch-türkische Bündnis von 1920 vor. Damit liessen die Bolschewiken die bisher unterstützten Armenier weitgehend fallen und ermöglichten den türkisch-nationalistischen Sieg im

Krieg um Kleinasien. Den Lehrlingen einer deutschen Revolution von rechts stand Talât nach dem kläglich gescheiterten Kapp-Putsch im März 1920 mit aufmunterndem Rat zur Seite. Über Geheimboten sprach Talât 1919–1921 sein Lobbying in Europa mit dem ihm wohlvertrauten ehemaligen Parteikameraden Mustafa Kemal, dem Führer der neuen Machtkonzentration in Ankara, ab. Die engsten Stützen des angehenden kemalistischen Einparteiregimes – Minister, Gouverneure und Propagandisten – hatten ihr politisches Handwerk bei Talât gelernt (mehr darüber in den Kapiteln 42–44 dieses Buches).

Die jungtürkische Partei und mit ihr Talât, ihr Motor, bestimmten die erste Phase der türkischen Nationalstaatsgründung in Kleinasien (1913–1922). In mancher Hinsicht ist die nachkemalistische Türkei des 21. Jahrhunderts, wie wir sie heute erleben, jener ersten Phase wieder näher gerückt. So geht die Rückbesinnung auf den vor hundert Jahren noch grundlegenden politischen Islam einer mit einer neoosmanischen Umorientierung in Ankara. Wie die Kemalisten nach ihm, aber im weitgehenden Unterschied sowohl zu den Nationalsozialisten als auch der heutigen Parteiregierung in Ankara, suchte Talât als dem Westen zugehörig anerkannt zu werden. Zwar wollte er in keiner Weise westlicher Macht unterstehen, aber behauptete, westlicher Zivilisation angehören zu wollen (Näheres dazu in Kapitel 25). So ambivalent diese Aussage ist und so verheerend die Schatten sind, die dieser paradigmatische Politiker auf der Schwelle zur nachosmanischen Welt wirft: Diese Sehnsucht muss im historischen Rückblick beachtet bleiben. Mit Bedacht hat dieses Buch den wiederkehrenden Begriff der «imperialen Voreingenommenheit» gewählt, um die imperiale Verzerrung im Denken, Handeln und in den Beziehungen damaliger Politik nicht nur bei den Jungtürken an der Spitze des Osmanischen Reichs, sondern eben auch bei anderen staatlichen Akteuren, mit denen sie es zu tun hatten, im Blick zu behalten.

Die Erschiessung Talâts am 15. März 1921 und der kurz darauf folgende Strafprozess zogen weltweit Aufmerksamkeit auf sich. Den angehenden jüdisch-polnischen Juristen Raphael Lemkin motivierte das, wie er in seiner Autobiografie schreibt, zu einer jahrzehntelangen Arbeit, die 1948 in der UN-Völkermordkonvention und der Etablierung des Begriffs Genozid im internationalen Strafrecht gipfelte. Eine tiefe Spaltung offenbarte sich in der frühen Weimarer Republik. Auf der einen Seite begrüssten linke, liberale, kirchliche und menschenrechtliche Stimmen den Freispruch des Täters, wobei sie freilich dessen Selbstjustiz kritisierten, aber ebenso das noch völlige Fehlen internationaler Strafverfolgung bei Verbrechen gegen die Menschlichkeit bedauerten. Auf der anderen Seite standen jene, die im Einklang mit der deutschen Presse des vorangegangenen Jahrzehnts Talât als hingebungsvollen Staatsmann, Patrioten und treuen Bundesgenossen hochhielten und sich über die Ermordung dieses Ehrenmanns im deutschen Exil empörten.

Ein reisserischer Artikel des NS-Ideologen Alfred Rosenberg verdammte die «Judenpresse», die den Freispruch begrüsste, und verglich die Armenier, die sich im Weltkrieg in der Spionage gegen die Türkei hervorgetan hätten, mit den, wie Rosenberg meinte, gegenüber Deutschland verräterischen Juden. Kreise weit über die Nationalsozialisten hinaus identifizierten sich mit dem revisionistischen Kampf der türkischen Nationalisten um Mustafa Kemal (Atatürk) gegen die Siegermächte und die nichttürkischen Minderheiten in Kleinasien. Sie bewunderten den Sieg des ehemaligen Bundesgenossen und dessen Aufbau eines ultranationalistischen Zentralstaats. Die kemalistische Bewegung bestand aus ehemaligen Jungtürken, mit denen Deutsche zum Teil persönlich vertraut waren.

Die vorliegende politische Biografie betritt in mancher Hinsicht Neuland, denn die jungtürkische Bewegung ist biografisch noch weitgehend unerschlossen. Von Talât gibt es mit Ausnahme einer in Berlin verfassten Rechtfertigungsschrift kaum Egodokumente. Immerhin konnten teilweise erst seit jüngerer Zeit zugängliche Tagebücher von Personen aus seinem Umfeld, einschliesslich zweier seiner Parteifreunde, konsultiert werden. Jenseits von strukturalistischen und biografischen Illusionen in der Geschichtsschreibung geht es in diesem Buch darum, den Handlungsspielraum Mehmed Talâts auf dem Weg zur Macht und an der Macht auszuloten und den Kontext dafür differenziert herauszuarbeiten. Besonders wichtig war mir, achtsam zu sein bei individuellen und kollektiven Interaktionen und Beziehungen im osmanischen Vielvölkerstaat – namentlich in Bezug auf Armenier, Kurden und Juden, einschliesslich des Zionismus –, aber auch international. Denn solche Beziehungen und ihre Entwicklung vermitteln historisch greifbare Einsichten zu politischen und intellektuellen Lebensläufen. Die osmanische Hauptstadt Istanbul, Talâts primärer Aktionsraum in den 1910er-Jahren, war ein bedeutender Knotenpunkt internationaler Diplomatie. Dennoch ist das Osmanische Reich unter der Herrschaft einer kriegswilligen Parteioligarchie ein noch immer unterschätzter Faktor für die Genese und den Ablauf des Ersten Weltkriegs.

Das vorliegende Buch richtet sich nicht primär oder ausschliesslich an Fachleute. Denn die Themen, um die es geht, sind zu wichtig und zu nachhaltig, als dass sie in einem breiteren Geschichtsverständnis fehlen dürften. Diese deutsche Version des amerikanischen Originals von 2018 enthält geringe Revisionen sowie mehrere Ergänzungen. So sind deutsche Quellenzitate gelegentlich umfangreicher und deutsche Bezüge etwas ausführlicher dargestellt. Mit umgekehrten Vorzeichen trifft dasselbe auf die türkische (sowie die mit ihr fast identische persische) Ausgabe zu, die osmanischen und türkischen Quellen und gewissen regionalen Aspekten mehr Raum gibt.

Osman Kavala hat die Ausarbeitung dieser Biografie vor sieben Jahren gefördert, noch bevor es dem Projekt gelang, akademisch-institutionelle Unterstützung einzuwerben. Seit bald drei Jahren sitzt er noch immer ohne Rechtsgrund im Hochsicherheitsgefängnis Silivri bei Istanbul. Das Land, dem dieser Kulturmäzen über Jahrzehnte unschätzbare Dienste geleistet hat, ist zur Autokratie geworden, die unabhängiges Denken und das Einstehen für Frieden abstrakt. Dem grossherzigen Philanthropen, der Klüfte im Land zu überbrücken und Talente zu fördern versteht, sei an dieser Stelle erneut gedankt.

Im Übrigen geht mein herzlicher Dank an Beat Rüegger, den bewundernswerten Übersetzer der vielen Hundert Seiten dieses Buches, sowie an den Chronos-Verlag, der die Veröffentlichung in bewährter, bald 25-jähriger Zusammenarbeit bereitwillig ermöglicht hat, namentlich an Hans-Rudolf Wiedmer, Walter Bossard, Rafael Wagner und den Lektor Günter Fässler.

Newcastle (Australien), im September 2020 *Hans-Lukas Kieser*

Einleitung

Wer war Mehmed Talât (1874–1921) und was motiviert uns, ihn – noch vor Kemal Atatürk – als frühen Gründer des türkischen Nationalstaats zu verstehen?

Als letzter mächtiger Grosswesir (vergleichbar einem Premierminister) stand Talât dem Osmanischen Reich vor. Er war aber gleichzeitig ein Partisan an der Spitze einer ursprünglichen Untergrundorganisation, die Komitee für Einheit und Fortschritt (Comité union et progrès, CUP) hiess und sich zu einer Massenpartei entwickelt hatte. In ihrem Doppelwesen als revolutionäre Geheimorganisation und moderne Massenpartei ist sie bis heute ein prägendes Paradigma un- oder halbdemokratischer Parteikultur in der Türkei und im nachosmanischen Nahen Osten. Talât agierte aus dem geheimnisumwitterten Zentralkomitee des CUP heraus, allerdings nicht in straff hierarchischer Weise, sondern als lebendiger Dreh- und Angelpunkt, bei dem alle wichtigen Fäden zusammenliefen. Unterstützung fand er in einem weitverzweigten Netz von Gesinnungsfreunden aus Partei und staatlichen Behörden sowie von Kollaborateuren und zugewandten Akteuren in den Provinzen des Reichs. Als Organisator des Genozids von 1915 arbeitete er eng zusammen mit Gleichgesinnten im Komitee und in den Provinzen. Er war der Wegbereiter einer reichsweiten gewaltsamen Bevölkerungspolitik nach ethnoreligiösen Kriterien, die neben den Armeniern weitere nichttürkische Gruppen betraf und die demografische Grundlage für einen autoritären türkischen Einheitsstaat in Kleinasien schuf. Zugleich initiierte er modernistisch-nationalistische Reformen.

So wurde Talât zum Mitbegründer eines nachosmanischen türkisch-nationalistischen Staatswesens. Während der Balkankriege und während des Ersten Weltkriegs baute Talât seine Machtstellung aus, indem er sich Elemente eines messianischen Nationalismus, des sogenannten Turanismus oder islamischen Pantürkismus, zunutze machte. Geistiger Vater dieser Form von Nationalismus war sein einflussreicher Freund aus dem Zentralkomitee, Ziya Gökalp. Gökalp propagierte in den Jahren ab 1910 Grossmachtideen und vereinnahmte dafür den Islam, dies im Gegensatz zur späteren Ausprägung von Gökalps Nationalismus, wie sie von den Kemalisten und von Kemal Atatürk vertreten wurde. Atatürk selber blieb in seinen Vorstellungen von Nation stark von Gökalp beeinflusst, er kann als Kind seines Geistes bezeichnet werden.

Talât war gewiss kein sozialistischer Revolutionär des späten 19. Jahrhunderts, der begonnen hatte, an eine neue Zukunft der Menschheit zu glauben und dann mit seinen Methoden, ja letzten Endes auch mit seiner ganzen Vision scheiterte, sondern er war ein Revolutionär, der von der Idee des imperialen Staats und der Nation besessen war, also von jenen Inhalten und Idealen, die im gesamten Denken der radikalen politischen Rechten im Europa des 20. Jahrhunderts eine zentrale Rolle spielen sollten. In diesem Geist handelte er auch, als er 1915 die endgültige Zerstörung des bisherigen osmanischen Gesellschaftsgefüges herbeiführte. Obwohl seine imperialen Ziele vereitelt wurden, vermochte er den Weg zu bereiten für die Errichtung uneingeschränkter türkischer Landeshoheit und eines türkisch-muslimischen Nationalstaats in ganz Kleinasien.

Das vorliegende Buch revidiert das herkömmliche historische Verständnis, das während der 1910er-Jahre ein Triumvirat von Jungtürken am Ruder sieht und gleichzeitig den Einfluss osmanischer Akteure in Europa marginalisiert. Es unterstreicht die Bedeutung und den politischen Einfluss dieser Akteure, beschreibt die osmanische Hauptstadt Istanbul als ein Zentrum der Diplomatie jener frühen 1910er-Jahre und beleuchtet die nachhaltige Resonanz und Bedeutung von Talâts politischem Wirken. Talât hatte das gleiche Geburtsjahr wie Winston Churchill, 1910 kam es zur ersten persönlichen Begegnung zwischen den beiden Staatsmännern. In einer Zeit grosser kriegerischer Auseinandersetzungen mit dem britischen Weltreich verkörperte Talât den Gegenpart türkisch-islamischer Macht.

Bisher ist erstaunlicherweise keine wissenschaftliche Biografie von Talât Pascha greifbar, obwohl sein politisches Erbe bis heute Regierungsstile und politische Denkmuster prägt. Die Verehrung von Talât ist auch gegenwärtig in zahlreichen Strassen, Schulen und Moscheen, die weit über die Türkei hinaus seinen Namen tragen und ihm gewidmet sind.[1] Talât Pascha war der Inbegriff des Vollblutpolitikers, ein *animal politique* des Nahen Ostens des 20. Jahrhunderts. Im Urteil seiner Bewunderer noch in der heutigen Türkei gilt er als grosser Staatsmann, gewandter Revolutionär und visionärer Gründervater, während die osmanischen Christen, soweit sie den Ersten Weltkrieg überhaupt überlebten, in ihm in erster Linie den Urheber von Zerstörung, Enteignung und Ausrottung sahen. Dieses negative Urteil wird teilweise auch von den Kurden geteilt. Wie Atatürk selbst eingestand, «ruhte» sein politisches Wirken «auf Talâts Schultern» und auf dessen Ausschluss der Nichttürken.[2]

Diese Biografie nimmt stark die Innensicht des Osmanischen Reichs und seiner Hauptstadt Istanbul ein. Sie stellt Mehmed Talât Pascha dar als eine Hauptfigur des frühen 20. Jahrhunderts, die den Lauf der Geschichte auf Jahrzehnte hinaus in einer bestimmten Richtung bestimmen sollte. Er war der letzte mächtige Führer des Osmanischen Reichs. Aus dem Inneren heraus revolutionierten er und seine Gefährten den Staat und die Gesellschaft fundamental. Sie vollzogen einen tiefgreifenden Bruch mit bisheriger osmanischer Politik und gesellschaftlichem Leben, denn bis dahin waren diese klar multireligiös geprägt gewesen. Als einflussreichster Politiker des Nahen Ostens in den 1910er-Jahren, als Kleinasien (Anatolien), der Irak und Syrien (samt Libanon und Palästina) noch immer Teile des Osmanischen Reichs waren, initiierte und führte Talât das erste Einparteiregime des 20. Jahrhunderts.

Er lenkte einen gefährdeten osmanischen Staat, welcher formell immer noch von einem Sultan-Kalifen regiert wurde («Kalif» bezeichnet einen muslimischen Herr-

---

1 In einer westeuropäischen Sprache lässt sich überhaupt keine Biografie von Talât Pascha finden. Es existieren zwei Biografien in türkischer Sprache; diese ermöglichen zwar interessante Erkenntnisse, es mangelt ihnen aber an kritischer Distanz und an einer Mehrstimmigkeit der Quellen, was gerade hier unverzichtbar ist: Babacan, Mehmed Talât Paşa; Çandar, Talat Paşa. Letztere zeigt eine uneingeschränkte Faszination für den «Herrscher über das [CUP-]Netzwerk» und liefert keine Angaben über die verwendeten Quellen. Jene von Babacan bietet zwar gut abgestützte Wissensbruchstücke, die sich auf osmanische Quellen berufen, verharrt allerdings in einer eng auf den Staat zentrierten Sichtweise. Andere Perspektiven fehlen hier, insbesondere was die Zeitspanne zwischen 1913 und 1918 betrifft.

2 Jäckh, Rising Crescent, 90.

scher, der als Nachfolger des Propheten Mohammed erachtet wird). Talât war weder ein abgehobener noch ein übermächtiger Diktator. Er agierte vielmehr aus dem Inneren eines konspirativen Komitees heraus, welches ein Einparteiregime eingerichtet hatte und unerschütterlich eine Mission verfolgte, welche lautete: Rettet den Staat, den Islam und die Türken! Und Talât schaffte es, die öffentliche Kommunikation zu steuern, bei Zwietracht und Parteiungen innerhalb seiner Basis ausgleichend zu intervenieren und einen guten Umgang mit den jungen Offizieren zu finden, obwohl er selber Zivilist ohne militärischen Hintergrund war.

Entgegen der breit etablierten Sichtweise, die politische Führung habe in den 1910er-Jahren bei einem Triumvirat von Jungtürken gelegen, beurteilt die vorliegende Untersuchung die Regierung des Triumvirats als eine zeitlich aufs Jahr 1913 begrenzte Konstellation (siehe Kapitel 24). Ab diesem Zeitpunkt stellte Talât eindeutig mehr dar als lediglich den Primus inter Pares, und zwar hinsichtlich der Innen- wie der Aussenpolitik. Und damit ist er in seiner politischen Bedeutung höher einzustufen als Enver Pascha. Wer eine solche Gewichtung ablehnt, verkennt die Struktur des Regimes und ebenso daraus hervorgehende entscheidende Zusammenhänge, die der nationalistischen Republik den Weg bereiteten.[3]

Talâts Partei hiess Komitee für Einheit und Fortschritt (Comité union et progrès, CUP). Es handelte sich dabei um eine ursprünglich verschwörerische Geheimorganisation, die durch ein Zentralkomitee geleitet wurde. Bezeichnenderweise – und prägend auch fürs nachosmanische Parteiwesen – verzichtete das CUP nie auf konspirative, gesetzeswidrige Mittel, auch nachdem es 1908 in die parlamentarische Politik einstieg. Das CUP war die stärkste Organisation innerhalb der breiten jungtürkischen Bewegung seit dem Ende des 19. Jahrhunderts. Nach der Revolution der Jungtürken im Jahr 1908 war es das CUP-Zentralkomitee, das dem Sultan Direktiven erteilte und ihn damit zunehmend in eine lediglich repräsentative Rolle innerhalb des Staates abdrängte.

Unter der Führung von Talât installierte das CUP 1913 eine Einparteiregierung. Gleichzeitig startete es die Umsetzung von Massnahmen, die es als einen nationalen Kampf zur Rettung einer Türkei verstand, die von jeglicher fremden Einflussnahme befreit sein sollte. Damit begann auch ein prägendes Narrativ nationaler Heilsgeschichte. Das Komitee läutete so die erste Gründungsphase eines nachosmanischen Nationalstaates ein, welcher sich durch moderne diktatorische Merkmale auszeichnete und das bisherige Sultanat-Kalifat verdrängen sollte. Das Komitee bewahrte in seinem Verständnis von Staatswesen und gesellschaftlicher Hierarchie bis 1918 einen imperialen,

---

3 Wichtige Quellen, die ein tieferes Verständnis dieser Zusammenhänge ermöglichen, sind publiziert in Tagebüchern, in osmanischen staatlichen Dokumenten, die in jüngerer Zeit zugänglich gemacht wurden, oder in ausländischen Dokumenten, die teilweise in den Archiven der Aussenministerien zu finden sind, wobei hier die deutschen Dokumente besonders ergiebig sind. Die verfügbare Literatur stellt Talât im Allgemeinen nur als Primus inter Pares dar. Detaillierte Erläuterungen zum CUP für die Jahre 1908–1914 finden sich bei Ahmad, The Young Turks. Für die Zeit vor 1908 vgl. Hanioğlu, Young Turks, und Hanioğlu, Preparation. Für Untersuchungen zur Kontinuität der Unionisten (das heisst der CUP-Mitglieder) und Kemalisten und für Untersuchungen zu CUP-Einzelaspekten vgl. Zürcher, Unionist Factor; Zürcher, Young Turk Legacy; Zürcher, Young Turk Decision-Making Patterns. Ein verdienstvolles aktuelles Lehrbuch zur türkischen Aussenpolitik stellt immer noch Enver Pascha als die in politischen Dingen führende Gestalt dar: Hale, Turkish Foreign Policy, 24–30.

grosstürkischen Geist. Dieser wirkte unter seinen kemalistischen Nachfolgern auch dann noch weiter, als das Sultanat-Kalifat 1924 endgültig abgeschafft war.

Die vorliegende Studie bezeichnet die Geisteshaltung des Komitees als «imperial voreingenommen» und als Haupthindernis auf dem Weg zu einer echten Demokratie, und das, obwohl die CUP-Politik ja gerade zur Zerstörung der osmanischen Gesellschaftsstrukturen und damit des Grossreichs geführt hatte. In diesem Sinn wurde Talât noch vor Atatürk zum Vater einer nachosmanischen Türkei mit einem radikal nationalistischen, aber undemokratischen Fundament («Ata-türk» bedeutet Vater oder Vorfahre der Türken). Wichtig ist allerdings, dass Atatürks Vorgänger Talât noch auf die Macht des politischen Islams setzte und diesem Raum gab. Das machte die mögliche Rückkehr einer Vorherrschaft des Religiösen zur konstanten Bedrohung für die Kemalisten. Die Rückkehr des verdrängten politischen Islams der Gründungszeit wurde in einer nachkemalistischen Ära fast unausweichlich. Öffentliche Geschichte und politischer Diskurs in der türkischen Republik verleugneten Talâts Vermächtnis zwar nie, aber erst in den 1940er-Jahren wurde es nach längerem Stillschweigen offiziell anerkannt und gewürdigt.

Zusammen mit seinen politischen Freunden führte Talât das Osmanische Reich in den Ersten Weltkrieg und den Dschihad – denn er verstand den ganzen Krieg als Dschihad.[4] Zugleich beschleunigte er das Bemühen, Kleinasien gewaltsam in ein «türkisches Nationalheim» (Türk Yurdu) umzugestalten. «Die Türkei den Türken», wie die populäre Losung jener Zeit lautete. Nachdem der Erste Weltkrieg verloren und die Auflösung des Komitees vollzogen war, stellte ein deutscher Türkeikenner treffend fest, Talât sei «insgesamt eine allzu starke Figur, um einfach von der Bildfläche zu verschwinden» – im Gegensatz zu anderen, eher kurzlebigen Gestalten des CUP.[5] So erhob sich Talâts Schatten und verlieh der Entstehungsgeschichte des türkischen Nationalstaates, der heutigen Republik Türkei, seine massgebliche Prägung. Seine Spur findet sich zudem in den Auseinandersetzungen zwischen Ost und West, wie wir sie aus der jüngsten Geschichte kennen: zwischen nahöstlich-muslimischen und westlich-christlichen Kräften und Traditionen. So wie sich diese Polarisierung heute im Zeichen von Neoosmanismus und Islamismus darstellt, unterstreicht sie Talâts Verständnis des Ersten Weltkriegs: Der osmanisch-muslimische «Sieg über den Westen» bei Gallipoli rückt in den Mittelpunkt. Nicht westliche Hauptstädte, sondern Istanbul, der Sitz des osmanischen Sultanat-Kalifats, erscheint als Zentrum des Geschehens.

Die osmanische Hauptstadt Istanbul stellt in der Tat einen Hauptbrennpunkt des Kriegs dar und ist gleichzeitig selber Ursache und Faktor. Und Talât war der Mann, der das Geschick des osmanischen Staates im letzten Jahrzehnt seines Bestehens am stärksten beeinflusste. An sämtlichen wichtigen Entscheiden war er beteiligt. Den Patrioten galt er als hingebungsvoller Politiker, als Personifikation von Partei und Staat. Er und der innere Kreis seiner Mitarbeiter widerspiegelten die sie umgebenden Kräfte, den Zeitgeist und die Machtverhältnisse jener Zeit. Indem sie Europa mit in die osmanische Umwälzung, die bereits im Gange war, hineinzogen, beeinflussten sie die europäische Urkatastrophe, den Ersten Weltkrieg, massgeblich. Um es in der

---

4 Aksakal, Ottoman Proclamation of Jihad, 64.
5 Emil Ludwig: «Talaat und Enver», in: *Vossische Zeitung*, 26. Oktober 1918, PA-AA, R 13804-4.

Begrifflichkeit dieses Buches zu formulieren: Sie nahmen im «erweiterten Europa» (Greater Europe) des 19. und frühen 20. Jahrhunderts, welches Europa, Russland und die osmanische Welt umfasste, den Politikstil diktatorischer Einparteiherrschaft und eine neue Art gewaltsamer Bevölkerungspolitik vorweg.

Talâts Ära, die sogenannte zweite Verfassungsperiode des osmanischen Staates, konnte bis heute historisch nicht sorgfältig genug aufgearbeitet werden,[6] zumindest nicht in der öffentlichen Geschichte. Der Grund dafür liegt in einer ungebrochenen – teils stillschweigenden, teils expliziten – Identifikation vieler, insbesondere vieler Türken, mit den Akteuren und Positionen jener Zeit. Diese prägen nach wie vor die politische Kultur. Beim Bestreben, objektive Distanz zum Geschehen jener Zeit zu gewinnen, ist daher eine umfassende wissenschaftlich-kritische Historisierung unabdingbar. Nur auf dieser Grundlage können die Zukunft der Türkei und der Umgang mit der Türkei realistisch angegangen werden.

In der ersten Ausgabe von Talâts Schriften aus dem Jahr 1946 wird im Vorwort erwähnt, dass Talât «einer von nur wenigen echten Staatsmännern war, die die türkische Geschichte hervorbrachte. Unter allen osmanischen Grosswesiren hatte dieser grosse türkische Führer seine hohe Stellung dank seines Patriotismus, seiner Ehrlichkeit, Intelligenz und Beharrlichkeit erlangt. […] Ich verneige mich hochachtungsvoll vor der grossartigen Gegenwart des seligen Talât Pascha.»[7] Seither erlebten Talâts Schriften mehrere Neuauflagen, und alle sind im gleichen Geist kommentiert. Das ist ein untrüglicher Hinweis darauf, dass viele – der türkische Staat und seine Institutionen eingeschlossen – noch immer unter Talât Paschas Bann stehen und sich in seinem Schatten bewegen. Eine glaubwürdige Anekdote besagt, dass Celâl Bayar, 1950–1960 Präsident der Türkei, Hayriye Hanım, die Witwe Talât Paschas besuchte und sie «meine Exzellenz» nannte. Als sie erstaunt fragte, weshalb er sie so anspreche, antwortete er: «Weil Sie die Gattin meines Chefs sind.» Bayar blieb mental wie viele türkische Spitzenpolitiker dem Grosswesir Talât, dem Führer der Türkei in den 1910er-Jahren verpflichtet, dem er damals gedient hatte.[8]

Teil I setzt ein mit Talâts am meisten hervorstechenden Handlungen, nämlich denjenigen im Verlauf des ersten Weltkriegsjahres (1914/15). Er führt einige der biografischen Hauptthemen ein und stellt einen Bezug her zu Kommentaren und Quellen, die in den Teilen II–VI ausgiebig erforscht und bearbeitet werden. Diese Teile behandeln die Geschehnisse in chronologischer Reihenfolge, mit Ausnahme zweier Kapitel, die diachronisch auf ein bestimmtes Thema fokussieren: Kapitel 17 «Ein neuer Freund: Ziya Gökalp, Prophet des messianischen Türkismus» und Kapitel 36 «Talât, die Juden und der Zionismus in Palästina».

---

6 Toprak, Türkiye'de ekonomi ve toplum, vii.
7 Talat Paşa'nın hatıraları, 5–8.
8 Ümit Kurt: «‹Kurucu baba›: Modern Türkiye'nin mi yoksa İttihatçıların mı babası?», in: *Birikim*, September 2019, 65.

Teil I

Istanbul 1915
Ein Revolutionär an der Spitze eines Weltreichs

Wir befinden uns im Frühling 1915 und richten unseren Blick auf das Büro von Talât Bey, dem Innenminister des Osmanischen Reichs. Der Raum befindet sich im Gebäude der «Hohen Pforte». Es handelt sich um den Regierungssitz im historischen Zentrum auf der europäischen Seite der Hauptstadt Istanbul, die damals immer noch häufig mit dem historischen Namen Konstantinopel bezeichnet wurde.

1 Vermählt mit einer grossen Sache

Talât war ein stämmiger Mann, aber nicht dick, von eindrücklicher Körpergrösse und mit breiten Schultern, breitem Gesicht, schwarzen Augen, buschigen Augenbrauen und schwarzem Haar (das im Jahr 1918 ergraute). Sein äusseres Erscheinungsbild wie auch seine geistige Präsenz machten ihn zu einer imposanten Gestalt. Sein Büro war ein grosser und heller Raum, und etwas an der Einrichtung fiel sofort auf: Es standen mehrere Telefonapparate auf seinem Pult. Manchmal benutzte er auch einen eigenen Telegrafenapparat in seinem Heimbüro, um seine Anweisungen zu versenden.

Sein voller Name lautete Mehmed Talât (beide Namen sind Vornamen, osmanische Muslime hatten keine Familiennamen). Er war verheiratet mit Hayriye Hanım, Kinder waren dem Paar nicht vergönnt (sein Hausarzt hatte Talât über seine Zeugungsunfähigkeit aufgeklärt; siehe Kapitel 16). So lebte er in einer symbolischen Ehe – man könnte auch sagen in einem leidenschaftlichen Konkubinat – mit seiner grossen Sache, und die hiess: Die (imperiale) Türkei zu alter Stärke zurückführen! Es mag irritieren, dass er sich selber als patriotischen Muslim türkischer Abstammung bezeichnete, als einen «Sohn des Reichs» und gleichzeitig als patriotischen Revolutionär. «Wir müssen unsere alte Stärke und unseren früheren Einfluss wieder zurückgewinnen», betonte er gegenüber seinen deutschen Bündnispartnern Ende 1915.[1]

---

1 Max Grunwald: «Gespräch mit Talaat Bey», in: *Vossische Zeitung*, 28. Dezember 1915. Diese Selbstcharakterisierung taucht auch in Talâts Memoiren auf, die er nach seiner Flucht nach Deutschland niederzuschreiben begann und im Herbst 1919 vollendete. Das Originalmanuskript ist nicht erhalten, was umso bedauerlicher ist, als hier im Grunde genommen die Rechtfertigung für Talâts gesamtes politisches Denken und Handeln zu finden ist und der originale Wortlaut nicht allein Philologen interessiert. Nur in Ausschnitten wurde das Manuskript in der Zeitung *Yeni Şark* gegen Ende 1921 publiziert.

Zusammen mit seinen Freunden verfolgte er ein «grosses nationales Ideal». Sie waren beseelt vom Ruhm der osmanischen Türkei und vom ethnoreligiösen Nationalismus jener Zeit. Zeitgenössischer Sozialismus marxscher Prägung war ihnen ebenso fremd wie ein Positivismus universaler Ausrichtung nach Auguste Comte.

Auf moderne Revolutionen spezialisierte Theoretiker mögen Talât deshalb als einen imperial und nationalistisch angekränkelten rechtsgerichteten Revolutionär sehen, der aber in mancher Hinsicht konservative Werte der Rechten auch missachtete. Psychologen würden in ihm vielleicht die Persönlichkeit eines Machtbesessenen sehen und versuchen, sein Verhalten als Kompensation des Umstands zu deuten, dass es ihm versagt blieb, Kinder zu haben und eine Familie zu gründen. Nur wenige Tage vor seiner Ermordung 1921 in Berlin gestand Talât selber ein, dass Macht das Kostbarste sei, das er in seinem Leben kenne, wobei er immerhin hinzufügte, dass man von einer guten Sache auch zu viel haben könne.[2] Er war der einzige Grosswesir, der Stufe um Stufe von unten her zur Macht aufgestiegen war: von subversiver Opposition über lange Jahre der Parlamentszugehörigkeit zu Ministerämtern in unterschiedlichen Kabinetten. Ab Sommer 1913 stand Mehmed Talât an der Spitze der Regierung, auch wenn er erst 1917 offiziell mit der Verleihung des Ehrentitels «Pascha» zum Grosswesir ernannt wurde. Zuvor wurde er nur «Bey» genannt.

Seine Vormachtstellung verdankte er der starken Position innerhalb des CUP-Zentralkomitees. Dessen Hauptquartier befand sich im Nuruosmaniye-Quartier, nur wenige Minuten Fussweg von der Hohen Pforte, der Hagia Sophia und der Sultan-Ahmed-Moschee entfernt. Und sehr nahe lag auch jenes Haus im Stadtteil Yerebatan, in dem Talât zusammen mit seiner Frau lebte. *Komiteci* (oder *komitacı*, im Folgenden Komitadschi) ist die türkische Bezeichnung für ein Mitglied eines konspirativen Komitees oder Zirkels von Revolutionären. Das CUP war die führende Organisation innerhalb der breiten jungtürkischen Bewegung, die gegen den letzten faktisch regierenden Sultan in der Geschichte des Osmanischen Reiches, Sultan Abdulhamid II., opponierte. Talâts Ideal, Anliegen und Interesse war dasjenige des Zentralkomitees sowie – jedenfalls nach seinem eigenen Dafürhalten – auch jenes des «Volkes», der türkischen Nation und des Islams.[3]

In späteren Publikationen gab es neben Auslassungen auch die Anpassung an das in der Republik stark veränderte Türkisch. Die wohl originalgetreue Ausgabe ist Talat Paşa, Hatıralarım ve müdafaam; siehe darin die Seiten 9–11 über eine Textgeschichte mit immer noch zahlreichen Fragezeichen. Die amerikanische Ausgabe von 1921 ist äusserst unzuverlässig: Talaat Pasha: «Posthumous Memoirs of Talaat Pasha», in: *New York Times Current History* 15, Nr. 2 (November 1921). Zu Talâts Memoiren siehe auch Kapitel 42.

2 Aubrey Herbert: *Talaat Pasha*, Typoskript, Somerset Heritage Center, DD/DRU 56 (im Folgenden: Herbert, Talaat Pasha), 5 f.

3 Zu einzelnen Aspekten der politischen Geschichte des CUP in den 1910er-Jahren vgl. Zürcher, Young Turk Legacy. Eine Untersuchung der Komiteeaktivitäten (sowohl des CUP als auch der armenischen Komitees) im Kontext der damaligen Militärpraktiken – Aufstände und staatliche Gegenmassnahmen – ist zu finden bei Erickson, Ottomans and Armenians. Eine Beschreibung der auf die Marmara-Region begrenzten Verhältnisse, aber mit ergiebigeren Erkenntnissen über die Umtriebe bewaffneter CUP-Banden und gesellschaftliche Themen findet man bei Gingeras, Sorrowful Shores. Der Zugang zur spätosmanischen Welt, wie ihn Efraim Karsh und Inari Karsh in *Empires of Sand* bieten, deckt sich mit der vorliegenden Biografie, die die spätosmanischen Akteure nicht als subalterne, passive Randfiguren einschätzt. Karshs Verständnis für die osmanische Welt ist aber mangelhaft.

Nach dem erfolgreichen Putsch Anfang 1913 war es ausschliesslich das CUP-Zentralkomitee, das in der Politik das Sagen hatte und in den Ministerien Ämter besetzen konnte. Nach der jungtürkischen Revolution von 1908 (siehe Kapitel 11–13) vermochte das CUP das politische Geschehen erst teilweise zu kontrollieren. In Abgrenzung zu Abdulhamids autokratischer Regentschaft tendierte es vorerst noch zur Demokratie. Es hatte sich damals sogar mit der grössten Partei der Armenier, der Armenischen Revolutionären Föderation (ARF) verbündet. Nach aussen hin verfolgten damals beide Gruppierungen ein gemeinsames Ziel: die Schaffung eines Rechtsstaats auf Verfassungsbasis.[4] Als langjähriges Zentralkomiteemitglied und erfahrener Organisator nutzte Talât geschickt seine Netzwerke, um politische Macht zu kumulieren, seine eigenen politischen Vorstellungen durchzusetzen und Aktionen anzustossen. Er war es in erster Linie, der den Putsch von 1913 vorbereitete und so das Einparteiregime einleitete. In vergleichbarer Weise war er der Hauptverantwortliche für die Rückeroberung von Edirne im gleichen Jahr während des Zweiten Balkankrieges. Dies trug ihm und dem CUP unter osmanischen Patrioten einen immensen Prestigegewinn ein.

Seit seiner Kindheit in Edirne, der frühosmanischen Hauptstadt im europäischen Teil der Türkei, empfand Talât eine starke emotionale Bindung an die Selimiye-Moschee (siehe Kapitel 8). Sie erinnerte ihn an vergangenen Glanz und Ruhm, obwohl der Sponsor der Moschee, Sultan Selim II. (genannt «der Trinker») die Dekadenz der im späten 16. Jahrhundert Herrschenden repräsentierte. Dessen Grossvater und Namensvetter, Selim I. «der Grimmige» (Yavuz) jedoch war für das CUP ein grosses Vorbild und wurde als Schutzheiliger beansprucht. In seiner Tradition verstanden sich die Jungtürken, die in der Mehrzahl aus den Balkanländern stammten, als überlegene «Söhne der Eroberer» (*Evlad-ı Fatihan*) in einer balkanischen Grossregion, die über weite Strecken christlich geblieben war.[5] In diesem Zusammenhang ist es wichtig zu betonen, dass Selim I. im frühen 16. Jahrhundert – im Anschluss an die Eroberung des westlichen Teils von Kleinasien und des Balkans durch seine Vorfahren – nicht nur das östliche Kleinasien samt Syrien und Ägypten unterjochte, sondern auch auf eigenem Territorium Krieg gegen die anatolischen Kızılbaş führte. Diese sind heute besser bekannt unter dem Oberbegriff Aleviten. Die Aleviten verstanden sich als dem sunnitischen imperialen Islam nicht zugehörig und misstrauten daher dem Staat. Sie sympathisierten mit dem schiitischen Iran des 16. Jahrhunderts und unterhielten mancherorts Verbindungen zum heterodoxen Derwischorden der Bektaschi. Dessen Glaubenspraxis hielt sich nur sehr beschränkt an islamische Grundregeln, und er teilte die besondere Wertschätzung Alis, des Schwiegersohns von Mohammed, mit den Aleviten und Schiiten. Daher galten die Bektaschi orthodoxen Sunniten als Häretiker. Da der Orden jedoch seit frühosmanischer Zeit ein breites Netzwerk mit guten Verbindungen

---

4 Kaligian, Armenian Organization; Der Matossian, Shattered Dreams.
5 Vgl. dazu die ergiebigen Memoiren des CUP-Mitglieds Emmanuil Emmanuilidis, Osmanlı İmparatorluğu'nun son yılları, 100 (Original: Τα τελευταία έτη της Οθωμανικής Αυτοκρατορίας, Αθήνα: Τυπογραφείον Γ. Ν. Καλλέργη, 1924); İhsan S. Balkaya: *Ali Fethi Okyar (29 Nisan 1880–7 Mayıs 1943)*, Ankara: TTK, 2005, 60.

zum Sultan etabliert hatte, konnte er sich auch im seit Selim I. sunnitisch geprägten Reich behaupten.⁶

Talât schwebte als Nation ein Volk von türkischsprachigen Muslimen vor, die sich mit dem Staat identifizierten und ihm ergeben waren. Auch wenn seine politischen Wurzeln zurückreichten auf den Machtapparat, wie er sich aus den Errungenschaften von Selim I. und dessen Hinwendung zum Sunnitentum entwickelt hatte, spielten die Bektaschi für Talât eine gewisse Rolle. Denn die Klöster (*tekke*) dieser Gemeinschaft boten verfolgten Dissidenten unter Sultan Abdulhamid II. Schutz und pflegten einen liberaleren Geist als die vom Sultan geförderte sunnitische Orthodoxie. Im aufblühenden türkischen Nationalismus der Jahre nach 1910 versuchten ein paar Intellektuelle aus den Reihen des CUP, auch Aleviten und Bektaschi für ihre Sache zu gewinnen. Sie suggerierten dabei, Aleviten seien die wahren Träger des Türkentums, sowohl weil ihre Sprache ein «unverfälschteres Türkisch» sei als auch wegen ihrer traditionellen Sitten, bei denen sie einer Angleichung sowohl an kurdische Stämme als auch an eine arabisch und persisch beeinflusste Hofkultur widerstanden hätten. Dieser ideologische Flirt des CUP mit den Aleviten war nur in sehr bescheidenem Umfang erfolgreich. Vor allem aber empörte er konservative Sunniten einschliesslich des Palasts.⁷

In krisenhaften Zeiten ergreifen Politiker gerne das Mittel der Kriegsführung, um die Nation patriotisch hinter sich zu scharen. Das lohnt sich, wenn ausreichend viele Menschen bereit sind, dem Ruf Folge zu leisten. Talât wandte am Vorabend der Balkankriege im September 1912, als sich das CUP in einer tiefen Krise befand, genau diese Taktik an. Und er tat dasselbe im frühen Sommer 1913, um Edirne zurückzuerobern, und schliesslich im Juli 1914 (siehe Teil IV und V). Im Juli 1914 entschieden Talât und sein engster Kreis, Europas «Julikrise» als Chance zu nutzen, um Deutschland um ein Bündnis anzugehen, und sie reüssierten. Diesem Erfolg waren seit 1911 mehrere misslungene Versuche vorausgegangen, mit einer europäischen Grossmacht eine Allianz einzugehen. Talât begrüsste den sich anbahnenden grossen Krieg als einmalige Gelegenheit, politisch und diplomatisch nach eigenen Regeln zu spielen, obwohl dies bedeutete, sich auf ein Glücksspiel mit hohem Einsatz und noch höherem Risiko einzulassen.

Das geheime Bündnis mit dem Deutschen Reich vom 2. August 1914 verlangte von der osmanischen Türkei die Aufnahme von aktiven Kriegshandlungen. Von diesem Zeitpunkt an bestimmte eine ehrgeizige Weltkriegsagenda die Politik. Obwohl der Deutsch sprechende Kriegsminister Enver Pascha, ein ikonenhaft verehrter Militärheld der Revolution von 1908, beim Einfädeln des geheimen Bündnisses als Galionsfigur in Erscheinung trat, war es in Wirklichkeit Talât, der im Hintergrund die Fäden zog. Eine andere Korrektur herkömmlicher Geschichtsdeutung ist die Tatsache, dass Talât nicht weniger grundsätzlich als Enver über die berüchtigten paramilitäri-

---

6 Für weitere Ausführungen zu diesem Thema vgl. Krisztina Kehl: *Die Kızılbaş/Aleviten. Untersuchungen über eine esoterische Glaubensgemeinschaft in Anatolien*, Berlin: Klaus Schwarz, 1988; Dressler, Writing Religion.
7 Baha Said: «Türkiye'de Alevî zümreleri: Teke Alevîliği-içtimaî Alevîlik», in: *Türk Yurdu*, September 1926, transkribierte Ausgabe Ankara: Tutibay, 1999, Bd. 11, 105; Dressler, Writing Religion, 137–140.

schen Kräfte des CUP bestimmen konnte. Die «Sondereinheit» (Teşkilat-i Mahsusa) des CUP bereitete einen Eroberungskrieg im Kaukasus vor und führte ab Spätsommer 1914 begrenzte Angriffe durch. Ebenso war Talât im Oktober 1914 zentral am Vorschlag gegenüber dem Bündnispartner Deutschland beteiligt, einen Marineangriff im Schwarzen Meer zu lancieren, um auf diese Weise einen offenen Krieg mit Russland und den offiziellen osmanischen Kriegseintritt zu provozieren, den Deutschland begehrte. Erst damals wurde der Welt mit letzter Sicherheit bewusst, dass die Türkei und Deutschland sich militärisch verbündet hatten. In seinen 1919 verfassten Memoiren führt Talât seine Leser bewusst in die Irre, indem er sie glauben lässt, er habe selber nichts von der geplanten Aggression gewusst. Was er nach der erlittenen Weltkriegsniederlage schrieb, diente seiner persönlichen Rechtfertigung und war Teil seines fortgesetzten politischen Kampfes im Exil (siehe Teil VI).[8]

2 Auf den ersten Blick ein klarer Geist (April 1915)

Im Büro des Innenministeriums sass Mitte April 1915 ein 41-jähriger Mann hinter seinem Pult und empfing einen Besucher aus Deutschland, den Journalisten Emil Ludwig. Dieser war auf Anhieb beeindruckt von der Energie, Willenskraft und von der intensiven Ausstrahlung jenes Mannes, von dem er bereits wusste, wie weit er es in seiner politischen Karriere aus eigenen Kräften gebracht hatte.[9] Talât war sehr beschäftigt, empfing den Gast aus Deutschland aber trotzdem sehr freundlich und zeigte sich zugänglich. Die Konversation mit Ludwig hinderte ihn nicht daran, gleichzeitig nebenher noch Dokumente zu unterschreiben und Telefonanrufe entgegenzunehmen. Und wiederholt betraten während des Gesprächs Personen vom Sekretariatsdienst kurz den Raum, um etwas zu bringen oder zu holen. Talât war bekannt dafür, dass er in jeder Situation sein gewinnendes Lächeln und seinen Charme bewahren konnte, auch unter grösstem Arbeitsdruck. Ludwig, der sich schon bald einen Namen als Verfasser von Biografien grosser Politiker machen sollte, durchschaute Talât schon vom Moment der ersten Begegnung an: «Das ist auf den ersten Blick ein klarer Geist, aber hinter ihm, in ihm liegt ein dämonisches Naturell gebändigt an der Kette.»

Ein britischer Abgeordneter, der Talât aufgrund von ein paar direkten Begegnungen kannte, schrieb 1921, kurz nach Talâts Ermordung in Berlin: «Ich weiss nur, dass er ein unerschrockener Mensch war, und jeder, der ihn – wie ich selber – nur oberflächlich kannte, begegnete in ihm einem freundlichen Menschen, der über einen einzigartigen, bezaubernden Charme verfügte.»[10] Talât interagierte in Funktion sei-

---

8   Talat Paşa, Hatıralarım ve müdafaam, 37. Vgl. Aksakal, Ottoman Road to War, 153–182, und Zürchers kluge, wenn auch nur auf Sekundärliteratur basierende komparative Untersuchung *Young Turk Decision Making Patterns*.
9   Emil Ludwig: «Zwei Audienzen», in: *Berliner Tageblatt*, 21. April 1915.
10 Herbert, Talaat Pasha (auf einem separaten Blatt dem getippten Manuskript vorangestellt). Herbert hatte zwar den Ruf, ein Freund der Türken zu sein, wurde aber in Talâts Kreis gering geachtet. Eintrag vom 23. Februar 1913, in: Cavid Bey, Meşrutiyet Rûznamesi (im Folgenden: Cavid, Tagebuch), Bd. 1, 586; vgl. Bd. 2, 434, 3. Januar 1914.

ner politischen Ziele. Dabei verstand er es, kaltblütig auch über ungelöste Probleme Spässe zu machen. Zuweilen demonstrierte er seine Macht, indem er sich herausnahm, über einzelne seiner CUP-Freunde oder Minister Witze zu reissen.[11] Er verfügte über die psychologische Gabe, bei einem Gegenüber rasch dessen Schwächen zu erkennen, gerade auch bei europäischen Diplomaten. Aber daneben waren seine Kenntnisse über das, was ausserhalb seines CUP-Universums vor sich ging, eher bescheiden. Das CUP war seine politische Heimat und er selber seit Ende 1912 die führende Gestalt darin. In Zusammenkünften gab er sich gesellig und gesprächig, aber fast immer war er es, der mit seiner Persönlichkeit die Situation dominierte.

Tatsächlich verbarg sich hinter dem lächelnden Gesicht ein Gehirn, das den Plan für eine Sache ausdachte und letztlich auch umsetzte, von der man später als von einer der monströsesten politischen Aktionen des 20. Jahrhunderts sprechen wird: die Vernichtung der osmanischen Armenier. Von vielen wurde Talâts Charme bestätigt, ebenso seine Gabe, bei jenen Leuten, die ihn aufsuchten, eine gute Stimmung zu verbreiten. Zeitweise mischte sich in diesen Charme auch eine gewisse Melancholie – die Traurigkeit eines Mannes an der Spitze eines zusammenbrechenden Reiches. Das machte ihn für gewisse Partner, besonders für die Deutschen, erst recht sympathisch. Dieses spezielle Auftreten vermochte selbst aufgebrachte Freunde in der Gegenwart Talâts zu besänftigen. Er verstand Traurigkeit als eine Waffe, die sich bewusst einsetzen liess. Und Talât war ein emotionaler Mensch, der sich bei Gelegenheit durchaus auch zu Tränen rühren liess, so etwa bei einer Zeremonie auf einem Soldatenfriedhof oder im Zusammenhang mit dem Tod von Sultan Mehmed V.[12] Sein Wesen war eher von Schläue und Gerissenheit gekennzeichnet als von Intelligenz und Weitsicht, aber er besass unbestritten die notwendigen Qualitäten eines Netzwerkers, einen starken Machtinstinkt und ein sehr gutes Erinnerungsvermögen, damit verbunden allerdings auch eine Neigung zu Rachgier.

«Warum sind wir in den Krieg eingetreten?», fragte Talât Mitte April 1915 rhetorisch. Und seine Antwort auf die selber gestellte Frage sollte die Schmeichelhaftigkeit von Emil Ludwigs Bericht im *Berliner Tageblatt* noch verstärken. Mit einem in CUP-Kreisen gängigen Mantra antwortete er: «Wir mussten unsere Unabhängigkeit wiederherstellen, und wir waren uns sicher, dass wir dieses Ziel auf keine andere Art erfolgreicher würden erreichen können als an der Seite Deutschlands.»

Wie keine andere Macht im Westen war das wilhelminische Deutschland von der Politik und Kultur der Türkei fasziniert.[13] Deutsche äusserten Bewunderung für die kühnen, radikalen «Männer der Tat», die 1913 ein jungtürkisches Einparteiregime etablierten. Während des Kriegs zeigte sich Deutschland bereit, ihnen und ihrer verheerenden Innenpolitik gegenüber eine Haltung des Laisser-faire einzunehmen. Das Interesse Deutschlands am Wiedererstarken einer osmanischen Türkei und der Verzicht auf eine innenpolitische Einmischung beim türkischen Verbündeten waren

---

11 Ein Beispiel dafür – Cavid betreffend – ist zu finden bei Emmanuilidis, Osmanlı İmparatorluğu'nun son yılları, 275.
12 Türkgeldi, Görüp işittiklerim, 124, 138, 143.
13 Zeitgenossen nannten diese Faszination zuweilen «Türkenfieber». Ihrig, Atatürk in the Nazi Imagination, hat dieses bedeutende Phänomen eingehend untersucht.

für Talât und für den Erfolg seiner Pläne von entscheidender Bedeutung. Besonders wichtig war ihm die Absicherung, vonseiten der Deutschen völlig «freie Hand» zu haben bei jenem Vorhaben, das er «den nationalen Überlebenskampf» gegen die armenischen Mitbürger nannte.[14] Sozialdarwinistisches Gedankengut spielte zur Zeit des Ersten Weltkriegs generell und insbesondere für die Mitglieder des CUP eine grundlegende Rolle. Es ging dabei um den Glauben ans Prinzip eines «Überlebenskampfs» auf Leben und Tod, wie er von darwinistischen Postulaten abgeleitet wurde nach dem Motto «Survival of the fittest». Und diese Überzeugungen wurden dann einfach von der Tierwelt auf das menschliche Zusammenleben, auf das Verständnis vom Funktionieren der Gesellschaft übertragen.

Am 24. April 1915 verschickte Talât ein Rundschreiben an seine Verantwortlichen in den Provinzen sowie ein umfangreiches Telegramm an Enver, den stellvertretenden Befehlshaber der osmanischen Armee. (Formell stand der Sultan an der Spitze der Streitkräfte.) In diesen beiden Schreiben stellte Talât die aktuelle nationale Situation so dar, als sei ein allgemeiner Aufstand der Armenier gegen den Staat im Gange. Er beschwor das Schreckgespenst einer von Russland unterstützten Autonomie Armeniens im Osten Kleinasiens herauf, während die Türkei in Gefahr sei, deswegen den Weltkrieg zu verlieren. Aber weder in seinen Rundschreiben noch in seinen Memoiren erwähnt Talât, dass er und seine Freunde diejenigen waren, die den Krieg im Osten im August 1914 vorbereitet und dann vom Zaun gebrochen hatten (vgl. dazu Teil V).[15] Was wollten sie damit? Es ging ihnen um die Erneuerung alter Grösse und Stärke der Türkei, insbesondere um die vollständige «nationale Souveränität» ihres imperialen Nationalstaats. Deswegen wollten sie die kurz zuvor unterschriebenen, international zu überwachenden Reformen für das östliche Kleinasien annullieren, die vor allem den krisengeschüttelten kurdisch-armenischen Ostprovinzen zugutekommen sollten. Damit im Zusammenhang stand der Wille, Gebiete im Kaukasus, die bereits vor Jahrzehnten verloren gegangen waren, und weitere darüber hinaus zu erobern.

Seit der Mitte des 19. Jahrhunderts mangelte es in den Ostprovinzen an stabiler Sicherheit der Bürger und an einer zuverlässigen Rechtsordnung, was wiederholt zu regionalen Unruhen führte. In der Begrifflichkeit der Diplomatie begann man diese Problemlage als «armenische Frage» zu bezeichnen. Sie wurde zum zentralen Element der osmanischen Gesamtproblematik jener spätosmanischen Periode. Sie war damit Teil der notorischen sogenannten orientalischen Frage. Diese lässt sich wie folgt umschreiben: Wie könnte oder sollte die Zukunft des Osmanischen Reichs und damit die Zukunft des Nahen Ostens insgesamt aussehen? Und in welcher Form sollte Europa an dieser Zukunft beteiligt sein oder sie gar bestimmen?[16] Ein Haupthindernis, das jede einfache Antwort auf diese Frage von vornherein verunmöglichte, war die For-

---

14 So formuliert gegenüber seinem politischen Freund Halil (Menteşe, Anıları, 216) im Juni 1915. Eine der ersten allgemeinen Darstellungen der Geschichte des Ersten Weltkriegs verwendet in diesem Zusammenhang zentral dieses aussagekräftige Paradigma des Sozialdarwinismus: Zurlinden, Weltkrieg.
15 Arşiv belgeleriyle Ermeni faaliyetleri, Bd. 1, 424 f. (eine Sammlung von osmanischen Quellen aus dem Militärarchiv ATASE); Akçam, The Young Turks' Crime, 186 f. Die letztgenannte Arbeit ist eine scharfsinnige Untersuchung jüngeren Datums zum Genozid an den Armeniern; sie stützt sich weitgehend auf osmanische Originaldokumente.
16 Vgl. Anderson, Eastern Question.

derung der nichtmuslimischen Bevölkerungsteile nach voller Gleichberechtigung mit den Muslimen. Diese Forderung stiess bei Lokalherren, sunnitischen Geistlichen und deren breiter Gefolgschaft auf erbitterte Ablehnung, insbesondere in den östlichen Gebieten Kleinasiens. Sie betrachteten nichtmuslimische Untertanen immer noch als sogenannte *zimmi* (Schutzbefohlene), von denen mit Selbstverständlichkeit erwartet wurde, dass sie die muslimische Vormachtstellung in allen Belangen von Staat und Gesellschaft zu respektieren hätten. Sie bezichtigten die Armenier, die am lautesten nach egalitären Reformen verlangten, Agenten fremder christlicher Grossmächte zu sein, die ihrerseits angeblich das Ziel verfolgten, die Herrschaft über das Osmanische Reich und die Ostprovinzen zu erlangen.

Junge armenische Aktivisten weckten Hoffnungen auf einen sozialrevolutionären Wandel, knüpften Kontakte zu gleichgesinnten Unterstützern im Ausland und begannen damit, Selbstverteidigungstaktiken zu koordinieren. Rund 100 000 Armenier, überwiegend Männer, wurden 1895 in einem Massaker getötet, kurz nachdem der Sultan einen Reformplan unterzeichnet hatte. Und im April 1909 starben nochmals ungefähr 20 000 armenische Zivilisten. Für diese Massaker an der Zivilbevölkerung waren Banden verantwortlich, deren Mitglieder in Moscheen rekrutiert worden waren und die sich mit Staatsbeamten und lokalen Würdenträgern verbündet hatten oder von diesen zumindest Unterstützung erfuhren. Es gibt ein einziges, dafür sehr ehrliches Zeugnis eines kurdischen Historikers aus den 1970er-Jahren, das uns daran erinnert, dass damals verschiedene islamische Autoritäten öffentlich aufstachelten und einen dschihadistischen Aufruf an die Muslime richteten, die *gâvur* (Nichtmuslime) in grosser Zahl umzubringen. Das Töten dieser Andersgläubigen wurde geradezu zur religiösen Pflicht der *ummah* (Gemeinschaft der Muslime) erklärt.[17]

Um seine Autorität in den Randgebieten des Reichs noch irgendwie aufrechterhalten zu können, sah sich der Staat genötigt, gewaltbereite reaktionäre Kräfte beizuziehen und mit ihnen gemeinsame Sache zu machen. Den westlichen Grossmächten auf der anderen Seite fehlte die gemeinsame Grundlage für ein geeintes Vorgehen, und so blieben Interventionen von dieser Seite aus. Die Grossmächte verhielten sich wie gelähmt, und dies nicht nur wegen ihrer gegenseitigen Konkurrenz, sondern auch aus Furcht, ein möglicher Zusammenbruch des osmanischen Staats könnte gefährliche geostrategische Konflikte nach sich ziehen und dadurch Wirtschaftsinteressen und bereits getätigte finanzielle Investitionen ernsthaft gefährden. Die osmanische Diplomatie unter Sultan Abdulhamid II. nutzte diese Konstellation geschickt aus: In all jenen Fällen, bei denen es nicht zu direkten negativen Reaktionen im Ausland gekommen war, sah sich der Staat nicht in der Pflicht, die in grossem Umfang begangenen Verbrechen im eigenen Land zu ahnden, zumal er diese ja grösstenteils stillschweigend geduldet, zum Teil selber orchestriert hatte.[18] In den Jahren des Ersten Weltkriegs kam es zu einer weiteren Verschlechterung der Gesamtsituation. Die osmanische Regierung hatte im Februar 1914 erneut einem Plan für Reformen im

---

17 Ahmed, Birinci dünya savaşı yıllarında Kürdistan, 62–64, 86.
18 Eine Biografie von Abdulhamid auf aktuellem Wissensstand ist Georgeon, Abdulhamid II, 356–361. Wesentliche Erkenntnisse bezüglich Abdulhamids Regierungsstil sind zu finden bei Deringil, The Well-Protected Domains. Deringil stützt sich auf osmanische Quellen.

Osten Kleinasiens zugestimmt und diesen unterschrieben. Aber der Weltkrieg und die faktische Zustimmung Deutschlands zum Vorgehen der osmanischen Regierung erlaubten es Talât, die Vereinbarung zunächst vorübergehend zu suspendieren und dann ab Ende 1914 gänzlich ausser Kraft zu setzen.

Talât war zur Überzeugung gekommen, dass die Durchführung von Reformen im östlichen Kleinasien im Endergebnis unweigerlich zur Autonomie dieser Region und möglicherweise sogar zu territorialen Verlusten führen würde, wie das im Fall von Mazedonien erst gerade geschehen war. (Allerdings hatten in diesem Fall Talâts vorsätzliche Kriegshetze im Herbst 1912 wie auch lange zurückreichende Versäumnisse im Bereich der Verwaltung eine wesentliche Rolle gespielt.) Der 1912 und 1913 erlittene Verlust beinahe aller europäischen Territorien, die vormals zum Osmanischen Reich gehört hatten, machten ihn und seine Freunde zu radikalen Anhängern eines neuen türkischen Nationalismus. Damit verabschiedeten sie sich auch vom letzten Rest des Glaubens an eine multinationale osmanische Koexistenz auf Verfassungsbasis. Nunmehr beanspruchten sie ganz Kleinasien als «türkisches Nationalheim» (Türk Yurdu), gaben sich aber nicht damit zufrieden. Ziya Gökalps Vision von «Turan», die auf territoriale und kulturelle Expansion ausgerichtet war, prägte und vereinnahmte die neue türkisch-nationalistische Strömung. Gökalps und Talâts Nationalismus trug ein imperiales Korsett.

«Turan» beinhaltete zwar die – wie sich erweisen sollte illusorische – Vorstellung, Muslime nichttürkischer Identität, insbesondere Kurden, würden sich ohne weiteres in die expandierende türkische Nation integrieren lassen. Es schloss aber die gleiche Möglichkeit für osmanische Christen kategorisch aus. Derart radikale Ziele gesellschaftlicher Umgestaltung, imperialer Wiederherstellung und territorialer Expansion konnten aber nur mit kriegerischen und gewaltsamen Mitteln erreicht werden. Die Eroberung des Kaukasus und damit der weitere Vormarsch in Richtung «Turan» war ein Traum, den ab August 1914 breite Teile junger Eliten, insbesondere Armeeoffiziere, mit höchster Begeisterung teilten. Er erfüllte sich aber nicht in Ansätzen, sondern platzte bereits Ende 1914 mit einer katastrophalen Niederlage an der kaukasischen Südwestgrenze. Derselbe Traum spielte allerdings bis im Herbst 1918 eine wichtige Rolle, nachdem ihm 1917 der Untergang des zaristischen Russland wieder Flügel verliehen hatte.

Am 24. April 1915, nach einem Treffen mit CUP-Freunden und nachdem er von jungen, radikalen Gouverneuren der Ostprovinzen in den Tagen und Wochen zuvor konkrete Vorschläge zum weiteren Vorgehen erhalten hatte (siehe Teil V), fasste Talât den Entschluss, die sogenannte armenische Frage ein für alle Mal einer Lösung zuzuführen. Talât hatte sich nach der Verfassungsrevolution von 1908 gegenüber den Armeniern anfänglich offen gezeigt. Doch wandelte sich seine Haltung ihnen gegenüber in fanatischen Hass. Denn er stellte bei ihnen den entschiedensten Widerstand gegen seine eigenen, ab 1912 radikalisierten politischen Ambitionen fest. Daher fürchtete er sie als Haupthindernis auf dem Weg zu einer türkischen Zukunft nach seinen Vorstellungen, die er inzwischen auch nicht mehr länger an die Prinzipien der osmanischen Verfassung gebunden sah. In seinem Rundschreiben erteilte er den Befehl zur Verhaftung der gesamten armenischen Elite. Im Grunde war er misstrauisch gegenüber allen politisch aktiven Gruppen von Nichtmuslimen, so auch gegenüber den Zionisten. Beim gemeinsamen Nachtessen mit US-Botschafter Henry Morgenthau, das auf den Tag genau mit dem Versand des Rundschreibens zusammenfiel, äusserte er seine Überzeugung, dass «sie [die Zionisten] allesamt hinterhältige Subjekte sind» und dass es deshalb «ihre [der Regierenden vom CUP] Pflicht ist, sie loszuwerden». Drei Tage später teilte der deutsche Botschafter Hans von Wangenheim Morgenthau mit, «er würde den Zionisten helfen, nicht aber den Armeniern».[19] Und genau so war es dann auch: Deutschland schützte osmanische Juden, jedoch nicht die Armenier. Mit seinen Befehlen vom 24. April 1915 lieferte Talât sogar frühere politische Freunde an die Justiz aus und gab sie Verhören, der Folter und in den meisten Fällen der Ermordung preis. Und der Sicherheitsapparat als Organ von Talâts eigenem Ministerium erpresste von diesen Gefangenen vor ihrer Ermordung häufig noch Geständnisse, die beweisen sollten, dass eine allgemeine Verschwörung der Armenier gegen den Staat im Gange war.[20] In Wahrheit gab es keine solche Verschwörung. Aber es gab sie in der von Talât mit kühler Berechnung entwickelten Verschwörungstheorie, die im Frühjahr 1915 gezielt gestreut wurde.

Viele der politischen Weggefährten aus früheren Zeiten, die sich jetzt im Gefängnis befanden, konnten es schlicht nicht glauben, dass sich Talât zu ihrem Verfolger gewandelt hatte. Sie wandten sich selbst dann noch an ihn und erbaten von ihm Beistand und Hilfe, als sie schon zum Verhör geführt oder zur Hinrichtung begleitet wurden.[21] Der Rechtsanwalt und Schriftsteller Krikor Zohrab, ein langjähriger Weggefährte von Talât und zugleich ein international anerkannter osmanischer Abgeordneter der politischen Mitte, war von der nächtlichen Verhaftungswelle vom Samstag, 24. April 1915, verschont geblieben. Am Morgen danach, am Sonntagmorgen, suchte er zusammen

---

19 Morgenthau, United States Diplomacy (im Folgenden: Morgenthau, Tagebuch), 215, 24. April 1915; 2017, 27. April 1915. Morgenthau war ein gut informierter internationaler Beobachter und auch Akteur im Istanbul der Jahre 1914–1916. Seine Briefe und sein Tagebuch sind aufschlussreich und in den meisten Fällen zuverlässige Quellen.

20 Arşiv belgeleriyle Ermeni faaliyetleri, Bd. 1, 235–281. Viele osmanische Quellen sind heute gedruckt oder online in lateinischer Schrift als Transkriptionen der arabischen Originale verfügbar. An dieser Stelle beziehen wir uns auf eine achtbändige Sammlung von osmanischen Armeequellen. Eine Auswahl von staatlichen osmanischen Quellen betreffend die Situation der Armenier während der Zeit des Ersten Weltkriegs ist zugänglich über die Website des Başbakanlık Osmanlı Arşivi (BOA), www.devletarsivleri.gov.tr/1915-olaylari. Der Zugang zu den Militärarchiven in Ankara (Askeri Tarih ve Stratejik Etüt Başkanlığı Arşivi) ist eingeschränkt, die Auswahl der zur Verfügung stehenden Dokumente und die Bereitschaft zu deren Herausgabe liegt im Ermessen des Archivs. BOA ist diesbezüglich liberaler; allerdings bleibt auch hier unklar, wieweit besonders sensible Dokumente zugänglich sind.

21 Grigoris Balakians Zeugnis aus erster Hand führt hier mehrere Beispiele an: Balakian, Armenian Golgotha. Obwohl nicht vergleichbar mit den Verzerrungen in Talats Memoiren in der ersten amerikanischen Ausgabe (siehe Anm. 1), ist die hier genannte Ausgabe von Balakians *Armenian Golgotha* insofern ebenfalls problematisch, als sie eine bereits geschilderte Erinnerung ein weiteres Mal so anpasst, dass sie den vermuteten Erwartungen einer amerikanischen Öffentlichkeit entspricht, anstatt den im Bericht spürbaren Emotionen und religiösen Referenzen ihre authentische Stimme zu belassen. In der übersetzten Version werden längere Passagen ausgelassen, wobei diese nicht kenntlich gemacht sind. Dem Leser sollen damit – so die Argumentation – «Passagen predigthaft-moralisierender Art und Abschnitte, in denen der Autor nur seine persönliche Meinung vertritt», erspart werden. Balakian, Armenian Golgotha, xxviii f.

mit dem armenischen Patriarchen und zwei weiteren Parlamentsabgeordneten Talât auf, und gemeinsam baten sie ihn eindringlich, die Gefangenen des Vortags doch freizulassen, aber er blieb hart und liess sich absolut nicht zu einem Entgegenkommen bewegen. «Alle Armenier, die in Wort, Schrift oder durch ihr Handeln für den Aufbau eines Armenien gearbeitet haben oder eines Tages dafür arbeiten könnten, werden als Staatsfeinde betrachtet.»[22] Am Tag darauf sandte Zohrab eine Mitteilung an Talât, in der er sich darüber beschwerte, dass einerseits die öffentliche Stellungnahme zu den Verhaftungen in irreführender Weise Hoffnungen auf eine möglicherweise baldige Freilassung der Gefangenen wecke und dass andererseits zum Ergehen und Schicksal der Verhafteten keinerlei Informationen an die Öffentlichkeit gelangten.[23]

Ganz wie sein Freund Ziya Gökalp, der einflussreiche geistige Vater des türkischen Nationalismus und Mitglied im CUP-Zentralkomitee, hatte sich Talât das Ideal eines staatszentrischen islamischen Türkismus zu eigen gemacht. Er lehnte die Idee eines Gesellschaftsvertrags ebenso ab wie jede regional verwurzelte Bestrebung zu mehr Demokratie. Beide befürworteten eine auf Einheit ausgerichtete, autoritäre Zentralgewalt. Gökalps modernistische Ideologie, die von seinen Anhängern als «Idealismus» bezeichnet wurde (*mefkûrecilik*, abgeleitet von Gökalps Grundbegriff *mefkûre*, Ideal), war politischer Messianismus. Von den meisten Historikern wird unterschätzt, wenn nicht sogar übersehen, dass das politisch-ideologische Zusammengehen von Talât und Gökalp den katastrophalen Verwerfungen des spätosmanischen Mittleren Ostens seinen prägenden Stempel aufdrückte. Die Ausnahme bilden einige armenische Autoren.[24] Auch auf Europa, insbesondere auf Deutschland, übte das «Kraftpaket» Talât-Gökalp Einfluss aus, so zum Beispiel indem Gökalp hier als genialer Begründer des türkischen Nationalismus und Figur von weltgeschichtlichem Format gepriesen wurde.

Während der osmanischen «Urkatastrophe» – des spätosmanischen Kriegsjahrzehnts und gesellschaftlichen Zusammenbruchs 1912–1922 – bündelte die CUP-Parteipolitik radikale Ideen der Erneuerung (Gökalp) mit ebenso radikaler politischer Praxis (Talât). Zart aufkeimende Ideen eines weniger militanten, auf Konsensfindung und Pluralismus ausgerichteten Wiederaufbaus von Staat und Nation auf den Grundlagen der osmanischen Verfassung hatten da keine Chance und wurden abgewürgt. Deutsche Orientalisten aus der frühen Zwischenkriegszeit hielten fest, dass Gökalp zwar einerseits an Bestrebungen zur Reformierung des Islams beteiligt war, gleichzeitig aber auch einen grenzenlosen Enthusiasmus für das Türkentum entwickelte und «trunken [war] vom Ideal der ‹grossen ewigen Heimat Turan›». Bisherige Orientalis-

---

22 Zitiert in Kévorkian, Armenian Genocide, 252 f. Es handelt sich hier um die bis heute umfassendste Geschichte des armenischen Völkermords. Sie stützt sich weitgehend auf armenische Quellen, bezieht aber auch eine Vielzahl von Quellen anderer Herkunft mit ein.
23 Zohrab, Gesammelte Werke, Bd. 6, 312.
24 Zu armenischen Gelehrten, die sich vertieft mit diesen Zusammenhängen befasst haben, gehören Stephan Astourian: «Modern Turkish identity and the Armenian Genocide. From Prejudice to Racist Nationalism», in: Richard G. Hovannisian (Hg.): *Remembrance and Denial. The Case of the Armenian Genocide*, Detroit: Wayne State University Press, 1998, 23–50; Mihran Dabag: «Jungtürkische Visionen und der Völkermord an den Armeniern», in: Mihran Dabag, Christine Platt (Hg.): *Genozid und Moderne*, Bd. 1: *Strukturen kollektiver Gewalt im 20. Jahrhundert*, Opladen: Leske und Budrich, 1998, 152–205.

ten wandelten sich damals zu Türkologen und bejahten einen auf Islam und Türkentum fussenden, ihrer Ansicht nach vitalen Nationalismus. Damit verbannten sie gleichzeitig die bis dahin bedeutendsten Forscher zur osmanischen Turkologie in Europa – die Armenier – aus ihrer eigenen wissenschaftlichen Disziplin. Gökalp wurde zutreffend als der geistige Vater des türkischen Nationalismus anerkannt. Zudem rühmte man ihn als grossen Lehrer einer «volksnahen Philosophie», die «ihre Glaubwürdigkeit während des letzten Krieges so glänzend unter Beweis gestellt» habe.[25]

3 Unter Druck, doch hochgestimmt: Vor dem Verbrechen, das die Nation neu begründet

Am 27. Mai 1915 stattete Emil Ludwig Talât einen zweiten Besuch ab.[26] Dabei fand er diesen in ausgelassener Stimmung vor – ganz im Gegensatz zu dessen Gemütszustand zweieinhalb Monate zuvor. Doch der erste osmanische Sieg vom 18. März 1915 hatte Winston Churchills Versuch vereitelt, bei den Dardanellen mit einem Flottenangriff eine direkte Seeverbindung mit Russland zu schaffen, und sorgte für überschwängliche Stimmung bei einer Regierung, die kurz zuvor, im Winter 1914/15, im Kaukasus, in Nordiran, im Süden Iraks und am Suezkanal noch schwere Niederlagen erleiden musste. Die Presse der Ententemächte und der neutralen Länder plädierte zu jenem Zeitpunkt klar für ein autonomes Armenien unter internationalem Schutz.[27] Der Sieg über die Entente vom 18. März 1915 stärkte die CUP-«Brüder» (so nannten sie sich gegenseitig). Deren «bisherige Unsicherheit und moralische Depression verschwanden und machten einem ostentativ zur Schau getragenen Optimismus und Selbstbewusstsein, sowie einem überaus brutalen Chauvinismus Platz», wie der österreichische General Joseph Pomiankowski, ein Vertrauter von Enver Pascha, feststellte.[28]

Dieser Chauvinismus verband sich mit verwegenem Draufgängertum. Unter den CUP-Aktivisten der Hauptstadt und ihren Gesinnungsgenossen in den östlichen Provinzen wuchsen wilde Entschlossenheit und die Überzeugung, dass der geeignete Zeitpunkt gekommen sei, um die armenische Frage zu einem endgültigen Abschluss zu bringen, und zwar durch die Auslöschung armenischen Daseins im Reich. Talât lieferte dazu die Begründungen: Er nannte die staatliche Sicherheit, die an der Ostfront durch Russland und armenische Agenten gefährdet sei. Aber die Hauptbegründung war der feste Wille, Kleinasien von allen armenischen Ansprüchen und

---

25 Mustafa Nermi: «Türkismus und Kant», in: *Nord und Süd. Eine deutsche Monatsschrift* 173 (1920), 169–172; Fischer, Aus der religiösen Reformbewegung, 5–7; Richard Hartmann: «Ziya Gökalp's Grundlagen des türkischen Nationalismus», in: *Orientalistische Literaturzeitung* 28 (1925), 578–610, hier 610; Marie Bossaert: «La part arménienne des études turques», in: *European Journal of Turkish Studies* 24 (2017), http://ejts.revues.org/5525. Immer noch aufschlussreich zur Person von Gökalp ist Heyd, Foundations.
26 Emil Ludwig: «Unterredung mit Talaat Bei, dem Minister des Inneren», in: *Berliner Tageblatt*, 28. Mai 1915.
27 «Glanures», in: *Journal de Genève*, 9. Januar 1915, Titelseite.
28 Pomiankowski, Zusammenbruch, 154–162. Dies ist der nüchterne und kluge Bericht eines Beobachters in privilegierter Stellung zum osmanischen Erleben des Ersten Weltkriegs.

Forderungen zu «befreien». Als imperial gesinnte Revolutionäre sahen er und seine Freunde sich einer umfassenden Kriegsstrategie verpflichtet, die sowohl innere als auch äussere Fronten ins Auge fasste. Er war überzeugt, mit dem geplanten Vorgehen einen vernichtenden Sieg über den inneren Feind erlangen zu können. Seit August 1914 verstand er Krieg im buchstäblichen Sinn als totalen, allumfassenden Krieg und Dschihad, und das beinhaltete die Bereitschaft, den Kampf an allen äusseren und inneren Fronten gleichzeitig zu führen und zu koordinieren.

Schon im Juni 1914 konnte Talât einen enormen Erfolg für sich und seine Sache verbuchen: CUP-Banden hatten mehr als 150 000 orthodoxe Christen (sogenannte Rûm), allesamt osmanische Bürger aus der Region Izmir an der Ägäisküste, aus ihrer mehrtausendjährigen Heimat auf die nahe gelegenen Inseln vertrieben, von wo sie weiter nach Griechenland flüchteten. Mitte Juli 1915 prahlte er damit, dass er «in der Angelegenheit der Zerschlagung der Armenier in drei Monaten mehr fertiggebracht habe als Abdulhamid in seinen ganzen 37 Jahren als regierender Sultan».[29]

Im Mai 1915 waren alle Kräfte des Landes vom Kampf um die osmanische Hauptstadt Istanbul absorbiert. Nur wenige Stunden nachdem die Massenverhaftungen der Armenier angefangen hatten, begannen die Ententemächte am Morgen des 25. April 1915 mit der Invasion von Gallipoli. Während die osmanische Armee in Grabenkämpfen erfolgreich Widerstand leistete, leiteten deutsche Generäle mit Unterstützung deutscher Militärexperten und mithilfe von U-Booten die Verteidigung und konnten den Angriff stoppen. Bei seinem Gespräch Ende Mai mit Ludwig zeigte sich Talât absolut selbstsicher: «Wir haben keine Angst. In die Dardanellen kann niemand rein.» Er fürchtete zu jenem Zeitpunkt weder den Kriegseintritt von Italien noch den Ausbruch eines Kriegs auf dem Balkan. Und er war sich sicher, seinen auf heimischem Boden geführten Krieg nicht nur gegen die Rûm, sondern auch gegen die Armenier zu gewinnen. Bereits am 16. Mai liess er dem Grosswesir einen Brief zukommen, in dem er detailliert beschrieb, wie sein Innenministerium mehr als 250 000 muslimische Flüchtlinge an jenen Orten angesiedelt habe, die zuvor von den ausgewiesenen Rûm bewohnt waren. Talât wurde damit zum Wegbereiter gewaltsamer Bevölkerungspolitik grössten Ausmasses. Sein Notizbuch bezeugt dies mit einer peinlich genau geführten Zahlenstatistik.[30]

Auch im Hinblick auf die Weltgeschichte fehlte es Talât nicht an unbekümmertem Selbstvertrauen. Dies ist belegt durch seinen Einführungstext zur osmanischen Übersetzung von Karl Helfferichs Untersuchung der Gründe und Umstände, die zum Ausbruch des Ersten Weltkriegs geführt hätten. In diesem Beitrag, der auf den 14. Mai 1915 datiert ist, identifiziert sich der osmanische Führer vorbehaltlos mit der Sicht und Deutung der Zeitgeschichte, wie sie Helfferich, der akademisch gebildete, scharfzüngige Befürworter einer deutschen *Weltpolitik* und künftige Führer einer extremen Rechten in Deutschland, vertrat. Es kam Talât sehr gelegen, dass Finanzminister Helfferich ohne den Hauch eines Zweifels Russland die Schuld am Krieg zuwies und Frankreich und die Briten gleichzeitig zu dessen Komplizen erklärte, während

---

29 Morgenthau, Tagebuch, 279, 18. Juli 1915.
30 Tahrirat, 16. Mai 1915, BOA, BEO. 326465, zitiert in Ahmet Efiloğlu, İttihat ve Terakki azınlıklar politikası, 106. Talâts Notizbuch: Talat Paşa'nın Evrak-ı Metrûkesi.

die Mittelmächte sich lediglich gegen die Brandstifter der Entente zur Wehr setzen würden. Talât zog daraus den Schluss: «So sind denn die Verantwortlichkeiten völlig offensichtlich; es bleibt meiner Meinung nach in dieser Angelegenheit für die spätere Geschichtsschreibung auch nicht die kleinste Deutungsaufgabe übrig.» Zwei Jahre später wurde für Grosswesir Talât in Helfferichs Berliner Haus ein Empfang gegeben.[31] Die beiden hatten sich schon nach der jungtürkischen Revolution von 1908 kennengelernt. Helfferich, der frühere Direktor der Anatolischen Eisenbahngesellschaft und jetzt Vorsteher der Deutschen Bank, organisierte damals gemeinsam mit dem Journalisten Paul Weitz Propagandaaktionen. Er setzte – in seinen eigenen Worten – «Bakschisch» sowie «Kredite ad libitum» ein, um die Jungtürken für deutsche Anliegen zu gewinnen. Anfänglich hatte sich das CUP gegenüber Deutschland noch abweisend verhalten, denn das langjährige Werben Deutschlands um die Sympathien von Sultan Abdulhamid II. war in jungtürkischen Kreisen schlecht angekommen.[32]

Nachdem der Angriff auf die armenische Elite mit den Massenverhaftungen abgeschlossen war, leitete Talât den Hauptakt seines Plans in die Wege: Eine ganze Volksgruppe sollte in die Wüste Syriens geschickt werden. Am Tag vor Ludwigs zweitem Besuch hatte Talât dem Grosswesir Said Halim einen langen Brief zukommen lassen. Said Halim war ein CUP-Mitglied mit im Vergleich zu Talât und Enver geringerem Einfluss. In diesem Brief vom 26. Mai 1915 wird die Beseitigung der Armenier als umfassende und definitive Lösung für eine überlebenswichtige Frage des osmanischen Staates dargestellt. Die langen Sätze sind umständlich formuliert und im Nachhinein mühsam zu lesen. Doch der Brief ist in einem geradezu gebieterischen Ton abgefasst, der keine Widerrede duldete gegen ein Projekt, das in krasser Weise die Verfassung und die osmanische Rechtsordnung vergewaltigte. Als Schulbeispiel talâtscher Täuschung gab das Schreiben eine Wiederansiedlung der Vertriebenen an einem anderen Ort, den Schutz ihrer Rechte und eine nur beschränkte Evakuierung aus Kriegsgebieten vor. Aber zu jenem Zeitpunkt beabsichtigte Talât bereits die landesweite Beseitigung der Armenier, wie seine unmittelbar folgende Serie von Deportationsbefehlen beweist.[33]

Auf das Drängen von Enver und Talât hin verfügte das Regierungskabinett am 27. Mai ein provisorisches Gesetz, welches der Armee das Recht einräumte, «jegliche Art von Opposition zu ersticken» und schon nur im Verdachtsfall «Bewohner von Dörfern und Städten einzeln oder in Gruppen zu vertreiben und andernorts neu anzusiedeln».[34] Hier wurden die Armenier als jene Volksgruppe, auf die das Gesetz

---

31 Talaat, «Mukaddime», in: Helfferich, Harb-i Umûmî'nin menseileri, 8. Die Übersetzung stammt von Talâts (und später auch Atatürks) Mitarbeiter Reşid S. Atabinen; der Titel lautet im Original: *Die Entstehung des Weltkriegs im Lichte der Veröffentlichungen der Dreiverbandmächte*. Empfang in Berlin vom 27. April 1917, Österreichisches Staatsarchiv, K. und k. Ministerium des Äusseren, Departement 5, Zeitungsarchiv, Karton 86, Akte 3.

32 Williamson, Karl Helfferich, 89–96.

33 Talât (vom innenministeriellen Direktorium für die Ansiedlung von Stämmen und Einwanderern) an den Grosswesir, 26. Mai 1915, BOA, BEO. 4357-326758.

34 Deportationsgesetz, veröffentlicht am 1. Juni 1915 in der offiziellen Zeitschrift (*Takvim-i Vekayi*); auf Französich am 2. Juni in *La Turquie* wiedergegeben in Arthur Beylerian (Hg.): *Les grandes puissances, l'Empire ottoman et les Arméniens dans les archives françaises (1914–1918). Recueil de documents*, Paris: Publications de la Sorbonne, 1983, 40 f.

abzielte, noch nicht explizit genannt. Das wurde aber in einem sehr viel deutlicher formulierten Dekret vom 30. Mai nachgeholt, und dieses zeigte wiederum unverkennbar Talâts Handschrift, denn es lassen sich darin ganze Passagen seines Briefs vom 26. Mai im originalen Wortlaut wiederfinden.[35] Talâts Vorgehen stellte eine bewusste Auflehnung gegen die Deklaration der Ententemächte vom 24. Mai 2015 dar, in der die Mitglieder der osmanischen Regierung ausdrücklich gewarnt wurden, dass man sie persönlich zur Verantwortung ziehen würde für «Verbrechen gegen die Menschlichkeit». (Es war dies das erste Mal, dass diese Formulierung auf höchster Ebene der Diplomatie zur Anwendung kam.)[36] Talâts Reaktion auf die mit internationalem Gewicht ausgesprochene Warnung bestand darin, dass er die Verantwortung sofort aufs ganze Kollektiv des Regierungskabinetts ausweitete und damit eine durch ein Grossverbrechen zusammengehaltene und verschworene Gemeinschaft begründete.

Talât handelte häufig schon, bevor er seine Kollegen informierte und bevor er für ein bestimmtes Anliegen das Einverständnis seiner offiziellen Vorgesetzten oder des Regierungskabinetts einholte. Auch wartete er nicht erst ab, bis Gesetze geschaffen wurden, die seine Taten hätten legitimieren können. Bereits am 18. und 23. Mai hatte er den Gouverneuren von Erzurum, Van und Bitlis (drei Provinzen, die von den Reformplänen vom Februar 1914 betroffen waren) die Instruktion erteilt, die armenische Bevölkerung in Richtung Süden zu vertreiben. Im gleichen Zug hatte er die Gouverneure auch in die Pläne zur Neuansiedlung der muslimischen Flüchtlinge aus den verlorenen Balkanprovinzen eingeweiht, und dafür sollten jene Häuser dienen, die von den Armeniern «verlassen» worden waren.[37] Über drei Monate hinweg schleppten sich nun Karawanen armenischer Frauen, Kinder und Männer (sofern sie nicht als Wehrpflichtige eingezogen worden waren) durch Kleinasien, wobei die Tragödie ihren Anfang in den östlichen Gebieten nahm. Die Vertriebenen waren übelsten Widrigkeiten und Entbehrungen, Plünderungen und Massakern ausgesetzt; auch serielle Vergewaltigungen von Frauen und Kindern, Mädchen und Knaben, sind bezeugt. Im Osten wurden die meisten Männer schon vor ihrem Aufbruch ins Ungewisse ermordet. Die armenischen Familien wurden ausgeraubt, ihre Häuser vollständig geplündert. Das verschaffte einerseits dem Staat einen ansehnlichen materiellen Nutzen, aber auch angesehene Mitbürger, zahlreiche Nachbarn und Gelegenheitsdiebe nutzten jetzt die «Gunst der Stunde», um sich persönlich zu bereichern. Die grosse Zahl an Verbrechen in der zivilen Gesellschaft spiegelte die Korruptheit einer sich landesweit wie Schurken gebärdenden Regierung.

---

35 Armenians in Ottoman Documents, 34 f.
36 Zeitgenössische englischsprachige Version in *United States Official Records on the Armenian Genocide, 1915–1917*, hg. von Ara Sarafian, London: Gomidas, 2004, 29. Zu Talâts Reaktion auf diese Deklaration vgl. Bayur, Türk inkılâbı tarihi, Teil 3, Bd. 3, 39. Das Werk von Bayur (1891–1980) steht stellvertretend für einen aufschlussreichen professionellen Strang kemalistischer Geschichtsschreibung. Sie ist vom sozialdarwinistischen Zeitgeist und von einer essenzialistischen Vision der eigenen Ethnonation beeinflusst. Bayurs Studie unterzog sich somit der von Talât begründeten antiarmenischen Vorgabe national orientierter Geschichtsschreibung. Er bewahrte aber eine gewisse kritische Distanz zu Talât und war sich der fatalen Bedeutung von Talâts Entscheiden vom Frühjahr 1915 bewusst. Bezüglich des juristischen Fachbegriffs vgl. Daniel M. Segesser: «Die historischen Wurzel des Begriffs ‹Verbrechen gegen die Menschlichkeit›», in: *Jahrbuch der Juristischen Zeitgeschichte* 8 (2006/07), 75–101.
37 Armenians in Ottoman Documents, 36 f.

An jenem 27. Mai 1915, einem Donnerstag, als Emil Ludwig das Büro von Talât verliess, nahm er ungefähr zwanzig Angestellte wahr, die sich auf dem Boden zum gemeinsamen Gebet hingekniet hatten. Obwohl Talât an normalen Werktagen selber kaum die Zeit fand, sich der Gruppe der Betenden anzuschliessen, nahm er doch regelmässig am öffentlichen Freitagsgebet (*namaz*) teil. Und seine Frau erzählte, dass er jeden Morgen das Al-Fath (Sieg), die 48. Sure des Korans rezitiert habe. An verschiedenen Stellen von Talâts umfangreicher Korrespondenz lassen sich in den Formulierungen Elemente persönlicher Frömmigkeit finden, auch wenn sie nicht sorgfältig ausgearbeitet sind. In den Gesprächen, die er mit dem Scheichülislam (Leiter der Religionsbehörde) Mustafa Hayri führte, der übrigens selber auch ein Mitglied des CUP-Zentralkomitees war, bestand Talât wiederholt darauf, dass er selber ein guter Muslim sei. Er war auch der Erste gewesen, der dem *fetva*-Beauftragten anerkennend die Hand reichte, nachdem dieser das von Hayri verfasste Rechtsdokument (*fetva*) gelesen hatte, welches am 14. November 1914 offiziell den Dschihad ausrief. Einerseits identifizierte sich Talât mit dem Islam als seiner Religion, aber gleichzeitig nutzte er ihn auch als Instrument, um seine eigene Macht zu stützen, so auch im April 1909, als er den Erlass einer *fetva* erzwang, nur um Abdulhamid vom Thron stossen zu können (siehe Teil III).[38]

Hayri missbilligte zwar Talâts Radikalismus und seine zuweilen barsche Art, aber es ging ihm wie einer kleinen Zahl von anderen CUP-Repräsentanten, die ähnlich fühlten: Er traute sich nicht oder es fehlte ihm auch einfach die Willenskraft, sich auf eine Konfrontation mit Talât einzulassen. Im Gegensatz zu Hayri sah Talât das Heil für den gefährdeten Staat nicht in einer erneuerten Einheit der Muslime. Er zog es vor, Staat und Gesellschaft gleichzeitig umzukrempeln, so wie es Gökalps Ideen entsprach. Im Zentralkomitee warf Hayri Gökalp vor, den Türkismus über den Islam zu stellen, und er ärgerte sich darüber, dass sein Kontrahent über grösseren Einfluss verfügte als er selber.[39] Gemäss Gökalps Vorstellung war es die Aufgabe der Führenden, schlechte Elemente aus der Gesellschaft auszureissen und neue einzupfropfen. Sobald sich die erneuerte Gesellschaft westliche Wissenschaftlichkeit und Zivilisation angeeignet hätte, würde sie die Überlegenheit des Islams sowie der türkischen «Rasse» und Kultur auch in die Realität umsetzen und sichtbar machen. Sie würde dann zu einem einzigen Volkskörper vereint, und damit entstünde ein Land, in dem nach den Worten Gökalps «jedes Individuum das gleiche Ideal verfolgt, die gleiche Sprache spricht, die gleichen Bräuche pflegt und der gleichen Religion angehört. [...] Seine Söhne sehnen sich danach, ihr Leben an seiner Grenze [im Kampf gegen Feinde] hinzugeben!»[40]

---

38 Hayri, Şeyhülislam Ürgüplü Mustafa Hayri Efendi'nin Mesrutiyet (im Folgenden: Hayri, Tagebuch), 394, 4. Februar 1917. Es handelt sich hier um eine wichtige Quelle, die Einblicke ins Zentralkomitee des CUP bietet sowie ein Verständnis für die wesentlichen Konflikte vermittelt.

39 Hayri, Tagebuch, 372, 29. April 1917; *Tanin*, 15. November 1914, zitiert in Emmanuilidis, Osmanlı İmparatorluğu'nun son yılları, 116.

40 Birgen, İttihat ve Terakki'de on sene, 370; Ziya Gökalp: «Kızılelma», in: *Türk Yurdu*, 23. Januar 1913, transkribierte Ausgabe Ankara: Tutibay, 1999, Bd. 2, 115–120. Für eine stichhaltige Interpretation vgl. Üngör, Making of Modern Turkey, 35; Ziya Gökalp: «İslamiyet ve asrî medeniyet», in: *İslâm Mecmuası*, 51 f. (1917), auf Englisch in Berkes, Turkish Nationalism, 214–223.

Gökalp verkündete einen Messias namens «Turan», wobei dieser Name nicht eine Person meinte, sondern den Mythos eines «gewaltigen und ewigen Vaterlandes», das es über den Kaukasus hinaus einzunehmen galt. Während der Anfangsmonate des Ersten Weltkriegs stachelte die Idee von Turan junge, «idealistische» CUP-Offiziere zu einem pantürkischen Feldzug in den Kaukasus an. Sie empfanden es als ihre Mission, turksprachige Muslime vom Joch Russlands zu befreien. Gökalp proklamierte in verschiedenen seiner Gedichte den Dschihad und wagte im frühen August 1914 die fiebrige Prophezeiung: «Russland wird zugrunde gehen und in Schutt und Asche liegen / die Türkei aber wird wachsen und wird Turan sein!»[41] Doch nur allzu schnell wurde im Anschluss an den katastrophalen Ausgang von Envers Kaukasusoffensive bei Sarıkamış Anfang 1915 aus der himmelhohen Turan-Begeisterung böse, aggressive Frustration. Der Mythos vom «Weg nach Turan» blieb dennoch gegenwärtig und bewahrte seine Suggestivkraft. Auch in Telegrammen von Talâts Untergebenen taucht er auf.[42]

4 Verlass auf Deutschland

Der Begriff «Genozid» existierte nicht, bevor der Rechtsanwalt Raphael Lemkin ihn aus einer lateinischen und altgriechischen Wortwurzel prägte. Erst nach Jahren hartnäckiger Arbeit und des Lobbyings seinerseits wurde «Genozid» am 9. Dezember 1948 von der Generalversammlung der Vereinten Nationen mit der Resolution 260 der Generalversammlung als juristischer Fachbegriff ins Rechtsvokabular der UNO aufgenommen (Convention on the Prevention and Punishment of the Crime of Genocide). Lemkins Idee, dank internationalen Strafrechts Kriegsverbrecher zu verfolgen, ging auf den moralischen Schock zurück, den er als junger Jurist empfand, als er vernahm, dass die jungtürkischen Genozidtäter straflos ausgingen. Talât, der imperiale Umstürzler an der Spitze des Osmanischen Reiches, wurde zum Pionier von Genozid im Europa des 20. Jahrhunderts, indem er dieses Verbrechen vor den Augen seiner Bundesgenossen beging, ohne dafür belangt zu werden. Der Genozid war die Methode, die es ihm ermöglichte, in Kleinasien eine vergleichsweise homogene türkisch-muslimische Gesellschaft und, obzwar erst in Ansätzen, den dazu passenden, modernisierten autoritären Zentralstaat zu schaffen.

Lemkin gewann seine grundlegenden Kenntnisse über Talât 1921 im Rahmen des Berliner Prozesses gegen Talâts Mörder Soghomon Tehlirian, den Lemkin sehr aufmerksam verfolgte und der mit einem Freispruch für Tehlirian endete. Mit der Unterstützung von deutschen Freunden und in Zusammenarbeit mit Mustafa Kemal (Atatürk), der nach der Weltkriegsniederlage den türkischen Kampf um Kleinasien anführte, hatte Talât zuvor eine mit Kemal abgestimmte türkisch-nationalistische

---
41 Birgen, İttihat ve Terakki'de on sene, 382. Der Journalist Munittin Birgen war in den 1910er-Jahren ein Anhänger von Gökalp.
42 Als Beispiel vgl. den Brief des Gouverneurs von Erzurum an den Innenminister vom 26. August 1915, BOA, DH. ŞFR. 485-76.

Agitation und Leugnungspropaganda in Europa betrieben. Talât und seine nächsten Freunde hatten sich Ende 1918 der osmanischen Justiz entziehen können, die auf internationalen Druck hin damit begann, Kriegsverbrechen zu verfolgen. Mustafa Kemal begründete wenig später die neue Gegenregierung in Ankara (siehe Kapitel 6).[43]

Im Frühjahr 1915 musste allerdings zuerst noch eine kritische Hürde überwunden werden, bevor man sich dem Genozid widmen konnte, das heisst dem Vorhaben, «die schlechten [armenischen] Elemente aus der Gesellschaft auszumerzen». Es bestand zu dieser Zeit nämlich durchaus die Möglichkeit, dass sich Deutschland ins Geschehen einschalten würde. Zu erwartende Erschütterungen und Zerreissproben der bestehenden Allianz mussten deshalb nach Möglichkeit so lange unterdrückt oder auf niedriger Stufe gehalten werden, bis sich die angelaufene Aktion nicht mehr rückgängig machen liess und bis Deutschland – gemäss der militärischen Logik des Allianzgedankens – die schlimmen Geschehnisse ebenfalls vorbehaltlos leugnen oder jedenfalls herunterspielen würde. Am 31. Mai 1915, also nur einen Tag nach dem Erlass von Talâts detailliertem Vertreibungsdekret, entsandte Talât Enver zum deutschen Botschafter Wangenheim. Enver sprach fliessend Deutsch und war der Liebling der deutschen Presse und des Kaiserhofs. Auch war er eng befreundet mit dem Türkisch sprechenden Korvettenkapitän Hans Humann, der als aufmüpfiger Berater Wangenheim nahestand und als türkophiler Hardliner galt. In betont höflichen und verniedlichenden Worten bat Enver Wangenheim um Verständnis und Unterstützung für das notwendige Projekt, eine «grosse Anzahl armenischer Schulen zu schliessen, armenische Zeitungen zu unterdrücken, armenische Postkorrespondenz zu untersagen und aus den jetzt insurgierten armenischen Zentren alle nicht ganz einwandfreien Familien in Mesopotamien anzusiedeln. Er bittet dringend, dass wir ihm hierbei nicht in den Arm fallen.» Man müsse bedenken, dass nichts weniger als die Existenz der Türkei auf dem Spiel stehe, und diese liege doch auch Deutschland sehr am Herzen angesichts des deutschen Anspruchs auf *Weltgeltung*. Wangenheim gab seine Zustimmung.[44]

Der Parlamentsabgeordnete Krikor Zohrab, von dem man lange annahm, er stehe in bestem Einvernehmen mit Talât, bat am 1. Juni 1915 Talât und Midhat Şükrü (Bleda – ein Mitglied des CUP-Zentralkomitees und gleichzeitig dessen Generalsekretär) ein letztes Mal um eine schlüssige Erklärung zu den Massenverhaftungen und der antiarmenischen Politik.[45] Talat erwiderte schroff, dass er sich niemandem gegenüber und für nichts rechtfertigen müsse. «Mir gegenüber als einem armenischen Abgeordneten aber schon», beharrte Zohrab. Diese Antwort, geäussert gegenüber einem Machthaber, der sich von elementaren menschlichen Normen bereits weitgehend verabschie-

---

43 Für historische und biografische Ausführungen zu Genozid und Lemkin vgl. Schaller/Zimmerer, The Origins of Genocide; Lemkin, Totally Unofficial. Zu den Prozessen in Istanbul vgl. Dadrian/Akçam, Judgment at Istanbul.

44 Wangenheim ans Auswärtige Amt, Berlin, 31. Mai 1915, PA-AA, R 14086. Die meisten deutschen Dokumente zum Thema Armenier während des Ersten Weltkriegs, hg. von Wolfgang Gust, sind online zugänglich, www.armenocide.de. Wo nicht anders angegeben, beziehen sich die Angaben zu den Dokumenten auf diese Internetausgabe. Zu Wangenheim vgl. Hans-Lukas Kieser: «Botschafter Wangenheim und das jungtürkische Komitee», in: Hosfeld/Pschichholz, Das Deutsche Reich, 131–148.

45 Bleda ist in der Türkischen Republik der Familienname von Midhat Şükrü. Familien-/Geschlechtsnamen gelangten in der Türkei erst seit dem Erlass eines entsprechenden Gesetzes aus dem Jahr 1934 zur Anwendung.

det hatte, stammte von einer Persönlichkeit, die noch immer tief in der osmanischen Verfassungsperiode und dem Anspruch auf Rechtsstaatlichkeit verwurzelt war. Doch diese galt es für Talât abzustreifen, ebenso wie die osmanische Vielvölkerordnung.

Einen Tag später wurde Zohrab auf Geheiss von Talât verhaftet und nach Diyarbekir überwiesen, angeblich um vor ein Militärgericht gestellt zu werden. Stattdessen fiel er unterwegs einem brutalen Attentat von CUP-Auftragsmördern zum Opfer. Von unterwegs hatte Zohrab nach dem Verlassen des Hotels Baghdad in Konya noch einen langen, traurigen, aber würdevollen, wohldurchdachten Brief an Talât verfasst. Bis heute bleibt dieses Schreiben das eindrückliche Zeugnis eines geistvollen Mannes, eines aussergewöhnlichen armenischen Schriftstellers, der wohl als bester Osmanisch sprechender Redner im damaligen Parlament bezeichnet werden darf und der Frieden stiften und friedfertig leben wollte. Damit stand er im diametralen Gegensatz zu Talât, der für imperiale Macht und einen nationalen Mythos auf Krieg, Freundesmord und Genozid setzte.[46]

Bald schon bedauerte Wangenheim seine überstürzt erteilte Zustimmung zum von Enver vorgetragenen Plan, aber das liess sich nun nicht mehr rückgängig machen, Talât hatte den benötigten Zeitvorsprung bereits erhalten, um die administrative Maschinerie von Massendeportation und Zerstörung in Bewegung zu setzen.

Die kollektive Verunglimpfung der Armenier weckte in breiten Bevölkerungskreisen Habgier und antichristliche Hassgefühle. Aber es gab auch Ausnahmen: Jesiden und Aleviten in abgelegenen Gebieten wie auch Einzelpersonen an unterschiedlichen Orten boten den Verfolgten Schutz und Asyl. Am 10. Juni 1915 erstattete der deutsche Vizekonsul in Mosul Bericht an Wangenheim und sprach darin von schrecklichen Massakern an Vertriebenen aus der Nachbarprovinz Diyarbekir. Auf dem Fluss Tigris sehe man zahlreiche Leichen und abgetrennte Körperteile treiben.[47] Wangenheim stellte Talât unverzüglich zur Rede, doch dieser rechtfertigte sich: «Wir debarassieren [entledigen] uns der Armenier, um bessere Bundesgenossen für Euch [Deutsche] zu werden, d. h. solche ohne die Schwäche eines inneren Feindes.» Auf dem gleichen Blatt des Berichts, in dem Humann diese Worte zitiert, befindet sich am Seitenende eine Anmerkung, in der er seine eigene Haltung in dieser Sache offenlegt: «Die Armenier werden – aus Anlass ihrer Verschwörung mit den Russen! – jetzt mehr oder weniger ausgerottet. Das ist hart aber nützlich.»[48]

Humann gibt uns hier einen Vorgeschmack auf einen exterminatorischen, vor nichts zurückschreckenden Nationalsozialismus, der mehr mit deutscher Erfahrung und Wahrnehmung des Völkermords in der Türkei zu tun hat, als uns allgemeine Geschichtsbücher bisher weismachten.[49] Als Antisemit und Verächter kosmopolitischer Levantiner identifizierte sich Humann mit dem «Idealismus», den Zielen und Methoden seines mächtigen Freundes Enver. Eliten des wilhelminischen Reiches begrüssten

---

46 Zohrab, Gesammelte Werke, Bd. 4, 291–296; Kévorkian, Armenian Genocide, 533 f. Fast 90 Prozent des osmanisch-türkischen Wortschatzes, der im Osmanischen Reich im Alltag verwendet wurde, war aus der arabischen und der persischen Sprache entlehnt. Auch bezüglich Grammatik gab es einige Unterschiede im Vergleich zum heute gebräuchlichen Türkisch.
47 Hoffmann an die Botschaft von Konstantinopel, PA-AA, BoKon/169, www.armenocide.de.
48 Vgl. 15. Juni 1915, Faksimile und Zitat in Gottschlich, Beihilfe zum Völkermord, 197.
49 Vgl. zu diesem Thema Ihrig, Justifying Genocide; Kieser/Schaller, Völkermord.

die Vorstellung, dass eine mit deutscher Hilfe zu neuer Macht aufgebaute Türkei der Schlüssel zu Deutschlands Hegemonie in Europa und dem westlichen Asien und damit zu einem Deutschland als Weltmacht sei. Humann wollte seiner eigenen Karriere Schub verleihen, suchte dafür seine Türkeibeziehungen zu nutzen und schwelgte daher in den Mythen künftiger deutscher Welt- und türkischer Grossmacht. Obwohl er einer gebildeten und weltoffenen Familie entstammte, bewunderte er in den 1910er-Jahren brutale Tatkraft und eisernen Willen als hochwillkommen im Dienst nationaler Macht. Über Wangenheim äusserte er sich abschätzig, als dieser spät, aber umso erschrockener Talâts Vernichtungspolitik begriff. «Botschafter Wangenheim kann leider, sehr zum Nachteil unserer Politik, das Lamentieren darüber nicht lassen.» Mit Talâts kaltschnäuziger Logik identifizierte sich Humann voll und ganz. Zeitgenössische Eliten Deutschlands waren vom Paradox zwischen Natur und Kultur, wie es im Sozialdarwinismus angelegt ist, durchdrungen. Sozialdarwinistisch verengt, setzten manche ihre Vorstellung von Natur mit Wahrheit und gesellschaftlicher Wirklichkeit gleich. Die Gegenposition dazu wurde etwa von Pastor Johannes Lepsius, einem profunden Türkeikenner und Freund der Armenier, vertreten.[50]

Als Repräsentant des wilhelminischen Reiches in Istanbul hätte Wangenheim eigentlich guten Grund gehabt, sich selber gegenüber Talât in einer hierarchisch übergeordneten Stellung zu sehen. Aber der Konflikt setzte seiner angeschlagenen Gesundheit zu, sodass er, wie es scheint, im Juli einen ernsthaften Nervenzusammenbruch erlitt. Nach Schlaganfällen starb er schliesslich im Oktober 1915. Er liess sich von der vermeintlichen Unabwendbarkeit von Talâts Politik überzeugen und brachte selber noch einen Vorschlag in die politische Diskussion ein: Inspiriert durch Ideen des Zionisten und freien Mitarbeiters des Auswärtigen Amts Alfred Nossig und dessen Kreis schlug er vor, dass anstelle der vertriebenen Armenier polnische Juden angesiedelt werden könnten.[51] Trotz dieser späten Idee hatte Wangenheim seine Einwilligung zu den antiarmenischen Massnahmen ausschliesslich als Zustimmung zu einer örtlich begrenzten Umsiedlungsaktion verstanden. So kann gesagt werden, dass die deutsche Diplomatie prinzipiell dem Anliegen einer Rückkehr armenischer Überlebender und der Rückgabe ihrer Besitztümer verpflichtet blieb.[52]

Wangenheim hatte das türkisch-deutsche Kriegsbündnis zu seinem eigenen Projekt gemacht, auch wenn es anfänglich seinen Absichten zuwiderlief. Das Projekt war in einer Extremsituation überstürzt zustande gekommen und mit einem hohem Einsatzrisiko verbunden. Die vom CUP unternommenen Annäherungsversuche ab Mitte Juli 1914 boten Deutschland plötzlich die Möglichkeit, die Türkei auf Gedeih und Verderb an sich zu binden. Dasselbe galt vice versa. Diese unverhoffte Perspektive bestimmte fortan die deutsche Kriegspsychologie und Deutschlands Zukunftspläne massgeblich. Der Eintritt in den Krieg war im späten Juli 1914 erst eine Möglichkeit, keine zwingende Notwendigkeit. Doch die beiden Regierungen hatten sich bei ihrem gewagten Spiel mit hohem Kriegsrisiko in eine gegenseitige Abhängigkeit ma-

---

50 Weitere Informationen zu diesem Christen und Menschenrechtsaktivisten und Historiker jener Zeit sind zu finden bei Hosfeld, Johannes Lepsius; Kieser, Johannes Lepsius.
51 Morgenthau, Tagebuch, 351, 7. Oktober 1915.
52 Siehe Teil V, Kapitel 34 und 36.

növiert. In der Folge umwarb Wangenheim die CUP-Aktivisten aus dringenden «höheren» strategischen Gründen, nicht auf einer sorgfältig abgesprochenen politischen Grundlage. Die seit Ende 1914 laut gewordenen Warnungen und Hilfeschreie der Armenier schlug er in den Wind. Sein Büro schrieb den Entwurf jener Rechtfertigung, die die Osmanen den Ententemächten als Antwort auf deren warnende Deklaration vom 24. Mai 1915 entgegenhielten. Im August 1915 verstärkten die beiden Verbündeten ihre Zusammenarbeit in den propagandistischen Anstrengungen, die geschehenen Gräueltaten zu vertuschen und zu verleugnen, und diese gemeinsamen Bemühungen setzten sich fort bis ins Jahr 1918. Es sollte hundert Jahre dauern, bis Deutschland 2016 endlich die Reife erlangte und den Mut fand, die Geschehnisse von 1915 als das anzuerkennen, was sie in Wirklichkeit von Anfang an waren: ein Völkermord.[53]

Allein vom strategischen Gesichtspunkt her betrachtet befand sich Talâts Türkei gegenüber Deutschland in der vorteilhafteren Stellung, denn dem Streben Deutschlands nach der Vormacht in Europa und nach *Weltgeltung* fehlte ein schlüssiges Konzept. Man kultivierte die Vorstellung von einem Zentraleuropa unter deutscher Herrschaft mit einem dazugehörigen Einflussgebiet, das weit in die osmanische Welt hineinreichen und sogar Gebiete darüber hinaus umfassen sollte. Erst nach dem Zusammenbruch des zaristischen Russland richtete Deutschland seinen Blick entschieden auf Osteuropa. Im Gegensatz dazu warb Talât schon seit dem Vorabend des Ersten Weltkriegs für ein sehr konkretes, seiner Anhängerschaft leicht kommunizierbares Mindestziel: die Bewahrung der Macht in den Händen des CUP und die Absicherung nationaler Souveränität zumindest im Rahmen eines türkisch-muslimisches Nationalheims (Türk Yurdu) in Kleinasien. Unter Mustafa Kemal Pascha erreichte die Türkei dieses Ziel auch tatsächlich – trotz ihrer Niederlage im Ersten Weltkrieg. So widersetzte sie sich erfolgreich den Vorstellungen und Interessen der europäischen Siegermächte, und um diese Stärke wurde die Türkei von ihrem früheren Seniorpartner beneidet.[54] Muhittin Birgen (1885–1959), ein Berater und journalistisches Sprachrohr von Talât, schrieb in den 1930er-Jahren: «Würde Talât, der als ein Türke starb, heute zu neuem Leben erwachen und die jetzige Türkei sehen, so wäre er keineswegs traurig darüber, schon in jungen Jahren verstorben zu sein!» Seiner Ansicht nach hatte Talât also das alles entscheidende Ziel post mortem erreicht: die Umwandlung des Landes von einer osmanischen zu einer modernen türkischen, implizit muslimischen Gesellschaft in einem Einheitsstaat. Dies verstand er als Voraussetzung für eine «wiederhergestellte türkische Souveränität».[55]

---

53 «Antrag zum Völkermord an Armeniern beschlossen», www.bundestag.de/dokumente/textarchiv/2016/kw22-de-armenier/423826.
54 Zur starken Anziehungskraft von Atatürk und der türkischen Nationalrevolution für Deutsche der Zwischenkriegszeit vgl. Ihrig, Atatürk in the Nazi Imagination.
55 Birgen, İttihat ve Terakki'de on sene, 164.

5 «Das Volk ist der Garten, wir sind die Gärtner»

Emil Ludwig besuchte Talât am 18. August 1915 ein drittes Mal. Bei dieser Gelegenheit fragte er ihn, ob denn die Verfolgung der Armenier nicht zu wirtschaftlichen Schäden für das Land führe. «‹Doch, ein wenig›, war die Antwort, ‹aber wir ersetzen alle leeren Punkte rasch durch Türken.›» Dann sprach Talât über angeblich vorliegende Beweise für einen allgemeinen Aufstand. «Sehr ernst fügte er hinzu: ‹Glauben Sie mir, mon cher ami, es ist nötig. Wir haben Beweise für die armenischen Umtriebe mit den Russen in Händen. Wir sind nicht grausam, sondern nur energisch.›»[56] (Wie üblich unterhielten sie sich auf Französisch, der allgemeinen Sprache der Bildung, Kultur und Diplomatie im frühen 20. Jahrhundert; Französisch war generell auch die Sprache der spätosmanischen Welt.)

In Wirklichkeit hatte Kleinasien zu diesem Zeitpunkt seine am besten ausgebildeten, tüchtigsten und in der Landwirtschaft produktivsten Kräfte bereits weitgehend verloren. «Die Menschen sind der Garten, wir sind die Gärtner», hatte Gökalp vor dem Krieg noch erklärt. Im Nachhinein rechtfertigte Midhat Şükrü die Vernichtungsaktion mit der ansteckenden Geisteskrankheit der Armenier, wie er es nannte. Andere wiederum, so etwa der Militärarzt Mehmed Reşid, Gouverneur von Diyarbekir und Talât direkt unterstellt, verglichen die Armenier mit Banditen und Bazillen, die man eliminieren müsse.[57]

Es waren bevorzugt die radikalisierten und korrupten Untergebenen, die Talât in seiner Administration förderte, während er jene versetzen liess oder einfach entliess, die es wagten, den Verfolgten irgendwie zu helfen und sich seinen Befehlen zu widersetzen oder sie nur halbherzig durchzuführen. Obwohl er sich bei der Umsetzung seiner politischen Pläne auf derart zwielichtige Helfer stützte, kultivierte Talât von sich selber gleichzeitig das Bild eines unbestechlichen Patrioten. Aber es gab auch die andere Seite: Etliche Gouverneure, führende Muslime und andere geachtete Persönlichkeiten wahrten ihre Menschlichkeit. Nicht wenige von ihnen bezahlten ihre Standhaftigkeit mit dem Leben. Aber aufs Ganze gesehen handelte es sich bei diesen Mutigen um eine kleine Minderheit.[58] Talât liess es zu, dass innerhalb des Zentralkomitees die extremistischen Exponenten die Oberhand behielten, namentlich die beiden Militärärzte Selanikli Nâzım und Bahaeddin Şakir. Mehmed Cavid war über ein Jahrzehnt hinweg ein enger Weggefährte von Talât gewesen. Als er im August 1915 nach einem mehrmonatigen Aufenthalt in Europa nach Istanbul zurückkehrte, war er in höchstem Mass entsetzt über «das monströse Morden und das gewaltige Ausmass der Brutalität, wie das die osmanische Geschichte zuvor selbst in ihren dunkelsten Zeiten nicht erlebt hat. [...] Du hast es fertiggebracht, nicht nur die politische Existenz, sondern buchstäblich das Leben eines ganzen Volkes zu zerstören.» So formulierte Cavid seine stille Anklage an die Adresse Talâts und des Komitees.[59] Aber deut-

---

56 «Eine Unterredung mit Talaat Bey», in: *Berliner Tageblatt*, 21. August 1915.
57 Zitiert und besprochen in Hans-Lukas Kieser: «Dr. Mehmed Reshid (1873–1919). A Political Doctor», in: Kieser/Schaller, Völkermord, 245–280, hier 262, 270.
58 Gerçek, Report on Turks.
59 Cavid, Tagebuch, Bd. 3, 135 f.

Abb. 1: Noch nicht Grosswesir, aber bereits Nummer eins in Partei und Regierung: Talât im Spätsommer 1915, zusammen mit Alfred Nossig, Halil (Menteşe) und Enver Pascha. (Aus: Alfred Nossig, Die Türkei und ihre Führer, Halle: Otto Hendel, 1916)

licher vernehmbar als in der Form dieses stillen Bekenntnisses in seinem Tagebuch wagte Cavid nicht auf die Dominanz seines politischen Freundes zu reagieren. Auch wusste er längst nicht über das ganze Ausmass der Verfolgungen Bescheid, weil Talât als Seele und Architekt des finsteren Plans viele der Fakten verschwieg.

Die tollkühne Aktion gegen die Armenier, angeblich zum Nutzen der «Nation» inszeniert, festigte Talâts Stellung und Ansehen in der sunnitischen Mehrheitsbevölkerung und Ummah, die sich als Trägerin des Staats und des Kriegs verstand. Von jetzt an galt er als der Retter des Vaterlandes und «Mann der Zukunft», ja als Prophet. «Du, unser Noah / Du, wenn wir dich nicht hätten, diese Nation wäre verwaist», so schwärmte Gökalp am 14. September 1915 in der CUP-Zeitung *Tanin*. Ganz anders dagegen die Stimmung auf der gegnerischen Seite der Entente: Churchill war mit seinem Plan, den Durchbruch durch die Dardanellen zwecks Eroberung Istanbuls zu erzwingen, kläglich gescheitert. Er trat in der Folge als Admiral und Kommandeur der Royal Navy zurück. «Diese Hände sind stärker mit Blut als mit Farbe befleckt. […] All diese vielen Tausend getöteten Männer. Wir dachten, es sei eine kleine Sache, und das hätte es auch sein können, wenn man es richtig angepackt hätte.» Diese Worte sagte Churchill Mitte August 1915 beim Malen eines Bildes in Anwesenheit eines besorgten Freundes, der befürchtete, Churchill könnte nach dem katastrophalen Scheitern den Verstand verlieren.[60]

---

60 Dockter, Churchill, 83. Es handelt sich hier um eine aufschlussreiche, wenn auch teilweise ungenaue

Die politische Elite in Berlin, die deutsche Presse und ein grosser Teil der deutschen Allgemeinheit, angefangen bei den Mehrheitssozialdemokraten über die Liberalen bis hin zu den Militärs, sahen in Talât ebenfalls einen ehrenvollen und bewundernswerten Führer, auf jeden Fall aber, gestützt auf Korrespondentenberichte wie jene von Ludwig, den einflussreichsten und interessantesten Politiker der osmanischen Hauptstadt. Ab 1915 häuften sich Lobreden auf ihn in der deutschen Presse. Ludwig selbst kam der Glaube an die Möglichkeit einer für beide Länder vorteilhaften Kooperation weitgehend abhanden, nachdem er, noch vor seiner definitiven Rückkehr nach Europa, Talât Anfang 1916 noch mehrfach besucht hatte. Trotzdem wiederholte er in seinen Berichten weiterhin treu vorgegebene propagandistische Parolen.

Nach einem Jahr unter Talâts Herrschaft fühlte Ludwig sich der Idee des Bündnisses entfremdet. Er glaubte zu erkennen, dass die Grundlagen von Staatswesen und Gesellschaft in den beiden Ländern «völlig unterschiedlich» seien, doch traute er sich nicht, Deutschlands Hilfe an die Türkei infrage zu stellen bei der Verfolgung von deren Ziel, zu alter Macht zurückzufinden und so «Herrin im eigenen Haus» zu werden. Passagen seines letzten Berichts vom 11. Februar 1916 lesen sich ambivalent, wenn auch obligat euphemistisch: «[…] wenn die Gemeinsamkeit von Gefahr und Erfolg Menschen von grosser Verschiedenheit einander nähert, so muss dies wohl auch unter Völkern möglich werden, die in ihren Grundlagen völlig verschieden sind. Nur vor unerfüllbaren Erwartungen sollte man sich hüten. Sonderrechte vor den anderen Nationen werden wir nicht erlangen. Dazu wird die Türkei nicht Herr im Hause. Nicht umsonst verhilft man einem Volk zur Stärke.»[61] Im Sommer 1918 schliesslich beklagte sich der damalige Kanzler Georg von Hertling via den Leiter des Orientreferats, Frederic Rosenberg, gegenüber Cavid, der auf Besuch in Berlin einmal mehr deutsche Finanzhilfe forderte. Der Kanzler war «traurig, dass das Geld, das wir [Türken] von Deutschland erhalten haben, dazu benutzt wurde, Christen zu vernichten; [und dass dies] Bestandteil der aktuellen Probleme» zwischen den beiden Regierungen sei.[62]

Angesichts des Charmes von Talât nahmen viele Deutsche eine geradezu schizophrene Haltung ein, die mit einer spezifisch wilhelminischen Orientalismusfaszination und – daraus folgend – einer Art von moralischem Defätismus einherging. Graf Johann Heinrich von Bernstorff, seit 1917 deutscher Botschafter in Istanbul und scheinbar ein aufrechter Liberaler, ist ein anschauliches Beispiel für diese Art von widersprüchlicher und ästhetisierender Haltung. Zur Zeit der Weimarer Republik wurde

---

Untersuchung, die auf der Auswertung von ausschliesslich britischem Archivmaterial basiert. Darum fehlt die osmanische Innenperspektive.

61 Emil Ludwig: «Die Erstarkung der Türkei», in: *Berliner Tageblatt*, 11. Februar 1916, Abendausgabe; vgl. auch «Talaat Bey über die deutsch-türkischen Zukunftsbeziehungen», in: *Berliner Tageblatt*, 19. Januar 1916, Abendausgabe; «Unterredung mit Talaat Bey», in: *Vossische Zeitung*, 18. Februar 1916; M. Grunewald: «Gespräch mit Talaat Bey», in: *Vossische Zeitung*, 28. Dezember 1915; H. Behle: «Berlin-Konstantinopel», in: *Berner Tagblatt*, nicht datiert; enthält ein Gespräch mit Talât vom späten Mai 1916, angeheftet an Ernst Jäckh Papers, Yale University Library. Emil Ludwig, geboren unter dem Namen Cohn, verliess Deutschland 1922, von wo er nach der Ermordung des Aussenministers Walther Rathenau in die Schweiz emigrierte. 1933, als die Nazis seine Bücher verbrannten, musste er erkennen, dass die Grundlagen des deutschen Staates wohl doch nicht so stark und anders waren, als er in den Jahren 1915/16 gedacht hatte.

62 Cavid, Tagebuch, Bd. 3, 524, 31. Juli 1918.

er Abgeordneter der Demokratischen Partei, bevor er ins Schweizer Exil ging, wo er 1936 seine Erinnerungen veröffentlichte. Diese vermitteln zwar wichtige Einsichten und liefern erbauliche Anmerkungen, es fehlt ihnen aber an vertiefter Analyse und vor allem an Ehrlichkeit. An Talât bewunderte Bernstorff den talentierten Emporkömmling und Selfmademan mit «völliger Integrität». Faszinierend fand er die «anmutige Mischung von Skeptizismus und leichtem Zynismus, welche den Charme dieser reizvollen Persönlichkeit erhöhte». Daher habe er, Bernstorff, «Talât hochachtend lieben gelernt».

Nachdem Bernstorff Talât einmal auf die Armenier angesprochen hatte, gab er Talâts mit Lächeln und Ungeduld vorgebrachte Antwort so wieder: «Was wollen Sie denn? Die Frage ist erledigt. Es gibt keine Armenier mehr.» Nur nebenbei wies er auf Talâts «Mitschuld an dieser türkischen Sünde» hin (Bernstorffs Ausdruck für den Völkermord). Aber er liess die Sache einfach im ungeklärten und widersprüchlichen Raum seiner Erinnerungen stehen. Briefe aus seiner Zeit als Botschafter in der osmanischen Hauptstadt in der zweiten Weltkriegshälfte zeigen, dass Bernstorff oft nicht zwischen Fakten und der Propaganda, die ihm serviert wurde, unterschied. Daher konnte er aufgrund von leichtfertig übernommenen Vorurteilen Opfer zu Schuldigen machen, ohne dieses Ungenügen in seinen Memoiren selbstkritisch anzusprechen. Bernstorffs Defizit ist bezeichnend für eine selbstgenügsame liberale Elite, die oberflächlich und ästhetisierend blieb, wo Empathie, analytischer Ernst und Entscheidung angebracht gewesen wären.[63]

6 Revolutionäre «Staatskunst», imperial voreingenommen und brachial – ein Prototyp

Die Zeit ist heute reif dafür, dass wir die Zusammenhänge jener Epoche besser verstehen und ein klareres Bild gewinnen können von den historischen Fakten und Indizien, die diesen Zusammenhängen zugrunde liegen. Talât muss als echter Pionier gesehen werden. Er war es, der dem 20. Jahrhundert die ersten konkreten Erfahrungen mit einer Einparteiregierung und einem imperialen *komitecilik* bescherte, das heisst mit dem politischen Stil eines revolutionären Komitees an der Spitze eines Grossreichs. Er war der Wegbereiter für eine rücksichtslos gewaltbereite Bevölkerungspolitik verbunden mit einem radikalen, ethnoreligiös begründeten Nationalismus; und er wusste sehr genau, wie sich der Dschihad als Werkzeug zur Verfolgung dieser Ziele instrumentalisieren liess. In dieser Hinsicht ging Talât noch entschieden weiter als die im späten 19. und im frühen 20. Jahrhundert politisch ebenfalls sehr ehrgeizigen jungen Männer aus dem Balkan, die von bulgarischen und «serbischen Geistern» inspiriert und getrieben wa-

---

63 Bernstorff, Erinnerungen und Briefe, 126 f. Bernstorff an Kanzler von Hertling, 6. April 1918, PA-AA, N 1097, Bd. 14, Nr. 102. Es handelt sich hier um einen ausführlichen Bericht, der als Reaktion auf einen verheerenden Vorfall entstand, über den deutsche Abgeordnete ihrerseits informiert hatten. In seinem Gegenbericht spielt Bernstorff den Genozid herunter, Talât und Enver werden hingegen gepriesen. Ich danke Margaret L. Anderson für diesen Hinweis.

ren.⁶⁴ Solange die im Osmanischen Reich der 1910er-Jahre wirksamen Impulse und Bewegungen in Politik und Gesellschaft bei einer Gesamtdarstellung der Geschichte des Ersten Weltkriegs nicht als wesentliche Faktoren mitbedacht werden, bleibt das Gesamtbild unweigerlich eurozentrisch gefärbt. Es fehlt dann die angemessene Gewichtung von Istanbul in seiner grossen damaligen Bedeutung als internationaler Brennpunkt, wo sich genau jene Aktivitäten, Themen, Ideen und politischen Muster spiegelten, die im gesamten Europa jener Zeit vorrangige Bedeutung gewannen.

Verfolgt man Talâts politischen Werdegang, gewinnt man die Einsicht, dass er Genozid als eine asymmetrische Form des totalen Kriegs auf eigenem Territorium verstand, als ein zielführendes extremes Mittel, das die militärischen und wirtschaftlichen Schwächen des eigenen Staats in einer umfassenden kriegerischen Auseinandersetzung «kompensierte».⁶⁵ Seit dem späten 18. Jahrhundert hatte das Osmanische Reich fast ohne Unterbruch einen sukzessiven Verlust an Territorien, Macht und Selbstbestimmung erleiden müssen. Dies ist der historische Hintergrund, der uns verstehen lässt, warum Talât seine verheerende und zerstörerische Politik entfalten konnte. Die von aussen aufgezwungene Verkleinerung des osmanischen Einflussgebiets führte zu Hunderttausenden von Muhacir – muslimischen Flüchtlingen und Migranten. Die meisten von ihnen stammten aus dem Balkan und aus dem Kaukasus. Sie hatten in ihren Herkunftsgebieten zum Teil selber Verfolgung erlebt und waren dort neu einer nichtmuslimischen, in der Regel russischen Herrschaft unterworfen. Die osmanische Niederlage in den Balkankriegen von 1912/13, die von ehemaligen osmanischen Reichsangehörigen herbeigeführt worden war, und der damit einhergehende Landverlust waren der Nährboden, der in politischen Kreisen unter Osmanen für ein zunehmend vergiftetes Klima sorgte. Die «Söhne der Eroberer» (*Evlad-ı Fatihan*) reagierten mit aggressiver Propaganda, mit der Verbreitung von Verschwörungs- und Opfertheorien, und diese brisante Mischung löste in der Bevölkerung, wie beabsichtigt, Rachegefühle aus.

Seit dem späten Mittelalter war die osmanische Gesellschaft multiethnisch und damit von verschiedenen Kulturen geprägt gewesen, obwohl der Staat selber beziehungsweise seine Repräsentanten und Führer seit dem 16. Jahrhundert stets sunnitisch-islamischen Glaubens waren. Wo immer Christen und Juden innerhalb der Grenzen des Reichs lebten, genossen sie Autonomie in zivilrechtlichen, kulturellen und Bildungsangelegenheiten sowie in Fragen des Familienrechts. Aber in staatspolitischen Dingen hatten sie kaum etwas zu sagen. In der Neuzeit durchlief das hierarchisch strukturierte osmanische Gesellschaftsgefüge in der Konfrontation mit westlichen Ideen von Gleichheit und Nationalismus eine tiefe Krise. Die osmanischen Reformer hatten bereits Mitte des 19. Jahrhunderts (auf dem Papier) das Prinzip ei-

---

64 «Serbian Ghosts» (Serbische Geister) lautet die Überschrift zum ersten Kapitel von Christopher Clarks *The Sleepwalkers*. Diese innovative Darstellung der Geschichte des Ersten Weltkriegs gibt dem Balkan sein volles Recht, aber bricht genau dort ab, wo es darum ginge, den politischen Knotenpunkt Istanbul zu untersuchen, um entscheidendes Licht auf das gemeinsame Agieren von Deutschland und der Türkei im Juli/August 1914 zu werfen.

65 Vgl. Hans-Lukas Kieser: «The Ottoman Road to Total War», in: Kieser/Öktem/Reinkowski, World War I, 29–53; Hans-Lukas Kieser: «The Destruction of Ottoman Armenians. A Narrative of a General History of Violence», in: *Studies in Ethnicity and Nationalism* 14, Nr. 3 (Dezember 2014), 500–515.

Abb. 2: Grosswesir Talât auf der Höhe seiner Macht, in seinem Hotelzimmer in Brest-Litowsk, Anfangs 1918. (Wienbibliothek im Rathaus, Tagblattarchiv)

ner egalitären osmanischen Pluralität der unterschiedlichen Volksgruppen eingeführt. Und dies geschah zu einer Zeit, als in den Vereinigten Staaten die Sklaverei noch praktiziert wurde und während die Europäer ihre Heimatländer und Kolonien immer noch in einer Art und Weise regierten, die weit entfernt von egalitären Prinzipien lag. Doch als die osmanische Führungsriege sich mit nationalistischem Separatismus im eigenen Land konfrontiert sah und auf dem Balkan schmerzliche territoriale Verluste hinnehmen musste, verlor das Verfassungsprinzip eines egalitären Pluralismus für die meisten seine Plausibilität und wirkte reichlich utopisch, selbst für manche, die anfänglich diese Prinzipien unterstützt hatten.

Talât sah die Alternative in einer homogenen türkisch-islamischen «Einheit» ohne Einbezug der Christen. So sollte die türkisch-islamische Oberhoheit abgesichert und das Kernstück einer imperialen Herrschaft bewahrt werden. Mit dem Entscheid für diesen Weg war es Talât aber nicht mehr möglich, die Grundsätze der Verfassung von 1908 einzuhalten. Er gab diese Grundlage eines modernen Gesellschaftsvertrags auf, um mittels Zwangsmassnahmen und grossflächiger Gewaltanwendung aus Kleinasien ein nationales Heim für muslimische Türken zu machen. Obwohl sie auf der Verliererseite des Ersten Weltkriegs standen, gelang es den Nachfolgern des CUP, dieses politische Minimalziel erfolgreich zu verwirklichen, und zwar dank des «Meisterstücks» von Talâts Politik: der Vernichtung der Armenier in Kleinasien in den Jahren 1915/16 und der nachträglichen Vollendung der «Entchristianisierung» im Rahmen der Bevölkerungsumsiedlungen, wie sie im Lausanner Vertrag von 1923 schriftlich vereinbart wurden. Damit segnete die Diplomatie auf höchster internationaler Ebene Talâts Bevölkerungspolitik implizit ab, und zwar insbesondere die gewaltsame Massenausweisung osmanischer griechisch-orthodoxer Christen (Rûm) schon am Vorabend des Weltkriegs und den Genozid von 1915/16. Das bedeutete nichts weniger als eine öffentliche Billigung von Talâts politischem Stil und Vorgehen.

Vor diesem Hintergrund kann Talât als ein beispielhafter radikaler Nationalist und Revolutionär mit imperialer Schlagseite bezeichnet werden. Und sein politisches Programm während des Ersten Weltkriegs ist als paradigmatische Vorstufe jener verwandten, aber noch radikaleren Strategien und politischen Programme zu verstehen, die in den Folgejahren in Zentraleuropa in Erscheinung treten sollten. Es ist nicht die Anwendung von Gewalt und ihre teilweise rational begründbare Zielgerichtetheit, die diese Art von extremer Gewaltanwendung von der Gewalt der Europäer bei ihren Kolonisierungsfeldzügen seit dem 16. Jahrhundert unterscheidet. Was den Unterschied ausmacht, ist die trügerische imperiale Mythologie, welche die sozialdarwinistischen Täter im Rahmen eines totalen Kriegs und Dschihad gegen äussere *und* innere Feinde verfolgten. Ihre Rachsucht und Verbitterung ging einerseits mit einer übersteigerten Selbstsicht als Opfer, andererseits dem Selbstverständnis imperialer und ethnoreligiöser Überlegenheit einher. Diese Gefühle und Narrative nahm sowohl der Islamismus als auch der neue, noch imperiale türkische Nationalismus auf; und am wirkungsvollsten brachte sie der von Ziya Gökalp im frühen 20. Jahrhundert vertretene muslimische Pantürkismus zur Geltung.

Als Talât 1917 in der Öffentlichkeit zunehmend als Diktator erkennbar wurde, sei es in Uniform oder in ziviler Kleidung, blieb er in seinem Auftreten doch stets relativ zurückhaltend und beherrscht. Er vermittelte in der Öffentlichkeit das sorgfältig gepflegte Bild einer prophetenähnlichen Gestalt, eines volksnahen, aber genialen Führers, umgeben von anderen begabten CUP-Persönlichkeiten. Damit überlagerten er und namentlich Enver Pascha den anfänglich dominierenden institutionellen Kult um das Zentralkomitee als Ganzes. (Bisher haben Historiker meist diesem institutionellen Kult der Zeit vor 1912 und vor allem vor 1908 besondere Beachtung geschenkt.) Es gab jedoch rund um die Person von Talât keinen Personenkult in der Art, wie wir ihn von den späteren europäischen Diktatoren her kennen. Und dennoch: Betrachtet man die geschichtliche Situation jener Zeitepoche im erweiterten Europa (Greater Europe), so ist unverkennbar: Es ist Talât, der das Zeitalter der Extreme eröffnet und einem Europa der Diktatoren den Weg bereitet.[66] Die Tatsache, dass viele Zeitgenossen Talât dennoch als sympathische, gewinnende und umgängliche Persönlichkeit und als einen der aussergewöhnlichsten Staatsmänner seiner Zeit beschrieben haben, kann als deutlichen Ausdruck des damaligen Zeitgeists verstanden werden. Um sich Talât in einer Weise annähern zu können, die seiner Person umfassend gerecht wird, muss eine ernsthafte Studie zu seiner Person über die blossen Erzählungen von Parteigängern jeglicher Herkunft (Nationalisten, Islamisten, deutsche Zeitgenossen oder antiwestliche Antiimperialisten) hinausgehen. Nur so können Fehldeutungen vermieden werden.

Churchill und Talât waren Zeitgenossen, und sie kannten sich gegenseitig recht gut. Beide widmeten sich mit grossem Ehrgeiz einem Imperium. Das eine sollte nur noch ein paar Jahre, das andere ein paar Jahrzehnte überdauern. Die imperiale Verfasstheit moderner oder modernisierender Nationalstaaten ist ein zentraler Faktor, ja geradezu ein Kennzeichen jenes verheerenden Jahrzehnts, das hier zur Diskussion steht. Wir begegnen diesem Phänomen in der osmanischen, deutschen wie auch in der französischen, russischen und britischen Politik dieser Zeit. Trotzdem stand Grossbritannien damals noch immer für eine liberale Weltsicht und für individuelle Bürgerrechte, während die Türkei unter Talât mit neuen Mustern des politischen Handelns bereits dabei war, den Weg für ein neues Zeitalter von Extremen zu spuren, in dem die Individualität des Bürgers ausgelöscht werden sollte. Talât und die antiliberalen Führer, die auf ihn folgten, handelten allesamt im Namen eines allumfassenden abstrakten Opferbewusstseins ihres «Volkes», ihrer «Nation», ihrer «Klasse» oder – wie im Falle des CUP – des «Islams».

Nach Talâts Sturz wuchsen andere Staatsmänner zu Führern imperialer Mächte heran: Lenin, Stalin, Mussolini, Hitler. Jeder einzelne von ihnen machte geltend, den eigenen Führungsanspruch auf Mehrheiten aus der Bevölkerung stützen zu können – auf «das Volk» oder auf «die Arbeiterklasse», und dass ihr Kampf gegen die rücksichtslose Ausbeutung ihres Landes durch fremde politische, wirtschaftliche und militärische Mächte gerichtet sei, die sich angeblich mit Agenten aus den eigenen Reihen verbündet hätten oder jedenfalls mit ihnen sympathisierten. Mit diesem Argument liess sich die systematische Verfolgung von marginalisierten Gruppen im eigenen Land leicht rechtfertigen. Ausgrenzung und Ächtung geschieht immer in einem kon-

---

66 Die hier verwendeten Begrifflichkeiten sind eine Anspielung auf Hobsbawm, Age of Extremes, und Elizabeth Wiskemann: *Europe of the Dictators, 1919–1945*, Glasgow: Fontana, 1985.

kreten historischen Kontext und in Verbindung mit tief verwurzelten Vorurteilen beziehungsweise stereotypen Schuldzuweisungen. Hitler wurde nach dem Ersten Weltkrieg zum totalen Antisemiten, Talât nach dem Ersten Balkankrieg zu einem radikalen Armenierhasser. Die Ausbeutung des industriellen Proletariats, die Unterdrückung von kaukasischen und ehemals osmanischen Muslimen sowie das allgegenwärtige Nachkriegselend in Deutschland und Italien war nicht nur demagogische Rhetorik, sondern faktisch erlebte, dazu komplexe Realität. Als Antwort auf diese Realitäten boten sich «Erlöser» an, die einfache Erklärungen und Lösungen für die grossen Probleme in der Gesellschaft lieferten – nämlich Sündenböcke und die gesellschaftliche Mobilisierung gegen diese. Indem sie Hass schürten und auf eine Zielgruppe lenkten, stärkten ehrgeizige Führer die Zusammengehörigkeit ihrer Basis, steigerten ihre Macht und konnten sie zentralistisch bündeln.

Die osmanischen Revolutionäre, die in der Zeit der europäischen Belle Époque geboren worden waren, hielten sich nicht lange damit auf, einen modernen, auf Konsens gegründeten Gesellschaftsvertrag auszuarbeiten. Wenn es um die Herrschaft im eigenen Land ging, hatten für sie Ideologie und Komiteeloyalität definitiv einen höheren Stellenwert als Recht, Vernunft und Rationalität. Diese Grundhaltung in Kombination mit Krieg und Genozid als akzeptierten Werkzeugen der Politik führte zu einem radikalen Bruch mit der bisherigen Staatskunst in der osmanischen Welt. Die «nationale Revolution» von Atatürk in den 1920er-Jahren stellte dabei keine Unterbrechung der zerstörerischen Vorarbeit seiner Vorgänger dar, im Gegenteil: Sie baute darauf auf. Wir können Parteiführer und Minister Talât daher mit gutem Grund als den Prototypen eines (in der Selbstsicht) revolutionären Politikers der nachosmanischen Welt verstehen: ein Partisan als Staatsmann, dessen Vermächtnis und Erbe sich nicht nur in der Türkei weiterverfolgen lässt, sondern beispielsweise auch in den Baath-Parteien Iraks und Syriens. Im nachosmanischen Nahen Osten besteht weiterhin die Herausforderung auch nur elementarer Demokratisierung. Noch ist der Brückenschlag nicht gelungen, der die Kluft überwindet zwischen korruptem *komiteci*-Erbe und funktionierender Demokratie, die auf imperiale Bezüge und ethnoreligiösen Überlegenheitsanspruch verzichtet.

7 Ein nachosmanisches Jahrhundert überbrücken

Hamid Kapancızâde war ein hochrangiger Funktionär im Innenministerium, als dieses unter der Leitung von Talât stand. Rückblickend schrieb er in der Zwischenkriegszeit: «Die Sache [das heisst die Administration] lief schliesslich aus dem Ruder. Die Bodenhaftung ging verloren und das Land stand vor dem Ruin. Ich habe selber erlebt, wie der Pascha [Grosswesir Talât, 1917/18] einmal in seiner Verzweiflung und Hilflosigkeit weinte, aber diese Tränen vermochten mich nicht zu rühren, nachdem er mehrmals die Heucheleien und Schmeicheleien seiner [Partei-]Genossen meinen energischen Einwänden und Warnungen vorgezogen hatte. Der Weg, den er verfolgte, konnte von Anfang an zu keinem anderen Ergebnis führen.» Denn seine

Vorstellung von Regierung und Herrschaft «bevorzugte den Krieg vor dem Leben der Nation».[67]

Die Kemalisten glaubten, Atatürk würde die Unzulänglichkeiten von Talât und des CUP hinter sich lassen und überwinden. Doch Kemal Atatürk anerkannte Talât über weite Strecken als seinen Vorgänger, und das nicht nur de facto, sondern auch in seinem Briefwechsel mit ihm aus den Jahren 1919/20. Er begrüsste Talâts türkisch-nationalistische Agitation in Europa gegen die Ententemächte, die dieser aus seinem Exil in Berlin lenkte (siehe Kapitel 42 f.). Atatürk blieb also dem Erbe Talâts treu und gehorchte der Logik dieses politischen Erbes in beträchtlichem Ausmass. Dabei stützte sich Atatürk auf Talâts Mitarbeiterstab, auf junge Gouverneure und auf treue Parteimitglieder aus Talâts engerem Mitarbeiterteam (bezeichnenderweise nicht auf Hamid, einen frühen Dissidenten). Diese Gruppe bewerkstelligte einen fast nahtlosen Übergang der Macht von Istanbul nach Ankara und damit die Fortführung von politischen Mustern, Praktiken und Prinzipien des Regierens über das ganze Land und über Generationen hinweg.[68] Auch wenn die von Kemalisten in den 1920er-Jahren vorgenommenen Neuerungen zu bedeutenden Zäsuren führten, die wichtig bleiben (gemeint sind hier in erster Linie die Übernahme einer modernen westlichen Rechtsordnung, der Bruch mit der Scharia und die Ablehnung des politischen Islams), so steht die Türkische Republik doch weitgehend auf den Grundlagen, die Talâts Umbrüche und Gökalps Ideologie geschaffen haben.

Freilich verabschiedete sich das kemalistische Ankara von der imperialen Allianz zwischen CUP und Deutschem Reich, die Abhängigkeit von Deutschland bedeutet hatte. Mustafa Kemal Pascha (der spätere Atatürk) wollte eine Distanzierung vom Islamismus und von der kulturell und politisch islamischen Identität des CUP. Kemalistische Distanzierung betraf auch die imperiale osmanische Sprache. Talât hatte dieses weitgehend künstlich geschaffene imperiale Idiom, welches in den Bereichen der Verwaltung zur Anwendung kam, dank seiner langen Zeit in Parlament und Ministerien zu beherrschen gelernt. Hervorgegangen aus der Palastherrschaft und angewandt in der amtlichen Korrespondenz, spiegelte dieses Idiom die imperiale Hierarchie und liess die Möglichkeiten individueller Handlungsfähigkeit durch ausgedehnte Verwendung von Passivformen verschwinden. Insgesamt sollte damit die Macht des autokratischen Staates und seines Herrschers hervorgehoben werden. Diese Grundhaltung änderte sich nicht wesentlich, weder mit der faktischen Entmachtung des Sultans 1909 noch mit der Abschaffung des Sultanat-Kalifats 1922 und 1924. Kemal Atatürks grundlegende Texte aus den 1920er-Jahren sind noch in dieser imperialen osmanischen Sprache abgefasst, und nicht im «gesäuberten» republikanischen Türkisch beziehungsweise «echten Türkisch» (Öz Türkçe). Dieses war seinerseits problematisch. Denn Atatürk glaubte, dass menschliche Sprache auf eine türkische Ursprache zu-

---

67 Kapancızâde Hamit, Anıları, 493–498. Es überrascht nicht, dass Hamid, ein angesehener, fähiger und loyaler Staatsdiener, selber ebenfalls imperial gefärbten Diskurs verwendete, wenn er von der «undankbaren [Armenischen] Nation [*millet*]» sprach.

68 Jüngere Biografien von Atatürk mögen in mancherlei Hinsicht aufschlussreich und innovativ sein, bemühen sich aber kaum um die Aufarbeitung des hier diskutierten Aspekts. Vgl. Hanioğlu, Atatürk; Kreiser, Atatürk; Mango, Atatürk.

rückgehe und auch die menschliche Zivilisation türkischen Ursprungs sei (so seine spätere «Türkische Geschichtsthese» und «Sonnensprachtheorie»).

Obwohl es zu einfach wäre, von direkten Verbindungslinien zu sprechen, besteht eine Absicht dieser Biografie doch auch darin, den historischen Hintergrund der heutigen Schauplätze der Verheerung in der Levante kritisch auszuleuchten und zu erhellen. Der Begriff «osmanische Katastrophe» («Ottoman Cataclysm») wird dabei bewusst verwendet, um einen neuartigen Zugang zur letzten osmanischen Dekade in der Geschichte zu schaffen. Der neue Zugang soll diese Epoche und ihre wichtigsten Akteure von den Rändern eurozentrischer Geschichtsschau mehr ins Zentrum gesamteuropäischer Zusammenhänge rücken. Er fokussiert auf die politische Persönlichkeit und Partei, die Netzwerke und den Handlungsspielraum des letzten dominanten Akteurs des Osmanischen Reichs. Er erforscht im grossen Kontext des Ersten Weltkriegs die Bedeutung der osmanischen Hauptstadt Istanbul als Brennpunkt der «alten Welt» (wie Europa und der Nahe Osten von Amerika her wahrgenommen wurden). Die Studie arbeitet Entwicklungen im Osmanischen Reich heraus, welche die letzten Jahre der europäischen Belle Époque prägten und dennoch von der Geschichtsschreibung bisher kaum zur Geltung gebracht wurden.

Die historische Perspektive erfährt eine erhebliche Verschiebung, wenn die Geschehnisse des Ersten Weltkriegs vom Standpunkt Istanbuls aus untersucht und beurteilt werden. Dazu gehört die Berücksichtigung der politischen Optionen, die den radikalen Spitzenakteuren in der osmanischen Hauptstadt zur Wahl standen. Dass die osmanische Kapitale ein Brennpunkt der europäischen Politik war, erkannten aufmerksame Zeitgenossen wie beispielsweise Carl Mühlmann damals sehr wohl. Als Adjutant des Chefs der deutschen Militärmission Liman von Sanders tat Mühlmann dort vor und während des Weltkriegs Dienst. In seinem Rückblick in den 1920er-Jahren hielt er fest: «Jede Verschiebung des europäischen Kräfteverhältnisses daselbst beeinflusste die Beziehungen der Grossmächte untereinander. Jede deutsche Positionsänderung in Konstantinopel war daher vom Auswärtigen Amt unter dem Gesichtspunkt zu beurteilen, wie sie im Auslande aufgefasst [...] [wurde]. Der Rahmen musste hierbei weit gespannt werden; denn auf diesem unter schärfster europäischer Konkurrenz stehenden Kampfplatz hatten auch an sich rein wirtschaftliche oder militärische Faktoren ihre politische Seite.»[69]

Diese Studie arbeitet relevante historische Kontexte heraus, die Talâts Lebensgeschichte prägen, und führt in Umtriebe und parteiliche Kämpfe ein, sofern diese sich auf breitere Kontexte auswirken. Hingegen werden enzyklopädische Detailangaben, Anekdoten oder breite Erörterungen interner CUP-Angelegenheiten bewusst beiseite gelassen. Das Hauptaugenmerk liegt auf der letzten, am wenigsten erforschten Dekade der Aktivitäten von Talât und des CUP, beginnend 1912, als Talât zur Nummer eins des CUP aufstieg, nachdem er am Vorabend der Balkankriege die Partei sozusagen aus tiefer Depression gerettet hatte.[70] Als umstürzlerischer Geist wurde er in der Folge zum Architekten einer «neuen Türkei» – doch das Bauwerk stand auf wan-

---

69 Mühlmann, Deutschland und die Türkei, 6.
70 Sekundärliteratur zu Talât und seiner Rolle innerhalb des CUP ist für die Zeit vor 1912 vergleichsweise umfangreich verfügbar; siehe Ahmad, Young Turks, und Hanioğlu, Young Turks.

kendem Fundament. Die Werke der Zerstörung und Ausrottung unter Talâts Führung erhalten in dieser Darstellung den ihnen gebührenden Raum. Die Dokumente, die uns Talât hinterlassen hat, einschliesslich seiner Memoiren, lassen keinen Zweifel daran, dass die Vernichtung der Armenier im Zentrum der politischen Biografie dieses jungtürkischen *animal politique* par excellence steht. «Die Seele der Armenierverfolgungen ist Talaat Bey», so der deutsche Botschafter Paul Wolff-Metternich Ende 1915. Eindringliches Wissen über das Gehirn und «die Seele der Armenierverfolgungen» ist unverzichtbar, um die Wahrheit über den Genozid aufzudecken. Krieg war die Matrix, in welcher Talât agierte. Er und seine politischen Freunde verinnerlichten den Krieg als zentrales Werkzeuge ihrer Politik.

Es ist an der Zeit, sich über Talâts gesamte politische Biografie in neuer Art Gedanken zu machen, sie neu zu verstehen und dabei auch die Wirkung Talâts über seinen Tod hinaus in die Überlegungen mit einzubeziehen. Dadurch kann ein bis dahin nur bruchstückhaft und daher ungenügend erarbeitetes Verständnis der Herrschaft des CUP in den 1910er-Jahren überwunden und korrigiert werden. Es ist an der Zeit, die osmanische Katastrophe in eine gesamteuropäische Geschichtsschau zu integrieren und somit die 1910er-Jahre und den Ersten Weltkrieg zu erörtern, ohne in eurozentrischen Begrifflichkeiten verhaftet zu bleiben. Es gilt kritisch zu verstehen, warum Generationen von Diplomaten zur Überzeugung gelangen konnten, der Lausanner Vertrag von 1923 – das noch immer gültige diplomatische Fundament der nachosmanischen Welt – sei die abschliessende Antwort auf die offenen Fragen der spätosmanischen Zeit gewesen. Die Koordinaten für dauerhaften gesellschaftlichen Frieden erarbeitete er ganz offensichtlich nicht, was heute klarer denn je zutage tritt. Denn – so ein Hauptargument dieses Buches – der «Friede von Lausanne» billige Talâts Vermächtnis, statt es aufzuarbeiten und zu überwinden. Der Vertrag von Lausanne wurde zwischen europäischen Siegermächten des Ersten Weltkriegs auf der einen und den von Talâts Nachfolger Kemal Atatürk angeführten türkischen Siegern im Krieg um Kleinasien auf der anderen Seite geschlossen. Andere ebenfalls unmittelbar involvierte Bevölkerungsgruppen fehlten am Verhandlungstisch. So kam es, dass der Friedensvertrag von Lausanne sowohl autoritäre Herrschaftsstrukturen als auch das «Entflechten der Bevölkerung» nach religiösen Kriterien befürworten konnte. Vielen Zeitgenossen schien, der Vertrag habe ein neues Kapitel für die nachosmanische Welt aufgeschlagen, doch stattdessen sorgte er für den Fortbestand von Mustern und Prinzipien des Regierens, wie sie von Talât eingeführt und vertreten worden waren. Und diese Ausgangslage machte möglich, dass die genannten Prinzipien weit über die Türkei hinaus zum attraktiven Beispiel und Modell für verbrecherische «Lösungen» autoritärer Politik werden konnten.

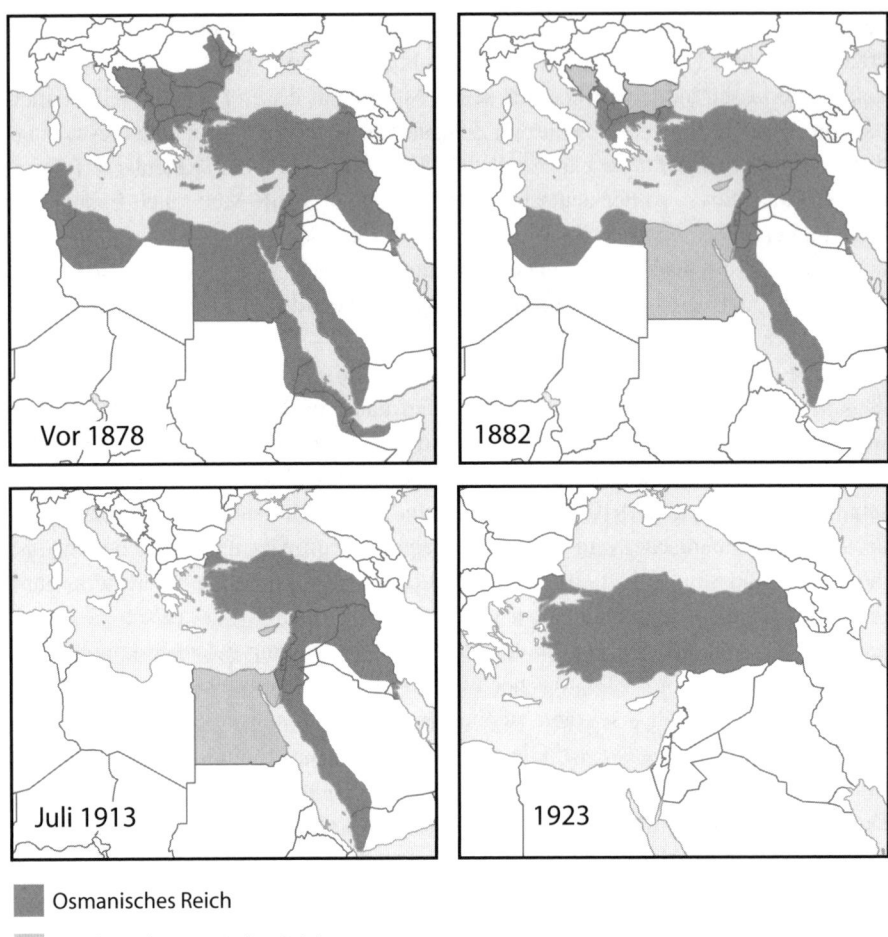

Karte 1: Das Osmanische Reich vor 1878; nach 1878; 1913/14 (Ägypten wurde 1878-1914 von Grossbritannien verwaltet, aber gehörte bis November 1914 formal noch zum Osmanischen Reich; Libyen wurde 1911 von Italien eingenommen); 1923 (die syrische Region von Antakya und Iskenderun wurde 1939 der Türkei zugeschlagen).

Teil II

Rebellion der Patrioten
Gemeinsam gegen Sultan Abdulhamid II.

Es gab viele Gründe, die Talât wie auch zahlreiche spätere CUP-Mitglieder und Kemalisten dazu bewogen, sich aufzulehnen. Ihre Rebellion war gegen die Zustände gerichtet, die damals auch in Edirne herrschten, der Stadt, in der Talât 1874 geboren wurde, und ihr Protest richtete sich gegen die sukzessive Verkleinerung der Türkei in ihren europäischen Gebieten. Es war die Zeit des europäischen «Fin de Siècle», durchdrungen vom Gefühl des nahenden Endes eines Zeitalters und sogar des Endes der bisherigen Zivilisation. In diesem Umfeld wuchs eine Generation von politisierten Männern heran, die alle im späten 19. Jahrhundert geboren wurden. Aus diesem Kreis rekrutierte sich eine politisch folgenreiche Gruppierung, die fast ausschliesslich aus jungen muslimischen Staatsangestellten bestand. Nach dem Verlust des osmanischen Mazedonien im Jahr 1913 und im Zuge des generellen Niedergangs des Staats befanden sich diese Männer in einem Zustand der Verunsicherung, den die Krise religiöser Traditionen im Allgemeinen und westlicher Abwertung des Islams im Besonderen noch verstärkte. Weil ihre Zukunft höchst ungewiss war, suchten sie nach einem neuen tragenden Fundament für ihr Leben und ihren Staat. Und viele unter ihnen hatten – im wörtlichen wie auch im übertragenen Sinn – ihre Väter früh verloren. Grossen Eindruck machten ihnen die revolutionären Mitglieder (*komiteci*) der irredentistischen bulgarischen, serbischen und griechischen Komitees in Mazedonien mit ihrem glühenden Patriotismus und ihrem unerschrockenen Aktivismus. Denn die jungen nachosmanischen Nationalstaaten, allen voran Bulgarien, präsentierten sich auf der internationalen Bühne mit neuem Selbstvertrauen und stellten ein politisches Modell dar, das sich zur Nachahmung anzubieten schien.

Die Jungtürken, wie die Mitglieder der osmanischen Opposition allgemein genannt wurden, konnten sich mit dem Sultan-Kalifen Abdulhamid II. nicht mehr identifizieren, ja fixierten sich in einer negativen, ablehnenden Weise auf ihn. Sie verachteten den Hamidismus – das von Abdulhamid geschaffene Regierungssystem – und seine zaghaft zurückhaltende, aber berechnend lavierende Haltung gegenüber Europa. Für sie war er ein bigotter und feiger Despot, vor allem aber unfähig, die alte osmanische Stärke und den osmanischen Stolz wiederherzustellen. Diese kritische Einschätzung des Sultans wurde auch von einer rebellischen Jugend in Diyarbekir geteilt, dem östlichen Gegenpol zum europäisch geprägten Teil der Türkei. Diyarbekir war die Stadt, in der Ziya Gökalp aufwuchs. Nach 1909 wurde Gökalp zur ideologischen Leitfigur des CUP-Zentralkomitees, und in diese Zeit reichte auch der Beginn seiner Freundschaft mit Talât zurück. In den frühen 1910er-Jahren sollte Gökalps Evangelium von Turan für eine orientierungslose Generation von imperial denkenden Rebellen zum richtungsweisenden neuen patriotischen Ideal werden. Die Wiederherstellung von früherer Macht und patriotischem Stolz und gleichzeitig die Schaffung eines modernen Verfassungsstaats – das waren vor 1908 die Hauptforderungen der Opposition gegen Abdulhamid. Diese Forderungen gingen zwar bereits mit Schlüsselbegriffen wie «Freiheit», «Vaterland» und «Rettung» (des Staats) einher, waren aber zu jenem Zeitpunkt noch weit entfernt von der später aufkommenden ideologischen Überhöhung dieser Begriffe und der Inhalte, für die sie standen.

Als Teenager in Edirne identifizierte sich Talât zutiefst mit dem neuen patriotischen Diskurs und den Umsturzideen, die daraus erwuchsen. Die sich daraus ergebenden Umtriebe führten zu seiner Verhaftung und zur Ausweisung nach Saloniki, wo er sich als geschickter Untergrundnetzwerker hervortat. Innerlich nahm er die Identität eines muslimischen *komiteci* an und war bereit, Blut zu vergiessen, um das Reich vom Hamidismus zu erlösen. In der Zeit vor der Revolution der Jungtürken war er die führende Figur unter den Gründern des «Osmanischen Freiheitskomitees», dessen ursprünglicher Name bezeichnenderweise (islamisches) «Halbmondkomitee» lautete. Obwohl Talât ein prominentes Komiteemitglied in Saloniki war und seine Meinung in den oppositionellen Kreisen durchaus Gewicht hatte, stand er doch im Schatten jener Entwicklung, die unter Dr. Bahaeddin Şakir mit dem «Komitee für Fortschritt und Einheit» (CPU) zur Neuorganisation der Exilopposition führte. Die beiden Komitees wurden 1907 zusammengeführt. Nach der Revolution der Jungtürken im Juli 1908 kam es für die fusionierte Vereinigung schliesslich zur Wiederbelebung des alten Namens «Komitee für Einheit und Fortschritt» (Comité union et progrès, CUP).

Noch vor Russland, Italien und Deutschland stand das Osmanische Reich an vorderster Front einer radikalen Revolution, die dann in der Zwischenkriegszeit zu einer «türkischen Variante von Totalitarismus» führen sollte.[1] Diese Revolution wurde im frühen 20. Jahrhundert von Akteuren angestossen, die zum Staat in Opposition standen, bevor sie die Zügel der Macht an sich rissen. Innerhalb dieser Gruppe von Aktivisten war Talât die zentrale Figur. Er hatte seine politische Karriere im Jahrzehnt vor 1908 begonnen und erreichte seinen Zenit während des Ersten Weltkriegs. Sein politischer Absturz verlief schliesslich parallel zur osmanischen Niederlage im Ersten Weltkrieg und führte ihn wieder in den Untergrund, nunmehr im deutschen Exil. Von diesem Zeitpunkt an übernahm Mustafa Kemal (Atatürk) die Führung in einer verkleinerten Türkei, die sich fortan auf die Gebiete Kleinasiens und auf Edirne beschränkte.

Talâts umstürzlerische Agitation verzeichnete in den Monaten vor Juli 1908 in den drei Provinzen Saloniki, Manastir und Kosovo grosse Erfolge, und zwar nicht zuletzt deshalb, weil diese Region unter der Beobachtung und teilweisen Kontrolle der europäischen Mächte stand, was die andernorts sehr wirksame hamidische Repression hemmte. Um den internen Machtkampf gegen den Sultan gewinnen zu können, waren die Verschwörer auf die Präsenz der Europäer vor Ort und deren Wohlwollen ange-

---

1 Hanioğlu, Atatürk, 192.

wiesen. Und so sandten sie denn betont liberal klingende Botschaften an die Europäer und die nichtmuslimischen Osmanen im eigenen Land aus. Aber diese Statements waren oberflächlich und wenig glaubwürdig. Das wurde selbst von internen Stimmen bestätigt: Im Rahmen des Kongresses der osmanischen Oppositionsparteien im späten Dezember 1907 sah sich Prinz Sabahaddin, die wichtigste liberale Stimme in der jungtürkischen Bewegung, zu folgender selbstkritischen Aussage genötigt: «Wir betonen immer wieder, dass wir die Einmischung fremder Staaten in unsere internen Angelegenheiten ablehnen, aber gleichzeitig erweisen wir uns als unfähig, ohne fremde Einmischung Reformen durchzuführen. Die unter uns lebenden Christen konnten wir nur so lange schützen, wie wir vor den ausländischen Mächten zurückschreckten. Hätten wir diese nicht gefürchtet, so hätten wir alle Christen niedergemetzelt, allen voran die Armenier.»[2]

8 Aus Edirne im europäischen Teil der Türkei – die 1870er-Jahre

Seit dem späten 18. Jahrhundert befand sich das Osmanische Reich in einer instabilen Verfassung.[3] Es gab immer wieder Veranlassung zu glauben, das Ende des Reichs stehe unmittelbar bevor. Insbesondere das expandierende Russische Reich war und blieb als Erzfeind der Osmanen ein sehr bedrohlicher Gegner. In der europäischen Diplomatie sprach man von der «orientalischen Frage», wenn es um die ungewisse osmanische Zukunft ging. Das Aufkommen dieser komplexen Frage verlief parallel zum Weg des Westens in die Moderne und zur Ausbeutung globaler Ressourcen. Weil die internationale Diplomatie nicht in der Lage war, eine überzeugende Antwort auf die Frage nach einem gangbaren Weg in die Zukunft im Nahen Osten zu geben, bevorzugten die europäischen Mächte bis zum Ersten Weltkrieg grundsätzlich die Beibehaltung des Status quo, allerdings nicht ohne Forderungen nach begrenzten Reformen an die Adresse der Osmanen. Im osmanischen Teil des Balkans, das heisst in der europäischen Türkei, wo eine mehrheitlich christliche Bevölkerung lebte, unterstützten die Europäer generell die Abspaltung vom Reich und die nationale Unabhängigkeit, angefangen mit Griechenland in den 1820er-Jahren.

Das Osmanische Reich war eine vormoderne Monarchie mit einer strikt patrilinearen (das heisst auf die männliche Linie von Vater zu Sohn aufgebauten) polygamen Dynastie, in der die Konkubinen des Sultans rechtlich als Sklavinnen, erst später einige auch als Ehegattinnen galten. Bis zum 17. Jahrhundert erlaubte die Monarchie die Ermordung von Brüdern und Halbbrüdern, die nicht zur Thronnachfolge gelangten; so verlangte es sogar die Staatsräson. Wie jedes andere Reich gründete auch das

---

2 Zitiert in Bahaeddin Şakir Bey'in bıraktığı vesikalara göre İttihat ve Terakki, 434.
3 Ein instruktives Buch über das Osmanische Reich im Allgemeinen ist Caroline Finkels *Osman's Dream*. M. Şükrü Hanioğlus *Brief History of the Late Ottoman Empire* richtet den Fokus auf das «lange Osmanische Jahrhundert», das heisst die Zeit zwischen spätem 18. und frühem 20. Jahrhundert, und stützt sich weitgehend auf osmanische Quellen. In seiner analytischen Kraft unerreicht ist Hamit Bozarslans *Histoire de la Turquie*. Diese Schrift zeichnet mit überzeugenden Argumenten eindrücklich den Weg der Türkei vom 13. Jahrhundert bis zur Gegenwart nach.

Reich des Sultans auf militärischen Eroberungen. In der Frühzeit (14. Jahrhundert) erfolgte die Expansion auch über eine synkretistische Integration von zuvor zu Byzanz gehörenden christlichen Territorien. Diese Landgewinne mithilfe des Bektaschi-Ordens verliefen zum Teil friedlich. Dies trifft insbesondere auf Teile des Balkans zu in jener Zeitspanne, als Adrianopel zur osmanischen Hauptstadt erkürt und in Edirne umbenannt wurde (1363–1453). Ab dem 16. Jahrhundert entschied sich das Sultanat dann für den sunnitischen Islam als massgebliche Orientierungsgrösse des Staatsapparats. Stärker als zuvor bestimmte von da an religiöses Hierarchiedenken Politik und Staatswesen, und das bedeutete, dass Nichtsunniten von allen staatlichen Ämtern und Positionen weitgehend ausgeschlossen wurden.

Gleichzeitig durften sich Christen und Juden aber mit ihren selbst organisierten Gemeinschaften (*millet*) relativ grosser Autonomie erfreuen, und das, obwohl sie – wie oben beschrieben – innerhalb der osmanischen Gesellschaft eine untergeordnete Stellung innehatten. Diese Gegebenheiten machten das osmanische Einflussgebiet für verfolgte religiöse Minderheiten des vormodernen Europa, namentlich für Juden und Protestanten, attraktiv. Vom frühen 18. bis zur Mitte des 19. Jahrhunderts besetzten die Phanarioten, das heisst Rûm (Christen griechisch-orthodoxen Glaubens) der Oberschicht Istanbuls wichtige Positionen innerhalb der staatlichen Verwaltung. Sie blieben dabei in einem vormodernen heilsgeschichtlichen Denken beheimatet, was bedeutete: Man diente den Osmanen, «denen wir von Gott um unserer Sünden willen unterworfen wurden». Stephanos Vogorides (1780–1859), ein später Vertreter eines konservativen Verständnisses gottgewollter Dienstpflicht der Christen an der osmanischen Einheit und Dynastie, sprach gegen Ende seines Lebens davon, dass er «Zuflucht in der Scharia finde» und in den schützenden «Privilegien, die uns [orientalischen Christen] von der Scharia geschenkt sind».[4] Im Gegensatz zu Österreich und Russland, den beiden multiethnischen Reichen jener Zeit, blieb der osmanische Staat auf einen spezifischen Monotheismus gegründet, nämlich einen imperialen Islam, welcher die Gleichstellung unterschiedlicher Glaubensbekenntnisse von vornherein ausschloss. Die jungtürkische Revolution von 1908 vermochte diesen Referenzrahmen nicht zu überwinden; er bildete im Gegenteil einen zentralen Faktor dessen, was in diesem Buch als «imperiale Voreingenommenheit» Talâts und des CUP bezeichnet wird.

Im Gegensatz zu Russland und Österreich schloss das seit der Tanzimat-Reformära (1830er-Jahre bis 1876) modernisierte Rekrutierungssystem der osmanischen Türkei weiterhin Andersgläubige von der Partizipation am Wehrdienst aus. Erst ab 1909 wurden Nichtmuslime grundsätzlich in die Armee eingegliedert, also nicht mehr nur – wie bisher – in Ausnahmefunktionen wie zum Beispiel bei der Marine oder in der medizinischen Versorgung.[5] Im Laufe des 19. Jahrhunderts führten zwei unterschiedliche Faktoren das Osmanische Reich in eine politische Sackgasse: der weitgehende Ausschluss des Osmanischen Reiches von den durch Imperialismus und Kolonialismus geprägten globalen Dynamiken sowie eine anhaltende Ungleichbehandlung religiöser Minderheiten, die das moderne Postulat der Gleichberechtigung verletzte.

---

4 Philliou, Biography of an Empire, 1, 165.
5 Hartmann, Reichweite des Staates; Rekrutierungsgesetze aus den Jahren 1855 und 1870 sind auf Seite 61 wiedergegeben.

Beides stellte die Überlebensfähigkeit des imperialen Gemeinwesens infrage. Seit Ende des 18. Jahrhunderts traten der Sultan und ein Teil der osmanischen Elite für einschneidende Reformen ein, um nach russischen Siegen und Napoleon Bonapartes Invasion der Levante den totalen Zusammenbruch des Reiches zu verhindern. Die Verweigerung der Gleichberechtigung Andersgläubiger vermischte sich mit der pauschalen Vorstellung, osmanische Muslime seien die hauptsächlichen Opfer moderner Geopolitik. Verschiedene Argumente untermauerten diese Selbstwahrnehmung als Opfer und sorgten in der osmanischen Bevölkerung für Groll und Verbitterung gegenüber osmanischen Nichtmuslimen. An erster Stelle standen sogenannte «Kapitulationen» im Sinn von zwischenstaatlichen Vereinbarungen, die auf die osmanische Blütezeit des 16. Jahrhunderts zurückgingen und Ausländern im Osmanischen Reich steuerliche, zivilrechtliche und strafrechtliche Privilegien zugestanden. Ab dem 19. Jahrhundert gab es eine wachsende Zahl von osmanischen Nichtmuslimen, die eine europäische Staatszugehörigkeit annahmen, wodurch diese Personen dann als «Ausländer» galten, ebenfalls von diesen alten verbrieften Privilegien profitieren konnten und somit über einen grösseren Handlungsspielraum verfügten als ihre muslimischen Nachbarn.

Die auf Gleichberechtigung und sozialen Ausgleich abzielenden, also egalitären Reformen der Tanzimat-Periode (1839–1876) waren den Osmanen von den europäischen Mächten, vor allem von den Engländern, aufgedrängt worden und blieben deshalb weitgehend eine Angelegenheit auf dem Papier. Immerhin erlangten aber auch viele Christen, insbesondere Armenier, in jener Zeit Zugang zu einer Anstellung in der staatlichen Verwaltung. Insgesamt betrachtet blieb aber das Ideal einer starken osmanischen Vielfalt unter Einschluss aller institutionalisierten Gemeinschaften (*millet*) auf einer verfassungsmässig garantierten Basis der Gleichberechtigung eine unerreichte Utopie. Und das blieb auch 1876 so, als die erste osmanische Verfassung in Kraft trat. Sultan Abdulhamid (an der Macht von 1876 bis 1909) setzte die Verfassung bereits 1878 wieder ausser Kraft. Er hatte der Einführung einer Verfassung überhaupt nur zugestimmt, um dem diplomatischen Druck, der auf ihn ausgeübt wurde, entgehen zu können.

Die 1870er-Jahre stellen in der osmanischen und europäischen Geschichte einen Wendepunkt dar. Hier nahm der Verlust des Glaubens an universelle, supraethnoreligiöse Kategorien der Neuzeit seinen Anfang. Daraus resultierte das Aufkommen eines ethnisch begründeten Nationalismus, das Erstarken von Islamismus, Antisemitismus und Sozialdarwinismus sowie der Beginn des allgemeinen Redens in den Kategorien von «Rassen». Das Osmanische Reich wurde auf vielfältige Weise in seinen Grundfesten erschüttert: von den Kriegen auf dem Balkan und im Kaukasus, von territorialen Verlusten, durch den Staatsbankrott, durch Hungersnöte und durch Interventionen vonseiten der europäischen Mächte. Hinzu kam das Versagen von Verwaltung und Regierung auf dem Balkan, die Brutalität des Staates im Vorgehen gegen die Minderheiten, und alle diese Faktoren führten zu einer Erhöhung des diplomatischen Drucks und Interventionen von aussen. Der russisch-osmanische Krieg in den Jahren 1877/78, in dem es den russischen Truppen gelang, bis fast zur Hauptstadt Istanbul vorzustossen, stellte eine Demütigung des Sultanat-Kalifats dar. Hunderttausende von *Muhacir* (muslimische Flüchtlinge) strömten damals ins Land. Der britische Botschafter in Istanbul, Austen Henry Layard, schrieb in einem Bericht: «Jene, die das Vorgehen der Russen beobachtet haben, werden kaum daran zweifeln, dass es ihr [der Russen] bewusst verfolgtes Ziel war, alle Menschen türkischer Rasse aus den von ihnen besetzten Provinzen zu vertreiben und sie stattdessen durch Slawen zu ersetzen.»[6]

Der Berliner Kongress des Jahres 1878 erklärte zwar einen Teil der von den Russen erzielten Eroberungen für nichtig. Aber das Osmanische Reich musste sich dennoch damit abfinden, dass wichtige Teile des Balkans den Weg in die Unabhängigkeit (Serbien und Montenegro) oder in die Autonomie (Bulgarien) wählten oder einer fremden Verwaltung unterstellt wurden (Bosnien-Herzegowina). Die Provinzen Batum, Kars und Ardahan im südwestlichen Kaukasien gingen ganz verloren. Im Weiteren war das Osmanische Reich jetzt gezwungen, volle Religionsfreiheit zu gewähren, und willigte ein, «ohne weitere Verzögerung die Verbesserungen und Reformen durchzuführen, die die örtlichen Bedürfnisse in den von Armeniern bewohnten Provinzen verlangen, und die Sicherheit der dortigen Bewohner gegenüber den Feindseligkeiten von Tscherkessen und Kurden zu gewährleisten» (Art. 61 f. Berliner Vertrag). Diese Auflagen waren im Vergleich zu jenen, die im europäischen Teil der osmanischen Türkei zur Anwendung kamen, aber vage formuliert.

Die Verfassung von 1876 stellte den Höhepunkt des Reformprozesses der Tanzimat dar. Die nur wenig später erfolgende Ausserkraftsetzung der Verfassung signalisierte die Wende hin zum autokratischen Regime von Abdulhamid und zu einer islamistischen Rückorientierung des geschrumpften Reichs. Wenn Abdulhamid in jener Zeit den Forderungen nach Reformen listig zuwiderhandelte und begrenzte Massaker «erlaubte», dann tat er das in erster Linie aus der wohlbegründeten Angst heraus, möglicherweise demnächst einem gescheiterten und im Chaos versinkenden Staat vorzustehen. Dieses Risiko wusste er zu vermeiden, indem er regionale bewaffnete Kräfte ins Boot holte und sich ihre antiegalitäre Haltung und antichristliche Gewaltbereitschaft zunutze machte. Anstelle der Hohen Pforte und des prächtigen Dolmabahçe-Palasts machte der junge Sultan den abgeschirmten Yıldız-Palast in Beşiktaş zum neuen Machtzentrum des Reichs, um von hier aus ganz alleine regieren zu können.

Talât wurde 1874 in Edirne in eine Mittelstandsfamilie hineingeboren. Sein Vater, Ahmed Vasıf, stammte aus einem Dorf in der südöstlichen Ecke des heutigen Bulgarien, einem Gebiet, das ab 1878 mit dem Erlangen der Autonomie offiziell bulgarisch wurde. Vasıf war ein *kadı*, ein Mitglied des religiösen Gerichts, und in dieser Funktion ein staatlicher Angestellter der religiösen Verwaltung, die dem Scheichülislam unterstellt war. Talât, seine Eltern und seine zwei Schwestern flohen im Jahr 1877 vor der anrückenden russischen Armee von Edirne nach Istanbul, kehrten aber nach einem Jahr wieder zurück. Talât besuchte in Edirne die Schulen bis hin zur militärischen Sekundarschule (*askerî rüşdiyesi*), das heisst bis zum Alter von ungefähr sechzehn Jahren. Er verliess die Schule ohne Abschluss, weil er einen seiner Lehrer, einen Armeeoffizier, tätlich angegriffen hatte und deshalb von der Schule ausgeschlossen

---

6 Der britische Botschafter Layard in Konstantinopel an den britischen Aussenminister Graf von Derby, 21. Januar 1878, British Foreign Office FO 424/67, zitiert in Emigrations turques des Balkans, Bd. 1, 283.

wurde. Sein Vater verstarb, als Talât erst elf Jahre alt war, worauf sich die Familie in einer auch materiell schwierigen Situation zurückgelassen sah. Talât war der einzige verbliebene Mann in der Familie. Er trug zum Lebensunterhalt bei, indem er ab 1891 auf der Poststelle als Hilfskraft tätig war und als Türkischlehrer an der Schule der Alliance israélite unterrichtete. An der gleichen Schule erwarb er selber seine Kenntnisse der französischen Sprache.[7] Er lernte auch Griechisch, zuerst im Gefängnis, wo er auf Freiheitskämpfer aus Bulgarien und Griechenland traf, später auch von seiner Ehefrau, Hayriye Hanım, die in der griechischen Stadt Ioannina (Yanya) aufgewachsen war. Es ist gut möglich, dass er sich auch einige Kenntnisse der bulgarischen und der judeo-spanischen Sprache aneignen konnte.[8]

9 Verbannt nach Saloniki

Bereits als Jugendlicher war Talât fasziniert von den revolutionären patriotischen Reden, Diskussionen und Auseinandersetzungen, in denen sich damals der Unmut gegenüber Abdulhamid artikulierte. Es war sein Schwager İsmail Yürükoğlu (oder Yürükov), ein Türkisch und Bulgarisch sprechender Journalist und politischer Aktivist, der Talât in diesen politischen Diskurs einführte. Beruflich bedingt hatte er Zugang zu verbotenen Schriften, die in den Augen des Sultanspalasts als aufrührerisch galten. In Edirne bildete sich rund um diesen İsmail Yürükoğlu und den albanischen *hoca* (religiöser Lehrer) Hâfız İbrahim Efendi eine unabhängige konspirative Gruppe aus Verwaltungsbeamten und Militärangehörigen, die aber kaum höhere Positionen bekleideten. Innerhalb dieser Gruppe zirkulierte subversive CUP-Literatur. Im Sommer 1896 wurde die Polizei auf den Zirkel aufmerksam und setzte den Umtrieben mit der Auflösung der Gruppe ein Ende. Talât, ein aktives Mitglied, war einer der Verhafteten. Im Unterschied zu Oppositionellen mit Hochschulbildung wurden die Verhafteten von Edirne nicht ins osmanische Libyen verbannt, sondern nach einem speziellen Strafverfahren mit einer Gefängnisstrafe belegt.

1889 gründeten fünf Studenten der Militärischen Ärzteschule das Komitee für Osmanische Einheit, das bald schon den Namen Komitee für Einheit und Fortschritt annahm (Comité union et progrès, CUP, İttihad ve Terakki Cemiyeti). Es verzeichnete eine rasch wachsende Zahl von Mitgliedern. Auch wenn dieses Komitee unter dem Gesichtspunkt der Organisationsstruktur ein schwaches Gebilde blieb und nur über unerfahrene Mitglieder verfügte, so wurde es doch sofort zum Mythos, der viele in den Bann zog, besonders rebellische junge Männer aus staatlichen Schulen für höhere Bildung. Ab Mitte der 1890er-Jahre sah sich Abdulhamid gezwungen, diese

---

7 «Er spricht einigermassen gut Französisch», berichtete Botschafter Lowther an Aussenminister Grey am 6. Juli 1909, FO 371/778 (Visit to London and Armenian Massacres, 1909), 4 f.

8 Emmanuilidis, Osmanlı İmparatorluğu'nun son yılları, 273; Babacan, Mehmed Talât Paşa, 38; «Lebensgeschichte Talaat Bej», Ernst Jäckh Papers, Yale University Library; İbnülemin M. İnal: *Osmanlı Devrinde Son Sadrıazamlar*, Istanbul: İş Bankası, 2013 (1950), 1333; *Die Welt*, 4. Juli 1913, 856. Einige zeitliche Angaben stimmen zwischen den angegebenen Schriften nicht überein, zum Beispiel das Todesjahr von Talâts Vater.

Bewegung landesweit zu unterdrücken, worauf viele der Mitglieder und Sympathisanten des Komitees ins Ausland flüchteten, vorzugsweise in die Schweiz oder nach Frankreich.

Die frühen Mitglieder des CUP waren ergriffen von der Idee «eines grossen despotischen Satans», nämlich des Sultans, und ihm zugeordneter böser Kräfte im eigenen Land. Dieses Übel, so glaubten sie, musste mit einer blutigen Revolution niedergerungen werden. Zu diesem Zeitpunkt war somit der Hass und Groll noch fast ausschliesslich gegen den Palast und die Vertreter des Hamidismus mit seinen übers ganze Land verstreuten Günstlingen und Spionen gerichtet. «Wir haben jenen den Krieg erklärt, die das Vaterland aus dem Inneren heraus angreifen, und wir sind uns sicher, dass wir gewinnen werden. Wir ziehen jene zur Rechenschaft, die unser Land zerstören, unsere Dörfer ausbeuten und die unsere Feinde dazu anstiften, unsere Religion und unsere Nation zu beleidigen», so der kämpferische Ausruf von Dr. Mehmed Reşid, einem der Gründer des Komitees, der sich 1897 ebenfalls unter den Verhafteten befand. «Das osmanische Element in unserem Land wird stetig kleiner. Das osmanische Land schwindet Stück um Stück. Wir sind Zeugen dieser Vorgänge, und wir wissen sehr wohl, wer sie zu verantworten hat. Damit all dieses Böse verschwindet, damit wir unsere hart arbeitenden Dorfbewohner retten können und um sie gut zu ernähren – darum haben wir diesen Wüstlingen, diesen Tyrannen, diesen Vaterlandsverrätern den Krieg erklärt.»[9]

Auch Talât empfand dieses Grundgefühl der Versehrtheit und des Schmerzes, das schliesslich zu einer aggressiven Gesamthaltung heranwuchs. Im Februar 1898 wurde er aus der Gefangenschaft entlassen und nach Saloniki verbannt. Die Stadtbehörde zahlte ihm einen Lohn, ohne dass er arbeiten musste, bevor er im Juli 1898 Postangestellter wurde. Im April 1903 wurde er zum Bürovorsteher in der Postverwaltung befördert. Er liess seine Mutter und seine Schwestern nach Saloniki nachkommen; gemeinsam lebten sie in einem kleinen Haus im mehrheitlich von Muslimen bewohnten Stadtteil Kule Kahveleri.[10] In der Zeit vor der Eroberung durch die Griechen im Jahr 1912 war das osmanische Saloniki eine lebendige Hafenstadt und zudem eine bedeutende Garnisonsstadt mit rund 100 000 Einwohnern. Über direkte Bahnlinien war die Stadt mit Istanbul, Belgrad und Wien verbunden, aber noch nicht mit dem südlich gelegenen Athen. Die grösste Volksgruppe innerhalb des mehrsprachigen und multiethnischen Saloniki waren die sephardischen Juden, die mindestens die Hälfte, wenn nicht sogar einen noch grösseren Teil der gesamten Stadtbevölkerung ausmachten.[11]

In Saloniki knüpfte Talât sofort wieder Kontakte zu Aufständischen. Man traf sich regelmässig zu Diskussionen, und gemeinsam träumte man von der kommenden Revolution. 1901 begann Talât durch Vermittlung von İsmail Yürükoğlu einen Briefverkehr mit Ahmed Rıza, dem Führer des politischen Widerstands im Pariser Exil. Auf die Anfrage von Rıza, ob es Möglichkeiten gebe, ein neues und starkes Netzwerk von Aufständischen im europäischen Teil der Türkei zu etablieren, antwortete Talât

---

9 Şahingiray, Hayatı ve Hâtıraları, 60 f. Vgl. Kieser, From «Patriotism» to Mass Murder.
10 Esatlı, Meşrutiyet'ten önce Manastır'da patlayan tabanca, 47–49; Babacan, Mehmed Talât Paşa, 45–47; Bleda, İmparatorluğun Çöküşü, 20.
11 Anastassiadou, Salonique.

im April 1902 unverblümt: «Vergiss zum jetzigen Zeitpunkt die Möglichkeit, eine schlagkräftige Gruppe auf die Beine zu stellen. Selbst die Gründung einer schwachen Gruppe, die nur sanfte Operationen durchführen würde, ist im Moment undenkbar.» Talât erwähnte aber İsmail Yürükov, seinen Schwager, und stellte ihn als potenziellen Aktivisten vor. Ironischerweise taucht ausgerechnet der Name dieses Mannes in einem Dokument des Yıldız-Palasts aus dem Jahr 1905 auf, und da wird er als ein Agent des Regimes bezeichnet. Ein derartiger Seitenwechsel hin zur Kollaboration mit dem Palast kam bei zahlreichen frühen Aktivisten vor. Wir wissen nicht, ob Talât bereits vor 1908 davon Kenntnis erhielt, dass sein Schwager ein Kollaborateur war. 1908 wurden Listen mit den Namen der palasttreuen Spione entdeckt, und das CUP verwendete dieses Wissen sofort als politisches Druckmittel gegenüber seinen Gegnern.[12]

Talât bemühte sich, die Lücken seiner rudimentären Schulbildung zu füllen, indem er während dreier Jahre Kurse an der Schule für Recht in Saloniki belegte. Dort lernte er Mehmed Cavid kennen, der Wirtschaftsfächer unterrichtete. Cavid war ein Jahr jünger als Talât. Als «Dönme» gab Cavid sich in seiner äusseren Erscheinung voll und ganz als sunnitischer Muslim aus, aber galt dennoch allgemein als «Kryptojude» in der Tradition des von Schabbtai Zvi begründeten messianischen Sabbatianismus.[13] Der Zirkel, der sich um Talât herum bildete, traf sich häufig in der Yonyo-Bar am Hafen von Saloniki, manchmal auch im öffentlichen Park Jardin de Bechtchinar (Beş Çınar Bahçesi). Ein weiterer Kreis von Beziehungen erschloss sich Talât, als er 1903 Mitglied der Freimaurerloge Macedonia Risorta in Saloniki wurde – ein Schritt, den damals auch andere Jungtürken vollzogen. Er hegte für eine Weile die Idee, eine islamische Loge zu gründen, die ihre Tätigkeiten frei von fremden Einflüssen verrichten sollte. Freimaurerlogen waren – ähnlich wie die *tekke* (Klöster) der Bektaschi – geschützte Orte, wo die Männer offen und ungehindert sprechen konnten, ohne dass sie das Mithören von Spionen befürchten mussten.[14]

Gegen Ende August 1903 erhielt Robert Graves, ein junger Diplomat aus dem britischen Konsulat in Saloniki, «eine mysteriöse Anfrage mit der Bitte, mich bereit zu erklären zu einem Gespräch mit gewissen türkischen Patrioten, die angesichts der Schwierigkeiten, die ihr Land bedrohten, verzweifelt waren und die von mir einen Rat wünschten, wie sie vorgehen sollten. Nachdem ich mich von der Echtheit dieser Bitte überzeugt hatte und sicher war, dass es sich nicht um eine Falle handelte, um mich anschliessend zu kompromittieren, erklärte ich mich einverstanden, diese Leute heimlich zu treffen.» Und so kam es zum Treffen des britischen Diplomaten mit Talât, Mustafa Rahmi (Arslan), Ahmed Cemal (künftiger Pascha), Hacı Âdil und dem Dönme Cavid. Sie alle waren überzeugt, «dass die Regierungsunfähigkeit von Sultan Abdul Hamid ihr geliebtes Land an den Rand des Ruins getrieben habe», und sie «schlugen vor, sich selber als Anführer an die Spitze einer Revolte gegen seine [Sultan Abdulhamids] Autorität zu setzen, und sie baten mich um eine Einschätzung ihrer

---

12 Hanioğlu, Young Turks, 88, 361, Briefe 74 f., Talât an Ahmed Rıza, 16. April 1902.
13 Baer, Dönme, 60; Ali Münif Bey'in hâtıraları, 91.
14 Bleda, İmparatorluğun Çöküşü, 20 f.; Çandar, Talat Paşa, 65; M. Şükrü Hanioğlu: «Talat Paşa», in: Türkiye Diyanet Vakfı İslam Ansiklopedisi, Bd. 39, 502 f.; Hanioğlu, Preparation, 75, 151; Kuran, İnkılap tarihimiz, 313.

Erfolgsaussichten, die Bevölkerung bei diesem Aufstand einbeziehen zu können, und [sie wollten wissen,] ob sie mit einem gewissen Mass an ausländischer Zustimmung und Unterstützung rechnen dürften».[15]

Als die Möchtegernrebellen offen zugeben mussten, dass ihnen keine organisierte Unterstützung vonseiten der Armee, der Polizei und aus Regierungskreisen zugesichert sei, gab ihnen Graves den Rat, vom Plan einer Revolte zu diesem ungünstigen Zeitpunkt Abstand zu nehmen. Das Treffen fand Im August/September 1903 während des Ilinden-Preobraschenie-Aufstands statt, der die Dissidenten in zweierlei Hinsicht betraf: Einerseits waren die Armeeoffiziere unter ihnen an der brutalen Niederschlagung des Aufstands beteiligt, andererseits waren sie gleichzeitig alle beeindruckt vom hingebungsvollen Engagement und von den Idealen ihrer Feinde, den Mitgliedern der Inneren Revolutionären Mazedonischen Organisation (IMRO). Die Organisation bestand überwiegend aus bulgarischen Christen, die für ein autonomes Mazedonien kämpften.

Diese Erfahrung löste unter den osmanischen Offizieren ein Sehnen nach einer «echten Revolution» aus und machte ihre Wut auf Abdulhamid nur noch grösser. Aber was auf längere Sicht die Oberhand gewann und schliesslich zum Kennzeichen der CUP-Identität wurde, war verletzter osmanisch-muslimischer Stolz, vermischt mit aggressiver Verbitterung über jegliche Art von fremder Intervention. Denn die europäische Diplomatie deckte nicht nur Schwächen und brutale Praktiken der Osmanen auf und machte sie so öffentlich kritisierbar, sondern sie beschnitt auch die osmanische Souveränität. Der Aufstand von Ilinden führte schliesslich zum Mürzsteg-Abkommen vom 2. Oktober 1903, einer Vereinbarung, die gemeinsam von Russland und Österreich ausgehandelt worden war. Abdulhamid stimmte diesem Abkommen am 25. November widerwillig zu. Es beinhaltete die Forderung nach Reformen, die eine bessere und stärker regional angepasste Verwaltung ermöglichen sollten, um so die Christen gleichberechtigt am Staatswesen partizipieren zu lassen. Diese Reformen sollten zudem unter internationaler Beobachtung durchgeführt werden.

10 Verschwörung in Saloniki und Paris

Die Dissidenten von Saloniki benötigten drei Jahre, «um ihre zerstreuten Aktivitäten in einen organisierten Effort zu verwandeln», so die Beschreibung der Situation durch Şükrü Hanioğlu, einen führenden Forscher über oppositionelle Jungtürken.[16] Der internationale Kontext spielte auch bei diesen Vorgängen wieder eine gewisse Rolle. Ende 1905 war Abdulhamid dazu gezwungen worden, einer internationalen Überprüfung der Finanzen von Mazedonien zuzustimmen, nachdem die Osmanen eine sie demütigende Machtdemonstration europäischer Seestreitkräfte an der ägäischen Küste Kleinasiens nahe der Inseln Lemnos und Mytilene hatten hinnehmen müssen.[17]

---

15 Graves, Storm Centers, 200 f.
16 Hanioğlu, Preparation, 212.
17 Anderson, Eastern Question, 272.

Am 7. September 1906 gründeten die patriotischen Dissidenten das Halbmondkomitee (Hilâl Cemiyeti). Gemäss den Statuten stand eine Mitgliedschaft nur Muslimen offen. Selbst die als Sunniten auftretenden Dönme waren ausgeschlossen. Zu den Gründungsmitgliedern, unter denen etliche junge Armeeoffiziere waren, gehörten Leutnant Ömer Naci, Talât, Mustafa Rahmi, der Mitglied einer angesehenen Familie aus Saloniki war, und Dr. Midhat Şükrü (Bleda), Rahmis Schwager, ein Absolvent der Hochschule für Verwaltungsbeamte (Mekteb-i Mülkiye), der in den 1910er-Jahren Generalsekretär des CUP werden sollte. Im Gegensatz zum Kreis der Männer im Exil um Ahmet Rıza legten die Mitglieder der Gruppe aus Saloniki von Anfang an grössten Wert auf ihren ideologischen Kern imperial-muslimischer Einheit. Dies war Talâts nahes Umfeld; und dieses Team erwies sich in der Revolution von 1908 als effizient. Es waren diese Leute, die schliesslich den Weg des CUP zu diktatorischer Macht ebneten.

Ein zweites Treffen fand am 18. September 1906 im Haus von Midhat Şükrü statt, und hier wurde die Gruppierung neu zu «Osmanisches Freiheitskomitee» (Osmanlı Hürriyet Cemiyeti) umbenannt. Die Regelung mit der Beschränkung der Mitgliedschaft auf Muslime wurde nun wieder aus den Statuten gestrichen. Talât, Rahmi und der Offizier Ismail Canbolad (Canbulat) wurden in einer Wahl zum Vorstand des Komitees ernannt. Aufgrund seines Charmes, seiner Unerschrockenheit und in Anerkennung seines bisherigen grossen Engagements für die gemeinsame Sache genoss Talât über das Komitee hinaus bei vielen Offizieren eine natürliche Autorität und Sonderstellung. Midhat Şükrü musste zugeben: «Talât war mutiger und tollkühner als wir alle; er fürchtete sich nicht vor der Welt, die ihn umgab.»[18]

Eine kleinere Rolle bei diesen Ereignissen spielte auch der junge Hauptmann Mustafa Kemal, später Atatürk genannt (1881–1938). Als Gründer einer aus vier Männern bestehenden Gruppierung namens Vaterlands- und Freiheitsgesellschaft in Damaskus (1905) war er eifrig bestrebt, in Saloniki die begonnene Sache fortzuführen. So trug er dazu bei, die Gründung des Osmanischen Freiheitskomitees zu beschleunigen. Mindestens dem Namen nach musste Kemal spätestens seit Anfang 1906 Talât gekannt haben. Insgeheim war er aus dem Exil in Damaskus, wie er es selber nannte, für ein paar Monate in seine Heimatstadt Saloniki zurückgekehrt, und er brannte darauf, sich an der Revolution beteiligen zu können. Dennoch blieb er eher eine Randfigur; von der Mitwirkung im Führungsgremium blieb er ausgeschlossen. Bewusst oder unbewusst bereitete er sich aber schon auf eine spätere Zukunft vor, in der er seinen Erfolg als unbestrittene Führerfigur würde feiern können. In jenem Jahr 1906 gab es in Mazedonien aber Offiziere, die sich im Vergleich zu Kemal in einer weit besseren Ausgangsposition befanden. Einer von ihnen war der junge Hauptmann Ismail Enver (1881–1922), ein anderer dessen ebenfalls noch junger Onkel, Hauptmann Halil (1882–1957). Beide gehörten zu den ersten Mitgliedern der neuen Vereinigung.

Mustafa Kemal lehnte jegliche ausländische Einflussnahme radikal ab. Daher empfand er tiefe Bewunderung für Japan und dessen 1905 errungenen Sieg über eine russische Armee. Mit den Worten von Hanioğlu gesprochen feierten damals viele die-

---

18 Bleda, İmparatorluğun Çöküşü, 21; vgl. Emmanuilidis, Osmanlı İmparatorluğu'nun son yılları, 29.

sen militärischen Sieg als «den Triumph einheimischer Modernisierung» über einen Westen, dessen Macht und Überlegenheit ihnen zutiefst zuwider war. Andererseits war Kemal kaum glücklich über die islamistischen Anspielungen, die im Umfeld der Aufständischen auftauchten, etwa im ursprünglichen Namen (Halbmondkomitee) der Organisation. Ömer Naci verstand sich als «ein Soldat für den Dschihad» und verfasste selber islamistische Pamphlete, so wie auch Bahaeddin Şakir und viele andere. Kemal war ein früher Anhänger einer Ethnonation und trat deshalb als Befürworter radikaler Eingriffe in die Bevölkerungsstruktur in Erscheinung. So schlug er bereits 1907 «Bevölkerungsveränderungen» vor, die «einen türkischen Staat hervorbringen» sollten.[19]

Das Prozedere zur Aufnahme eines neuen Mitglieds in die eben gegründete Vereinigung bestand in einem eindrücklichen Geheimritual, welches Symbole des *komitecilik* und des Islams vereinte. Damit sollte die totale Loyalität gegenüber der verschwörerischen Gruppe bestärkt und besiegelt werden. Talât waltete zusammen mit ein paar anderen als Zeremonienmeister. Das Ritual gestaltete sich wohl nicht immer genau gleich. Wir kennen aber immerhin die internen Bestimmungen und Regeln des Komitees, die nach 1907 Gültigkeit hatten. Aus diesen Regeln und aus mehreren Berichten lässt sich erschliessen, dass das Ritual Ähnlichkeit hatte mit der Aufnahme eines Neumitglieds in eine Freimaurerloge und mit der Maskerade des Ku-Klux-Klans oder des sogenannten Islamischen Staats in unserer Zeit. Der Mitgliedschaftskandidat trug einen roten Umhang und wurde mit verbundenen Augen in einen Raum im Haus von Komiteemitglied Midhat Şükrü geführt. Ein maskierter Zeremonienmeister belehrte den Kandidaten in feierlich predigendem Ton über die Ideale und Werte des Komitees und dass ein Verrat den Tod bedeuten würde. Dann wurde die Augenbinde abgenommen und der Kandidat konnte die maskierten Zeremonienmeister sehen; rote Handschuhe gehörten ebenfalls zu ihrer Ausstattung.

Die eine Hand auf dem Koran, die andere Hand auf einer Pistole – so schwor der Kandidat sein Loyalitätsgelübde. Wenn es sich in späterer Zeit um einen Christen oder einen Juden handelte, erfolgte der Schwur mit der Hand auf der Bibel oder auf der Thora. Um Einlass ins Haus zu erhalten, musste der Kandidat das Passwort *hilâl* (Halbmond) aussprechen, und dieses gleiche Passwort galt auch, in Kombination mit anderen Worten, wenn Mitglieder sich gegenseitig identifizieren mussten. Die Mitgliedschaft blieb geheim, nur die führenden Männer wussten darüber Bescheid. In quasireligiöser Terminologie bezeichnete sich das Komitee in Saloniki schon vor dem Juli 1908 als «Heiliges Komitee» (Cemiyet-i mukaddese) und als «Kaaba der Freiheit» (Kâbe-i hürriyet).[20]

Die Vereinigung erlebte einen raschen Zuwachs neuer Mitglieder und eröffnete eine Niederlassung in der Provinz Manastir. Aber noch konnte man nicht von einer revolutionären Organisation mit überregionaler Bedeutung und politisch relevantem Gewicht sprechen. Vermutlich schrieb Talât einen Brief an Dr. Nâzım, in dem er einen Zusammenschluss der Gesellschaft für Osmanische Freiheit und des Pariser Komitees für Fortschritt und Einheit (CPU) vorschlug. (CPU war der vorübergehende Name des

---

19 Hanioğlu, Atatürk, 37–39; Mango, Atatürk, 61–71.
20 Hanioğlu, Preparation, 218, 279; Bleda, İmparatorluğun Çöküşü, 22 f.; Çavdar, Talât, 70–73; Temo, İttihad ve Terakki Cemiyeti'nin kurucusu, 173, 185.

Komitees, bevor es 1908 wieder den Namen CUP annahm.) Ömer Nacis Flucht nach Paris im Frühjahr 1907 und sein Anschluss ans CPU trug ebenfalls dazu bei, dass sich die beiden Vereinigungen gegenseitig annäherten. Das CPU entsandte Nâzım schliesslich im Sommer 1907 nach Saloniki, um mit den Führern des Osmanischen Freiheitskomitees eine Übereinkunft zu finden. Dr. Bahaeddin Şakir und Dr. Nâzım, beide Absolventen der Militärischen Ärzteschule, waren die dominanten Figuren des CPU im Exil, das aus dem CUP der 1890er-Jahre hervorgegangen war. Als Anhänger von Ahmed Rıza, dem respektierten Haupt der Jungtürken im Exil, hatte Dr. Şakir das neue, stärker aktivistisch ausgerichtete und weniger intellektuell-akademisch geprägte CPU ab Herbst 1905 aufgebaut, nachdem er aus Istanbul geflohen war.

Die beiden Komitees in Paris und Saloniki schlossen sich am 27. September 1907 zusammen und wurden unter dem Namen CPU eine neue Organisation. In Paris war das ausländische Zentrum angesiedelt, Saloniki war das heimische Zentrum. Talât, Major Ismail Enver (der spätere Enver Pascha), Hauptmann Ismail Canbolad, Oberadjutant Hafız Hakkı (später Pascha) und Rechtsanwalt Manyasizâde Refik bildeten das Leitungsgremium des heimischen Zentrums. Als gemeinsame Sprachrohre des CPU wirkten die türkischsprachige Zeitschrift *Şûra-yı Ümmet* (Rat der Ummah) und die französischsprachige Zeitschrift *Mechveret* [Beratung] *Supplément français*.[21]

Der Zusammenschluss der beiden Vereinigungen zum neuen Komitee stellte für Talât zwar einen persönlichen politischen Erfolg dar, doch verlor er zwei Monate später seine Arbeit und sollte nach Anatolien versetzt werden. Hüseyin Hilmi Pascha, der in Saloniki stationierte osmanische Generalinspektor für den europäischen Teil der Türkei, war sich mehr oder weniger im Klaren darüber, welch bedeutende Rolle Talât spielte; auf vergleichbarem Wissensstand war somit auch der Palast. Hüseyin Hilmi Pascha, der später zum Innenminister und Grosswesir aufsteigen sollte, war damals ein Repräsentant des hamidischen Regimes und als Inspektor zuständig für die Provinzen Saloniki, Kosovo und Manastir. Talât wusste indes sehr wohl, über welchen Umfang an Macht er selber als Führungsfigur des heimischen CPU-Zentrums bereits verfügte. So verlangte er ein Gespräch mit dem Vertreter des Palasts und drohte dem Pascha gravierende Konsequenzen an. Daher konnte der Generalinspektor die Versetzung von Talât nicht durchsetzen. Midhat Şükrü bot seinem stellenlosen Freund Talât die eigene Stelle als Vorsteher einer Privatschule in Saloniki an (die nach dem Juli 1908 als CUP-Schule bezeichnet wurde).[22]

Die Opposition im Exil, das Gebiet von Mazedonien sowie der äusserste Westen Kleinasiens waren gegenüber anderen Landesteilen deutlich überrepräsentiert im CPU. Vertreter aus Anatolien und insbesondere aus dessen östlichen Provinzen waren hingegen kaum vorhanden. Talât hatte gehofft, dass sich mit einer Reise von Ömer Naci, dem Mitglied des ausländischen CPU-Zentrums, neue Beziehungen nach Ostanatolien und mit Armeniern schmieden lassen würden und dass sich auf diese Weise «von nun an die dortige Region auch so [revolutionär] entwickeln möge wie Rume-

---

21 Hanioğlu, Preparation, 130–141, 213–229. Gemäss Esatlı, Meşrutiyet'ten önce, 35, waren neben Talât, Hafız Hakkı und Manyasizâde Refik auch Midhat Şükrü, Cemal (später Pascha) und Mustafa Rahmi Mitglieder.
22 Bleda, İmparatorluğun Çöküşü, 40 f.; Esatlı, Meşrutiyet'ten önce, 52–54.

lien».²³ Auch der zweite Kongress der osmanischen Oppositionsparteien in Paris vom späten Dezember 1907, wo man sich auf ein Bündnis zwischen dem CPU und der Armenischen Revolutionären Föderation (ARF) geeinigt hatte, vermochte nichts an der Tatsache zu ändern, dass das CPU in den östlichen Provinzen nicht wirklich Wurzeln schlagen konnte. Aufgrund des aufrichtigen Vertrauensverhältnisses zwischen Prinz Sabahaddin und den Christen hatte die Organisation von Sabahaddin in jenen Gebieten den besseren Zugang zu revolutionär gesinnten Gruppen und Personen, die fast alle aus armenischen Kreisen stammten.²⁴

Von allem Anfang an gab es bei verschiedenen Themen Meinungsverschiedenheiten zwischen der ARF und dem CPU. Da sie armenisch war, blieb die ARF der Juniorpartner, auch wenn Dr. Nâzım und Dr. Şakir bei ihrer aktivistischen Reorganisation der Jungtürken die ARF und die IMRO zum Vorbild genommen hatten. Dazu gehörte, dass sie Abteilungen mit *fedai* gründeten, das heisst mit Freiwilligen, die bereit waren, ihr Leben für die patriotische Sache der Revolution zu opfern. Ab Herbst 1907 baute das CPU in Mazedonien muslimische Banden auf, um christlichen Guerillagruppen etwas entgegenzusetzen. Auch muslimische Albaner wurden für diese Banden gewonnen. Im grossen Ganzen lag dieser Organisation irregulärer Gewaltakte der Imperativ muslimischer Solidarität und Suprematie zugrunde. In Briefen verherrlichten die *fedai*-Organisatoren sowohl die Erfolge gewalttätiger Operationen wie auch den angeblich überlegenen Mut der Türken. In einem auf den 15. März 1908 datierten Brief stellte die Zeitschrift *Şûra-yı Ümmet* klar, dass «wir [Muslime] die Herrscher dieses Landes [Mazedonien] sind».²⁵

11 Talâts Führerschaft auf dem Weg zur Revolution von 1908

Talât war im subversiven Milieu Mazedoniens sehr gut verwurzelt und stand auch in gutem Kontakt mit Armeeoffizieren. Er wusste, wie man es anstellen musste, um auf brüchigem spätosmanischem Grund Seilschaften der Macht zu etablieren. Er war auch vertraut mit der Funktionsweise des staatlichen Verwaltungsapparats, und er wusste, wie sich sowohl Verwaltungsbeamte niedriger Chargen wie auch jene in den höheren Rängen verhielten und nach welchen Mustern sie agierten. Auch wenn er sich ein Stück weit im Schatten von Nâzım bewegt haben mag (Dr. Nâzım war nicht nach Paris ins Exil zurückgekehrt), so war Talât doch unbestritten der wegweisende Planer der organisierten Verschwörung in Mazedonien und ihr informeller Anführer, aktiver Korrespondent und Netzwerker. Auch in heiklen Situationen bewies er die Fähigkeit, die Zügel stets in den eigenen Händen zu behalten, so zum Beispiel im Fall eines Jugendfreundes, der im Sommer 1907 in Saloniki den verkleideten Nâzım erkannt hatte,

---

23 Bahaeddin Şakir Bey'in bıraktığı vesikalara göre, 412.
24 Hanioğlu, Preparation, 109–114.
25 Bahaeddin Şakir Bey'in bıraktığı vesikalara göre, 443 f., 467 f., 483; Hanioğlu, Preparation, 222 f., 240 f.; M. Şükrü Hanioğlu: «The Second Constitutional Period, 1908–1918», in: *The Cambridge History of Turkey*, hg. von Reşat Kasaba, Cambridge: Cambridge University Press, 2008, Bd. 4, 64.

der sich dort incognito aufhielt. Talât zögerte nicht lange, begab sich zum Wohnhaus dieses Bekannten aus Kindheitstagen, zog seine Pistole und drohte dem Mann, ihn umzubringen, falls er irgendjemandem etwas über die Anwesenheit von Nâzım in Saloniki erzähle.[26]

Talât und seine Mitstreiter aus dem inneren Kreis arbeiteten zielstrebig und hart, um die hohen Erwartungen erfüllen zu können, die das CPU mit dem Zusammenschluss der beiden Vereinigungen in sie setzte. Und es gelang ihnen auch tatsächlich, in zahlreichen Städten und Dörfern Mazedoniens und Albaniens Zweigstellen des CPU zu errichten. Talât unternahm sogar eine Reise nach Istanbul, um hier, in der Hauptstadt des Reichs, eine Ausweitung der unterstützenden Kräfte zu erreichen.[27] Am 12. März 1908 schrieb er nach Paris: «Unsere Organisation hat in der Region Edirne einen sehr erfreulichen Entwicklungsstand erreicht. [...] Wir glauben, dass der Aufbau des Komitees in Rumelien [das heisst im europäischen Teil der Türkei] innerhalb von zwei Monaten ganz nach unseren Erwartungen vollständig abgeschlossen sein wird. [...] Es ist beschlossene Sache, dass wir bald eine oder zwei spektakuläre Aktionen lancieren werden.» Im Frühling 1908 fühlte sich Talât schliesslich bereit für den harten Schlag.[28]

Die allgemeine Stimmung in den Kreisen des CPU war in jenem Frühling 1908 aggressiv und geradezu kriegerisch. Der Grund dafür lag in der immer enger werdenden Überwachung durch staatliche Organe, in verstärkter Repression und in etlichen Verhaftungen, die vonseiten der Sicherheitskräfte vorgenommen worden waren. Zur Hochspannung trug auch die internationale Situation bei. Angesichts mehrerer Vorfälle von Gesetzlosigkeit in Mazedonien hatten die europäischen Mächte seit Ende 1907 auf eine Reform des Rechtswesens gedrängt und den Aufbau einer internationalen Polizei und parallel dazu die Verkleinerung der osmanischen Sicherheitskräfte verlangt. Es war abzusehen, dass diese Massnahmen in einen politischen Sonderstatus von Mazedonien münden würden, möglicherweise sogar in eine Autonomie. Für die Falken in Paris war das gleichbedeutend mit einem Armageddon, dem Weltuntergang, es ging um die Frage der türkischen Identität schlechthin, die durch einen abschliessenden Krieg geklärt werden musste. Am 16. März 1908 schrieben sie in einem Brief an Talât: «Mazedoniens Unabhängigkeit bedeutet den Verlust der Hälfte des Osmanischen Reichs und damit dessen vollständige Vernichtung. [...] Da sich mit der mazedonischen Frage gleichzeitig die Existenzfrage der Türken stellt, gehen wir davon aus, dass es eine aufrechte Regierung in diesem Fall vorziehen würde, die Gelegenheit für einen grossen Krieg zu ergreifen, anstatt Mazedonien und Rumelien preiszugeben. Aber weh uns! Was können wir von dieser dreckigen Regierung [noch] erwarten?»[29]

In dieser Logik war Abdulhamids Untergang besiegelt, als er die Bereitschaft vermissen liess, in einen Krieg einzutreten, der «vierzig- oder fünfzigtausend Europäer töten» würde. Talât ging die Dinge nüchterner und sachlicher an als die leicht reizbaren Pariser Militärärzte, die sich zu subversiven Agitatoren gewandelt hatten und

---

26 Bleda, İmparatorluğun Çöküşü, 26 f.
27 Ebd., 44; Bayur, Türk inkılâbı tarihi, Teil 1, Bd. 1, 438; Soku, Yakın tarihin üç büyük adamı, 21–23.
28 Bahaeddin Şakir Bey'in bıraktığı vesikalara göre, 435 f.
29 Hanioğlu, Preparation, 236.

gerne eine hetzerische Rhetorik pflegten. Das CPU warnte die hamidischen Behörden, dass in der Angelegenheit der geplanten Reformen in Mazedonien jegliche Konzession an Europa sofort eine Revolution auslösen würde. Die beiden Hauptzentren des CPU einigten sich im Mai 1908 darauf, europäischen Diplomaten in Mazedonien eine Stellungnahme zu präsentieren. Diese hielt ohne Umschweife fest, dass das Komitee für Einheit und Fortschritt CUP (diese Bezeichnung war im Gegensatz zum Namen CPU international gut bekannt) fest entschlossen sei, jede fremde Einmischung in seine «heiligen nationalen Interessen» in Mazedonien oder anderswo zu unterbinden. Gleichzeitig bekannten sich die Verfasser eindringlich zu einem entschiedenen Engagement gegen Despotismus, aber für eine verfassungsmässige Regierung und für das Prinzip der Gleichheit aller Bürger. Ähnliche Verlautbarungen ergingen auch an europäische Adressaten, und das in einer Sprachform, die auf die Empfindlichkeiten europäischer Ohren abgestimmt war.[30] Das CPU nutzte – und missbrauchte – in seinem Kampf gegen Abdulhamid sehr gekonnt Anspielungen auf Themen, die den Europäern ein grosses Anliegen waren.

Ein wichtiger Auslöser, der die Aufständischen in die konkrete Aktion trieb, war die Begegnung des englischen Königs Edward VII. mit dem russischen Zaren Nikolaus II. in Reval, Estland, im Juni 1908. Die Leute des CPU, allen voran Talât, und eine breite osmanische Öffentlichkeit befürchteten, dass die europäischen Grossmächte jetzt unter dem Vorwand von zwingend nötigen Reformen zur Lösung der mazedonischen Frage den europäischen Teil der Türkei aufteilen würden.[31] Diese Umstände liessen Talât eine Verschwörung in die Wege leiten, die die Ermordung von Ömer Nâzım, dem Befehlshaber der Garnison von Saloniki, zum Ziel hatte. Dieser verhielt sich loyal zum Palast des Sultans und spionierte die Netzwerke des CPU aus. Der Plan für das Attentat wurde zuerst im kleinen Kreis diskutiert, und man kam überein, dass Midhat Şükrü zunächst Enver kontaktieren sollte, den Schwager von Befehlshaber Nâzım (Ömer Nâzım war mit der Schwester von Enver verheiratet). Enver zeigte volles Verständnis dafür, dass unter den gegebenen Umständen die Ermordung angezeigt sei, und erklärte sich bereit, seinen Teil zum Gelingen der Aktion beizutragen. Im Namen des inländischen CPU-Zentrums Saloniki weihte Talât einen jungen *fedai* in die Pläne ein und erwirkte, dass dieser den Auftragsmord übernahm. Das Attentat wurde am 11. Juni 1908 ausgeführt. Es fand genau zu jenem Zeitpunkt statt, als König Edward zu Besuch in Reval weilte.[32]

Obwohl Enver gegen Ende Juni aufgefordert worden war, gegenüber den Behörden in der Hauptstadt Rechenschaft über das Vorgefallene abzulegen, setzte er sich in die Bergregion von Tikveš ab und begann hier, eine Schar von Männern für Guerillaaktivitäten auszubilden. Er folgte damit einer Anweisung aus dem inländischen Zentrum des Komitees. Nâzım war beim Attentat nicht getötet, sondern nur verletzt worden. Aber allein die Kühnheit, den Anschlag in Nâzıms Privathaus zu wagen, versetzte das hamidische Establishment in Angst und Schrecken und ermutigte

---

30 Ebd., 265 f.; M. Şükrü Hanioğlu: «İttihat ve Terakki Cemiyeti», in: *Türkiye Diyanet Vakfı İslam Ansiklopedisi*, Bd. 23, 480.
31 Georgeon, Abdulhamid II, 397 f.; Bleda, İmparatorluğun Çöküşü, 47.
32 Bleda, İmparatorluğun Çöküşü, 34–40; Ragıb, Meşrutiyet'ten önce, 54–69.

die Aktivisten zu weiteren Anschlägen, unter anderen zur Ermordung von mehreren Funktionsträgern in Mazedonien. Der Widerhall auf diese Geschehnisse war enorm, vor allem unter jungen Offizieren, während sich hochrangige Beamte und Notabeln zu einem passiven oder angepassten Verhalten gezwungen sahen, um sich angesichts der drohenden Machtausweitung der CPU nicht selber in Gefahr zu bringen. Ein Drohbrief mit Absender des heimischen Zentrums des Komitees bewirkte, dass Hayri Pascha, Feldmarschall der dritten Reichsarmee mit Standort Saloniki, einlenkte und passiv kooperierte.[33]

Am 7. Juli 1908 ermordete ein junger Offizier aus den Reihen des CPU den angesehenen General Şemsi Pascha, den Abdulhamid in die Provinz Manastir (Bitola) geschickt hatte, um in einer letzten Kraftanstrengung die Revolte niederzuschlagen. Mit diesem erneuten Schock für das hamidische Establishment hatte das CPU weitgehend die Kontrolle über die militärischen Kräfte in Mazedonien errungen. Jetzt fühlte man sich stark genug, um Ende Juli einen Angriff auf die osmanische Kapitale und auf den Palast riskieren zu können, falls das nötig werden sollte. Am 21. Juli erteilte das CPU-Zentrum in Saloniki den Befehl an alle Zweigstellen, sich für einen militärischen Marsch auf Istanbul bereitzuhalten für den Fall, dass der Palast bis zum 23. Juli nicht wieder die frühere Verfassung in Kraft setze. Das Zentrum in Saloniki und die Zweigstellen sandten Telegramme mit diesem Ultimatum an den Generalinspektor, den Grosswesir und an den Palast.[34] Talât, der Initiator dieser Aktionen, hatte allerdings nicht die volle Kontrolle über die im frühen Sommer 1908 rasch eskalierende Dynamik in den Zweigstellen in Mazedonien und Albanien; rebellierende Armeeoffiziere wie Niyazi und Enver traten in der Öffentlichkeit stärker hervor.

Letztlich war es militärische Stärke, die ein neues Gleichgewicht der Macht herbeiführte. Die CPU setzte ganz auf militärische Aktionen und auf elitäre Subversion, nicht auf einen Aufstand aus der breiten Bevölkerung. Erst 1912 wurde bei Talât eine stärker populistische Tendenz erkennbar (siehe Teil IV). Wie bereits im Zusammenhang mit der Person von Hauptmann Mustafa Kemal kurz erwähnt, gab es in jener Zeit um 1900 eine Schar von ambitionierten Offizieren. Diese aufstrebenden Absolventen der Kriegsakademie begehrten, die Speerspitze im patriotischen Kampf zu sein. Dennoch waren es in diesen entscheidenden Monaten vor und nach der jungtürkischen Revolution nicht diese Offiziere, sondern es war Talât, der stets an vorderster Front des politischen Geschehens stand. Seit den frühesten Zeiten seiner verschwörerischen Aktivitäten in Edirne hatte er besser als andere gelernt, junge Offiziere für eigene Zwecke und die Sache des Komitees zu motivieren und einzusetzen.

Wie es die Aufständischen verlangt hatten, erklärte der Sultan am 23. Juli die Verfassung ab sofort wieder für gültig. Das CPU, inzwischen umbenannt zu CUP, konnte einen grossartigen Sieg verbuchen. Und Talât war nicht bloss einer der Baumeister dieses Siegs, sondern er war persönlich vor Ort präsent in der Metropole Saloniki, wo sich der im ganzen Reich spürbare Enthusiasmus am stärksten manifestierte. Die führenden Leute in Saloniki repräsentierten jetzt nicht mehr nur das heimische Zentrum des Komitees, sondern waren zum Kern und Mittelpunkt des neuen Zentralkomitees

---

33 Bleda, İmparatorluğun Çöküşü, 49.
34 Hanioğlu, Preparation, 266–278.

des CUP geworden. Vom Sultan verlangten sie nun die «Schenkung» eines herrschaftlichen Hauses an bester Lage in Saloniki, in der Nähe von Beyazkule. Bereits Ende Juli erfolgte in Hochstimmung der Umzug in diese neuen Räumlichkeiten.[35]

Ein Jude aus Saloniki schrieb im Rückblick auf diese Zeit: «Die rasende Freude, mit der die Nachricht aufgenommen wurde, dass die verfassungsmässigen Rechte dem Tyrannen Hamid entrissen worden waren, war ein Gefühlsausbruch, wie er nie zuvor in der Geschichte des Landes vorgekommen war. Volksgruppen, die sich gestern gegenseitig noch ganz reserviert und misstrauisch verhalten hatten, Nationalitäten, die über Jahrhunderte hinweg Feindseligkeit und bittern Hass gehegt hatten, fühlten sich von einem Moment auf den andern zu derart spontanen Bezeugungen von wechselseitiger Liebe und Wohlwollen hingerissen, dass der zufällig anwesende Beobachter aus dem Westen nicht anders als mit grösster Verblüffung das Schauspiel verfolgen konnte. Griechen, Bulgaren, Türken, Juden, Armenier und Albaner sind sich gegenseitig buchstäblich in die Arme gefallen, umarmten sich mit Freudentränen in den Augen und nannten sich gegenseitig ‹Bruder›. [...] Täglich, ja fast stündlich fanden sich Gelegenheiten für Jubelkundgebungen und Freudengesänge.»[36]

12 Im Schatten von Dr. Nâzım und Dr. Bahaeddin Şakir

Talât, Nâzım und Şakir waren die Drahtzieher der jungtürkischen Revolution, und alle drei hatten ihre Wurzeln auf dem Balkan. Dr. Nâzım war vier Jahre und Dr. Şakir ein Jahr älter als Talât, und beide waren Talât bezüglich Bildungsniveau, Prestige und Gewandtheit auf dem internationalen Parkett klar überlegen. Dank ihrer Führungsrollen in der Exilopposition gehörten sie zur Prominenz unter den Revolutionären und ihr Name war vielerorts bekannt. Es kam hinzu, dass Şakir mit der Zeitschrift *Şûra-yı Ümmet* das Presseorgan des CPU/CUP beherrschte. Er hatte diese Publikation seit seiner Flucht nach Paris geleitet. Deshalb ist anzunehmen, dass diese beiden Militärärzte und Aktivisten (sie wurden zuweilen auch als «die grauen Eminenzen» bezeichnet) einen starken, zeitweise sogar bestimmenden Einfluss auf Talât ausübten.[37] Auch als sich das Gleichgewicht der Macht 1912/13 deutlich zugunsten von Talât verschob, blieb der Einfluss der beiden Mitstreiter auf das Zentralkomitee doch weiterhin spürbar, insbesondere ihr Einfluss auf die radikal antiarmenische Politik des Jahres 1915.

Talât befand sich in einem Verhältnis der Abhängigkeit von anderen, auch was ideologische Grundlagen betrifft, denn weder er selber noch das CUP als Organisation verfügten über eine gereifte politische Philosophie. Erst ab 1910 begann sich Gökalp als führender Intellektueller sowohl des CUP wie auch der breiten türkistischen Bewegung durchzusetzen; gleichzeitig wurde er ein enger und einflussreicher Freund von Talât.[38]

---

35 Bleda, İmparatorluğun Çöküşü, 52.
36 Sciaky, Farewell to Salonica, 224 f.
37 «Cemiyetin görünmeyen ve örtülü kalan yöneltici kuvvetleri» in den Worten Yusuf H. Bayurs, Türk inkılâbı tarihi, Bd. 1, 241.
38 Vgl. Teil III.

Für Talât war das Komitee nicht nur ein Ort aktivistischer Machtkonzentration, sondern auch ein Raum intellektueller und ideologischer Sozialisierung. Talât spiegelte – und beeinflusste und lenkte – das Spiel der Kräfte und den Wettstreit der Argumente innerhalb des Komitees und in dessen Umfeld. Da fanden seine wichtigsten Lernprozesse statt, und da erwarb er sich die Grundlagen für seine Handlungsentscheide.

Angesichts der angesprochenen Abhängigkeit lohnt es sich, einen etwas näheren Blick auf die erwähnten grauen Eminenzen zu werfen. Beide Militärärzte hatten ein elitäres Selbstverständnis und waren überpolitisiert. Gemäss der überzeugenden Darstellung von Hanioğlu waren sie Repräsentanten eines frühen Türkismus, der sich durch eine stolz zur Schau gestellte muslimische Identität auszeichnete. Wie viele politisierte Zeitgenossen mit ähnlichen Bildungswegen an westeuropäischen Universitäten waren sie wissenschaftsgläubig und dem Sozialdarwinismus zugetan. Gleichzeitig schöpften sie in ihrer Rhetorik tief aus dem islamischen Fundus.[39] Sie bedienten sich im politischen Diskurs einer repetitiven, pamphletistischen Sprache, die die Leserschaft in pathetischem Ton und mit manichäischen Bildern aufhetzte. Şakir schrieb in einem Brief an Muslime im Kaukasus: «Wenn die arme Nation der Muslime nicht endlich aufwacht und sich um ihre eigene Rettung kümmert, wird sie ihre Reputation in dieser Welt und im Jenseits verlieren. Landbesitz und Nation, Religion und Staat sind dabei, zugrunde zu gehen. [...] Beeilt euch, oh ihr Muslime, beeilt euch, ihr Helden und Heldensöhne; dies ist der Tag. Lasst uns den Namen unserer Nation preisen und den Ruhm unseres Vaterlandes. Die ganze Welt schmäht uns als ungebildet und entkräftet. Verschaffen wir uns Gehör und beweisen wir der ganzen Welt das Gegenteil. Wie brüllende Löwen greifen wir sie alle an.» In einem anderen Brief an die kaukasischen Muslime vom November 1906 nannte Şakir die Armenier «Ungläubige, welche Feinde des Islams sind».[40]

Die Führer des CPU/CUP legten grossen Wert auf eine islamische Vereinigung von Aktivisten und auf eine länderübergreifende Organisation von Muslimen. Şakir setzte auf «osmanische Macht und Grösse» als «Ausgangspunkt für die Rettung aller Muslime». Er glaubte an einen von den Türken anzuführenden Panislamismus. Wieder und wieder beschwor er das Gespenst der Vernichtung muslimischer Macht durch den Westen herauf. Er lehnte sich an den Wortlaut des *Kommunistischen Manifests* an, wenn er proklamierte: «Von jetzt an werden sich alle Muslime vereinen und die Ketten der Sklaverei zerreissen, die um ihren Hals gelegt sind.» Abgesehen vom Verweis auf türkische Führerschaft und osmanische Mythen (die in der von Ex-CUP-Leuten geführten Islamistischen Internationale nach der Weltkriegsniederlage erneut hervortraten), deckt sich Şakirs verbitterte apokalyptische Rhetorik an manchen Stellen mit jener von radikalen Islamisten des frühen 21. Jahrhunderts, wie sich beispielhaft in einem Pamphlet vom Juli 1907 zeigt: «Im Namen Gottes, des Gnädigsten, des Allerbarmers! O türkische Söhne! [...] [Alles] steht in Flammen. [...] Kommt her, ihr

---

39 Für eine anschauliche Übersicht über diese Art des Verständnisses von Wissenschaftlichkeit vgl. Hanioğlu, Atatürk, 48–67.
40 Bahaeddin Şakir Bey'in bıraktığı vesikalara göre, 370 f.; Hanioğlu, Preparation, 158–160, 174 (Brief vom November 1906), 180.

Helden! Machen wir unsere Nation [der Muslime] blühend und reich, indem wir uns rächen! Gott ist es, der die Wahrheit spricht.»[41]

Das vorliegende Buch betrachtet die Militärärzte, von denen hier die Rede ist, unter den gleichen Kriterien wie Talât selber und kommt zum Schluss, dass alle drei als Revolutionäre mit einer ausgeprägten imperialen Voreingenommenheit zu verstehen sind. Wenig überraschend ist auch, dass sich vor diesem Hintergrund bei allen dreien eine grundsätzlich konservative Haltung in gesellschaftlichen Fragen feststellen lässt. Revolutionär neue Formen der Herrschaftsausübung, der Machtverteilung, der Gesellschaftsordnung und der Geschlechterbeziehungen flössten ihnen Angst ein. Eine Zukunft mit regionalen Autonomien jenseits imperialer Zentralherrschaft war für sie ein Tabu. Prinz Sabahaddin und seine «Liga für Privatinitiative und Dezentralisierung» traten für eine derart gestaltete Zukunft und damit für eine in kritischem Geist vorzunehmende Reform des Reichs ein. Mit diesen Ansichten befanden sie sich weitgehend in Übereinstimmung mit der armenischen ARF und anderen Vertretern nichtmuslimischer oder nichttürkischer Gruppen. Das wurde 1907 in Paris anlässlich des zweiten Kongresses der osmanischen Oppositionsparteien deutlich sichtbar.[42] Şakir sah in Sabahaddin denn auch einen von osmanischen Christen unterstützten Verräter und einen «Zerstörer der osmanischen Machtstruktur». Er warf ihm vor, die Aufteilung des osmanischen Reichsgebiets und die Aufhebung der Einheit von Regierung und Kalifat zu befürworten und damit die öffentliche Meinung zu vergiften. Dem deutschen Zionisten Max Nordau gab Nâzım eine im Grundton sehr ähnliche Antwort, als er von ihm kurz nach der 1908er-Revolution nach möglichen neuen Perspektiven für den Staat befragt wurde. Er meinte: «Prinz Sabahaddin ist tot ...; sein Programm für Dezentralisierung und für autonome Nationalitäten und Provinzen wurde aufgegeben. Das Komitee für Einheit und Fortschritt will die Zentralisierung und ein türkisches Machtmonopol. [...] Es will einen geeinten türkischen Nationalstaat.» Im Sommer 1907 schrieb Nâzım seinem Freund Şakir, «die türkische Rasse» habe «mit ihren überlegenen Wesensmerkmalen den Beweis dafür erbracht, dass die Theorie vom *survival of the fittest*» stimme, und auf dieser wesensmässigen Überlegenheit der Türken beruhe auch ihre jahrhundertealte Herrschaft.[43]

Sabahaddins nichtmuslimische Freunde wollten eine verfassungsmässige Regierung, denn der Rahmen einer Verfassung würde es ihnen erlauben, als gleichwertige Partner am politischen Leben teilhaben zu können. Ganz anders war dagegen die Haltung der CPU-Führer: Auch wenn sie gegen Abdulhamid rebellierten und ihn einen despotischen Satan nannten, so fühlten sie sich doch – wie Abdulhamid selber auch – an eine imperiale Vergangenheit, an die Tradition und auch an den Islam gebunden. Und vor allem anderen wollten sie die Wiederherstellung staatlicher Macht. Wenn sich diese Kreise die notorische spätosmanische Frage stellten: «Wie können wir den Staat retten?», dann lautete die eigentliche Frage in Wahrheit: «Wie können wir die herrschende Klasse retten, zu der wir selber gehören?» Somit übersetzten sie den

---

41 Zitiert in Hanioğlu, Preparation, 185 f. Siehe auch Kapitel 43.
42 Bozarslan, Le Prince Sabahaddin. Vgl. auch Aktar, Ademimerkeziyet elkitabi, 9–33.
43 Die Zitate sind zu finden bei Bahaeddin Şakir Bey'in bıraktığı vesikalara göre, 350, und Hanioğlu, Preparation, 260, 297.

Begriff *millet-i hâkime* (herrschende Nation), eine Formulierung aus dem imperialen Islam, in eine elitäre und am politisch rechten Flügel anzusiedelnde Weltanschauung. Die Wiedereinsetzung der früheren Verfassung und des Parlaments sollte in erster Linie dazu dienen, den Staat in diesem konservativen Sinn, aber in modernem Gewand wieder stark zu machen. Und so war es denn auch eine rein taktische Allianz, innerhalb derer Şakir die Kooperation mit den Armeniern suchte. Die Bewunderung für den revolutionären Aktivismus von Nichtmuslimen und der angestrengte Versuch, solch opferbereitem Engagement nachzueifern, war vermischt mit Missgunst. Bewunderung ging einher mit Widerwillen gegenüber jeder Form von Machtteilung und mit der schlichten Missachtung geschichtlicher und gesellschaftlicher Sachverhalte in Kleinasien, insbesondere im östlichen Kleinasien. Fast alle CUP-Kader stammten aus dem Balkan, wo die Muslime im frühen 20. Jahrhundert zur enttäuschten Minderheit geworden waren. Als stolze Balkantürken (*evlad-ı fatihan*) blickten sie durch eine mazedonische Brille auf die Fragen ihrer zeitgenössischen osmanischen Welt.[44]

Die aussenpolitischen Ideen der beiden Militärärzte kommen einerseits in ihren Beiträgen in der Publikation *Şûra-yı Ümmet*, andererseits in ihrer persönlichen Korrespondenz anschaulich zum Ausdruck. Sie widerspiegeln ihre persönliche Wut auf den Westen ebenso wie ihre türkisch-nationalistische und panislamische Grundgesinnung. Es war ein «Antiimperialismus» imperial voreingenommener Revolutionäre von rechts – das heisst von Männern, die den Fortbestand und das Erstarken des Osmanischen Reichs im eigenen Interesse garantiert haben wollten. Ihr Antiimperialismus war in erster Linie gegen die drei Grossmächte der Dreierentente von 1907 gerichtet – Grossbritannien, Russland und Frankreich –, aber auch gegen jene, die deren Rückendeckung genossen oder zu geniessen schienen. Während es bei Talât den Anschein machte, dass er echte Bewunderung für gewisse armenische Mitstreiter empfand und in ihnen authentische Revolutionäre und wagemutige Aktivisten im gemeinsamen Widerstand gegen Abdulhamid sah, so nahmen die beiden anderen den nichtmuslimischen «Banditen» ihre Unverschämtheit sehr übel, dass sie es überhaupt wagten, ein islamisches Reich anzugreifen, selbst wenn dieses vom gemeinsamen Gegner Abdulhamid angeführt wurde. Die führenden CUP-Mitglieder einschliesslich Ahmed Rıza waren generell verärgert über die Unterstützung, die die Europäer zur Durchsetzung von armenischen Rechtsansprüchen und Forderungen leisteten. Sie wünschten sich daher alle die Ausserkraftsetzung des einschlägigen Artikels 61 im Berliner Vertrag von 1878. Die «armenische Frage» sollte ab 1913 zu einer Hauptthematik in Talâts politischem Leben werden, wobei er auf Nâzıms und Şakirs Linie einschwenkte.[45]

Die aussenpolitischen Vorstellungen des CUP in der Zeit vor 1908 werfen ein Licht auf grössere Zusammenhänge und relativieren Stellungnahmen von CUP-Repräsentanten für europäische Ohren in der Zeit nach 1908. Sein und Schein unterschieden sich. Das trifft in besonderer Weise auf die angebliche Anglophilie des CUP zu. Aber Anglophilie war gerade jene Haltung, die die Meinungsführer des CUP an Prinz Sabahaddin und seiner Gruppe besonders ärgerte. Sabahaddin machte kein Ge-

---

44 Kaligian, Armenian Organization, 2 f. Zum Thema des verpassten spätosmanischen Friedens im östlichen Kleinasien ganz allgemein Kieser, Der verpasste Friede.
45 Ünal, Young Turk Assessment.

heimnis aus seiner probritischen Haltung. Sie hing mit seiner pluralistischen und föderalistischen Vision des Reichs zusammen. Auch vertrug sie sich gut mit seinem Glauben an eine zeitgemässe individuelle Verantwortlichkeit und an Veränderung durch private Initiative – unabhängig von religiöser oder ethnischer Zugehörigkeit.

Das höchste Ziel von Nâzım und Şakir, den beiden politischen Ärzten aus Mazedonien, bestand darin, ein jahrhundertealtes Reich zu retten – insbesondere dessen territoriale Unversehrtheit auf dem Balkan im Zustand von 1878 – zusammen mit der tradierten Selbstachtung und den Vorzügen, ein (sunnitischer) osmanischer Muslim zu sein. Was hinzukam war, dass sie sich bereits in den Jahren vor 1908 als türkisch-muslimische Suprematisten gebärdeten, welche behaupteten, die Türken seien allen anderen osmanischen Gruppen überlegen. Şakir schrieb an Ömer Naci, das heisst in Şakirs Worten an «eine Person mit türkischem Blut in ihren Adern», diesen Satz: «Weder der Armenier noch irgendein anderer Mensch könnte in gleicher Weise Erbe jenes Wagemuts sein, den uns eine ruhmreiche und ehrenvolle sechshundertjährige Geschichte überliefert.»[46] Die CUP-Zeitschrift *Şûra-yı Ümmet* spottete über Khachatur Malumian, den Unterhändler des ARF beim Pariser Kongress von 1907, indem sie ihn einen schwärmerischen sozialistischen Kosmopoliten nannte, der an die Menschheit als eine einzige grosse Nation glaube sowie an eine einzige Heimat für alle Menschen – die Erde.[47]

Hier zeigt sich ein tiefer Graben zwischen zwei Weltanschauungen: Auf der einen Seite – trotz doktrinärer Bejahung revolutionärer Gewalt – der Glaube an eine globale sozialistische Revolution der Menschheit; auf der anderen Seite der hetzerische, fast panische und hysterische Aktivismus politischer Ärzte, die für angstvoll frustrierte imperiale Eliten sprachen. Bei ihrer Vorbereitung auf die Revolution von 1908 waren Letztere eher von Verlustängsten erfüllt als vom konstruktiven Projekt eines künftigen osmanischen Verfassungsstaats auf egalitärer Basis. Eine vertiefte Untersuchung dieser zwei vordergründig schroff entgegengesetzten ideologischen Lager vermag indes auch Interaktionen und Verbindungen aufzuzeigen, wie sie in den Folgejahren in Europa immer wieder auftraten: nämlich zwischen der linksrevolutionären Gewalt, die von den Anhängern radikal neuer sozialer Beziehungen als notwendig und heilsam erachtet wurde, und reaktionären Ängsten, die kompensierend mit ethnoreligiösen Überlegenheitsansprüchen und der Selbstermächtigung zu rechtsrevolutionärer Gewalt einhergingen. Auch wenn Talât pragmatischer und flexibler war als Nâzım und Şakir, dazu vergleichsweise bescheiden und – jedenfalls bis zu seiner kritischen Begegnung mit Ziya Gökalp – unvoreingenommen, so stand er doch mit zunehmender Deutlichkeit in einer rechtsrevolutionären Linie zeitgenössischen Denkens und Handelns.

---

46 Bahaeddin Şakir Bey'in bıraktığı vesikalara göre, 483; vgl. Hanioğlu, Preparation, 207.
47 Hanioğlu, Preparation, 207 f.; Şakirs Brief vom 28. März 1908 zitiert auf S. 207.

Teil III

Ein Komitadschi und die Herausforderung des Parlamentarismus (1908–1911)

Talât nahm bei der Reorganisation der jungtürkischen Bewegung durch die Aktivisten sehr rasch eine bedeutende Stellung ein. Schon beim Aufbau des Osmanischen Freiheitskomitees im Jahr 1906, das sich im September 1907 mit der Opposition im Exil vereinigte, war er die treibende Kraft gewesen. Talât war damit der informelle Anführer einer sich dynamisch entwickelnden subversiven Bewegung in Mazedonien. Und Mazedonien war der wichtigste Schauplatz im Zugehen auf die Revolution. Im Juli 1908 konnten die Aktivisten ihren bis dahin grössten Erfolg für sich verbuchen, indem sie Sultan Abdulhamid II. zur Umsetzung ihrer Forderungen zwangen. Was man dabei erreichte, war allerdings nicht das Resultat eines demokratischen Prozesses unter Einbezug einer breiten Öffentlichkeit oder der Zivilgesellschaft in ihrer Ganzheit, sondern das Ergebnis von internen Machtkämpfen in der Armee und von massiver Druckausübung auf Repräsentanten der hamidischen Regierung.

Die Methode, nach der vorgegangen wurde, hiess «Komitadschitum» oder «Komitadschilik» (türkisch *komitacılık*, *komitecilik*): Mitglieder des Zentralkomitees agierten über vertrauliche Netzwerke von Verschwörern, und das geschah unter der strengen Kontrolle eines eingeschworenen «Heiligen Komitees» (davon abgeleitet der Begriff Komitadschi, das heisst Komiteemitglied). Dieses elitäre Gremium verkörperte den Ittihadismus (*ittihadcılık*),[1] das bedeutet: Es war durchdrungen von einem eisernen Willen, dem Reich wieder zu alter Macht zu verhelfen, es gleichzeitig zu modernisieren, zu zentralisieren und zu vereinheitlichen. Als ideologische Basis diente dem Gremium eine Mischung aus Türkismus, Islamismus und Sozialdarwinismus. Ausgestattet mit solchen Merkmalen waren die Ittihadisten sogar bereits vor Gökalp Revolutionäre des politisch rechten Flügels. Dominant wurde dieses Profil des Komitees nach 1913, als dessen Exponenten aggressiv damit begannen, Ethnonationalismus mit Klassenkampf zu vermengen.

Das Komitee für Einheit und Fortschritt CUP war und blieb von 1908 bis 1918 unbestritten die stärkste politische Organisation der jungtürkischen Bewegung. Ende 1909 verfügte das CUP über 360 aktive Zweigstellen mit mehr als 850 000 Mitgliedern, über eine Mehrheit der Sitze im Parlament, über eigene Leute an der Spitze von Ministerien und somit über einen geradezu beherrschenden Einfluss auf die Regie-

---

1 Hergeleitet vom Parteinamen İttihad ve Terakki, was «Einheit und Fortschritt» bedeutet.

rung.² Viele CUP-Mitglieder verehrten das «Heilige Komitee» mit fast religiöser Hingabe. Die gegen zwanzig Mitglieder des Zentralkomitees³ führten ihre Geschäfte im verschwiegenen, geheimbündlerischen Stil aus der Zeit vor 1908 unverändert fort und machten so aus dem Komitee für alle Aussenstehenden – inklusive die in der Hauptstadt stationierten internationalen Diplomaten – eine Blackbox. Aber es existierten zu jener Zeit bereits Abstufungen in der Bedeutung der Persönlichkeiten: Talât, Nâzım und Şakir waren die führenden Köpfe der jungtürkischen Revolution und deren Erben, da sie durch den Umbruch am meisten Macht gewannen.

Zum endgültigen und bedeutendsten Erben der Revolution von 1908 sollte schliesslich Talât werden. Im Einparteiregime des CUP erlangte er ab 1913 neuen, grossen Handlungsspielraum. Denn er konnte Macht sowohl aus der Regierung als auch aus dem CUP auf sich selber vereinen. Im Zentralkomitee war er ständiges Mitglied, und die Teilhabe an der Regierungsmacht sicherte er sich, indem er und Finanzminister Cavid im Sommer 1909 die ersten CUP-Minister im Regierungskabinett wurden. Noch im Frühling 1912 beschrieb Mustafa Hayri, ein Zentralkomiteemitglied, das siebzehn Jahre älter war als Talât, diesen als ehrlichen, leicht zu täuschenden und «sehr naiven Jungen», dem er unter allen Komiteemitgliedern am meisten vertraue.⁴ CUP-Mitglieder der älteren Garde, die von den Jungen zunehmend an den Rand gedrängt wurden, hatten zu jener Zeit bereits Erfahrungen mit Talâts «Talent» gemacht, gewisse Dinge mit überzeugendem Charme zu proklamieren, aber dann selber doch etwas ganz anderes zu tun.⁵ Auch wenn Hayri mit den oben zitierten Worten gewiss ein allzu harmloses Charakterbild seines jungen Mitstreiters zeichnete, so ist doch unbestritten, dass Talât damals bezüglich Alter, Bildungsstand und Prestige noch deutlich im Schatten von Şakir, Nâzım, Ahmed Rıza und einer Anzahl weiterer Persönlichkeiten aus dem Komitee und dessen Umfeld stand. Obgleich Abgeordneter und wenig später bereits Minister, war Talât nach der jungtürkischen Revolution noch nicht der massgebliche Politiker und imposante Meister im Komitee, der er später werden sollte. Aber genaue Beobachter der politischen Szene wie der erfahrene Louis Rambert, Direktor der Régie des tabacs, einer Agentur der internationalen osmanischen Schuldenverwaltung, erkannten in Talât bereits im Oktober 1909 «das anerkannte Oberhaupt des Komitees für Einheit und Fortschritt und der Jungtürken».⁶

«Zweifellos treibt dich dein Patriotismus dazu an, Tag und Nacht zu arbeiten und überall einzugreifen, selbst in Angelegenheiten, die gar nicht zu deinem Aufgaben-

---

2   Bahaeddin Şakir, in: *Şûra-yı Ümmet*, zitiert in Hanioğlu, Preparation, 288.
3   Hayri, Tagebuch, 184 f.
4   Ebd., 82.
5   Mîzancı Murad Bey'in II. Meşrutiyet dönemi hâtıraları, 214. Vgl. Temo, İttihad ve Terakki Cemiyeti'nin kurucusu, 222, 224 f.
6   Tagebuch von Louis Rambert, Musée du Vieux-Montreux, Archives Louis Rambert (im Folgenden: Rambert, Tagebuch), Bd. 35, 26. Oktober 1909. Die Régie des tabacs war nach dem osmanischen Staatsbankrott der 1870er-Jahre als Teil der öffentlichen osmanischen Schuldenverwaltung unter dem Namen «Administration de la dette publique Ottomane» gegründet worden. Sie besass das Monopol über die gesamte osmanische Tabakproduktion. Der Rechtsanwalt, Bundespolitiker und spätere Eisenbahnmanager und Finanzexperte Louis Rambert (1839–1919) verliess die Schweiz 1891, um von Istanbul aus sowohl für die Osmanen wie auch für die Europäer in der Wirtschaft in leitender Funktion Aufgaben zu übernehmen.

gebiet gehören. Aber das ist weder sinnvoll noch klug.» So ermahnte Hayri Talât mit Blick auf dessen bisheriges Wirken als Minister.[7] Diese Beurteilung erfolgte im Juli 1912, als ein liberal-konservativer Putsch das CUP in eine tiefe Krise stürzte. Talât war durch und durch ein Komitadschi, und mit diesem Selbstverständnis trat der unerfahrene Selfmadepolitiker an, um sich den Herausforderungen des Parlamentarismus und einer verfassungsmässigen Regierung nach 1908 zu stellen. Engagierter als seine CUP-Mitstreiter setzte sich Talât an vorderster Front in Parlament und Regierung ein. Als Innenminister konnte er in der Zeit von 1909 bis 1911 wertvolle Erfahrungen sammeln. Aber in seiner ehrgeizigen, expansiven Art wollte er zu viel auf eigene Faust erreichen. Seinem Handlungsdrang auferlegte das parlamentarische System zu viele Restriktionen. Erst als er 1913 zum dominierenden Politiker der frischen Einparteidiktatur aufgestiegen war und zum zweiten Mal das Amt des Innenministers bekleidete, war er in seinem Element und näherte sich seiner «Höchstform».

In den Jahren 1910/11 hatte Talât eine einschneidende persönliche Krise durchzustehen, und diese verlief zeitlich parallel mit einer allgemeinen Krise des CUP, die im Herbst 1912 beinahe zur Auflösung des Komitees führte. Nach der Konterrevolution vom April 1909 war Talât seiner Verantwortung als Minister in einer Hauptstadt nachgekommen, die sich fortan im permanenten Ausnahmezustand befand. Konfrontiert mit der Herausforderung der populistischen islamistischen Rebellion von 1909, geriet der junge Minister ins Schlingern. Es gelang ihm nicht, die verfassungsmässigen Prinzipien von Gleichheit, Pressefreiheit und Recht in den Provinzverwaltungen hochzuhalten und durchzusetzen. Ähnliche Defizite traten bei seinem Umgang mit den Autonomiebewegungen in Albanien und in Jemen zutage. Vollends scheiterte er bei der Herausforderung, die ungestraften antiarmenischen Massenverbrechen unter Sultan Abdulhamid zu klären sowie die frischen Wunden der Massaker von Adana vom April 1909 im rechtsstaatlichen Sinn zu verbinden. Nâzım und Şakir hingegen werteten Talâts Schwierigkeiten dahingehend, dass es dem jungen Minister bei der Unterdrückung von Autonomiebestrebungen an Durchsetzungswille und Entschlossenheit mangle.

Bis 1908 war der Einfluss von Nâzım und Şakir auf Talât ziemlich bestimmend. Das begann sich gegen Ende 1909 zu ändern. Denn von da an fand Ziya Gökalp aus Diyarbekir, Talâts neuer Freund im Zentralkomitee, immer deutlicher Gehör für seine türkistische Vorstellung eines modernisierten Reichs.[8] Talât war ein Pragmatiker im Organisieren von Macht, aber auch er bedurfte einer Weltanschauung und ideologischer Orientierung, nach der er sein Handeln ausrichtete. Gökalps Ideen waren inspirierter, kreativer und packender als Şakirs rachsüchtiger Pamphletismus, auch wenn beide dem Reich verhaftet waren, beide staatszentrierten islamistischen und türkistischen Ideologemen gehorchten. Obwohl Gökalps Ideen oft verschwommen blieben, so stellten sie doch einen weitreichenden revolutionären Wandel in Aussicht.

---

7 Hayri, Tagebuch, 125.
8 Heyd, Foundations, 31. Es existieren unterschiedliche Angaben zum Zeitpunkt von Gökalps Eintritt ins Zentralkomitee; Heyd und andere nennen den Herbst 1909, Gökalp selbst nannte 1910 (siehe Kap. 17). In Hayri, Tagebuch, 184, ist die Mitgliedschaft für das Jahr 1912 bestätigt. Auf jeden Fall stand Gökalp ab Herbst 1909 in engem Kontakt mit Talât und anderen wichtigen Personen der CUP-Führung in Saloniki.

Das besass eine andere Qualität als Hayris Glaube an reformierte islamische Einheit oder eben als Şakirs Pamphletismus, dem es an programmatischer Ideologie fehlte.

Talâts unsteter politischer Stil entsprang hauptsächlich widersprüchlichen Dynamiken innerhalb des Komitees. Unberechenbarkeit blieb sein Markenzeichen, auch als er – bedingt durch seine schwierigen Erfahrungen mit dem Parlamentarismus nach 1908 – die Hoffnungen auf einen demokratischen Weg aufgegeben hatte. Von 1913 an wird er das imperiale Verwaltungssystem mit eiserner Faust regieren. Talât und seinen politischen Freunden gelang es nicht, dem Grundgedanken eines Verfassungsstaats treu zu bleiben. Denn inmitten der Krise sehnten sie sich nach nichts mehr als nach dem Reich, das heisst nach einem wiedererstarkten Staat, dessen Gründungsmythen unangetastet bleiben sollten. Dies wiederum bedeutete, auf einen imperialen Staat unter muslimisch-türkischer Herrschaft in osmanischer Tradition hinzuarbeiten. Eine Gelegenheit, mit den Grundlagen und Vorteilen einer egalitären Demokratie vertraut zu werden, ergab sich somit für Talât und seine Freunde kaum. Sicher suchten sie diese Gelegenheit nicht ernsthaft genug.

Dieses Buch arbeitet heraus und betont, dass Gökalps Art des politischen Denkens und seine fesselnde Rhetorik in Verbindung mit Talâts Komitadschi-Methode ein neues politisches Phänomen mit Vorbildcharakter für Europa in der ersten Hälfte des 20. Jahrhunderts darstellten. Sie ebneten den Weg für eine moderne Revolution des radikal rechten politischen Flügels und damit für eine neue Elite imperialer Staatsbürger, die sowohl von vormodernen Reichsmythen als auch von den modernistischen Versprechen eines radikalen Nationalismus umgetrieben wurden.

13 Der osmanische Frühling

Talâts geheime Reise nach Istanbul im Frühling 1908 verlief enttäuschend, denn sein Versuch, in der Hauptstadt eine subversive Organisation aufzubauen, war gescheitert. In der Hauptstadt fürchtete sich damals noch alle vor dem Palast und seiner Polizei. Zu Beginn des Monats August 1908 nahm Talât die Reise nach Istanbul ein zweites Mal in Angriff, jetzt in Begleitung von Rahmi, Cavid und Major Ahmed Cemal. Zwar verfügten diese Männer bereits über eine gewisse politische Macht, diese musste aber erst noch in die Institutionen und Machtpositionen im Reich eingebracht werden. Sonst riskierten sie, in der Auseinandersetzung mit einem Sultan, der sich nach allen Regeln der Kunst zu wehren wusste, auch das bereits Erreichte zu verlieren. In der ersten Woche nach Inkraftsetzung der Verfassung war es Abdulhamid noch gelungen, sich gegenüber den Bürgern der Hauptstadt als wohlwollenden Herrscher darzustellen, der von ein paar unfähigen Beratern einfach nur schlecht beraten worden sei. Und so setzte er jetzt «seine Verfassung» von 1876 wieder in Kraft, indem er feierlich erklärte, die Zeit für diesen Schritt sei jetzt reif. Und im Stil eines schlechten Vorgesetzten schob er die ganze Schuld für die Fehler seines Regimes auf seine Untergebenen ab.[9]

---

9 Bayur, Türk inkılâbı tarihi, Teil 2, Bd. 1, 69; Georgeon, Abdulhamid II, 404–407.

«Der Kerl ist zum eifrigeren Freiheitskämpfer geworden als wir selber», meinte Talât, nachdem er mit Komiteefreunden an einer Begegnung mit dem Sultan teilgenommen hatte. «Er zeigte keinerlei Überheblichkeit oder Geringschätzung uns gegenüber. Er behandelte uns wie seine engsten Freunde, und seinen hohen Status liess er bewusst in den Hintergrund treten.»[10] Unter dem starken Druck des CUP hatte der Sultan sein Reichsdekret vom 1. August 1908 zurückziehen müssen, welches für ihn selber das Recht zur Ernennung der wichtigsten Minister verlangt hatte. Stattdessen konnte er jetzt nur noch jene Minister bestätigen, die zuvor vom CUP gutgeheissen oder vorgeschlagen worden waren. «Der alte Fuchs ist anpassungsfähig geworden wie ein Handschuh», schrieb Louis Rambert, der auch als Finanzberater des Sultans wirkte, in sein Tagebuch. Und er gab die allgemeine Stimmung und Einschätzung der in Istanbul anwesenden Europäer aus dem Westen wieder, indem er hinzufügte: «Wir müssen zugeben, dass den Unterstützern der [revolutionären] Bewegung bisher noch kein einziger Fehler unterlaufen ist. Wir können sehr hoffnungsvoll in die Zukunft blicken.» Aber gleichzeitig spürte er auch, dass «seit den ersten Tagen der Verfassungsperiode ein instinktiver, unüberlegter Nationalismus gegen die ausländischen Einrichtungen hetzte». Diese Hetze spürte man auch bei der Dette publique ottomane (Öffentliche osmanische Schuldenverwaltung) und bei der ihr zugehörigen Régie des tabacs, die Rambert leitete. Nationalistische Propagandisten beschuldigten diese und andere Institutionen unter internationaler Führung, sie würden «dem Volk das Blut aussaugen, zum alleinigen Nutzen der Ausländer».[11]

Dem politisch unerfahrenen CUP fehlten Persönlichkeiten, die fähig gewesen wären, ein Ministeramt auszuüben. Daher vermochte das Komitee vor dem Zeitpunkt der Wiedereinsetzung des Parlaments keinen direkten Einfluss auf die Regierung auszuüben. Und so gab es bis zum Frühling 1909 drei Gruppen, die gegenseitig um die Macht buhlten: der Palast, die Hohe Pforte und das Zentralkomitee, welches inzwischen von Saloniki aus eine im ganzen Reich verbreitete Parteiorganisation steuerte. Der neue Grosswesir, Kâmil Pascha, war sehr ehrgeizig und darauf erpicht, die Macht vom Palast wieder an die Hohe Pforte, also in seine Regierung, zurückzuführen. Er präsentierte sich als Liberalen und wurde von seinem Umfeld auch als solcher wahrgenommen. Er stellte die Autorität der Minister wieder her und sorgte für gute Beziehungen zwischen den Provinzbehörden und der Hohen Pforte, was den Einfluss des Palasts weiter verringerte. Es dauerte zwanzig Monate, bis sämtliche hamidisch orientierten Provinz- und Distriktgouverneure sowie Botschafter ausgewechselt waren. Sie mussten jüngeren Leuten Platz machen. Im September 1908 gründete die Gruppe um Sabahaddin eine liberale Partei (Osmanlı Ahrar Fırkası). Mit Unterstützung von zahlreichen Journalisten kritisierte diese die fortdauernde konspirative Heimlichtuerei des CUP-Zentralkomitees und dessen zu Recht als illegitim wahrgenommene Einmischung in Regierungsgeschäfte. Sie argumentierte, dieses Verhalten führe zu einer neuen Form von Despotismus.[12]

---

10 Karabekir, İttihat ve Terakki Cemiyeti, 232 f.
11 Rambert, Tagebuch, Bd. 31, 28. August 1908; und Bd. 39, 24. April 1911.
12 Kuran, İnkılap tarihimiz, 326–330; Babacan, Mehmed Talât Paşa, 35; Georgeon, Abdulhamid II, 408–415.

Im frühen Oktober 1908 trübten diplomatische Rückschläge die Hochstimmung des «osmanischen Frühlings». Bulgarien erklärte seine vollständige Unabhängigkeit, Österreich annektierte Bosnien-Herzegowina und Kreta schloss sich Griechenland an. Dieser massive Verstoss gegen die Vereinbarungen des Berliner Vertrags blieb ohne Reaktion der europäischen Mächte. Auch wenn die genannten Territorien zu jenem Zeitpunkt nur nominell zum Hoheitsgebiet des Osmanischen Reichs gehörten, so zeigten die Verluste klar, dass der Traum einer verfassungsmässigen osmanischen Regierung, wenn überhaupt, nur auf einem reduzierten osmanischen Territorium realisiert werden konnte. Das CUP hatte sich jedoch den Kampf gegen jede weitere Abspaltung von Teilen des Landes auf die Fahnen geschrieben und wollte deshalb eine schrittweise Verkleinerung des osmanischen Territoriums keinesfalls hinnehmen. Es reagierte mit der Organisation eines Boykotts österreichischer Waren, was die Bevölkerung politisierte und, wie die weitere Entwicklung zeigen sollte, fremdenfeindliche Geister wachrief. Talât war an diesem ersten antieuropäischen Boykott beteiligt, und es sollte noch eine ganze Reihe von weiteren Boykotten folgen. Ihm missfiel, dass sich die Schutzmächte, die eigentlich die Einhaltung des Berliner Vertrags hätten garantieren sollen, gegenüber der Verletzung der Vereinbarungen auf dem Balkan völlig passiv verhielten. Mit diesen Geschehnissen und weiteren Beispielen ähnlicher Art argumentierte er gegen internationale Normen ganz allgemein, wie aus seiner Apologie von 1919 an mehreren Stellen hervorgeht.[13]

Die Empörung über die Annektierung breitete sich aus und ging auch in islamistische Proteste über, die im Oktober 1908 während des Ramadan ausbrachen. Am 7. Oktober führte der Moscheeprediger Kör Ali eine grössere Menschenmenge in einem Umzug zum Yıldız-Palast. Talât war bei diesem Ereignis lediglich als Beobachter dabei. Unter Berufung auf die Scharia lehnte der Prediger die Verfassung, Kinos, Theater und die Anwesenheit von muslimischen Frauen auf den Strassen entschieden ab. Mit dem Ruf «Mein Sultan, wir brauchen einen Hirten, eine Herde kann nicht ohne Hirte sein!» wandte er sich an den Sultan, welcher auch tatsächlich am Fenster des Palasts erschien. Der Sultan beruhigte die aufgebrachte Menge, indem er versicherte, dass niemand etwas zu befürchten habe, denn die Vorschriften der Scharia würden in der Verfassung berücksichtigt und umgesetzt. Das CUP aber drängte darauf, diesen Prediger Kör Ali in Haft zu nehmen. Ein paar Wochen später wurde er hingerichtet. Aufgrund von Mutmassungen, der Sultan könnte sich die Unterstützung reaktionärer Kräfte sichern, sorgte das Komitee dafür, dass CUP-treue Einheiten der Armee von Saloniki in die Hauptstadt verlegt wurden. Zusätzlich zu den ohnehin bereits bestehenden Spannungen zwischen verschiedenen Militäreinheiten kam es auch noch zu Differenzen innerhalb der Einheiten zwischen sultantreuen Offizieren, die sich in der Armee über die Jahre hochgedient hatten, und jüngeren Offizieren aus der Militärakademie. Deren Abgänger sympathisierten klar mit dem CUP.

Mitte Oktober 1908 durchquerte eine grosse muslimische Menschenmenge die Stadt Istanbul von einem Ende zum anderen. Im Stadtteil Beşiktaş angelangt, erzwang die aufgebrachte Menge für sich Einlass in einen Polizeiposten. Dort lynchte der

---

13 Talat Paşa, Hatıralarım ve müdafaam, 27; Çetinkaya, Young Turks, 41 f.

Mob den bereits inhaftierten griechischen Liebhaber eines muslimischen Mädchens, welches den Wunsch geäussert hatte, Christin zu werden. Das Mädchen wurde verletzt. Besonnene Kommentatoren wie der Journalist Ahmed Midhat strichen in ihren Berichten die religiös-politische Dimension des Verbrechens heraus.[14] Von nun an, insbesondere nach der Konterrevolution vom April 1909, wurden religiös motivierte Aktionen (*irtica*) und religiös motivierte Aktivisten (*mürteci*) zu einem Hauptthema innertürkischer Geschichte. Das CUP und die Armee, auf die sich das Komitee stützte, waren in ihren Reaktionen auf islamistische Ereignisse und Kräfte schwankend: Im einen Fall erfolgte eine harte Überreaktion, ein anderes Mal nutzte man gern die politische Stärke islamischer Aktivisten, wenn es der Verfolgung eigener politischer Ziele nützlich schien. CUP und Armee praktizierten eine Wechselstrategie zwischen Arroganz, Einschüchterung und Laisser-faire, wenn es um die öffentliche Rolle des Islams und Verbrechen gegen Nichtsunniten ging.

In dieser Hinsicht blieben das CUP und Talât von Kräften gefangen, von denen sie sich nie richtig emanzipieren konnten, da sie mit ihnen durch den religiös konnotierten Reichsbezug und die darauf aufbauende Identität verbunden waren. Selbst der Kemalismus, welcher das Ziel einer imperialen Restauration fallen liess und die staatliche Macht in seinem neuen Zentrum Ankara konzentrierte, vermochte die Emanzipation von der Reichsidentität nicht gänzlich zu bewerkstelligen. Das war nicht primär eine Frage der Macht, sondern diejenige eines nachimperialen, wirklich neuen Gesellschaftsvertrags. Ein breit diskutierter, zur Konsensreife gebrachter Gesellschaftsvertrag, der die hier zur Diskussion stehenden Bezüge hätte überwinden können, kam nie zustande.

Alle männlichen Bürger mit osmanischer Staatszugehörigkeit im Alter ab 25 Jahren, welche direkte Steuern bezahlten, konnten an den Parlamentswahlen vom Herbst 1908 teilnehmen. Diese Tatsache und der insgesamt reibungslose Ablauf der Wahlen verlieh der Begeisterung für die neue Ära neue Kraft. Das CUP ging mit einer überwältigenden Mehrheit als klare Siegerin aus den Wahlen hervor. Am 17. Dezember konnten 266 Abgeordnete – unter ihnen auch Talât als Vertreter von Edirne – das Parlament in der neuen Zusammensetzung eröffnen. Abdulhamid wohnte dem Anlass bei, allerdings nur widerwillig. Sein Sekretär hielt eine Ansprache, in der der Sultan als Verfasser und Garant der Verfassung dargestellt wurde. Wenige Tage später wurde Ahmed Rıza zum Parlamentspräsidenten und Talât zum Vizepräsidenten gewählt.

Ein paar Tage darauf folgte im Yıldız-Palast, also am Sitz des früheren «grossen Despoten» (so die einstige Wortwahl der oppositionellen Jungtürken), eine zeremonielle Verbrüderung auf höchster Ebene im Rahmen eines Empfangs für die Abgeordneten. Eine gegenseitige Vertrauensgrundlage fehlte indes. Zur Rechten des Sultans sass Grosswesir Kâmil Pascha, zu seiner Linken waren Ahmed Rıza und Talât. Rızas kurze Ansprache war eine Lobrede auf die Verbundenheit des Sultans mit seinem Volk; er sprach vom «feierlichsten Augenblick» seit den Anfängen des Islams für ihn selber und für die Völker der Levante.[15] Rambert hatte recht mit seiner Einschätzung

---

14 Lévy, Ordre et désordres, 118 f.; Bayur, Türk inkılâbı tarihi, Teil 2, Bd. 1, 125 f.
15 Georgeon, Abdulhamid II, 416–419; Babacan, Mehmed Talât Paşa, 54–57; Kuran, İnkılap tarihimiz, 327.

von Rıza als einem «Mann mit lauter guter Absichten, der den allgemeinen Ideen von Liberalismus und Souveränität des Volkes zugetan war, aber ohne die praktischen Notwendigkeiten einer Regierung wirklich zu kennen und zu durchschauen». Rambert traf sich alsbald mit Rıza, um die negative Haltung des Parlaments gegenüber der Régie des tabacs zu diskutieren und um einen Kontakt mit Cavid, dem Finanzexperten des CUP, herzustellen.[16]

14 Wider die Konterrevolution: Mehr Macht für das Zentralkomitee

Seit Ende 1908 beherrschte das CUP das Parlament und setzte die Regierung unter Druck. Talât nahm in zwei wichtigen Gremien eine führende Stellung ein: als Abgeordneter im Parlament und als Mitglied des Zentralkomitees. Als Kâmil Pascha den Kriegs- und den Marineminister auswechselte und die Truppen aus Saloniki wieder aus der Hauptstadt zurückschickte, um den Vorrang der Regierung gegenüber der intransparenten Macht des CUP zu bekräftigen, verlor er am 12. Februar 1909 die Vertrauensabstimmung im Parlament. Hüseyin Hilmi Pascha, der frühere Generalinspektor für Mazedonien und mittlerweile ein Freund des CUP, übernahm Kâmils Platz. Damit konnte das Komitee die Regierung jetzt noch enger kontrollieren. Aber die kritischen Stimmen von beiden Gegenseiten – den Islamisten und den Liberalen – wurden lauter. Kâmil Pascha wurde zu Recht für einen Freund der Engländer gehalten, und so war denn die britische Diplomatie verärgert über den personellen Wechsel, der vom CUP erzwungen worden war. Im frühen April 1909 begannen Talât, Rıza und Cavid, die Bildung einer CUP-Regierung in Erwägung zu ziehen.[17]

Einer der vehementesten liberalen Kritiker, Hasan Fehmi von der Zeitung *Serbesti* (Freiheit), wurde zuerst bedroht, dann am 6. April 1909 umgebracht, höchstwahrscheinlich von einem Auftragsmörder (*fedai*) aus den Reihen des CUP. Sein Begräbnis am 8. April geriet zu einem Menschenauflauf von rund vierzigtausend Teilnehmenden, die alle Gerechtigkeit forderten. Die sichtbarste Opposition wurde jedoch vom Naqshbandi-Scheich Vahdetî organisiert, dem Gründer der Zeitschrift *Volkan* und der Gesellschaft für muslimische Einheit (İttihad-i Muhammedi Cemiyeti). Anlässlich des Geburtstags des Propheten Mohammed versammelte sich am 3. April 1909 eine riesige Menschenmenge mit grünen Fahnen, um der Ansprache von Vahdetî und seiner Geisselung des «gottlosen Regimes» beizuwohnen.

Vor dem Hintergrund dieser Unruhen und von Spannungen innerhalb der Armee rebellierten in der Nacht vom 12. auf den 13. April 1909 einfache Soldaten und einige Offiziere in Istanbul. Sie besetzten das Parlamentsgebäude und hatten in Kürze die ganze Hauptstadt unter ihrer Kontrolle. Studenten der islamischen Hochschule (*medrese*) schlossen sich den Rebellierenden an und forderten die vorbehaltlose Einführung der Scharia. Rambert hielt am 13. April fest: «Etwa um 8 Uhr morgens […] schliessen die Läden in grosser Eile. Eine verängstigte Masse entkommt in Richtung Taksim. Es

---

16 Rambert, Tagebuch, Bd. 33, 17. März 1909.
17 Cavid, Tagebuch, Bd. 1, 34, 12. April 1909.

herrscht eine Panikstimmung wie bei den Massakern an den Armeniern, von denen ich einige Muster mit eigenen Augen gesehen habe.»[18] Die Rebellierenden töteten mehrere Menschen und verfolgten prominente CUP-Mitglieder, allen voran Talât und Ahmed Rıza. Aknuni, der Führer der armenischen ARF, versteckte Talât in seinem Haus, und ein anderer Armenier tat dasselbe zum Schutz von Nâzım, nachdem die beiden vorgängig zusammen mit Rıza an einem anderen Ort Schutz gesucht hatten.[19]

Trotz der chaotischen Umstände trafen sich etwa fünfzig Abgeordnete im Parlamentsgebäude, wo ein junger Vertreter der Rebellen von den Verantwortlichen des Reichs die Verbannung von Ahmed Rıza, Talât, Cavid, Rahmi und Hüseyin Cahid (Journalist der CUP-Zeitung *Tanin*) forderte. Nach einem gemeinsamen Frühstück mit Emir Mohammed Arslan, einem Abgeordneten aus Syrien, im Club de Constantinople wurde Rambert mitgeteilt, Arslan sei eben auf der Strasse mit dem Bajonett aufgespiesst worden, weil man ihn fälschlicherweise für Cahid gehalten habe. Eine aufgebrachte Menge zerstörte die Büroräumlichkeiten der CUP-Publikationen *Şûra-yı Ümmet* und *Tanin*. Abdulhamid war selber nicht in die Verschwörung verwickelt, die Vorgänge ermunterten ihn jedoch. Er stellte erneut seine Anpassungsfähigkeit unter Beweis und war bereit für eine politische Kehrtwende. Grosswesir Hüseyin Hilmi trat zurück, worauf der Sultan Ahmed Tevfik zu dessen Nachfolger ernannte. Am 15. April 1909 erliess Abdulhamid eine Amnestie für die Rebellen, und er erklärte: «Gott sei Dank ist unser Reich ein muslimisches Reich, denn nun wurde ein Reichserlass verkündet mit der Anweisung, dass die heiligen Gesetze [der Scharia], welche ewig gültig und vollkommen sind, von nun an genauer befolgt werden sollen.»[20]

Das CUP hatte in der Hauptstadt seine Macht verloren. Obwohl die Rebellion anfänglich auch von liberalen Führern der Osmanlı Ahrar Fırkası unterstützt und vorangetrieben wurde, kam es zu Exzessen, die sich für die Liberalen als kontraproduktiv erwiesen. Lauter Männer des Ancien Régime nahmen jetzt Einsitz im neuen Kabinett, wie es Vahdetî in einem «offenen Brief an Seine Exzellenz Abdulhamid Han, den Kalifen des Islams», vorgeschlagen hatte.[21] In der Zeitung *Volkan* äusserte sich Vahdetî begeistert, er lobte den Dschihad, die Tapferkeit der rebellierenden Soldaten und den endlich errungenen Erfolg einer «legitimen Revolution» (*inkılab-ı meşru*), die die Scharia ins Zentrum stelle, sei es mit oder ohne Verfassung und Parlament. Er versprach, dass «eine Synthese aus islamischer Substanz und westlicher Zivilisation entstehen und die ganze Welt in Erstaunen versetzen werde».[22] Aber leider widerlegte die zunehmende Gewalt diese bezaubernd klingende Utopie sehr rasch. Antiarmenische Führer, darunter auch Gouverneure, Armeeoffiziere und Mitglieder des lokalen Zweigs des CUP in Adana, verstanden die Signale aus der Hauptstadt als Gelegenheit,

---

18 Rambert, Tagebuch, Bd. 33, Dienstag, 13. April 1909, Abend, einschliesslich Zeitungsausschnitt. Rambert bezieht sich hier auf die Massaker in Istanbul im späten August 1896.
19 Kévorkian, Armenian Genocide, 100; Ahmed Rıza: *Ahmed Rıza Bey in Anıları*, Istanbul: Arba, 1988, 37.
20 Rambert, Tagebuch, Bd. 33, 14. und 16. April 1909, einschliesslich Zeitungsausschnitt.
21 «Halife-i İslâm Abdülhamid Han Hazretlerine», in: *Volkan*, 23 Rebîülevvel 1327 (14. April 1909), Titelseite, transkribierte Ausgabe hg. von M. E. Düzdağ, Istanbul: İz, 1992, 505.
22 «İnkılab-ı Şer'î», in: *Volkan*, 24 Rebîülevvel 1327 (15. April), Titelseite, transkribierte Ausgabe, Istanbul: İz, 1992.

Szenen der Massaker von 1895 zu wiederholen. Mit brutaler Massengewalt wollten sie den Bewegungsspielraum der Christen und deren *soft power* zerstören, die nach 1908 in Wirtschaft, Medien und Bildungswesen deutlicher als zuvor sichtbar wurde. Im Sinne eines innergesellschaftlichen Dschihad machten sie wie 1895 Kriegsbeute mit armenischem Besitz.

Nach dem 14. April 1909 wurden innerhalb von nur zwei Wochen nahezu zwanzigtausend Armenier von einem organisierten Mob umgebracht; ganze Stadtteile wurden zerstört. Gesellschaftlicher Neid, die Verweigerung von Gleichstellungsrechten und die neue politische Präsenz der Armenier spielten eine Rolle in diesem schrecklichen Ausbruch von Hass und Zerstörungswut.[23] Einige der nach Adana entsandten Militäreinheiten verbrüderten sich und machten mit bei der Strassengewalt, statt unverzüglich verfassungsmässiges Recht und Ordnung durchzusetzen. «Wir haben schreckliche Berichte aus Adana erhalten», schrieb der Direktor der Régie des tabacs. «Als die Belegschaft unserer Fabrik nach Mersin fliehen musste, töteten die Soldaten, die unser Gebäude bewachen sollten, alle dort anwesenden Armenier.»[24] In Diyarbekir, Urfa, Mamuretülaziz, Erzurum und Erzincan konnten vergleichbare Szenen dank des beherzten Eingreifens von Behördenmitgliedern, die sich loyal zur Verfassung verhielten, vermieden werden. Die Situation in Erzincan war dennoch dramatisch. Die Soldaten aus der Garnison hatten den Koran an ihre Standarten gebunden, fielen so in die Stadt ein und verlangten, die Armenier zu töten und die Scharia einzuführen.[25] Ein Islamismus, der zur Ausrottung Andersdenkender bereit war, hatte mit den Massakern der 1890er-Jahre begonnen, grössere, politisch aktive Teile der Gesellschaft zu durchdringen.

Talât verliess sein Istanbuler Versteck am 16. April 1909, als das neue Kabinett zusammengestellt wurde. Unter einem Vorwand liess er sich von den Verpflichtungen im Parlament beurlauben und reiste nach Ayastefanos (Yeşilköy), einem nahe Istanbul gelegenen Ort, um von hier aus das CUP neu zu organisieren. Er leitete eine Kommission, welche im Namen der Nation und der Verfassung kriegerische Verlautbarungen herausgab und gleichzeitig alle Rebellen despektierlich als selbstsüchtige Spione und Übeltäter darstellte, welche die Religion für ihre eigenen Interessen missbrauchten. Am 22. April fand in Ayastefanos eine nationale Versammlung (*meclis-i millî*) statt. 100 von 266 Abgeordneten waren Talâts Aufruf zur Teilnahme gefolgt. Auf Beschluss dieser Versammlung wurde Abdulhamid durch seinen Bruder Mehmed Reshad ersetzt. Man liess dem neuen Grosswesir aber irreführende Telegramme zukommen mit der Zusicherung, dass Abdulhamids Sultanat nicht in Gefahr sei und keine Absicht bestehe, die Hauptstadt zu besetzen. Die Versammlung in Ayastefanos akzeptierte zwar gern die moralische Unterstützung der armenischen ARF, aber deren aktive Beteiligung am Marsch auf die Kapitale wünschte sie nicht.[26]

---

23 Ein eindringlicher Bericht, der jetzt in englischer Übersetzung aus dem Armenischen vorliegt, ist Yessayan, In the Ruins.
24 Rambert, Tagebuch, Bd. 34, 6. Mai 1909.
25 Bayar, Ben de yazdım, Bd. 8, 119 f.; Kévorkian, Armenian Genocide, 71–96.
26 Pekmen, 31 Mart hatıraları, 172–198.

In ihrer subversiven, polarisierenden Organisation und der Art, wie sie einen antiliberalen nationalen Diskurs führte, nahm diese Versammlung in der Tat das Gegenparlament in Ankara von 1920 vorweg. Es steht ausser Zweifel, dass Talât bei dieser Zusammenkunft in Ayastefanos der führende Kopf war, obwohl er gemeinsam mit anderen agierte. Er war es, der den Entscheid zum Sturz von Sultan Abdulhamid traf. Das Hauptziel dieses Plans war nicht die Festigung der verfassungsgemässen Regierung, verbunden mit der Rückkehr zu Recht und Ordnung, sondern primär die Wiedererlangung und Ausweitung der Macht des CUP. Die Gruppe von Ayastefanos unterschied nicht zwischen der Kritik der Liberalen an der CUP-Herrschaft sowie den berechtigten Bitten der Bevölkerung einerseits und der Gewalt auf der Strasse, der Demagogie und den Profiteuren der Unordnung andererseits. So wies sie ein Ersuchen der Rebellen um Begnadigung zurück. Diese waren bis zum 17. April 1909 grösstenteils wieder in ihre Kasernen zurückgekehrt. Krikor Zohrab, ein prominenter unabhängiger armenischer Abgeordneter und Rechtsanwalt in Istanbul hatte eine Delegation aus Istanbul nach Ayastefanos angeführt in der Hoffnung, ein weiteres Blutbad zu verhindern und auf dem Verhandlungsweg eine möglichst gütliche Lösung zu finden.[27]

Am 23. April 1909 marschierte die Eingreiftruppe, die in Ayastefanos zusammengezogen worden war, unter Führung von Mahmud Şevket nach Istanbul. Unter den mitmarschierenden Offizieren war auch Mustafa Kemal (Atatürk), der spätere Anführer der Gegenregierung in Ankara ab 1920. Die Aktionsarmee (Hareket Ordusu), wie sie auch genannt wurde, vermochte die Situation in der Hauptstadt sehr rasch unter ihre Kontrolle zu bringen. Mahmud Şevket, ihr Kommandant, rief den Ausnahmezustand aus, der bis Juli 1912 dauerte – um dann gleich wieder in Kraft gesetzt und bis 1918 verlängert zu werden. Die Rückeroberung der Kapitale kostete vierhundert Soldaten das Leben. Eine grosse, aber nicht genau bekannte Zahl von Zivilpersonen wurde nach Schnellverfahren auf öffentlichen Plätzen exekutiert. Vahdetî war bereits am 18. April aus Istanbul geflohen; er wurde erst im Juli gefasst und hingerichtet.[28] «Eine unheimliche Stille herrscht in den Strassen», schrieb Rambert am 3. Mai. Und weiter notierte er sich, dass «eine allgemeine Unruhe» sich breit machte; «viele Verurteilte wurden in der Nacht erschossen […] die Exekutionen durch den Strang finden über mehrere Tage hinweg statt».[29]

15 Von verborgener zu halb öffentlicher Politik: Talât als Minister

Talât war bei der Versammlung in Ayastefanos der informelle Leiter gewesen. Am 27. April 1909 war er auch der Wortführer bei jener nichtöffentlichen Parlamentsversammlung, die Said Pascha, der frühere Grosswesir des Sultans, präsidierte und bei der es um die Absetzung von Abdulhamid ging. In den Tagen, die dieser Parlaments-

---

27 Kévorkian, Armenian Genocide, 72; Sina Akşin: *Jön Türkler ve İttihat Terakki*, Istanbul: Simge, 2001 (1980), 196–198.
28 Georgeon, Abdulhamid II, 420 f.
29 Rambert, Tagebuch, Bd. 34, 3. Mai 1909.

versammlung vorangingen, hatte die Aktionsarmee den Yıldız-Palast besetzt. Talât sah jetzt den Moment gekommen, Abdulhamid ein für alle Mal aus Amt und Würden zu entfernen. Um das zu erreichen, musste er zuerst noch den Widerstand überwinden, der ihm aus Kreisen des Parlaments und vonseiten des Leiters der Religionsbehörde, Scheichülislam Sahip Molla, entgegenkam. Molla nahm unter dem Vorwand einer Erkrankung nicht an der Versammlung teil, sein Gutachten nach islamischem Recht (*fetva*) war jedoch unbedingt erforderlich. In einer für Talât bezeichnenden Einschüchterungsaktion trafen er und eine Delegation sich mit dem Scheichülislam. So brachten sie ihn zwangsweise auf den erwünschten Kurs und erlangten den dringend begehrten *fetva*-Erlass, der ihnen die religiöse Legitimation zum Sturz oder Rücktritt des Sultan-Kalifen gab. Die Parlamentsversammlung entschied sich für den Sturz des Sultans. Talât teilte Said den Willen des CUP-Zentralkomitees mit, dass das Parlament Abdulhamid nach Saloniki ins Exil schicke. Am 28. April 1909 traf der Sultan zusammen mit seinen Frauen, Töchtern und ein paar Bediensteten dort ein.[30]

Ahmed Tevfik Pascha war von Abdulhamid dazu gedrängt worden, den Posten des Grosswesirs anstelle von Hilmi Pascha zu übernehmen – eine Rochade, die klar auf einen Wunsch der Putschisten zurückging. Das daraus resultierende Kabinett von Tevfik entsprach indes nicht den Wünschen und Vorstellungen des CUP, weshalb Talât dem neuen Grosswesir Tevfik klarmachte, er solle zugunsten von Hilmi wieder abtreten.[31] Die meisten Minister einschliesslich Innenminister Ferid Pascha konnten jedoch in Hüseyin Hilmis Regierungskabinett verbleiben. Aber es herrschte eine grosse Ratlosigkeit. Innenminister Ferid, ein naher Bekannter von Louis Rambert, bat seinen Schweizer Freund, nicht nur die Ansprache für den neu eingesetzten Sultan zu schreiben, sondern auch eine Rede, die das Regierungsprogramm des neuen Kabinetts erklären sollte. Dieses Programm sollte den Abgeordneten schon bald vorgelegt werden.

Rambert war sich der ungelösten grossen Meinungsverschiedenheiten zwischen dem CUP und der Regierung sehr wohl bewusst, und er erachtete die Situation angesichts dieser Dissonanzen als höchst unglücklich. Auf CUP-Seite herrschte der Wille zu repressiven Massnahmen, «um der Presse einen Maulkorb zu verpassen, Streiks zu unterbinden und die Missbräuche und Freiheiten der Vereine zu unterdrücken». Aufseiten der Regierung war man gewillt, «die Regierung vor den Einmischungen des CUP in die laufenden Geschäfte und in die Nominierung von Funktionären zu bewahren». Kabinett und Parlament erwiesen sich in der Zeit der Rebellion als weitgehend handlungsunfähig, aber manipulierbar durch Talât und das CUP-Zentralkomitee. Die Entwicklung hin zu einer Diktatur erschien fortan, so Rambert in seinem Tagebuch, als eine kaum mehr verhinderbare Möglichkeit. Der von Mahmud Şevket Pascha über die Hauptstadt verhängte Ausnahmezustand demonstrierte die Effizienz diktatorischen Vorgehens.[32]

---

30 Türkgeldi, Görüp işittiklerim, 36 f.; Babacan, Mehmed Talât Paşa, 61–63; Georgeon, Abdulhamid II, 424 f.
31 Türkgeldi, Görüp işittiklerim, 40 f.; Babacan, Mehmed Talât Paşa, 64 f.
32 Rambert, Tagebuch, Bd. 34, 12. und 19. Mai 1909. Der Grosswesir las die Ansprache des Sultans in dessen Gegenwart am 20. Mai; vgl. Emmanuilidis, Osmanlı İmparatorluğu'nun son yılları, 24.

Das traumatische Erlebnis des Aprilcoups bewog das Zentralkomitee, seine Kontrolle und Einflussnahme zu verstärken. Aber die «grauen Eminenzen» im Komitee befürchteten wohl, ihre Vorrangstellung zu verlieren und wollten deshalb nicht, dass einer der «jungen Männer» (Cavid, Talât) Minister würde.[33] Ihnen wäre lieber gewesen, CUP-Männer bloss als Berater der Minister einzuschleusen. Aber sie stiessen mit dieser Idee bei Kabinett und Parlament auf dezidierten Widerstand. So hätte Cavid, der sich bereits einen Namen als kompetenter Finanzexperte gemacht hatte, Assistent des gemäss Rambert «völlig unfähigen» Finanzministers Rifat Pascha werden sollen. Im Juni übernahm Cavid aber gleich selber das Amt von Rifat Pascha und wurde so, zeitgleich mit Talât, zum ersten Minister aus CUP-Kreisen.[34] Trotzdem übte das Komitee weiterhin Druck aus – über sogenannte «Tickets» (Notizzettel): «Im Ministerrat geschieht alles mittels kleiner, geheimnisvoller Tickets. Während der Sitzung [...] wird Hilmi Pascha andauernd nach draussen gerufen, um sich mit einem Abgesandten des Komitees abzusprechen. Zu jedem Zeitpunkt werden ihm geheime Instruktionen erteilt oder Telegramme übergeben», berichtete Ferid an Rambert. Ferid selber legte sein Amt aufgrund des Drucks, der auf ihn ausgeübt wurde, nieder.[35] Im August 1909 übernahm Talât Ferids Posten.

Noch vor seinem Amtsantritt konnte Talât dank einer nach der Revolution von 1908 erfolgten Einladung des britischen Parlaments seine ersten Erfahrungen auf dem internationalen politischen Parkett sammeln. Er führte eine parlamentarische Delegation von siebzehn Abgeordneten an. Sie nahmen an Sitzungen in Westminster teil, führten Gespräche mit dem britischen Premierminister Lord Curzon und mit dem Aussenminister Edward Grey, und sie besuchten mehrere englische Städte. Sir Francis Montefiors, Ehrenpräsident des englischen Zionistenverbands, lud einen Teil der osmanischen Delegation zu einem Mittagessen ein, darunter auch Talât, Dr. Rıza Tevfik, Nissim Mazliah und Ruhi al-Khalidi (ein arabischer Abgeordneter aus Jerusalem). Anlässlich dieses Treffens gaben Tevfik und Talât warnend zu bedenken, dass «die politischen Ziele des Zionismus im Türkischen Reich kaum auf Zustimmung stossen würden».[36]

Talât übermittelte alle Neuigkeiten im Zusammenhang mit dem Englandbesuch umgehend via Telegraf an seine politischen Freunde im osmanischen Parlament, bei denen der freundliche Empfang in London als wichtige Geste internationaler Anerkennung empfunden wurde. In Istanbul konnte man in der Zeitung lesen: «Die Abgeordneten des jüngsten Parlaments haben das älteste Parlament besucht und wurden dabei in einer ausgesprochen warmherzigen Atmosphäre empfangen. [...] Man braucht nicht tief in den Geschichtsbüchern nachzuforschen, um zu erkennen, wie gross diese Freundschaft ist; wir wissen, dass sie geradezu sprichwörtlich ist: Des Türken bester Freund ist der Engländer.»[37] Obwohl man annehmen konnte, dass England die Rebellion vom April 1909 weitgehend guthiess und sogar unterstützt hatte, setzte das CUP

---

33 Cavid, Tagebuch, Bd. 1, 44, 30. April 1909.
34 Rambert, Tagebuch, Bd. 34, 6. Mai 1909; Cavid, Tagebuch, Bd. 1, 47 f., 5.–7. Mai 1909; Babacan, Mehmed Talât Paşa, 65–67.
35 Rambert, Tagebuch, Bd. 35, 22. August 1909.
36 *Jewish Chronicle*, 23. Juli 1909, zitiert in Mandel, Turks, 192.
37 *Yeni Gazete*, 21. Juli 1909, zitiert in FO 371/778 (Visit to London and Armenian Massacres, 1909), 16.

in öffentlichen Verlautbarungen seine Hoffnungen weiterhin auf die Freundschaft mit Grossbritannien, zumal Deutschland als Freund des osmanischen Ancien Régime galt. Deshalb leistete Talât einer Einladung zu einem Besuch in Deutschland, die er während seines Aufenthalts in Grossbritannien erhalten hatte, offiziell auch keine Folge, wobei er diesen Verzicht mit der angeblich grossen Ermüdung der osmanischen Delegation rechtfertigte. Aber auf dem Rückweg von London besuchte er Berlin und Wien dann trotzdem, denn zwischen dem CUP und den in Istanbul anwesenden Vertretern Deutschlands hatten sich bereits gute Beziehungen angebahnt.[38]

Als Talât Anfang August von seiner Europareise in die Türkei zurückkehrte, konnte er sich als designierter Minister bei allen dem CUP nahestehenden Kreisen bereits einer beachtlichen Popularität erfreuen. Unter den genauen Beobachtern der politischen Verhältnisse galt er von nun an als «das anerkannte Oberhaupt des Komitees für Einheit und Fortschritt und der Jungtürken».[39] Das erste heikle Thema, mit dem sich der neue Minister zu befassen hatte, waren die Aprilmassaker von Adana. Diese waren im Parlament bereits diskutiert und behandelt worden, als Talât noch in Europa weilte. Als Mitglied der parteiübergreifenden ARF-CUP-Kommission wurde er aber stets auf dem Laufenden gehalten, und dank der Möglichkeiten des Telegrafen als Kommunikationsmittel konnte er vermutlich auch aus der Ferne eine führende Rolle in der Diskussion dieser Thematik einnehmen.[40] Im Mai 1909 hatte der damalige Innenminister zur Klärung der Ereignisse eine Untersuchungskommission nach Adana geschickt. In der Zeit zwischen April und Juli tendierten die Kabinettsmitglieder wie auch die meisten Abgeordneten, selbst jene des CUP, dazu, das Massaker mit einem hamidisch geprägten Blickwinkel zu betrachten. Das heisst, dass der Bericht des Gouverneurs (*vali*) von Adana, Mehmed Cevad, zum Nennwert genommen wurde, obschon Cevad selber am Massenmord beteiligt gewesen war. Er hatte die Behauptung einer armenischen Provokation in die Welt gesetzt und – dies war der zentrale Punkt – die staatlichen Behörden von jeglicher Mitverantwortung an den Massakern freigesprochen. Doch die Fakten liessen sich ab Juli nicht mehr länger mit bisherigen behördlichen Propagandamustern leugnen. Darauf zog das Kabinett die Konsequenzen und ordnete die Verhaftung der führenden muslimischen Täter inklusive Cevad an. Dennoch verweigerten viele Abgeordnete eine offene Debatte zu diesen Ereignissen. Dabei spielte Angst vor möglichen konservativen oder islamistischen Reaktionen in der Öffentlichkeit eine Rolle. Das Land stand noch unter dem frischen Eindruck der Geschehnisse rund um das Chaos vom April.[41]

Um dennoch Bewegung in die Sache zu bringen, agierten daher massgebliche Akteure – CUP, ARF, Krikor Zohrab – gemäss einer hinter den Kulissen geschlossenen Vereinbarung, als Talât seine Tätigkeit als Minister aufnahm: Das einflussreiche CUP-Mitglied Ahmed Cemal ernannte er zum neuen Gouverneur von Adana, und die Regierung wies die Behauptung einer Provokation durch die Armenier öffentlich

---

38 Babacan, Mehmed Talât Paşa, 67 f.; «Lebensgeschichte Talaat Bej», Ernst Jäckh Papers, Yale University Library; Miquel an das Auswärtige Amt, 14. August 1909, PA-AA, R 13796. Zur Beziehung des CUP mit Deutschland siehe Kapitel 16.
39 Rambert, Tagebuch, Bd. 35, 26. Oktober 1909.
40 Kaligian, Armenian Organization, 82–84.
41 Kévorkian, Armenian Genocide, 97–117.

Abb. 3: «Meine Mitarbeiter in der Türkei: Der Minister des Inneren, Talaat Bey», handgeschriebene Notiz von Enver Bey auf dem Ausschnitt einer Fotografie für seine deutschen Partner in Berlin, wo Enver 1909–1911 als Militärattaché diente (Hauptstaatsarchiv Stuttgart).

zurück. Erhebliche Geldbeträge wurden bereitgestellt, um den Opfern zu helfen und den Wiederaufbau zu fördern. Aus Mangel an Alternativen und obwohl sich warnende Stimmen aus der armenischen Gemeinschaft zu Wort meldeten, verbanden die Armenier ihre Hoffnungen auf einen Verfassungsstaat immer enger mit dem CUP. Sie taten dies, obschon gewisse CUP-Zweigstellen in den Provinzen im April ganz offen mit antiarmenischen reaktionären Kräften kooperiert hatten und sich CUP-Abgeordnete als sehr träge oder gar unwillig erwiesen, ihre hamidische Brille endlich abzulegen. Trotz der schliesslich hinter den Kulissen vereinbarten Massnahmen hatte sich das Parlament insgesamt als unfähig erwiesen, das Massenverbrechen aufzuarbeiten. Der Hintergrund für dieses Versagen liegt in der Tatsache, dass die sogar noch umfassenderen Verbrechen der 1890er-Jahre mit ihren offenen Fragen um Schadenersatz und die Rückgabe von Raubgut bis dahin noch gar nicht zur Sprache gebracht, geschweige denn geklärt worden waren.

Tief verwurzelte Leugnungsmuster, verknüpft mit einer grundsätzlichen Weigerung, in einem Verfahren gegen muslimische Täter auszusagen, beherrschten nicht nur die spätosmanische Gesellschaft generell, sondern diese Einstellung war auch charakteristisch für das Verhalten von CUP-Mitgliedern gegenüber der parlamentarischen Kommission, die mit der Untersuchung der Ereignisse beauftragt war. Einer der Verantwortlichen für das Massaker, ein früherer Mufti (islamischer Rechtsgelehrter), hatte damit begonnen, «an verschiedenen Orten aufzutauchen und zu verbreiten, dass Freiheit und die Verfassung Erfindungen der Christen seien, welche die Scharia [bekanntlich] ablehnten; auf diese Art begann er die Bevölkerung aufzuwiegeln und sie gegen die Christen und gegen die Verfassung zu vereinnahmen». So die Worte von Agop Babikian, einem armenischen Mitglied der Untersuchungskommission, in seinem Bericht, der aber unter Verschluss gehalten wurde.[42] Ali Münif (Yeğenağa), Talâts enger Freund und Mitarbeiter in der Zeit von 1909 bis 1918, verwendete in seinem Bericht hingegen derart besänftigende Worte, dass sich die Täterschaft gleichsam in Luft aufzulösen schien. Seine Erinnerungen belegen, dass er bereits 1909 die Armenier weder als Landsleute noch als Mitbürger (*vatandaş*) mit vollen Bürgerrechten anerkannte.[43]

Das gleiche Muster erkennen wir bei Talât, welcher in seiner Apologie von 1919 rückblickend Babikians Kernanliegen vollständig verdreht, indem er ihn als ein Beispiel und einen Beweis für die angebliche armenische Provokation hinstellt. In seiner Exilzeit in Berlin ging Talâts Verschwörungstheorie sogar so weit, dass er behauptete, die Armenier hätten bewusst ein Massaker provoziert, um dann mit Unterstützung der Europäer ein autonomes Armenien errichten zu können. 1909 hatte er sich gegenüber den Armeniern noch vergleichsweise offen gezeigt, doch war er nicht bereit, der Realität ins Auge zu blicken. Denn das hätte bedeutet, Babikians Bericht zu veröffentlichen, um so auf eine verfassungsstaatliche Türkei hinzuarbeiten, die gewillt wäre, sich an Fakten zu orientieren.[44] In der Gesamtheit betrachtet erinnert die Art, wie das Parlament mit dem Massaker von Adana damals umging, an eine nur allzu vertraute chauvinistische Grundhaltung, die Vergewaltigung und Raub niemals als ein Verbrechen anerkennen will, sondern stattdessen Provokation durch das Opfer vorschiebt.

Hinter den Kulissen schlossen CUP und ARF am 20. August 1909 ein Abkommen über die Bedingungen einer intensiveren Zusammenarbeit mit dem Ziel, «das osmanische Vaterland vor Spaltung und Aufteilung zu retten».[45] Sie «anerkannten die schlimmen Massaker von Adana als eine warnende Ermahnung» und «beschlossen, [von nun an] Hand in Hand zu arbeiten» bei der Verteidigung der Verfassung gegen reaktionäre Bewegungen. Auf Insistieren der armenischen Seite hin einigte man sich insbesondere auch auf die «Ausweitung der Rechte der Provinzen», und das bedeutete: Auf dem Papier sollte der Regionalismus in Sabahaddins Sinn gestärkt werden, obwohl das CUP in seinen Grundüberzeugungen den Zentralismus verinnerlicht hatte. Keine Erwähnung fand in dieser Übereinkunft vom 20. August hingegen das Thema der Restitution von Land, das in den 1890er-Jahren seinen legitimen Besitzern geraubt worden war. Dieser entscheidende Punkt in der armenischen Frage stellte auch

---

42 Zitiert in Kévorkian, Armenian Genocide, 101.
43 Ali Münif Bey'in hâtıraları, 51–56.
44 Talat Paşa, Hatıralarım ve müdafaam, 25 f.
45 Publiziert am 3. September 1909 in *Tanin*, abgedruckt in Uras, Tarihte Ermeniler ve Ermeni Meselesi, 584 f. Vgl. Kaligian, Armenian Organization, 47–49.

für Talâts Ministerium eine schwierige Aufgabe dar. Der Innenminister versprach, dieses Problem mit administrativen Massnahmen zu lösen. Damit umging er langwierige und im Ausgang unsichere Rechtsverfahren, in welchen die nichtmuslimische Seite im Nachteil gewesen wäre.

Auf politischer Ebene kehrte im Spätsommer und Herbst 1909 eine positive Aufbruchstimmung zurück. Zum ersten Mal hatte das CUP seine eigenen Minister. Zu Cavid und Talât war inzwischen noch das armenische CUP-Mitglied Bedros Halajian als Minister für öffentliches Bauwesen hinzugekommen. Diese Minister genossen sowohl auf nationaler wie auch auf internationaler Ebene ein positives Ansehen. Zumindest einer von ihnen, Talât, hatte in der Wahrnehmung etlicher Beobachter bereits das Format, Grosswesir zu werden. Ein französischer Journalist schrieb: «Innenminister Talât Bey […] ist einer der sympathischsten Menschen, den man sich überhaupt vorstellen kann. Aus seinen Gesichtszügen strahlt vollkommene Zuverlässigkeit. Er ist ein rechtschaffener Mensch im besten Sinne des Wortes. Aber er ist auch eine der bemerkenswertesten Personen unter den Neuen in der türkischen Politik, sodass viele in ihm bereits den zukünftigen Grosswesir vermuten.»[46]

Anstatt servile Besucher zu empfangen, wie es bei Vorgesetzten traditionellerweise während der Bayram-Feiertage zum Ende des Ramadans üblich war, verliessen die Minister Talât, Cavid und Bedros Halajian die Hauptstadt am 14. Oktober 1909, um «in Kontakt zu kommen mit der Bevölkerung» in den Provinzen. Edouard Huguenin Pascha (1856–1926) begleitete sie. Dieser aus der Schweiz stammende und fliessend Türkisch sprechende Direktor der Anatolischen Eisenbahngesellschaft hatte seit 1879 in verschiedenen Regionen Kleinasiens gearbeitet und kannte deshalb diesen Teil des Reichs besser als manch ein hochrangiger einheimischer Beamter oder die mazedonischen Führungspersonen des CUP. «Diese Herren werden merken, wie viel an Prestige und an Wissen über das Land und die Bevölkerung sie gewinnen können, wenn sie selber auf ganz persönlicher Ebene den Menschen begegnen und hören, bei welchen Themen in den Provinzen der Schuh drückt. Es sieht nach nichts aus, aber es ist eine Revolution in der Grundhaltung und den Gepflogenheiten der Regierungsvertreter. Ich bin hocherfreut» – so die Bewertung der ministerialen Reise von Rambert, Huguenins langjährigem Freund, mit dem er sich fast täglich in Pera, dem Zentrum Istanbuls auf der europäischen Seite des Bosporus, traf. Auch eine Reise des Sultans nach Izmir und Bursa im Oktober 1909 kommentierte und würdigte Rambert in vergleichbarer Art.[47] Nach einer privaten Audienz beim neuen Sultan beschrieb Rambert Mehmed V. als jovial, gutmütig und freundlich. Doch klar war auch: Dieses neue Oberhaupt eines fortan stark eingeschränkten Sultanats konnte nicht selbstständig agieren, sondern hatte den Anordnungen des Komitees zu gehorchen.[48]

Noch Mitte Dezember 1909 formulierten Rambert und Huguenin ihren Eindruck der politischen Situation so, dass es sich bei Hilmi, Cavid, Talât und Halajian um eine gefestigte und vertrauenswürdige Gruppe von Ministern handle, deren Regierung zwar

---

46 Jean Rodes: «Déclarations du grand-vizir et du ministre de l'intérieur sur la politique générale», in: *Le Temps*, 27. September 1909.
47 Rambert, Tagebuch, Bd. 35, 14., 15. und 28. Oktober 1909.
48 Ebd., Bd. 37, 17. April 1910.

recht autoritäre Züge erkennen lasse, was aber in den Augen der meisten Bürger angesichts der Realitäten unvermeidlich sei. Die beiden westlichen Beobachter stellten unter den CUP-Politikern auch «eine sehr demokratische Art der Geringschätzung von äusserlichem Pomp» fest, wobei sie aber im gleichen Zug auch schon voraussagten, dass diese Bescheidenheit wohl nicht ewig andauern werde.[49] In dieser Art wagten sie es, das CUP auch ernsthaft infrage zu stellen. Es war in ihren Augen «eine tyrannische Organisation», aber andererseits sei das vielleicht ein Merkmal des CUP, das unter den gegebenen turbulenten Umständen für eine gewisse Zeit geradezu notwendig sei. Die Politik des CUP grenzte Minderheitsmeinungen aus und liess ausgleichende Mechanismen vermissen, und so konnte das CUP bei nüchterner Betrachtung auch in keiner Weise als demokratische Partei gelten und als solche Bestand haben. Zwar hatte es anlässlich seines Jahreskongresses 1909 beschlossen, künftig grössere Transparenz zu gewährleisten, eine Abgrenzung seiner im Parlament vertretenen Partei vom Komitee vorzunehmen und auf das geheime Initiationsritual zur Erlangung der Mitgliedschaft zu verzichten. Doch in Wirklichkeit kam es gar nie zur Umsetzung dieser Änderungen.

Das Verhalten des CUP in Parlament und Regierung widerspiegelte die im Zentralkomitee verwurzelte Praxis und Herangehensweise. Die Parlamentarier aus den Reihen des CUP «mussten ihre persönlichen Überzeugungen vollständig aufgeben», nur im Rahmen von internen Parteitreffen war diese strikte Vorgabe aufgehoben. Rambert kam zum Schluss, dass das CUP sich zu einem hoch disziplinierten Wohlfahrtsausschuss (Comité de salut public – wie man das von der Französischen Revolution her kannte) entwickelt hatte. Nâzım und Şakir betonten, dass man sich immer noch in revolutionären Zeiten befinde und dass die Regierung daher noch vom Komitee kontrolliert werden müsse. Im Gegensatz dazu scheint es, dass Talât Ende 1909 aufrichtig darum bemüht war, auf eine Regierungspolitik mit grösserer Transparenz und ohne konstante verdeckte Beaufsichtigung durch das Komitee umzuschwenken. Es wird berichtet, dass Talât einmal im Zentralkomitee ausgerufen habe: «Es darf keinen Staat innerhalb des Staates geben!» Die grauen Eminenzen hätten Talât in diesem Punkt sicher nicht zugestimmt, denn sie hätten mit dem Verzicht auf verdecktes Agieren ihre Macht verloren, die allein im Komitee begründet lag.[50]

16 Ernüchtert, beunruhigt, niedergeschlagen: Talâts Krise und die osmanische Zukunft

Bedauerlicherweise drehte sich die allgemeine politische Stimmung gegen Ende des Jahres 1909. Seit Juli 1908 waren trotz viel Enthusiasmus keine substanziellen Erfolge erzielt worden. Es häuften sich ungelöste Probleme – der untrügliche Beweis für «die Unentschlossenheit von Männern, die nicht wissen, wie man sie [die Pro-

---

49 Ebd., Bd. 36, 23. März 1910.
50 Soku, Yakın tarihin üç büyük adamı, 29; Rambert, Tagebuch, Bd. 36, 13. Dezember 1909; vgl. Hanioğlu, Second Constitutional Period, 74 f.; M. Şükrü Hanioğlu: «İttihat ve Terakki Cemiyeti», in: *Türkiye Diyanet Vakfı İslam Ansiklopedisi*, Bd. 23, 482.

bleme] anpackt und löst». Die osmanische Politik befand sich nach dem Ausscheiden von Grosswesir Hilmi Pascha am 31. Dezember 1909 aufgrund der fehlenden Übereinstimmung zwischen dem Grosswesir und CUP-Vertretern in einer Phase der Stagnation: Rambert formulierte es so: «Die jungen Männer haben die natürliche Neigung, die Verantwortlichkeit auf all jene abzuwälzen, die im Ancien Régime eine Rolle gespielt haben.» Das Komitee hatte Hilmi unter Druck gesetzt, Wirtschafts- und Kulturminister Gabriel Noradunkyan, der bereits unter Abdulhamid ein hochrangiger Funktionär gewesen war, zu entlassen. Rambert kannte die genauen Umstände dieses Vorgangs, da er sowohl mit Hilmi als auch mit dessen Nachfolger Ibrahim Hakkı Pascha ausführliche Gespräche führen konnte. Gemäss Ramberts Quellen erwog das Komitee sogar, auch Talât aus dem Regierungskabinett zu entfernen; es warf ihm vor, in den Provinzen die falschen Leute in die Verantwortung zu holen und in seinem Vorgehen zu sanft zu sein.[51]

Zum wichtigen Prüfstein für die Regierung und für Talât wurden die Unruhen in Albanien. Eine starke albanistische Bewegung wollte das lateinische Alphabet für das schriftliche Albanisch einführen und stellte sich quer zur CUP-Ideologie mit ihren Zentralisierungsbestrebungen in Politik und Kultur. Die Propaganda gegen solchen Albanismus bekannte sich zu einem albanischen Patriotismus, der Reichstreue, Islam und das gemeinsame Osmanentum verknüpfte. Das CUP wollte das bisher verwendete arabische Alphabet (oder das «türkische Alphabet», wie es auf Albanisch hiess) beibehalten und war nicht nur bestrebt, die osmanische Sprache zu bewahren, sondern wollte sie sogar bewusst noch stärken. Als hegemoniale Sprache eines überwiegend islamisch geprägten Reichs verwendete das Osmanische arabische Schriftzeichen. Die Wahl der lateinischen Schrift für das Albanische hätte eine klare Distanzierung Albaniens von Istanbul bedeutet. In der albanistischen Bewegung waren sämtliche Bevölkerungsgruppen inklusive Sunniten vertreten, besonders stark aber Bektaschi und Christen. Nach der Verhaftung verschiedener führender Albanisten kam es im Frühjahr 1910 zu einem allgemeinen Volksaufstand, welcher Talât in Bedrängnis brachte.

Das Beispiel Albaniens bewies, wie sehr das CUP sich zur Behauptung seiner Macht auf Notabeln und Beamte (*ulema*) der Religionsbehörde unter dem Scheichülislam und weitere islamische Netzwerke stützen musste. Obwohl er innerosmanische Autonomiebestrebungen ablehnte, zögerte Talât, Gewalt anzuwenden, um die Entwaffnung der Aufständischen durchzusetzen. Aber die grauen Eminenzen rügten ihn für diese Zögerlichkeit. Schliesslich gab er nach. Von diesem Zeitpunkt an praktizierte das CUP gegenüber den autonomistischen Bestrebungen in Albanien eine Politik der harten Hand: Mithilfe der Armee wurde eine flächendeckende Repression ausgeübt. Im Bestreben, die albanische Gesellschaft noch weiter zu spalten, veranstaltete das CUP aggressive Propagandaaktionen und Komplotte. General Ahmed İzzet Pascha, ein Offizier albanischer Herkunft und gleichzeitig ein Mann des CUP, wenn auch kein Zentralkomiteemitglied, wurde nach Jemen verbannt, weil er sich dieser neuen Politik der harten Hand vehement entgegenstellte. Obwohl er gemäss der Begriffsdefinition dieser Studie als «imperial voreingenommen» im engeren Sinn zu bezeichnen ist, so ging

---

51 Rambert, Tagebuch, Bd. 36, 31. Dezember 1909, 13. und 30. Januar 1910.

diese Haltung bei ihm doch einher mit islamischer Ethik und paternalistischem Verantwortungsgefühl. Es zeigt sich hier eine Kombination von Werten und Verhaltensweisen, wie wir sie auch in anderen Fällen, zum Beispiel bei Mustafa Hayri, vorfinden. «Ich habe in dieser Angelegenheit immer und immer wieder versucht, Talât Bey darauf aufmerksam zu machen und ihm klarzumachen, dass [...] durch machiavellistische Politik am Ende anstelle eines Erfolgs ein grosser Schaden resultieren werde», notierte İzzet Pascha in seinen Erinnerungen.[52] In der Tat verlor das Osmanische Reich 1912, im Ersten Balkankrieg, Albanien.

Eine weitere wichtige Belastungsprobe ergab sich für Talâts Innenministerium mit der Landfrage im östlichen Kleinasien, auf die wir noch eingehender zurückkommen werden. Kleinasien, oft auch Anatolien genannt, war die Region, in welcher das Osmanische Reich seinen Anfang nahm: Diese Region war für die osmanische Zukunft von essenzieller Bedeutung, was man von Albanien, Palästina und Jemen nicht in gleicher Weise sagen konnte. In Jemen hatte 1904 ein Aufstand begonnen. Talât setzte gleich zu Beginn seiner Ministertätigkeit, im Sommer 1909, Autonomiepläne für Jemen ausser Kraft. Im September 1909 schickte er dann zwölf Bataillone nach Jemen, um die Rebellion zu unterdrücken, doch der ersehnte Erfolg blieb aus. Rebellenführer Imam Yahya wurde schliesslich im Oktober 1911 zugesichert, dass in Nordjemen eine autonome Zaydi-schiitische Herrschaft ermöglicht würde.[53]

Im Fall von Palästina verhielt es sich so, dass Talât unter beachtlichem Druck von arabischen Abgeordneten und Zionisten stand. Letztere verlangten die Möglichkeit ungehinderter Einwanderung, während Erstere gerade das Gegenteil wollten: ein Verbot jüdischer Masseneinwanderung und damit verbundener Landkäufe. Talât beschloss, die schon von Abdulhamid erlassenen antizionistischen Restriktionen erneut in Kraft zu setzen. Nach 1908 hatte die Zahl der Petitionen zugenommen, indem Schreiber von Petitionen, sogenannte *Arzuhalci*, der lokalen, zumeist des Schreibens unkundigen Bevölkerung eine eigene Stimme verliehen. Ihre meist ans Innenministerium gerichteten Petitionen drückten die Enttäuschung darüber aus, dass das Reich die Augen verschliesse gegenüber zionistischen Aktivitäten, die bereits zu einem Staat im Staat geführt hätten. Die bedeutenden Repräsentanten das Zionismus hielten sich zwar in ihrer Wortwahl bewusst zurück, doch einige eifrige Anhänger hatten den eigenen Staat tatsächlich als das von ihnen angestrebte Ziel deklariert.[54]

Nicht nur die nachträgliche Beurteilung, sondern auch die Einschätzung von weitsichtigen Zeitgenossen jener Zeit führt zur Erkenntnis, dass das Reich damals überdehnt war. Entweder war «Gesundschrumpfung» zu akzeptieren oder aber föderalistische Differenzierung ins Auge zu fassen. Die hoch patriotischen, überpolitisierten, staatszentrisch denkenden Männer des CUP blieben jedoch dem Dogma der Rettung des Reichs als einer unitarischen, zentralistischen Einheit verhaftet. Generalmajor Imhoff

---

52 Ahmed İzzet, Feryadım, Bd. 1, 99 f. Diese Erinnerungen, verfasst in den 1920er-Jahren, als İzzet Pascha vom Regime der Kemalisten definitiv an den Rand gedrängt wurde, bieten vielfältige Einsichten. Vgl. Clayer, Aux origines, 611–705; Soku, Yakın tarihin üç büyük adamı, 29.
53 Vgl. Kühn, Empire, 237–239.
54 Ben-Bassat, Palestine's Population, 153; Mandel, Turks, 209 f.

Pascha (Heinrich K. A. Imhoff), der einige Jahre in osmanischen Diensten gestanden hatte, merkte kritisch an, dass der unerfahrene Minister Talât stur am Plan festhalte, die Türkei mit einer straff zentralisierten Verwaltung zu überziehen, obwohl die Erfahrung eigentlich einen anderen Kurs als sinnvoll nahelegte.[55]

Nâzım und Şakir, strategische Führer des Zentralkomitees zumindest bis 1912, erwiesen sich als unfähig, realistische und weitsichtige Prioritäten zu setzen. Mit ihrer imperialen Voreingenommenheit schränkten sie den Handlungsspielraum der jungen CUP-Minister ein, die der Autorität des Zentralkomitees unterstanden. Als radikalen Aktivisten ohne direkte Regierungsverantwortung ging es ihnen völlig gegen den Strich, die Notwendigkeit einer Regionalisierung einzusehen oder aber eine allgemeine Verwaltungsreorganisation und eine Gesundschrumpfung des Reichs überhaupt in Betracht zu ziehen. Zugleich lehnten sie die osmanisch-armenischen Akteure als gleichberechtigte Partner ab. Wären in dieser Zeit politische Weisheit und Sachverstand anstelle von patriotischen Dogmen der Kompass des Handelns gewesen, hätte sich ein friedlicher Übergang zu neuen Regierungsformen in einem verkleinerten osmanischen Raum geradezu angeboten. Kleinasien hätte dabei selbstverständlich das Kernland des aufzubauenden Verfassungsstaates gebildet.

Der deutsche Botschafter Adolf Marschall von Bieberstein war in seinem Urteil vielleicht nicht ganz gerecht, als er im Gespräch mit Rambert im frühen 1910 in bissiger Art Talât wegen seiner grossen «verkannten Inkompetenz» warnend abkanzelte. Die scheinbar ruhige Art des jungen, jovialen Ministers trügte.[56] Doch waren es in erster Linie die süffisanten grauen Eminenzen, die als Drahtzieher hinter den Kulissen damit scheiterten, eine realisierbare Zukunft zu entwerfen, und stattdessen den Weg in einen pathetischen Reichsuntergang vorzogen. Stellen wir uns nur einmal vor, Talât hätte bereits im Jahr 1910 seine genialen organisatorischen Fähigkeiten und seine Energien (über die sich Ludwig 1915 beeindruckt äusserte)[57] so eingesetzt, wie er das später in den Ostprovinzen tat, aber in konstruktiver Weise: Dann hätte er – wie wir am Beispiel von CUP-Gouverneur Celâl gleich sehen werden – eine realistische Chance gehabt, Verhältnisse zu schaffen, die einem echten Verfassungsstaat entsprochen hätten. Doch dafür fehlte die Unterstützung und Inspiration aus dem Zentralkomitee. Nach 1910/11 verlor diese Option ihren Reiz, da die Weichen bereits anders gestellt waren und die Probleme sich häuften. Bis zu diesem Zeitpunkt war Talât bei der Suche nach einer verfassungsstaatlichen Zukunft deutlich offener eingestellt für echte Reformen als manche seiner Weggefährten.

Man kommt allerdings nicht darum herum festzustellen, dass Talât ein korruptes Rechtswesen und politische Morde als nichts Ungewöhnliches betrachtete und ihm deshalb vermutlich von früh an einerseits der nötige Charakter, andererseits auch der Mut fehlte, wirklich fundamentale Verbesserungen herbeizuführen.[58] Sozialdarwinismus und instrumentalisierender Islamismus im Geist von Nâzım und Şakir hatten sich

---

55 *Neue Freie Presse*, 14. August 1912.
56 Rambert, Tagebuch, Bd. 36, 30. January 1910.
57 Siehe Kapitel 2–5.
58 Zu einem politischen Mord im Frühjahr 1910, wie er von Talâts Freund Tahsin geschildert wird, siehe Uzer, Makedonya eşkıyalık tarihi, 304 f.

in Talâts ungeübtem, nur mit bescheidener Bildung genährtem Denken eingebrannt. Und diese Einflüsse bestimmten seine Politik weiterhin, auch nach 1912, als er seine persönliche Macht souveräner auszuüben begann. Er war indes pragmatischer als Mitstreiter wie Nâzım und Şakir und zeigte daher weniger grosse Bereitschaft, offensichtlich chimärenhafte Ziele zu verfolgen. Dennoch teilte er die überspannte Vision eines wiederhergestellten oder expandierenden Reichs auf dem Weg zum Fortschritt. Sein Auftreten war authentischer und weniger verbissen als jenes der grauen Eminenzen, denen etwas Sektiererisches anhaftete.[59] Talât wirkte umgänglich, und das war auch der Grund für seine Popularität bei der Bevölkerung. Nâzım beispielsweise war in seiner Überidentifikation mit dem CUP, dem Reich und der eigenen politischen Mission darauf bedacht, seine Identität als Dönme bis hin zur Verleugnung seiner Herkunft zu kaschieren. Diese Haltung ist jener von Leo Trotzki, dem zeitgenössischen Vordenker des revolutionären Sozialismus in Russland, vergleichbar, der mit seiner Identität als Jude nicht zurechtkam und daher seine jüdische Herkunft immer wieder herunterspielte.[60]

Grosse Herausforderungen im eigenen Ministerium, peinliche Vorfälle innerhalb des Komitees und negative Berichterstattungen in der Presse trugen zu einer tiefen Krise Talâts bei, die im frühen 1910 einsetzte. Bisher immer als ruhiger und jovialer Charakter bekannt, legte er jetzt eine stetig zunehmende Nervosität an den Tag, die ihn auch bei der parlamentarischen Arbeit beeinträchtigte. Bei verschiedenen Gelegenheiten liess er sich aufgrund seiner neuen Unbeherrschtheit zu verstörenden und verfassungswidrigen Äusserungen hinreissen, was einen dunklen Schatten auf seine weitere politische Karriere und auf die osmanische Zukunft insgesamt warf. Talâts Rede anlässlich einer CUP-Versammlung in Manastir am 28. August 1910 belegt seinen frühen Verlust des Glaubens an die Ideale der Verfassung und seine fatale Überzeugung, dass «sich die Frage nach Gleichberechtigung nicht stellt, solange wir unsere Aufgabe der Osmanisierung des Reichs nicht erfolgreich erledigt haben». Während des CUP-Kongresses vom November 1910 in Saloniki wurden mit leidenschaftlichem Engagement innen- und finanzpolitische Angelegenheiten diskutiert, es wurde aber auch offen Kritik an den Ministern geübt. Die Reaktion der jungen CUP-Minister bezeugte deren Verunsicherung.[61]

Mit der Aussage vom 28. August 1910 verhiess Talât jeglicher innerosmanischen Kooperation auf der Basis von Gleichberechtigung eine ungewisse Zukunft. Denn er stellte die Bedingung, dass vorgängig eine national-imperiale Osmanisierung und Türkisierung stattfinden müsse («Osmanisierung» wurde fortan im neuen zentralistischen und türkistischen Sinn verstanden). Diese antiegalitäre Neuausrichtung ging Hand in Hand mit Talâts Reorganisation der CUP-Zweigstellen in den Provinzen. Die Treue zum Wortlaut und zum Geist der Verfassung spielte

---

59 So der Eindruck von Muhittin Birgen, wie er wiederholt festhält. Birgen, İttihat ve Terakki'de on sene.
60 Zu diesem Vergleich siehe Baer, Dönme, 109.
61 Rambert, Tagebuch, Bd. 36, 30. Januar 1910; Bd. 38, 6. November und 4. Dezember 1910; Babacan, Mehmed Talât Paşa, 71–73. Zur Versammlung am 28. August 1910 siehe Arthur B. Geary an G. Lowther, FO 371/779; analog zum Bericht des österreichischen Vizekonsuls Zitovsky, Manastir, an den Aussenminister Ährenthal, 14. Oktober 1910, zusammen mit Kommentaren in Marschall an das Auswärtige Amt, 20. Oktober 1910, PA-AA, R 13197.

Abb. 4: Treffen von CUP-Verantwortlichen (1913): Talât Bey, sitzend (Nr. 1), links von ihm Enver Bey, stehend (Nr. 2), Said Halim, sitzend (Nr. 3), Cemal Pascha (Nr. 4), Ismail Cambolad (Nr. 11) und nach ihm, ohne Nummerierung, Midhat Şükrü (akg-images, Berlin, Sammlung Archiv für Kunst und Geschichte).

von nun an nur noch eine untergeordnete Rolle oder überhaupt keine mehr. Was zählte, war der Erhalt und die Konsolidierung der Macht und in dieser Hinsicht das Zweckbündnis mit muslimischen Regionalherren und Lokalgrössen, die sich zu einer Zusammenarbeit mit dem CUP bereit erklärten, auch wenn ihnen die Verfassungsrevolution von 1908 völlig fremd war. Glaubt man Talâts Apologie aus dem Jahr 1919, so hatte ihn damals ein am Kongress der Sozialistischen Internationale in Kopenhagen vom späten August 1910 vorgestelltes ARF-Memorandum aufgerüttelt. In diesem war die feste Entschlossenheit der Armenier formuliert, ihre Selbstverteidigung in die eigenen Hände zu nehmen. Die damalige Wahrnehmung der Fähigkeit und des Willens zu armenischer Selbstorganisation führte demnach Talât entschieden zu seiner gleichsam instinktiven und primordialen, aber nunmehr exklusiven osmanisch-muslimischen Loyalität zurück.[62]

In Talâts Brust gab es die eine Seele, die sich um die Armenier Sorgen machte, und er wusste sehr wohl, dass eine Kooperation mit den Armeniern der Schlüssel für eine moderne, auf einer Verfassung gründenden Türkei wäre. Andererseits fürchteten

---

62 Talat Paşa, Hatıralarım ve müdafaam, 52–56. Aus offenkundiger Missgunst machte Talât die Mitgliedschaft der ARF bei der Sozialistischen Internationale schlecht und bezeichnete sie als «Kosmetik, um die europäische Öffentlichkeit zu beeindrucken».

und hassten Talât und das CUP die internationalen armenischen Netzwerke und das über diese Kanäle stattfindende Lobbying als kraftvolle gegnerische Werkzeuge. Sie waren jedenfalls nicht fähig oder willens, diese Mittel als notwendige und legitime Hebel moderner politischer Auseinandersetzung zu akzeptieren. Sie fürchteten auch die sich lautstark zu Wort meldende islamische Opposition sowie Mobgewalt, die sie nicht selbst kontrollieren konnten. Aber es gab eben auch noch die zweite Seele in Talâts Brust, und diese widerspiegelte die Mentalität der Schlüsselfiguren im Zentralkomitee. Diese Seele glaubte nicht an eine Kooperation von Gleichwertigen, sondern sie erachtete die Kooptierung von lokalen muslimischen Kräften als einzig mögliche Realpolitik im Inland. Im Gegensatz zur ARF verfügte das CUP über gewaltbereite Alternativen. Die straflos gebliebenen, aber längst nicht vergessenen Massaker der 1890er-Jahre blieben ein prägendes Muster für Zerstörung statt Kooperation, auch wenn sie in der Hauptstadt nach 1908 öffentlich als Verbrechen geächtet wurden. Es liegt nahe, dass Talât in der Krisensituation ab 1910 bereits über die Option nachdachte, die Armenier ganz loszuwerden.[63]

Talâts Krise begleitete eine allgemeine Krise des CUP. Sie fiel auf der Ebene internationaler Politik zudem zusammen mit einer bedeutenden türkischen Hinwendung zu Deutschland im Herbst 1910. Gemäss Cavids Aussage war Deutschland das einzige europäische Partnerland, welches für die Zusammenarbeit keine Bedingungen stellte, die «mit der Würde der Türkei unvereinbar» waren. Eine erneute Hinwendung zu Deutschland war im Nachgang zur jungtürkischen Revolution, deren Protagonisten Abdulhamids deutsche Freunde kritisch beurteilten, von Botschafter Marschall von Bieberstein aktiv vorbereitet und gefördert worden. Churchill hielt sich im Juli 1910 in Istanbul auf und traf sich dort mit Diplomaten und CUP-Führungspersonen. Er empfand dabei «eine grosse Sympathie für die Jungtürken» und spürte bereits zu diesem frühen Zeitpunkt, dass die Deutschen «auf diplomatischer Ebene dort besser ankamen als wir». Karl Helfferich und Paul Weitz, der Korrespondent der *Frankfurter Zeitung* in Istanbul, arrangierten den Druck von Propagandamaterial und – im Wortlaut Helfferichs – «Bakschisch» (Bestechungsgelder) sowie «Darlehen *ad libitum*». Helfferich war Co-Direktor der Deutschen Bank und neben Huguenin, der Nummer eins, ein nachträglich eingesetzter zweiter Direktor der Anatolischen Eisenbahngesellschaft. Im Gegensatz zum weltgewandten Kosmopoliten Huguenin übernahm Helfferich bereitwillig die Vertretung der geopolitischen Interessen Deutschlands im Zusammenhang mit der Bagdadbahn. Dokumente der Deutschen Bank legen nahe, dass das CUP im späteren Frühjahr 1909 zugunsten seiner Zeitung *Tanin* den Betrag von 100 000 französischen Francs in Empfang nehmen konnte. Dieser Geldtransfer fiel zeitlich zusammen mit Envers Aufenthalt in Berlin als Militärattaché. Enver kam im März 1909 dort an und wurde umgehend zum überzeugten Bewunderer deutscher Macht. In diese gleiche Zeitphase fiel auch der Anfang der Karriere des Journalisten

---

63 Der dänische Orientalist Johannes Østrup behauptete, Talât habe ihm im Herbst 1910 Folgendes gesagt: «Wie Sie sehen, herrscht zwischen uns und dieser Volksgruppe eine Unvereinbarkeit, die auf friedlichem Weg nicht überwunden werden kann; entweder sie werden unsere Autorität untergraben, oder aber wir müssen sie ausrotten. Sollte ich in diesem Land je ans Ruder gelangen, werde ich all meine Macht dazu nutzen, die Armenier zu vernichten.» Johannes Østrup: *Erindringer*, Copenhagen: H. Hirschprungs Forlag, 1937, 118, zitiert in Bjørnlund, When the Cannons Talk, 201.

Abb. 5: Winston Churchill zwischen Talât Bey und Cavid Bey (beide mit einem Fez) während Churchills privatem Aufenthalt in Istanbul im Juli 1910 (Churchill Archives Centre, Broadwater Collection; Wiedergabe mit Bewilligung von Curtis Brown, London, zuhanden der Broadwater Collection).

Ernst Jäckh als einflussreicher Propagandist deutsch-türkischer Freundschaft. Dieses Anliegen vertrat Jäckh selbst dann noch, als sich seine CUP-Freunde 1913 zu diktatorischen Ultranationalisten wandelten. Er trug massgeblich zu jener deutschen Stimmung bei, die von einigen Zeitgenossen nach 1908 als «Türkenfieber» bezeichnet wurde. 1914 wurde er zum Propagandisten des gemeinsamen deutsch-osmanischen Weltkriegs. Nach einer Ferienreise in die Türkei 1908 hatte Jäckh die jungtürkische Revolution in mehreren Zeitungsartikeln als eine Offenbarung von weltweiter Relevanz gepriesen. Er prophezeite einen «aufsteigenden Halbmond»: So lautete 1911 der Titel seines einflussreichen, in mehreren Auflagen erschienenen Buches.[64]

1910 ergriff Deutschland die Gelegenheit, die sich aus Cavids erfolglosem Versuch ergab, in Paris und London ein Darlehen in beträchtlicher Höhe zu erhalten. Er halte es für eminent wichtig, das Darlehen nicht nur unverzüglich vertraglich zu vereinbaren, sondern auch den Eindruck generöser Grossherzigkeit zu hinterlassen, schrieb Helfferich am 6. November 1910 an die Deutsche Bank. Auf diese Weise tat Deutschland noch einmal einen sehr deutlichen Schritt in Richtung Freundschaft mit der Türkei. «Die finanzielle Hilfe kommt von Deutschland», so kommentierte Rambert das Ergebnis von Helfferichs Besuch in Istanbul, «die politische Orientierung

---

64 Helfferich, Deutsche Türkenpolitik, 21–23; Williamson, Karl Helfferich, 89–96; Walter Mogk: «Jäckh, Ernst», in: *Neue Deutsche Biographie* 10 (1974), 264–267, www.deutsche-biographie.de/gnd118711253.html#ndbcontent; das Churchill-Zitat stammt von Dockter, Churchill, 50.

hat sich tief greifend verändert.» Helfferich wurde für ein Jahrzehnt ein leuchtender Stern deutscher «Weltpolitik». Er pflegte einen sehr intensiven Austausch mit Cavid und – über Cavid oder auch direkt – mit Talât. Im Ersten Weltkrieg wurde er Staatssekretär des deutschen Reichsschatzamts und Vizekanzler. In Cavids Tagebuch findet Helfferich noch häufiger Erwähnung als Huguenin, welcher bei Cavids Finanzgesprächen meistens dabei war und diese teilweise moderierte. Es ging dabei vorwiegend um die Bagdadbahn, ein Infrastrukturprojekt quer durch ganz Kleinasien in den Irak und hauptsächlich von der Deutschen Bank finanziert. Rambert stand Huguenin und Cavid nahe. Gelegentlich pflegte er gemeinsam mit ihnen zu dinieren, so beispielsweise am 28. Oktober 1911, als Helfferich und Weitz zusätzlich ebenfalls als Gäste in Ramberts Wohnung in Beyoğlu eingeladen waren. Nur Talât wird in Cavids Tagebuch häufiger erwähnt als Helfferich und Huguenin.[65]

Talâts Krise hatte auch eine ganz persönliche Seite. Im Sommer 1909 hatte er Hayriye, eine albanische junge Frau aus dem osmanischen Yanya, geheiratet, die meistens Griechisch sprach (seit 1913 gehört Yanya zu Griechenland). Wie Talât gehörte auch Hayriye und ihre Familie nicht zu den gehobenen Kreisen. Talât musste sich damit abfinden, dass er zeugungsunfähig war, nachdem medizinische Untersuchungen, die um 1911 mit höchster Diskretion durchgeführt wurden, diesen Befund erbracht hatten. Damit umzugehen, war nicht leicht. Als eine Folge davon begann er zu behaupten, dass «die Ehe und die gefühlsmässige Bindung an ein privates Heim der Erfüllung jener Pflichten im Wege stehen, die das Ideal eigentlich erfordert. Wenn ein Komitadschi aber dennoch heiratet, sollte er keine Kinder haben.» Im Stil eines Aktivisten, der sich vorbehaltlos seinem Ideal und seinen Pflichten hingibt, bestand er darauf, dass «ein Komitadschi niemals an irgendjemanden denken sollte, der ihm nahesteht. Denn wenn er sich Sorgen um jemanden macht, wird er nur zögerlich voranschreiten.» Solche Aussagen standen in perfekter Übereinstimmung mit Ziya Gökalps Vorstellung von blinder Unterordnung unter die Erfordernisse von Pflicht und Ideal. Nach Einschätzung des gleichaltrigen Ali Münif vermittelte Talât den Eindruck, als würde er für Kinder keine Liebe empfinden, doch gleichzeitig schien es, als beneide er jene, die Kinder hatten.[66] Eine schmerzhafte Anspielung auf Talâts Kinderlosigkeit machte Envers Mutter, als sie ihn Mitte Juli 1914 bekniete, auf die Nomination ihres Schwiegersohns Cevdet für das Amt des Gouverneurs der Ostprovinz Bitlis doch zu verzichten, weil sie ihre Tochter nicht so weit von sich entfernt wissen wollte: «Hättest du doch nur selber auch ein Kind, dann könntest du verstehen, wie sehr mein Herz brennt.»[67]

Sollte in Kleinasien der Verfassungsstaat tatsächlich eingeführt werden, dann wäre die Revolution von 1908 nicht umsonst gewesen, selbst dann nicht, wenn andere Gebiete verloren gingen. Wenn das CUP über eine politische Substanz mit Verankerung in universalen Grundrechten verfügte und also mehr war als nur eine effiziente konspira-

---

65 Rambert, Tagebuch, Bd. 38, 6. November 1910; Cavid, Tagebuch, Bd. 1, 185; Williamson, Karl Helfferich, 93.
66 Ali Münif Bey'in hâtıraları, 81 f., 92.
67 Ayşe, Mutter von Enver, an Talât, 12. Juli 1914, BOA, DH. KMS. 63–66.

tive Organisation, dann würde es alle seine Mittel dafür einsetzen, die Gleichstellung vor dem Gesetz und den Rechtsstaat zu realisieren. An vorderster Stelle würde es die Massenverbrechen der hamidischen Ära aufklären, Täter bestrafen und Unrecht, soweit möglich, wiedergutmachen. Talât anerkannte, dass die Forderungen der Armenier gerechtfertigt waren und dass das während der hamidischen Periode gestohlene Land zurückgegeben werden musste. Aber die Landfrage konnte nur dann wirklich gelöst werden, wenn sich die Regierung mit voller Entschiedenheit dieser Sache annehmen und nicht vor der Konfrontation mit muslimischen Landbesitzern zurückschrecken würde.

Aber dazu kam es nicht. CUP-Mitglied Celâl, von 1909 bis 1911 Gouverneur der Provinz Erzurum, verfasste im Rückblick einen Bericht über die entscheidende Zeitspanne für Erzurum. Er wusste, dass sich die dort lebenden Armenier besonders loyal zur Verfassung stellten und dass sie ebenso wie andere, vergleichsweise schwächere Minoritäten innerhalb der osmanischen Gesellschaft dringend ein zuverlässiges Rechtswesen brauchten, um sich gegen rücksichtslose Lokal- und Regionalherren Recht zu verschaffen. Dennoch kam es nicht zu einer konsequenten Zusammenarbeit mit armenischen Organisationen, obwohl zu diesem Zweck genau das erforderlich gewesen wäre. Talât fehlte die zu solcher Kooperation nötige Kühnheit und Weitsicht, zumal ihn die stärksten Kräfte im Zentralkomitee dabei nicht unterstützt hätten. Zu Beginn des Jahres 1912 war er nicht einmal bereit, eine ordentliche Geldsumme freizugeben, mit der das Landproblem zugunsten mehrheitlich christlicher Kleinbauern hätte entschärft werden können.[68]

Als erster Innenminister, der aus dem CUP stammte, wäre Talât dafür hauptverantwortlich gewesen, die Verwaltung zu verbessern und eine Lösung der Landfrage zu erarbeiten. Nach Celâls Beurteilung scheiterte Talât zusammen mit dem gesamten Kabinett an dieser Herausforderung. Anstatt sich auf die Schaffung elementarer Rechtsstaatlichkeit und eine fair funktionierende moderne Verwaltung in den kritischen Regionen zu konzentrieren, wählten die CUP-Führer den Weg des geringsten Widerstands und taten sich mit dubiosen Regionalherren zusammen, die in keiner Weise der Verfassung verpflichtet waren. Das klare Evangelium der Verfassung mit seinen Versprechungen von Fairness und Gerechtigkeit sprach viele einfache Leute in den Provinzen an, nicht nur die Minderheiten der Christen und Aleviten. Eine andere Haltung vertraten demgegenüber jene Gruppen, deren Führer auf Raub und Ausbeutung gesetzt hatten, namentlich den ergiebigen Landraub der 1890er-Jahre. Diese Lokalherren machten sich ihre Leute mit religiöser Rhetorik und der Beteiligung am Raub gefügig. Abdulhamids Ära hatte einen überregionalen Islamismus gefördert, der moderne Minderheitenrechte als Einmischung abtat und offen xenophobe Positionen vertrat. Im Gegensatz zu den Versprechen der jungtürkischen Revolution tat sich das CUP in den Ostprovinzen mit reaktionären Kräften zusammen, nachdem es vor einer

---

68 Emmanuilidis, Osmanlı İmparatorluğu'nun son yılları, 143. Celâl war 1908 Direktor der Schule für Öffentliche Verwaltung (Mülkiye) in Istanbul und von Dezember 1911 bis Juli 1912 Innenminister. Celâl Bey: «Ermeni Vakayi'i, Esbab ve Tesiratı», in: *Vakit*, 10., 12., 13. Dezember 1918, Transkription in *Agos*, 30. Juli 2010; vgl. Hans-Lukas Kieser: «Réformes ottomanes et cohabitation entre chrétiens et Kurdes (1839–1915)», in: *Ruralité, urbanité et violence au Kurdistan* (Études rurales 186), 2010, 53; Kaligian, Armenian Organization, 82–84.

rechtzeitigen Konfrontation mit ihnen zurückgeschreckt war. Zudem betrieb es einen ausgeprägten Nepotismus. Der deutsche Botschafter Marschall von Bieberstein beklagte sich: «Leistungsfähigkeit, Kompetenz und Erfahrung spielen nun keine Rolle mehr, nur noch die Gunst des Komitees.»[69] Auf ideologischer Ebene liess sich das CUP auf eine propagandistische Mischung von Islamismus und osmanischen Mythen in der Tradition von Şakirs Pamphletismus ein, anstatt sich auf Verfassungspatriotismus und die praktische Umsetzung der Verfassung zu konzentrieren. Nach anfänglichem Zögern schloss Talât sich in seiner Krise diesem Verrat an der Revolution an.

Trotz bedrohlicher Entwicklungen in den Provinzen zelebrierten in der Hauptstadt Armenier, wohlgesinnte CUP-Führer und andere weiterhin Harmonie und Zusammenarbeit, so beispielsweise anlässlich eines prächtigen armenischen Wohltätigkeitsballs im Pera Palast Hotel. In Anwesenheit des Grosswesirs und mehrerer Minister tat Cavid bei diesem Ball vom 3. März 1910 sein Bestes, um die Anwesenden zu grosszügigen Spenden zu ermuntern. Die Massaker von Adana lagen da noch nicht einmal ganz ein Jahr zurück. Noch in der gleichen Woche veröffentlichte Adom (alias Harutyun Shahrigian), ein führender Intellektueller der ARF in Istanbul, ein zutiefst ernüchterndes Buch über die Idee der osmanische Nation. Für Adom bedeutete Osmanismus «das Kollektiv und die Union der individuellen Bürger». Dabei sollten Untereinheiten oder Elemente der Nation nicht durch Assimilation vereinheitlicht oder gar in ihren Eigenheiten aufgelöst werden, wie es das CUP offensichtlich schon zu tun versuchte. Er kam zum Schluss, dass die auf einem Verfassungspatriotismus basierende armenische Vision einer osmanischen Nation «grossartiger, vollendeter und perfekter ausfalle als jene Nation, welche engstirnige, chauvinistische türkische Intellektuelle konzipierten und ersehnten».[70] In der Parlamentssession vom Dezember des gleichen Jahres stellte der sozialistische Abgeordnete von Erzurum, Vartkes Serengülian, eine – gemäss Rambert – «sehr gut ausgearbeitete und gehaltvolle» Zusammenfassung der inneren Situation der osmanischen Türkei vor – allerdings mit nur wenigen Anhaltspunkten, die hätten hoffnungsvoll stimmen können. Aber weil taugliche Alternativen fehlten, unterstützte selbst Vartkes Serengülian das Programm des Kabinetts.[71]

Eine Parlamentsdebatte, die am 1. März 1911 begann und bis zum 16. Mai fortgesetzt wurde, widerspiegelte anschaulich die Möglichkeiten und Grenzen einer innerosmanischen Grundsatzdebatte über Weltgeschichte, Monotheismus und drängendste Probleme der spätosmanischen Gesellschaft wie zum Beispiel Zionismus. Talât wies die vorgetragenen Anschuldigungen bezüglich einer geheimen Absprache zwischen dem CUP und den Zionisten über Immigrationsfragen und das deutsche Darlehen entschieden zurück. Er erörterte die Sache nur kurz im Sinne einer Verteidigungsrede, ohne auf das Thema Zionismus einzugehen. Grosswesir Hakkı Pascha argumentierte ebenfalls aus der Defensive, ohne sich in der Thematik wirklich gut auszukennen. Die jüdischen Abgeordneten wiederum gingen in ihren Statements den wesentlichen Fragen aus dem Weg, vermutlich weil sie unliebsame Konfrontationen befürchteten. Die

---

69 Marschall an Reichskanzler Bethmann Hollweg, Januar 1910, PA-AA, R 13796-3.
70 Zitiert in Der Matossian, Shattered Dreams, 177 f.
71 Rambert, Tagebuch, Bd. 36, 4. März 1910; Bd. 38, 4. Dezember 1910.

Abb. 6: Halil, enger Freund aus den Reihen des CUP und Talâts Nachfolger als Innenminister im Frühjahr 1911 (aus der osmanischen Satirezeitschrift *Cem*, 18. Februar 1911, 9).

ganze Diskussion hatte etwas Erdrückendes. Emmanuel Karasu (Carasso) und Nissim Mazliah stritten jegliche Verbindung mit den Zionisten ab, spielten die Bedeutung des Zionismus insgesamt herunter und argumentierten schlau, dass sich die Muslime vor den biblischen Prophezeiungen zur Wiederherstellung des Staates Israel nicht zu fürchten brauchten, da ja der Koran an die Stelle der Thora getreten sei. «Wenn der Zionismus wirklich staatsgefährdend ist, so stelle ich mich vorbehaltlos auf die Seite des Staats. […] Lasst uns [wenn nötig] die Thora für den Staat verbrennen», deklamierte Mazliah am 16. Mai, ohne weiter auf das Thema einzugehen. Die Kritiker des Zionismus kamen aus ganz unterschiedlichen Richtungen. Ruhi al-Khalidi, der Abgeordnete aus Palästina, war der Gelehrteste unter ihnen. Andere vermischten imperial voreingenommene antijüdische Ansichten mit ernsthaften Argumenten. Dabei ging es um das Streben nach Autonomie und den heimlichen Aufbau eines eigenen jüdischen Staates, den Landkauf durch Juden und das Ausnützen osmanischer Korrumpierbarkeit sowie um weitreichende lokale Selbstbestimmung, wie jüdische Siedler sie bereits praktizierten.[72]

Anfang März 1911 trat Talât ohne offensichtlichen und zwingenden Grund von seinem Ministerposten zurück. Kritik der Opposition und seine eigene Krise bewogen

---

72 Sitzung vom 1. März 1911, MMZC, Session 1, Bd. 3, 331–337; Sitzung vom 16. Mai 1911, Bd. 3, 553–574; «Die türkische Märzdebatte», in: *Die Welt. Zentralorgan der zionistischen Bewegung*, Wochenzeitschrift, Köln, 10. März 1911, 211–214; vgl. Mandel, Turks, 240–246; Kayali, Arabs and Young Turks, 103–105; Louis Fishman: «Understanding the 1911 Ottoman Parliament Debate on Zionism in Light of the Emergence of a ‹Jewish Question›», in: Ben-Bassat/Ginio, Late Ottoman Palestine, 111–119.

ihn dazu. Cavid stellte in diesem Zusammenhang die Frage: «Übertreibt er nicht ein wenig, wenn er sagt, dass er [auf seinem Ministerposten] nicht mehr länger Widerstand leisten könne?»[73] Halil (Menteşe) trat an Talâts Stelle, später folgte Celâl. Halil und Talât waren im gleichen Alter, sie hatten sich zum ersten Mal getroffen, als das Parlament Ende 1908 seine Arbeit aufnahm. Seither gab es eine fortdauernde enge Zusammenarbeit zwischen ihnen. Wenige Tage nach Talâts Rücktritt ordnete das Komitee auch den Rücktritt der CUP-Minister Emrullah Efendi und Bedros Halajian an. Cavid kritisierte diesen Entscheid, Halajian «zu opfern», mit scharfen Worten. Auch er hätte seiner Meinung nach die Gelegenheit erhalten sollen, seinen Rücktritt selber anzukündigen, wie man es Talât ermöglicht hatte. Diesen Armenier in einem kritischen Moment abzusetzen, war, so Cavid, «gleichbedeutend mit einer schmerzlichen Verletzung der ganzen [armenischen] Gemeinschaft, die uns gegenüber eine der loyalsten ist». Wie so oft vertraute Cavid seine Stimmungslage dem Tagebuch an, aber es fehlte ihm der Mut und die Standhaftigkeit, seine CUP-Freunde bei diesen und ähnlichen Themen offen zu konfrontieren.[74]

Am 16. Mai 1911, vier Jahre bevor Talât ihn zusammen mit Zohrab in den Tod schickte, griff der armenische Abgeordnete Ohannes Vartkes Serengülian in der Schlussphase der ganzen Debatte aktiv in die parlamentarische Diskussion über den Zionismus ein. Talât hörte sich seine ernste und eindringliche Rede an und unterbrach sie nur ein einziges Mal. Politische Freunde berichteten, dass Talât Vartkes' beispielhafte Einstellung eines prinzipientreuen Sozialisten und Revolutionärs bewundert und beneidet habe.[75] Vartkes begann seine Rede mit der rhetorischen Frage, ob der Grund für die Diskriminierung der Juden in verschiedenen Ländern möglicherweise darin zu suchen sei, dass man bei den Juden die Absicht vermute, überall auf der Welt ein separatistisches Königreich zu errichten. «Ich sage das, weil ich ein Kind der armenischen Nation bin. Ich befürchte, dass das, was uns [Armeniern] zugestossen ist, am Ende auch die Juden treffen wird. [...] Vor dreissig Jahren haben armenische Vertreter auf den Raub von Ländereien aufmerksam gemacht, aber man hat sie nie ernst genommen.» Die Tatsache, dass Plünderungen sowie Entführungen von Frauen und Mädchen straffrei blieben, zeige, wie sehr nicht das Recht, sondern Gewalt das Leben der Gesellschaft bestimmten.

Erst dieses grosse Unrecht – so führte Vartkes weiter aus – habe die revolutionären Aktionen der Armenier überhaupt ausgelöst, was übelwollende Kreise dann als armenischen Versuch missinterpretierten, ein armenisches Königreich aufzubauen. Dies wiederum habe zu den Eruptionen von antiarmenischem Hass geführt. Die Armenier seien noch vor den Juden und vor jeder anderen Volksgruppe pauschal als Verräter stigmatisiert worden. Wohlwissend, dass er hier ein sensibles, noch gar nicht aufgearbeitetes Tabu berührte, erwähnte Vartkes die Massaker der 1890er-Jahre nicht explizit. Er erzählte schlicht davon, wie damals sein eigener Vater von einem Fanati-

---

73 Cavid, Tagebuch, Bd. 1, 62, 7. Februar 1911.
74 Rambert, Tagebuch, Bd. 38, 1. März 1911; Menteşe, Anıları, 250. Zur Einschätzung von Cavid vgl. Emmanuilidis, Osmanlı İmparatorluğu'nun son yılları, 283.
75 Vgl. Bayar, Ben de yazdım, Bd. 2, 91, 141; Emmanuilidis, Osmanlı İmparatorluğu'nun son yılları, 143.

ker enthauptet wurde. In seiner tiefernsten Rede verknüpfte er die Zukunft der Juden mit jener der Armenier. Beide Volksgruppen waren seit vormoderner Zeit geschützte, aber gesellschaftlich untergeordnete Minoritäten (*zimmi*). Sie lebten gegenwärtig in Reichen, die sich modernisierten (wie Russland, Österreich-Ungarn und das Osmanische Reich). Aber egalitäre Modernisierung, so Vartkes, bringe eine noch stärkere Bedrohung durch Pogrome mit sich. So überstieg die unter Abdulhamid ausgeübte antiarmenische Gewalt in ihrem Ausmass bei weitem selbst die schlimmsten antijüdischen Pogrome in Russland. Vartkes kritisierte die Art und Weise, wie jetzt über den Zionismus gesprochen wurde. Denn er sah in der darin anklingenden Minderheitenfeindlichkeit die Gefahr, dass Mobgewalt heraufbeschworen werde. Nach seinem Dafürhalten sollte das Thema der Regierung überlassen werden und nicht einer auf zweifelhafte Weise geführten öffentlichen Diskussion. Der armenisch-osmanische Abgeordnete hoffte trotz allem noch immer auf ein verantwortliches Handeln der Regierung.

Vartkes beharrte auf dem Standpunkt, dass die innergesellschaftliche Gewalt ein grosses Unheil sei. Sollten die Spannungen innerhalb der osmanischen Gesellschaft weiter zunehmen, würde die armenische Gemeinschaft einmal mehr die erste Zielscheibe solcher Gewalt werden: «Wenn es in Palästina oder an irgendeinem anderen Ort [im Osmanischen Reich] zu Turbulenzen kommt, so wird man zuerst wieder Armeniern den Kopf abschneiden.» Er appellierte an die Ratsversammlung und an die Regierung, endlich die Realität der Gewaltvorkommnisse ernst zu nehmen, statt einzig darauf zu achten, aus macht- und wahltaktischen Gründen den Mehrheiten in den Provinzen entgegenzukommen. Es sei nicht Nationalismus, sondern seine Liebe zur Menschheit, die ihn nötige, das Problem so deutlich auf den Punkt zu bringen. «Die Türken sind nicht brutal», warf ein Abgeordneter ein. «Noch immer willst du die Türken wegen lauter alter Dinge anklagen.» Vartkes gab zur Antwort, dass man Mord als Mord benennen müsse. Feyzi Pirinççizâde, Abgeordneter aus Diyarbekir und gleichzeitig berüchtigter Anstifter zu Pogromen, stellte rundweg infrage, ob es antiarmenische Gewalt überhaupt gegeben habe. Selbst Halil, der aktuelle Innenminister und Talâts Parteifreund, stimmte in diese Zweifel ein. Dabei hatte Vartkes Hoffnungen in ihn gesetzt, indem er ihn als Zeugen für seine Sicht der Dinge hatte aufrufen wollen. Halil wich auf der ganzen Linie aus und ging sogar so weit, offensichtliche Tatsachen zu leugnen: «Wenn ein- oder zweimal ein Verbrechen stattfand, so hat die Regierung die Täter verfolgt und verhaftet.» Asım aus Mamuretülaziz warnte: «Beschuldigen Sie nicht das Volk.» Und auch Talât stimmte in diesen Chor von Verharmlosungen ein, die den armenischen Abgeordneten blossstellen sollten: «Wenn es irgendetwas gibt, das die Regierung versäumt hat, dann sagen Sie es.» Daraufhin sprach Vartkes das Thema Landraub an. Asım antwortete: «Das muss gelöst werden; darin sind wir uns einig.» Vartkes entgegnete: «Wenn wir diesen Tag erleben werden, so wirst du dann nicht glücklich, sondern verarmt sein.»[76] Denn Asım war 1895 einer der grossen Profiteure der Armeniermassaker von 1895 gewesen. So hätte er im Falle einer Restitution viel privaten Landbesitz zu verlieren gehabt.

---

76 MMZC, Session 1, Bd. 3, 559–562.

Bei Talâts Krise spielte eine erhebliche Rolle, dass er die hohen und widersprüchlichen Erwartungen, die in ihn gesetzt wurden, nicht zu erfüllen vermochte. Von armenischer Seite waren es die Forderung nach einem echten Verfassungsstaat sowie die bemerkenswerte Annahme des armenischen CUP-Alliierten ARF, Talât selber teile deren linkspolitische Gesellschaftsideale in stärkerem Ausmass als die meisten anderen Mitglieder im Zentralkomitee. Die ARF-Vertreter hatten den Eindruck, dass auch Ahmed Cemal und Hasan Tahsin diese Ausrichtung teilten. Hingegen betrachteten sie Şakir, Rahmi und Ahmed Rıza als den rechten Flügel des CUP. Gegen Ende des Jahres 1909 schätzte die ARF Talâts Amtsführung als Minister so ein, dass er «meistens auf der Seite der Linken» politisiere. In diesem Zusammenhang diskutierte sie auch die Einführung eines kantonalen Föderalismus nach dem Modell der Schweiz.[77]

Seit 1910 existierte das Gremium eines gemischten ARF-CUP-Rats. Dieser hatte vor allem die Aufgabe, einen Beitrag zur Verbesserung der Beziehungen zwischen den beiden Organisationen zu leisten. Im Frühjahr 1911 wurde in einer Versammlung dieses ARF-CUP-Rats beschlossen, die Landfrage auf rein administrativem Weg statt auf dem Weg gerichtlicher Auseinandersetzungen einer Lösung zuzuführen. Ein solches Vorgehen war seit Sommer 1909 Thema. Zudem sollten armenische Dorfwächter organisiert werden, deren Bewaffnung die Aufgabe der Regierung sein sollte. Aus dem Kreis der CUP-Führung waren zumindest Cavid und Ömer Naci bereit, die Realitäten in den Ostprovinzen unter gesellschaftspolitischem Blickwinkel zu betrachten. Das hiess, die tiefe Spaltung zwischen Grossgrundbesitzern einerseits und Landarbeitern, vor allem Armeniern und Kurden, andererseits zur Kenntnis zu nehmen, statt stets nur die ethnoreligiösen Spannungen herauszustreichen.[78]

Bereits im Sommer 1911 ist festzustellen, dass über bisherige Spannungen hinaus die Hoffnung und Zuversicht auf gemeinsame linke Horizonte wie auch das gegenseitige Vertrauen insgesamt abhanden gekommen waren. Eine unüberbrückbare Kluft begann sich zwischen ARF und CUP zu öffnen. Das Komitee gab sich alle Mühe, Talât, «die Verkörperung des CUP und Ansprechperson für alle, die Beschwerden gegen die Organisation vorzubringen hatten», als «einen guten Muslim» darzustellen, der «nicht den Freimaurern angehört» und der nichts mit «Atheismus» zu tun hatte.[79] Und so fielen die ohnehin fragilen linken Ideale in der spätosmanischen politischen Arena endgültig in sich zusammen – drei Jahre vor dem Ersten Weltkrieg, in welchem in Europa die internationalistische Linke in jedem Land kapitulierte, indem sie mit den Nationalisten einen Burgfrieden einging. Der Gesinnungswandel aus eigennützigen Motiven, den Alexander Helphand Parvus mit dem Wechsel seiner politischen Heimat von den kleinen, aber authentischen osmanischen Sozialistenzirkeln zum CUP und zu türkistischen Organisationen vollzog, ist ein beispielhafter Hinweis darauf, dass sich der internationale Sozialismus auf eine Sackgasse zubewegte. (Der russisch-deutsche Sozialist Parvus wirkte von 1910 bis 1915 in Istanbul.)[80] Die Angst

---

77 Minutes of the Fifth General Assembly, session 37, 2. September 1909, in: Materials for the History of the ARF, Bd. 6, 78; session 50, 11. September 1909, ebd., 110.(auf Armenisch).
78 Zweites Abkommen von Saloniki, 26. März 1911, und Brief des Okzidentalen Büros ans Orientale Büro vom 15. April 1911, in: Materials for the History of the ARF, Bd. 8, 154, 160.
79 Lowther an Grey, 16. Mai 1911, FO 371/1244 (General Correspondence), 14934.
80 Siehe Kapitel 26.

vor der politischen Macht des Islams und gleichzeitig die Bereitschaft zu dessen Instrumentalisierung gewannen im CUP als strategische Ausrichtung die Oberhand. Das CUP favorisierte fortan die nationalistische Allianz mit den Muslimen, wobei es säkulare Ideale gesellschaftlicher Erneuerung bereitwillig zugunsten der türkisch-muslimischen Neuausrichtung fallen liess. Während der Generalversammlung der ARF im August 1911 stellte ein desillusionierter Adom fest, dass «Talât als Linker» diese Entwicklung habe kommen sehen und dann stets auf die Armenier gezeigt habe, wenn es in den Provinzen Schwierigkeiten gab, statt sich einer Selbstkritik und Gewissensprüfung zu unterziehen. Und so wiederhole er jetzt nur noch das, was man den tendenziösen Berichten der Provinzgouverneure entnehmen könne.[81]

17 Ein neuer Freund: Ziya Gökalp, Prophet des messianischen Türkismus

Verfassungspatriotismus entsprang der Tanzimat genannten Reformperiode im 19. Jahrhundert. Er war auch bei Teilen der jungtürkischen Bewegung verwurzelt, beispielsweise bei Cavid. Noch stärker verankert war er bei den Armeniern, welche existenziell auf einen Verfassungsstaat angewiesen waren. Deutlich weniger von diesem Gedankengut findet man hingegen in den Gesellschaftsideen von Talât, Nâzım, Şakir und auch Mehmed Ziya Gökalp (1876–1924), der sich 1909 in Saloniki niederliess. Hierher war er im September 1909 von seiner Heimatstadt Diyarbekir gekommen, um als Delegierter der CUP-Zweigstelle von Diyarbekir bei der Durchführung des grossen CUP-Kongresses mitzuhelfen. So ergab sich eine nahe Bekanntschaft Gökalps mit dem Kreis der Gruppe von Saloniki, und 1910 wurde er bereits Mitglied des Zentralkomitees.[82] Hier fand er geistesverwandte Freunde und Bewunderer. Gemeinsam mit diesen gründete er literarische und philosophische Zeitschriften. Schliesslich wurde er, nunmehr in der Hauptstadt Istanbul, zum Spiritus Rector einer neuen Denkschule oder Sekte (*tarikat*) des modernen Türkismus, wie Muhittin Birgen, einer seiner Anhänger, es nannte.[83]

Ziya sollte nun zu jenem «grossen Geist» und Propheten werden, der, so Birgen, dem CUP nach Jahren des ideologischen Vakuums «eine klar bestimmte gesellschaftliche und politische Doktrin» vermittelte.[84] Gökalp sah sich selber als die Person, die eine ganze Generation von jungen Menschen auf ihrer Suche nach ideologischer Orientierung inspirierte, indem er das heilbringende Ideal von Turan entdeckte und etablierte. Er war der Überzeugung, das neue Ideal habe junge türkische Muslime aus der politischen und mentalen Sackgasse gerettet, in welche sie die lähmende Polarisierung zwischen Osmanismus und Islamismus seit 1908 geführt habe.[85] Talât wurde

---

81 Minutes of the Sixth General Assembly, session 19, 29. August 1911, in: Materials for the History of the ARF, Bd. 8, 60.
82 Gökalp, Türkçülüğün esasları, 28.
83 Birgen, İttihat ve Terakki'de on sene, 363 f.
84 Ebd.
85 Gökalp, Türkçülüğün esasları, 28 f.

nun zwar nicht zum Jünger Gökalps, aber als die treibende Figur innerhalb der Partei pflückte er von diesem neuen Baum der Weisheit die ihm nützlichen frischen Triebe. Mit Gökalp diskutierte er oft und lange. Er respektierte ihn als gleichsam ein Genie. Damit wurde Gökalp für Talât zu einer Art Prophet und überlegenem Geist. Ein zeitgenössischer türkischer Historiker formuliert es so: «Talât Pascha und Enver Pascha bewunderten Ziya Gökalp über alles, als sei er ein Heiliger [*walī*]. Jedes Wort von seinen Lippen erachteten sie als wunderbare Weisheit. Seine wissenschaftlichen Ansichten machten ihn im Zentralkomitee bei jedem Thema zum Meinungsführer.» In der Erinnerung von Gökalps Tochter war ihr Vater «Talât Paschas engster Freund. Der Pascha besuchte uns häufig zusammen mit seinen Freunden, und sie führten Gespräche bis spät in der Nacht. Ich war damals ein Kind. Von Zeit zu Zeit betrat ich den Salon, und stets stand mein Vater aufrecht da. Er redete und redete die ganze Zeit.»[86]

In seinem neuen Zuhause in Saloniki bekehrte sich Ziya von seinem kurzlebigen Osmanismus im Geist von 1908, der Sympathien für den amerikanischen Föderalismus hegte, zu Türkismus, heroischem Pantürkismus und staatlichem Zentralismus. Dieses Konglomerat ging bei ihm einher mit seinem Glauben an die Überlegenheit des Islams und das Erwachen einer neuen kulturellen und politischen Weltmacht mit Namen Türkentum. Zusammen mit dem Zentralkomitee zog er 1912 nach Istanbul um. Gökalp sollte Talât, das CUP, die türkistische Bewegung sowie den türkischen Nationalismus auch der späteren Republik Türkei entscheidend prägen. Sein Einfluss ist bis heute im türkischen Islamismus führender Repräsentanten der Regierungspartei AKP (Partei für Gerechtigkeit und Entwicklung) herausragend und geht somit weit über den Pamphletismus von Şakir und Nâzım hinaus. Dabei vertraten diese drei in mancher Hinsicht analoge Positionen jenseits eines nüchternen Verfassungspatriotismus. Gökalp spielte nicht nur für die intellektuelle und ideologische Entwicklung Talâts und seiner Mitstreiter ab 1910 eine wichtige Rolle, sondern auch für die Haltung des Zentralkomitees gegenüber den Ostprovinzen mit ihren heiklen Themen wie Reformen und armenische Frage. Genau diese Themen entwickelten sich ab 1913, seit Talât als unbestrittener CUP-Führer in Erscheinung trat, zu Brennpunkten der CUP-Politik. Um diesen Strang von mit den Ostprovinzen verknüpften Themen und Ereignissen besser zu verstehen, hilft ein Blick zurück ins Diyarbekir der 1890er-Jahre.

Das neue staatliche Gymnasium in Diyarbekir, das Ziya Mitte der 1890er-Jahre besuchte, war eine Brutstätte antiautoritärer und antihamidischer Jugendrebellion, die sich gegen Despotismus, Prügelstrafen und eine geisttötende religiöse Erziehung wandte. Die Rhetorik der jugendlichen Rebellen betonte insbesondere Werte wie Patriotismus, Revolution, Wissenschaftlichkeit und Opferbereitschaft für die Nation. Ziya stand unter dem Einfluss von Dr. Abdullah Cevdet, einem Mitbegründer des CUP, der im Herbst 1894 für eine befristete Zeit nach Diyarbekir versetzt worden war. Dort baute er so etwas wie einen ersten CUP-Zirkel auf.[87] Der junge Arzt freundete sich mit dem sieben Jahre jüngeren Gymnasiasten an, der offensichtlich auf der Suche nach Orientierung und neuen Horizonten war. Ziya war in ein traditionell religiöses Umfeld hineingeboren worden, und in diesem Milieu wuchs er auch auf. Gleichzeitig wuchs

---

86 Zitiert in Şapolyo, Ziya Gökalp, 135, 169.
87 Hanioğlu, Young Turks, 120.

sein Interesse für die Wissenschaft und den Fortschritt aus dem Westen, wie sie vor allem an den Missions- und armenischen Schulen gelehrt und in den christlichen Spitälern jener Region praktiziert wurden. Eine andere wichtige Inspirationsquelle war für Ziya ein Mittelstufenlehrer mit griechisch-orthodoxem (Rûm) Hintergrund, aber dennoch mit atheistischen Überzeugungen. Dieser führte ihn in ein materialistisches Weltverständnis ein. Der Zusammenbruch seiner herkömmlichen Weltanschauung führte bei Ziya zu grosser Niedergeschlagenheit und innerer Desorientierung, sodass er sich am 3. Januar 1895 in den Kopf schoss. Aber er überlebte diesen Suizidversuch.[88]

In einer Retrospektive des Jahres 1922 erklärte Ziya, dass ihn als Heranwachsender während seiner depressiven Phasen die intensive Suche nach der höchsten Wahrheit (*hakikat-i kübra*) umgetrieben habe und dass diese Wahrheitssuche von Fragen rund um die Themen Freiheit, Wahrheit, Humanität begleitet gewesen sei. Auch der Einfluss wissenschaftlicher Naturgesetze auf das Leben der Menschen und auf die Gesellschaft hätten ihn sehr beschäftigt. Er führte weiter aus, dass sich ihm die höchste Wahrheit im Ideal (*mefkûre*) der Nation und der Freiheit offenbart habe. Dadurch habe er innere Heilung erfahren.[89] In einem epischen Gedicht, geschrieben zu Beginn des Jahres 1913, mit dem Titel «Kızılelma» kehrte Gökalp zum Thema seines Suizidversuchs zurück, indem er sein früheres persönliches Elend als Metapher für das Elend des gesamten Türkentums (Türklük) nutzte. Den Kızılelma (rotgoldener Apfel), ein altes türkisches Symbol für ein verlockendes, zu eroberndes Ziel jenseits bestehender Grenzen, deutete er um in ein Heilmittel, welches das Türkentum aus all seinen existenziellen Nöten befreien würde. Kızılelma hatte in diesem Gedicht vorerst die Bedeutung eines Siegeszuges zur Aneignung von Kultur und Bildung. Das Symbol stand für die Erlangung einer neuen, modernen türkischen Identität, die aus westlichen und aus vormodernen türkischen Quellen schöpfte. Dass Kızılelma aber auch, wie in vormoderner Zeit, mit imperialer Welteroberung im Zusammenhang stand, machte 1914 der militärische Feldzug Richtung «Turan» deutlich, der ebenfalls im Zeichen des Kızılelma stand.

Ziya Gökalp stellte Kızılelma als aus dem Türkentum hervorgebrachten Messias (*mehdi*) dar, der den türkischen Neuaufbruch Richtung «Turan» leite. Turan pries er pathetisch als freies, «gewaltiges und ewiges» Vaterland. Der Begriff Turan implizierte bereits eine neoimperiale Expansion des Reichs und verlieh damit dem politischen Denken von Gökalp eine hoch problematische Ambivalenz. Gökalp glaubte, dass es die Aufgabe und das grosse Ideal (*mefkûre*) seiner Generation sei, Turan zu entdecken und aufzubauen. Im Vergleich dazu war der Aufbau des «Heims der Türken» (Türk Yurdu) in Kleinasien eine zwar zentrale, aber bescheidene Voraussetzung für die Zukunft des Türkentums. In seinen Reden und Schriften verwendete Gökalp in den frühen 1910er-Jahren diverse Begrifflichkeiten magischen oder messianischen Charakters. «Turan» war jener Begriff, der die stärkste Suggestivkraft entfaltete. Von ihm leitet sich die Ideologiebezeichnung Turanismus ab, die als Synonym für Pantürkismus gilt. Im Gedicht «Kızılelma» von 1913 tauchte auch die zentrale Meta-

---

88 Somel, Melekler, vatanperverler ve ajan provokatörler; Hamit Bozarslan: «M. Ziya Gökalp», in: *Modern Türkiye'de siyasi düşünce. Tanzimat ve Meşrutiyet'in birikimi*, 315–319.
89 «Felsefi vasiyetler (2): Hocamın vasiyeti», in: *Küçük Mecmua* 1, 18, 15. Oktober 1922, 4.

pher von den Gärtnern und ihrem Garten auf. Sie verband Gökalps Turanismus mit Bevölkerungspolitik: Die Aufgabe der Führer Turans sollte es sein, die Gesellschaft zurechtzustutzen, sie von ihren unguten Elementen zu reinigen und neue Elemente einzupfropfen. «Das Volk ist der Garten, wir sind die Gärtner», so lautete die entsprechende Zeile. Im Zentralkomitee hätte diese Aussage aus Talâts Mund stammen können – im Hinblick auf die gewaltsame Bevölkerungspolitik, die er ab 1913 als Innenminister konzipierte und umsetzte.[90]

Wenn wir Ziya Gökalp als erwachsene Person verstehen wollen, kommen wir nicht darum herum, jenes prägende Milieu in Diyarbekir genauer zu betrachten, in dem er sich als Teenager bewegte. Antiarmenische Revolutionsbereitschaft vom politisch rechten Flügel ging mit weitverbreitetem Sozialneid und Strassengewalt einher. Dem seit der Tanzimat neu gewonnenen Selbstvertrauen der Armenier und frischen sozialrevolutionären Strömungen unter der armenischen Jugend stellte sich in Diyarbekir ein antichristlicher spätosmanischer Islamismus entgegen. Die von Europa gestützten Forderungen nach Reformen, wie sie im Berliner Vertrag festgehalten waren, waren Gökalp ebenso verhasst wie die zusätzlichen Handlungsspielräume, die sich die osmanischen Christen dank egalitärer Massnahmen in der Tanzimat und ihrer transnationalen Dynamik errungen hatten. Der französische Vizekonsul Gustave Meyrier in Diyarbekir beschrieb die Situation 1896 ohne Umschweife so: «Die Jungtürken hatten die alten Türken davon überzeugt, bei der Erledigung der Christen mitzuhelfen und konsequenterweise auch bei der Kaltstellung des Sultans, denn ihn hielten sie für den Grund allen Übels im Lande.»[91] Sie warfen ihm Schwäche vor.

Als sich die Armenier in der Bergregion Sasun nordöstlich von Diyarbekir einer Doppelbesteuerung durch den Staat und kurdische Stammesführer widersetzten, sorgte dieser zivile Widerstand im Sommer 1892 für Zorn bei Sultan Abdulhamid und erzeugte ein politisch gespanntes Klima im östlichen Kleinasien. Der Staat reagierte auf diese – in seiner Sicht – Ungeheuerlichkeit zivilen Ungehorsams nichtmuslimischer Untertanen, indem er Soldaten entsandte und mehr als tausend Dorfbewohner massakrieren und deren Häuser zerstören liess. Diese Vorkommnisse riefen bei den europäischen Mächten die Forderungen nach Reformen in Erinnerung, wie sie im Berliner Vertrag von 1878 festgehalten, aber nie umgesetzt worden waren. Sultan Abdulhamid musste seinerseits befürchten, dass es zu reaktionären Revolten käme, falls er den detaillierten Reformplan der Europäer in der 1895 vorgeschlagenen Form akzeptieren würde. Er hatte das abschreckende Beispiel der Entwicklung auf dem Balkan vor Augen und befürchtete analoge Konsequenzen für die ganze Region. Im Unterschied zum Balkan bildeten Muslime in den Ostprovinzen eine demografische Mehrheit. Auf deren Loyalität sah er sich unbedingt angewiesen, und daher war er nicht bereit, den muslimischen Rückhalt in der Region durch minderheitenfreundliche, egalitäre Reformen aufs Spiel zu setzen.[92]

---

90 «Kızılelma», *Türk Yurdu* 31 (23. Januar 1913), transkribierte Ausgabe Ankara: Tutibay, 1999, Bd. 2, 115–120; Gedicht «Turan», *Altın Armağan*, Beilage von *Türk Yurdu* 24, 17. Oktober 1912, transkribierte Ausgabe, Bd. 1, 418.
91 Meyrier, Les massacres de Diarbekir, 196, Telegramm vom 21. Mai 1896.
92 Meyrier, Les massacres de Diarbekir, 55–58. Vgl. Miller, Sasun 1894.

Unter dem Druck der Europäer und angesichts der Beweise, die aus Sasun zu den Massenverbrechen vorlagen, sah sich Abdulhamid schliesslich trotz der beschriebenen Vorbehalte zum Einlenken gezwungen. Daher unterschrieb er den umstrittenen Reformplan am 17. Oktober 1895. In der Folge fanden in vielen Städten im Osten Kleinasiens blutige Pogrome statt. In Diyarbekir geschah das in den ersten drei Tagen des Novembers 1895. Nach den Aussagen von Vizekonsul Meyrier waren die Pogrome von einer «Partei der Jungen Türkei, bestehend aus ungefähr 20 Führern», organisiert worden, wobei er einige konkrete Namen nennt, darunter Pirinççizâde Arif, Bürgermeister von Diyarbekir, der gleichzeitig Ziyas Onkel mütterlicherseits sowie der Vater des bereits genannten späteren Abgeordneten Feyzi Pirinççizâde war.[93] Provinzgouverneur Enis Pascha, gebürtig aus Saloniki, machte mit diesen Pogromorganisatoren gemeinsame Sache. Er war schon von seiner früheren Tätigkeit als Distriktgouverneur in Mardin als fanatischer Gegner der Christen bekannt. Seine Beförderung vom Distriktgouverneur (*mutasarrıf*) von Mardin in die Funktion eines Provinzgouverneurs (*vali*) von Diyarbekir hatte im frühen Oktober 1895 zu einer Reihe von Protestkundgebungen geführt.

Gemäss Meyrier wurden in den Tumulten von Anfang November 1191 Christen umgebracht, überwiegend Armenier in der Stadt, dazu 200 Personen aufseiten der Angreifenden. Die Christen von Diyarbekir waren vergleichsweise gut organisiert und versuchten, sich zu verteidigen. Missionare boten 3000 Flüchtenden Schutz, indem sie sie bei sich aufnahmen. Das französische Konsulat nahm 1500 Flüchtlinge auf. 50 000 verfolgten Christen aus der ganzen Provinz fehlte es an Nahrung und Obdach, viele Mädchen wurden entführt, einige von ihnen an einen Sklavenmarkt in Aleppo verkauft.[94] Bemerkenswert ist, dass in der Korrespondenz aus dem Jahr 1901 zwischen Dr. Nâzım und İshâk Sükuti (einem CUP-Gründungsmitglied mit Geburtsort Diyarbekir), in welcher auf die 1895er-Vorfälle Bezug genommen wird, lediglich davon zu lesen ist, wie entsetzt die beiden über die Versuche mässigender Einflussnahme vonseiten der fremden Diplomaten in der Stadt waren und darüber, dass Gouverneur Enis diesen zu wenig resolut entgegengetreten sei. Von Empörung über die Massengewalt an der armenischen Bevölkerung liest man in der internen Korrespondenz dieser beiden prominenten CUP-Mitglieder hingegen nichts. Offenbar identifizierten sie sich mit der reaktionären, rechtsrevolutionären Gewalt, die von jenen Kreisen ausging, in denen sich der junge Ziya Gökalp bewegte.[95]

Die Motive der Organisatoren dieser gewalttätigen Übergriffe sind bekannt, weil diese am 4. November 1895, also unmittelbar nach den Attacken, dem Sultan ein langes Telegramm schickten, das mit den Unterschriften von vierhundert Personen versehen war. In diesem Telegramm wurde Selim I., der Eroberer des kleinasiatischen Ostens im frühen 16. Jahrhundert, hoch gepriesen. Gleichzeitig verhöhnte es den Sultan Abdulhamid als schwachen Sultan. Jene, die das Telegramm unterschrieben hatten, stellten sich als wahre osmanische Muslime dar, die von den Armeniern und von fremden Mächten bedroht würden. Sie behaupteten, fremde Mächte würden sich

---

[93] Meyrier, Les massacres de Diarbekir, 170.
[94] Ebd., 130–136, 185.
[95] Bahaeddin Şakir Bey'in bıraktığı vesikalara göre, 159–161.

aufgrund von Intrigen der Armenier in die Angelegenheiten der östlichen Provinzen einmischen und den Sultan dazu zwingen, Reformen zu unterschreiben, die letztlich zur Abspaltung der östlichen Provinzen vom Reich führen würden. Das Telegramm drohte, weiteres Blut werde fliessen, wenn die unterschriebenen Reformen wirklich umgesetzt würden. Es enthält propagandistische Formulierungen und Argumente, die in den nachfolgenden Jahrzehnten immer wieder zu hören sein werden: ausländische Verschwörung gegen das Vaterland, unterstützt von nichtmuslimischen Agenten im Inland, bösartige Reformen zugunsten der Armenier, armenische Intrigen, Unmoral und ausbeuterische Art und schliesslich der Lobgesang auf eine über Jahrhunderte geübte Toleranz aufseiten der Muslime. Als historischer Beweis für die Grosszügigkeit der praktizierten Toleranz wurde das Argument ins Feld geführt, dass sonst die Minderheiten längst ausgerottet worden wären. Das war nun in der Tat eine «Toleranz», die jederzeit zugunsten umfassender Vernichtung widerrufen werden konnte.[96]

In den letzten Jahren der hamidischen Herrschaft gab es noch etliche weitere, wenn auch kleinere Unruhen in der Provinz Diyarbekir, die von der gleichen Gruppe von Hetzern angezettelt wurden. Beteiligt war wiederum Piriççizâde Arif wie auch gelegentlich sein Neffe Ziya. Arif war einer der Neureichen aus der späten Tanzimat-Periode, der das neue Landgesetz von 1858 dazu genutzt hatte, ganze Dörfer aufzukaufen, von denen die christlichen in der Regel am rentabelsten waren, da in gutem Zustand. Ziya selber besass ebenfalls fünf Dörfer nördlich von Diyarbekir. Was diese Gruppe von wohlhabenden Muslimen wollte, waren unterwürfige Christen in den Dörfern und Städten sowie eine unterstützende und starke Behörde, die ganz auf ihrer Seite stand und den traditionellen muslimischen Vorrang verteidigte. Gleichgestellte Partner hingegen würden möglicherweise zu überlegenen Konkurrenten werden, da sie transnationale Netzwerke besser zu nutzen wussten.[97]

Nach der Revolution von 1908 gründete Gökalp die CUP-Zweigstelle Diyarbekir, die fortan von der Piriççizâde-Familie dominiert wurde. Es ist möglich, dass Gökalp schon 1894 zusammen mit Abdullah Cevdet Mitglied des CUP wurde, aber gesichert ist seine Mitgliedschaft 1896, also zu jener Zeit, als er in der Veterinärhochschule des Reichs in Istanbul immatrikuliert war, wo er auch erstmals in Kontakt mit Sükuti kam.[98] Während der Verfolgung der Opposition in den Jahren 1896–1898 wurde er – wie auch Talât – verhaftet, aber bald wieder entlassen. Ohne sein Studium zu beenden, kehrte er in seine Heimatstadt zurück und heiratete die junge Frau, die seine Familie für ihn ausgesucht hatte. Arif wurde im November 1908 zum CUP-Abgeordneten gewählt, und nach seinem Tod 1909 trat sein Sohn Feyzi, Ziyas Cousin, als Nachfolger in die Fussstapfen seines Vaters.

---

96 Transkription in lateinischer Schrift in Şevket Beysanoğlu: *Diyarbakır tarihi*, Ankara: Irmak, 1998, 727–729, englische Übersetzung in Jelle Verheij: «Diyarbekir and the Armenian Crisis of 1895», in: Jongerden/Verheij, Social Relations, 124–126.
97 Joost Jongerden: «Elite Encounters of a Violent Kind. Milli Ibrahim Paşa, Ziya Gökalp and Political Struggle in Diyarbekir at the Turn of the 20th Century», in: Jongerden/Verheij, Social Relations, 55–84; Kaiser, Extermination, 23–35. Dies ist eine sehr sorgfältig durchgeführte und lehrreiche Forschungsarbeit, die sich weitgehend auf BOA-Dokumente stützt.
98 Hanioğlu, Young Turks, 121.

Nach der Revolution von 1908 zeigte Ziya Neigungen für die Vision eines «osmanischen Amerika» im Sinne eines konstitutionellen und föderalistischen Schmelztiegels unterschiedlicher ethnischer und religiöser Gruppen auf der Basis von gleichen Rechten für alle. Das Fantasiegebilde eines riesigen Turan unter der Herrschaft eines mythischen Herrschers (*hakan*) rügte er hingegen mit deutlichen Worten.[99] Trotzdem begann er wenige Jahre später ein pantürkistisches Evangelium zu verbreiten, in dem immer wieder die vage Vision eines Turan-Reiches unter einem *hakan* durchschimmerte. Gökalps Ideologie verkündete einen abstrakten Messias (*mehdi*), der mit den Symbolen Turan und Kızılelma für expansive türkische Grösse in Vergangenheit und Zukunft stand. Tatsächlich reichte die kurze freiheitliche Periode nach Juli 1908 schwerlich aus, dass Gökalp sich von seinen prägenden Erfahrungen im hamidischen Diyarbekir hätte emanzipieren können. So ergriff er nach einer kurzen Zwischenphase mit osmanistischen Idealen bereitwillig das ganz anders gelagerte Erbe, das er zu einer pantürkischen Ideologie umformte. Fortan setzte er alles daran, Willenskraft, Hingabe, Heldentum, Führertum, patriotische Ideale und islamisches Türkentum zu verherrlichen.

Der junge Mann und Wahrheitssucher Ziya aus Diyarbekir wurde so zum «Gökalp», zum heroischen Himmelsstürmer. Das war der Name, den er sich 1911 als Prophet eines messianischen Türkismus beziehungsweise Turanismus zulegte. Der Beginn seiner ideologischen «Bekehrung» fiel in etwa mit seiner Sozialisierung ab Herbst 1909 in Saloniki zusammen. Seine Überzeugungskraft und sein Charisma als Vordenker machten ihn zu einer überaus einflussreichen Person im Zentralkomitee. Er konnte sich intellektuell problemlos gegen andere, insbesondere gegen den konservativeren religiösen Gelehrten Hayri oder den stärker islamistischen Said Halim, durchsetzen. Als ausgesprochen produktiver Autor von Gedichten und Prosatexten für bedeutende Zeitschriften, namentlich für *Türk Yurdu*, die wichtigste Publikation der Türkistenbewegung, war Gökalp ab 1912 eindeutig die treibende geistige Kraft dieser Bewegung. In der Zeit der CUP-Krise, welche 1910 begann, wandten sich somit sowohl Talât als auch Gökalp von der demokratischen Utopie ab, die sie 1908 zumindest verbal noch unterstützt hatten. Die beiden bewegten sich nun in Richtung eines Rechtsaussenrevolutionismus, dem inhaltlich ein modernistischer islamischer Pantürkismus zugrunde lag. Gökalp war der geistige Vater, Talât der Ausführende. Beide hatten sich durch eigene Kraft emporgearbeitet. Beide waren Autodidakten, die ihre Ausbildung vorzeitig abgebrochen hatten.

Das «Erwachen» der Türken und der Turkvölker ist eines der Hauptthemen in Gökalps Schriften. Doch auch der grundlegende Stellenwert des Islams und einer normativen Geschichte der Religionen muss bei ihm genauer untersucht und in Betracht gezogen werden, zumal beides einen Rahmen für Talâts politisches Handeln vorgab. Gökalp las die unterschiedlichsten Geschichtsbücher, um seine Thesen zu Staat, Gesellschaft und Religion untermauern zu können. Eine seiner Hauptthesen war von einem kulturalistischen Zeitgeist inspiriert, welcher Protestantismus und Modernität zusammenbrachte. Gökalp versuchte gewieft, den Protestantismus als islamisiertes

---

99 Adatepe, *Das osmanische Muster*.

Christentum darzustellen. Das ermöglichte ihm den «Beweis», dass der Islam die modernste, allen anderen überlegene Religion sei. Auch vertrat er die Überzeugung, dass der Islam stichhaltige Gründe dafür liefere, dass der Staat sakralisiert und somit gestärkt, nicht etwa säkularisiert werden müsse. Seiner Auffassung nach gehörte dem Islam die Zukunft, denn dessen einzigartiger Vorteil bestehe darin, dass er beide Elemente – Religion und Staat – in sich vereine. Deshalb lehnte Gökalp die Idee eines Gesellschaftsvertrags anstelle von sakralen Bindungen zwischen den verschiedenen Gliedern von Gesellschaft und Staat entschieden ab. Im gleichen Stil beurteilte er die Tanzimat sehr abwertend. Er argumentierte, die in der Tanzimat entstandene Idee einer konstitutionellen Monarchie sei nichts anderes als eine vergrösserte Kopie der kleinen demokratischen Einheiten, welche die nichtmuslimischen Gemeinschaften (*millet*) seit der Tanzimat bildeten. Vielmehr müsse man einen starken und solidarischen modernen Einheitsstaat mit islamischem Fundament anstreben.[100] Für Gökalp galten die Rechte des Individuums dem Kollektiv und den staatlichen Interessen gegenüber als untergeordnet, was in seinem Gedicht «Pflicht» deutlich zum Ausdruck kommt: «Ich habe keine Rechte, Interessen und Wünsche / Ich habe meine Pflicht, und etwas anderes brauche ich nicht. [...] Ich schliesse meine Augen / Ich nehme meine Pflicht wahr.»[101]

Durch die Verbindungen mit seiner Heimatstadt und über seine persönlichen Beziehungen (namentlich zu seinem Cousin Feyzi) bestimmte Gökalp den Charakter und die Entwicklung der CUP-Zweigstelle in Diyarbekir entscheidend mit. Der eingeschlagene Kurs machte in den 1910er-Jahren aus dieser Zweigstelle eine Art von protofaschistischem CUP-Stützpunkt im östlichen Kleinasien. Noch 1909 hatten zahlreiche frische CUP-Zweigstellen den Einflüssen eines reaktionären antichristlichen Islamismus widerstanden und dazu beigetragen, Gewaltausbrüchen wie jenen von Adana im April 1909 zuvorzukommen. Das galt namentlich für die Zweigstellen Diyarbekir, Mamuretülaziz und Urfa. Das änderte sich aber 1912/13, als die Zweigstelle Diyarbekir das hier ohnehin stark vertretene Erbe eines antiwestlichen osmanischen Islamismus und antichristlicher Strassengewalt wieder aufnahm. Das CUP in Diyarbekir wurde zum verlängerten Arm des Einparteiregimes in der Hauptstadt und nahm dabei eine besonders aktive Rolle ein. An beiden Orten herrschte in Parteikreisen ein islamischer Pantürkismus im Geiste Gökalps. Der grosse Ruhm des Sohnes dieser Stadt verbreitete sich im ganzen Reich und war für Diyarbekir eine Quelle des Stolzes.

---

100 Die osmanischen *millet* (das heisst christlichen und jüdischen Gemeinschaften) waren nach 1850 modern organisiert worden. Sie wurden fortan von gewählten Versammlungen geleitet, aber weiterhin (mit Ausnahme der neuen protestantischen *millet*) von einem Patriarchen nach aussen und gegenüber dem Sultan repäsentiert. «İslamiyet ve asrî medeniyet», in: *İslâm Mecmuası* 51 f. (1917), auf Englisch in Berkes, Turkish Nationalism, 214–223. Es gibt hier aber keinen Hinweis auf Max Webers bedeutenden Essay «Die Protestantische Ethik und der Geist des Kapitalismus».
101 Gedicht in Gökalp: *Yeni hayat*, Istanbul: Yeni Mecmua, 1918, 1, zitiert in Hanioğlu, Second Constitutional Period, 71.

Teil IV

Hinwendung zu Krieg und Parteidiktatur (1911–1914)

Talâts Erfahrungen der Jahre 1908–1911 hatten dazu geführt, dass er nicht nur sein Vertrauen in das parlamentarische Regierungsmodell verlor, sondern auch seine Zuversicht und Gutgläubigkeit in einem allgemeineren, menschlichen und menschheitlichen Sinn. Er liess sich dennoch nicht ganz demotivieren, sondern konzentrierte sich auf sein Hauptziel: im Sinne des CUP «den Staat zu retten», das heisst, eine starke, vom CUP geführte Organisation weiter aufzubauen, die über die Macht im Lande verfügen sollte. Seit 1910 hatte Talât durch Wort und Tat bewiesen, dass er nicht an das Ideal der Gleichheit aller Bürger, an die politische Priorität einer auf Verfassungsgrundlage basierenden Regierung und an Recht und Ordnung innerhalb eines solchen Verfassungsrahmens glaubte. Vielmehr fokussierte er seit 1912 offensichtlich auf eine Politik, welche bisherige und neue Mittel zu bündeln suchte: Komitadschilik, Steuerung der Öffentlichkeit, Mobilisierung der Jugend, Strassengewalt, Krieg. Die nunmehr aggressive CUP-Ideologie und Propaganda begrüsste die Option Krieg. Der forcierte Aufbau von dem CUP unterstellten paramilitärischen Kräften mündete in den Aufbau der sogenannten Spezialorganisation. So war denn die Hinwendung zu Gewalt und Krieg eine Richtung, die schon zwei Jahre vor Ausbruch des Ersten Weltkrieg ganz bewusst eingeschlagen wurde.

Auf diese Art und indem er makrohistorische Gelegenheiten nutzte, rettete Talât sich selber und das CUP vor einer lähmenden Krise und möglichem politischem Untergang. Bei der Verfolgung seiner Ziele spielten drei Faktoren eine entscheidende Rolle. Der erste Faktor war die Entmachtung des CUP im Sommer 1912 und der Erste Balkankrieg. So schwerwiegend beides in jenen Monaten war: Die Krise bot Talât die Gelegenheit, sich als primärer Führer zu erweisen, und zwar zum einen unmissverständlich als Kriegstreiber, zum anderen mit schärferem öffentlichem Profil. Der zweite Faktor war das Aufkommen von Ziya Gökalps islamisch gefärbtem Türkismus, der sowohl Talât wie auch dem CUP und den zahlreichen CUP-Sympathisanten die dringend erforderliche ideologische Grundlage bot. Ein dritter Faktor war, dass Talât den Radikalismus der grauen Eminenzen inzwischen internalisiert hatte und als effizienten Katalysator für sein verwegenes politisches Glücksspiel nutzte. Von nun an wählte er im Zweifelsfall immer die kühne Aktion und die radikalen Lösungen – ein politisches Verhaltensmuster, das ihm aus der Zeit vor 1908 bestens vertraut war. Sein Zögern und seine Hemmungen, die sein Leben und seine politischen Entscheide in der parlamentarischen Phase von 1908 bis 1911 noch mitbestimmt hatten, streifte er jetzt vollständig ab.

Die proaktive Teilnahme am Ersten Weltkrieg im Rahmen eines gemeinsam mit Deutschland riskierten Hasardspiels sollte Talât zum unbestrittenen, nahezu unantastbaren Führer in den Kriegsjahren 1914–1918 werden lassen. Spätestens ab Ende 1912 war er nicht nur die überragende Integrationsfigur des CUP, sondern auch besser bekannt und häufiger sichtbar in der Hauptstadt als andere prominente Komiteeführer. Damit übertraf er bezüglich Popularität sogar Enver, den ikonenhaften Helden der Revolution von 1908. Enver blieb 1913/14 weiterhin Talâts enger Partner beim Organisieren der Macht und bei der Pflege des Kontakts zu deutschen Abgeordneten. Dabei wurden beide flankiert von Ahmed Cemal Pascha, der allerdings bereits im Herbst 1914 nach Syrien dislozierte.

Krieg, Staatsstreich und enge Kooperation mit Armeeoffizieren machten Talât zum starken Mann, da er als erfolgreicher Führer aus den Krisen von 1912 hervorging. Von jetzt an konnte er frei agieren, denn nun war er entlastet von der Ungewissheit, die ihn gelähmt hatte, wenn er auf hochrangige altehrwürdige Figuren wie Mehmed Kâmil Pascha, Hüseyin Hilmi und Mahmud Şevket Pascha oder die grauen Eminenzen im Komitee hören musste. Von früher Jugend an hatte Talât stets nur widerwillig Autoritäten akzeptiert – ähnlich wie der linksrevolutionäre Zeitgenosse Josef Stalin. Von jetzt an fühlte er sich stark genug, dem Komitee mit seiner Persönlichkeit und mit seiner eigenen politischen Sprache die entscheidende Prägung aufzudrücken. Fortan personifizierte er das Komitee. Aus Krisen heraus erfand er sich neu in der Figur eines radikalen und erbarmungslosen osmanischen Patrioten, der in der Öffentlichkeit als Vertreter der osmanisch-muslimischen Nation auftrat und handelte.

Bemerkenswerterweise ging Talâts Hinwendung zu einem nationalistischen Radikalismus mit einer Vernunftehe mit dem Zionismus einher. Nach der Revolution der Jungtürken hatte die in Berlin ansässige Zionistenorganisation in Istanbul eine inoffizielle Zweigstelle eröffnet. Diese konnte allerdings die in sie gesetzten Hoffnungen und die gesteckten Ziele nicht erfüllen, weil das CUP weiterhin alles ablehnte, was auch nur entfernt an eine jüdische Autonomie in Palästina denken liess. Die Tatsache, dass das CUP nach 1912 eine antichristliche Haltung einnahm, die sich gegen Rûm und Armenier richtete, gaukelte gemeinsame Horizonte für CUP und Zionisten vor. Dass Zionisten in den turbulenten 1910er-Jahren in Istanbul einen gewissen Handlungsspielraum genossen, lag daran, dass das CUP von einem internationalen Einfluss der Juden ausging und dass jüdische Organisationen damals tatsächlich Rückhalt sowohl in Deutschland als auch bei den Westmächten hatten.[1]

Ab Sommer 1912 wuchs Talât in eine neue Führerrolle hinein. Wie wir in Verlauf dieses Kapitels noch sehen werden, war er der unbestrittene Drahtzieher beim Putsch vom Januar 1913 und bei der Rückeroberung von Edirne im Juli 1913, auch wenn beide Grossaktionen in enger Zusammenarbeit mit anderen Mitstreitern, namentlich der militärischen Galionsfigur Enver, durchgeführt wurden. Obwohl Innenminister (nicht Aussenminister oder Grosswesir), leitete Talât in der zweiten Hälfte des Jahres 1913 die Friedensverhandlungen mit den Balkanstaaten und die internationalen Gespräche, die zu einer Einigung über Reformen in den Ostprovinzen führten. Gegen

---

1 Siehe Kapitel 36.

Ende 1912 war der Ruf nach solchen Reformen auf der Ebene der Diplomatie wieder laut geworden. Doch Talât sah in der kurdisch-armenischen Region schon ein zweites Mazedonien-Szenario heraufziehen, und das galt es seiner Meinung nach um jeden Preis zu verhindern. Noch bevor er sich 1915 diesem Thema in brutalster Art und Weise erneut zuwandte, orchestrierte er im Juni 1914 die Vertreibung von osmanischen Christen aus ihren Wohngebieten an der ägäischen Küste, um dadurch Raum zu schaffen für die Neuansiedlung von muslimischen Flüchtlingen aus dem Balkan. Dieser Schachzug, der Putsch sowie die Rückeroberung von Edirne stellten für Talât und Enver drei grossartige Erfolge dar, durch die sie bei einer Mehrheit der osmanischen Muslime grösste Popularität erlangten.

Rambert, der zu jener Zeit als unparteiischer Beobachter über die Kapitale Istanbul berichtete, beurteilte das Jahr 1913 als eine «scheussliche» Periode, «ein Jahr der Zerstörung, des Kriegs, der Vernichtung und der Ruinen», und er fragte: «Was hält das Jahr 1914 für uns bereit? Es scheint unmöglich, dass es uns die [erhoffte] Erneuerung bringen wird. [...] Die Situation auf dem Balkan, die durch verschiedene internationale Abkommen in Lausanne, London, Bukarest und Konstantinopel geschaffen wurde, kommt uns immer noch vor wie ein künstliches, extrem instabiles Gerüst. Alle [diese] Staaten und Nationalitäten wurden durch Gewalt beschädigt.»[2] Ramberts Alter betrug inzwischen knapp 75 Jahre, und er blickte mit grosser Skepsis auf die politische Landschaft. Am 1. Januar 1914 beschrieb er die osmanische Zukunft als untrennbar mit dem gesamteuropäischen Schicksal verbunden. Aber diese Sicht wurde von einer Mehrheit der Europäer nicht geteilt. So blieb auch die Geschichtsschreibung zum Ersten Weltkrieg bis in die heutige Gegenwart hinein in erstaunlichem Mass eurozentrisch geprägt. Sie liess den politischen Brennpunkt Istanbul weitgehend ausser Betracht. Und doch war gerade dieser Brennpunkt im Juli 1914 von grösster Bedeutung für Deutschlands Weg in den Krieg und damit auch für die Urkatastrophe Europas.

18 Krisen, Sturz und radikale Neuausrichtung des CUP

Im Frühjahr 1911 befand sich Talât an einem persönlichen Tiefpunkt. Hasan Babacan schreibt dazu in seiner 2005 in türkischer Sprache erschienenen Talât-Biografie: «[Auf politischer Ebene] war er jetzt im Parlament nur noch als Abgeordneter von Edirne tätig. Aber während er in früheren Zeiten durch seine ruhige Selbstbeherrschung und durch sein geschicktes Anpacken zahlreicher Themen die Anerkennung seiner Freunde im Parlament zu gewinnen vermochte, so hat er inzwischen eine sehr viel unruhigere und aggressivere Pose angenommen.»[3] Interne Spannungen und Angriffe von aussen bedrohten die Zukunft des CUP – der Partei, die er verkörperte. Rambert hielt am 1. März 1911 fest: «Die Divergenzen innerhalb der Partei für Einheit und Fortschritt sind zur Gefahr geworden.» Angesichts der Gefahr, die der Partei drohte,

---

2 Rambert, Tagebuch, Bd. 47, 1. Januar 1914.
3 Babacan, Mehmed Talât Paşa, 73.

formulierte Hayri Ende desselben Monats im Gebet: «Herr, wende diese Zwietracht zum Frieden.» Im April 1911 spaltete sich eine neue, ausgeprägt konservativ ausgerichtete Partei (*Hisb-i Cedid*) vom CUP ab.[4]

Cavids Tagebuch enthüllt mit seinen Einträgen des Monats April 1911 detailliert eine Sache von «höchster Wichtigkeit und vitaler Bedeutung», die Talât ihm gegenüber zunächst verborgen gehalten hatte: Eine Gruppe um das CUP-Mitglied Oberst Mehmed Sadık, der als Held der Revolution von 1908 galt, «verführte unter dem Deckmantel der Religion eine grosse Zahl unserer Parteimitglieder und jener, denen wir am meisten vertrauten». Nachdem Talât während fast fünf Stunden mit Sadık über diese parteiinternen Umtriebe gesprochen hatte, zog er das Fazit, dass es sich «immer um die gleichen Märchen und den gleichen Unsinn handelt: Freimaurerei, Zionismus, persönliche Animositäten». Sadıks Gruppe hatte vor allem gegen Cavid, Talât und Cahid Vorbehalte anzumelden.[5] In der Folge trat Cavid am 12. Mai von seinem Amt zurück, während Oberst Sadık zum Dienst nach Saloniki beordert wurde. Ein unmittelbarer Zerfall der Partei konnte so verhindert werden, und die programmatischen Punkte der Separatisten wurden vorläufig angenommen. Doch die Krisen dauerten an, und der Einfluss des CUP begann zu bröckeln. Den Oppositionskräften, die sich gegen das CUP richteten, fehlte aber eine effiziente Organisationsstruktur. Es mangelte ihnen an Disziplin und über weite Strecken auch an einer fortschrittlichen Gesamtausrichtung. Die Presse erwies sich auch nicht als hilfreich in dieser gespannten Situation, beschäftigte sie sich doch nach Ramberts Wahrnehmung mehrheitlich mit grossspurigen Verlautbarungen und Streitereien, die inkompatible Prinzipien und persönliche Empfindlichkeiten betrafen. Rambert hätte sich einen gemeinsam vertretbaren, pragmatischen, aufgeklärten und bescheidener auftretenden Patriotismus gewünscht.[6]

Es gab europäische Kreise in Istanbul, die sich das Heil von einer Militärdiktatur versprachen. Cavid und Rambert trafen sich Mitte September 1911, nachdem Cavid von seinen Reisen in Kleinasien zurückgekehrt war. Sie waren sich einig in der Einschätzung, dass «die Gemüter überall im Land zu sehr erregt» waren. Der Beginn der neuen Parlamentssession im Oktober drohte von Gewaltausbrüchen überschattet zu werden. Cavid wies zudem auf gefährliche Entwicklungen in Ostanatolien hin.[7] Die Aggression Italiens gegen Libyen im späten September 1911 trug ebenfalls zur Erschütterung bei, die jetzt grössere, internationale Dimensionen anzunehmen begann. Auch die öffentliche Stimmung in Italien war aufgeheizt, weil es schien, als würde sich jetzt die einzigartige Gelegenheit bieten, eigene kolonialistische Expansionsideen zu verwirklichen. Aber als Rechtfertigung für einen Feldzug solcher Art hätte man ganz offensichtlich «zur Begründung nichts anderes geltend machen können als

---

4 Rambert, Tagebuch, Bd. 38, 1. März 1911; Hayri, Tagebuch, 29 f., 30./31. März 1911; Mandelstam, Le sort de l'Empire ottoman, 35.
5 Cavid, Tagebuch, Bd. 1, 107, 113, 20. April 1911. Für eine Bewertung der sehr ambitionierten Persönlichkeit von Sadık vgl. Oberster Kammerdiener Lütfi Simavi, Son Osmanlı sarayında gördüklerim, 135–138.
6 Rambert, Tagebuch, Bd. 38, 18. März 1911; vgl. Bd. 39, 1., 5., 7. und 12. Mai und 24. September sowie 4. Oktober 1911.
7 Ebd., Bd. 39, 11. September 1911; Cavid, Tagebuch, Bd. 1, 156 f., 12. September 1911.

die Überlegung, für Afrika eine neue politische Landkarte zu zeichnen, und das hätte den Charakter reiner Plünderung gehabt», schrieb Rambert am 24. September 1911. «Das ist eine neue grosse Gefahr, die da am Horizont auftaucht, ein neues Element, das inmitten der ohnehin schon grausamen Hindernisse, mit denen die Türkei zu kämpfen hat, für zusätzliche Probleme und eine weitere Komplizierung der Situation sorgen wird.»[8]

Am Nachmittag des 28. Septembers 1911 um 14 Uhr leitete der italienische Botschafter ein barsches Ultimatum an die Hohe Pforte weiter, welches dort für «unbeschreibliche Verwirrung» sorgte. Einzig der anhaltende Ausnahmezustand in Istanbul verhinderte, so Rambert, dass es zu antiitalienischen Übergriffen kam. Verzweiflung und Trauer, aber auch fiebriger Aktivismus herrschten in Saloniki. Das CUP-Zentralkomitee diskutierte über mögliche Strategien. Es veröffentlichte Erklärungen, in denen die Bevölkerung ermahnt wurde, unbedingt Ruhe zu bewahren. Am 29. September 1911 erklärte Italien den Krieg. In ganz Europa zeigten Menschen zwar «gefühlsmässige Sympathien» für die Türkei, aber alle europäischen Regierungen «waren direkt oder indirekt an der [Neu-]Aufteilung der Einflussgebiete im Mittelmeerraum beteiligt». In Istanbul brüsteten sich derweil Abgeordnete damit, sie könnten zwanzigtausend arabische Kämpfer für den Kampf gegen die Italiener mobilisieren.[9]

Das CUP und seine jungen Offiziere, allen voran Enver und Mustafa Kemal, waren elektrisiert, als sie die Herausforderung wahrnahmen, den patriotischen Widerstand in der Form eines Guerillakriegs in Libyen zu organisieren. Enver, der seit 1909 als Militärattaché in Berlin weilte, reiste unverzüglich zurück nach Saloniki. Hier besprach sich das Komitee und beschloss, bewaffneten Widerstand einzuleiten. Nach der Konterrevolution von 1909 hatte sich Enver mit Naciye Sultan, der Nichte von Sultan Mehmed V., verlobt. Dies war der Grund, weshalb er unter den Arabern das hohe Ansehen eines Verwandten des Sultan-Kalifen genoss. Im Gegensatz zu Talât besass Enver einen Hang zu höfischem Verhalten und Umgang in der High Society; er schätzte das Prestige, das mit dem Kalifat assoziiert wurde. Innerhalb des Komitees beteuerte er aber stets, dass er bei allem, was er tue, den Dienst am gemeinsamen patriotischen Ideal an die erste Stelle setze. Tatsächlich bewies er darin Konsequenz, als er im Juni 1908 bereit war, für die Sache der Partei seinen eigenen Schwager zu opfern.[10]

Unmittelbar nach der Kriegserklärung durch Italien musste das Regierungskabinett von Hakkı Pascha abdanken. Hakkıs Nachfolger wurde Mehmed Said Pascha. Weder Talât noch Cavid kehrten ins Kabinett zurück, aber ihr gemeinsamer Freund Hayri, der später Mitglied des Zentralkomitees werden sollte, trat jetzt in die Regierung ein. Ihm wurde das Ministerium für (religiöse) Stiftungen (evkâf) übertragen. Während der Grosswesir nach Wegen zum Frieden suchte, bestand das CUP energisch auf einem bewaffneten Widerstand in Libyen. Gleichzeitig versuchte es, bei den En-

---

8 Rambert, Tagebuch, Bd. 39.
9 Ebd., Bd. 39, 28. September 1911, 21 Uhr, 4. Oktober 1911; Cavid, Tagebuch, Bd. 1, 161, 27.–29. September 1911.
10 Ömer Nâzım (nicht zu verwechseln mit dem Komiteemitglied Nâzım). Charles D. Haley: «The Desperate Ottoman: Enver Paşa and the German Empire-I», in: *Middle Eastern Studies* 30, Nr. 1 (Januar 1994), 2.

Abb. 7: Winston Churchill, 1911 (Kongressbibliothek).

tentemächten Unterstützung zu finden für das, was es als seine gerechte Sache empfand. Cavid schrieb deshalb einen Brief an den erst gerade zum britischen Marineminister ernannten Winston Churchill, der im gleichen Alter war wie Cavid und Talât. Halide Edib – eine frühere Schülerin des amerikanischen Colleges für Mädchen und die weibliche Galionsfigur der jungtürkischen Revolution und nach 1911 auch des Türkismus – übersetzte den Brief ins Englische. Darin wird unter anderem die Frage gestellt, ob jetzt die Zeit «für eine dauerhafte Allianz zwischen unseren beiden Ländern» gekommen sei. Churchill und Talât waren sich vermutlich anlässlich der von Talât angeführten Parlamentarierreise nach London im Juli 1909 erstmals begegnet, ganz sicher aber im Juli 1910, als Churchill für einen Ferienaufenthalt nach Istanbul fuhr und dabei Talât und Cavid traf.

Mit dem Brief an Churchill verbanden Cavid und Talât die Hoffnung, dass der neue Mann an der Spitze der britischen Admiralität – der First Lord of the Admiralty – mit den Anliegen des CUP und dessen Aufbegehren gegen die italienische Invasion sympathisieren würde. Churchills Antwort war höflich, aber – entsprechend den Instruktionen des britischen Aussenministers – negativ. Die Komiteemitglieder mussten zur Kenntnis nehmen, dass weder die globale Seemacht Grossbritannien noch die europäische Kontinentalmacht Deutschland es als wünschenswert erachteten, ein

Abb. 8: Talât, um 1910: «Seine Exzellenz, der ehrenhafte Talât Bey Efendi der Jungen Türkei, der energische und resolute Innenminister» (SALT Research, Istanbul).

Bündnis oder Abkommen mit der osmanischen Türkei einzugehen. Schliesslich betonte aber der deutsche Botschafter Marschall von Bieberstein bei einem Treffen am 1. November 1911 immerhin seine Wertschätzung für das CUP. Für die CUP-Leute bedeutete das Balsam für die Seele. Somit teilte Bieberstein die skeptische, zum Teil feindselige Einstellung der Briten und Franzosen nicht, womit er der schon beschriebenen Annäherung zwischen Deutschland und dem CUP vom Herbst 1910 treu blieb.[11]

«Dieser Krieg wird zu einer Obsession, und niemand weiss, wie man da wieder herauskommt», das war die Erkenntnis von Rambert. Zugleich wies er auf die scharfe gegenseitige Konkurrenz unter den europäischen Mächten hin. Diesen gelang es nämlich nicht, als Antwort auf Said Paschas frühzeitigen Appell mit einer gemeinsamen diplomatischen Intervention gegen Italien aktiv zu werden. Denn hier stand ein mögliches künftiges Bündnis mit Italien und damit auch eine Umwälzung des bis dahin existierenden fragilen Gleichgewichts der Kräfte auf dem Spiel. «Es bedarf nur einer Kleinigkeit, und ganz Europa wird in den Krieg hineingerissen.»[12] Von seinem Standort Istanbul aus blickte Rambert auf das Geschehen in Europa. Kombiniert mit

---

11 Cavid, Tagebuch, Bd. 1, 186, 29. Oktober 1911; 190 und 195, 1. und 25. November 1911; Bayur, Türk inkılâbı tarihi, Teil 1, Bd. 2, 83; Dockter, Churchill, 58–62; vgl. Kieser, Iskalanmış Barış, 333.
12 Rambert, Tagebuch, Bd. 39, 12. Oktober 1911; vgl. Bd. 40, 15. Oktober und 15. November 1911.

seinen Beobachtungen zur Lage in der Türkei kam er zum Schluss: «Ein Gefühl allgemeiner Unruhe beeinträchtigt alle Gemüter. Die Türken fühlen sich von allen Seiten gleichzeitig bedroht.» Und sie glaubten, es sei ihre Pflicht, überall zurückzuschlagen.[13]

Zwar war Tripolitanien (das osmanische Libyen) nach sachlicher Beurteilung der Ausgangslage nicht mehr zu halten. Aber es wurde zum leuchtenden Symbol für den militanten Widerstand gegen ein imperialistisches Europa und zum Inbegriff eines osmanischen Patriotismus, der selbst imperial voreingenommen blieb, ohne sich dies einzugestehen. Diese unkritische Identifizierung lenkte selbst helle Köpfe wie Cavid von den eigentlichen grossen Herausforderungen und der dringend nötigen harten Knochenarbeit zu Hause ab. Sie verstellte den Blick dafür, dass es absolut unerlässlich gewesen wäre, die von den Osmanen selber verfolgten Formen von Imperialismus zunächst einmal gründlich zu hinterfragen und abzustreifen. Das CUP fürchtete, dass «das Aufgeben von Tripolitanien einen grossen moralischen Tiefschlag bedeuten» und das Ansehen des CUP in den Augen aller Osmanen schädigen würde.[14] Das politische Denken der jungen Männer, von denen die meisten aus dem Balkan stammten, bewegte sich in den Kategorien von imperialer Souveränität, Ehre und zentralistischer Herrschaft. Sie bestärkten sich gegenseitig in ihren ausschliesslich von männlichen Werten geprägten Parteikreisen, projizierten aber ihre Mentalität auf die gesamte Gesellschaft. Sie nahmen sie als Nation wahr und beanspruchten, in deren Namen zu reden. So eröffnete das CUP mit grossem patriotischem Eifer eine Guerillafront in Tripolitanien, während es in der Hauptstadt und in Kleinasien gleichzeitig den Kampf um eine konstitutionelle Türkei verlor – und damit auch die Sympathien gerade jener Gruppen, die sich der Verfassung gegenüber am loyalsten verpflichtet fühlten.

Seit Sommer 1911 gab es ernsthafte Anstrengungen zur Bildung einer neuen starken Partei: Gemeinsam auf dieses Ziel hin arbeiteten Dissidenten, die eine osmanisch-muslimische Ausrichtung der Politik anstrebten, darunter auch der Kreis um Oberst Sadık, und liberale Intellektuelle sowie Vertreter von nichtmuslimischen Gruppen. Auch der Anwalt und armenische Schriftsteller Krikor Zohrab, Freund von Cavid, gehörte trotz seines Status als unabhängiger Parlamentsabgeordneter zu dieser Gruppe und war ein aktiver Netzwerker zugunsten eines liberalen Parteibündnisses. Mitte Oktober 1911 gehörten Zohrab, Cavid, Talât, Halil, Hakkı, Vartkes Serengülian und Karekin Pastermadjian (alias Armen Garo; die beiden Letztgenannten waren Abgeordnete von Erzurum) ebenfalls zu dieser Dissidentengruppe. Zohrab beharrte auf Rechtsstaatlichkeit und Verfassungstreue, denn die tatsächlich existierende Regierung war direkt vom CUP abhängig und parteiisch zugunsten des CUP und seiner Kreise. Ein echter Pluralismus fehlte. Daher musste die stete Einmischung des CUP in die Regierungsangelegenheiten ein Ende haben. Die nichttürkische Bevölkerung fühlte sich vom chauvinistischen Gehabe des Komitees zunehmend befremdet. Es brauchte ihr gegenüber eine dezidiert andere Politik. Zohrab schlug eine Kooperation vor. Er sprach sich für eine Koalition von CUP und Liberalen aus, zumal sich die beiden Parteien in vielen wichtigen Punkten einig waren. Doch anlässlich eines Treffens in ihrer Nuruosmaniye-Zentrale in Istanbul beschloss das Komitee unter Beteiligung von

---

13 Ebd., Bd. 40, 10. Dezember 1911.
14 Cavid, Tagebuch, Bd. 1, 183, 25. Oktober 1911.

Talât, Cavid, Nâzım, Midhat Şükrü und Hüseyinzâde Ali, die Vorschläge von Zohrab abzulehnen.[15]

Das Scheitern der Kooperation zwischen CUP und Liberalen und die Entrüstung über die italienische Invasion im osmanischen Libyen fielen zeitlich mit dem Durchbruch eines türkischen Nationalismus zusammen, der in den eng verwandten Vereinigungen Türk Yurdu (türkisches Heim oder Heimatland) und Türk Ocağı (türkischer Herd) kultiviert wurde. Das CUP unterstützte beide Vereinigungen und identifizierte sich ideologisch mit ihnen. Diese neue Bewegung erfuhr auch unter Studenten im Ausland starken Zuspruch. Ihre wichtigste Publikation trug den Titel *Türk Yurdu*. So lautete gleichzeitig auch die Bezeichnung der im Ausland verbreiteten Organisation. Der Durchbruch des türkischen Nationalismus bei jüngeren Eliten führte in eine ganz andere Richtung, als ein Kompromiss mit den Liberalen im Sinne Zohrabs die Türkei gewiesen hätte.[16]

Am 21. November 1911 gründeten die Dissidenten die Partei «Freiheit und Einigkeit» (Hürriyet ve İtilâf) und ernannten Ferid Pascha zu ihrem Präsidenten. In einer Nachwahl vom 11. Dezember gewann die neue Partei einen wichtigen Abgeordnetensitz für Istanbul. Dieser rasche Erfolg sorgte für Aufregung im Parlament und für Polemik in den Zeitungen. Zum ersten Mal mussten die CUP-Leute darum bangen, dass sie die bevorstehenden Parlamentswahlen verlieren könnten. Rambert kommentierte die Situation so: «Sie [das CUP] wollen einen letzten Kraftakt vollbringen [...] das Parlament auflösen und so schnell wie möglich Neuwahlen herbeiführen [...] solange sie noch über Macht verfügen und auf ihre Zweigstellen in den Provinzen zählen können.»[17] Am 18. Januar 1912 wurde das Parlament aufgelöst, und am 22. Januar wurden Talât und Cavid wieder als Minister eingesetzt. In der Absicht, das Ergebnis der bevorstehenden Wahlen im Frühling besser steuern zu können, übernahm Talât das Ministerium für Post und Telegrafie. Zuerst hatte er zwar seine Zustimmung zur erneuten Übernahme des Innenministeriums gegeben, aber es gab parteiinterne Opposition dagegen. Als früherer Postangestellter von Saloniki wusste Talât über den Umgang mit den modernen Kommunikationsmitteln jener Zeit bestens Bescheid. Später rüstete er sogar sein Privathaus in Istanbul mit einem persönlichen Telegrafiegerät aus.[18]

Das CUP gewann eine irreguläre Wahl, die vom Februar bis zum April 1912 dauerte. Systematisch setzte es Strassengewalt und missbräuchliche Strafverfolgung gegen Parteigegner ein (daher die Bezeichnung *sopalı seçim*, Knüppelwahl). Hinzu kam, dass das CUP seine früheren (christlich-orthodoxen) Rûm-Abgeordneten gar nicht mehr nominierte. Als am 18. April die Session in neuer Zusammensetzung begann, waren nur 107 Abgeordnete anwesend, und der Grund dafür war nicht nur, dass viele von ihnen noch gar nicht in Istanbul eingetroffen waren, sondern auch, dass

---

15 Ebd., Bd. 1, 168 f. und 174, 16. und 18. Oktober 1911.
16 Kieser, Türklüğe İhtida, 102–108.
17 Rambert, Tagebuch, Bd. 40, 12. und 15. Dezember 1911; vgl. Birinci, Hürriyet ve İtilâf Fırkası, 48, 113–115.
18 Rambert, Tagebuch, Bd. 40, 18. und 23. Januar 1912; Cavid, Tagebuch, Bd. 1, 217, 24. Dezember 1911, 18. Januar 1912. Für Talât war es in den Jahren vor 1908 eine gewohnte Situation, dass er in verschlüsselte Telegramme der Regierung Einblick nehmen konnte. Babacan, Mehmed Talât Paşa, 17.

die Wahlen kurioserweise noch immer im Gange waren.[19] Die allgemeine Stimmung wurde dadurch noch bedrückender, dass islamische Gesetze und der mächtige Scharia-Faktor das öffentliche Leben zunehmend einengten. Auf politischer Ebene versuchten sowohl das CUP wie auch Hürriyet ve İtilâf, den Islam je zu eigenen Gunsten zu instrumentalisieren (andere Religionen spielten hier keine vergleichbar bedeutende Rolle). Verfassungsfreundlich gesinnte Vertreter beider Seiten waren sich aber darin einig, dass die islamistische Reaktion für das Land eine der grössten Gefahren darstellte. Doch ihre politische Rivalität, das Fehlen von demokratischem Know-how und der mangelnde Kooperationswille verhinderten, die grosse Herausforderung gemeinsam anzugehen.

Eine im März 1912 veröffentlichte Deklaration des konservativen Scheichülislam Abdurrahman Nesib brachte alle in Verlegenheit, denn seine religiös verbindliche Anordnung unterwarf alle muslimischen Frauen einer strengen Kleiderregel gemäss Scharia und sollte von den «Oberhäuptern der Familien» und von den Gerichten durchgesetzt werden. Die verfassungsrechtlich orientierten Anhänger beider Lager waren nicht in der Lage, sich zu einer gemeinsamen Reaktion zusammenzuraufen und sich gegen diesen verfassungswidrigen Zugriff auf die Gesellschaft zu wehren. Rambert stellte die Frage: «Wenn das Gesetz, die Behörden und die Gerichte in die Kleiderbräuche eingreifen, was soll dann aus dem Prinzip der individuellen Freiheit werden, das durch die Verfassungen aller zivilisierten Staaten garantiert wird, allen voran durch jene der Türkei?»[20]

Das CUP war nicht auf Zohrabs Aufruf zur Zusammenarbeit eingetreten, und das setzte einen unerbittlichen Wettlauf um die Macht in Gang. Das Komitee errang zwar tatsächlich mit unlauteren Mitteln einen überwältigenden Wahlsieg, jedoch nicht für lange. Auf beiden Seiten wurde die Schlammschlacht fortgesetzt. Cavid wurde beschuldigt, er habe sich durch ausländisches Geld kaufen lassen, aber Rambert hielt dagegen, diese Beschuldigung erfolge «meiner Auffassung nach völlig zu Unrecht, denn ich halte ihn keineswegs für einen Mann des Geldes».[21] Talât war mit den Leistungen von Kriegsminister Mahmud Şevket Pascha nicht zufrieden, denn seiner Meinung nach hatte dieser nicht rechtzeitig ausreichende Massnahmen gegen die dissidenten Offiziere rund um Sadık ergriffen, auch wenn er im frühen Juli ein Gesetz eingeführt hatte, das es Armeeoffizieren verbot, sich in politische Themen einzumischen. Talât erzwang am 9. Juli in unschöner, respektloser Art Mahmuds Rücktritt vom Ministeramt, was Teile der Armee als groben Affront empfanden. Die Spannungen inner- und ausserhalb der Hauptstadt nahmen zu. In Albanien kam es zu einem noch grösseren Aufstand als 1910. Albanische Offiziere revoltierten, und ein Teil von ihnen konnte von Manastır Vilayet aus in die umliegenden Berge entkommen, um weiteren Widerstand zu leisten, so wie das auch Enver und Niyazi vier Jahre zuvor gelungen war.[22]

---

19 Rambert, Tagebuch, Bd. 40, 18. Februar 1912; Bd. 41, 19. April und 25. Mai.
20 Ebd., Bd. 41, 14. April 1912; Cavid, Tagebuch, Bd. 1, 285 f., 27. März 1912.
21 Rambert, Tagebuch, Bd. 41, 24. Mai 1912.
22 Cavid, Tagebuch, Bd. 1, 424–430, 7.–13. Juli 1912; Hayri, Tagebuch, 128, 9. Juli 1912; vgl. ebd., 163 f., 16. August 1912; Bayur, Türk inkılâbı tarihi, Teil 1, Bd. 2, 270.

Abb. 9: Frauen in moderner Kleidung wurden mit wachsendem Misstrauen betrachtet: «Teufel, geh und schlag ihr ins Gesicht!» / «Die [guten] Tage sind vorbei.» / «Sie wird gewiss ihren Hals brechen, nicht wahr?» (*Cem*, 18. Februar 1911, 9.)

In diesem aufständischen Umfeld gründete Sadık im Juni die Offiziersgruppe «Halaskâr» (Retter). Gemäss den Angaben von Lütfi Simavi, einem hohen Beamten am Hofe des Sultans, schrieb Sadık am 11. Juli im Namen dieser Gruppe einen Brief an Halil, den Präsidenten des osmanischen Parlaments, und verlangte dessen sofortige Auflösung. «Wir wollen uns nicht mit Ihrem schmutzigen Blut besudeln [...]. Wenn es Ihnen aber nicht innerhalb von 48 Stunden gelingen sollte, den Nachweis zu erbringen, dass Sie auf unsere Wünsche eingehen, so werden wir unsere patriotische Pflicht mit letzter Entschlossenheit erfüllen.» Das bedeutete nichts anderes, als dass eine starke Gruppe innerhalb der Armee eine neue, von allen CUP-Mitgliedern gesäuberte Regierung verlangte. Am 16. Juli traten der Grosswesir Mehmed Said und sein Kabinett zurück.[23]

Gazi Muhtar Pascha, ein Held des russisch-türkischen Kriegs der Jahre 1877–1888, willigte am 21. Juli ein, die Funktion an der Spitze des neuen Kabinetts zu übernehmen. Dieses wurde ausschliesslich mit Leuten besetzt, die sich ausserhalb der CUP-Kreise bewegten, alles relativ alte Männer, die teilweise bereits dem alten hamidischen Regime angehört hatten. Das CUP hatte jetzt seine gesamte Regierungsmacht eingebüsst und war in Gefahr, innerhalb von Wochen oder wenigen Monaten politisch völlig marginalisiert zu werden. Die Mitglieder des Komitees mussten damit rechnen, von den Strafverfolgungsbehörden zur Rechenschaft gezogen zu werden. «Alle waren von Angst erfüllt», schrieb Cavid.[24] Es verbreitete sich das Gerücht, einige seien bereits geflohen, und es bestand die Gefahr von Mordanschlägen auf Personen des öffentlichen Lebens, auch auf Cavid und Talât. Rambert beklagte, dass die überstürzt und in unglücklicher Art vollzogene Amnestie aller Repräsentanten des alten hamidischen Regimes die neue Regierung gleich vom Anfang ihrer Tätigkeit an als reaktionär aussehen liess.[25]

19 Kriegslustig, revanchistisch, risikobereit: Talât holt das CUP aus seiner Depression heraus

Kurz bevor die Krise im Sommer 1912 ihren Höhepunkt erreichte, realisierte Talât, dass der erzwungene Rücktritt von Mahmud Şevket vermutlich ein grosser Fehler war. Obwohl die übrigen Komiteemitglieder anderer Meinung waren, zog er daraus den Schluss, dass «wir uns erneut mit der Nation vermischen müssen, um wieder neue Kraft zu erlangen; und deshalb müssen wir uns zurückziehen».[26] Am 26. Juli 1912 publizierte Talât einen kurzen Artikel in der Zeitung *Sabah*, in welchem er sich selber als uneingeschränkt loyalen, zutiefst ernsthaften Patrioten präsentierte, der stärker denn je und mit völliger Hingabe dem Wohlergehen seiner Nation verpflichtet sei. «Jene, die sich mit dem Vaterland identifizieren, die für das Gedeihen und den Fortschritt der Nation den grössten Einsatz geleistet haben, dürfen das Land nicht verlassen und nach Europa fliehen. Ich erkläre hiermit, dass das Land heute mehr denn je darauf angewiesen ist, dass wir es pflegen und umsorgen, und dass ich deshalb das Zentrum des Vaterlandes nicht verlassen werde, um dahin oder dorthin zu gehen, nicht einmal für eine Minute. Alle Meldungen, die solches verbreitet haben, wurden mit böswilliger Absicht frei erfunden. Der Abgeordnete von Edirne, Talât.»[27]

Diese Selbstdarstellung entsprach dem Bild und der Selbstwahrnehmung, die Talât in der Öffentlichkeit von nun an bis zu seinem Lebensende kultivieren sollte.

---

23 Lütfi Simavi, Son Osmanlı sarayında gördüklerim, 214; Birinci, Hürriyet ve İtilâf Fırkası, 164–179.
24 Cavid, Tagebuch, Bd. 1, 444, 27. Juli 1912.
25 Rambert, Tagebuch, Bd. 41, 7. August 1912; Hayri, Tagebuch, 142–145, 25.–29. Juli 1912.
26 Zitiert in Bayur, Türk inkılâbı tarihi, Teil 1, Bd. 2, 277; Cavid, Tagebuch, Bd. 1, 428, 12. Juli 1912.
27 *Sabah*, Nr. 8208, 26. Juli 1912, 2.

Abb. 10: «Was für Tage müssen wir erleben, oh Sultan, Streiter für den Islam!» Ein älterer Offizier steht Talâts Freund Halil zugewandt da und ermahnt diesen: «Damit du zur Vernunft kommst und [Respekt vor dem Sultan] lernst, wirst du bis heute Abend fünfhundertmal [traditionelle Formel der Ehrbezeugung] schreiben.» Halil hängt derweil an der «Waage der Gewalten». Halil, zu jener Zeit Präsident des osmanischen Parlaments, stand mit dem Rücken zur Wand. Er verblieb auf seinem Posten bis zur Auflösung des Parlaments am 5. August 1912, drei Wochen nach dem kollektiven Rücktritt des Kabinetts. Vom 5. August an war das CUP vollumfänglich von den politischen Institutionen ausgeschlossen (*Cem*, 10. August 1912).

«Ganz gewiss kannte ich bei dem, was die Sorge um das Vaterland und die öffentliche Sicherheit verlangte, nie etwas anderes als Hingabe und Aufopferung allein. Meiner Meinung nach gibt es niemanden im Land, der im Dienst am Vaterland einen nützlicheren Platz eingenommen hat als ich», schrieb er 1919 zum Schluss seiner Apologie.[28] Am gleichen Tag, als der erwähnte Artikel in *Sabah* erschien, schrieb Cavid in sein Tagebuch: «Die öffentliche Meinung erachtet Einheit und Fortschritt [gemeint ist das CUP] jetzt als gescheitert und empfindet bei diesem Gedanken grosse Befriedigung.» Am nächsten Tag schrieb er: «Sie verleumden Einheit und Fortschritt als tyrannisch. Mein Gott, in was für einem undankbaren Land leben wir denn!» Mit der Auflösung

---

28 Talat Paşa, Hatıralarım ve müdafaam, 159.

des Parlaments und der erneuten Ausrufung des Notstands am 5. August war der Niedergang des CUP besiegelt. Zudem stand das Komitee jetzt vor völlig leeren Kassen, was dazu führte, dass es bei Huguenin um Unterstützung nachsuchen musste.[29]

Die Niederlage wurde für das CUP nur noch deprimierender, als die ARF das beinahe vierjährige Bündnis Mitte August 1912 aufkündigte, wobei gewisse Beziehungen zwischen den beiden Gruppen dennoch fortgeführt wurden. Im Februar 1912 hatten ARF und CUP noch einmal eine Wahlallianz vereinbart, allerdings ohne die Sitzverteilung im Parlament ausdrücklich im Voraus festzulegen, wie es die Partei Hürriyet ve İtilâf mit ihren Allianzpartnern getan hatte. So war denn die Enttäuschung bei der ARF auch sehr gross, als aufgrund fehlender Unterstützung durch das CUP die Wahlallianz nur zehn statt der erwarteten 23 armenischen Abgeordneten (was nicht einmal 10 Prozent der total 283 Sitze entsprach) erbrachte. Da zudem Hürriyet ve İtilâf und damit auch dessen armenische Kandidaten bei der Knüppelwahl deutlich hinter dem erhofften Resultat zurückblieben, waren die Armenier nun insgesamt im Parlament untervertreten, obwohl es ihnen keineswegs an fähigen Kandidaten gefehlt hatte. Abgesehen davon gab es auch keinen Fortschritt bei den Themen, auf die CUP und Armenier sich eigentlich bereits geeinigt hatten: die Rückgabe von Ländereien, die unterstützte Rückkehr armenischer Flüchtlinge in ihre Dörfer sowie das Recht, die Dorfsicherheit durch einheimische Armenier zu gewährleisten. Auch eine längst zugesicherte Finanzhilfe in der Höhe von 12 000 türkischen Pfund zugunsten von armenischen Schulen war noch immer nicht ausbezahlt worden.[30]

In den ersten Tagen nach dem Aufstand von «Halaskâr» im Juli 1912, als Talât seine kurze Erklärung veröffentlichte, dachte er kurz daran, einen gewaltsamen Aufstand gegen die neue Ordnung zu organisieren. Er erwog sogar einen Bürgerkrieg, aber liess diese Idee dann doch bald wieder fallen. In Absprache mit dem Komitee wurde ein ruhiges Vorgehen beschlossen.[31] Der CUP-Kongress wählte im September 1912 eine aussergewöhnlich hohe Zahl von 21 Mitgliedern ins Zentralkomitee, unter ihnen Talât, Cavid, Cahid, Hayri, Nâzım, Halajian, Ali Münif, Ziya Gökalp und Midhat Şükrü. (Seit 1911 fand der Kongress nicht in Saloniki, sondern in Istanbul statt.) Am Kongress wurde auch entschieden, den politischen Kampf fortzusetzen. Das bedeutete Teilnahme an den nächsten Wahlen und sich darauf vorzubereiten – also nicht aus einer Protesthaltung heraus die Wahlen einfach zu boykottieren. Das sorgte für Nervosität in der Regierung. Um zu verhindern, dass das CUP dank seiner organisatorischen Stärke in den Provinzen an die Macht zurückkehren konnte, war eine Säuberung der Verwaltung erforderlich. Aber dazu hätte es aufseiten der neuen Regierung einer sehr viel grösseren Entschlossenheit als bisher bedurft.[32]

Das CUP zog die Regierung in eine unvorteilhafte Rivalität hinein. Die wachsenden Spannungen mit Bulgarien und anderen Balkanstaaten mündeten in einen Wettlauf um Populismus und patriotisches Protzen. Daneben wurden wichtige «Verwaltungs-

---

29 Cavid, Tagebuch, Bd. 1, 442 f., 22./23. Juli 1912; 442, 7.–31. August 1912; Rambert, Tagebuch, Bd. 41, 7. August 1912; Hayri, Tagebuch, 153, 4. August 1912.
30 Kaligian, Armenian Organization, 122–139.
31 Hayri, Tagebuch, 171, 23. August 1912; Bayar, Ben de yazdım, Bd. 2, 153.
32 Hayri, Tagebuch, 179, 30. August 1912; Rambert, Tagebuch, Bd. 42, 6. September 1912.

Abb. 11: «Hier ruht seine [Talâts] Parlamentskammer. Weder konnte sie selber Frieden finden, noch vermochte sie, dem Volk Trost zu spenden. Sie brach zusammen und verliess diese Welt. Die Verstorbenen in den Gräbern müssen sie jetzt ertragen. Das Parlament stirbt am 23. Juli 1328 [5. August 1912]» (*Cem*, 10. August 1912).

angelegenheiten vollständig vernachlässigt», mit dem Ergebnis, dass «sich die Öffentlichkeit leidenschaftlich darüber beschwerte, dass die Regierung der Alten keinen Deut besser sei als die der Jungen [Jungtürken]». Seit März 1912 waren Bulgarien, Serbien, Montenegro und Griechenland dabei, gemeinsam eine militärische Balkanliga aufzubauen, welche die nötige Schlagkraft haben sollte, die osmanischen Streitkräfte in den europäischen Gebieten der Türkei zu besiegen. Aber Ende September 1912 wussten nicht einmal die normalerweise gut informierten Beobachter der laufenden Ereignisse Bescheid über dieses Bündnis.[33] Die martialische Propaganda und die militärischen Vorbereitungen ihrer Nachbarn verstimmten die Osmanen gründlich und stachelten ihren Nationalstolz an. Am 28. September äusserte sich Rambert höchst besorgt darüber, dass die Regierung in einer ganz unüblichen Massnahme «plötzlich grosse militärische Manöver in Adrianopel und im Grenzgebiet zu Bulgarien anordnete». Besorgt über mögliche Reaktionen von bulgarischer Seite, zog er den Schluss: «Es fällt schwer, in diesem Schritt nicht eine [bewusste] Provokation zu erkennen», und tatsächlich reagierte Bulgarien mit einer Mobilisierung seiner Streitkräfte.

Talât und das CUP taten alles, um von der angespannten Atmosphäre zu profitieren. Sie hatten sogar hart auf die Vorbedingungen hingearbeitet, die diese gespannte Situation erst entstehen liessen, denn sie wollten die Regierung unter Zugzwang bringen. Über die CUP-Presse, insbesondere mit einem langen Interview, das gegen Ende September 1912 publiziert wurde, versuchte Marineminister Mahmud Muhtar, der Sohn des Grosswesirs, Talât von einem Weg in Richtung Friedenspolitik zu überzeugen. Talât jedoch erklärte: «In erster Linie wollen wir Krieg [...] und diese starke Waffe [der Kriegshetze] werden wir nie aus der Hand geben.» Als primären Grund für diese Haltung gab er an, dass das CUP von der neuen Regierung ungerecht behandelt werde.[34] Am Freitag, dem 4. Oktober, organisierte das CUP eine riesige Versammlung

---

33 Rambert, Tagebuch, Bd. 42, 2. Oktober 1912.
34 Cavid, Tagebuch, Bd. 1, 460, 19.–30. September 1912.

auf dem Sultanahmet-Platz, wo Talât, Ali Münif, Halajian, Nâzım, Ömer Naci, Emmanuil Emmanuilidis (Rûm, Abgeordneter und CUP-Mitglied) und weitere Redner Ansprachen hielten. Talât und Halajian schwenkten osmanische Fahnen und riefen: «Krieg, wir wollen Krieg!», womit sie die zahlreichen Studenten der nahegelegenen Universität von Istanbul (Darülfünun) aufstachelten, die sich in der Menschenmenge befanden. Sie redeten der Menge ein, einzig Krieg vermöge die nationale Ehre zu retten und nationale Interessen zu wahren. Die Studenten wiederholten im Sprechgesang Talâts «Krieg, wir wollen Krieg!» und fügten hinzu: «Sturm auf [die bulgarische Stadt] Plovdiv, Sturm auf [die bulgarische Hauptstadt] Sofia!»[35]

Am nächsten Tag, dem 5. Oktober 1912, schrieb Hüseyin Cahid im CUP-Sprachrohr *Tanin*: «Das Leben und die Existenz der Nation ist nur von einer einzigen Aktion, einer einzigen Vision in Beschlag genommen: Krieg, Krieg, Krieg.» Unter allen CUP-Berühmtheiten besass nur Cavid die nötige Weisheit, sich zurückzuziehen und sich zu weigern, eine Rede zu halten, obwohl man ihn als charismatischen Redner kannte. Er tat dies mit der Begründung: «Solange sich der Staat nicht festgelegt und nicht entschieden hat, wie er weitermachen will, ist es nicht angemessen, öffentliche Reden zu schwingen.» Sein Tagebucheintrag vom 3. Oktober spricht von einer «riesigen öffentlichen Erregung» und von einem «Verlangen nach Krieg», das schwer zu bremsen sei. Trotzdem glaubte er noch am 7. Oktober, der Krieg könne verhindert werden.[36]

Anfang Oktober 1912 war Talât wieder die einigende Figur im Komitee, das sich noch ein paar Wochen zuvor in einem Zustand tiefer Niedergeschlagenheit befunden hatte. Und zum ersten Mal trat er als Demagoge in Erscheinung, der die gesamte politisierte Bildungsjugend zu mobilisieren vermochte. Talât, Meister der Subversion, war auf dem besten Weg, ein begeisterungsfähiger Agitator zu werden, der gerne vor grossen Menschenmengen auftrat.[37] Um mit gutem Beispiel voranzugehen, traf er am Tag nach der grossen Kundgebung vom 4. Oktober Vorbereitungen, um sich freiwillig als Soldat zu melden; auch ein Bajonett wollte er sich kaufen.[38] Es ist plausibel, dass das CUP scheinbar spontane Umzüge von Demonstranten organisierte. Denn «Gruppen von Freiwilligen waren in der ganzen Stadt unterwegs und riefen: ‹Lang lebe der Krieg!›, und sie taten das in diszipliniert-geordneter Weise, sogar vor den Gebäuden ausländischer Botschaften» (die für sie ein rotes Tuch darstellten).[39] Zu jenem Zeitpunkt bestand noch eine reelle Chance, dass Besonnenheit, kühler Sachverstand und internationale Diplomatie den Krieg hätten verhindern können, auf den sich die Balkanstaaten bereits vorbereiteten. Talât und das CUP jedoch schlugen den entgegengesetzten Weg ein. Um politisches Terrain zu gewinnen, setzten sie darauf,

---

35 Ebd., Bd. 1, 463, 4. Oktober 1912; Dr. Cemil Paschas Augenzeugenbericht zitiert in Rey, Gördüklerim, 156. Cemils Schilderung weicht leicht von derjenigen von Reşit Rey ab. So legt Cemil das Ereignis auf den Samstag, was ein Hinweis auf eine zweite Manifestation sein könnte, die am 5. Oktober vor dem Dolmabahçe-Palast stattfand. Esatlı, İttihat ve Terakki, 143.
36 Cavid, Tagebuch, Bd. 1, 463, 3./4. Oktober 1912; vgl. Rambert, Tagebuch, Bd. 42, 7. Oktober 1912. Hüseyin Cahid zitiert in Gingeras, Fall of the Sultanate, 80.
37 Vgl. «fougueux Talaat», Rambert, Tagebuch, Bd. 42, 7. Oktober 1912.
38 Hayri, Tagebuch, 192, 5. Oktober 1912.
39 Rambert, Tagebuch, Bd. 42, 7. Oktober 1912.

die osmanische Gesellschaft zu polarisieren und die politische Atmosphäre zu vergiften – obwohl dies zu einer destruktiven Radikalisierung führen musste. Sie beeinträchtigten damit nicht nur seriöse Pressearbeit, sondern auch die Regierung, die nicht die Widerstandskraft besass, die in dieser Situation erforderlich gewesen wäre.

Hürriyet ve İtilâf, die mit dem CUP rivalisierende liberale Partei, hatte kurz vor der Massenversammlung des CUP am 4. Oktober 1912 auch ein Parteitreffen einberufen. Das war ein bewusster Schachzug gegen das CUP und dessen Kriegshetze. Man wollte Lösungen entwickeln und Vertrauen aufbauen. Daher vermied man kämpferische Töne und gegen die Regierung gerichtete Attacken. Zweifellos war es unklug von der Regierung, dass sie die Durchführung der CUP-Versammlung überhaupt zuliess und dass sie zuvor militärische Manöver an der Grenze durchgeführt hatte. Hinzu kam, dass sie ganz offensichtlich nicht in der Lage war, den ausgerufenen Notstand mit seinen Sondergesetzen im Land konsequent durchzusetzen. Anfang Oktober war die Regierung immer noch darum bemüht, die Situation auf dem Balkan irgendwie in den Griff zu bekommen und sich in Absprache mit europäischen Diplomaten endlich den Reformen zu widmen, wie sie im Artikel 23 des Berliner Vertrags stipuliert waren. Die notorischen Mängel im Aufbau und in der Funktionstüchtigkeit der Verwaltung waren ein Hauptgrund für die Unruhen und Spannungen im europäischen Teil der Türkei. Hier drohten sich die Probleme zu einem Präzedenzfall zu entwickeln, der als Legitimation für einen Angriff auf das Osmanische Reich dienen konnte. Insbesondere der erfahrene osmanische Aussenminister Gabriel Noradunkyan bemühte sich, den Krieg abzuwenden.[40]

Das CUP nahm Noradunkyans diplomatische Kompromissbereitschaft zum Anlass, sich selber als die einzige wirklich patriotische Kraft im Land zu präsentieren und die anderen als von ausländischen Kräften abhängig zu diffamieren. Fortan inspirierte, mobilisierte und organisierte das CUP die Jugend auf der Strasse. Am 8. Oktober 1912 bewegten sich Tausende von ihnen zur Hohen Pforte; sie sangen patriotische Lieder und riefen: «Wir wollen den Krieg! Lang lebe der Krieg! Zur Hölle mit dem Artikel 23!» Schliesslich erschien Grosswesir Ahmed Muhtar Pascha mit seinem Sohn Mahmud Muhtar Pascha vor der grossen Menschenmenge. Rambert berichtet, dass ein Studentenführer gerufen habe, «die Nation wolle den Krieg und weder die Aufsplitterung des Reichs noch den Verzicht auf Mazedonien». Nach Ahmed Muhtars Schlusswort an die Studenten, in dem er an die Heldenhaftigkeit früherer Zeiten erinnerte, rief die Menge, dass sie nicht mit alten Zeiten vertröstet werden wolle, sondern begehre, *jetzt* Siege zu sehen. Die Sprechgesänge der Menge verhinderten, dass sich der Grosswesir nochmals mit einer Replik einbringen konnte.[41] Im Endergebnis stand die Regierung noch stärker eingeschüchtert da als zuvor. Am Morgen desselben Tages hatte Montenegro dem Osmanischen Reich den Krieg erklärt. Es folgte eine eigenartig ruhige Zeitspanne von neun Tagen, in der nichts geschah, dann schlossen sich die mit Montenegro verbündeten anderen Balkanländer der Kriegserklärung an. Der Krieg begann.[42]

---

40 Bayur, Türk inkılâbı tarihi, Teil 1, Bd. 2, 393–406; Kévorkian, Armenian Genocide, 135 f.
41 Rambert, Tagebuch, Bd. 42, 8. Oktober 1912; Cavid, Tagebuch, Bd. 1, 466, 8. Oktober 1912; Esatlı, İttihat ve Terakki, 147.
42 Bayur, Türk inkılâbı tarihi, Teil 1, Bd. 2, 413.

Wir haben festgestellt, dass die osmanische Regierung von innen heraus ebenso stark unter Druck gesetzt wurde wie von den Balkanstaaten. Das CUP, grosse Teile der Armee und eine lautstark sich zu Wort meldende Studentenschaft wollten den Krieg und lehnten deshalb Verhandlungen über Reformen unter europäischer Aufsicht kategorisch ab. Die osmanische Armee war jedoch in keiner Weise bereit für den Krieg. Die Hohe Pforte wurde Anfang Oktober innerhalb weniger Tage an den Rand des Kriegs gedrängt. Aus Schwäche schlitterte sie dann auch tatsächlich in diesen Krieg. Sogleich beschleunigte sie Mobilisierung und Requirierung sowie die Friedensverhandlungen mit Italien, welche am 15. Oktober zu einem Abschluss führten, obwohl das schon viel früher zu erreichen gewesen wäre. Die europäischen Börsen gerieten wegen ihrer orientalischen Wertpapiere und Aktien in Panik. Unter Vermittlung von Zohrab kam es zu erneuten Bemühungen der liberalen Partei Hürriyet ve İtilâf um ein Bündnis unter den Parteien. In diesen Zeiten grosser Gefahr hätten Klüfte in der politischen Landschaft überbrückt werden sollen. Das CUP jedoch blickte verächtlich auf seinen Rivalen herab und bewertete dessen Avancen als ein Zeichen der Schwäche oder als Hinweis auf parteiinterne Spaltungserscheinungen.[43] Noch vor Ende Oktober erreichten Nachrichten von vernichtenden Niederlagen und schweren eigenen Verlusten Konstantinopel. In der Folge musste Muhtars Kabinett abdanken; am 30. Oktober 1912 wurde es durch eine Regierung unter Kâmil Pascha ersetzt.

Sowohl Kâmil als auch der neue Innenminister Ahmed Reşid (Rey) waren entschiedene Gegner des CUP.[44] Ihr Ziel war es, eine gründliche Demontage des CUP und seiner Machtbasis in den Provinzen herbeizuführen. Aber wie sollte das geschehen können in Zeiten eines unter ganz schlechten Vorzeichen begonnenen, teilweise selbst verursachten und in jeder Hinsicht katastrophalen Kriegs? Das CUP mit Talât an vorderster Front zögerte nicht, die ganze Schuld für die Niederlage und die Verluste der herrschenden Regierung anzulasten. Angesichts der Niederlage fehlte auf beiden Seiten die Bereitschaft zu einer ehrlichen Selbstanalyse. Im Rückblick ging Ahmed Reşid sogar so weit, die Hauptschuld am Balkankrieg zwei Einzelpersonen anzulasten, zwei Armeniern: dem CUP-Mann Halajian in der Opposition und seinem Kollegen im Kabinett, Noradunkyan.[45]

Beim CUP gab es keinerlei Bereitschaft zu Selbstkritik, obwohl es dessen lautstarke, gehässige Kampagne war, welche im Rückblick der Historiker massgeblich «zum Ausbruch der desaströsen Balkankriege beitrug».[46] Aber damit nicht genug: Die Kriegshetze wurde unverfroren fortgesetzt. Einige dachten über ominöse Wege in eine neue Zukunft nach: «Wenn wir Rumelien [die europäische Türkei] verlieren, wird die Frage der Einheit unterschiedlicher Volksgruppen [ittihâd-ı anâsır] ihre grosse Bedeutung einbüssen, und dann werden wir eine andere Politik verfolgen.» Damit war eine auf Kleinasien fokussierte Politik mit dem Risiko ethnischer Homogenisierung und «Säuberung» gemeint. Zwar war Cavid als Person unbestechlich und

---

43 Cavid, Tagebuch, Bd. 1, 468 f., 12. Oktober; 509, 10. November 1912. Vgl. Hayri, Tagebuch, 177 f., 29. August 1912.
44 Rambert, Tagebuch, Bd. 42, 4. und 10. Oktober 1912.
45 Rey, Gördüklerim, 157.
46 Hanioğlu, Second Constitutional Period, 73; Cavid, Tagebuch, Bd. 1, 478, 24. Oktober 1912.

guten Willens, aber auch bereit, sich einem Komitee unterzuordnen, das von anderen dominiert wurde. So erwies sich seine Behauptung, dass die Rûm in Anatolien dann «in völliger Sicherheit» leben könnten, als verheerende Fehleinschätzung.[47]

Innerhalb von zwei Wochen waren die osmanischen Streitkräfte erledigt und die meisten europäischen Gebiete der Türkei verloren. Anfang November 1912 waren die Mythen von osmanischer Überlegenheit, islamischer Eroberung und vom ewigen Ruhm des osmanischen Halbmonds widerlegt. All die pathetischen Reden über den Krieg erwiesen sich als hässlich, hohl und unwahr. «Es fällt schwer, den Schmerz und die Verzweiflung der Türken anzuschauen. Sie neigen ihre Köpfe in trostloser Verwirrtheit [...] und sie stellen sich die Frage, was sich denn da gerade abspielt. Das ist ein schlechter Traum, ein Alptraum, ein ganz und gar unvorstellbares Geschehen», so Ramberts Beschreibung der Situation. Tausende von verwundeten Soldaten und Zehntausende von muslimischen Flüchtlingen (Muhacir) aus den Balkanländern strömten in die Hauptstadt. Zusammen mit dem Roten Kreuz, dem in Istanbul ansässigen Journalisten Max R. Kaufmann und anderen Landsleuten organisierte Rambert die Lieferung von 50 000 Matratzen sowie Nothilfe. Die Cholera breitete sich aus. Mitte des Monats November gab es bereits rund 20 000 Erkrankte, die sich durch die Strassen schleppten oder am Strassenrand, auf öffentlichen Plätzen und in den Innenhöfen der Moscheen von Istanbul lagen. Doch die Gesamtzahl der Muhacir in der Stadt war noch viel grösser. Beim Anblick der unzähligen versehrten Menschen konnte sich Rambert nur noch in einer Art Selbsttrost den Zuspruch geben – oder im Indikativ beten: «Gott ist mit ihnen.»[48]

Als Rambert am 8. November mit Regierungschef Kâmil über geschäftliche Dinge im Zusammenhang mit der Régie des tabacs sprach, zeigte sich dieser zuversichtlich, dass er den Krieg innerhalb weniger Tage beenden könne. Nachdem es die europäischen Mächte abgelehnt hatten, einen Waffenstillstand durchzusetzen, suchte Kâmil nach einer Möglichkeit der Vermittlung. Aber Talât und Prinz Said Halim, ein neuer CUP-Doyen, legten bei einer Unterredung mit Kâmil sofort ihren Protest ein. Sie plädierten dafür, den Krieg sogar noch zu intensivieren, und die Zeitungen übernahmen unmittelbar nach dem Treffen diese Stossrichtung. Statt nach der Niederlage und humanitären Katastrophe ernsthafte Selbstkritik zu üben und sich um eine realistische Neuausrichtung zu bemühen, setzte man erneut auf Kriegshetze. Dabei wurden irreführende Geschichten über hypothetische Siege in Umlauf gebracht. Das trug dazu bei, die Regierung bei ihren konstruktiven Bemühungen zu blockieren – was vermutlich die vorrangige Absicht der Agitatoren um Talât war. In den Zeitungen wurde zur gleichen Zeit die erbitterte Klage immer lauter, die europäischen Mächte würden den Status quo nicht sicherstellen, wie es im Berliner Vertrag doch klar festgehalten und zugesichert worden sei. In Talâts Apologie von 1919 klingt dieses Argument und der selektive Rückgriff auf den Berliner Vertrag immer noch deutlich nach.[49] Die Presse

---

47 Cavid, Tagebuch, Bd. 1, 512, 10. November 1912.
48 Rambert, Tagebuch, Bd. 42, 3./4. November 1912; Bd. 43, 10.–17. Dezember 1912; Max Rudolf Kaufmann: «Erlebnisse in der Türkei vor 50 Jahren», in: *Zeitschrift für Auslandsbeziehungen* Bd. 12, Nr. 2/3 (*1962*), 240 f. (Dank an Jochen Schrader für diesen Hinweis).
49 Talat Paşa, Hatıralarım ve müdafaam, 28.

schob die gesamte Schuld am Krieg auf die Grossmächte, welche sich angeblich mit den Balkanstaaten verschwört hätten – auch dies eine verpasste Gelegenheit, den eigenen Anteil am bösen Verlauf der Geschichte zu hinterfragen.

Der Lauf der Ereignisse hatte ein rasantes Tempo aufgenommen. Im Verhalten der europäischen Mächte zeigten sich in der Tat verstörende Widersprüche. «Nur zwanzig Tage liegen zwischen zwei Deklarationen, die beide offiziell sind, aber gegensätzlich ausfallen. Die Regierungen der drei Ententemächte hatten noch Mitte Oktober deutlich erklärt – und zwar nicht nur in Zeitungsartikeln, sondern ganz explizit in offiziellen Mitteilungen an die Krieg führenden Parteien –, dass es für den Sieger keinen Zugewinn an Territorien geben werde, wie auch immer der Krieg ausgehen möge.» Inzwischen kamen auch kühl analysierende Köpfe in Istanbul zum Schluss, dass selbst Frankreich und Grossbritannien einer Aufteilung der europäischen Gebiete der Türkei unter den Siegern zustimmen würden. Daher sahen sie am Horizont das Risiko eines gesamteuropäischen Kriegs auftauchen, der vom nachosmanischen Balkan ausgehen und dem Sog der orientalischen Frage destruktiv nachgeben würde. «Eine neue und noch wenig bekannte Kraft hat sich [auf dem Balkan] zu erkennen gegeben. [...] Die türkische Macht der Trägheit [auf dem Balkan] ist verschwunden. [...] Der Hexenkessel europäischer Politik ist total, und wir werden demnächst grosse historische Ereignisse erleben.» Als Talât 1919 behauptete, der Weltkrieg sei aus den Balkankriegen hervorgegangen, sprach er einen Gemeinplatz aus, den besorgte Geister in Istanbul schon im Herbst 1912 antizipiert hatten.[50]

20 Der Putsch, Januar 1913

Gegen Mitte November 1912 erhöhte das neue Kabinett den Druck auf das CUP, schloss dessen Hauptsitz und plante, wichtige Führungspersonen zu verhaften. Schon unter dem früheren Kabinett war Hüseyin Cahid verhaftet und wieder freigelassen worden, worauf er nach Europa floh. Kurz nach ihm floh auch Cavid, indem er sich auf einem französischen Kriegsschiff versteckte und so nach Marseille gelangte. Cavid glaubte seinem Freund Talât, dass dieser einen «vollkommen treuen und patriotischen» Dienst als Soldat an der Front leisten wollte. Bei Talâts militärischem Vorgesetzten Şükrü Pascha, dem Befehlshaber von Edirne, war dieses Vertrauen nicht vorhanden. Er sandte Talât zurück nach Istanbul, weil er ihn für einen schädlichen Agitator in seiner Einheit hielt. Obwohl vom Grad her nur einfacher Soldat, hatte Talât in Edirne die Privilegien eines Offiziers genossen. Seit dem 5. November war Talât zurück in Istanbul. Mit Unterstützung des Zentralkomitees fuhr er damit fort, Mitglieder des Kabinetts zu besuchen, um auf diesem Weg die von CUP-Gegnern gebildete Regierung zu beeinflussen. Allerdings musste er ein paar Tage später in den Untergrund gehen.

---

50 Ebd.; Rambert, Tagebuch, Bd. 42, 8./9. November 1912 (Zitate aus dieser Quelle); Cavid, Tagebuch, Bd. 1, 471, 15. Oktober 1912.

Für einige Zeit hielt sich Talât im Haus von Tahsins Schwager in Arnavutköy (Beşiktaş, Istanbul) versteckt. Dort fanden sich jetzt vier Männer zusammen, die auch in den Jahren 1915/16 wieder eine enge Zusammenarbeit pflegen sollten: die späteren Provinzgouverneure (*vali*) von Erzurum und Trabzon Hasan Tahsin sowie Cemal Azmi, der CUP-Sekretär Midhat Şükrü und Talât.[51] Obwohl man ihn in der Öffentlichkeit bereits überall kannte, konnte sich Talât erfolgreich versteckt halten, weil er von vielen Sympathisanten auch in Polizeikreisen unterstützt wurde. Es ist auch denkbar, dass man aufseiten der Regierung vorzog, ihn unbehelligt zu lassen, oder aber es fehlten einfach die Entschlossenheit und der Mut, eine politische Grösse wie ihn in Haft zu setzen.[52] Theoretisch bestand für die Regierung in jenen Wochen die Möglichkeit, das CUP endgültig auszulöschen.[53] Unter den Verhafteten der Monate Oktober und November befanden sich Hayri, Halajian, Karasu (beziehungsweise Carasso), Kazım sowie Intellektuelle von ausserhalb der CUP-Kreise, namentlich Abdullah Cevdet und Süleyman Nazıf. Die Regierung wollte unter allen Umständen verhindern, dass, falls ein Friedensschluss zustande käme, eine aus nationalistischem und religiösem Ressentiment gespeiste Protestbewegung organisiert würde.[54]

Am 28. November 1912 erklärte Albanien mit Unterstützung von Österreich und Italien seine Unabhängigkeit. Am 3. Dezember unterzeichnete das Osmanische Reich ein Waffenstillstandsabkommen mit Bulgarien, Montenegro und Serbien. Griechenland ging seinen eigenen Weg, denn es wollte die Eroberung der Inseln Lesbos (Mytilene), Lemnos und Chios noch vollständig zu Ende führen. Im Anschluss an diesen Waffenstillstand kam es in London zu einem Treffen von Botschaftern der Grossmächte und Delegationen der Länder des Balkanbundes, um die Modalitäten eines endgültigen Friedensvertrags auszuhandeln. Die Verhandlungen begannen am 16. Dezember.[55] Gegen Ende Dezember 1912 konnte sich Talât bereits wieder frei in Istanbul bewegen. Er ermutigte seine ins Ausland geflohenen Freunde, wieder heimzukehren und fasste, neben anderen Optionen, einen Putsch ins Auge. In der Hauptstadt war die öffentliche Stimmung wieder aufgeheizt.

Rambert schreibt in seinem Tagebuch: «Stimmen aus allen Lagern betonen die absolute osmanische Unnachgiebigkeit, was den Besitz Adrianopels (Edirne) betrifft. Man spricht über den drohenden Abbruch der Verhandlungen und über die Wiederaufnahme der Feindseligkeiten.»[56] Enver war inzwischen vom Schlachtfeld in die Hauptstadt zurückgekehrt. In Briefen an seine Freunde im Ausland formulierte Talat drei alternative Vorschläge zum weiteren Vorgehen: als erste Option eine Revolution

---

51 Uzer, Makedonya eşkiyalık tarihi, 320.
52 Dies gibt die Meinung von Hüseyin Kazım (Kadri) wieder, der einer der Verhafteten war. Kadri, Meşrutiyet'ten cumhuriyet'e hatıralarım, 134.
53 Dies gibt die Meinung von Tahsin (Uzer) nach dem Putsch wieder. Er war damals Distriktgouverneur und Polizeichef von Beyoğlu. Uzer, Makedonya eşkiyalık tarihi, 320.
54 Hayri, Tagebuch, 202, 5. November 1912; 213–218, 21. November 1912; 225, 29. November 1912; Cavid, Tagebuch, Bd. 1, 475, 20. Oktober 1912; 524, 14. November 1912; Rambert, Tagebuch, Bd. 43, 15., 17. und 23. November 1912; Babacan, Mehmed Talât Paşa, 76 f.
55 Rambert, Tagebuch, Bd. 43, 24. November und 6. Dezember 1912; Richard C. Hall: «Balkan Wars, 1912–1913», in: *1914–1918. International Encyclopedia of the First World War*, http://dx.doi.org/10.15463/ie1418.10009.
56 Rambert, Tagebuch, Bd. 43, 22. Dezember 1912.

zum Sturz «dieser niederträchtigen Regierung»; als zweiten Vorschlag Abwarten und weiteres Beobachten der Situation, und als dritte Möglichkeit: mit erfahrenen Personen des politischen Lebens, namentlich mit Kriegsminister Nâzım Pascha, einen Pakt gegen Kâmil schliessen, um ein neues Kabinett zusammenzustellen.

Ende Dezember beurteilte Talât die dritte Option als gangbaren Weg, sofern Nâzım und die Armeespitze davon überzeugt werden könnten, den Krieg weiterzuführen statt zu kapitulieren und damit Edirne der bulgarischen Armee oder die Inseln den Griechen zu überlassen. Nicht alle vom CUP waren damit einverstanden, mit Nâzım Pascha einen derartigen Deal einzugehen. Cahid und Cavid traten für eine neue, junge und radikale Regierung ein, die fähig sein sollte, dem Land neues Leben einzuhauchen. Eine ähnliche Haltung vertraten auch «Topal» İsmail Hakkı und Dr. Nâzım, zwei Mitglieder des Zentralkomitees, die auch nach Europa geflohen waren. Zur gleichen Zeit machte sich Cavid darüber Gedanken, die politische Bühne zu verlassen und länger ins Exil zu gehen.[57]

Talât besuchte auch den Stabschef Ahmed İzzet Pascha, der am 17. November 1912 aus Jemen zurückgekehrt war. Doch dieser war nicht für die Idee eines Putsches zu gewinnen, auch nicht durch das Versprechen von Talât und Hacı Adil, ihm dann in der neuen Konstellation die Rolle als Grosswesir zu übertragen. «Ich verlangte, dass man während der Friedensverhandlungen von revolutionären Aktionen absieht, denn das würde nur unsere Position gefährden.»[58] Die politische Atmosphäre in Istanbul verschlechterte sich spürbar, als die Hohe Pforte am 23. Januar 1913 ein gemeinsam von den europäischen Mächten verfasstes Schreiben – datierend vom 17. Januar – betreffend den Friedensschluss mit den Balkanstaaten und die Forderung nach der Abtretung von Edirne beantworten sollte. Am 22. Januar stand praktisch fest, dass die Hohe Pforte mit Unterstützung einer Versammlung von Notablen (denn das Parlament war bereits aufgelöst) am Folgetag sämtliche Forderungen akzeptieren würde, denn sie wollte den Frieden. Seit Anfang Januar gab es an der Börse in Erwartung eines baldigen Friedensschlusses eine Umkehr des Trends bei den Kursverläufen. Es bestand also die Hoffnung, dass «die Periode eines zuvor noch nie dagewesenen Industrieaufschwungs», deren Anfang man vor Mitte Oktober 1912 erlebt hatte, fortgesetzt werden könnte.[59]

In Ramberts Tagebuch findet man dazu einen ungewohnt persönlich gefärbten Kommentar: «Es fällt nicht schwer zu verstehen, dass die Balkanstaaten den Besitzanspruch auf diese Stadt [Edirne] anmelden, auch wenn sie sie noch gar nicht eingenommen haben. Aber der Zwang, den die Grossmächte mit vereinten Kräften auf die Türkei ausüben, ist weder fair, noch entspricht er den Neutralitätsprinzipen und vor allem auch nicht den heiligen Versprechungen zu Beginn des Krieges. [...] Was mich betrifft, so bin ich doch sehr überrascht über diese Art von Nötigung durch die Grossmächte, vor allem aber über die brutal feindliche Haltung von Frankreich.»[60]

---
57 Cavid, Tagebuch, Bd. 1, 537–546, 23. Dezember 1912 bis 1. Februar 1913.
58 Ahmed İzzet, Feryadım, Bd. 1, 159. Vgl. Ayışığı, Mareşal Ahmed İzzet Paşa, 60–65.
59 Reports of the Deutsche Bank, 11. Januar und 1. März 1913, OR 1322, Historical Archive of the Deutsche Bank, Frankfurt.
60 Rambert, Tagebuch, Bd. 44, 22./23. Januar 1913.

Vor diesem Hintergrund konnte der Staatsstreich vom 23. Januar 1913 gegen ein osmanisches Kabinett, welches allen fremden Forderungen nachgab, nicht nur auf breite Unterstützung der eigenen Landsleute zählen, sondern auch mit einigem Verständnis in internationalen Kreisen rechnen.

Seit Anfang Januar war Talât zusammen mit einer Ad-hoc-Gruppe von Insidern aktiv damit beschäftigt, Vorbereitungen für einen Putsch zu treffen. Zu dieser Gruppe gehörten Mitglieder des Zentralkomitees und weitere Gleichgesinnte, unter ihnen Said Halim, Ziya Gökalp, Midhat Şükrü, Hacı Adil, Kara Kemal, Hasan Tahsin und Enver. Schon damals informierte Talât Victor Jacobson, den inoffiziellen Vertreter der Zionisten in Istanbul, dass die Möglichkeit für eine Rückkehr des CUP an die Macht jetzt gegeben sei.[61] Er spürte sehr wohl, dass es auch Mitstreiter wie Hayri und Mahmud Şevket gab, die einen Staatsstreich niemals befürworten würden und die dessen Durchführung gefährden konnten. Enver war die für den Erfolg ausschlaggebende Person. Er war nicht nur der Verantwortliche für den operativen Teil der Aktion, sondern er besass auch die nötige Überzeugungskraft für die Entscheidungsfindung in der Gruppe. Zudem stand die Wache der Hohen Pforte unter seinem Einfluss. Er verfügte über ihm ergebene, kampferprobte Offiziere, die eine derartige Aktion benötigte, und er hatte gute Kontakte zu dem Sultan nahestehenden Personen. Denn dessen Unterschrift war bei jedem personellen Wechsel im Kabinett erforderlich.

Aber der unbestreitbare politische Mentor, Planer und die Autorität hinter dem Putsch war Talât.[62] Sein junger und loyaler CUP-Freund Hasan Tahsin (Uzer, 1878–1939) aus Saloniki weist darauf hin, dass die Durchführung des Putschs ursprünglich für eine Woche früher vorgesehen war, aber dann verschoben werden musste. Tahsin hatte schon damals Hunderte von Demonstranten aufgeboten, die vor der Hohen Pforte aufmarschieren sollten.[63] An der Spitze einiger CUP-Offiziere drangen Enver und Talât am 23. Januar 1913 um 14 Uhr ins Gebäude der Hohen Pforte ein, gefolgt von einer organisierten Demonstrantengruppe, die sich mit Fahnen vor dem äusseren Tor der Hohen Pforte versammelt hatte.

Im Innern des Gebäudes bereiteten sich die Minister auf ihre Sitzung vor. Bei ihnen waren auch Huguenin und Mitglieder einer deutschen Delegation, die gekommen waren, um über die Gewährung einer Anleihe zu verhandeln. Kriegsminister Nâzım stellte sich mit Unterstützung einiger Wachsoldaten den Eindringlingen entgegen, wurde aber von einem der Offiziere, Yakub Cemil, niedergeschossen. Darauf drangen Talât und Enver zum Büro des Grosswesirs vor. In scharfem und autoritärem Ton befahl Talât dem achtzigjährigen Kâmil Pascha abzudanken, während Enver respektvoll blieb und spüren liess, dass ihm die Situation unangenehm war. Kâmil verfasste «als Reaktion auf einen Vorschlag des Militärs» ein Schreiben zu seiner Amtsniederlegung, aber er wurde gezwungen, die Formulierung zu korrigieren, sodass sie auf «Vorschlag des Volkes und des Militärs» lautete.[64] Viele, die Talât nur von oberflächlichen Begegnungen her kannten, beschrieben wiederholt seinen gewinnenden

---

61 Jacobson, 4. Januar 1913, CZA, Z3-45, 00281; bestätigt am 6. Januar 1913, Z3-45, 00274.
62 Babacan, Mehmed Talât Paşa, 78–82; Hayri, Tagebuch, 252, 23. Januar 1913.
63 Uzer, Makedonya eşkiyalık tarihi, 320 f.
64 Türkgeldi, Görüp işittiklerim, 78 f.

Charme. In Wirklichkeit kombinierte er Charme mit Einschüchterung, Entschlossenheit mit Brutalität, was sich im Zusammenhang mit dem Staatsstreich, aber auch bei anderen Gelegenheiten deutlich zeigte.

Talât hatte vollumfänglich das Sagen während des Putsches und auch in der Zeit unmittelbar danach, wie Weber, der erste Dolmetscher der im Gebäude anwesenden Delegation der Deutschen, berichtete: «Kiamil [Kâmil] und seine Minister waren tatsächlich während mehrerer Stunden ihrer Freiheit beraubt. Unterdessen lag die wirkliche Staatsgewalt in den Händen des ehemaligen Ministers Talaat Bey, der sich sofort in den Besitz des Ministeriums des Innern setzte und mit der unumschränkten Herrschaft über den ganzen Gebäudekomplex des Kriegsministeriums der Hohen Pforte auch die Regierungsgewalt ausübte.»[65] Vom Innenministerium aus verschickte Talât Botschaften in die Provinzen, womit er die öffentliche Meinung und die Haltung der Amtsträger innerhalb der Verwaltung zeitnah zu seinen Gunsten beeinflusste.

Talât masste sich an, im Namen der Nation und des Volkes zu sprechen. Nach seiner Darstellung hatte die Regierung unter Kâmil Pascha beschlossen, die ganze Provinz Edirne wie auch die Inseln dem Feind zu überlassen. Sie habe damit den Volkszorn erregt. «Die Bevölkerung ist dadurch in Erregung versetzt worden, und auf die von ihr veranstaltete Demonstration hin haben die Minister demissioniert.» Sein Rundschreiben verschickte Talât als Telegramm und schloss es mit den Worten: «Die neue Regierung wird die Ehre der Nation schützen.»[66] Der Entlassung von Weber und der deutschen Delegation ging noch eine Machtdemonstration des «Diktators Talaat» voraus. «Als wir im Grossvesierat wartenden Ausländer gegen 6 Uhr Abends endlich aus unserer Lage befreit wurden – es hatte dazu doch noch des Eingreifens der Kaiserlichen Botschaft bedurft –, mussten wir zunächst dem Diktator Talaat vorgestellt und von ihm rekognosziert werden. Erst dann öffneten sich die äusseren Tore.» Dies geschah nach 18 Uhr am 23. Januar 1913.

Nach dem Staatsstreich brüstete sich Talât damit, dass er mit nur siebzehn Mann die Hohe Pforte unter seine Kontrolle gebracht und alle seinem Willen unterworfen habe.[67] Die Nation und ihre angeblichen Empfindungen sollten ein zentrales Element in Talâts politischem Diskurs bleiben. Damit kaschierte er sowohl seinen Machtanspruch und seine Lust an der Machtausübung als auch seinen Hang zu den drastischen Massnahmen einer undemokratischen, populistischen Politik. Seit September 1912 hatte Talât den patriotischen Aufruf zum Krieg seinen eigenen Interessen und seiner Sache zunutze gemacht. Jetzt erneuerte er ihn.

Wenn eine Regierung von politischen Gegnern unter Kâmil energisch gegen das CUP durchgegriffen und sich nach innen und aussen etabliert hätte, wäre das CUP tatsächlich politisch erledigt gewesen. Internationaler Kompromiss und Frieden waren Anfang 1913 zum Greifen nahe.[68] Aber Kâmils Regierung blieb ungefestigt,

---

65 Wangenheim an Auswärtiges Amt, 28. Januar 1913, PA-AA, R 13192-5.
66 Das ganze Telegramm ist wiedergegeben in Wangenheim an Auswärtiges Amt, 23. Januar 1913, PA-AA, R 13192-2.
67 Bayur, Türk inkılâbı tarihi, Teil 2, Bd. 2, 270; Rey, Gördüklerim, 206; Djemal Pascha, Erinnerungen, 7.
68 Der Innenminister hatte eine Liste mit zweihundert CUP-Mitgliedern vorbereitet, welche man verhaften, ins Gefängnis bringen oder ausser Landes verweisen wollte. Rambert, Tagebuch, Bd. 44, 9. März 1913.

auch wenn sie es schaffte, ein breites Spektrum politischer Kräfte einzubinden und international zu überzeugen. Was ihr definitiv abging, war die Macht auf den Strassen der Hauptstadt und eines aufgepeitschten Nationalismus, den sich die Radikalen unter Talât konsequent zunutze machten. Im Unterschied zum fatalen Machtwechsel in Deutschland 1933 gaben sich Konservative und Liberale in Istanbul 1912/13 nicht der Illusion hin, sie könnten mit radikalisierten Jungtürken paktieren und diese domestizieren. Sie suchten mit weitgehend legalen Mitteln die Konfrontation und verloren diese. Die CUP-Putschisten unter Talât obsiegten und etablierten einen auch noch die nachosmanische Welt auf Jahrzehnte prägenden parteidiktatorischen Stil.

Talâts Überlegenheit innerhalb des CUP wurde nach dem «Putsch, der seine Schöpfung war», noch drückender, schrieb der CUP-Parlamentsabgeordnete Emmanuil Emmanuilidis. «Danach genoss er das grenzenlose Vertrauen aller und wurde ihr wahres Oberhaupt.»[69] Der Abbruch der Londoner Friedensverhandlungen war die erste Konsequenz, die der Putsch auf internationaler Ebene nach sich zog. Dieser verpasste Friede vom Januar 1913 wäre ein Kompromiss und daher in patriotischer Hinsicht gewiss kein Ruhmesblatt gewesen. Obwohl mit demütigenden Zugeständnissen verbunden und rein pragmatisch begründet, hätte ein Friedensschluss im Januar 1913 doch eine entscheidend konstruktive Wende bedeuten können. Sie hätte den fatalen Willen zum Krieg gebrochen, der die Türkei schon in naher Zukunft ins Verderben stürzen sollte. Von nun an blieb das Faible für Krieg unlöslich verknüpft mit jeglicher Art angeblich patriotisch motivierter Selbstbehauptung. So konnten sich imperial voreingenommene Nationalisten pathetisch dazu bereit erklären, Menschenleben zu Zehntausenden aufs Spiel zu setzen. «Ich geben Ihnen die heilige Versicherung», versprach Minister Talât einem Korrespondenten des *Berliner Tageblatts*, «dass, wenn auch 80 000 türkische Märtyrer den Boden zwischen Adrianopel und Tschataldscha bedecken sollten, wir lieber den Heldentod sterben, als auf Adrianopel verzichten werden».[70]

Aus der Matrix der osmanischen Geschichte von 1912/13 erwuchsen somit zwei prägende Phänomene: zum einen Talât als Führer einer Revolution von rechts – er sollte alsbald die Hebel imperialer Macht bedienen –, zum andern ein türkisch-nationalistischer Diskurs, gespeist durch osmanisch- und sunnitisch-imperialen Nationalstolz sowie neuartiges türkistisches Gedankengut. Auch wenn dieses Erbe der 1910er-Jahre durch die Weltkriegsniederlage und den nachfolgenden Kemalismus für einige Jahrzehnte gezähmt schien, so blieb es für die Türkei und ihre Geschichte doch bis in die Gegenwart hinein wirksam und prägend. «Nationalstolz» im Sinne von 1912/13 blieb ein Eckstein politischer Identität. Gegen den Krieg zu sein, nur um im Gegenzug einen Friedensvertrag zu bekommen, oder auf eigenes Territorium zu verzichten, um sich besser auf einen verfassungstreuen Aufbau des eigenen Landes zu konzentrieren, das war im Jahr 1913 gleichbedeutend mit der Unterzeichnung des eigenen politischen Todesurteils. Mahmud Şevket Pascha, der neue Grosswesir von

---

69 Emmanuilidis, Osmanlı İmparatorluğu'nun son yılları, 36. Zu Emmanuilidis vgl. Kechriotis, On the Margins.
70 Zitiert in *Die Zeit*, 28. Januar 1913, 3.

CUPs Gnaden, war sich dessen sehr wohl bewusst und gab denn auch seine Zustimmung zur Fortsetzung des Kriegs.[71]

21 «Revolutionäre» an den Hebeln imperialer Macht

Anfang Februar 1913 gab es in der Hauptstadt noch immer «grösste Schwierigkeiten», und die Putschisten suchten über einen neuen Krieg einen Ausweg aus der Misere. Eben noch war Kâmils Regierungskabinett hart gegen seine Gegner vorgegangen, weil es sich mit gutem Grund vor deren verschwörerischen Umtrieben fürchtete. Jetzt aber waren es die CUP-Führer, welche weitaus konsequenter «ihre politischen Gegner verfolgten und inhaftierten. Das ist grotesk. Dieses Mal werden die Freunde und Unterstützer von Prinz Sabahaddin als Erste ins Visier genommen. Abwechslungsweise ist jeder einmal Minister, dann wieder Gefangener», schrieb Rambert.[72]

Auch Hayri, konservatives Mitglied des Zentralkomitees, legte sein Amt als Vorsteher des Ministeriums für religiöse Stiftungen nieder. Die Begründung für diesen Schritt lautete: Da sich die neue Regierung aus politischer Agitation und Revolution heraus gebildet hat, sollte sie sich nun auch ausschliesslich aus «Männern der Revolution» (*inkılab erbabı*) zusammensetzen, und das hiess: aus Cavid, Cahid, Babanzâde, Hacı Adil, Enver und Cemal und mit Talât als Grosswesir. Hayri stimmte mit den Revolutionären in der Rückbindung an Islam und Türkentum überein, jedoch nicht in den Methoden, darunter Komitadschilik und die Kontrolle des Kabinetts durch die Partei. Auch der Bereitschaft, sich auf einen Krieg einzulassen, konnte Hayri nichts Positives abgewinnen. In der gegebenen Situation ging Hayri so weit, gleich die Auflösung des CUP vorzuschlagen. «Wir [Hayri und Necmettin Molla] sind zum Schluss gekommen, dass Talât, Hacı Adil, Cavid und Cahid für unser Land eine Katastrophe bedeuten, denn sie haben die Nation vollständig unter ihren Einfluss gebracht. Ach, Herr, beschütze und bewahre dieses Land, amen.»[73] Tatsächlich konnte im Februar 1913 von einem ordentlichen Funktionieren der Regierung noch keine Rede sein. So schaffte man es zum Beispiel nicht, die finanzpolitischen Probleme im Zusammenhang mit der Régie des tabacs und mit der staatlichen Verschuldung anzugehen. Die «einzige handlungsfähige Person» war Cavid, der noch gar nicht zum Kabinett gehörte, aber wie ein Schattenfinanzminister hinter dem offiziellen Amtsinhaber Mehmed Rifat stand und die Geschäfte besorgte.

Rambert traf sich mit Cavid im privaten Rahmen am 9. März in Berlin und musste bei dieser Gelegenheit zur Kenntnis nehmen, dass Mahmud Şevket in das Putschvorhaben gar nicht eingeweiht worden war, dass er aber anschliessend von Talât und Enver genötigt wurde, das Amt des Grosswesirs anzunehmen. Was den Krieg betraf, so waren die CUP-Leitfiguren voller Hoffnung, dass es ihnen wenigstens gelingen würde, dem Feind noch «ein paar harte Lektionen» zu erteilen und

---

71 Vgl. Rambert, Tagebuch, Bd. 44, 9. März 1913.
72 Ebd., 4. Februar.
73 Hayri, Tagebuch, 257, 9. Februar 1913; 273 f., 6. März 1913; 284 f., 1. April 1913.

so «wenigstens die nationale Ehre» retten zu können, nachdem sie militärisch seit Ende Januar noch durchgehalten hatten. In psychologischer Hinsicht waren sie weitsichtig genug, um die Unfähigkeit der Länder des Balkanbundes zu erkennen, auf friedlichem Weg die Beute des europäischen Teils der Türkei unter sich aufzuteilen. «Die kleinen Staaten werden grausam einer gegen den anderen Krieg führen. Und das wird dann der Augenblick sein, in dem die Türkei ihre Allianzpartner aussuchen und gezielt das eine oder andere Land überfallen wird.» Obwohl in erster Linie als kühne Hoffnung formuliert, so war das eine bedeutungsvolle Vorankündigung des Zweiten Balkankriegs, der gegen Ende Juni ausbrach, wenige Wochen nach dem zwischen den Kontrahenten des Ersten Balkankriegs am 30. Mai 1913 geschlossenen Friedensvertrag von London. Die Aussicht auf einen neuen Krieg betrübte Rambert, und seine Niedergeschlagenheit verstärkte sich noch, als er sah, mit welchem Pomp in Berlin eine Militärparade zur Erinnerung an die nationalen Opfer im Kampf gegen Napoleon inszeniert wurde. Pessimistisch stimmte ihn zusätzlich das Projekt der Franzosen, den obligatorischen Militärdienst auf drei Jahre auszudehnen. «Das ist ein Rückschritt der Zivilisation hin zu nackter Brutalität. Das Studium, die Berufslehre, das Leben junger Menschen auf diese Weise zu unterbrechen [...], das ist eine Abscheulichkeit, die mich anwidert.»[74]

Die inneren und äusseren Spannungen kamen Talâts politischem Stil entgegen. Ins Kabinett von Mahmud Şevket trat er nicht ein, sondern er agierte aus dem Hintergrund, um Stabschef İzzet Pascha dazu zu drängen, den Krieg fortzusetzen. İzzet Pascha war sich sicher, dass Talât der eigentliche Drahtzieher war und richtete deshalb wichtige Mitteilungen immer an beide, den neuen Grosswesir und an Talât.[75] Den Krieg zu forcieren wurde schwieriger, als am 26. März 1913 Edirne fiel. Der anhaltende Krieg verschlang Mittel und Kräfte, die dringend an so vielen anderen Orten innerhalb des Reichs hätten eingesetzt werden sollen. Unermüdlich und ohne irgendwelche Berührungsängste bemühte sich Talât um den Aufbau seiner Netzwerke der Macht. Selbst den liberalen Abgeordneten Lütfi Fikri, einen der Führer von Hürriyet ve İtilâf, ermutigte er dazu, sich an der Regierung zu beteiligen. Fikri zeigte sich bereit, einem «Kabinett der nationalen Verteidigung» (*müdafaa-i milliye*) beizutreten, sofern dieses vorgängig von «Extremisten» gesäubert würde. Er verglich die Komiteemitglieder mit den Jakobinern der Französischen Revolution und bezog sich dabei mit bitterer Ironie auf Talâts heldenhaften Ausspruch: «Ich bin sogar bereit, mich an der Hagia Sophia aufhängen zu lassen.» Denn Talât erwartete die gleiche Radikalität vom ganzen Land. Ende Mai gelangte Fikri zur Einsicht, dass Talâts Werben um ihn und um Sabahaddin einzig dem Zweck diente, die liberalen Dissidenten als jene darzustellen, die nicht bereit waren, sich an der Regierungsverantwortung zu beteiligen. «Immer dieses Komitadschi-Gehabe, immer diese nutzlosen Scherereien. [...] Eine Regierung, die mit einem Mord beginnt, kann niemals stabil sein.»[76]

---

74 Rambert, Tagebuch, Bd. 44, 3., 7., 9. und 10. März 1913.
75 Ahmed İzzet, Feryadım, Bd. 1, 166.
76 Tagebuch von Lütfi Fikri, Dersim Mebusu Lütfi Fikri Bey'in Günlüğü, 64–67, 3.–8. April 1913; 83, 2. Mai 1913; 95, 31. Mai 1913. Vgl. Ali Birinci: «Lutfi Fikri», in: *Türkiye Diyanet Vakfı İslam Ansiklopedisi*, Bd. 27, 233 f.

Als man einen früheren osmanischen Rûm-Abgeordneten um seine Meinung über den griechische Premierminister Venizelos bat, der sich nach dem Ersten Balkankrieg grosser Popularität erfreute, sagte er, dieser sei «wie unser Talât ein Komitadschi», der mit dem Erfolg oder Misserfolg einer Aktion stehe und falle. Venizelos war jedoch von demokratischerer Gesinnung als Talât und immerhin einer, der nicht durch Mord an die Macht gekommen war.[77] Im Griechenland jener Zeit war es den Bürgern ohne weiteres möglich, öffentlich zu ihrer Meinung zu stehen, selbst in turbulenten Zeiten. In Talâts Türkei hingegen war diese Freiheit nicht gegeben. 1913 führte das neue Regime nach dem Putsch ein sehr viel strengeres Notstandsgesetz ein als jenes, das unter der Vorgängerregierung Gültigkeit hatte. Die Angst vor einem Aufstand machte die Regierung erbarmungslos im Umgang mit den – realen oder auch nur eingebildeten – Gegnern jeglicher Couleur. Es herrschte eine gnadenlose Pressezensur. Über viele der zahlreichen Verhaftungen und Ausweisungen wurde in der Presse gar nicht erst berichtet. Auch das Komiteemitglied Hüseyin Cahid (Yalçın), Abgeordneter, führender Journalist und Besitzer der Zeitung *Tanin*, war durch diese Tatsache beunruhigt. In einem an Talât gerichteten Brief vom August 1913 schrieb er: «Mein Bruder Talât […] Ich habe mich immer voller Glauben mit Einheit und Fortschritt [CUP] identifiziert. Einheit und Fortschritt war in meinen Augen ein Ideal. […] Aber als ich der Realität der Dinge näher kam, sah ich ein, dass diese Beziehung [zum CUP] von nun an nicht mehr die sein würde, nach der ich gesucht hatte. […] Wenn der Verlust des grossen Rumelien uns nicht aus unserer verbitterten Denkweise wachzurütteln vermag und wenn weiterhin die alte, starre [Komitadschi-]Mentalität bestimmend bleibt, dann gibt es reichlich Grund zur Annahme, dass das Land erneut von schweren Wehen erschüttert werden wird. In gleicher Weise wie ein Stein notwendigerweise immer in Richtung des Erdmittelpunkts zu Boden fällt, bin ich restlos davon überzeugt, dass ein Land, das derart unsorgfältig und engstirnig regiert wird, unweigerlich kollabieren muss.»

Wie Cavid, so empfand auch Cahid grosses Unbehagen angesichts der Komitadschi-Mentalität von Talât, dem es an Differenzierungsvermögen und Besonnenheit mangelte. Aber trotz grundlegender Kritik gelangte er nicht dazu, der Partei den Rücken zu kehren. Zwar verkaufte Cahid seine Zeitung Anfang 1914 an die Partei, blieb dem CUP gegenüber aber weiterhin loyal.[78]

Der frühere Vali (Gouverneur) von Adana, Ahmed Cemal, der inzwischen zum militärischen Befehlshaber der Hauptstadt avanciert war, leitete mit Unterstützung des Komitees die Operationen der Sicherheitskräfte und die enge Überwachung der Dissidenten. Sein Ansehen als harter, disziplinierter Mann der Ordnung stieg. Insgesamt verschlechterte sich aber die Lage des Reichs unter dem Putschregime. Mehrere kleine Anleihen von ausländischen Gläubigern konnten nur unter äusserst unvorteilhaften Konditionen aufgenommen werden. Alle Stimmen, die daran etwas zu kritisie-

---

77 Auch in die Ermordung des griechischen Königs Georg I. vom 13. März 1913 war er offenbar nicht verwickelt. Behiç Erkin: *Hâtırat*, Ankara: TTK, 2010, 118. Vgl. dazu auch Dalby, Eleftherios Venizelos; Thomas W. Gallant: *Modern Greece. From the War of Independence to the Present,* London: Bloomsbury, 2016, 173–220.
78 Yalçın, Siyasal anıları, 269–271. Vgl. Yalçın, Talât Paşa, 43.

ren hatten, wurden im Keim erstickt.[79] Eine Gesellschaft, die wenige Jahre zuvor noch auf Rechtsstaat und Verfassung Kurs genommen hatte, wurde nun zum Schweigen gebracht und resignierte. «Wie erstaunlich. Die revolutionäre Regierung arbeitet noch intensiver mit Agenten und Spionen [aus der eigenen Bevölkerung] zusammen, als die despotische Regierung es tat», kommentierte Lütfi Fikri die Situation.[80] Der Krieg vor den Toren der Hauptstadt und dramatische internationale Spannungen lenkten die Aufmerksamkeit von jenem zentralen Thema ab, das gar nicht offen zur Sprache gebracht werden durfte: die fortschreitenden Zerfallserscheinungen des Reichs. Gegen Ende April 1913 zeichnete sich ein ausgedehnter Flächenbrand am Horizont ab, als eine Intervention Österreichs und vielleicht auch Italiens bedrohlich in den Bereich des Möglichen rückte. Unterstützt von muslimischen Grossgrundbesitzern und in einstweiliger Übereinkunft mit Montenegro und Serbien traf der Kriegsherr und CUP-Kumpane Essad Pascha (Toptani) Vorbereitungen, um aus Zentralalbanien einen islamischen Staat unter seiner Herrschaft zu machen. Mit diesem Vorhaben trat er aber in direkte Rivalität zur provisorischen Regierung des im November 1912 gegründeten unabhängigen Albanien unter Premierministers Ismail Qemali. Istanbul konnte diesem Kräftemessen mit Schadenfreude zuschauen.[81]

Kritische Geister aus der osmanischen Hauptstadt vertrauten ihren Tagebüchern an, dass dies nun genau die passende politische Konstellation sei, unter der sich eine Diktatur errichten lasse, ohne dass mit Widerstand zu rechnen sei.[82] Aber weder Mahmud Şevket noch Ahmed Cemal, damals offenkundig der Mann an der Spitze der Sicherheitskräfte, besassen die Fähigkeiten, so etwas zu verwirklichen. Am 11. Juni 1913 wurde Şevket ermordet. An diesem Tag notierte Lütfi Fikri in scharfer, aber korrekter Formulierung: «Mahmud Şevket Pascha hat im eigentlichen Sinn des Wortes Selbstmord begangen, und der Entschluss dazu fiel an jenem Tag, als er sich – über die Leiche von Nâzım Pascha hinweg – zur Annahme des Amtes als Grosswesir bereit erklärt hatte. Ich bin mir sicher, dass dieser Mann Leute wie beispielsweise Talât Bey und seine Freunde überhaupt nicht mochte. Wie konnte es geschehen, dass er in diesem Ausmass zum Spielzeug in ihren Händen wurde und aus diesem Grund auch sterben musste?» Die Mörder standen wohl kaum in direkter Verbindung mit Talât, aber dieser wusste genau, wie sich aus dem Mord das Beste im eigenen Interesse herausschlagen liess. Er hatte die Autorität des 18 Jahre älteren Şevket nie wirklich akzeptieren können. Gegenseitige Antipathie und persönliche Vorbehalte hatten verhindert, dass Talât vor Mahmud Şevkets Ende ins Regierungskabinett eingebunden werden konnte.

Unter dem neuen Grosswesir Said Halim wurde Talât nun aber wieder zum Innenminister.[83] Mit Talât und Halil als neuen Regierungsmitgliedern wurde das Kabinett mehr denn je direkt vom Komitee gesteuert, das heisst, es bestand fortan eine

---

79 Rambert, Tagebuch, Bd. 45, 9. Mai 1913.
80 Lütfi Fikri, Dersim Mebusu Lütfi Fikri Bey'in Günlüğü, 93, 30. Mai 1913.
81 Rambert, Tagebuch, Bd. 45, 27./28. April 1913.
82 Lütfi Fikri, Dersim Mebusu Lütfi Fikri Bey'in Günlüğü, 68, 9. April 1913; Rambert, Tagebuch, Bd. 45, 9. Mai 1913.
83 So am 11. Juni 1913 vom Kabinett dem Sultan vorgeschlagen. Hayri, Tagebuch, 317; Türkgeldi, Görüp işittiklerim, 100.

Symbiose von Komitee und Kabinett. Said Halim war fast zehn Jahre älter als Talât; er stand dem CUP näher als Şevket, aber war selber kein Komitadschi. Auch wenn er innerhalb des CUP nicht den gleich starken Einfluss auszuüben vermochte wie Talât oder die grauen Eminenzen, so genoss er als gut gebildeter Prinz und als Enkel von Muhammad Ali von Ägypten doch ein gewisses Ansehen. Er war eher Islamist als Türkist. In seinem später veröffentlichten Büchlein über Islamisierung beziehungsweise «Muslim werden» (İslamlaşmak) schrieb er, dass «das Heil der muslimischen Völker» in «ihrer vollständiger Islamisierung» liege und nicht etwa in einem Nationalismus westlicher Ausprägung. Auch glaubte er – wie Gökalp – an die Überlegenheit des Islams, welcher «die vollständigste Religion» sei und «das höchste Niveau menschlichen Bewusstseins» repräsentiere.[84]

Nach der Ermordung von Şevket gab es zu seinen Ehren eine pompöse Bestattungsfeier. So konnte das Komitee demonstrieren, wie uneingeschränkt es über die Kontrolle und Macht in der Hauptstadt verfügte. Als Führer sowohl des Volkes in den Strassen wie auch der Männer in der Regierung trat in diesen kritischen Tagen immer wieder Talât in Erscheinung. Enver verhielt sich zurückhaltender.[85] Şevkets Ermordung bot die willkommene Gelegenheit, die Opposition jetzt ein für alle Mal auszuschalten. Prinz Sabahaddin und andere sahen sich zur Flucht gezwungen. In seinen nach 1918 verfassten Erinnerungen schob Cemal die Schuld am tödlichen Attentat rückblickend einem breit abgestützten, gegen das CUP gerichteten Verschwörerkreis unter Führung von Sabahaddin und dessen Komplizen Nihad Reşad (Belger) zu. Diese Beschuldigung war ein offensichtlicher Versuch, die Opposition, welche nach 1918 vorübergehend die Macht innehaben sollte, als potenziell nicht weniger blutbefleckte Organisation als das CUP darzustellen.[86] Es ist anzunehmen, dass Talât eine Vorahnung von Şevkets Ermordung hatte und ihr zustimmte. Es gibt aber keine Anhaltspunkte, dass er selber in das Attentat verwickelt war. Persönliche und politische Rache für den Mord an Nâzım, mit Verbindungen zu oppositionellen Kreisen, erscheint als plausibelste, wenn auch vage Erklärung für Şevkets Ermordung. Ibrahim Temo, ein Mitbegründer des CUP, aber 1913 Dissident, war zu einem Vorbereitungstreffen der Verschwörer eingeladen worden. Aber er lehnte eine Zusammenarbeit mit ihnen ab, weil er Talât immer noch für einen aufrichtigen Patrioten hielt. Allerdings vertraute ihm dann einer der Anführer der Verschwörung, Hauptmann Kâzım, an, dass Talât geplant habe, Temo ebenfalls umzubringen.[87]

---

84 Die deutsche Übersetzung von Said Halims Büchlein aus dem Jahr 1921 ist zu finden in Fischer, Aus der religiösen Reformbewegung, 15–39; vgl. Şeyhun, Islamist Thinkers, 164.
85 Wangenheim an Reichskanzler Bethmann Hollweg, 13. Juni 1913, PA-AA, R 13797-4.
86 Djemal Pascha, Erinnerungen, 18–22.
87 Vgl. Bayur, Türk inkılâbı tarihi, Teil 2, Bd. 2, 316–318; Temo, İttihad ve Terakki Cemiyeti'nin kurucusu, 225.

22 Edirne 1913: Initialisierung der Komiteevorherrschaft

Das Szenario, auf das die CUP-Führer seit März 1913 ihre Hoffnungen setzten, trat schliesslich ein. Bulgarien war nach Abschluss des Londoner Vertrags vom 30. Mai mit den territorialen Zugewinnen in Mazedonien nicht zufrieden. Es überschätzte die Stärke der eigenen Armee und griff am 29. Juni 1913 gleichzeitig Griechenland und Serbien an. Dem Komitee schien jetzt der geeignete Zeitpunkt für die Rückeroberung von Edirne gekommen. Für Europa bedeutete der neue Krieg ein «Verlängern und Ausweiten der Mangelwirtschaft». Rambert klagte, es sei «unmöglich, irgendwo Anleihen aufzunehmen, solange das so weitergeht. Die orientalische Frage löst wirklich alles ein, was man sich von ihr ausmalte.» Die Büchse der Pandora in der Form von Europas orientalischer Frage wurde unverantwortlich geöffnet, und was ihr entstieg, war blanker Wahnsinn, Blut, Feuer, Ruinen und Vernichtung. Die tatsächlichen Gründe dafür konnte unter den zeitgenössischen Beobachtern kaum jemand ergründen. «Es ergeht ein Befehl, und diese Massen von anderthalb Millionen Menschen gehen sich gegenseitig an die Gurgel.»[88]

Schon vor dem Staatsstreich vom Januar hatte sich der Kampf um den Anspruch auf Edirne zu einer überaus symbolträchtigen Sache entwickelt. Sie wurde jetzt zum Lackmustest, der osmanische Patrioten von angeblichen Defätisten unterscheiden sollte. Armeeoffiziere stritten sich um die Ehre, an den Kämpfen zur Rückeroberung von Edirne teilnehmen oder – noch besser – den Kampf anführen zu dürfen, während die bulgarische Armee im Juli 1913 mit anderen Fronten beschäftigt war. Edirne als osmanische Hauptstadt des jungen Reichs fünfhundert Jahre zuvor bot eine starke Projektionsfläche zur Identifikation mit dem Imperium. Es stellte eine emotionale Verbindung zum damals aufstrebenden Osmanischen Reich her. Die Art und Weise, wie das CUP das Thema Edirne aufgriff, lässt eine politisierte und vom Gedanken des Grossreichs besessene Generation erkennen, die ihr Ideal um jeden Preis verwirklicht sehen will, auch wenn dabei die wichtigste Aufgabe – Aufbau eines gesunden Staats- und Gemeinwesens im eigenen Land – auf der Strecke bleibt. In den Monaten, in denen die CUP-Leitung ihren Blick wie gebannt auf Edirne richtete, erhielten essenzielle Aufgaben staatlicher Führung wie zum Beispiel der sich abzeichnende wirtschaftliche Zusammenbruch, die Reformen in den östlichen Provinzen oder wichtige Infrastrukturprojekte bei weitem nicht jene nachhaltige Aufmerksamkeit, die sie dringend benötigt hätten.

Der Entscheidungsprozess des neuen Kabinetts zog sich bis Mitte Juli hin und verschlang Zeit und Geld. Kriegsanleihen zu erhalten war unmöglich. In einer Diskussionsrunde, die am 18. Juli 1913 in Said Halims Wohnung stattfand und an der die meisten Minister teilnahmen, sprach sich Hayri vehement gegen Talât aus, der unbedingt den Krieg wollte. «Lasst uns sofort den Krieg erklären», schlug Talât vor, unter anderem unterstützt vom Scheichülislam Esad Efendi. Hayri antwortete: «Entschuldigt, aber ich kann euer Insistieren auf [der Rückeroberung von] Edirne einfach nicht verstehen.» Er zählte alle Territorien auf, die man unlängst verloren hatte, und

---

88 Rambert, Tagebuch, Bd. 45, 5. und 9. Juli 1913.

wies auf die militärischen und internationalen Risiken hin, die man mit einer Rückeroberung von Edirne eingehe, aber auch auf das negative Signal, das ein neuerlicher Krieg für die Stimmung im Inneren des Landes darstellen würde. «Kümmern wir uns um unsere inneren Angelegenheiten.» Eine Mehrheit der Minister war gegen den Krieg. Selbst der Grosswesir schien seine Meinung im Sinne von Hayris Votum zu ändern. Talât reagierte denn auch mit grosser Heftigkeit.

Die Haltung von Ahmed İzzet Pascha, dem neuen Kriegsminister und stellvertretenden Befehlshaber der osmanischen Armee (unter dem Sultan als dem Oberkommandierenden), war in dieser Situation entscheidend. Als er sich nun für politische Zurückhaltung aussprach, aber gleichzeitig das Vertrauen äusserte, dass die bulgarische Armee einlenken werde, interpretierte Talât diese Meinungsäusserung bewusst falsch als zustimmendes Votum für militärische Aktion und dankte ihm «in theatralischer und affektierter Art» dafür, dass er den Willen der Regierung erfülle, obwohl ein solches Einvernehmen gar nicht vorlag. Als sich die Versammlung schliesslich in kleine Diskussionsgruppen aufteilte, schüchterte Talât Hayri mit den Worten ein: «Du hast versagt; leg dein Amt nieder und zieh dich zurück.» Talât war niedergeschlagen und gleichzeitig aggressiv. Am folgenden Tag gingen Midhat Şükrü und Kommandant Cemal im Namen des Komitees auf Hayri zu. Sie ermahnten ihn eindringlich, er habe sich zu fügen, da die Mehrheit im Komitee zur Rückeroberung von Edirne den Krieg wolle. Anstatt am gleichen Tag an der entscheidenden Sitzung des Regierungskabinetts teilzunehmen und auf verlorenem Posten für seine Sicht der Dinge einzustehen, entschied sich der gedemütigte Hayri, einer Zeremonie im Dolmabahçe-Palast beizuwohnen.[89]

Bei der Rückeroberung von Edirne war Talât von Anfang bis Ende die treibende Kraft des Unterfangens. Am 19. Juli vermochte er die Zahlung einer Anleihe von 1,5 Millionen Pfund von der Régie des tabacs zu erwirken und stellte so die Vorbedingungen für einen militärischen Angriff sicher; im Gegenzug gestand er der Régie des tabacs eine Konzessionsverlängerung um 15 Jahre zu. Dadurch stellte er allerdings wieder eine Abhängigkeit von einer fremden Institution her, was im Widerspruch zu seinem sonst hochgehaltenen Prinzip völliger Unabhängigkeit und Selbstbestimmung stand. Mit dem Auto fuhr er zum militärischen Hauptquartier, um die Zustimmung von Ahmed İzzet Pascha zu erwirken. Talât drängte auf eine schriftlich bestätigte Entscheidung des Kabinetts, und diese erhielt er am 19. Juli, worauf Talât sie umgehend persönlich mit dem Auto dem Sultan überbrachte. Alle diese Massnahmen sollten die unerlässlichen Vorbedingungen absichern, unter denen Oberst Envers Einheit schliesslich am 21. Juli Edirne kampflos besetzen konnte. Dies war zwar ein offenkundiger Bruch mit den Bestimmungen des Londoner Vertrags; allerdings hatte Bulgarien mit seinen Angriffen das Vorbild dafür bereits geliefert.[90] Am 25. Juli, dem Freitag derselben Woche, nahm Talât an den feierlichen Zeremonien in der Selimiye-Moschee im zurückgewonnenen Edirne teil. Für die Hinfahrt nahm er den Wagen, die Rückreise am gleichen Abend erfolgte mit dem Zug (das entsprach einer Rundreise von mehr

---

89 Hayri, Tagebuch, 330–334, 18./19. Juli 1913; Ahmed İzzet, Feryadım, Bd. 1, 169–171.
90 Bayur, Türk inkılâbı tarihi, Teil 2, Bd. 2, 422 f.; Türkgeldi, Görüp işittiklerim, 106 f.; Rambert, Tagebuch, Bd. 45, 23. Juli 1913; Bd. 46, 26. Juli 1913; Djemal Pascha, Erinnerungen, 44–46.

als 400 Kilometern). Vor seiner Rückkehr nach Istanbul seufzte Talât: «Ah, Sultan Selim, werde ich dich je wiedersehen?» Talât drückte damit sowohl seine emotionale Verbundenheit mit Selim und Edirne als auch seine Sorge um eine endgültige internationale Übereinkunft nach dem von ihm forcierten Husarenstück aus.[91]

Die Nachricht von der Rückgewinnung Edirnes wurde in der Hauptstadt und fast überall im Reich mit patriotischem Enthusiasmus aufgenommen. Für einen Grossteil der osmanischen Öffentlichkeit, die keinen Zugang zu einer freien Presse genoss, war dieser Erfolg eine Bestätigung des politischen Kurses, den das CUP seit Herbst 1912 verfolgte. Vor allem aber verlieh er dem CUP neues Selbstvertrauen. Erst jetzt begann sich das Komitee seiner Macht an den Steuerhebeln des Reichs sicherer zu werden. Der militärische Erfolg bestätigte die radikalen Kräfte, das heisst jene, die – angeführt von Talât – lautstark den Krieg befürworteten. Die besonnenen Kräfte hingegen, die darauf hinweisen, dass der Komitadschi Talât zwar mit seinem gerissenen Vorgehen spektakuläre Erfolge erziele, aber im Sinne politisch soliden Tuns nur auf Sand baue, wurden marginalisiert. Ende Juli 1913 hatte Talât seine Macht konsolidiert. Die meisten seiner Landsleute liessen sich auf seine radikale politische Sprache, die mit diesem Prozess einherging, und seinen neuen Politikstil einschwören. Rambert berichtete, dass sich nun wieder jedermann zuallererst dem Ruhm und Nationalstolz verpflichtet fühle.[92]

In der Kapitale folgten die politischen Entscheide ab diesem Zeitpunkt massgeblich einer von Talât gesteuerten Gruppendynamik. Die starken Figuren an seiner Seite waren Cemal, Enver und Said Halim, der auf der internationalen Bühne am deutlichsten in Erscheinung trat. Die internationale Lektion, die diese Männer am Beispiel der Rückeroberung von Edirne lernten, war, dass man die europäische Diplomatie nicht wirklich ernst zu nehmen brauchte, wenn die faktischen Macht- und Kräfteverhältnisse vor Ort eine aktive Veränderung der Situation zuliessen. Etwas allgemeiner gesprochen: Das alte Europa hatte in den Augen der Jungtürken vom CUP in einschneidender Weise an Glaubwürdigkeit verloren. Sie vertrauten ihrem neuen, gewaltbereiten Politikstil von verschworenen Komitadschi, die es an die Spitze des Reichs geschafft hatten.[93]

Die Zurückgewinnung von Edirne wurde zum Ausgangspunkt einer neuen Ära gemäss einer neuen, imperial-nationalistischen CUP-Geschichtsschreibung. Ihr Gegenstand war die «Heilsgeschichte der Nation». Auch Atatürk ordnete sich auf dieser Linie ein, als er 1930 Edirne besuchte und sich symbolisch in eine Reihe mit Talât stellte. Allerdings hob der Präsident der jungen Republik Türkei nicht mehr die enge Verbindung zwischen Islam und Osmanentum, wie sie 1913 vorherrschte, hervor. Edirne wurde unter Talât als «Ehren-Kaaba» bezeichnet. Seine Rückeroberung galt als Sieg des Halbmonds über das Kreuz. Die Stadt als ganze und insbesondere die Selimiye-Moschee dienten fortan als Orte öffentlicher Feierlichkeiten, als Motive patriotischer Reden, als Sujets für Sonderbriefmarken und als Zielort einer

---

91 Türkgeldi, Görüp işittiklerim, 108 f.; Babacan, Mehmed Talât Paşa, 86.
92 Rambert, Tagebuch, Bd. 45, 23. Juli 1913; Bd. 46, 18. September 1913.
93 Wie es beispielsweise Gulkewich, der russische Geschäftsträger in Istanbul, am 16. Februar 1914 formulierte. Die internationalen Beziehungen im Zeitalter des Imperialismus, Bd. 1, 253 f.

neuen Art von national-religiösen Pilgerreisen. Talât «verwandelte die Stadt in ein Hauptziel volksfrommer Pilgerschaft», wie kürzlich der israelische Historiker Eyal Ginio feststellte. Das bewog die religiöse Presse zu Vergleichen mit der Hadsch nach Mekka und Medina. Das Innenministerium und die Vereinigung für Nationale Verteidigung organisierten gemeinsam Pilgerfahrten der «Nationalen Verteidigung» mit dem Zug nach Edirne, wie Ginios Untersuchung zu diesem Thema belegt.[94] Die CUP-Geschichtspolitik ging mit der Militarisierung der Gesellschaft einher. Der neue Stil der Militanz und Militarisierung zeigte sich auch in der damals neu begründeten Sitte, CUP-Grössen, die nicht der Armee angehörten, ehrenhalber militärische Grade zu verleihen. So stieg der «einfache Soldat» Talât in den Jahren zwischen 1913 und 1918 Stufe um Stufe in den Rang eines Obersten auf.[95]

Bemerkenswerterweise war es nicht der Grosswesir und Aussenminister Said Halim, sondern Talât, der anlässlich der Istanbuler Konferenz die Nachkriegsverhandlungen mit den Bulgaren leitete. Das Ergebnis dieser Gespräche war die Übereinkunft vom 29. September 1913, welche einen Austausch von Bevölkerungsgruppen in Mazedonien von einem Staat zum anderen in der Grössenordnung von nahezu 100 000 Personen beinhaltete – je zur Hälfte Christen (Bulgaren) und Muslime. Der Austausch von Bevölkerungsgruppen durch Umsiedlung im Anschluss an die Balkankriege folgte zwar bereits dem Prinzip der «Entmischung» der Bevölkerung nach ethnoreligiösen Kriterien. Er war aber in seinen Ausmassen noch bescheiden im Vergleich zu den Bevölkerungsverschiebungen, auf die man sich im Lausanner Vertrag von 1923 einigen sollte. Vor allem beruhte er – zumindest auf dem Papier – noch auf Freiwilligkeit, nicht auf Zwang wie in Lausanne.[96] Das Abkommen mit Bulgarien sicherte die Rückgewinnung von Edirne diplomatisch ab. Der Umgang mit den Muslimen in Bulgarien blieb indes ein Konfliktpunkt zwischen beiden Staaten. Im Januar 1914 zeitigten die Verhandlungen mit Bulgarien auch im Bereich eines militärischen Abkommens Erfolge.[97] Talât führte auch Verhandlungen mit Griechenland, die Mitte November 1913 zu einem Friedensvertrag führten.[98] Aufgrund erfolgreicher Diplomatie war die Türkei Ende 1913 in einer erheblich stärkeren Position als noch wenige Monate zuvor.

Auch wenn Talât es bestritt, unterstützte er doch die bereits erwähnte albanistische Bewegung, welche eine muslimische Herrschaft installieren wollte. Der österreichische Aussenminister Leopold Berchtold hielt Talât in diesem Zusammenhang «für gefährlich» und war beunruhigt.[99] Talât und das CUP benutzten nach den Balkankrie-

---

94 Ginio, Ottoman Culture of Defeat, 249–258.
95 Lütfi Simavi, Son Osmanlı sarayında gördüklerim, 285.
96 Stephen Lades: *The Exchange of Minorities. Bulgaria, Greece and Turkey*, New York: Macmillan, 1932, 18. Der Auszug aus dem Vertragstext, der den Bevölkerungsaustausch betrifft, wird zitiert in Akçam, The Young Turks' Crime, 64.
97 Djemal Pascha, Erinnerungen, 51–57; Babacan, Mehmed Talât Paşa, 87; Secret military convention of 25 January 1914, in: Die internationalen Beziehungen im Zeitalter des Imperialismus, Bd. 1, 1. Halbband, 449 f.
98 Wangenheim an das Auswärtige Amt, 7. September, 1; 10. Oktober, 1, 7; 15. November 1913, in: Die grosse Politik der europäischen Kabinette, Bd. 36, 74 f., 105, 112 f., 116–118, 123 f.
99 Wangenheim an Auswärtiges Amt, 2. Dezember 1913, 4. Januar 1914; Nadolny, Delegierter der Kontrollkommission für Albanien, an Auswärtiges Amt, 3. Januar 1914; Ambassador Tschirschky, Wien,

gen in der Tat eine neu gegründete «Sonderorganisation» (Teşkilât-ı Mahsusa), um Rebellionen der Muslime in früher osmanischen Gebieten anzustacheln. Dazu gehörte insbesondere die Unterstützung einer separatistischen Bewegung in Westthrakien. Bei der Sonderorganisation (SO) handelte es sich um eine paramilitärische Einheit unter Süleyman Askeri, einem Guerillaführer, der zusammen mit Enver in Libyen gekämpft hatte. Deren Leitungsgremium respektive Zentralkomitee traf sich in den Räumlichkeiten des CUP in Istanbul. Zu den Führern dieser Sonderorganisation gehörten die CUP-Grössen Dr. Nâzım und Dr. Şakir.[100]

Gleich wie nach dem Januarputsch brüstete sich Talât auch nach dem Edirne-Coup mit seinem Draufgängertum und seiner von Erfolg gekrönten Risikobereitschaft. Er prahlte damit, dass er innerhalb von vierundzwanzig Stunden die Situation gerettet habe. «Was die [europäischen] Mächte betrifft, so war ich mir sicher, dass sie sich nicht bewegen würden, sodass sich [mein] Wagemut durchsetzen würde.»[101] Dennoch stand die Türkei Anfang August 1913 noch weitgehend isoliert da. In geradezu penetranter Weise wiederholten Talât und Cemal immer wieder Erklärungen wie: «Unser Anspruch auf Adrianopel wird gegen alle verteidigt, bis zum Tod, bis zur vollständigen Auslöschung der militärischen Kräfte!» In Wirklichkeit verbarg sich hinter solchen martialischen Phrasen Angst, zumindest bei Cemal. «Ich hatte heute Nachmittag die Gelegenheit zu einem Interview mit ihm», schrieb Rambert am 7. August. «Ich traf ihn am Boden zerstört und in einem Zustand völliger Orientierungslosigkeit an. Es tat weh, ihn so zu sehen.»[102]

Nur ein paar Tage zuvor hatten Rambert und Kodirektor Abraham P. E. Weil die Vereinbarung der Régie des tabacs über die Konzession mit der Regierung zum Abschluss gebracht und das Reichsdekret (*irade*) erwirkt, welches diese Konzession offiziell sanktionierte. Darauf zahlten sie eine weitere Tranche des Kredits von 1,5 Millionen türkischen Pfund aus, nachdem sie 300 000 Pfund bereits unmittelbar nach der Bitte von Talât und Cemal vom 19. Juli überwiesen hatten. Trotz dieser grossen Finanzspritze drohte immer noch die Zahlungsunfähigkeit des Staates. Auf internationaler Ebene war die Kreditwürdigkeit der osmanischen Türkei in jeder Hinsicht schwer angeschlagen. Sie hatte bei den europäischen Mächten seit dem Putsch von 1913 kontinuierlich abgenommen und erreichte im August 1913 einen kritischen Tiefpunkt. Im Gegenzug hatte Europa, wie schon erwähnt, bei der vom CUP dominierten Türkei einen grossen Teil seines früheren Prestiges eingebüsst. Im Hinblick auf die Balkanländer – einschliesslich des chaotischen Albanien – war in der Tat ein Versagen

---

an Reichskanzler Bethmann Hollweg, 7. Januar, in: Die grosse Politik der europäischen Kabinette, Bd. 38, 315, 327, 329 f.; Cavid, Tagebuch, Bd. 2, 107 f., 24. September 1913.

100 Erickson, Ottomans and Armenians, 112, 117 f. Was in dieser und anderen Studien zur Thematik der Sonderorganisation weitgehend fehlt (teilweise gewiss aufgrund von Zensur und Geheimhaltung und von nur spärlich zugänglichen relevanten Quellen), ist die Untersuchung der Rolle, die die SO bei den Vertreibungen der Rûm und beim Genozid an den Armeniern spielte. Entscheidende Erkenntnisse zu diesem Aspekt der SO finden sich bei Kaiser; Hilmar Kaiser: «Tahsin Uzer: The CUP's Man in the East» und «Requiem for a Thug: *Aintabli* Abdulkadir Bey and the Special Organization», in: Kieser/Anderson/Bayraktar/Schmutz, End of the Ottomans, 67–115. Für einen historischen Überblick zur SO vgl. Moreau, La Turquie dans la Grande Guerre, 119–162.

101 Ionescu, Souvenirs, 146.
102 Rambert, Tagebuch, Bd. 46, 7. August 1913.

der europäischen Diplomatie festzustellen. Diese Schwäche erkannten die imperialen Komitadschi als Gelegenheit, ihren Handlungsspielraum auszudehnen. Ganz offensichtlich kapitulierte die europäische Diplomatie vor dem Fait accompli. Sie akzeptierte nunmehr, dass aufgrund eines Fait accompli bestehende Verträge revidiert und umgeschrieben wurden. Talât wurde unter den südosteuropäischen Pionieren zum Meister dieses neuen und «vielversprechenden» politischen Stils, der diplomatische Regeln durchbrach, falls vertuschte oder offene Macht und Gewalt zum Ziel führten.[103]

Als Konsequenz der Erfolge von 1913 «erlangte die türkische Regierung unter ihren verschiedenen Bevölkerungsgruppen ein unbestritten hohes Ansehen, und Talat wuchs um mehrere Ellen», wie Rambert mit spitzer Feder festhielt.[104] Vor dem Hintergrund der für Talât und das CUP erfolgreichen zweiten Jahreshälfte von 1913 kam es im Sommer 1914 zu einer verwandten, aber noch viel umfassenderen Konstellation, wobei Deutschland in beiden Fällen eine wichtige Rolle spielte. Zwar teilte Berlins Diplomatie gewisse europäische Bedenken bezüglich der Entwicklungen auf dem Balkan, aber die Gesamthaltung Deutschlands gegenüber der Türkei unterschied sich von den anderen Mächten und wurde in Istanbul sehr wohl als unterschiedlich wahrgenommen. Als Freund Abdulhamids hatte Deutschland unmittelbar nach dem Juli 1908 zwar allen Grund, die eigene Position gegenüber der osmanischen Türkei unter CUP-Einfluss wanken zu sehen, aber 1910 hatte sich diese Situation bereits wieder entscheidend zugunsten Deutschlands entwickelt. Nach dem Sturz von Kâmil Pascha, einem langjährigen Freund Grossbritanniens, wurde die Beziehung zwischen Deutschland und der Türkei noch enger. Der neue Botschafter, Hans von Wangenheim, der im Juni 1912 auf Marschall von Bieberstein folgte, war nach Cavids Worten ein «Türkophiler durch und durch», welcher allerdings in seinem ersten Amtsjahr noch mit einiger Skepsis auf die Zukunft der Türkei blickte. Er sah ein Abgleiten ins Chaos voraus, falls Mahmud Şevket stürzen würde, doch seine Einschätzung erwies sich als falsch.[105]

Auf den Erfolg der Männer, die im Juli 1913 Edirne zurückgewannen, reagierte Wangenheim mit Bewunderung für deren Verwegenheit und Selbstsicherheit. Er fühlte sich von «der vollkommen neuen Mentalität» der Komiteemänner angezogen, die sich in seinen Augen so sehr von bisherigen osmanischen Politikern unterschieden. Mit Nachdruck zeichnete er jetzt ein deutlich positiveres Bild türkischer Vitalität und Zukunft – eines, das mit dem in Europa sonst allgemein verbreiteten Skeptizismus kontrastierte. Um seine durchaus spürbare Emotionalität zu kaschieren, unterstrich er, seine Neueinschätzung sei ganz und gar rational: «Die verhältnismässige Türkenfreundlichkeit, wie ich sie hier zum Ausdruck bringe, beruht indessen keineswegs auf Regungen des Herzens, sondern auf kühler politischer Erwägung.»[106] Wangenheim

---

103 Vgl. ebd., Bd. 46, 20. September und 3. Oktober 1913.
104 Ebd., Bd. 46, 19. November 1913.
105 Cavid, Tagebuch, Bd. 1, 554, 6. Februar 1913; Wangenheim an Reichskanzler Bethmann Hollweg, 21. Mai 1913, in: Die grosse Politik der europäischen Kabinette, Bd. 38, 43. Zu Wangenheim siehe Hans-Lukas Kieser: «Botschafter Wangenheim und das jungtürkische Komitee», in: Hosfeld/Pschichholz, Das Deutsche Reich, 131–148.
106 Wangenheim an den Staatssekretär des Auswärtigen Amtes von Jagow, 8. August 1913, in: Die grosse Politik der europäischen Kabinette, Bd. 38, 127.

sympathisierte mit dem aktionistischen Chauvinismus von Talâts Team, auch wenn ihn dies in Widersprüche verstrickte und, in der Terminologie dieses Buches, schliesslich in eine fürs damalige Deutschland bezeichnende politische Schizophrenie geraten liess. Fasziniert liess er sich auf gefährliche Ambivalenzen ein – wie etwa jene, die in der Äusserung eines Chefbeamten aus dem osmanischen Aussenministerium im Herbst 1913 mitschwang, die ihm der Journalist Harry Stürmer überbrachte: «Die Furcht, die früher war, nur ja keinem Christen ein Haar krümmen, lieber alle Türken opfern, gibt es jetzt nicht mehr. Die Zeit ist jetzt vorbei. Dschemal und Talaat wollen [handeln] und handeln auch. Ich bewundere sie doch.»[107] Wangenheim teilte die damalige Bewunderung des deutschen Journalisten. Er war fasziniert von den Männern der Tat in Zentralkomitee und Regierung. Keine zwei Jahre später, wie wir sehen werden, war ihm wie Stürmer die Bewunderung gründlich vergangen.[108]

Wangenheim identifizierte sich gleichsam klopfenden Herzens mit dem Erfolgsmuster, das er am Beispiel von Edirne wahrnahm, auch wenn dieses Vorgehen den Bruch eines gültigen internationalen Vertrags beinhaltete. Er liess sich ein Stück weit von der nationalistischen Hochstimmung in Istanbul mitreissen. «Nach dem Erfolge in der Adrianopeler Frage, dem grössten, welchen die Türkei seit zweihundert Jahren davongetragen hat, zeigt sich unter dem türkischen Volke eine Stimmung wie nach einem gewonnenen Kriege. An die Stelle der Verzagtheit und Resignation sind Selbstbewusstsein und Hoffnungsfreudigkeit getreten. Eine Art nationalistischer Hochspannung beherrscht heute alle Türken, welche politisch zu denken vermögen.» Im Hinblick auf die von Griechenland besetzten ägäischen Inseln sympathisierte er mit der jungtürkischen Haltung, auch wenn er als Diplomat Berlins vermittelnde Position vertreten musste. «Die Forderung, dass die Hauptinseln türkisch bleiben, ist infolgedessen der erste Punkt des nunmehrigen Regierungsprogramms und wird auch der leitende Gedanke der zukünftigen türkischen Politik bleiben. Keine Regierung könnte sich am Ruder erhalten, die sich in dieser Frage nachgiebig zeigte.» Wangenheim liess gegenüber Cavid durchblicken, dass das Osmanische Reich im Fall der Inseln Chios, Lemnos und Lesbos wohl wie bei Edirne vorgehen müsste.[109]

Im Gegensatz zu den vorangehenden Monaten und Jahren schien für Deutschland ab Herbst 1913 ein partnerschaftliches Bündnis mit der osmanischen Türkei – wie es am 2. August 1914 verwirklicht wurde – nicht mehr von vornherein ausgeschlossen. Dass Wangenheim sich und Deutschlands Interessen mit dem neuen, möglicherweise todbringenden Politikstil des von Talât geführten CUP identifizierte, ohne den Stil zu durchschauen, hatte er gegenüber dem Auswärtigen Amt unmittelbar nach der Rückgewinnung Edirnes am 8. August 1913 klargemacht: «Was Enver und Talaat jetzt tun, ist Europa unbequem und vielleicht auch für die Türkei verhängnisvoll, der sie

---

107 Wangenheim an Reichskanzler Bethmann Hollweg, 21. November 1913, in: Die grosse Politik der europäischen Kabinette, Bd. 38, 164.
108 Harry Stürmer (der damals unter dem Pseudonym «von Tyska» schrieb) floh während des Weltkriegs aus Istanbul ins Schweizer Exil, wo er seine Abrechnung mit dem jungtürkischen Regime publizierte: *Zwei Kriegsjahre in Konstantinopel Skizzen deutsch-jungtürkischer Moral und Politik*, Lausanne: Payot & Co., 1917.
109 Cavid, Tagebuch, Bd. 2, 137, 11. Oktober 1913; Zitate aus Wangenheim an Reichskanzler Bethmann Hollweg, 3. Oktober 1913, in: Die grosse Politik der europäischen Kabinette, Bd. 36, 110.

möglicherweise nur einen schönen Opfertod vorbereiten. [...] Wenn aber die Jungtürken schliesslich [...] Erfolge haben sollten, so würde ich dies im deutschen Interesse nur begrüssen können. [...] Sie sind die einzigen, von denen man eine Rettung der Türkei erwarten kann, und mit deren Hilfe Deutschland seine Pläne hier durchsetzen könnte.» Am Vorabend der Rückgewinnung von Edirne hatte Wangenheim geglaubt, «dass wir da einer dem Siedepunkt nahen Volksbewegung gegenüberstehen, deren Leitung der Regierung selbst entglitten ist»[110] – denn die Steuerung der Strasse durch Talâts Leute war ihm entgangen.

Aussenstehende konnten kaum durchschauen, wie das Komitee funktionierte. Von Mitte 1913 an scheinen dem deutschen Botschafter, der erst ein Jahr im Amt war, immerhin Grundzüge vertraut zu sein: «Im Gegensatz zu [Mahmud] Schefket, der eine durchaus selbständige Persönlichkeit war und seine Partei mit sich nahm, ist [Grosswesir] Prinz Said nur als der erste Beamte der Komiteepartei anzusehen. Nicht er wird die Geschicke der Türkei lenken, sondern die hinter ihm stehenden starken Köpfe des Komitees. Von diesen sind zwei, Talaat Bey und Halil Bey, mit in das neue Ministerium [Kabinett] eingetreten. Beide gehören dem radikalen Flügel der Partei an und gelten als energische und rücksichtslose Nationalisten.»[111] Es störte Wagenheim nicht, dieses Charakteristikum in einem vorteilhaftem Sinn zu erwähnen. Im Gegenteil: Mit Blick auf Edirne kannte er nur Bewunderung für Talât und lobte Cavid gegenüber die «meisterhafte Führungsleistung» und den «coup de maître» Talâts. Nach dem Coup von Edirne sah der deutsche Botschafter keine Alternative mehr zur Herrschaft des CUP. Diese sprach ihn sowohl emotional als auch interessenpolitisch an. Er bot Cavid grosszügig an, Einfluss auf die deutsche Presse gemäss den Wünschen des CUP geltend zu machen und stellte in Aussicht, CUP-Texte in deutschen Zeitungen unterzubringen.[112]

Als langjähriges führendes Mitglied des Cercle d'Orient de Constantinople beobachtete Rambert, dass gegen Ende 1913 die neuen starken Männer und einige junge osmanische Diplomaten damit begannen, den Club aufzusuchen, und zwar bevorzugt am Donnerstagabend zum Nachtessen, vor dem muslimischen Feiertag am Freitag. Am 12. Dezember 1913 «waren wir fünfunddreissig bei Tisch», einschliesslich Halil, Präsident des Staatsrats, sowie Mahmud Bahri Pascha, des Marineministers. Der Anblick der stämmig gebauten Männer Talât, Cemal, und İzzet Pascha, alle gemeinsam bei Tisch sitzend, erinnerte ihn an die «Marmorriesen [Statuen der Renaissance und Antike] [...] welche, den Kopf nach vorne geneigt [...] auf ihren Nacken und Schultern [das Gerüst eines ganzen Reichs] tragen». Rambert war beeindruckt, hatte aber gleichzeitig auch zwiespältige Gefühle. Unter all diesen Menschen «gab es nicht einen einzigen aus der Gattung der eleganten Aristokraten. Alle Anwesenden haben ihre hohen Positionen allein durch harte Arbeit erworben. Sie personifizieren die Kraft [imperialer] Resilienz. Aber nichts an ihrer Erscheinung verrät scharfsinniges Denken,

---

110 Die grosse Politik der europäischen Kabinette, Bd. 38, 130–132.
111 Wangenheim an Reichskanzler Bethmann Hollweg, 20. Juni 1913, PA-AA, R 13797-4, 18–20. Halil war dem neuen Kabinett als Präsident des Staatsrats (Şûrâ-yı Devlet) beigetreten. Vgl. Wasti, Halil Menteşe, 95.
112 Cavid, Tagebuch, Bd. 2, 103 f., 23. September 1913.

Karte 2: Das Osmanische Reich nach den Balkankriegen 1912/13. Aus *A Brief History of the Late Ottoman Empire* von M. Şükrü Hanıoğlu (© 2008 by Princeton University Press. Wiedergabe mit Genehmigung).

intelligentes Handeln oder diplomatische Finesse. Und doch muss man zugeben, dass sie nach dem [Balkan-]Krieg das Land vor einem definitive Zusammenbruch bewahrt […] und imperiale Würde aufrechterhalten haben.»[113] Nationale und imperiale Ehre, fortan vermischt mit aktionistischem Ultranationalismus, sind in der Tat Begriffe, die den Schlüssel nicht nur zum Verständnis von Talâts Kohorte liefern, sondern einen Politikstil beleuchten, der ein paar Jahre später in Deutschland Furore machen sollte.

23 Der Moment der Wahrheit: Die armenische Frage

1913 stand Deutschland an einer entscheidenden Weggabelung in der Frage, wie mit der orientalischen Frage umzugehen sei und wie die Gestaltung der Beziehung zur spätosmanischen Levante aussehen sollte. Diese war damals weltweit gesehen die volatilste, sensibelste Grossregion. Würde sich der begonnene Flirt Deutschlands mit der türkischen Diktatur noch hin zu stärkerer deutscher Einmischung in die inneren osmanischen Angelegenheiten zugunsten des Verfassungsstaates entwickeln können? Oder würde eher das Gegenteil passieren und die unvollendete, noch unstabile konstitutionelle Demokratie des Deutschen Reichs verlöre im sumpfigen Terrain der orientalischen Frage, insbesondere der Armenienfrage, ihren fragilen politisch-moralischen Kompass? Würde Deutschland in allzu grosse Nähe mit gerissenen imperialen Komitadschi geraten und seine Seele verlieren?

Anfang 1913 tauchte das Thema von Reformen im Zusammenhang mit der Armenienfrage in der europäischen Diplomatie wieder mit neuer Dringlichkeit auf.[114] Nachdem sich die mazedonische Frage aufgrund des Ausgangs der Balkankriege faktisch nicht mehr stellte – Mazedonien wurde weitgehend griechisch –, gelangte nun aus europäischer Sicht das Thema Armenien ins Zentrum der orientalischen Frage. Zum ersten Mal anerkannte Deutschland, dass hier eine politische Herausforderung vorlag, die aufgrund der realen Gegebenheiten und wegen einer bedeutsamen Vorgeschichte nur durch grundlegende Reformen zu lösen war. Aus Rücksicht auf die politische Freundschaft mit den Osmanen unter Abdulhamid hatte Deutschland bisher die Massaker an den Armeniern stets weitestgehend verleugnet und die Notwendigkeit von Reformen im östlichen Kleinasien heruntergespielt. Jetzt, 1913, wollte Deutschland beides: eine besondere Freundschaft mit der Türkei und gleichzeitig Reformen. Diese Ausgangslage führte zum erstmaligen Versuch einer engen Zusammenarbeit von deutscher Diplomatie einerseits und Freunden des einflussreichen Theologen und humanitären Aktivisten Johannes Lepsius aus Berlin andererseits. Es war der Versuch, deutsche Orientpolitik und deutsch-protestantische Orientmission in einer Synthese zusammenzuführen.[115]

---

113 Rambert, Tagebuch, Bd. 47, 12. Dezember 1913.
114 Vgl. Kieser/Polatel/Schmutz, Reform or Cataclysm; Roderic H. Davison: «The Armenian Crisis, 1912–1914», in: ders.: *Essays in Ottoman and Turkish History, 1774–1923. The Impact of the West*, Austin: University of Texas Press, 1990 (1948), 180–205.
115 Vgl. Kieser, Johannes Lepsius.

Trotz des deutlichen Fiaskos, das die europäische Diplomatie 1913 auf dem Balkan zu verzeichnen hatte, stand das CUP-Regime auf internationaler Ebene gegenüber den europäischen Mächten bis zur Krise vom Juli 1914 immer noch schwach da. Der internationale Faktor zählte deshalb auf lokaler Ebene umso mehr. Würde dieser Faktor in angemessener Weise ins Spiel gebracht, konnte er die innere Zukunft der Türkei entscheidend beeinflussen und den unbändigen Willen des CUP zu uneingeschränkter zentralstaatlicher und parteidiktatorischer Macht zumindest teilweise brechen. Würde Deutschland mit den europäischen Mächten kooperieren und sich den Reformen unter internationaler Beobachtung nicht widersetzen, konnte der politische Kurs der osmanischen Welt möglicherweise korrigiert und die Diktatur des Komitees gezügelt werden. Armenische Vertreter versuchten genau diesen Weg zu verfolgen, indem sie die Reformfrage in den Ostprovinzen erneut in die Politik und Diplomatie einbrachten. Schon Ende 1912 hatten sie vom damaligen Kabinett von Kâmil Pascha einen Plan für Reformen und deren Durchführung gefordert, wie sie Artikel 61 im Berliner Vertrag vorsah. Das Kabinett hatte ab Oktober 1912 neue Anstrengungen zur Wiederherstellung von Recht und Ordnung unternommen und wollte auch die Frage der Landrückgabe in den Ostprovinzen endlich regeln. Die Wiederaufnahme der Reformbemühungen durch das Kabinett hatte ihren Anlass in einer Warnung des russischen Aussenministers Sasonow, der Istanbul dringlich an die Vereinbarungen des Berliner Vertrags erinnerte.[116] Am 18. Dezember 1912 lag dann ein vom Regierungskabinett vorbereiteter Reformplan für die Provinzen Van, Bitlis, Diyarbekir und Mamuretülaziz vor. Eine von Kâmils wesentlichen Ideen dabei war, für die Durchführung des Reformplans britische Inspektoren als Berater beizuziehen, wodurch er sich gleichzeitig erhoffte, dem von den Russen ausgeübten proarmenischen Druck etwas entgegenzusetzen.[117]

Die armenische *millet*-Versammlung fühlte sich seit vier Jahren hingehalten und an der Nase herumgeführt. Daher suchte sie jetzt den Durchbruch. Am 21. Dezember 1912 traf sie den Entscheid, das Reformanliegen systematisch zu internationalisieren, das heisst, in verschiedenen Ländern dafür zu lobbyieren. Einer der häufigsten osmanischen Vorwände, um in dieser Angelegenheit nicht aktiv zu werden, war immer wieder das Argument gewesen, das gesamte Land, nicht nur ein Teil davon, bedürfe der Reformen. Zu den wichtigsten internationalen Vertretern des armenischen Anliegens wurden Bogos Nubar Pascha, Krikor Zohrab und der Katholikos von Etchmiadzin, Kevork V. Es war das erste Mal, dass sich die wichtigsten politischen Parteien der Armenier (ARF, Huntschak und Ramgavar) für ein gemeinsames Projekt zusammenschlossen.[118] Der Zweck der armenischen Initiative bestand Ende 1912 nicht darin, den Machtpoker im osmanischen Zentrum in die eine oder andere Richtung zu beeinflussen. Angesichts einer ungewissen Zukunft und eines alsbald diktatorischen Putschregimes ging es darum, die alltäglichen Lebensbedingungen in den Ostprovinzen wirklich zu verbessern und elementare Rechte einzufordern. Dennoch beinhaltete die Initiative ein bahnbrechendes Element, das die Spielregeln verändern konnte. Denn

---

116 Davison, «The Armenian Crisis», 186.
117 Kieser/Polatel/Schmutz, Reform or Cataclysm, 290.
118 Koptaş, Zohrab, 164–167; Der Yeghiayan, My Patriarchal Memoirs, 22–24.

sie sollte, was das östliche Kleinasien betraf, zu einer Supervision der osmanischen Regierung durch Europäer führen. Der Kreis der Radikalen rund um Talât erachtete dieses Vorgehen daher als fundamentale Bedrohung der eigenen politischen Ziele. Sie sahen in diesem Rückgriff auf ausländische Unterstützung einen Landesverrat und nahmen den Armeniern dieses Vorgehen daher entsprechend übel. Für die Armenier war aber gerade diese internationale Absicherung grundlegend wichtig. Denn nach all den bisherigen Erfahrungen wäre es unverantwortlich gewesen, im Hoffen auf echte Reformen allein auf das Regime in Istanbul zu vertrauen.

Der armenische Appell an die internationale Diplomatie reagierte auf das Versagen der Regierung. Diese war weiter unfähig, Sicherheit und egalitäres Recht auch nur rudimentär zu gewährleisten. Zum grossen Thema des Landraubs hatte sie sich aus Angst vor Lokalherren nie getraut, eine Lösung anzustreben; von Gerechtigkeit in Bezug auf die Massaker der 1890er-Jahre ganz zu schweigen. Hamid Kapancızâde, ein hoher Verwaltungsbeamter und enger Mitarbeiter von Talât, der zudem mit Robert Graves befreundet war, unternahm 1914 als Gouverneur zum ersten Mal in seinem Leben eine Reise in eine der Ostprovinzen, nämlich nach Diyarbekir. Seine Erfahrungen schildert er folgendermassen: «Ich fand hier vor Ort nicht nur eine von der Verwaltung vernachlässigte Provinz vor, sondern die ganze Gegend war eine verlassene Region, da sie bisher als unbedeutendes Randgebiet galt. Wie in vielen unserer Provinzen konnte man auch hier kaum feststellen, dass in den letzten Jahrhunderten überhaupt je eine staatliche Verwaltung gewirkt hatte.» Ausserhalb der Stadt «führten das Fehlen einer Verwaltung und die Praxis von Schirmherrschaften dazu, dass das Regieren lokalen Stämmen, genauer regionalen Banden überlassen wurde. Jeder Erpresser, der es schaffte, vierzig Banditen hinter sich zu scharen, gebärdete sich als Regierungsgewalt. […] Hätte mir jemand im Voraus von diesen primitiven Zuständen erzählt, wie ich sie 1914 als Augenzeuge selber antraf, ich hätte ihm nicht geglaubt und hätte behauptet, dass er übertreibe.» Das war ein vernichtendes Urteil aus dem Munde eines loyalen, fähigen und integren Gouverneurs, der im März 1915 aufgrund seiner ehrlichen Berichterstattung über die vorgefundene Situation strafversetzt wurde. In seinen Erinnerungen, im Lebensrückblick kurz vor seinem Tod im Jahr 1928 niedergeschrieben, hielt Hamid mit seiner Fundamentalkritik imperialer Herrschaft nicht zurück: «An keinem Ort und zu keiner Zeit waren wir je zu Herren und Beschützern des Landes geworden. In den Ländern, die wir eingenommen hatten, wirkten wir als schlechte Pächter.»[119]

Parallel zu den Verhandlungen im Anschluss an die Balkankriege setzten sich die Vermittlungsbemühungen im Hinblick auf die so dringend nötigen Reformen in den Ostprovinzen fort. Ein wirklicher innerer Friede konnte nur auf der Basis verfassungsmässiger Prinzipien gewonnen werden, denen das Putschregime indes kaum Beachtung schenkte. In beiden Gesprächsverläufen spielte Talât eine Schlüsselrolle. Breite Kreise waren in grosser Sorge um die Zukunft im Osten Kleinasiens. Aber für Talât blieb das vorrangige Thema die Bewahrung und erneute Festigung zentralstaatlicher Macht. Er befürchtete, es könnte sich ein ähnliches Szenario ergeben wie

---

119 Kapancızâde Hamit, Anıları, 465 f.

in Mazedonien, wo man sich mit internationaler Kontrolle und am Ende mit dem Verlust der Region abfinden musste. Für die Armenier jedoch ging es um die Frage des Überlebens in Menschenwürde und um Eigentumsrechte. Dasselbe traf auch auf andere Bevölkerungsgruppen zu, insbesondere auf die assyrischen Christen sowie die Aleviten. Armenische und assyrische Christen bildeten im Osten Kleinasiens die Bevölkerungsgruppen mit dem höchsten Bildungsstand. Die Mehrheit von ihnen war unbewaffnet.

Die politische und gesellschaftliche Öffnung in der Folge der Revolution von 1908 hatte sich, wie wir sehen mussten, als ein kurzlebiges Phänomen erwiesen. Verfassungstreue Gouverneure wie Celâl stellten in den Ostprovinzen die Ausnahme dar, nicht die Regel. Ab 1911 machten staatliche Behörden und örtliche CUP-Zweigstellen in zunehmendem Mass und ganz offen gemeinsame Sache mit reaktionären Regionalherren und der mehrheitlich muslimischen Bevölkerung. Denn wenn sie dies nicht taten, hatten sie Aufstände und letztlich den vollständigen Verlust der Kontrolle über die Region zu befürchten. Die Unruhen, Massaker und städtischen Krawalle seit den 1890er-Jahren einschliesslich der Vorkommnisse von Adana 1909 waren noch in sehr wacher Erinnerung. Daher ging das Regime der Konfrontation mit muslimischen Notablen, Stammesfürsten und Banden nicht nur aus dem Weg, sondern kooptierte diese Kräfte. So erwies sich vier Jahre nach Wiedereinführung einer Verfassung der Staat als weitgehend unfähig, gleiches Recht für alle durchzusetzen. Und tatsächlich hatte Talât bereits 1910 das Postulat eines egalitären Gemeinwesens vertagt und es dem Erfolg einer raschen Zentralisierung untergeordnet.

1913 verfolgte Talât diesen Kurs noch radikaler. Angesichts von Hunderttausenden von Muhacir aus den Balkanländern, für die in Kleinasien eine neue Heimat gefunden werden musste, tendierte er zu drastischen Zwangsmassnahmen und einer umfassenden, gewaltsamen Bevölkerungspolitik. Sache war jetzt nicht mehr der Verfassungsstaat, sondern die landesweite Durchsetzung des Einparteiregimes, dessen Agenda und dessen Ideologie. Schon vor dem Ersten Weltkrieg verbreitete es eine mit antichristlichem Ressentiment aufgeladene Form von türkischem Nationalismus, die ihre Kraft aus dem glühenden Hass auf Christen und den Westen bezog und dabei auf wirkliche oder vermeintliche Ungerechtigkeiten zeigte. Das CUP schürte seit dem Vorabend des Ersten Balkankriegs diesen Hass systematisch und ergänzte während des Kriegs die Hetze mit propagandistischem Ausschlachten von Gräueltaten.[120]

Die neue Agenda folgte einer Neudefinition des Begriffs «Nation». Sie setzte nicht nur von vornherein die Gleichstellung von osmanischen Christen als den Muslimen ebenbürtigen osmanischen Bürgern ausser Kraft, sondern stand kurz davor, die Christen ein für alle Mal aus dem Gemeinwesen auszuschliessen. Denn ihr Begriff nationaler Zugehörigkeit machte «echte» Teilhabe an der osmanischen Nation vom Islam und Türkentum abhängig: Ein Türke oder eine Türkin war, wer einen türkisch-muslimischen Vater hatte. Gleichzeitig organisierte sich die vom CUP gesponserte Türkismusbewegung noch effizienter und wurde ein mächtiger, mit der jungen

---

120 Y. Doğan Çetinkaya: ««Revenge! Revenge! Revenge!› ‹Awakening a Nation› through Propaganda in the Ottoman Empire during the Balkan Wars (1912–13)», in: Kieser/Öktem/Reinkowski, World War I, 77–102.

Bildungselite verbundener politischer Faktor. Zu erwähnen ist in diesem Zusammenhang die Durchführung eines internationalen Türkistenkongresses im März 1913 in Petit-Lancy bei Genf, an dem Mitglieder der türkistischen Bewegung aus dem Osmanischen Reich und aus Europa, darunter zahlreiche Studierende, teilnahmen.[121]

Im Gegensatz zu Nichtmuslimen hielt man gemäss dem neuen Verständnis von nationaler Identität Muslime ohne türkischen Hintergrund immerhin für assimilierbar. In seinen meistverbreiteten Erscheinungsformen vermischte sich dieses Verständnis mit den Vorstellungen, die den osmanischen Islamismus des späten 19. Jahrhunderts geprägt hatten. Antichristliche Boykottkampagnen, die weitgehend vom CUP gesteuert waren, erwiesen sich als aussagekräftige Indikatoren für diese radikalisierende Entwicklung und Verengung des Begriffs der osmanischen Nation. 1908 annektierte Österreich-Ungarn Bosnien-Herzegowina, Bulgarien erklärte sich für unabhängig, und Kreta vereinte sich im Herbst 1908 mit Griechenland. Das war die Ausgangslage, welche viele Muslime in der Forderung nach der Souveränität des Reichs und einer internationalen Garantie für das osmanische Sultanat und Kalifat vereinte. Von Trabzon bis Beirut kam es zu organisierten Boykotten von österreichischen, bulgarischen und griechischen Geschäften und Waren. Menschenmassen, die oftmals in die Tausende gingen, protestierten auf den Strassen; in Österreich hergestellte Fezhüte wurden öffentlich verbrannt oder zerrissen und zertrampelt. Erst ab 1910/11 wurden auch die Geschäfte von osmanischen Christen und Juden zum Ziel der Boykottbewegung.[122]

Waren die Boykotte in den Jahren 1908 und 1909 somit noch fast ausschliesslich gegen ausländische «christliche» Staaten gerichtet, so zielten sie 1913, nach dem Verlust von Mazedonien im Ersten Balkankrieg, eindeutig auf osmanische Christen ab, insbesondere auf die Rûm. Aggressive Dschihad-Rhetorik begleitete die Boykotte. Die CUP-Propaganda gab ausländischer Einmischung und den von Europa auferlegten Reformen die Schuld an den Problemen und der Schwäche des Reichs. Der eigene Aufruf zum Krieg vom September 1912, die militärische Unzulänglichkeit und die allgemein bekannten Langzeitschäden mangelhafter osmanischer Verwaltung wurden verdrängt. In der Wahrnehmung des CUP waren die Armenier gemeinsam mit den Ententemächten ab Ende 1913 dabei, in Ostanatolien ein weiteres «Mazedonien» herbeizuführen. Die CUP-Zweigstellen in den Ostprovinzen teilten diese Sichtweise und stellten in ihrer Rhetorik einen Zusammenhang her mit jenen unhinterfragten regionalen Ressentiments, die schon 1895 zu den Gewaltausbrüchen beigetragen hatten. Das in keiner Weise aufgearbeitete Erbe dieser Massengewalt sowie die Gleichsetzung von Armenien mit Mazedonien prägen die gegen Ende 1913 rasch um sich greifende antiarmenische Haltung im CUP. Das Zentralkomiteemitglied Gökalp, der in Diyarbekir aufgewachsen war und kurdische Wurzeln hatte, personifiziert die hier beschriebene Entwicklung.[123]

---

121 Kieser, Vorkämpfer der «Neuen Türkei», 64–67.
122 Çetinkaya, Young Turks, 39–159.
123 Siehe Kapitel 17 sowie Hans-Lukas Kieser: 'Révolution de droite' à partir des marges de l'Empire ottoman tardif: Le maître-à-penser Ziya Gökalp et le comitadji impérial Mehmed Talat» impérial Mehmed Talat», in: Hamit Bozarslan (Hg.): *Marges et pouvoir dans l'espace (post)ottoman XIXe–XXe siècles*, Paris: Karthala, 2018, 97–121.

Eine allgemeine Unruhe machte sich 1913 unter den Kurden bemerkbar. Lokale Machthaber, darunter kurdische Scheiche und Stammesfürsten, befürchteten, es könnte im Rahmen des Reformprozesses zur Rückerstattung von geraubtem Land aus früherem armenischem Besitz kommen. Diese Furcht war ein Antrieb bei Abdurrezzak Bedirhans Bemühungen zur Schaffung einer kurdisch-nationalistischen Bewegung im Herbst 1913. Dass Abdurrezzak von russischer Seite unterstützt wurde, steigerte in den Reformverhandlungen den Argwohn des CUP gegenüber den Russen. Denn sollte dem CUP die Kontrolle über einzelne lokale Machthaber entgleiten, bedeutete dies, dass die CUP-Regierung bald einmal ihre ohnehin instabile Vormachtstellung in den Ostprovinzen gänzlich verlöre.[124]

Zukunftsangst und Rachegefühle vermengten sich Ende 1913 im westlichen wie auch im östlichen Teil Kleinasiens. Sie befeuerten eine hasserfüllte islamistisch beziehungsweise türkistisch gefärbte Hetze gegen die Christen. Im Unterschied zur vorwiegend islamistischen Reaktion von 1909 kamen jetzt aggressive Wortführer aus Kreisen, die dem CUP entweder nahestanden oder diesem sogar angehörten (dem CUP, namentlich Dr. Şakir, war das Register islamistischer Demagogie bereits aus der Zeit im Untergrund, vor 1908, bestens vertraut). Ein anschauliches Beispiel ist in diesem Zusammenhang Hüseyin Kâzım (Kadri), ein sehr produktiver Autor, früherer Herausgeber von *Tanin* sowie Provinzgouverneur und CUP-Parlamentsabgeordneter. Mit persönlichem Groll und vulgärem Verständnis christlicher Theologie erklärte er unter dem Titel *Das letzte Wort des Islams an Europa* dem Christentum den Krieg, indem er die christliche Religion als Götzendienst verunglimpfte. Das führte in dieser 1913 unter Pseudonym veröffentlichten Broschüre zu apodiktischen Aussagen, die sich mit jenen decken, die der sogenannte Islamische Staat hundert Jahre später in der Propaganda gegen seine Feinde verbreitete.[125] Es scheint, dass sich Talât selber nie einer vergleichbar extremen Rhetorik bediente. Aber er erkannte, wieweit sie sich für eigene Zwecke nutzbar machen liess. Sein Anspruch, den «Willen der Nation» zu repräsentieren, stützte sich auf eine Volksmasse, in der sich viele durch ein nationales Narrativ mobilisieren liessen, welches die ruhmvolle Wiederherstellung des Islams gegen die Christen versprach.

24 Verhandlungen über von Europa unterstützte Reformen der Ostprovinzen

Unter internationalem Druck hatte das Kabinett von Mahmud Şevket jene Reformbestrebungen wieder aufgegriffen, die vom vorherigen Kabinett angestossen worden waren, und dies, obwohl «ein paar Personen im Komitee das behindern wollten», wie Hayri schrieb.[126] Vermutlich meinte er mit diesem Hinweis Gökalp, Şakir und Talât,

---

124 Kieser/Polatel/Schmutz, Reform or Cataclysm, 292 f. Vgl. Reynolds, Shattering Empires, 58–70.
125 *Felâha Doğru, İslâmiyet'in Avrupa'ya Son Sözü*, İstanbul: Tanin, 1331. Nurettin Albayrak: «Hüseyin Kâzım Kadri», in: *Türkiye Diyanet Vakfı İslâm Ansiklopedi*, Bd. 18, 554 f., geht nicht vertieft auf diese Aspekte ein – im Gegensatz zu Emmanuilidis, Osmanlı İmparatorluğu'nun son yılları, 76–78.
126 Hayri, Tagebuch, 281 f., 1. April 1913.

wobei sich Talât sehr wohl im Klaren darüber war, dass gewisse Zugeständnisse in der Reformfrage unumgänglich waren. Im Gegensatz zu seiner Position im Vorjahr vertrat Hayri jetzt eine kritische Haltung hinsichtlich des «von Talât Bey gewählten Weges». Er war aber bereit, die sich aufdrängenden Reformmassnahmen im Frühjahr pflichtgetreu anzugehen. Denn er erachtete «die Landfrage als eine der lebenswichtigsten Fragen des Landes». Seine Kollegen befürchteten im Falle von Reformen den Verlust an politischem Rückhalt bei der muslimischen Mehrheit. Negative Reaktionen waren insbesondere wegen der geforderten Berufung einer ausserordentlichen Kommission oder im Hinblick auf die Einrichtung von temporären Friedensgerichten zu erwarten. Schliesslich schlugen die drei prominenten CUP-Mitglieder Hayri, Rahmi und Necmettin Molla Talât vor, Hayri als Minister zu nominieren, um ihn so mit ausreichender exekutiver Macht für Beschlüsse zur Lösung der Landfrage auszustatten. (Tatsächlich wurde er aber Ende April 1913 wieder zum Leiter des Ministeriums für religiöse Stiftungen ernannt – ohne einen Auftrag für die Landfrage in den Ostprovinzen).[127]

In einer geheimen Kabinettsversammlung wurde am 15. April 1913 die Idee eines Generalinspektorats für die Ostprovinzen unter Einbezug von britischen Experten angenommen, wie das schon ein Plan vom 18. Dezember 1912 vorgesehen hatte. Im Unterschied dazu sah der neue Plan nicht nur eine, sondern zwei Regionen mit je einem von Briten geführten Inspektorat vor. Doch war die antirussische Tendenz dabei allzu offensichtlich. Daher konnte die britische Diplomatie der Ernennung britischer Generalinspektoren nicht zustimmen, da sie sonst ihren russischen Bündnispartner verprellt hätte.[128] So kam es, dass bereits im Juni 1913 die ungelöste armenische Frage mit den anstehenden Reformen wieder prominent auf dem Tisch der internationalen Diplomatie lag. Ende Juni legte der russische Botschafter den Entwurf eines Plans für Reformen vor, der von André N. Mandelstam, einem Völkerrechtsexperten und Dolmetscher an der russischen Botschaft, verfasst worden war. Dieser Entwurf wurde einer Konferenz von sechs Botschaftern unterbreitet, die im Juli in Istanbul begann. Diese Botschafterkonferenz stimmte der Idee zu, ein einziges, für sechs Ostprovinzen zuständiges Generalinspektorat zu schaffen und die Verantwortlichkeit dafür entweder einem Inspektor mit osmanisch-christlichen Wurzeln (analog der Regelung in Libanon mit seinem Sonderstatus) oder aber einem europäischen Inspektor zu übertragen.[129] Talât, inzwischen wieder Innenminister, reagierte umgehend mit der Erstellung eines Berichts, in dem der Standpunkt der Regierung zur Frage der Reformen prononciert dargelegt wurde.[130]

Bei den verschiedenen Treffen, die im Juli 1913 in Istanbul stattfanden, wurden die Botschafter durch ihre Dolmetscher vertreten. Deutschland unterstützte die türkischen Argumentationslinien, liess dabei aber ausser Acht, dass Talâts strategisches Ziel möglicherweise darin bestand, den gesamten Reformplan möglichst zu blockie-

---

127 Ebd., 286, 6. April, 290 f.; 14./15. April 1913; 295, 27. April.
128 Türkmen, Vilayât-ı Şarkiye Islahat Müfettişliği, 33; Hayri, Tagebuch, 299 f., 13. Mai 1913.
129 Mandelstam, Le sort de l'Empire ottoman, 224.
130 Der österreiche Botschafter Pallavicini, Istanbul, an den Aussenminister Berchtold, 28. Juni 1913, in: The Armenian Genocide, 104 f.

ren. Zwar richtete sich die deutsche Haltung seit Anfang 1913 am Standpunkt der allgemeinen europäischen Diplomatie aus. Das bedeutete, dass für die Zukunft Armeniens innerhalb der osmanischen Türkei einschneidende Reformen als zwingend erachtet wurden. Aber die diplomatische Korrespondenz jener Zeit belegt, dass diese Haltung bei Wangenheim nicht einer inneren Überzeugung und Einsicht entsprach. In Cavids Urteil fehlte es dem deutschen Botschafter in jeder Hinsicht an einer klaren und gefestigten Meinung in der Armenienfrage. Auch General Pomiankowski schrieb zu Wangenheim von einer diesbezüglich wankelmütigen und daher leicht zu beeinflussenden Figur.[131] In naiver Einschätzung der Dinge hatte Wangenheim sogar noch vor dem Vorliegen einer endgültigen Vereinbarung beteuert: «Ich bin überzeugt, dass die gegenwärtige türkische Regierung alles daran setzen wird, um dem neuen [Reform-]Regime in Armenien zu einem Erfolge zu verhelfen.»[132] Bei anderer Gelegenheit sagte er aber auch, dass nur ihre Bekehrung zum Islam den Armeniern ein Leben in Ruhe und Sicherheit sowie ein Recht auf Privatbesitz garantieren könne. Wangenheim schwankte hin und her zwischen der Überzeugung, Russlands Absichten mit Reformen zugunsten der Armenier seien lauter, und einem tiefen Misstrauen gegenüber den russischen Motiven. Die CUP-Führung unternahm alles, um dieses Misstrauen noch zu verstärken.[133] Ende September mündeten die deutsch-russischen Gespräche im Nachgang der Botschafterkonferenz schliesslich in eine Kompromisslösung, die zwischen den russischen und osmanischen Reformentwürfen vermittelte.

Einmal mehr versuchte Talât nun, zur Abwehr des russischen Einflusses die britische Karte auszuspielen. Bei seiner Suche nach raschen Erfolgen setzte er immer wieder auf Überraschungseffekte. Das schloss gezielte Einschüchterung ebenso ein wie das Moment freundlicher Überraschung. So überrumpelte er Anfang Oktober 1913 zwei britische Experten, die für die osmanische Regierung arbeiteten. «Talât Bey, jetzt die dominierende Figur im Kabinett, kam, um Crawford und mich im Finanzministerium zu treffen, und machte uns folgenden doch eher verblüffenden Vorschlag», berichtet Graves. Talât wünschte sich ausdrücklich Briten als Generalinspektoren, in diesem Fall also David Crawford und Robert Graves. Die britische Regierung lehnte indes auch diesen Vorschlag ab.[134]

Cavid führte über das Thema der Reformen zahlreiche informelle Gespräche mit deutschen und anderen Diplomaten, und er erstattete darüber Bericht an Talât. Im Gegenzug leitete Talât zahlreiche Telegramme und Briefe an ihn weiter, die Cavid dann in der Form von Zusammenfassungen in sein Tagebuch einfliessen liess. Cavid stellte sich loyal hinter Talât im Konflikt zwischen Reformforderungen und dem jungtürkischen Willen zu vollständiger Souveränität. Er bot seine ganze Überzeugungskraft auf, um eine Kontrollfunktion der Europäer bei der Umsetzung der Reformen kategorisch auszuschliessen und Deutschland immer stärker auf die türkische Seite zu ziehen. Er behauptete unermüdlich, das CUP sei ernsthaft um die Sicherheit der Armenier bemüht

---

131 Cavid, Tagebuch, Bd. 2, 170, 22. Oktober 1913; Pomiankowski, Zusammenbruch, 163.
132 Wangenheim an Bethmann Hollweg, 19. November 1913, PA-AA, R 14082: 7105, zitiert in Schmutz, Die deutsche Rolle, 81.
133 Thomas Schmutz: «The German Role in the Reform Discussion of 1913–14», in: Kieser/Öktem/Reinkowski, World War I, 195 f.
134 Graves, Storm Centers, 287.

und «gewillt, Reformen in Armenien [!] umzusetzen». Er entfaltete eine ganze Palette von Argumenten, um aufzuzeigen, dass die armenische Propaganda mit falschen Behauptungen agiere, Europa sich nicht ehrlich verhalte und Russland in den Ostprovinzen der eigentliche Auslöser für die Probleme sei. Den von den Europäern geführten humanitären Diskurs zog er ins Lächerliche. Alles drehte sich um das Mantra «Keine Kontrolle durch die Europäer». In einem seiner Interviews mit Arthur Zimmermann, Unterstaatssekretär im deutschen Auswärtigen Amt, proklamierte er: «Wir wollen nicht, dass ein neues Mazedonien entsteht, und wir haben keine Zeit für europäische Belehrungen.» Und dann folgte die obligate Suggestivfrage «Deutschland steht doch wohl auf der Seite der Türkei?» – und zwar in folgender Variante, die das Gegenüber betreten und fügsam machen sollte: «In vergleichbaren Situationen wussten wir Deutschland immer an unserer Seite; jetzt aber macht es [in der Reformfrage] gemeinsame Sache mit Russland. Das hinterlässt einen schlechten Eindruck in unserem Land.»[135]

Cavid erklärte sich nur dann bereit, ausländische Inspektoren zu akzeptieren, wenn die osmanische Regierung sie selber ernennen konnte. Talât sah das genauso, und es sollte sich gerade an diesem Beispiel zeigen, dass er ein ausgezeichnetes Gespür für jene Punkte hatte, die die Gegenseite im Verlauf einer Verhandlung von ihm hören wollte. In der gegebenen Situation Ende November 1913 bedeutete das zum Beispiel die Zusage, dass Inspektoren von kleinen europäischen Ländern akzeptabel seien, dass die Inspektoren mit Vollmachten ausgestattet werden sollten und dass osmanische Christen damit rechnen durften, in den Provinzräten, bei den Polizeikräften und im öffentlichen Dienst proportional zu ihrer Bevölkerungsstärke vertreten zu sein. «Wir müssen den [europäischen] Mächten sagen, dass wir diese Punkte umsetzen werden. Eine derartige Erklärung von unserer Seite wird [ihnen] als jene Garantie gelten, die von den Armeniern verlangt wird. Aber das bedeutet nicht, dass wir eine Verpflichtung eingehen.» Der entscheidende Punkt war und blieb die internationale Beaufsichtigung und Absicherung der Reformen. Denn das stand im Widerspruch zum Anspruch des CUP auf umfassende Souveränität und verletzte den Nationalstolz. Konkreter gesprochen, damit wäre Talât und den Seinen auf die Finger geschaut und ihre Macht dadurch substanziell eingeschränkt worden.

Die Forderung nach einer Garantie durch das Ausland konnte von den Armeniern unter keinen Umständen aufgegeben werden, auch wenn die Gesprächspartner ihnen diese hartnäckige Haltung übel nahmen. Muhittin Birgen, ein 28-jähriger führender Journalist des CUP-Organs *Tanin*, verstand sich selber als dem linken CUP-Flügel zugehörig. Dieser «befürwortete Minderheitenrechte und unterhielt früher gute Beziehungen [mit den Armeniern]», mit Sympathien für die sozialdemokratische ARF. Aber seine Memoiren zeigen deutlich, wie sehr er es als einen Affront empfand, dass die ARF an einem bestimmten Punkt offen erklärte, dass «wir kein Vertrauen mehr zu euch haben. Wir sehen uns gezwungen, Garantien der Grossmächte, allen voran von Russland, zu verlangen.»[136]

---

135 Cavid, Tagebuch, Bd. 2, 250 f., 13. November 1913; vgl. Bd. 2, 280–282, 20. November 1913; 366 f., 4. Dezember 1913.
136 Birgen, İttihat ve Terakki'de on sene, 172.

Bei einem Treffen von Talât, Halil, Midhat, Vartkes, Halajian und zwei anderen Armeniern im späten November in Halajians Haus drehte sich die Debatte einmal mehr um das Reformthema. Talât machte Zugeständnisse in allen wesentlichen Punkten, und zusätzlich zu den diskutierten Punkten stimmte er sogar den neuen Gesetzen zu, die den Gebrauch der regionalen Minderheitensprachen und die Autonomie der Schulen regelten.[137] Es schien so, als könnte man zu einer vollständigen Einigung finden. Aber wozu waren all die schönen Versprechungen nütze, wenn das gegenseitige Vertrauen fehlte und eine Kontrolle der Umsetzungsschritte durch ein internationales Gremium kategorisch abgelehnt wurde? Auch der linke Flügel des CUP priorisierte letztlich einen unitarischen Staat von türkischen Muslimen. Er beabsichtigte nicht wirklich, sich für regional begrenzte Sonderrechte der Armenier starkzumachen. Bis Ende 1913 fanden etliche weitere informelle Treffen zwischen Talât und Vertretern der Armenier statt. Vertrauensbildende Schritte schienen immer noch möglich, und die Armenier hofften, dass die Gespräche doch noch zu einem Erfolg führen könnten. Zohrab unternahm seinerseits nochmals einen Versuch, Talât zu überzeugen. Am 24. Dezember trafen sie sich in Halils Haus. Zohrab war zu grösseren Kompromissen bereit als seine Freunde von der ARF. Aber beim entscheidenden Punkt – international garantierte armenische Sicherheit und Zukunft – blieb Talât stur und unnachgiebig. Aus seiner Sicht sollte die Komiteeregierung die alleinige Garantin sein. Am 26. Dezember gelangte er zur Überzeugung, dass die Regierung besser fahre, wenn ab jetzt nur noch sie mit den Grossmächten verhandle.[138]

Am 28. Dezember 1913 lud Cavid Vartkes und Zohrab zu einer weiteren Diskussion ein. In seinem Tagebuch schrieb er anschliessend hocherfreut und voller Hoffnungen, dass man sich in der Sache der Inspektoren werde einigen können. Und: «Das Gleiche gilt für die Frage der Garantien.»[139] Diese Beurteilung erwies sich allerdings als übereilt. Am 10. Januar 1914 bilanzierte Zohrab abschliessend: «An wen könnte ich mich in meinem Schmerz wenden?» Damit spielte er darauf an, dass es seiner Einschätzung nach zu einem gefährlichen Bruch mit dem CUP gekommen war. Nach seinem Dafürhalten hätte die ARF seinem eigenen Beispiel folgend damit fortfahren sollen, auf informeller Ebene mit «den Türken» zu verhandeln, anstatt alles Russland und Deutschland zu überlassen. Krikor Zohrab war eine herausragende, unparteiische Figur, die sich ganz den Grundsätzen eines Verfassungsstaats verpflichtet sah. Wie kaum ein anderer hatte er an das Zustandekommen eines türkisch-armenischen Ausgleichs geglaubt. Ende 1913, Anfang 1914 spürte er, dass etwas Grundlegendes endgültig zerbrochen war.[140]

Im Gegensatz zu Talât inszenierte Cavid keine Macht- und Doppelspiele, doch liess er sich aufgrund seiner Abhängigkeit von Talât zuweilen in solche Machenschaften hineinziehen. Seine Bejahung von Reformen war durchaus ernst gemeint und echt – nicht bloss, um seine armenischen Mitbürger zufriedenzustellen, sondern weil er aus seinem Verständnis von Rechtsstaatlichkeit und Menschenwürde heraus

---
137 Cavid, Tagebuch, Bd. 2, 340, 30. November 1913.
138 Ebd., Bd. 2, 420, 26. Dezember 1913.
139 Ebd., Bd. 2, 426, 28. Dezember 1913.
140 Zohrab, Gesammelte Werke, Bd. 4, 356 f., 363.

die verfassungsmässigen Aufgaben des Staates erfüllen wollte. Sein Problem, ja seine Tragik war, dass er es nicht schaffte, gegenüber dem CUP eine kritische Distanz zu erlangen und zu wahren – ausser in seinem Tagebuch. Wie für Talât bedeutete ihm die Arbeit für das Komitee das ganze Leben. 1909 hatte er seine junge Frau verloren und als Reaktion auf diese Verlusterfahrung damit begonnen, Tagebuch zu schreiben.[141] Gut anderthalb Jahre nach seinem hoffnungsfrohen Ausblick von Ende 1913 auf eine gemeinsame türkisch-armenische Zukunft zeigte sich Cavid zutiefst desillusioniert. Ende August 1915 – nach der ersten Phase des Armeniergenozids – gestand er in seinem Tagebuch ein: «Wir haben vor aller Welt bewiesen […], dass uns die Eignung für das Regieren abgeht.» Zu diesem Zeitpunkt hatten sich alle seine noch 1913 vorgebrachten flammenden Argumente gegen eine ausländische Garantie armenischer Sicherheit als leere Versprechen erwiesen. Indem das Regime seine armenischen Mitbürger in den Tod führte, so Cavid, «haben wir uns selbst das Urteil gesprochen».[142] Dennoch bedeutete sein stummes Rufen in der Wüste nicht den endgültigen Bruch mit dem CUP. Cavid war weder gewillt noch stark genug, um aus dem Wirkungskreis und der Abhängigkeit von Talât herauszutreten.

Der Zorn der Russen über die neue deutsche Militärmission in der osmanischen Hauptstadt unter Otto Liman von Sanders war einer der Gründe, die Ende 1913 einem definitiven Abschluss der Vereinbarung über die Reformen im Wege standen. Die Russen fühlten sich in ihren Vorbehalten bestätigt, als Anfang Januar 1914 Enver zum Pascha und Kriegsminister ernannt wurde. Sasonow betrachtete Enver aufgrund der Ermordung von Nâzım Pascha ein Jahr zuvor als niederträchtigen Mörder.[143] Talât hatte seine Dominanz innerhalb des Kabinetts dazu verwendet, Enver zum Aufstieg zu verhelfen und Ahmed İzzet Pascha zum Rücktritt zu bewegen. Seit Anfang Juli 1913 hegte er den Plan, «einen der Unsrigen als Kriegsminister aufzubauen». Ab Ende November gehörte zu diesem Plan auch die Einsetzung von Cemal als Marineminister und von Cavid als Finanzminister. (Obwohl für Cavid stets Talât die erste Ansprechperson innerhalb des Komitees blieb, beurteilte er im Vorfeld des Ersten Weltkriegs Enver doch noch sehr wohlwollend als eine vielversprechende Persönlichkeit – was sich alsbald änderte.)[144]

İzzet war zehn Jahr älter als Talât. Seine Lust auf kriegerische Auseinandersetzungen war deutlich geringer als jene von Talât. Auch hatte er sich geweigert, das Militärkader zu säubern, nur um für junge CUP-Parteigänger Platz zu machen. In seinen Memoiren schrieb er, es sei «der erste und grösste Fehler in einer ganzen Kette von Fehlentscheiden, die letztlich zum Weltkrieg führten», dass man Regierungsverantwortung anerkannten Respektspersonen weggenommen und rücksichtslosen jungen CUP-Revolutionären übertragen habe. Damit habe man die Möglichkeit aus der Hand

---

141 Cavid, Tagebuch, Bd. 1, 19 f., 8. März 1909.
142 Ebd., Bd. 3, 136.
143 Schmutz, Die deutsche Rolle, 93.
144 Cavid, Tagebuch, Bd. 1, 770, 12. Juli 1913; Bd. 2, 341, 30. November 1913. Die Behauptung, Enver sei gegen den Widerstand von Talât zum Minister ernannt worden, widerspricht den Quellen, obwohl sie immer noch aufgestellt wird, so von Safi, Ottoman Special Organization, 244 f. Talât war ab Ende 1913 stark genug, um sich nicht vor der Gefahr einer militärischen Autokratie von Envers Seite fürchten zu müssen, und zudem hatte er auch die Möglichkeit, Cemal als Gegengewicht ins Feld zu führen.

Abb. 12: Talât in Zivil (links vom Stuhl), Enver und Cemal im Vordergrund während einer militärischen Zeremonie in Istanbul. Ein sogenanntes Triumvirat mit Talât, Enver und Cemal existierte in der Zeit von 1913/14, als alle drei in der osmanischen Hauptstadt residierten und im CUP-Kabinett präsent waren. Aber Talât war bereits zu diesem Zeitpunkt die politisch führende Figur (SALT Research, Istanbul).

gegeben, deren übersteigerten Ehrgeiz noch irgendwie bändigen zu können. Graves, der immer noch an der Hohen Pforte arbeitete, gab ein unmissverständliches Urteil ab: «Der mässig begabte junge Offizier [Enver], den ich vor fünf Jahren in Saloniki kennengelernt hatte, hat sich durch seinen rasanten Aufstieg zur Macht nicht zum Besseren entwickelt und muss als gefährlicher Abenteurer betrachtet werden.» Talât bot Ahmed İzzet Pascha an, entweder auf Lebenszeit Vizekommandeur der osmanischen Armee zu werden oder aber – ein besonders riskantes, aber von Talât mit Beharrlichkeit vorgetragenes Angebot – sich zum Prinzen von Albanien ernennen zu lassen.[145] Talât versuchte stets, gegensätzliche Kräfte innerhalb seiner Netzwerke der Macht ohne jede Rücksicht auf prinzipienfestes Regieren irgendwie zu versöhnen und weiterhin an sich zu binden.

Anfang 1914 waren vor allem drei Männer an der Spitze des Staates erkennbar, nämlich Talât, Enver und Cemal, während in den vorangehenden Monaten Talât und Cemal in der Hauptstadt regiert hatten. Diese jungen Männer dominierten das Zentralkomitee und machten sich bewährte ältere CUP-Mitglieder wie Ahmed İzzet, Mustafa Hayri und Said Halim dienstbar, um ihre eigenen politischen Ideen umzusetzen. Am 8. Januar zog Rambert den Schluss: «In Wahrheit werden wir von einem Triumvirat

---

145 Graves, Storm Centers, 289; Ahmed İzzet, Feryadım, Bd. 1, 89 f., 173–176; Ayışığı, Mareşal Ahmed İzzet Paşa, 111 f.

regiert, von Talât, Enver und Cemal Bey, alle drei autoritär auftretende Männer, von denen man das Gefühl hat, sie seien zu überstürztem und gewaltsamem Handeln imstande.» Der in jener Zeit verwendete und später oft wiederholte Begriff des Triumvirats ist zutreffend, kann aber nur für den eng begrenzten Zeitraum am Vorabend des Weltkriegs Gültigkeit beanspruchen.[146]

Deutschland leistete die entscheidenden Vermittlungsdienste, sodass am 8. Februar 1914 ein substanzieller – und jetzt auch tatsächlich international zu beaufsichtigender – Plan für Reformen vom Grosswesir Said Halim und vom russischen Geschäftsträger K. N. Gulkevich unterschrieben werden konnte. Nachdem die Inspektoren ernannt und gewählt waren, sollte der Plan im Verlauf des Sommers 1914 umgesetzt werden. Für Talâts Innenministerium hätte das weitreichende Konsequenzen gehabt. Der Plan nahm eine Aufgliederung Kleinasiens in sieben Ostprovinzen vor (nicht sechs, wie in der ersten Variante des Plans) und in einen nördlichen (Erzurum, Trabzon, Sivas) und einen südlichen Teil (Van, Mamuretülaziz, Bitlis, Diyarbekir). Der Plan stellte diese Provinzen unter die Kontrolle von zwei europäischen Inspektoren, die ihrerseits aus neutralen Ländern ausgewählt wurden. Der Plan schrieb die Veröffentlichung von Gesetzen und offiziellen Verlautbarungen in den regional gesprochenen Sprachen vor. Er sorgte für eine angemessene Vertretung von Muslimen und Christen in den regionalen Räten und bei den Polizeikräften. Zudem beabsichtigte er, die Hamidiye – irreguläre kurdische Kavalleriekräfte, die in ihren Regionen Privilegien und rechtlose Freiräume genossen – in eine offizielle Kavallerieeinheit der Armee umzuwandeln.[147]

Somit verfügte die internationale Diplomatie im Februar 1914 zum ersten Mal seit 1878 über die notwendigen Instrumente, um im Osten Kleinasiens konkret etwas zu bewegen. Falls sich die internationale Situation nicht dramatisch veränderte, musste der Plan umgesetzt werden, und Talât musste sich den neuen Gegebenheiten beugen. Selbst wenn sich die Massnahmen nur auf den Osten Kleinasiens bezogen, so würden die unmissverständlichen Prinzipien des Plans einen Einfluss auf die Verhältnisse im ganzen Land haben. Der Prozess zur Auswahl und Ernennung der zwei Generalinspektoren nahm das ganze Frühjahr in Anspruch. Louis Westenenk aus den Niederlanden und Nicolai Hoff aus Norwegen trafen im Mai ein, «beide ganz erpicht darauf, von mir zu hören, wie sich das Leben in Erzurum und Bitlis abspielt. In aller Ruhe nahmen sie ihre Arbeit auf, nachdem sie mit Talât bestmögliche Konditionen bezüglich Lohn, Wohnung, Motorfahrzeugen und europäischer Sekretäre und Inspektoren ausgehandelt hatten», berichtete Graves, der damals noch immer als Mitarbeiter in Talâts Innenministerium tätig war.[148]

---

[146] Rambert, Tagebuch, Bd. 47, 12. Dezember 1913, 8. Januar 1914. Das Triumvirat bestehend aus Talât, Enver und Cemal, wurde jüngst als anhaltender Konflikt dreier CUP-Fraktionen beschrieben: M. Talha Çiçek: «Myth of the Unionist Triumvirate: The Formation of the CUP Factions and their Impact in Syria during the Great War», in: Çiçek, Syria in World War I, 9–36. Zwar existierten tatsächlich Fraktionen innerhalb der Partei, aber sie waren nicht gleichwertig. Ab 1913 war Talât der politische Motor, und die loyalen jungen Mitarbeiter seines Ministeriums, Gouverneure und weitere Funktionäre, ob mit oder ohne Dienstzeit in Syrien, bildeten später das Rückgrat von Atatürks Verwaltung und Regierung.

[147] Kieser/Polatel/Schmutz, Reform or Cataclysm, 297.

[148] Graves, Storm Centers, 291.

25 Bizarrer Frühling 1914:
Reform und Frieden oder Krieg und Katastrophe?

Spätestens im Frühling 1914 entging keinem aufmerksamen Beobachter der osmanischen Verhältnisse, dass Talât auf politischer Ebene die Hauptfigur in der Hauptstadt war. Sein offizielles Amt war zwar das des Innenministers, aber er gestaltete auch die diplomatischen Aussenbeziehungen des Landes. Was für Ziele verfolgte er? War er ein Friedensstifter im In- und Ausland, als den ihn einige Zeitgenossen in den Verhandlungen nach dem Zweiten Balkankrieg wahrnahmen? Oder spielte er vielmehr auf einer breiten Klaviatur kalkulierter Optionen zwischen Reform und Revolution, Versöhnung, Repression und gewollter Katastrophe? Prägte ihn gar die Kriegspsychologie eines revolutionären Komitadschi durch und durch, sodass er 1914 genau der richtige Mann zur richtigen Zeit war, um auch jetzt wieder, aber noch umfassender auf kriegerische Mittel zu setzen? Hatte er doch mit lautstarker Bejahung von Krieg bereits 1912/13 spektakuläre Erfolge erzielt – wobei Krieg für ihn als Revolutionär sowohl Fronten im Innern wie gegen aussen beinhaltete.

Von den drei oben als Fragen formulierten Möglichkeiten treffen die zweite und dritte zu, wie man nüchtern feststellen muss. Nur für besonnene Zeitgenossen wirkte der Erste Balkankrieg mit seinen katastrophalen Auswirkungen als dringliche Warnung vor weiteren Kriegen und dem Sog von Revanchismen, die in Ost und West klügere, konstruktivere Lösungswege im Keim erstickten.

Seit das CUP den Krieg als Mittel verinnerlicht hatte, beherrschte eine türkisch-muslimische Definition des Begriffs «osmanische Nation» den politischen Diskurs. Das CUP bestimmte fortan das vorherrschende Verständnis von nationaler Souveränität, nationaler Sicherheit und Nationalehre. Es plakatierte die Überzeugung, ein Verrat von Nichtmuslimen habe die spätosmanischen Probleme und Gebietsverluste erst verursacht, allen voran jene im Ersten Balkankrieg. Zwar trifft zu, dass Talât Mitte November 1913 aufgrund von Vermittlungsbemühungen des rumänischen Ministers Take Ionescu[149] mit Griechenland einen Friedensvertrag schloss, aber gleichzeitig traf er auch schon Kriegsvorbereitungen in der Absicht, die an Griechenland verlorenen Inseln wieder zurückzuerobern. Die beiden heiklen Themen des territorialen Anspruchs auf die Inseln einerseits und der Umsiedlung von ganzen Bevölkerungsgruppen andererseits hatte man in den Verhandlungen zwar angesprochen, aber auf später verschoben. Die Sieger des Ersten Balkankriegs hatten Muster antimuslimischer ethnischer Säuberungen angewandt. Auf dieses Vorgehen reagierte das CUP seinerseits mit analogen Mustern, die aber weit grössere Dimensionen anzunehmen anfingen. So begann sich Ende 1913 eine umfassende, gewaltsam gegen osmanische Christen gerichtete Bevölkerungspolitik abzuzeichnen. Die CUP-Presse behauptete in aggressivem Ton, dass man das dadurch verursachte Leiden der Rûm in keiner Weise mit dem viel grösseren Leiden der Muhacir vom Balkan gleichsetzen könne.[150]

Das Leiden der Opfer wurde zu einem Instrument der Propaganda und dafür benutzt, noch zusätzlich negative Gefühle gegen Nichtmuslime zu schüren. Entspre-

---

149 Ionescu, Souvenirs, 147–149; Rambert, Tagebuch, Bd. 46, 14. November 1913.
150 Aksakal, Ottoman Road to War, 48.

chende Stigmatisierungen häuften sich in der Presse und zeitigten Auswirkungen auf die Politik. Ein Feldzug gegen die Balkanstaaten, die das Osmanische Reich gedemütigt hatten, war nicht zu stemmen. «Kompensierende Vergeltung» gegen Schwächere, nämlich osmanische Christen, liess sich indes bewerkstelligen und war nunmehr für eine breite Öffentlichkeit akzeptabel. Eine ersten Phase der Vergeltung gegen die osmanischen Rûm hatte ihren Grund ganz direkt in den Balkankriegen und betraf die Region Thrakien. Etliche Rûm aus Thrakien hatten Verwandte in Griechenland; sie waren sowohl osmanische als auch griechische Staatsbürger und hatten während der Balkankriege mit Griechenland sympathisiert oder sogar als Soldaten auf der griechischen Seite mitgekämpft. Deshalb «zog es Talât Bey vor, das Land von jenen Bevölkerungselementen [anâsır] zu säubern, die sich während des Balkankriegs als Verräter erwiesen hatten». Halil (Menteşe), ein naher Mitstreiter Talats (eine Art Quadrumvir neben den Männern des Triumvirats), fasste Talâts neue Bevölkerungspolitik, wie sie sich Ende 1913 herauskristallisierte, so zusammen: «Das Vorgehen war folgendes: Offiziell waren Gouverneure und die anderen Funktionäre [vor Ort] nicht involviert. Daher nahm das CUP die Angelegenheit direkt an die Hand und terrorisierte die Rûm. [...] In der Folge flohen annähernd 100 000 Rûm ohne weitere Behelligung nach Griechenland.»[151] In einem nächsten Schritt gelangten im Frühjahr 1914 im Zusammenhang mit der ungelösten Frage der Inseln und der Ansiedlung von Muhacir die an der Ägäisküste lebenden Rûm ins Visier von Talâts Vertreibungspolitik.

Selbst während und nach den Friedensverhandlungen mit Griechenland trieben Talât Kriegsgedanken um. Allgemein lässt sich sagen, dass unter den radikalen Komiteemitgliedern, die Talât seit September 1912 umgaben, eine Kriegspsychologie vorherrschte, die sich bis zum Herbst 1911 und zur damaligen allgemeinen Empörung der Osmanen über die Invasion der Italiener in Libyen zurückverfolgen lässt. Wie im Fall von Edirne, so gab es für Talât auch bei den drei Inseln Chios, Lesbos und Lemnos keine Kompromisse, sondern nur die kategorische Forderung nach Rückgabe. Dieses Mal hatte Talât frühzeitig dafür gesorgt, dass der Grosswesir auf seiner Seite stand. Dieser drängte Wangenheim denn auch dazu, in dieser Angelegenheit eine klar proosmanische Haltung einzunehmen. Doch der deutsche Botschafter arbeitete, von Berlin dazu angehalten, auf eine einvernehmliche Lösung zwischen der Türkei und Griechenland hin. Für Istanbul konnte die Verweigerung der Rückgabe von Chios und Lesbos nur Krieg bedeuten, ungeachtet des Friedensvertrags vom November 1913 und entgegen gewissen Vorschlägen, die einen Abtausch mit anderen, vorderhand noch von Italien besetzten ägäischen Inseln vorsahen. Und so wurden auf osmanischer Seite grosse Anstrengungen unternommen, die Kriegsmarine aufzurüsten.[152]

---

151 Menteşe, Anıları, 165 f.; eine Zahlenangabe in vergleichbarer Grössenordnung (119 938) liegt vom Patriarchat der Rûm vor. Die Anzahl aller in der ersten Hälfte von 1914 vertriebenen Rûm beläuft sich auf ungefähr 250 000. Emmanuilidis, Osmanlı İmparatorluğu'nun son yılları, 51, 152. Zu Halil siehe Wasti, Halil Menteşe.
152 Cavid, Tagebuch, Bd. 2, 103, 23. September 1913; 196, 1. November 1913; 410, 18. Dezember 1913; 463, 21. Januar 1914; Rambert, Tagebuch, Bd. 47, 27. Dezember 1913; Wangenheim an Auswärtiges Amt, 1. September 1913, in: Die grosse Politik der europäischen Kabinette, Bd. 36, 73; Sekretär Jagow an den deutschen Botschafter in Rom, 8. September 1913, ebd., 76; Wangenheim an Auswärtiges

Abb. 13: a) Innenminister, aber auch Diplomat: Talât mit dem rumänischen Minister Take Ionescu (Wienbibliothek im Rathaus, Tagblatt-Archiv) und b) mit Ionescus Ehefrau an Bord des Schiffs «Romania», vor der Kaianlage von Galata (SALT Research, Istanbul).

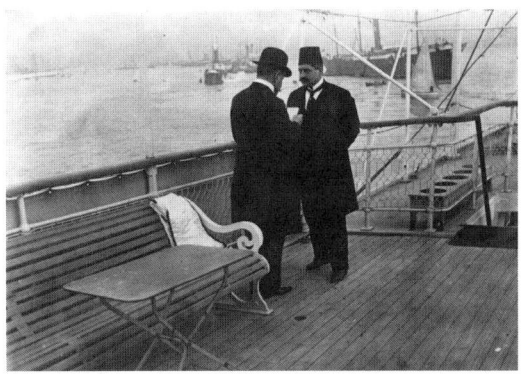

Bei einer französischen Bank konnte die osmanische Regierung eine Anleihe zu schlechten Konditionen aufnehmen. Dieses Geld ermöglichte es, via Umweg über Brasilien ein in England gebautes Schlachtschiff zu kaufen. Als Finanzminister Rifat zunächst zögerte, den Anleihevertrag zu unterzeichnen, habe Talât – gemäss einem Bericht von Halil – Rifat umarmt und gerufen: «Mein Herr, wir sind dabei, uns die Inseln zurückzuholen, es fehlt uns die Zeit, auf Details zu achten.» Mit meisterhaftem Charme setzte Talât Rifat unter Zwang, liebkoste ihn, küsste ihn auf die Wange und führte ihn zu dem Raum, wo der Vertreter der Bank wartete. Da nötigte er ihn zu unterschreiben. Dies fand in einer zeitlichen Phase statt, in der Talât und das CUP

Amt, 13. September 1913, ebd., 87–90; Geschäftsträger in Athen an den Reichskanzler, 14. November 1913, ebd., 125 f.

sich international noch immer stark unter Druck und in der Defensive fühlten. Umso mehr bewiesen sie in ihrem öffentlichen Auftreten eine Vorliebe für unerschrockenes Draufgängertum und Krieg. Ende Januar 1914 hielt Rambert fest: «Die Türken denken nur noch an Krieg, und zwar so schnell wie möglich, um wenigstens Chios und Lesbos zurückzugewinnen.» Allerdings war es sozusagen unmöglich, zu vernünftigen Bedingungen im Ausland eine Anleihe aufzunehmen, solange ein Kriegsausbruch drohte, und das war ein massives Hemmnis für die militärische Option. Hinzu kam, dass die europäische Diplomatie Mitte Januar 1914 entschieden hatte, dass die drei Ägäisinseln weiterhin zu Griechenland gehören sollten. Nach Ramberts Meinung war das ein unbedachter Beschluss, denn die Inseln waren «geografisch gesehen ein Teil des Territoriums von Kleinasien. Wenn man ernsthaft und in ehrlicher Absicht Frieden schliessen will, müssen die Ursachen, die für dauerhaften Zwist sorgen, auch tatsächlich behoben werden.»[153]

Rambert bezog sich hier auf den von Rûm systematisch praktizierten Schmuggel zwischen den Inseln und dem Festland und auch auf die Sicherheitsfrage, denn Chios und Lesbos kontrollierten den Seeweg mit der Einfahrt in den Golf von Izmir. Unmittelbar nach dem offiziellen Verlust der Inseln packte Talât das, was er als dringendes demografisches und wirtschaftliches Problem an der Ägäisküste erachtete, noch zielstrebiger an. Er und seine radikalen Mitstreiter betrachteten auch diese Auseinandersetzung als Teil eines nationalen Heilskriegs, der im Innern wie nach aussen stattzufinden hatte. Die Anti-Rûm-Politik, die sie im Westen Kleinasien praktizierten, stand in diametralem Gegensatz zu den Prinzipien, die der Reformplan vom Februar 1914 in den östlichen Gebieten Kleinasiens festschrieb. Talâts Politik ethnischer Säuberungen verfolgte drei Ziele: Sicherheit an der Westküste, die nur wenige Kilometer von den inzwischen griechischen Inseln entfernt lag; eine möglichst kostengünstige Ansiedlung der muslimischen Flüchtlinge aus den Balkanländern in Kleinasien; und seine politisch motivierte Bevölkerungspolitik. Diesen Zielen lag die Absicht zugrunde, in Kleinasien ein sicheres muslimisch-türkisches Heim zu schaffen, und zwar auf Kosten der osmanischen Christen. Im Verständnis des CUP rechtfertigte antigriechischer Revanchismus diese Ziele.

Es ist erstaunlich und bemerkenswert, wie im April 1914 grundlegend unterschiedliche Perspektiven für eine osmanische Zukunft existierten. So gab es ganz klar auch einen friedlichen Weg. Wer diesen befürwortete, bewertete die Aussicht auf Reformen mit europäischer Beteiligung positiv oder er akzeptierte sie zumindest. Für diese positive Perspektive sprach, dass Cavid, der seit März als Finanzminister amtete, erfolgreich mit den Franzosen verhandelt und eine substanzielle Anleihe von 800 Millionen Pfund erwirkt hatte. Wirtschafts- und Handelskreise erwarteten von diesem Geldzufluss einen grossen Aufschwung für die Türkei und Europa. Am 14. April, als Cavid von seinen Verhandlungen in Paris nach Istanbul zurückkehrte, «warteten alle wichtigen Leute aus Politik und Wirtschaft am [Sirkeci-]Bahnhof auf seine Ankunft.

---

153 Menteşe, Anıları, 165; Rambert, Tagebuch, Bd. 47, 23. Januar 1914 und 3. Februar 1914; vgl. Eintrag vom 16. Januar im gleichen Band und den Brief von Paul Weitz an Arthur Gwinner vom 12. Januar 1914, Archiv der Deutschen Bank, Frankfurt, OR 1322.

Abb. 14: Talât beim Abschreiten einer Ehrengarde in Istanbul vor seiner Abreise nach Liwadija zusammen mit Ahmed İzzet Pascha, Mai 1914 (Wienbibliothek im Rathaus, Tagblatt-Archiv).

Ein allgemeines Gefühl der Erleichterung verbreitete sich in der gesamten Bevölkerung.» Nach Ramberts Einschätzung wünschte an diesem Tag nach den unlängst gemachten Erfahrungen niemand, einen neuen Krieg zu beginnen. In den vorangehenden Monaten hatten Flüchtlinge das Kriegselend an manchen Orten Westanatoliens sichtbar gemacht. Zudem bedeuteten die 200 000–300 000 Flüchtlinge eine grosse finanzielle Last, die vom Staat getragen werden musste. Die meisten Staatsangestellten waren gezwungen, während einiger Monate ohne Lohn oder mit nur sehr geringem Salär auszukommen.[154]

Am 9. Mai überraschte Talât die in Istanbul anwesenden internationalen Vertreter und die Öffentlichkeit mit seiner Abreise zu einem Besuch beim russischen Zaren Nikolaus II. in Liwadija auf der Krimhalbinsel. Als Reisebegleiter hatte er Ahmed İzzet Pascha dabei. Viele hofften, dass «dies ein Zeichen für allgemeinen Frieden und gegenseitige Annäherung in den Konflikten des Orients sei». Auch Rambert war höchst erstaunt. «Für die Türken ist Russland der Wolf.» Doch er erwartete, Talât könne durch «ein Sichverneigen und Scharren vor dem Wolfsrachen» vielleicht dazu beitragen, «das instinktive Misstrauen der osmanischen Nation gegenüber dem Mos-

---

154 «Man lebt mit ganz wenig, sozusagen mit nichts, aber die Erfahrung zeigt, dass man trotzdem lebt. Kein einziger Funktionär hat seinen Posten verlassen. Man wartet auf bessere Tage, und die Auszahlung selbst der schlechtesten Löhne wird gefeiert wie ein Fest.» Rambert, Tagebuch, Bd. 47, 5. und 14. April 1914.

kauer Reich» abzubauen. In seiner Wahrnehmung war die Konstellation in Europa dazu angetan, bei der Türkei Misstrauen zu schüren, während diese doch gleichzeitig auf Unterstützung hoffte. Er sah ein Deutschland, das «durch sein Bündnis mit Italien und Österreich» und Österreichs Interessen auf dem Balkan «gelähmt», und ein Frankreich, das «aufgrund einer gefährlichen Finanzkrise bewegungsunfähig» war, und schliesslich Grossbritannien, das sich «hinsichtlich der orientalischen Angelegenheiten zunehmend gleichgültig» (und unverantwortlich) verhielt. Rambert spekulierte, die Annäherung gegenüber Russland könnte daher zu einem «Meisterstück» von Talât als der «momentanen politischen Spitzenfigur» werden. Russland verfügte über die Macht, den Balkanländern und den Ostprovinzen Lösungen aufzuerlegen mit dem Potenzial, Krieg zu verhindern.[155]

Muhittin Birgen, ein 29-jähriger Leitartikler der CUP-Zeitung *Tanin*, begleitete Talât. Er erinnerte sich daran, dass Talât auf der Hinreise in grüblerische Gedanken versunken war, weil er sich vor der russischen Kontrolle, den Reformplan vollumfänglich umzusetzen, fürchtete. Aber auf der Rückreise nach Istanbul sei er sehr entspannt gewesen, weil der Zar und der russische Aussenminister Sergei Sasonow keinen Druck auf ihn ausgeübt, sondern vor allem versucht hatten, den Einfluss Deutschlands in engen Grenzen zu halten. Muhittin und Talât sprachen über die Wahrscheinlichkeit eines allgemeinen Kriegs. Talât enthüllte gegenüber seinem jungen Mitarbeiter nicht offen, dass er Sasonow gefragt hatte, was er von einem osmanisch-russischen Bündnis halte. Sasonow war von dieser Idee zwar überrascht, aber, wie er selbst schreibt, bereit, darüber nachzudenken.[156]

Talât wollte in erster Linie die Stimmung bei den Russen sondieren, glaubte aber kaum an die Realisierbarkeit eines Bündnisses mit Russland. Auch wenn er selbst über die nötige strategische Flexibilität für ein derartiges Vorhaben verfügt haben mochte, so hätten sich doch breite heimische Kreise einem solchen Plan widersetzt, so die Pantürkisten und Panislamisten innerhalb des CUP, die im Zaren den Erzfeind der Türkei sahen. «Schau, in diesem Fall [eines türkisch-russischen Bündnisses], würde sich einmal mehr zeigen, dass ein Wolf mit dem Lamm fraternisieren kann!», scherzte Talât. Auf der Heimreise erzählte er Birgen, dass es sein grösster Wunsch sei «in die europäische Familie einzutreten». Bei ihm herrschte das durchdringende Gefühl vor, fremd und befremdet zu sein. Europa uneingeschränkt anzugehören «würde uns den Zutritt zur Rechtsstaatlichkeit europäischer Staaten garantieren. Heute ist es doch so: Wenn es so etwas wie eine Rechtsstaatlichkeit gibt, so gilt sie nur für die Europäer. Wir hingegen bleiben wie die Asiaten, Afrikaner und Australier immer Völker ausserhalb von Europa, die Europa fremd sind. Die wesentlichen Prinzipien der Rechtsstaatlichkeit werden nicht als für uns gültig erachtet. […] Schau dir die verärgerten Reaktionen an, wo immer wir uns auch hinwenden, um einen Antrag zu stellen – niemand wendet uns sein Gesicht zu.»[157]

Diese Feststellung von Talât entsprach einer fundamentalen, höchst relevanten Wahrheit. Aber er nutzte sie vor allem dazu, seine radikale Politik zu rechtfertigen,

---

155 Rambert, Tagebuch, Bd. 48, 9. Mai 1914.
156 Sazonov, Fateful Years, 137.
157 Birgen, İttihat ve Terakki'de on sene, 179.

anstatt etwas Neues und Besseres aufzubauen, das sein Volk als etwas Eigenes hätte bezeichnen können. Zweifellos war der Wunsch vollauf berechtigt, dem Westen zuzugehören, aber nicht im Sinne einer imperialen Unterordnung. Das CUP pochte auf uneingeschränkte Souveränität auf allen Ebenen. Es kultivierte eigene Werte, Geschichts- und Reichsmythen, womit es sich gleich selbst von der «europäischen Familie» abgrenzte, zu der es gemäss Talât so gerne gehören wollte. Das Wesen des CUP lässt sich am besten verstehen, wenn man dessen Beziehung zu Europa genau betrachtet, das heisst zu einem Westen, dem es gerne ebenbürtig gewesen wäre, statt sich militärisch, politisch und wissenschaftlich deprimierend unterlegen zu erfahren. So aber fühlte sich das CUP ausgeschlossen, war beleidigt – und versank in Selbstmitleid. Aus dieser Gemütslage resultierte eine grundlegende Handlungsstruktur, die auf Groll, Trotz und einer aggressiven Abwehr beruhte. Die daraus erwachsenden Vorgehensweisen spiegelten nicht nur, sondern antizipierten auch die Fehler, das Scheitern und die dunklen Seiten Europas zu jener Zeit. Der erfolgreiche Staatsstreich des CUP und die Rückeroberung von Edirne entfalteten eine Hebelwirkung in die Zukunft. Sie festigten das Vertrauen in die Wirksamkeit und den Erfolg weiterer tollkühner Schritte, die damals noch gültige Regeln europäischer Politik im erweiterten Europa brachen. Die Vertreibung der Rûm gehörte zu diesen Schritten.

Talât war bereits wieder zurück in Istanbul, als am 14. Mai 1914 das neue Parlament eröffnet wurde. Es fehlte jegliche Opposition. «Dies ist ein Triumph für Einheit und Fortschritt. Die Abgeordnetenkammer setzt sich ausschliesslich aus seinen eigenen Geschöpfen zusammen», hielt Rambert fest. Auch im neuen, jetzt überaus klaren Rahmen eines Einparteiregimes fuhr das Komitee damit fort, Themen im Parlament zu beraten und in Übereinstimmung mit Parlament und Kabinett Beschlüsse zu fassen. Als erfahrener Minister präsentierte Talât seine persönliche Meinung der Regierung jeweils so, als wäre es die Meinung des Komitees; und gegenüber dem Komitee stellte er seine Entscheide so dar, als seien sie durch die Sachzwänge der Regierung bedingt. Das Ergebnis dieser doppelten Rückversicherung war, dass niemand den wesentlichen Entscheiden Talâts zu widersprechen vermochte. Im Gegensatz zur Situation vor vier Jahren hatte er jetzt weder von parlamentarischen Diskussionen noch von Kritik im Komitee etwas zu befürchten.[158]

26 Vertreibung der Rûm: Ein katastrophaler Erfolg

Die andere Option, die im Frühling 1914 zur Wahl stand, war alles andere als friedlich, sondern bedeutete Krise, Krieg und Katastrophe – Elemente, mit welchen Revolution und Diktatur am besten gediehen. Diese Option folgte der Überzeugung, dass das Chaos zu neuen Konstellationen führt, von denen bisher benachteiligte Bevölkerungsgruppen oder Staaten profitieren könnten. In dieser Sichtweise wurde das Leben als Kampf verstanden, in welchem Krieg sich im Ringen um Überleben und Vormacht

---

158 Rambert, Tagebuch, Bd. 48, 14. Mai 1914; vgl. Hayri, Tagebuch, 384, 4. Mai 1916.

zwingenderweise reproduzierte. Sozialdarwinistische Überzeugungen entsprachen dem Zeitgeist im Europa der Belle Époque und des Hochimperialismus. Sie wurden zu vorherrschenden Denkmustern der Männer im CUP und verbanden sich rasch mit weltweiten Erwartungen revolutionärer Umwälzungen.

Im Gegensatz zur pazifistischen Strömung innerhalb des Sozialismus gab es auch gewisse revolutionär gesinnte Sozialisten, die sich von einem Weltkrieg erhofften, er könnte der Auslöser für die herbeigesehnte Weltrevolution sein. Unter den Vertretern dieser dem Krieg gegenüber positiv eingestellten Sozialisten war der Deutschrusse Parvus eine der prominentesten Stimmen. Er lebte seit 1910 in Istanbul und war an der Seite von Leo Trotzki ein Mitorganisator der Russischen Revolution von 1905 gewesen. Nachdem er zuerst mit der kleinen Gruppe von überwiegend bulgarischen und armenischen Sozialisten in Kontakt gekommen war, erfasste Parvus sehr bald, wo die vielversprechendste Konzentration von Macht zu orten war. So freundete er sich mit CUP-Mitgliedern und Türkisten an. Während der Balkankriege gelangte er durch den Handel mit Waffen und Lebensmitteln zu Reichtum. Durch seine Nähe zu den Männern des Komitees und den aufstrebenden Ideologen des Türkismus stieg er zur informellen Stellung eines ausländischen Experten für Wirtschaftsthemen auf. Er publizierte zahlreiche einschlägige Artikel in der Zeitschrift *Türk Yurdu* und anderen CUP-nahen Publikationen.[159]

Betrachtete man in der ersten Hälfte 1914 die politische Lage von Istanbul aus, so schien der Ausbruch eines Weltkriegs im Zusammenhang mit den Spannungen zwischen der Türkei und Griechenland am wahrscheinlichsten. Zudem herrschte auch in Albanien grosse Verwirrung, wo antieuropäisch motivierte Protestierende forderten, dass die Türkei wieder die Regierung übernehmen solle. (Das CUP mischte sich dort seit dem Verlust des Landes im Ersten Balkankrieg subversiv ein, siehe Kapitel 16 und 21 f.) Die europäische Diplomatie, insbesondere jene Italiens und Österreichs, stand deshalb Ende Frühjahr auf der Kippe zum Eingreifen. Was Parvus jenseits handfester geschäftlicher Interessen mit dem CUP verband, waren die Ressentiments gegenüber Russland, die Kriegspsychologie und eine tiefe Verachtung für die sogenannte Comprador-Bourgeoisie. Die Beseitigung der Comprador-Bourgeoisie, das heisst die «Befreiung der Wirtschaft vom Joch der Fremden», zu denen man Anfang 1914 neben ausländischen Firmen klar auch die osmanischen Christen zählte, war eines der Hauptziele des CUP und des Türkismus. Bis dahin hatte man sich nicht nur des Mittels von Boykotten, sondern auch anderer Formen weitgehend unblutiger, aber dennoch gewaltsamer Übergriffe und Zwangsmassnahmen bedient, um Rûm zu vertreiben. Diese Art von «Krieg» auf heimatlichem Boden barg die Gefahr von Auswirkungen auf internationaler Ebene in sich, wobei der Beginn eines Kriegs mit Griechenland wohl die erste Folge gewesen wäre. Anfang Juni 1914 zeichnete sich die politische Unruhe auch bei der internationalen Wirtschaft und den Finanzmärkten

---

159 Vgl. Hans-Lukas Kieser: «World War and World Revolution: Alexander Helphand-Parvus in Germany and Turkey», in: *Kritika. Explorations in Russian and Eurasian History* 12, Nr. 2 (2011), 387–410. Ein Verfasser (der seine radikal-türkistische und antisemitische Gesinnung offen zur Schau stellt) versichert, dass Cavid Parvus ausdrücklich aufgefordert habe, Artikel für die CUP-Presse in Istanbul zu schreiben, und Moiz Tekinalp habe ihn ins Geschäft eingeführt. Attilâ Demirâl: *Türkiye'deki ve dünyadaki komünizm*, Istanbul: Son Kale, 1972, Bd. 1, 57–78.

ab: «Die ganze Handelswelt befindet sich in einem allgemeinen Zustand tiefster Besorgnis.» Was die Situation noch zusätzlich verschlimmerte, war die Tatsache, dass in ganz Europa «alle Quellen öffentlicher Kreditvergabe nahezu versiegt sind», wie es Finanzexperte Rambert beschrieb.[160]

Das Komitee, allen voran Talât, hatte im Sommer 1913 dafür plädiert, Mahmud Celâl (Bayar) für die Stelle des CUP-Sekretärs der Zweigstelle in Izmir zu nominieren. Celâl war neun Jahre jünger als Talât, ein loyales CUP-Mitglied und Nationalist mit imperialer Neigung. Wie für den SO-Agenten Eşref Kuşçubaşı, mit dem er dort alsbald eng kollaborierte, war es Celâls Ziel, «unsere Rechte zur Herrschaft über oppositionelle Minderheiten [zu stärken], die unsere Untertanen sind». Zusammen mit anderen jungen Funktionären unter Talât verkörperte Celâl die Kontinuität der Regimes hin zu Kemal Atatürk. (Er wurde 1921 denn auch Wirtschaftsminister in dessen Kabinett.)[161] Von allem Anfang im Jahr 1913 an verstand Celâl seinen Auftrag als «einen Heilskrieg mit dem Ziel, die türkische Nation von jenen zu befreien, die gar nie wirklich zu uns gehört haben und auch nie zu uns gehören werden». So formulierte er es in seinen Memoiren, indem er Eşref Kuşçubaşı bejahend zitierte. Das bedeutete konkret, das «ungläubige [gâvur] Izmir zu türkifizieren» und insbesondere, «den Handelsplatz Izmir von den vaterlandslosen, verräterischen und niederträchtigen [christlichen] Köpfen und Händen zu befreien». Bei der Vertreibung der Rûm nach Griechenland im Frühjahr 1914 war Talât der Chefplaner und Celâl der heimliche Ausführende vor Ort. Rahmi, der vom CUP delegierte Wali (Gouverneur) der Provinz Izmir, und die meisten der ihm unterstellten Distriktgouverneure duldeten die Aktion stillschweigend oder beteiligten sich aktiv daran. Durch besonderen Aktivismus, etwa durch das Abfassen eines die Aktion vorbereitenden Berichts, tat sich Mehmed Reşid hervor, der Distriktgouverneur (kaymakam) des Karesi-Distrikts im Osten von Edremit, nördlich von Izmir.[162]

Reşids Bericht enthält ein Gemisch aus gesellschaftlicher Frustration und nationalistisch motivierter Abneigung gegen alles, was er für fremd erachtete. Vom 29. Juli bis zum 7. August hatte Mehmed Reşid im Rahmen einer Rundreise die aktuelle Lage in seiner Region untersucht und beschrieben. Auf dieser Grundlage plante er eine Zukunft der Region ohne Rûm. Der Traum von einer modern gestalteten Verwaltung und Infrastruktur ging Hand in Hand mit der Installierung uneingeschränkter Vorherrschaft der türkischen Muslime. In der Wahrnehmung von Reşid zeigte sich ein stark polarisiertes Bild: auf der einen Seite die Rûm, gesellschaftlich beneidet und schlecht gelitten, weil ihre Gemeinschaften an manchen Orten prosperierten; und auf

---

160 Rambert, Tagebuch, Bd. 48, 8. und 19. Juni 1914.
161 Bayar, Ben de yazdım, Bd. 5, 108–111. Mahmut Celâl Bayar (1893–1986) war zudem von 1950 bis 1960 Präsident der Türkischen Republik. Fortna, Circassian, 131–135.
162 Für die jüngste Forschung zur Vertreibung der Rûm vgl. Erol, «Macedonian Question» in Western Anatolia; Çetinkaya, Young Turks, 190–203. Einen ergiebigen zeitgenössischen Bericht aus erster Hand findet man bei Sartiaux, Le sac de Phocée. Vgl. Camilla Dawletschin-Linder: *Diener seines Staates. Celal Bayar (1883–1986) und die Entwicklung der modernen Türkei*, Wiesbaden: Harrassowitz, 2003, 37. Bei dieser Biografie fehlt allerdings eine kritische Auseinandersetzung mit Celâl Bayars prägendsten Jahren seiner Entwicklung. Zu Mehmed Reşid vgl. Kieser, From «Patriotism» to Mass Murder.

der anderen Seite die guten Muslime und – in seiner Sicht – *ihr* Staat, der um jeden Preis gestärkt werden musste, weil die Muslime der Ausbeutung und allerlei Intrigen von christlicher Seite unterworfen seien.[163] Und jenseits dieses Bildes aus der Zeit des Sommers 1913 gab es im Frühjahr 1914 noch die Befürchtung, Griechenland würde aktiv die Internationalisierung von Problemen vorantreiben, die die Koexistenz und Verwaltung in einer Region mit vielen Bewohnern christlichen Glaubens betrafen. Genau mit einer derartigen Entwicklung entstünden Probleme in der Art der mazedonischen Frage und damit Druckmittel gegen die osmanische Regierung. Auch würden – wie in Mazedonien – Banditen für politische Zwecke eingesetzt. Immer wieder malte die CUP-Presse dieses Gespenst an die Wand. In der Tat förderte Venizelos, seit 1910 Griechenlands Premierminister, einen panägäischen Hellenismus und die «grosse Idee» (Megali Idea) – die Vorstellung einer Restauration griechischer Herrschaft in Teilen Kleinasiens oder zumindest der Protektion der kleinasiatischen Rûm.[164]

Talât, Enver, Celâl und weitere Personen organisierten im Mai und Juni 1914 verschiedene Geheimtreffen in Istanbul, um die Vertreibung der Rûm durch Terror und die Verbreitung von Schreckensmeldungen in Schwung zu bringen. Ein entscheidendes Treffen fand in Talâts Haus statt und dauerte die ganze Nacht hindurch. Hier wurden handfeste Vorbereitungen getroffen. Junge CUP-Offiziere sollten kleine Mannschaften an die betreffenden Orte führen, um die Rûm einzuschüchtern. Von den Kabinettsmitgliedern waren nicht alle über den Plan des Vorhabens informiert – ganz sicher nicht Cavid, der sich wieder in Europa aufhielt, und auch Hayri nicht.[165] Wie viele andere vertrauliche Dokumente des Komitees, so ist auch Talâts folgender Befehl an Rahmi vom 14. Mai 1914 nicht im Osmanischen Staatsarchiv (BOA) greifbar. Im Lichte der von den Tätern selber gelieferten Informationen und aufgrund von zeitgenössischen Berichten aus erster Hand ist sein Inhalt jedoch plausibel: «Die an der Küste von Izmir lebenden Rûm arbeiten Tag und Nacht daran, ihre ‹grosse Idee› in die Realität umzusetzen. Aus politischen Gründen ist es nötig, die Dörfer der Rûm zu räumen und die an der anatolischen Küste lebenden Rûm umzusiedeln. [...] Sollten sie sich dem widersetzen, müssten andere Saiten aufgezogen werden, um sie willigst zum Verlassen ihrer Gebiete zu bewegen.» In der Folge «migrierten im Juni 1914 nahezu 200 000 Rûm nach Griechenland», wie Halil schreibt.[166]

Die Vertreibung der ägäischen Rûm war ein ungeheuerlicher Erfolg. Sie erwies sich als paradigmatisch sowohl für ihr Informationsmanagement einschliesslich der Verbreitung öffentlicher Lügen als auch bezüglich des geheim organisierten Zusammenspiels von SO-Mannschaften, Armee, Zentralregierung, Diplomaten, CUP-Zentrale und regionalen CUP-Zweigstellen. Und einmal mehr war es Talât, der als führender Kopf und organisatorischer Mittelpunkt fungierte, bei dem die Fäden

---

163 Kieser, From «Patriotism» to Mass Murder, 133.
164 Erol, «Macedonian Question» in Western Anatolia, 119.
165 In beiden Tagebüchern sind diese Monate nicht abgedeckt. Bayar, Ben de yazdım, Bd. 5, 105.
166 Menteşe, Anıları, 166. Morgenthaus Tagebuch bestätigt die Zahl von 200 000 (12. Juli 1915, 275). Talâts Telegramm aus zeitgenössischen griechischen Quellen, zitiert in Dündar, Modern Türkiye'nin Şifresi, 211. Dündar hält fest, dass die osmanischen Behörden die Authentizität des Telegramms abstritten, und zwar mit der unverfrorenen Behauptung, einen derartigen Befehl würden sie nur mündlich und keinesfalls in schriftlicher Form erteilen.

zusammenliefen. Die Operation begann Anfang Juni. Talât überprüfte persönlich die Ergebnisse der Aktion in den Regionen Edremit, Aydın und Izmir, wo er noch vor Mitte Juni eintraf. Er zeigte sich sehr zufrieden mit der Tatsache, dass die Vertreibungsaktion erfolgreich – ohne Chaos und ohne nennenswerten Widerstand der Opfer – durchgezogen werden konnte. Talât benachrichtigte Cavid, dass inzwischen wieder völlige Ruhe eingekehrt sei. In blindem Gehorsam oder auch Vertrauen auf die Korrektheit der Informationen seines Freundes veröffentlichte Cavid in der französischen Zeitung *Le Temps* am 13. Juni 1914 einen beschwichtigenden Artikel. Der Grosswesir Said Halim erklärte am 18. Juni, dass sein energischer Minister Talât die öffentliche Ordnung wiederhergestellt habe, wobei sich die vorangehenden Ausbrüche von Gewalt bedauerlicherweise, aber nur allzu verständlich spontan aus der grossen Verbitterung der Muhacir ergeben hätten. In Wahrheit verhielt es sich so, dass in fast allen Fällen organisierte Einheiten zusammen mit bewaffneten Banden in voller Absicht für Terror gesorgt, an Plünderungen teilgenommen und mancherorts auch Morde begangen hatten.[167]

Erfahrene Beobachter merkten sofort, dass man den Mitteilungen der Regierung nicht trauen konnte. «In Wirklichkeit werfen sie die Griechen aus dem Land», schrieb Rambert am 16. Juni in sein Tagebuch. Am 18. Juni lud das Kabinett die Botschafter dazu ein, Delegierte zu benennen, die Talât auf einer Inspektionsreise begleiten sollten. Man wollte ihnen die Gelegenheit bieten, vor Ort mit eigenen Augen zu sehen, was für Anstrengungen man unternehme, um die Bevölkerung zu besänftigen und einer weiteren Emigration Einhalt zu gebieten. Rambert kommentierte: «Sie verschleiern die Tatsachen. [...] Hier [in Istanbul] spricht niemand ehrlich über das, was [wirklich] passiert.» Die europäischen Mächte entsandten daraufhin Delegierte, und diese durften dann am 20. Juni in Izmir in Talâts speziell für sie inszeniertem Theater eine Statistenrolle spielen. Talât fühlte sich jetzt selbstsicher genug, um mit den europäischen Diplomaten sein Spiel zu treiben. Nur im vertraulichen Einzelgespräch mit dem russischen Konsul Andrew Kalmykow und mit Wali Rahmi gab er unverblümt zu, dass «[die] Griechen nicht bleiben können. Sie werden zum Weggehen gezwungen. Sie müssen gehen.» Kalmykow erinnerte sich noch Jahre danach an die Entschlossenheit in Talâts Blick und an den resoluten Ton in seiner Stimme.[168]

Ganz offensichtlich gelang es Talât nicht, bei der verängstigten Bevölkerung Vertrauen zu erwecken, denn die Fluchtbewegung setzte sich fort. Aber mit diesem Schachzug der Diplomatentäuschung gewann die Regierung ein paar kostbare zusätzliche Tage; andernfalls hätte der Ausbruch des Kriegs mit Griechenland gedroht. Im Kriegsfall wäre die Regierung so weit gegangen, sämtliche altansässigen Istanbuler Rûm des Landes zu verweisen, was wiederum – wie man Rambert hatte wissen lassen – zu unwägbaren internationalen Risiken geführt hätte. Eine vom Patriarchat der Rûm entsandte Delegation sprach beim Sultan vor und schilderte ihm die wahren Geschehnisse. Der Sultan war bewegt und sehr aufgebracht von diesem Bericht und rief umgehend Talât zu sich. Gemäss dem Bericht des Palastsekretärs und Ohrenzeugen İhsan, einem von Ramberts Gewährsleuten, beschwor Talât gegenüber dem Sultan im

---

167 Sartiaux, Le sac de Phocée, 656; Erol, «Macedonian Question» in Western Anatolia, 110.
168 Kalmykow, Memoirs of a Russian Diplomat, 258.

Namen Gottes und des Propheten, dass es sich bei sämtlichen Meldungen, die von einer Verfolgung der Rûm berichteten, um böswillige Verleumdung handle, die nichts anderes bezwecke, als den jahrhundertealten osmanischen Staat zu zerstören.[169] Talat hatte sich zum eiskalten politischen Lügner gemausert.

Die erfolgreiche Vertreibung der Rûm in Thrakien und an der Ägäisküste war ein Triumph für die Insider des CUP und übertraf alle Erwartungen. Nunmehr wussten sie, wie sie effizient Menschen in grosser Zahl vertreiben und dabei diplomatische Shows inszenieren und Schönfärbereien in der öffentlichen Kommunikatiods einsetzen konnten. Enver Pascha traf sich Ende Juni in Izmir mit Talât, um mit ihm zusammen Militärübungen zu inspizieren. Gemeinsam kosteten sie aus, was sie als überwältigenden Sieg betrachteten, den sie in einem Geheimkrieg entlang interner ethnoreligiöser Grenzlinien errungen hatten. In Wirklichkeit kündigte die Vertreibung der Rûm eine Auseinandersetzung von noch viel grösserem Ausmass an als jene der Balkankriege. «Die Vertreibung der Griechen [Rûm] setzt Griechenland [jetzt] einer noch viel grösseren Gefahr aus, denn die Zahl der in [Klein-]Asien niedergelassenen Griechen beträgt mehrere Millionen», stellte Rambert fest, also ein Vielfaches im Vergleich zu den muslimischen Muhacir aus den Balkanländern. Von nun an erwies sich die Türkei als Vorreiterin dessen, was Rambert «eine riesige Triage der Nationen» nannte. «Das war vorhersehbar, denn zwischen Völkern, die [eben erst] einen fürchterlichen Krieg hinter sich gelassen haben, machen Hass- und Rachegefühle das alltägliche Leben mit dem Gegner auf gleichem Territorium schwierig.»[170] Keine fünf Jahre später sah sich das Nachkriegseuropa mit einem Ausmass an zerrütteter Koexistenz konfrontiert, von dem die meisten Kontinentaleuropäer noch 1914 gedacht hatten, dass es in ihrer Welt undenkbar sei. Aber die spätosmanische Zersetzung fand eben innerhalb des modernen Europa statt, das heisst im dichten Interaktionsraum des erweiterten Europa, von dem in diesem Buch die Rede ist und das die spätosmanische Türkei einschloss.

Unmittelbar im Anschluss an Talâts Vertreibung der Rûm wurde in Sarajevo am 28. Juni 1914 völlig unerwartet Erzherzog Franz Ferdinand ermordet, was die europäische Julikrise auslöste. Diese Entwicklung bewahrte die Drahtzieher in Istanbul vor einem möglichen Krieg mit Griechenland, der sich leicht zu einem allgemeinen Krieg hätte ausweiten können. Wangenheim hielt daher schon Mitte Juni Krieg für unvermeidlich.[171] Am 29. Juni 1914 war Talât wieder zurück in der Hauptstadt, und tags darauf traf er sich mit Vramian und Armen Garo, seinen früheren politischen Freunden der ARF, um ein weiteres Mal und trotz allem, was sich zugetragen hatte, über Reformen und über die Inspektoren und ihre Assistenten zu diskutieren. Nach der in kürzester Zeit bewerkstelligten Umsiedlung von mehr als 100 000 Menschen war Talât von einem übertriebenen Optimismus beflügelt. «Ich bin Bismarck», soll er lächelnd entgegnet haben, als Garo ihm und seinen Mitstreitern vorwarf, sie seien betrunken von ihren jüngsten Grosstaten. In der Wahrnehmung von Garo hatte sich

---

169 Rambert, Tagebuch, Bd. 48, 12., 16., 18. und 19. Juni 1914; Emmanuilidis, Osmanlı İmparatorluğu'nun son yılları, 266. Vgl. Efiloğlu, İttihat ve Terakki azınlıklar politikası, 281.
170 Rambert, Tagebuch, Bd. 48, 12. Juni 1914; Babacan, Mehmed Talât Paşa, 93.
171 Morgenthau, Tagebuch, 68, 15. Juni 1914.

Talât seit dem Staatsstreich vom Januar 1913 stark verändert. Er glaubte nunmehr die Kurden türkisieren zu können und spielte auf die Option an, die Armenier aus dem osmanischen Armenien zu vertreiben. «Talât war wie gewohnt sehr höflich und offen», schreibt Garo in seiner Erinnerung an das letzte Treffen mit Talât vom 30. Juni 1914. Als jedoch im Verlauf des Gesprächs fundamentale Meinungsverschiedenheiten zutage traten, «erschien ein teuflisches Lächeln in seinem Gesicht». Er entpuppte sich «als süffisante Person, die sich über ihr Gegenüber lustig macht».[172]

Istanbul richtete sich weiterhin auf einen Krieg ein, nachdem Griechenland öffentlich die Annektierung der Inseln erklärt hatte. Aber Griechenland war es gelungen, zwei neue Schlachtschiffe von den Amerikanern zu beschaffen, während die türkische Marine nur über jenes eine verfügte, das sie via Brasilien beschafft hatte. Die osmanische Türkei wartete immer noch auf Kriegsschiffe, die sie bei den Briten bestellt hatte. Athen hatte gute Gründe, gegenüber den mild gestimmten Verlautbarungen aus Istanbul von Anfang Juli skeptisch zu bleiben. Würde Griechenland die Umsiedlung der grossen Zahl von Rûm aus den osmanischen Gebieten akzeptieren und zu ihrer Integration in Griechenland Hand bieten, wäre ein Friedensschluss zwar vorstellbar. Aber ob dieser dann auch auf lange Sicht eingehalten würde, war völlig unsicher.[173] Die osmanische Regierung und die breite türkische Öffentlichkeit hatten über lange Zeit hinweg «alle ihre Hoffnungen auf zwei in England bestellte Schlachtschiffe gesetzt», schrieb Rambert. «Sie waren die Instrumente im Rachefeldzug gegen die Griechen bei der Rückeroberung der Inseln und das Symbol für die [angestrebte] unbestreitbare Überlegenheit der türkischen Kriegsmarine über alle kleinen Balkanstaaten. […] In grosser Zahl wurden in Mazedonien Truppen zusammengezogen, die Saloniki bedrohten.»[174]

Am 6. Juli 1914 diskutierte das osmanische Parlament die Vertreibungen, nachdem der Rûm-Abgeordnete Emmanuil Emmanuilidis die schockierenden Fakten dargelegt hatte. Auch vor den Abgeordneten fuhr Talât mit seiner Täuschungstaktik ungeniert fort. Er behauptete, dass spontane Boykotte der Bevölkerung gegen nichtmuslimische Händler zahlreiche Rûm dazu bewogen hätten, aus freien Stücken das Land zu verlassen. Im Weiteren wies er darauf hin, dass es der Regierung an den finanziellen Mitteln fehle, um neue Dörfer für die Muhacir aufzubauen, und so sei die Notwendigkeit entstanden, sie in den Dörfern der Rûm anzusiedeln. Er liess sich zu seiner Verteidigung sogar zur Argumentation hinreissen, dass alle Rûm gestorben wären, wenn er sie in die syrische oder irakische Wüste geschickt hätte, wie er es nur ein Jahr später mit den Armeniern tatsächlich tun wird. So diente das Elend der Muhacir als die hauptsächliche Rechtfertigung für die Vertreibung der Rûm.[175] Die osmani-

---

172 Armen Garo (alias Karekin Pastermadjian): «My Last Encounter with Talaat Pasha», in: *Hayrenik* (Monatszeitschrift in armenischer Sprache) 1, Nr. 2 (1922), 39–45. Für die Angabe, dass Talât am 29. Juni zurück in Istanbul war, siehe Lichtheim an das Aktionskomitee der Zionistischen Organisation (sogenanntes Engeres Aktions-Comité, EAC, womit die Exekutive der Zionisten in Berlin gemeint ist), 29. Juni 1914, CZA, Z3-11.
173 Galip Kemali (Söylemezoğlu), Osmanische Botschaft in Athen an den Grosswesir, 11. Juli 1914, BOA, HR. SYS. 1707-106.
174 Rambert, Tagebuch, Bd. 48, 25. August 1914.
175 MMZC, İçtima-ı Fevkâlâde (Ausserordentliche Sitzung), Session 2, Bd. 2, 606–614, Sitzung vom 6. Juli 1914.

sche Presse deckte im Mai und Juni 1914 Talâts wiederholte Leugnung irgendeines Fehlverhaltens der Zentralregierung. Nach der Diskussion im Parlament vom 6. Juli beschuldigte sie Emmanuil Emmanuilidis sogar, Talâts Glaubwürdigkeit zu untergraben; insbesondere die Zeitung *Le Jeune-Turc* tat sich mit dieser Behauptung hervor.[176] Diese in Istanbul erscheinende und von Zionistenkreisen gesponserte Zeitung deckte einen vergleichsweise weiten Themenbereich ab, wobei sie der CUP-Linie treu ergeben war und fast täglich Schmeicheleien gegenüber «Seiner Exzellenz Talât Bey» verbreitete.

Am 13. Juli übertrug Talât Mehmed Reşid die Aufgabe als osmanischer Assistent von Generalinspektor Hoff in Van. Er verlieh ihm im gleichen Zug den Rang eines Wali. Es war sofort klar, dass Reşid mit seinem Hass auf die osmanischen Christen kein konstruktiver Mitarbeiter für die Reformen im östlichen Teil Kleinasiens sein konnte. Denn Reşid, ein Gründungsmitglied des CUP, hatte sich, wie wir in diesem Kapitel gesehen haben, während des Balkankriegs zu einem türkistischen Hardliner gewandelt, dessen Aversion sich gegen die Rûm und die Christen insgesamt richtete, indes noch nicht explizit gegen die Armenier.[177]

---

176 «Les déclarations de Talaat bey», in: *Le Jeune-Turc. Journal ottoman quotidien*, 8. Juli 1914, 1.
177 BOA, DH. ŞFR. 43/71. Vgl. *Şahingiray, Hayatı ve Hâtıraları, 22.*

Teil V

Totaler Krieg, Zerstörung der Heimat, forcierter Aufbau der Nation

Für Istanbul hatte die Ermordung des österreichisch-ungarischen Thronfolgers Franz Ferdinand nicht die überragende und einschneidende Bedeutung, wie sie das für das Europa am Ende der Belle Époque hatte. In der osmanischen Hauptstadt war man sich an Kriege, Krisen und politisch motivierte Morde gewöhnt. Was sich mit diesem Ereignis in der Wahrnehmung der Osmanen aber änderte, war der Eindruck, dass jetzt auch Europa auf ganz ähnliche Zeiten zuzugehen schien wie der Orient und somit eine neue Epoche anbrach. Als politische Aktion kam das Attentat von Sarajevo Istanbul irgendwie bekannt vor, und das Umfeld, in dem es sich abspielte, der früher zum Osmanischen Reich gehörende Balkan, war *terra cognita* für ein CUP, das in dieser Region seine Wurzeln hatte.

Für Europa hingegen stellte der Vorfall eine unmittelbare Erschütterung in den Grundfesten dar. Dieses Attentat fand «einen kolossalen Widerhall in ganz Europa», schrieb Rambert am 29. Juni 1914. Seit den Balkankriegen blickte Europa und ganz besonders Österreich mit grosser Nervosität auf das politische Geschehen im Südosten. Am 5. Juli 1914 wurde an den Börsen ein Tiefststand der Aktienkurse erreicht. Viele fürchteten den Ausbruch eines allgemeinen Kriegs, aber wohl kaum jemand dachte an einen Weltkrieg, der mehrere Jahre dauern würde. Während dreier Wochen musste sich Rambert aufgrund einer Erkrankung von allen Aktivitäten fernhalten, und erst am 1. August begann er wieder, sich eine Übersicht über die politische Situation zu verschaffen. Und er war schlicht entsetzt über die Verhaltensweisen der Diplomatie, deren «drohender Ton jegliche Hoffnung auf die Wahrung des Friedens zerstört». Die Ermordung des französischen Sozialisten und antimilitaristischen Parlamentsabgeordneten Jean Jaurès war für ihn als häufigen Besucher von Paris und als vehementen Kritiker des französischen Chauvinismus ein Schock. «Man muss sich der Tatsache stellen, dass eine Epidemie des Irrsinns die Welt heimsucht.»[1]

In diesen Zeiten von Krise und Kriegsgefahr fand ein politisches Pokerspiel statt, das hoch riskant war, und die Mitspieler aus Istanbul waren im Vergleich zu den meisten europäischen Politikern klar die kühneren und abgebrühteren. Unter den allermeisten Muslimen im Land genoss das CUP den Ruf einer Gewinnerpartei. Zu Beginn des Sommers 1914 war Talât die starke Figur in der Regierung wie auch im

---

1 Rambert, Tagebuch, Bd. 48, 29. Juni, 5. Juli und 1. August 1914.

Komitee, und seine Macht im Inland hatte mit dem Putsch von 1913, der Repression vom Sommer 1913, der Rückeroberung von Edirne und mit dem jüngsten Erfolg, der Vertreibung eines Teils der christlichen Bevölkerung zugunsten von muslimischen Migranten, stetig zugenommen. Damit hatte sich das CUP von seinem kritischen Tiefpunkt im Sommer und Herbst 1912 mehr als nur erholt. Die Partnerschaft von Talât und Enver Pascha (Kriegsminister seit Januar 1914) war für die Kontrolle über die Armee und über islamistische Kreise von grundlegender Bedeutung. Cemal, der noch immer eine bedeutende Stellung einnahm, hatte Ende Juni 1914 Istanbul verlassen; er befand sich auf einer Reise in Frankreich, wo er vergeblich versuchte, ein osmanisch-französisches Bündnis einzufädeln. Im November des gleichen Jahres wurde er nach Syrien entsandt, um dort die Regierungsgeschäfte zu übernehmen und von diesem Standort aus die Rückeroberung Ägyptens in die Wege zu leiten.

Obwohl sich die internationale Stellung der Türkei in der Folge der Rückeroberung von Edirne verbessert hatte, war sie doch immer noch recht schwach. Die Julikrise in Europa bot nun die Gelegenheit, festgefahrene Konstellationen aufzubrechen und dabei das ganze strategische Gewicht der osmanischen Türkei in die Waagschale zu werfen. Nach 1908 zeigten sich Talât und das Komitee der Entente gegenüber grundsätzlich zugeneigt; gemäss Cavids Brief an Churchill war das nach der italienischen Invasion im osmanischen Libyen nur noch ausgeprägter der Fall. Die militant nationalistische Neuausrichtung in den Jahren 1912 und 1913 machte diese Option aber zunichte, auch wenn Russland anlässlich von Talâts Besuch in Liwadija eine gewisse Offenheit für ein Zusammengehen mit der Türkei zeigte. Aber es hatte schon 1910 eine markante Hinwendung der Türkei zu Deutschland gegeben, und diese lag ganz auf der Linie früherer hamidischer Sympathien sowie der deutschen Unterstützung des CUP seit 1909. Die britische Aussenpolitik und die englische Botschaft in Istanbul waren hingegen gegenüber CUP-Avancen durchwegs ablehnend geblieben. Deutschlands erfahrener Botschafter von Bieberstein hingegen wusste, wie sich mit dem CUP nach 1908 Beziehungen aufbauen liessen. Sein Nachfolger Hans von Wangenheim empfand eindeutig Sympathien für die tatkräftigen Männer des CUP und war von ihnen geradezu fasziniert. Deutschland stand ab Sommer 1913 eigentlich als der naheliegende Partner der Türkei fest, allerdings war man in Berlin noch keineswegs bereit, ein Bündnis einzugehen.

In der zweiten Julihälfte 1914 versuchten führende Männer der Komitadschi-Regierung, die sowohl im Kabinett als auch im Parteizentralkomitee sassen, ihr Glück. Sie landeten tatsächlich einen Treffer: Das nervöse Deutschland akzeptierte das osmanische Bündnisangebot, welches das von Serbien herausgeforderte Österreich ebenfalls anstrebte. Die Willensbekundung aus Istanbul gab Ende Juli den Ausschlag für den Entscheid zum Bündnis, als der Ausbruch eines grösseren Kriegs zwar bereits möglich schien, aber noch in der Schwebe war. Fortan wurden sämtliche Themen im Zusammenhang mit der orientalischen Frage unweigerlich zu Teilfragen des nahenden allgemeinen Kriegs. Unter den sehr wenigen, die in Istanbul über den Abschluss des geheimen Bündnisses vom 2. August 1914 Bescheid wussten, herrschte Hochstimmung, und die Leute in ihrem Umfeld wurden dadurch ebenfalls von der optimistischen Stimmung angesteckt, ohne den genauen Grund zu kennen. Das CUP löste im Osten sofort Vorbereitungen für Guerillaaktionen im Hinblick auf einen grösseren Feldzug aus. Es begann im September 1914 mit Überfällen auf Orte im russisch regierten Kaukasus und auf von Russland kontrollierte Gebiete in Nordiran. Die Akteure nutzten für diese frühen Kämpfe bereits den Begriff Dschihad (und auch das verwandte Ghazi/Ghaza), obwohl Dschihad offiziell erst am 14. November deklariert wurde. Von da an wurde der Begriff breit gebraucht und das Osmanische Reich trat offiziell in den Krieg ein. Die vom Zentralkomitee und namentlich von Ziya Gökalp geschürte Aufstachelung zum Dschihad wurde von den Imamen der Moscheen, Staatsangestellten der Scheichülislam-Religionsbehörde, wie auch von den CUP-Zweigstellen in alle Provinzen getragen.[2]

Das deutsch-osmanische Bündnis war das Resultat eines in Hektik unter dem Eindruck grösster Dringlichkeit gefällten Entscheids, den Talât und Enver indes als Glücksfall begrüssten. Für beide Seiten bedeutete es ein riskantes Glücksspiel, wobei Hasardspiel und Kriegspsychologie der Komitadschi-Regierung viel vertrauter waren als Deutschland zur Zeit der Belle Époque. Das Deutsche Reich als unvollendete Verfassungsdemokratie, die in der Julikrise zu strauchen begann, hatte viel mehr zu verlieren als sein osmanischer Partner. Ein rundum zerstörerischer Krieg um alles oder nichts nahm nun seinen Lauf vom August 1914 bis zum Herbst 1918. Die beiden Staaten hingen im gemeinsam eingegangen Poker voneinander ab. Der Krieg wirkte sich fatal für beide aus, schlimmer indes für den ungeübteren Spieler. Gemeinsam hoffte man auf einen Sieg und plante eine daran anschliessende glänzende gemeinsame Zukunft. Aber abgesehen von der scharfen Anti-Entente-Rhetorik mit dem Anspruch, sich gegen westlichen Imperialismus und das Zarenreich zu wehren, gab es kaum die beiden Länder verbindende Grundlagen. Gegenseitiges Vertrauen fehlte.

Der Weltkrieg und eine alles durchdringende Kriegspsychologie boten Talât einen Handlungsspielraum, wie er vor Juli 1914 noch undenkbar gewesen wäre. Raffiniert nutzte er die sich neu bietenden Gelegenheiten und verfolgte seine internationalen und heimischen Ziele im konstanten Feilschen mit dem Bündnispartner. Im Gegensatz zum europäischen Kriegsschauplatz waren für Talât Gewalt, Krieg und Sieg Begrifflichkeiten, die er im direkten Anschluss an die Massenvertreibung der Rûm ebenso auf das Geschehen im eigenen Land bezog. Trotz der osmanischen Weltkriegsniederlage gelang es seinem Regime, den Grundstein zu einem brutal von christlichen Landsleuten «gesäuberten» ultranationalistischen Staat in Kleinasien zu legen, also – nach eigenen Massstäben – im Innern zu «siegen». Deutschland erlitt im Vergleich einen tieferen Fall. Die Phase der Demokratie nach der Weltkriegsniederlage reichte nicht aus, das zerstörerische Chaos zu überwinden, das der Krieg an der Seite der osmanischen Türkei auch mental hinterlassen hatte.

Die allgemeine osmanische Begeisterung, die Anfang August 1914 herrschte, wich der Ernüchterung, als Deutschland den Bündnispartner zu raschem militärischem Eingreifen an den Aussenfronten drängte. Nach dem offiziellen Kriegseintritt weitete sich im Winter 1914/15 die Ernüchterung zur kollektiven Depression aus, nachdem das Osmanische Reich im Kaukasus, Nordiran, Südirak und auf dem Sinai

---

2 Vgl. Mehmet Beşikçi: «Domestic Aspects of Ottoman Jihad: The Role of Religious Motifs and Religious Agents in the Mobilization of the Ottoman Army», in: Zürcher, Jihad and Islam, 95–113.

eine Reihe von Niederlagen erlitt. Zudem musste sich die Regierung mit einer grösseren Zahl von Desertionen und, im Osten Kleinasiens, mit bewaffnetem Widerstand gegen Zwangsrekrutierung, Requisitionen und zunehmend christenfeindlichen Massnahmen herumschlagen. Innenminister Talât hob die für diese Region vorgesehenen Reformen, die ihm ein Dorn im Auge waren, auf. Die betont islamistische Kriegspropaganda – in der Hauptstadt war sie stärker türkistisch und pantürkistisch – trug zur Polarisierung der Bevölkerung bei. Ab August 1914 waren vor allem Christen von der Beschlagnahmung ihrer Güter für die Armee betroffen. Nach den schweren Verlusten im Angriff gegen die Russen in der Schlacht von Sarıkamış und der Brutalisierung der Kriegsführung an der ganzen Ostfront unter Beteiligung irregulärer Truppen war im Winter 1915 die Situation prekär, die Stimmung gedrückt und die Bevölkerung klar in regimetreue Sunniten und andere (vor allem Christen und Aleviten) gespalten. Das Terrain war im späten Winter 1915 somit bereit für radikale Aktionen – falls die Zentralregierung sich zu deren Durchführung entschliessen sollte.

Wie in Teil I erwähnt, befand sich Talât ab April 1915 in persönlicher Höchstform. Während es an den verschiedenen äusseren Fronten bis Mitte März kaum je Siege zu vermelden gab und die Rückeroberung einst osmanischer Territorien gänzlich ausblieb, drängte Talât auf einen durchschlagenden «Sieg» im Inneren, so wie ihm das – gemäss seiner Denklogik – im Frühling 1914 gegen die Rûm und somit Griechenland gelungen war. Mittlerweile radikaler Armeniergegner, wollte Talât mit ethnoreligiöser Diversität, die das bisherige Gesellschaftsgefüge ausmachte, ein für alle Mal Schluss machen, und zwar ganz im Sinne des Türkismus und der unitären Staatsidee seines Freundes Ziya Gökalp. Zwar war das Zusammenleben ethnoreligiös ganz verschiedener Gruppen in der spätosmanischen Ära fragwürdig und instabil geworden, da es traditionell hierarchisch geregelt war. Aber nach 1908 war es für kurze Zeit aufgeblüht mit der Hoffnung auf verfassungsmässige Gleichheit. Talât rühmte sich 1915 und danach, ein dorniges Problem innerhalb der orientalischen Frage, nämlich die armenische Frage, endlich bewältigt und erledigt zu haben, ja sogar die orientalische Frage insgesamt. Er stellte sich in den Dienst muslimischer Zukunft im Allgemeinen und türkisch-muslimischer Zukunft Kleinasiens im Speziellen. Die Muslime Kleinasiens stellten für ihn die ausschliesslich zu fördernde Nation dar. Ihnen übertrug sein Ministerium systematisch die Vermögen jener, die er in den Jahren 1915/16 ermorden oder vertreiben liess. Armenier, Assyrer[3] und Rûm waren die primär auszuschliessenden Gruppen, wobei die Verfolgung in unterschiedlicher Art und verschiedenem Ausmass nach unterschiedlichen Zeitplänen stattfand.

Die Vernichtung der kleinasiatischen Christen war der einschneidendste, ausgeklügeltste und folgenschwerste Akt in Talâts politischer Karriere. Als der politische Architekt dieser Vernichtung stellte er alle verfügbaren personellen und politischen Mittel in den Dienst einer erfolgreichen Durchführung dieses Plans: Mehrere Ministerien, die Netzwerke des CUP und Organe der Armee gehörten dazu. Er mobilisierte sämtliche Zwangsmassnahmen, zu denen der Apparat eines Einparteistaats imstande war, einschliesslich Propaganda, die die Zielgruppen stigmatisierte. Gleichzeitig liess

---

3 «Assyrisch» und «Assyrer» wird in diesem Buch als Oberbegriff für Jakobiten (westsyrische Kirche), Nestorianer (ostsyrische Kirche), unierte Chaldäer und protestantische Süryani gebraucht.

er die Hemmschwellen zur Anwendung innergesellschaftlicher Gewalt niederreissen, wie sie bisher am schlimmsten in den Massakern von 1895 zutage getreten war. In den Provinzen wurde die Gewalt nicht selten als Dschihad gerechtfertigt. Somit charakterisierte auch ein extrem islamistischer Aspekt die Massenverbrechen gegen armenische und assyrische Christen nicht nur im östlichen Teil Kleinasiens, sondern auch in Nordsyrien, wo Täter und Profiteure in mesopotamischen Städten Sklavenmärkte organisierten, auf denen Kinder und Frauen aus Christenfamilien verkauft wurden.

Der Genozid und seine unmittelbaren Auswirkungen auf die Türkei waren nicht einfach eine lineare Fortschreibung der Weichenstellungen im Monat August 1914. Dennoch gehorchten sie der Logik eines Kriegs nach innen und aussen, den Talâts Team damals entfesselte. Der bereits mehrfach zitierte Hamid Kapancızâde war ein hoher Funktionär des Innenministeriums unter Talât, der aufgrund seiner direkten Art auch als «deli», Verrückter, bezeichnet wurde. Nachdem er zu Beginn des Jahres 1918 eine Reise durch Kleinasien unternommen hatte, gelangte er zur Überzeugung: «Die Regierung hat den Krieg dem Leben der [osmanischen] Nation vorgezogen. [...] Die fruchtbarsten Gebiete Anatoliens haben sich in Wüste verwandelt. Die dort zurückgebliebenen Menschen waren zum Hungertod verurteilt. Das Elend und der Jammer, die wir dort während unserer Reise gesehen haben, waren unbeschreiblich und übersteigen jegliches Vorstellungsvermögen.»[4]

27 Krieg in Europa: Liquidation der orientalischen Frage?

Talât, Enver, Said Halim und Halil – eine Ad-hoc-Gruppe von Insidern oder «Aktionspartei» in der Komiteeregierung, wie Wangenheim sie nannte[5] – nutzten das durch die Julikrise geschaffene Momentum, um eine europäische Grossmacht davon zu überzeugen, ein Bündnis einzugehen. Mitte Juli erkannten sie, dass Österreich angesichts des Krisenherds auf dem Balkan und weil es hart auf das Attentat von Sarajevo reagieren wollte, ein Bündnis wünschte und auch dringend eines brauchte. Said Halims Treffen mit Wangenheim glich einem vorsichtigen ersten Abtasten bezüglich der Frage einer Allianz, aber ohne Drängen. Am 19. Juli war es dann Talât selber, der den deutschen

---

4 Kapancızâde Hamit, Anıları, 497. Mit Bezug auf den Jahresanfang 1914 beschrieb Graves Hamid mit folgenden Worten: «Ich habe jetzt den obersten Zivilinspektor des Innenministeriums, Hamid Bey, kennen und schätzen gelernt. Während der ersten paar Monate meiner Beratungstätigkeit [für die osmanische Regierung] bewies er eine grosse Hilfsbereitschaft. Sein origineller Charakter hat ihm den Übernamen ‹Deli Hamid› – ‹der verrückte Hamid› – eingetragen, und zwar im eher schmeichelhaften Sinn des Wortes, was eher mit seinem furchtlosen und unabhängigen Geist und seiner absoluten Ehrlichkeit zu tun hat als mit gewissen leicht exzentrischen Verhaltensweisen. Als Liberaler unter dem alten Regime war er nach der Absetzung von Abdul Hamid rasch aufgestiegen, aber seine Stellung im Ministerium war aufgrund seines Mangels an Unterwürfigkeit gegenüber den jungtürkischen Führern bereits bedroht.» Graves, Storm Centers, 290 f.
5 Wangenheim an Auswärtiges Amt, 11. Oktober 1914, PA-AA, R 1914.

Botschafter Wangenheim unter Zugzwang setzte, indem er ihm mit sanften Worten harten Inhalts die Alternative einer osmanischen Allianz mit Russland androhte.[6]

Gegenüber dem österreichischen Botschafter Johann Markgraf von Pallavicini erhöhten Said Halim, Talât und Enver am 20. Juli 1914 den Druck nochmals. Einerseits betonten sie die vielfältigen Möglichkeiten der Osmanen, einen Beitrag zu einer starken Dreierallianz zu leisten, sowie die Fähigkeit, in Russland, namentlich in Aserbaidschan, eine muslimische Rebellion anzuzetteln, andererseits ermutigten sie Österreich dazu, die aktuell sich bietende und vermutlich auch letzte Chance zu ergreifen, um Serbien mit militärischen Mitteln eine Lektion zu erteilen. Sie drängten Deutschland, sich Österreich anzuschliessen und so mit vereinten Kräften Russland einzuschüchtern. Vermutlich setzte Talât ein weiteres Mal auf seinen Frontmann Enver, der fliessend Deutsch sprach, um zum gewünschten Bündnisabschluss zu gelangen, denn auf politischer Ebene «konnte Enver überhaupt nichts [von sich aus] tun, sondern nur gemeinsam mit Talât», wie Cavid es formulierte.[7]

Als Enver am 22. Juli 1914 Wangenheim konkret ein Bündnis vorschlug, reagierte dieser noch immer mit Zurückhaltung, wie das jeder andere europäische Diplomat an seiner Stelle ebenfalls getan hätte, wenn er mit vergleichbaren Wünschen von osmanischer Seite konfrontiert worden wäre. Aber anlässlich des Festmarsches vom 23. Juli 1914, dem Nationalfeiertag zur Erinnerung an die Revolution von 1908, machte Wangenheim gemäss Cemal doch Andeutungen auf mögliche Vorteile, die ein türkisch-deutsches Bündnis mit sich bringen könnte. Am selben Tag erfolgte das österreichische Ultimatum an die Adresse Serbiens. Nach Lektüre von Wangenheims Bericht über sein zurückhaltendes Gespräch mit Enver signalisierte Kaiser Wilhelm ungehalten, dass es nunmehr «um Gewinnung jeder Büchse», also auch der osmanischen Streitmacht, für den sich abzeichnenden Waffengang gehe. So verfügte er am 24. Juli: «Freiherr von Wangenheim soll den Türken sich mit Bezug auf Anschluss an Dreibund unbedingt klar entgegenkommend äussern und ihre Wünsche entgegennehmen und melden! Wir dürfen sie unter gar keinen Umständen abweisen! Eine Ablehnung oder Brüskierung wäre gleichbedeutend mit Übergang derselben zu Russo-Gallien und unser Einfluss ist ein für alle mal dahin.»[8]

So wurde das osmanische Angebot nun positiv beantwortet, die Bedingungen verhandelt, und am Sonntag, dem 2. August 1914, unterzeichneten beide Seiten den Geheimvertrag. An jenem Morgen betrat Cavid unangemeldet die Wohnung des Grosswesirs in einer anderen Angelegenheit und hörte bei dieser Gelegenheit, wie Said Halim den noch nicht unterzeichneten Vertrag laut vorlas. In seiner Apologie aus

---

6 Wangenheim an Auswärtiges Amt, 19. Juli 1914, PA-AA, R 19866, Nr. 352. Expliziter Vorschlag Österreichs an Deutschland zu einer gemeinsamen Allianz mit der Türkei: Jagow an Wangenheim, 14. Juli 1914, PA-AA, R 1913; Wangenheim an Auswärtiges Amt, 16. Juli 1914, PA-AA, R 1913. Vgl. Aksakal, Ottoman Road to War, 93–102.
7 Cavid, Tagebuch, Bd. 3, 128, 17. August 1915.
8 Wangenheim an Auswärtiges Amt, 21. Juli 1914, PA-AA, R 19866, Nr. 354; 22. Juli 1914, Nr. 362. Der Gesandte im Grossen Hauptquartier (Wedel, Balestrand, Hohenzollern) an Auswärtiges Amt, 24. Juli 1914, PA-AA, R 1913. Pallavicini an Ministerium des Äusseren, 20. Juli 1914, *The Armenian Genocide*, 165 f.; Djemal Pascha, Erinnerungen, 114. Siehe dazu die Edition der erwähnten und weiterer relevanter deutscher Dokumente aus der Zeit von Ende Juli und Anfang August 1914 unter www.armenocide.de.

dem Jahr 1919 hält Talât offen fest, dass er bereit war, in den Krieg einzutreten, wie es der Buchstabe des Bündnisvertrags verlangte. Mit Ausnahme von Cavid waren an jenem 2. August alle überglücklich, dass sie nach so langer Zeit des Wartens endlich eine Allianz mit einer europäischen Grossmacht eingehen konnten. Am Abend traf man sich noch einmal zu einem Gespräch in Envers Haus, und da wurde Cavid klar, dass «weder Talât noch Halil den Vertrag, den sie so gerne unterschrieben, wirklich vollständig verstanden hatten».

Am 4. August erteilte Talât den osmanischen Delegierten der griechisch-osmanischen Kommission für Bevölkerungsaustausch die Anweisung, sich sofort aller weiteren Entscheide zu enthalten, denn der Krieg versprach neue Möglichkeiten, Bevölkerungen zu verschieben.[9] Nicht zuletzt dank Cavids Insistieren akzeptierte Wangenheim am 6. August 1914 sechs weitreichende Bedingungen, die dem Vertrag vom 2. August hinzugefügt wurden. Sie unterstrichen das osmanische Ziel, das Reich zu restaurieren und zu expandieren. Ebenfalls am 6. August erlaubte das Kabinett zwei deutschen Kriegsschiffen die Einfahrt in die Dardanellen – ein unter dem Gesichtspunkt der Neutralität äusserst gewagter Schritt. Am 5. August besuchte Enver den russischen Militärattaché und schlug diesem ein Bündnis zwischen der Türkei und Russland vor. Dieser Schritt war in Verbindung mit Talâts gleichlautendem Vorschlag vom Mai zu sehen und diente der Vertuschung der geheimen Allianz mit Deutschland.[10]

In den nachträglich hinzugefügten Vertragsbedingungen versprach Deutschland: 1. seinen Beistand bei der Abschaffung der Kapitulationen; 2. osmanisch-rumänische und osmanisch-bulgarische Bündnisverhandlungen zu unterstützen, insbesondere eine Vereinbarung mit Bulgarien «gelegentlich der Teilung der zu erobernden Gebiete»; 3. keinen Frieden zu schliessen, «es sei denn, dass die ottomanischen Gebiete, die möglicherweise von feindlichen Truppen besetzt sind, evakuiert sind»; 4. die Wiedergewinnung der 1913 verlorenen ägäischen Inseln im Falle eines Erfolgs bei einem eventuellen Krieg mit Griechenland; 5. «eine Berichtigung an ihrer Ostgrenze zu erwirken, die es ihr [der Türkei] gestatten wird, mit den muselmanischen Elementen in Russland unmittelbar Fühlung aufzunehmen»; 6. «seinen Einfluss dahin geltend [zu] machen, dass die Türkei eine angemessene Kriegsentschädigung erhält».[11] Punkt 5 war mit Blick auf die in der betroffenen Region lebenden Armenier äusserst heikel.

Eine intensiv geführte Kriegspropaganda zeugte von der Entschlossenheit der Osmanen zum Krieg und belegte, dass der Entscheid zu diesem Schritt mit dem Vertragsschluss vom 2. August gefallen war. Die Propaganda begann in den frühen Augusttagen, wobei die CUP-Zeitung *Tanin* die mediale Vorkämpferrolle spielte. Islamistisch und pantürkistisch gefärbt, versprach sie den Aufstand des Islams und dessen gerechtfertigte Rache. Sie stellte Eroberungen zur Wiederherstellung und Ausweitung des osmanischen Territoriums in Aussicht. Sie lockte mit dem Anbrechen von «Turan»,

---

9 Cavid, Tagebuch, Bd. 2, 613–617, 2. und 4. August 1914; Talat Paşa, Hatıralarım ve müdafaam, 33; Efiloğlu, İttihat ve Terakki azınlıklar politikası, 307.

10 Cavid, Tagebuch, Bd. 2, 613–617, 4. August 1914; Mühlmann, Deutschland und die Türkei, 44 f., 97 f.; Wangenheim an Auswärtiges Amt, 6. August 1914, PA-AA, R 1913; Aksakal, Ottoman Road to War, 127. Vgl. Trumpener, Germany, 28.

11 Wangenheim an Auswärtiges Amt, 6. August 1914, Telegramm Nr. 438, PA-AA, R 1913.

also der Realisierung des pantürkischen Traums, den Ziya Gökalp mit breit rezipierten Prosa- und Lyriktexten verbreitete. So schrieb er in einem Gedicht, das am 8. August 1914 in *Tanin* erschien: «Das Land des Feindes wird zerstört werden! / Die Türkei wird wachsen und zu Turan werden!» Unter der am 7. August verfügten militärischen Zensur verfolgte die gesamte osmanische Presse eine deutschlandfreundliche Linie. In den von *Tanin* publizierten Beiträgen kam immer und immer wieder antieuropäische Schadenfreude zum Ausdruck. Ein Artikel unter dem Titel «Der Türken Fluch» in der Ausgabe vom 9. August begrüsste die Aussicht auf ein innereuropäisches Blutbad und machte Europa verantwortlich für die osmanischen Probleme. Er setzte «wir» (CUP-Regime und osmanische Türkei) mit dem Islam insgesamt gleich. Nun komme endlich göttliche Gerechtigkeit zum Zug, und die türkische Verfluchung Europas zeige ihre Wirkung. Gökalp führte den schadenfreudigen, antieuropäischen Gesang mit seinem Gedicht «Kızıl Destan» (Rotes Epos) vom 8. August an: «Das Land der Zivilisation wird sich in rotes Blut verwandeln! / Jedes seiner Gebiete wird ein neuer Balkan sein!» Für das Kollektiv, in dessen Namen der CUP-Prophet Gökalp sprach, hatte der Dschihad bereits begonnen, wie er am 9. August 1914 schrieb: «Gottes Wille / entsprang aus dem Volk / Wir riefen den Dschihad aus / Gott ist gross.»[12]

Die Regierung stand unter dem Druck Deutschlands, für die nötigen militärischen Kapazitäten zu sorgen und so rasch wie möglich in den Krieg einzutreten, wie das die Bündnisvereinbarung verlangte. Die «Aktionspartei» war sich dessen sehr wohl bewusst. Eine Teilmobilisierung der Streitkräfte begann am 1. August und die Generalmobilmachung erfolgte am 3. August. In den Strassen hingen grosse rote Plakate, die alle Männer im Alter zwischen neunzehn und fünfundvierzig dazu aufforderten, sich registrieren zu lassen. Der Plan zu diesem Vorgehen folgte deutschen Vorgaben, genoss die Unterstützung der deutschen Offiziere und war in seinem Ausmass beispiellos in der Geschichte des Osmanischen Reichs. Er beinhaltete weitreichende Beschlagnahmungen zu militärischen Zwecken. Tatsächlich hatten die Vorbereitungen für die Mobilisierung bereits in den letzten Julitagen begonnen, also dreieinhalb Monate vor dem offiziellen Eintritt in den Krieg und der Erklärung des Dschihad vom 14. November 1914. Über die folgenden vier Jahre hinweg wurden vom Osmanischen Reich rund drei Millionen Mann zum Wehrdienst eingezogen. Rund ein Viertel von ihnen fiel im Kampf oder starb aufgrund von Krankheiten, eine halbe Million desertierte und annähernd 250 000 wurden gefangen genommen.[13]

Die trotz offizieller Neutralität spürbar feindliche Stimmung in Istanbul gegenüber den Ententemächten lag auch an der Beschlagnahmung von zwei bestellten, lange ersehnten Kriegsschiffen für die osmanische Marine. Marineminister Churchill stoppte deren Auslieferung am 1. August. Am gleichen Tag kamen Wangenheim und Enver zur gemeinsamen Einschätzung, dass der moderne deutsche Schlachtkreuzer «Goeben» eine ideale Verstärkung für die Offensivkräfte Istanbuls gegen die Russen

---

12 Zitiert in Erol Köroğlu: «Propaganda or Culture War: Jihad, Islam, and Nationalism in Turkish Literature during World War I», in: Zürcher, Jihad and Islam, 137–147; Cavid, Tagebuch, Bd. 2, 621, 16. August 1914; Sâbis, Harb hatıralarım, Bd. 1, 69 f., 136–141; Köroğlu, Ottoman Propaganda, 63–75; Emmanuilidis, Osmanlı İmparatorluğu'nun son yılları, 93.

13 Erickson, Ottomans and Armenians, 128 f.; Yanıkdağ, Healing the Nation, 16–20; Emmanuilidis, Osmanlı İmparatorluğu'nun son yılları, 92–101.

Abb. 15: Kaiser Wilhelm an Bord des Schlachtkreuzers «Yavuz Sultan Selim» während eines Besuchs in der osmanischen Hauptstadt im Oktober 1917 (akg-images, Berlin, Sammlung Archiv für Kunst und Geschichte)

sei. Mitte August waren die «Goeben» und ein anderes, noch grösseres deutsches Kriegsschiff, die beide der Verfolgung durch die britische Marine hatten entkommen können, in die osmanische Marine eingegliedert. Das grössere Schiff wurde – wie konnte es anders sein – umbenannt in «Yavuz Sultan Selim» (siehe Kapitel 1). Der deutsche Kapitän und die ebenfalls deutsche Besatzung blieben in Funktion, sie trugen von jetzt an einfach osmanische Uniformen. Die am 1. August erfolgte Konfiszierung der Kriegsschiffe durch die Briten bewog Enver und Talât dazu, als Vergeltungsmassnahme ausländische Waren zu beschlagnahmen.[14]

In einem Brief an Enver vom 15. August drückte Marineminister Churchill seine «persönliche Achtung für Sie, Talât und Cavid, und die Bewunderung, mit der ich Ihre Karriere seit unserer ersten Begegnung verfolgt habe», aus. Weiter hiess es im Brief, diese «Worte der Freundschaft» sollten die Türkei dazu bewegen, die Neutralität zu wahren, denn Churchill wusste nichts Greifbares von der am 2. August geschlossenen Allianz. Vor dem Hintergrund des geheimen Bündnisses und der Konfiszierung der beiden Schlachtschiffe waren Churchills Avancen illusorisch. Der offene Raum für gegenseitige Kommunikation, der in der Belle Époque gegeben schien, war definitiv zusammengebrochen. Frustriert und ohne einer Antwort vonseiten der CUP-Leitung gewürdigt worden zu sein, wechselte Churchill rasch von seinem freundlichen Stil

---

14 Wangenheim an Auswärtiges Amt, 2. August 1914, PA-AA, R 1913, Nr. 407; Aksakal, Ottoman Road to War, 103–118; Yiğit Akın: «Building Up the Ottoman Home Front», in: Kieser/Öktem/Reinkowski, World War I, 54–73; Hans-Lukas Kieser: «The Ottoman Road to Total War», in: Kieser/Öktem/Reinkowski, World War I, 29–53.

zu einem zornigen und streitbaren Tonfall. Bereits am 17. August sprach er in einer Versammlung des Kabinetts davon, man könnte «eine Flotte durch die Dardanellen schicken».[15]

Die führenden Köpfe des CUP waren mittlerweile, wie schon dargelegt, noch kriegerischer gestimmt. In offiziellen Verlautbarungen bekannte sich die osmanische Regierung zwar zur bewaffneten Neutralität, in Wahrheit bereitete sie sich aber darauf vor, so bald wie möglich in den Krieg zu ziehen. Auch in den CUP-Kreisen in den Provinzen herrschte ein martialischer Geist, man bereitete sich eifrig auf den Krieg vor.[16] Anfang August begann die CUP-Regierung damit, im russischen Kaukasus Guerillaaktivitäten zur Vorbereitung eines grossen Feldzugs aufzuziehen. Sie lud die frühere Partnerorganisation ARF ein, sich anzuschliessen. Die ARF-Vertreter, welche sich Ende Juli zu ihrem siebten Kongress in Erzurum zusammenfanden, wurden nun von CUP-Delegierten bearbeitet mitzumachen. Aber sie durchkreuzten diese Pläne und bekräftigten, dass alle Armenier jenem Land gegenüber loyal bleiben sollten, in dem sie lebten. Doch auch ohne die Unterstützung der ARF begannen bald erste Versuche, im Kaukasus Aufstände zu organisieren. Die Vorbehalte der Armenier und Finanzminister Cavids standhafte Kritik an der osmanisch-deutschen Kriegsallianz vermochten Talâts Kriegsbegeisterung Mitte August ein wenig zu dämpfen. «Talât zeigt keine Spur mehr von seiner früheren Leidenschaft und seinem Feuer [für einen sofortigen Krieg].» Dennoch: Talât und die führenden Männer des Komitees hatten als die neuen Partner Deutschlands in bisher ungekanntem Mass an Selbstsicherheit und Selbstvertrauen gewonnen.[17]

Rambert war ein intimer Kenner der politischen Vorgänge in Istanbul, aber er hatte auch ein offenes Ohr für die Stimmung in breiteren Kreise und dafür, was ihm von Gebeten in den grösseren Moscheen zur Kenntnis kam. Vor diesem Hintergrund schienen ihm im August 1914 drei Dinge ganz klar zu sein: 1. Die Türkei berei-

---

15 Zitiert in Dockter, Churchill, 67.
16 Vgl. Efiloğlu, İttihat ve Terakki azınlıklar politikası, 375. In Izmir begann Gouverneur Rahmi Anfang August 1914 damit, für den Fall eines Angriffs die Zerstörung der eigenen Stadt durch gezieltes Niederbrennen vorzubereiten. Rahmi wurde zwar von vielen ausländischen Zeitgenossen als echter Liberaler betrachtet, und er war während der Zeit des Kriegs tatsächlich ein vergleichsweise unabhängiger Geist, aber dennoch teilte er Talâts Radikalismus und dessen kriegshetzerische Einstellung. «Seine Exzellenz [Rahmi] sagte, dass er es als die allernatürlichste Massnahme betrachte, eine Stadt vollständig zu zerstören, um zu verhindern, dass sie in feindliche Hände fällt; und dass seinen Überlegungen zufolge die Türkei, sollte sie siegen, sich durch Reparationszahlungen von der vom Krieg des Feindes ausgelösten Zerstörung von Smyrna wieder erholen könne, während bei einer Niederschlagung der Türkei die totale Zerstörung Smyrnas für Eroberer einen immensen Verlust an Leben bedeuten würde. Rahmi Bey ist eine ständige Gefahr für die christliche Bevölkerung [Smyrnas], solange er hier als Generalgouverneur [im Amt] bleibt. Er gibt sich freundlich, wenn man mit ihm spricht, er ist von wachem Geist, energisch, ziemlich furchtlos und mit nicht geringer Intelligenz begabt; aber bezüglich gewisser Punkte, insbesondere in seiner antigriechischen und panislamischen Voreingenommenheit, da sage ich mit voller Verantwortung für die [von mir verwendeten] Worte, dass er einem gefährlichen Wahnsinnigen gleicht, der von einer fixen Idee besessen ist. Diese seine Meinung wird in vielen türkischen Kreisen geteilt.» So weit der Bericht des britischen Generalkonsuls C. E. Heathcote-Smith an Botschafter Louis Mallet am 20. August 1914, FO 371/2143 (General Correspondence, 1914, 60266), 283.
17 Cavid, Tagebuch, Bd. 2, 619, 14. August 1914; 625, 19. August 1914; Birgen, İttihat ve Terakki'de on sene, 184; Kévorkian, Armenian Genocide, 175 f.

tete sich aktiv auf einen Krieg vor; 2. sie stand definitiv auf der Seite Deutschlands; 3. Enver war gewillt, «den grossen Fehler eines verfrühten Angriffs auf das Russische Reich zu begehen». Wie alle anderen wusste auch Rambert nichts vom geheimen Bündnisvertrag. So hoffte er vergeblich auf das Zustandekommen einer defensiv orientierten, neutralen Koalition zwischen der Türkei und den Balkanstaaten unter Einbindung von Griechenland, um so den Status quo gegen jeden denkbaren Aggressor verteidigen zu können.[18] Die tonangebenden Politiker, auch in diesem Fall nicht die gesamte Komiteeregierung, verfolgten diesbezüglich einen anderen Kurs. Sie setzten nun ausschliesslich auf das Bündnis mit Deutschland und begehrten Krieg und Chaos auf dem Balkan, von dem sie meinten, es zu ihren Gunsten nutzen zu können. Aber Talât versuchte vergeblich, den bulgarischen Botschafter auf seine Seite zu ziehen. Auch die Reisen von Talât und Halil nach Bulgarien und Rumänien, auf denen sie die beiden Nachbarn von einem gemeinsamen Krieg zu überzeugen suchten, blieben ergebnislos. Im Gegensatz zur Entwicklung, die sich Rambert erhoffte, und auch entgegen dem beharrlichen Festhalten Cavids an der Neutralität war Talât fasziniert von den transformativen Möglichkeiten eines allgemeinen Kriegs. Einerseits gehorchte er der Strategie der Deutschen, die bereits seit Ende Juli die Bemühung um zusätzliche Bündnisse begrüssten, andererseits noch mehr seinem Begehren, Territorien auf dem Balkan zurückzugewinnen. Dafür hätte er unbedingt Bulgarien und Rumänien gegen Griechenland, Serbien und Russland gewinnen müssen. Aber das gelang ihm nicht, und so kehrte er Anfang September enttäuscht über diesen Misserfolg nach Istanbul zurück.[19]

Dieses erste Enttäuschung liess sich umgehend mit einem Erfolgserlebnis in der Heimat kompensieren. Talât nutzte im September 1914 den kriegsbedingten neuen innenpolitischen Gestaltungsspielraum für höhere Ziele des CUP. Er setzte die Kapitulationen ausser Kraft, erliess ein Verbot für ausländische Postdienste, machte die Autonomie Libanons rückgängig und suspendierte die Vereinbarung über die Reformen vom 8. Februar 1914 (später annullierte er sie ganz). Obwohl Wangenheim zu diesem letzten Punkt sein Einverständnis keinesfalls gegeben hatte, blieb er still, weil sich seine ganze Sorge ängstlich auf das Kriegsgeschehen konzentrierte. Die Aufhebung der Kapitulationen war auch für einen neutralen, distanzierten Beobachter wie Rambert ein nachvollziehbarer Schachzug, auch wenn dieser nicht in seinem eigenen Interesse als Vertreter der Régie des tabacs lag. «Sie [die europäischen Mächte] haben es nicht geschafft, [hinsichtlich des Balkans] alle [dem Berliner Vertrag] inhärenten Garantien gegenüber der Türkei einzuhalten. [...] Warum sollten die Kapitulationen unantastbarer sein als die anderen diplomatischen Verpflichtungen?» Diese rhetorische Frage stellte Rambert in seinem Tagebuch zwei Tage bevor Talât die Kapitula-

---

18 Rambert, Tagebuch, Bd. 48, 25. August 1914. Es gab gewisse frühe Informationen des britischen Geheimdienstes aus Athen zur deutsch-osmanischen Allianz; diese stammten von der griechischen Königsgemahlin Sophie, der Schwester des deutschen Kaisers Wilhelm II. Erskine an Grey, 5. August 1914, nach Dalby, Eleftherios Venizelos, 57.
19 Cavid, Tagebuch, Bd. 2, 620, 15. August 1914; 645, 6. September 1914; Ionescu, Souvenirs, 150–153; Wedel an Auswärtiges Amt, 24. Juli 1914, PA-AA, R 1913; Russischer Botschafter in Paris an Sasonow, 27. August 1914, in: Die internationalen Beziehungen im Zeitalter des Imperialismus, Bd. 2, 1. Halbband, 124.

tionen tatsächlich aufhob, und er bezog sich dabei auf die einschneidende Erfahrung der Balkankriege.[20]

Obwohl die am 6. August 1914 vereinbarten Zusätze zum Bündnisvertrag auch die Aufhebung der Kapitulationen beinhalteten, verlor Wangenheim am 9. September seine Fassung, als er durch die Hohe Pforte mit der nicht abgesprochenen Aufhebung dieser alten Privilegien konfrontiert wurde. «Mit wilden, unbeherrschten Gesten» ging er auf Cavid zu. «Ich dachte, ich würde einem verrückten Hund begegnen. Er sprach nicht, sondern er bellte.» Der Hauptgrund für Wangenheims Zorn war die Tatsache, dass die Türkei noch immer nicht aktiv in den Krieg eingetreten war, aber trotzdem bereits Früchte des Geheimabkommens erntete. Er empfand das als persönlichen Vertrauensmissbrauch, denn seit Mitte August hatte er Berlin gedrängt, der Türkei gegenüber Geduld zu zeigen. Am 9. September berichtete er in emotionalen Worten und unter Verdrehung der Tatsachen nach Berlin, dass er sich selber zurückgehalten und nur «einen vorsichtigen Protest» eingelegt habe. Hinter der Aufhebung der Kapitulationen stecke eine «kriminelle» Intrige der Entente. Im Widerspruch zu dieser Darstellung brachte er gleichentags gegenüber Cavid lebhaft seine Befürchtung zum Ausdruck, dass es zu heftigen Reaktionen vonseiten der anderen Mächte kommen könne. Für Talât und die gesamte Regierung bedeutete die seit Jahren ersehnte Aufhebung der Kapitulationen einen Riesenerfolg: Ihre Popularität in der Bevölkerung stieg; man konnte sich als patriotische Retter der Nation präsentieren. Rund sechzigtausend Menschen versammelten sich auf dem zentralen Sultanahmet-Platz und taten ihre grosse Freude kund.[21]

Wangenheim stand unter dem Druck von Berlin, erfuhr aber gleichzeitig Widerstand von Istanbul.[22] Der Krieg hatte sich schlechter entwickelt als erhofft. Wangenheim befürchtete, die Türkei als Bündnispartner zu verlieren, sei es aufgrund eines Bekenntnisses zur Neutralität oder sogar aufgrund einer Kehrtwende hin zu den Ententemächten. Berlin erwartete von Wangenheim, dass er es endlich fertigbringe, die Türkei aktiv in den Krieg einzubringen, um so eine entscheidende Wende herbeizuführen. Zu Recht beschuldigte Cavid daher Deutschland in seinem Tagebuch, die Türkei in den Krieg hineingezogen zu haben. Doch fehlte ihm die kritische Distanz: Sein Freund Talât, der unbestrittene Chef in der osmanischen Politik, hatte den Krieg und die aktive osmanische Teilnahme eindeutig befürwortet. Die Verantwortung konnte daher nicht auf die deutschen Generäle und Diplomaten abgeschoben werden. Talât war nicht weniger auf Krieg eingestellt als Enver, aber er liess Enver gerne den Vortritt, wenn es darum ging, sich in Istanbul für die aktive Kriegsbeteiligung und die Nähe zu Deutschland starkzumachen. Nach einem Gespräch mit Talât hielt Cavid am 6. September 1914 fest: «Ich sagte, dass ich überhaupt keinen Grund erkennen könne, jetzt in einen Krieg gegen Russland zu ziehen, aber Talat ebenso wie Enver wollen das jetzt tun, selbst wenn die Bulgaren nicht mitmachen!»

---

20 Rambert, Tagebuch, Bd. 48, 7. September 1914.
21 Wangenheim an Auswärtiges Amt, 9. September 1914, PA-AA, R 1914, Nr. 764; Cavid, Tagebuch, Bd. 2, 647–649, 9. September 1914; «L'abrogation des Capitulations», in: *Le Jeune-Turc*, 11. September 1914, 1.
22 Vgl. Auswärtiges Amt an Wangenheim, 10. September 1914, PA-AA, R 1914, Nr. 650.

Von einem Austausch mit Talât, zwei Tage später, meldete Wangenheim nach Berlin: «Enver ist noch immer bereit zum Losschlagen um jeden Preis und zu jeder Zeit. [...] Zu entscheidendem Entschluss braucht er aber die Mithilfe Talaat Beys. Letzterer, obwohl kriegslustig, möchte Resultat der militärischen Besprechungen zwischen Souschef des Generalstabs Hakki Beys und Bulgarischem Generalstab in Sofia abwarten.»[23]

Die Entschlossenheit, aktiv Krieg zu führen, war ab Anfang August 1914 im ganzen Reich zu spüren, aber Beobachter aus der Ferne schrieben die Kriegsversessenheit häufig nur der Person Enver Paschas zu. Daniel Thom, ein amerikanischer Missionar, der als Arzt viele Jahre in Mardin, südlich von Diyarbekir, im Einsatz war, beschrieb in einem Brief vom 16. August 1914, wie er die veränderte Situation in seiner Region wahrnahm. Dieses Bild widerspiegelte Zustände, die von vielen anderen Einheimischen im Osten Kleinasiens ebenfalls erduldet werden mussten: «Die Regierung hat die Stadt und die umliegenden Gebiete ausgeraubt, sie ihrer Männer, ihrer Tiere, ihrer Geldmittel beraubt. Die Dreschböden sind beladen mit einer reicheren Ernte, als je dagelegen hatte, die nun an Ort und Stelle verrottet, weil es an Männern und Tieren fehlt, um sie auszudreschen und sich weiter um sie zu kümmern. Die Millionenbeträge, die die Bevölkerung und auch die Regierung hier verlieren wird, sind nicht abzuschätzen. Ein derart selbstmörderisches Verhalten einer Regierung habe ich in dem reichen Leben, das ich gelebt habe, bisher noch nicht gesehen. [...] Arme Türkei, arme Türkei, die ihren Weg blind geht, mit einem Mann an der Spitze der Armee, dessen Name *Licht* [Enver] bedeutet, der sich aber mit Sicherheit der dunklen Seite seiner Laterne zugewandt hat und der sich wild entschlossen kopfüber in den Abgrund der sicheren Zerstörung stürzt; hat man je eine derartige Verblendung erlebt?»[24]

Hasan Tahsin (Uzer), der Wali von Van, beschrieb die wirtschaftliche Lage in seiner Provinz mit ähnlichen, aber etwas höflicheren Worten. Van war ebenfalls in grossem Umfang betroffen von Beschlagnahmungen, der Mobilisierung und der Herausforderung, die eingezogenen Soldaten mit Lebensmitteln zu versorgen. In einem Telegramm von Mitte September an seinen Vorgesetzten Talât verlangte Hasan Tahsin finanzielle Unterstützung und fragte nach Auskünften zur allgemeinen politischen Lage, um dann aber ohne Umschweife auf den vom Zentrum gefällten Kriegsentscheid zu kommen: «Der Stand der Dinge zeigt, dass Ihr Euch zugunsten des Kriegs entschieden habt. Möge Gott gutes Gelingen und den Sieg schenken.» Talâts Antwort war kurz und ebenso direkt: «Wir warten auf den günstigen Augenblick.» Der junge, in mancher Hinsicht noch aufrichtige Funktionär Hasan Tahsin war voll des Lobes über die Loyalität, Hilfsbereitschaft und das Wohlwollen der Armenier in seiner Provinz. Die Mobilmachung «wurde nach dem Vorbild der deutschen Armee abgeschlossen», meinte er und war stolz darauf, dass er «30 000 Mann und 7000 Pferde» für den, wie man ihm zu verstehen gab, unmittelbar bevorstehenden Krieg zusammengezogen

---

23 Cavid, Tagebuch, Bd. 2, 642 f., 645, 6. September 1914; Wangenheim an Auswärtiges Amt, 8. September 1914, PA-AA, R 1914.

24 Brief an William Peet, American Board of Commissioners for Foreign Missions archives, Bible House Istanbul, zitiert in Kieser, Der verpasste Friede, 336.

hatte. Mit rosigen Farben malte er ein Bild, das lauter Istanbul-Sympathisanten zeigte, auch in Nordiran, und dazu türkeifreundliche Unruhen im russischen Aserbaidschan. «Unsere paramilitärischen Einheiten [*çetelerimiz*] wurden bis an die Zähne bewaffnet, alle haben 1000 Pfund [Sold] erhalten und wurden dann zur Grenze geschickt», so sein Bericht an Talât Mitte September.[25]

Tahsin Uzer, ein Cousin von Enver, aufgewachsen in Saloniki, galt vor 1915 als aufrechter und unbestechlicher Jungtürke. Als Gouverneur von Van zeigte er echtes, von Erfolg gekröntes Engagement zum Wohl seiner Provinz. Wiederholt bewies er Mut zu Eigeninitiativen und pflegte Kontakt mit allen Bevölkerungsgruppen in der Region. Dabei verhielt er sich seinem Vorgesetzten gegenüber absolut loyal. Es kam vor, dass Talât ihn in kritischen Zeiten darum bat, «stets vor der Maschine [dem Telegrafenapparat] zu sitzen und unablässig in Kontaktbereitschaft und im Austausch zu bleiben». Aber getreu dem CUP-Selbstverständnis von unteilbarer imperialer Machtausübung, das keine selbstkritische Auseinandersetzung mit spätosmanischem Versagen kannte, war es Tahsin zutiefst zuwider, Generalinspektor Hoff Anfang August 1914 in seiner Provinz willkommen zu heissen. Das führte dazu, dass Hoff früher als geplant wieder abreiste. Wie Mahmud Celâl (Bayar) und Talâts Schwager Mustafa Abdülhalik (Renda) gehörte Tahsin zu einer Gruppe von gut ausgebildeten jungen Männern um Talât, die zu gefügigen wie auch initiativen Werkzeugen der Regierung bei der Umsetzung ihrer ultranationalistischen Innenpolitik wurden. Sie hatten erneut unter Mustafa Kemal Atatürk in den 1920er-Jahren und noch nach Mitte des 20. Jahrhunderts hohe staatliche Positionen inne.[26] Diese junge Elite bestand aus stolzen Patrioten, die die Doktrin des Türkismus und dessen Geschichtsauffassung verinnerlicht hatten und Zweifel nicht zuliessen. Sie bezogen ihr Verständnis des zeitgenössischen Weltgeschehens aus Talâts Zirkularen und der CUP-Presse.

In einem Editorial, das Anfang September 1914 in der CUP-Zeitung *Tanin* erschien, wurde Abrutschen in einen allgemeinen Krieg als Konsequenz einer europäischen Balkanpolitik dargestellt, welche die Bedeutung der «loyalen und getreuen Wächterpflicht» der Türkei auf dem Balkan nicht in ausreichendem Mass anerkannt und gewürdigt habe. Nach Ansicht des ungenannten Verfassers – Talâts Sprachrohr bei *Tanin* – hatte es Europa zwar geschafft, den Balkan in tiefgreifender Weise umzugestalten, aber ohne danach ein Gleichgewicht der Macht aufrechtzuerhalten. Deshalb sei der Balkan «innerhalb von nur zwei kurzen Jahren in schwindelerregendem Fall in den Abgrund einer Katastrophe gestürzt. Wenn der Natur und der Geschichte so etwas wie eine Moral innewohnt, so können wir festhalten, dass auf diese Weise die orientalische Frage direkt und imposant Rache genommen hat an Europa und an all denen, die Europa als Werkzeuge gedient haben.» Dieser Beitrag in *Tanin* hatte den Stellenwert und die Bedeutung eines quasioffiziellen Kommentars. Er bezog nicht nur überaus selbstsicher Position gegen Europa – und damit auch gegen osmanische

---

25 Telegramm vom 16./17. September 1914, BOA, DH. EUM. 2. Şb. 1-52 (sowie DH. ŞFR. 441-23); Tahsin an Talât, 23. September 1914, DH. ŞFR. 441-119; vgl. Tahsin an Talât, 25. August 1914, DH. EUM. 2. Şb. 1-31.

26 Talât an die Provinz Van, 1. April 1914, BOA, DH. ŞFR. 39-144. Vgl. Kieser, Iskalanmış Barış, 516; Mahir Aydın: «Savaşın bitirdiği doğu açılımı: Tahsin (Üzer) Bey'in Van valiliği (1913/1914)», in: Reindl-Kiel/Kenan, Deutsch-türkische Begegnungen, 539–570.

Befürworter des Reformplans –, sondern er liess ein grundlegendes Kriegsziel durchblicken: Ein für alle Mal sollte die, wie es hiess, von Europa kreierte «finstere» orientalische Frage insgesamt erledigt werden. Der Fingerzeig gegen osmanische Christen, «die Europa als Werkzeuge gedient» hätten, ist unverhohlen.

Seit Herbst 1913 stellte die armenische Frage das bedeutendste Element innerhalb der orientalischen Frage dar. Das Editorial prophezeite, dass die orientalische Frage «am Ende dieses Kriegs ebenso in die Vergangenheit verbannt wird wie die Ära, welche 1914 zu Ende geht. Nach dem Krieg wird eine neue Epoche für Europa und die ganze Welt beginnen, und diese Epoche wird keine orientalische Frage mehr kennen. Da zum jetzigen Zeitpunkt noch nicht möglich ist, eindeutig zu sagen, wie es sich lösen soll, lasst uns nur so viel sagen: Unter den Ausländern, die sehen, dass wir jetzt zu den Waffen greifen, gibt es einige [zum Beispiel Rambert], die uns manchmal die Frage stellen, weshalb wir bereit seien, uns derart hohe Kosten aufzubürden. Sie wollen uns vorwerfen, dass wir eine Aktion beginnen, ohne ausreichend dafür vorbereitet zu sein; sie sind sogar der Meinung, wir hätten einen voreingenommenen Entscheid getroffen. Wir glauben, dass diese Individuen sich in der Geschichte nicht wirklich gut auskennen. Die kürzeste und kategorischste Antwort, die wir ihnen geben können – und damit wird jede Entgegnung überflüssig –, ist diese: Die orientalische Frage wird liquidiert!»[27]

28 Aus Liebe für Turan, nach Deutschlands Willen: Angriff statt Reform

Ab August 2014 bereitete sich der innere Kreis des Komitees samt Kriegs- und Innenminister mit Mobilmachung und Requirierungen auf den Krieg vor. Doch noch vor der offiziellen Kriegserklärung im November und dem anschliessenden grossen Kaukasusfeldzug starteten sie kleinere, verdeckte Offensiven im russischen Teil des Kaukasus und in Nordiran. Kriegsminister und Oberbefehlshaber[28] Enver stand dafür zwar an erster Stelle, aber Innenminister Talât war in bedeutendem Ausmass in militärische Angelegenheiten und Logistik involviert. Dazu gehörte ab August 1914 der Aufbau irregulärer Einheiten für die Kaukasusfront. Der enge Informationsaustausch, den Talât mit Gouverneuren und Führern der Sonderorganisation (SO) pflegte sowie die ihm stets zugänglichen militärischen Informationsquellen legen nahe, dass Talât einen kompletteren Überblick über die Lage im Osten hatte als Enver. Es kann daher auch kaum überraschen, dass das Militärarchiv in Ankara (ATASE), das Archive der Sonderorganisation einschliesst, viel Korrespondenz von oder an Talât enthält.[29]

Der Weltkrieg an der Seite Deutschlands eröffnete die Möglichkeit zu imperialer Restauration, nämlich das Ergebnis des Berliner Vertrags von 1878 im Hinblick auf den südlichen Kaukasus zu revidieren, das heisst, in den Provinzen Kars,

---

27 «Siyâsiyyât: Şark Meselesi», in: *Tanin*, 7. September 1914, 1.
28 Formal war er der Vizeoberbefehlshaber der Streikräfte und der Sultan der offizielle Befehlshaber.
29 Für Akten des ATASE, die die Sonderorganisation oder Talât betreffen, vgl. Tetik, Teşkilat-ı Mahsusa.

Ardahan und Batumi die osmanische Herrschaft wiederherzustellen. Hinzu kam das Streben nach überzogenen neoimperialen Zielen, die aus einer Panideologie, nämlich Gökalps Turanismus, hervorgingen. Auf das Landesinnere bezogen bot der Weltkrieg die ebenso fatale wie für Ultranationalisten günstige Gelegenheit, sowohl den unterschriebenen Reformplan aufzuheben als auch die Bedingungen, die den Grund für diesen Plan legten, aus der Welt zu schaffen. Denn der Reformplan suchte ja eine gleichberechtigte christlich-muslimische Koexistenz in den Ostprovinzen zu ermöglichen.

Eine Strategie, die Anfang August zu keimen begann, erschien auf den ersten Blick als geniale Kombination: Im Schwarzen Meer würden die neuen Kriegsschiffe, hinter den Linien Aufständische und begleitend der Dschihad irregulärer Einheiten und Stämme die Grossoffensive der in Erzurum stationierten Dritten Armee unterstützen, um deren Durchbruch gegen die Russen im südlichen Kaukasus zu erleichtern. Deutschland würde mit Beratern, Waffen und finanziellen Mitteln seinen Beitrag leisten. Eine parallel geführte Offensive auf nordiranischem Gebiet sollte die Kaukasusoffensive noch verstärken und die Dominanz der Osmanen in der gesamten Grenzregion der dort aneinanderstossenden Länder sichern. Ein Expeditionskorps sollte sogar noch weiter in den Osten vordringen, nach Turan, das heisst über Aserbaidschan nach Turkestan. Aufgrund der Schwäche der iranischen Zentralregierung stand Nordiran unter russischem Einfluss, und dies in Übereinstimmung mit der anglo-russischen Entente, welche 1907 in Zentralasien das sogenannte Grosse Spiel zwischen Russland und Grossbritannien geregelt hatte.

Eine Mitteilung von Gottlieb von Jagow, dem Staatssekretär im Auswärtigen Amt, an Wangenheim vom 3. August 1914 enthielt den Kommentar: «[Eine] Revolutionierung [des] Kaukasus wäre wünschenswert.» Das machte klar, welcher Art die Erwartungen waren, die Deutschland unmittelbar nach dem Eingehen des Bündnisses an seinen Partner hatte. Am Abend desselben Augusttages entschied das Zentralkomitee, sich der SO und anderer einschlägiger paramilitärischer Kräfte zu bedienen, um – dem Beispiel Westthrakiens Ende 1913 folgend – feindliches Territorium auszuspionieren und dort gewalttätige Auseinandersetzungen zu organisieren.[30] Wangenheim war seit Ende Juli vom türkischen Tatendrang mitgerissen und wartete ungeduldig darauf, Aktionen zu sehen. Er setzte grosse Hoffnungen auf irreguläre Gewalt gegen Russland im Kaukasus. Er übermittelte übertriebene Nachrichten ans Auswärtige Amt. So schrieb er am 6. August: «An der russischen Grenze nehmen die türkischen Truppen eine bedrohliche Haltung an. Teile derselben sollen die Grenze überschreiten. Die Revolutionierung [der] Mohammedaner im Kaukasus ist im Gange.»[31] Wahr war, dass bereits Emissäre aus Istanbul zu diesem Zweck losgeschickt worden waren. Der Dschihad und die SO galten Wangenheim als Wunderwaffen.

Spätestens Mitte August 1914 verstand er, dass zumindest die reguläre Armee mehr Zeit benötigte, um sich besser auf ihre Kriegstauglichkeit vorzubereiten. Nachdem er Mitte Juli dem Ansinnen noch mit deutlichem Widerstreben begegnet

---

30 Jagow, Auswärtiges Amt, an Wangenheim, 3. August 1914, PA-AA, R 1913, Nr. 305; Cemil, I. Dünya Savaşı'nda Teşkilât-ı Mahsusa, 9–11; Cavid, Tagebuch, Bd. 2, 618 f., 10. und 14. August 1914.
31 Wangenheim an Auswärtiges Amt, 6. August 1914, PA-AA, R 19881, Nr. 438.

war, engagierte er sich jetzt voll und ganz für den gemeinsamen Krieg mit dem Bündnispartner Türkei. Obwohl nicht umfassend im Bild und auch nicht vollauf von der Sache überzeugt, hatte er bis zum Juli 1914 noch den Weg einer friedlichen Entwicklung der deutsch-türkisch-armenischen Beziehungen verfolgt. Diese Sicht der Zukunft hing von Reformen, militärischer Kooperation, kultureller Zusammenarbeit, wirtschaftlichem Einfluss und vom Bagdadbahn-Projekt ab. Der ehrgeizige Botschafter hatte nach einer erfolgreichen Zeit am diplomatischen Knotenpunkt Istanbul gute Gründe, hoffen zu dürfen, dass er auf den Posten als deutscher Aussenminister berufen würde. Aber ihm entglitt der Boden unter den Füssen und der Sinn für Realitäten. Noch am 31. Juli 1914 war Wangenheim gleichsam surreal der Überzeugung: «Bezüglich der Verteidigung Armeniens würden wir Bundesgenosse Englands werden.»[32]

Bahaeddin Şakir, ein Hardliner im Zentralkomitee, traf um den 8. August in Erzurum ein, um dort die Organisation und Führung der Sonderorganisation (SO) zu übernehmen. Für seine neue Aufgabe im Kaukasus konnte er die Erfahrung seiner islamistischen, antiarmenischen Agitation in derselben Region aus der Zeit vor 1908 einbringen. Am Rande des bereits erwähnten ARF-Kongresses trafen sich armenische Vertreter mit Abgesandten des CUP, nämlich mit den SO-Führern Bahaeddin Şakir, Ömer Naci und Filipeli Hilmi. Mit ihnen kamen «zahlreiche kaukasische und persische Agenten. Ihre Absicht war es, eine antirussische Propagandakampagne und den Kampf im Kaukasus und im Norden Persiens zu organisieren. Zu ihrem Programm gehörte auch die totale Mobilmachung in den Ostprovinzen», berichtete Simon Vratzian, ein ARF-Kongressteilnehmer.[33] Dafür wollten sie auch die Armenier einspannen, worauf diese, wie schon gesagt, nicht eingingen. Für die ARF-Delegierten in Erzurum wie auch für Rambert, der Mitte August in der Hauptstadt weilte, war klar, dass die Machthaber der Türkei ohne weiteren zeitlichen Aufschub den Krieg gegen Russland führen wollten. Ganz in diesem Sinn schrieb am 14. August auch der armenische Prälat in Erzurum, Sempad Saadetian, seinem Patriarchen in Istanbul: «Es besteht kein Zweifel darüber, dass alle diese militärischen Vorbereitungen für den Krieg mit Russland getroffen werden.»[34]

Şakir teilte Talât Anfang September 1914 mit, dass die Vorbereitungen gute Fortschritte machten und dass bereits mehrere Angriffe jenseits der Grenze erfolgreich durchgeführt worden seien. Die russische Armee hielt sich mit Vergeltungsaktionen bis Ende Oktober zurück.[35] Zwar war es der SO gelungen, ein paar christliche Georgier zum Mitmachen in der Gruppe zu überzeugen, und auch ein paar deutsche Offiziere waren aktiv an SO-Aktionen beteiligt, aber zum überwiegenden Teil setzte sich die SO aus Stammesangehörigen, entlassenen Kriminellen und ortsansässigen Muslimen zusammen. Sie war eindeutig muslimisch geprägt. Die Ideologie der SO beruhte auf dem Panislamismus und Pantürkismus, die konkreten Beweggründe für die gewaltsamen Aktionen waren jedoch häufig rein materieller Art. Sie überfielen

---

32 Wangenheim an Auswärtiges Amt, 31. Juli 1914, PA-AA, R 1913, Nr. 286.
33 Zitiert in Erickson, Ottomans and Armenians, 119.
34 Zitiert in Der Yeghiayan, My Patriarchal Memoirs, 39.
35 Treffen mit dem russischen Botschafter Giers, Cavid, Tagebuch, Bd. 2, 669, 26. Oktober 1914.

Dörfer und plünderten für ihren eigenen Unterhalt, zumal Talât entgegen wiederholten Bitten Şakirs die erforderlichen finanziellen Mittel nicht überwies. In seiner Berichterstattung an Talât bezeichnete Şakir die Armenier als Feinde und behauptete, Russland habe diesen, falls sie kollaborieren würden, ein Fürstentum versprochen, welches aus Teilen der osmanischen Ostprovinzen und aus dem südlichen Kaukasus bestehen sollte. Mitte September kam von Ömer Naci via Tahsin der Bericht, dass die Organisation für Aktionen in Nordiran ebenfalls bereitstehe. Aber die Versorgung der Armee in Ostanatolien verlief chaotisch, und dieser Missstand drückte auf die Moral der Soldaten. Wie Tahsin war auch Naci der Ansicht, dass die in diesem Gebiet lebenden Armenier wohlwollend und loyal seien. Talât dagegen folgte Şakirs antichristlich-antiarmenischer Linie. Er bot ihm auch den Posten als Gouverneur von Erzurum an, doch Şakir zog es vor, Anführer der SO zu bleiben, um beim grossen Eroberungsprojekt führend dabei zu sein.[36]

Talât stand in engem Austausch mit den Führern der SO und der Armee sowie seinen Gouverneuren. Über die Angelegenheiten der SO und des Militärs war er bestens informiert, bei Entscheiden wurde er miteinbezogen – viel intensiver, als das für einen Innenminister üblich war. Er kontrollierte und beeinflusste die Akteure vor Ort über seinen Komiteefreund Şakir und die Funktionäre seiner Provinzverwaltung. Aus der Korrespondenz zwischen der SO und Talât (die heute weitgehend bei den Akten des Innenministeriums im Osmanischen Staatsarchiv zugänglich ist) geht hervor, dass entgegen einer naheliegenden Annahme Talât nicht weniger bestimmend war als Enver und in ebenso engem Kontakt zur SO stand.

In einem Telegramm vom 6. September an Ömer Naci erwähnte Talât den Beginn einer Invasion in Iran, welche alle russischen Streitkräfte aus dem Land drängen sollte. Aber er wies auch darauf hin, dass in Aserbaidschan immer noch keine von Istanbul abhängige revolutionäre Organisation gegründet worden sei.[37] Ein fast schon wettkampfartiges Eroberungsfieber verbreitete sich unter den ambitionierten Akteuren vor Ort. Alle wollten bei der Umsetzung des Eroberungsplans eine führende Rolle spielen. «Lass Tahsin in einer Zeit, in der das Vaterland am meisten Hingabe benötigt, nicht in Arbeitslosigkeit versinken», schrieb Gouverneur Tahsin an Talât. «Für die administrativen Schreibarbeiten, die es hier in der Provinz zu erledigen gibt, kann ich den Sekretär als meinen Stellvertreter zurücklassen. [...] Lass mich Aserbaidschan besetzen und dann auch regieren.»[38] In einem ähnlichen Überschwang von «Patriotismus» schlug er Ende September einen grossen Dschihad aller Muslime gegen Grossbritannien vor, und zwar wegen der «ehrlosen Absicht [der Briten], uns zu zerstören».[39] Dies war lange vor der Deklaration des Dschihad durch Scheichülislam

---

36 Tahsin an Talât, 11. September 1914, BOA, DH. ŞFR. 440-50; 17. September 1914, ŞFR. 441-22; Cemil, I. Dünya Savaşı'nda Teşkilât-ı Mahsusa, 48 f., 73, 80. Zur Kaukasusmission der SO ganz allgemein Mehmet Bilgin: *Teşkilât-ı Mahsusa'nın Kafkasya misyonu ve operasyonları*, Istanbul: Ötüken, 2017. Zu Talâts herausragender Rolle für die SO und die in den BOA-Akten/-Dokumenten enthüllte Mission vgl. 115 f.

37 Cemil, I. Dünya Savaşı'nda Teşkilât-ı Mahsusa, 58–60.

38 Tahsin an Talât, 23. September 1914, BOA, DH. ŞFR. 441-119.

39 Diese Aussage ist vermutlich als Entgegnung auf britische Reaktionen nach Schliessung der Dardanellen am 27. September 1914 durch die Osmanen zu verstehen und vor dem Hintergrund der bri-

Hayri am 14. November. Ab November stand Talâts Komiteebruder Bahaeddin Şakir der zusammengeführten (bis dahin geteilten) SO für den Kaukasus vor, die sich später in «Revolutionäres Komitee für den Kaukasus» umbenannte.[40]

Talâts Engagement für den Revolutionierungs- und Eroberungsplan ging Hand in Hand mit der Verfestigung einer pauschal antiarmenischen Haltung. Am 6. September 1914 ordnete er zum ersten Mal in weiten Teilen des Landes umfassende Massnahmen gegen Armenier in führenden Positionen an: «Die regionalen Leiter und Anstifter aus den politischen Parteien der Armenier verfolgen seit jeher politische Ziele und lassen sich nicht davon abhalten, Böses zu verbreiten und scheussliche Taten gegen die Osmanen und das Osmanentum zu verüben. Sie müssen überwacht und – sobald erforderlich und angeordnet – verhaftet werden.» Die Verwendung einer derart harten und pauschalisierenden Sprache im Zusammenhang mit den Armeniern kannte man von Talât bisher nicht. Das erinnerte an den antiarmenischen Diskurs unter Sultan Abdulhamid in den 1890er-Jahren, aber der jetzige Stil war noch kategorischer, betraf fast das ganze Reich und gab damit einen Vorgeschmack auf das, was mit Talâts Rundschreiben vom 24. April 1915 noch folgen sollte. Osmanlılık (Osmanentum) bedeutete jetzt nicht mehr – wie 1908 und im 19. Jahrhundert – religionsübergreifende osmanische Gemeinschaft, sondern nur noch die osmanischen Muslime im neuen Sinne des Türkismus. Das Rundschreiben vom 6. September 1914 wurde von Talât persönlich im Namen des Direktoriums für Allgemeine Sicherheit, einer Abteilung des Innenministeriums, unterzeichnet, und es wurde an die Gouverneure von Hüdâvendigâr, İzmit, Canik, Edirne, Adana, Aleppo, Erzurum, Bitlis, Van, Sivas, Mamuretülaziz und Diyarbekir versandt.[41] Fortan waren Gouverneure in ganz Kleinasien und sogar Edirne vorgewarnt, für eine umfassend armenierfeindliche Politik bereitzustehen.

Der proaktive, fast frenetische Fokus auf die Ostprovinzen und den Kaukasus gleich schon in den Monaten August und September 1914 ist von Bedeutung, weil er eine zentrale Stossrichtung der Kriegspolitik der Hardliner beweist. Die aus CUP-Sicht höchst erfolgreiche Entfernung von mehr als 150 000 Rûm wenige Monate zuvor stand dem Zentralkomitee zweifellos vor Augen. So ist plausibel, dass Hardliner bereits im September 1914 konkret an eine Vertreibung potenzierten Ausmasses dachten, falls der Eroberungsfeldzug im Kaukasus scheitern sollte. Ein Narrativ der Entwicklung in den Ostprovinzen, welches von beiderseitiger Aufrüstung, gleichzeitig stattfindenden und angeblich von beiden Parteien initiierten Guerilakämpfen, nämlich zwischen der SO plus Irreguläre und von Russland gestützten Armeniern berichtet, ist nicht glaubwürdig. Schlicht falsch ist die Rede von einer defensiven Gegenoffensive der SO – es sei denn, man nehme die imperial voreingenommene

---

tischen Konfiszierung der osmanischen Kriegsschiffe Anfang August. Tahsin an Talât, 29. September 1914, BOA, DH. ŞFR. 442-77.

40 *Revolutionäres Komitee für den Kaukasus* = *Kafkasya Ihtilâl Cemiyeti*. Moreau, La Turquie dans la Grande Guerre, 129.

41 BOA, DH. ŞFR. 44-200, an die Provinzen von Edirne, Erzurum, Adana, Bitlis, Van, Hüdâvendigâr, Haleb, Sivas, Mamuretülaziz, Diyarbekir und die Sandschaks von İzmit, Canik.

Position ein, alles, was territoriale Verluste des Osmanischen Reiches wettzumachen suchte, sei legitime Verteidigung.[42]

In den Memoiren des österreichischen Militärattachés Pomiankowski finden sich Hinweise auf die Verbindung zwischen Talâts Absicht, an der Seite Deutschlands in den Krieg einzutreten, und seinem Begehren, die armenische Frage und somit den Reformplan aus der Welt zu schaffen. Gemäss Pomiankowski konnte es «keinem Zweifel unterliegen, dass die jungtürkische Regierung schon vor dem Kriege beschlossen hatte, die nächste sich darbietende Gelegenheit dazu zu benützen, die Fehler der früheren Sultane wenigstens zum Teil gutzumachen und so im letzten Augenblick den Rest des Osmanischen Reiches vor weiteren Amputationen zu retten. Es ist auch sehr wahrscheinlich, dass diese Erwägung beziehungsweise Absicht auf die Entschliessungen der Pforte betreffs Anschluss an die Zentralmächte und Zeitpunkt der Eröffnung der Feindseligkeiten einen wichtigen Einfluss gehabt haben.» Der Militärattaché berichtete von der niederschmetternden Erfahrung, es hätten «sich viele intelligente Türken mir gegenüber spontan in dem Sinne geäussert, dass die Ursache der Dekadenz des Osmanischen Reiches, sowie speziell der seit 200 Jahren ununterbrochenen Reihe von Verlusten europäischer und asiatischer (kaukasischer) Provinzen ausschliesslich in der übermässigen Humanität der früheren Sultane zu suchen sei. Dieselben hätten die Bevölkerungen aller eroberten Provinzen entweder zur Annahme des Islams zwingen oder ausrotten müssen.»[43]

Das Begehren, im Kaukasus einen Krieg anzuzetteln, vermischte sich mit ungeduldigen Erwartungen Deutschlands an den Bündnispartner, militärisch aktiv zu werden. Aber die tatsächlichen Ereignisse blieben weit hinter den hochtrabenden Projekten und Berichten zurück. So schrieb beispielsweise Anfang September 1914 der osmanische Botschafter aus Berlin, dass eine Streitkraft von – Armee und Sonderorganisation zusammengenommen – 317 000 Mann an der Grenze bereitstehe, um im Kaukasus einzumarschieren.[44] Die Haltung der russischen Armee war klar defensiv, während viele Armenier im Falle eines Kriegsgangs auf ihre Rettung durch die Russen hofften. Erst Ende September, als die Nachrichtendienste der Entente Kenntnis vom türkisch-deutschen Bündnisvertrag erlangten, gab der russische Aussenminister Sasonow gegenüber Illarion Vorontsov-Dashkov, dem Gouverneur des Kaukasus, seine Zustimmung zur Ausrüstung der Armenier mit Waffen und zur Bildung von Freiwilligenregimentern. Diese sollten aus osmanischen Armeniern zusammengestellt werden, von denen sich nach ihrer Flucht über die Grenze viele in Tiflis aufhielten. Noch in einem Brief vom 30. August (nur einen Tag nach einem internen Memorandum zum Thema der Bewaffnung der osmanischen Armenier) warnte Sasonow weiterhin vor jeder antiosmanischen Aktion, solange es noch nicht zu einem Bruch zwischen den beiden Ländern gekommen sei. Dabei erwähnte er die verbleibende Chance, mit der Türkei vielleicht zu einem Bündnisschluss zu kommen.[45]

---

42 Erickson, Ottomans and Armenians, 146.
43 Pomiankowski, Zusammenbruch, 162.
44 BOA, HR. SYS. D.2402 G.79, zitiert in Tetik, Teşkilat-ı Mahsusa, 168.
45 Sasonows Brief an Premierminister Ivan Goremykin, in: Die internationalen Beziehungen im Zeitalter des Imperialismus, Bd. 2, 1. Halbband, 144 f.; Reynolds, Shattering Empires, 113, 117.

Die Armenische Nationale Vertretung in Tiflis begrüsste Vorontsov-Dashkovs Plan für einen Aufstand der Armenier in Kleinasien. Zaven Der Yeghiayan, der armenische Patriarch in Istanbul, hatte Emissäre nach Tiflis geschickt, und als diese zurückkehrten, berichteten sie von einer aufgeräumten Stimmung unter den jungen Armeniern in Tiflis, was wiederum die Armenier in Istanbul beunruhigte. Armenische Freiwillige hatten in Tiflis damit begonnen, sich registrieren zu lassen, «um gegen die Türken zu kämpfen und das türkische Armenien zu befreien».[46] Auch auf armenischer Seite brachten unreife politische Träume die Geister durcheinander. In einer halb autobiografischen, halb fiktionalen Retrospektive aus den 1960er-Jahren auf das Jahr 1914 liess ein Romancier den elfjährigen Jungen Gurgen Mahari aus Van sagen: «Das Schlimmste ist, dass Aram und seine Freunde die von ihrem Zentralkomitee in Tiflis verfolgte Politik gutheissen.» Dieser armenische Schriftsteller wagte es, heroische Mythen zu sezieren, auch jenen, der sich um Aram Manukian, den Anführer der ARF in Van, drehte: «Ihre sogenannte grossartige Sache war nicht ehrlich. Denn dem Gebäude, das sie aufgebaut hatten, fehlte das Fundament; die Architekten dieses Projekts der ‹Nationalen Befreiung› waren inkompetent: Starrsinn und Tyrannei waren die beiden Räder am Wagen, den Aram die Daschnaken-Partei [ARF] nannte.»[47]

Viele Armenier, die im Osmanischen Reich lebten, hielten mit ihren Sympathien für die Entente nicht zurück. Das war nur logisch, seit unter dem CUP-Einparteiregime der islamische Türkismus überhandnahm. Gefühlsmässig bestand bereits vor dem offiziellen Kriegsausbruch vom November 1914 eine gefährliche politisch-religiöse Grenzlinie, die die Menschen vom Schwarzen Meer bis Nordiran trennte. Der immer noch vergleichsweise unvoreingenommene Gouverneur Tahsin reagierte Anfang Oktober 1914 mit einem ausführlichen Telegramm auf die antiarmenische Stimmung in den benachbarten Provinzen und auf die antiarmenische Haltung von Talât selber. Tahsin zeigte volles Verständnis für den Entscheid des ARF-Kongresses, dass sich osmanische Armenier an den osmanischen Staat, kaukasische Armenier hingegen an Russland halten würden. Seine Einschätzung als Wali von Van war, dass sich die Armenier vollumfänglich konform zu dieser Entscheidung verhielten. In Van hatten die Armenier in der Form einer höheren Kriegssteuer grössere Opfer erbracht als die Muslime. Trotzdem mussten sie stärker als irgendwer sonst um ihre Leben und um den Schutz ihres Eigentums fürchten. Anstatt zur Entfremdung der Armenier beizutragen, hätte der Staat sie durch eine klare und verlässliche Politik beruhigen müssen. Gleichzeitig hätte der Staat ihnen zusichern sollen, dass er sich des konstruktiven Beitrags der armenischen Bürger für das Gesamtwohl des Staates wohl bewusst ist. Er hätte die bestehende emotionale Kluft nicht noch vertiefen dürfen.

Tahsin beklagte sich bei Talât darüber, dass einerseits die Provinz Van eine Politik des Vertrauens gegenüber den Armeniern verfolge, während andererseits die gleichen Armenier, sobald sie sich in der Provinz Erzurum befanden, verdächtigt, verfolgt und vertrieben würden. «Über diese unsinnigen und widersprüchlichen Standpunkte können wir uns nur wundern, aber vor allem wundern sich die Armenier selber darüber. [...] Wir möchten wissen, weshalb in Erzurum Gewalt gegen die Armenier angewandt

---

46 Der Yeghiayan, My Patriarchal Memoirs, 33.
47 Mahari, Burning Orchards, 395, 410.

wird. [...] Während wir hier auf der Grundlage von Fakten und Beweisen die Sicherheit der Bevölkerung fördern, sollten die verantwortlichen Gremien in den Provinzen Erzurum und Bitlis ihr Handeln nicht von den Verleumdungen, die aus der Gerüchteküche der Kaffeehäuser stammen, bestimmen lassen.» Doch sogleich bemühte sich der kühne Schreiber Tahsin seinem Vorgesetzten gegenüber wieder um eine Art vorauseilenden Gehorsams. Mit Dienstbeflissenheit und der für einen CUP-Komitadschi typischen Bereitwilligkeit, jegliche Anordnung aus der Zentrale umzusetzen, schlug der junge Gouverneur schliesslich folgende Regelung vor: «Welchen Standpunkt die [Hohe] Pforte gegenüber dem Armeniertum am Ende auch immer einnehmen wird, diese muss dann von jeder Provinz übernommen werden.» Mit anderen Worten: Am wichtigsten war nicht tatsachenbasierte Gerechtigkeit, sondern Einheitlichkeit, um einer «widersprüchlichen und lächerlichen Politik» im Umgang mit den Armeniern ein Ende zu setzen.[48]

29 Polarisierung und Neugestaltung des Ostens

Vermochte Talât im Herbst 1914 Tahsin von der Notwendigkeit eines härteren Vorgehens gegenüber den Armeniern noch nicht zu überzeugen, so hatte er gegen die Nestorianer bessere Argumente zur Hand. Diese in Stämmen organisierten christlichen Assyrer, die sowohl auf der osmanischen wie auch auf der iranischen Seite der Grenze lebten, waren bewaffnet wie die kurdischen Stämme. Sonst war es nichtmuslimischen Personen und Gruppen im Osmanischen Reich meist verboten, Waffen zu tragen.

Zum einen verweigerten die Assyrer wie andere Christen, Aleviten sowie Muslime, insbesondere Kurden, den Dienst in der osmanischen Armee, zum anderen stellten sie auch ein Risiko und Hindernis im Hinblick auf den geplanten Angriff auf Nordiran dar. In einer ähnlich kategorischen Sprache wie schon in seinem antiarmenischen Rundschreiben vom 6. September entwickelte Talât in einem «sehr dringenden» Telegramm vom 26. Oktober 1914 an die Provinz Van eine antiassyrische Politik der Vertreibung und Neuansiedlung an verstreuten Orten. Umsiedlung und die Zerstreuung von Gemeinschaften standen in einer jahrhundertealten Tradition von osmanischen Zwangsmassnahmen gegenüber widerständischen Volksgruppen und Gemeinschaften, zum Beispiel Kızılbaş oder Aleviten. Anders als im Fall der unlängst vertriebenen Rûm, wo er die «störenden Leute» via die nahe gelegenen griechischen Inseln in ein anderes Land vertrieb, konnte Talât die osmanischen bewaffneten Nestorianer nicht einfach einschüchtern und des Landes verweisen, weil diese sonst umso motivierter die christlichen Kräfte in Iran gestärkt hätten, welche sich gegen die osmanischen Eindringlinge zur Wehr setzten. Talâts Telegramm an das Gouverneursamt in Van lautete wie folgt: «Seit je und bis in die Gegenwart befinden sich die Nestorianer in einer Situation, die Misstrauen erweckt. Einmal mehr, nämlich jetzt im Zusammenhang mit unserem Feldzug und den letzten Anläufen in Iran, haben sie

---

48 Tahsin an Talât, 3. Oktober 1914, BOA, DH. ŞFR. 443-11.

klargemacht, dass sie dazu neigen, grossartige Agenten und Instrumente ausländischer Aufwiegelung zu sein. Die Regierung vertraut ganz besonders den Nestorianern in unseren Gebieten entlang der Grenze zu Iran überhaupt nicht. Deshalb müssen sie, im Sinne einer angemessenen Strafe, ausgewiesen und in passendere Provinzen [in Westanatolien] wie Ankara und Konya umgesiedelt und zerstreut werden, wo ihnen dann ein Bleiben erlaubt sein wird. Die Bedingung dafür ist, dass sie fortan getrennt voneinander leben, zerstreut in verschiedenen muslimischen Dörfern, wobei sie in keinem mehr als zwanzig Häuser besitzen und für ihre Neuansiedlung keinerlei staatliche Hilfe in Anspruch nehmen dürfen. Sobald die zur Diskussion stehenden Provinzen informiert sind und der Massnahme zugestimmt haben, müssen die Nestorianer [die Provinz] Van verlassen.»[49]

Gemäss einem anderen Telegramm von Talât (versandt am 29. Oktober) konnte die Umsiedlung nicht vorgenommen werden, weil die Mittel für eine derartige Aktion fehlten. Diese erste geplante Umsiedlungsaktion zeigt dennoch und trotz ihres begrenzten Umfangs relevante Elemente eines künftigen umfassenderen Plans für die Ostprovinzen. Sie beweist die Verknüpfung des initialen Entscheids zu einem expansiven Krieg an der Ostfront mit Überlegungen zu einer Politik der Umsiedlung. Der Adressat des Telegramms war in diesem Fall nicht Tahsin, sondern Envers junger Schwager Cevdet, der frühere Vizewali von Van, der Mitte Oktober von Tahsin das Amt des Gouverneurs von Van übernommen hatte. Tahsins Tochter erlitt jedoch einen schweren Unfall, wodurch die Abreise nach Erzurum und der Antritt des neuen Amtes vertagt werden mussten, sodass vorläufig beide, Tahsin und Cevdet, in Van anwesend blieben.[50] Seit September hatte Cevdet «Banden von Freiwilligen [der SO] über die Grenze geführt, um mit den Persern einen Aufstand gegen Russland anzuzetteln» und christliche Dörfer zu zerstören. Er stachelte die Muslime dazu auf, «sich einem heiligen Krieg anzuschliessen», berichtete Clarence Ussher, ein amerikanischer Missionsarzt in Van, der Cevdet von dessen Kindheit an sehr gut kannte.[51]

Während Tahsins ungeplante Anwesenheit systematische armenierfeindliche Akte im Umkreis von Van und in Van selbst im Herbst 1914 zu verhindern vermochte, machten Şakir und die SO den Armeniern das Leben schwer, und das nicht nur mit Raids jenseits der Landesgrenze, sondern auch in der Provinz Erzurum. Gewaltübergriffe und die Erpressung von Geld und Gütern kamen immer häufiger vor, neben gegen Christen gerichteten Razzien, Vergewaltigungen und Plünderungen jenseits der Grenze. Eine Folge aus all diesen Ereignissen war, dass sich, wie schon erwähnt, die Gesellschaft entlang religiöser Grenzen immer mehr polarisierte, zumal auch lokale Muslime von der SO angeheuert wurden.[52] Der armenische Patriarch Zaven besuchte Talât am 7. November 1914. Er irritierte Talât damit, dass er ihm nicht ein-

---

49 Talaat to province of Van, BOA, DH. ŞFR 47-78, Faksimile und Transkription in Dündar, Modern Türkiye'nin Şifresi, 492 f.
50 Vgl. Kieser, Iskalanmış Barış, 517 f.; Hilmar Kaiser: «A Deportation that Did Not Occur», in: *Armenian Weekly*, 17./18. April 2008.
51 Clarence D. Ussher: *An American Physician in Turkey*, Boston: Houghton Mifflin, 1917, 226.
52 Für zeitgenössische Berichte von armenischen Prälaten aus Erzurum und den benachbarten Gebieten vgl. Der Yeghiayan, My Patriarchal Memoirs, 39–48. Vgl. Hilmar Kaiser: «‹A scene from the inferno›: The Armenians of Erzerum and the Genocide, 1915–1916», in: Kieser/Schaller, Völkermord,

fach nur viel Erfolg für den nunmehr offiziellen Krieg wünschte, sondern auch seine grosse Besorgnis über die Missetaten in Erzurum zum Ausdruck brachte, über die man ihm alarmierende Berichte hatte zukommen lassen. Noch legten Talât und die übrige CUP-Führung das Lippenbekenntnis ab, «dem armenischen Volk mit grösstem Wohlwollen zu begegnen».[53]

Die Situation verschlechterte sich zusätzlich, als das Osmanische Reich am 10. November Russland den Krieg erklärte und am 14. November den Dschihad ausrief. Gleichentags zog in Istanbul eine organisierte Menge von vier- bis fünftausend Männern unter lautem Fluchen, Rufen und mit Schmähungen auf das Christentum von der grossen Neuen Moschee (Yeni Cami) in den Stadtteil Pera, wo ein Mob «das Innere des [in armenischem Besitz stehenden Hotels] Tokatlian vollständig zerstörte» und anschliessend auch noch Geschäfte und weitere Besitztümer von Rûm und Armeniern verwüstete. Die Botschaften ausländischer Staaten wurden mit Ausnahme des russischen Konsulats verschont. «Für mich sahen sie nicht nur wie Wilde aus, sondern sie machten auch einen unbesiegbaren Eindruck», notierte ein junger, verängstigter armenischer Augenzeuge, der in die Ausschreitungen hineingeraten war.[54] Von nun an machte sich das Komitee organisierte Mobgewalt in den Städten und pogromistisch gesinnte Rädelsführer in den Provinzen ungehemmt zunutze. Und es unternahm gleichzeitig alles, um diese destruktiven Allianzen zu verschleiern.[55]

Ein Rundschreiben des Zentralkomitees vom 11. November 1914, das an alle CUP-Zweigstellen im Land ging, war offen panislamistisch und pantürkistisch: «Vergessen wir nicht, dass unsere Teilnahme am Weltkriege nicht allein darauf abzielt, uns gegen das uns drohende Verderben zu schützen, sondern dass wir ein noch viel näheres Ziel verfolgen: die Verwirklichung unseres nationalen Ideals. Das nationale Ideal unseres Volkes und unseres Landes treibt uns einerseits, den moskowitischen Feind zu vernichten, um dadurch eine natürliche Reichsgrenze zu erhalten, die in sich alle unsere [türkischstämmigen] Volksgenossen einschliesst und vereint. Andererseits treibt uns unser religiöses Empfinden, die mohammedanische Welt von der Herrschaft der Ungläubigen zu befreien [...].» *Tanin*, das publizistische Sprachrohr des CUP, verwendete in seiner Ausgabe vom 15. November eine analoge Rhetorik: «Wir ziehen für unsere Brüder des Glaubens und der Rasse in den Krieg.»[56] Es unterstrich, dass die Muslime über Jahrhunderte Unterdrückung durch christliche Mächte hätten erleiden müssen.

Bereits in einem Pamphlet der SO, das im September 1914 im Norden Irans zirkulierte, wurden die Muslime dazu angestachelt, den christlichen Feind «aus unserem Land» hinauszuwerfen.[57] Auf dem Kommandanten der Dritten Armee in Erzurum,

---

129–186, 130; David Gaunt: «The Ottoman Treatment of the Assyrians», in: Suny/Göçek/Naimark, A Question of Genocide, 244–259, hier 249; Kévorkian, Armenian Genocide, 217–223.

53 Der Yeghiayan, My Patriarchal Memoirs, 50 f.
54 Shiragian, Legacy, 2 f.
55 Morgenthau, Tagebuch, 129 f., 14. November 1914.
56 Rundschreiben, 11. November *1914*, zitiert in Tekin Alp, Türkismus und Pantürkismus, 53; *Tanin*, *15. November 1914*, ausführlich zitiert in Emmanuilidis, Osmanlı İmparatorluğu'nun son yılları, 113–116.
57 Pamphlet zitiert in Kévorkian, Armenian Genocide, 225.

Abb. 16: Scheichülislam Hayri Efendi (Mitte) während Kriegszeremonien Mitte November 1914; die von hinten zu sehende Person ganz links im Bild ist (vermutlich) Mehmed Talât. Das Foto wurde beim Ihlamur Kasrı (Ihlamur-Pavillon) in Beşiktaş aufgenommen. Dank an Mustafa Aksakal für seine Hilfe bei der Identifikation der Szene auf dem Bild (Foto: Alfred Nossig: *Die neue Türkei und ihre Führer*, Halle: Otto Hendel, 1916).

Hasan İzzet Pascha, lastete die überrissene Erwartung, so rasch wie nur möglich mit der Eroberung des südlichen Kaukasus zu beginnen. Doch er war ein weitsichtiger Soldat, und deshalb fügte er sich diesem Ansinnen nicht. In Telegrammen, die an Talât und Enver gerichtet waren, warfen nun Şakir, Tahsin und andere von Gökalp inspirierte «Idealisten» dem hohen Militär Zögerlichkeit vor. Enver entsandte den ambitionierten und ungeduldigen Oberst Hafız Hakkı, einen Intimus aus dem Komitee, um über die Situation vor Ort Bericht zu erstatten. Enver selber verliess die Hauptstadt am 6. Dezember, um den grossen Angriff an der Ostfront anzuführen.[58] Es meldeten sich massenhaft enthusiastische junge Offiziere, alle in der Hoffnung, bei diesem ideologisch aufgeladenen Feldzug eine Rolle spielen zu dürfen. Einer von ihnen war Rahmi Apak, Mitglied eines Expeditionskorps an vorderster Front. «Wir gingen nach Turan. Wir sollten ins iranische Aserbaidschan eindringen, um die Azeri-Türken mit Waffen auszurüsten, dann weiter nach Turkestan [das weite Gebiet östlich des Kaspischen Meers] vorstossen, um die dortigen Türken zu bewaffnen. So wollten wir unseren Beitrag leisten zur grossen gemeinsamen Sache – Turan.»[59]

---

58 Sâbis, Harb hatıralarım, Bd. 2, 98 f., 120. Sâbis zitiert eine beachtliche Menge Archivmaterial. Eintrag vom 21./22. November 1914 in Hafız Hakkıs Tagebuch, Hafız Hakkı'nın Sarıkamış günlüğü, 75–77.
59 Apak, Yetmişlik bir subayın hatıraları, 95.

In einem Brief vom 18. Dezember 1914 an seine Familie in Istanbul schrieb Bahaeddin Şakir: «Mit Gottes Hilfe werden wir schon bald über den Kaukasus hinaus vorrücken. [...] Betet Tag und Nacht zum gerechten Gott. Der Krieg wird erst dann ein Ende finden, wenn wir den gesamten Kaukasus eingenommen haben.»[60] Hier wird erkennbar, mit welchem Eifer und Ernst diese Männer alle dem schwindelerregenden Projekt Turan nachjagten.[61] Spätere Generationen und Geschichtsdarstellungen neigten aus unterschiedlichen Gründen dazu, das chimärische Projekt Turan, dem 1915 unmittelbar der Genozid folgte, herunterzuspielen oder es ganz zu verleugnen. In der Türkei war es nie möglich, zur damaligen tödlichen Dysfunktionalität in der eigenen Nationalgeschichte zu stehen oder gar offen Scham zu bekunden, während die westliche Diplomatie und die institutionalisierte Regionalwissenschaft seit dem Vertrag von Lausanne (1923) bis Ende des 20. Jahrhunderts das Thema ausser Acht liessen.

Im Osten verstanden örtliche Verantwortliche und Anführer der SO die Weisungen des Zentralkomitees vom 11. November 1914 durchaus so, wie sie gemeint waren, wenn sie nach religiösen Kriterien eine Grenzlinie zwischen Freund und Feind zogen, ohne dabei noch zwischen Osmanen und Nichtosmanen, Kämpfenden und Zivilisten zu unterscheiden. Viele gehorchten einem vulgären Verständnis der Scharia, wie schon bei den hamidischen Massakern. Somit waren Hab und Gut von Christen sowie Frauen und Kinder rechtmässige Beute, das Töten von Männern und Knaben eine gute Tat für Religion und Vaterland. Noch vor Ende 1914 wurden viele, mehrheitlich Dorfbewohner, während des Vorrückens der SO nach Ardanush und Olti westlich von Ardahan massakriert. Eine grosse Zahl von Mädchen und Frauen wurden entführt.[62]

So führte der Krieg an der Ostfront im Herbst 1914 sehr rasch zu grossflächiger Brutalisierung. Er war von Anfang an schlecht durchdacht. Es fehlte an Führungspersonen, die für Disziplin sorgten. Denn man setzte von Anfang an auf die SO mit ihren irregulären Kämpfern, darunter aus der Haft entlassene Kriminelle und Stammesangehörige. Die dschihadistische Propaganda stellte Kriegsbeute und christliche Mädchen in Aussicht. Armenische und assyrische Milizen, die teilweise bei den Russen um Hilfe nachsuchten und diese erhielten, waren zwar im Grossen und Ganzen defensiv ausgerichtet, aber sie zahlten dem Feind, wo immer sie konnten, mit gleicher

---

60 Cemil, I. Dünya Savaşı'nda Teşkilât-ı Mahsusa, 139.
61 Einige wenige verdienstvolle, gründliche Studien der jüngeren Zeit legen den Fokus auf Sicherheitsfragen, übersehen aber weitgehend den realen Einfluss von Ideologie und Glaube, namentlich von Ziya Gökalps damals boomender «politischer Religion» eines islamischen Pantürkismus. Zwar halten sie zu Recht einen ganzen Komplex von sicherheitsrelevanten Mechanismen von «Realpolitik» für wichtig, nehmen aber voreingenommen den imperialen Staat und seine Sicherheitsbedürfnisse als gegeben an, ohne diesen zum Einparteiregime gewordenen Staat kritisch zu analysieren. Die charakteristische Situation in jenem Herbst 1914 übersieht, wer nicht grundlegende Fragen klärt wie: Sicherheit für wen (welche Gruppe von Bürgern) und mit welchen Mitteln? Zugunsten von welcher Art von neuer Ordnung? Auf welchen Prinzipien, welchem veränderten Gesellschaftsvertrag beruhend? Durch welche Ideologie befeuert? Siehe beispielsweise Erickson, Ottomans and Armenians; Arslan Ozan: *Les faits et les buts de guerre ottomans sur le front caucasien pendant la Première Guerre mondiale*, Dissertation, Montpellier: Université Paul Valéry, 2011.
62 Kévorkian, Armenian Genocide, 220–226; Johannes Lepsius: *Der Todesgang des armenischen Volkes. Bericht über das Schicksal des armenischen Volkes in der Türkei während des Weltkrieges*, Potsdam: Missionshandlung, 1919, 77; Candan Badem: «The War at the Caucasus Front: A Matrix for Genocide», in: Kieser/Anderson/Bayraktar/Schmutz, End of the Ottomans, 47–66.

Münze heim. Auf der anderen Seite der Ostfront, die eher Gemeinschaften als Territorien trennte, hatten die armenischen und assyrischen Milizen ihrerseits den Hass auf die Muslime tief verinnerlicht. Wollten sie überleben, mussten die Christen auf der westlichen, also osmanischen Seite der Ostfront sich, soweit überhaupt noch möglich, für einen eigenständigen Weg entscheiden. Denn ihr eigener Staat betrachtete sie ganz offensichtlich bereits weitestgehend nicht mehr als Bürger, für die er den Auftrag gehabt hätte, Leben, Eigentum und Menschenwürde elementar zu schützen. Im Unterschied dazu blieb die proorthodoxe Voreingenommenheit im zaristischen Russland grundsätzlich durch Gesetze gezügelt, die auch noch während des Weltkriegs Rechte der Muslime schützten.

Ende 1914 war Talât beunruhigt über die Entwicklungen, die sich in Van abzeichneten, wo Armenier damit begonnen hatten, auf staatlich ausgeübten Zwang und Gewalt mit grenzüberschreitender Aufrüstung zu reagieren. Mit Cevdets Amtsantritt als Gouverneur und mit dem offiziellen Kriegsbeginn begann sich die Situation zu verschlechtern. Im vollen Bewusstsein um Cevdets aggressive Gestimmtheit und die Geschehnisse in Erzurum und die SO-Razzien jenseits der Grenze vor Augen, entschieden sich Vans führende Armenier zur Selbstverteidigung. Ende 1914 herrschten, anders als wenige Monate zuvor, nun auch in dieser Provinz Misstrauen, Spannungen und Gewalt. Der Einmarsch der Russen im November, dann der Rückzug, gefolgt von willkürlichen Vergeltungsmassnahmen gegen die Armenier, die wiederum von armenischer Seite mit aggressiven Aktionen beantwortet wurden – das alles trug zu einer äusserst angespannten Situation bei.[63]

In einem geheimen und dringlichen Telegramm vom 30. Dezember 1914 kritisierte Talât Cevdets Stellvertreter Şefik und erteilte Cevdet den Befehl, «mittels unverzüglicher und drastischer Massnahmen die Ehre der Regierung sicherzustellen», um so «diese militante [armenische] Bewegung in ihren Anfängen zu ersticken und auszulöschen, solange das noch möglich ist, bevor sie sich in andere Provinzen und Distrikte ausbreitet».[64] Im frühen Frühjahr 1915 wurde Rafael de Nogales, ein Offizier in osmanischen Diensten und ab 22. April 1915 Kommandant der osmanischen Streitkräfte in Van, auf seiner Reisen nach Van Zeuge von systematischen Massakern an Armeniern, ausgeführt von Leuten der SO zusammen mit Kurden. Einer der Haupttäter, die den Kurs in der Region vorgaben, war der notorische Auftragsmörder Çerkez Ahmed. Der Staat hatte ganz offensichtlich Banden von erfahrenen Schlächtern angeheuert, deren Effizienz rückblickend mit übelsten Banden des «Islamischen Staates» (IS) im 21. Jahrhundert zu vergleichen ist. Einer dieser Bandenführer, den Nogales sich wegen seines kriminellen Verhaltens vorknöpfte, verwies zu seiner Rechtfertigung auf einen schriftlich vorliegenden Befehl von Gouverneur und SO-Führer Cevdet. Der Kampf um Van wurde zu einem von Talâts Hauptargumenten, um reichsweit seine antiarmenische Politik in Gang zu setzen und zu rechtfertigen (siehe Kapitel 31 f.). Daher ist die obige Darlegung des Hintergrunds und der Vorgeschichte dieses Ereignisses, das am 20. April 1915 ausgelöst wurde, wichtig.[65]

---

63 Vgl. Erickson, Ottomans and Armenians, 153 f.
64 Talât an Cevdet, 30. Dezember 1914, BOA, DH. ŞFR 48-220 (1).
65 Nogales, Vier Jahre unter dem Halbmond, 44–55; Kieser, Der verpasste Friede, 450.

Eine abschliessende Bemerkung zur politischen Sprache in den osmanischen Quellen, die in diesem und dem vorangehenden Abschnitt analysiert werden: In Übereinstimmung mit politischen Diskursen in Europa während des Ersten Weltkriegs verwenden die meisten Quellentexte pauschale und exklusive Begriffe der Zugehörigkeit, allerdings treten religiöse Bezüge viel stärker in den Vordergrund. Es handelt sich dabei um die Begriffe Islam, Türkentum (Türklük), Armeniertum (Ermenilik), Christentum (Hıristiyanlık) und Osmanentum (Osmanlılık, nunmehr reduziert auf türkisch-muslimische Reichszugehörigkeit im Sinne von Gökalps islamischem Türkismus). Unabhängig von den Ländergrenzen und der verfassungsmässigen Definition osmanischer Staatsangehörigkeit bezeichneten fortan diese Begrifflichkeiten die entscheidende Grenze zwischen «wir» und «die andern». Gegen diese «anderen» wurde im Innern und nach aussen Krieg geführt. Analoges galt im Sinne einer Reaktion, vorerst nur im östlichen Kriegsgebiet, für das Vokabular der Zugehörigkeit unter Christen, die sich Ende 1914 zunehmend durch Ausrottung bedroht sahen. Die Sprache spiegelte, wie sehr die Kriegspolitik der Falken des Komitees eine bereits problembeladene Region ab August 1914 vom Schwarzen Meer bis zum Urmiasee brutal polarisierte. Gökalp war der politische Prophet, Talât, Enver und Şakir die führenden Treiber des ideologisch aufgeladenen Kriegs im Osten.

30 Ja zu Krieg und Machtkonzentration: Talâts diktatorische Herrschaft

Louis Rambert traute den wiederholten offiziellen Neutralitätserklärungen aus der osmanischen Hauptstadt nicht: «Weshalb dann das ganze Land durch militärische Vorbereitungen und eine exzessive Mobilisierung in den Ruin treiben?», notierte er in seinem Tagebuch. In Istanbul kam es Tag und Nacht zu ungewöhnlichen Aktivitäten der Armee und zu lärmigen Übungen der Marine, was für Rambert Anfang Oktober 1914 entscheidende Militäraktionen ankündigte.[66]

Der politische Wiederaufstieg von Talât und seiner Partei nach schwerer Krise hatte zu Beginn des Herbsts 1912 mit der Bejahung von Krieg, der Identifikation mit sozialdarwinistischer Kriegslogik und entsprechender lautstarker Kriegstreiberei begonnen. Verallgemeinernd kann gesagt werden, dass er damals begann, sich selber als kompromisslosen Falken politisch neu aufzubauen und das Komitee als organisierte Kraft zu verstehen, deren Aufgabe darin bestand, im Namen der muslimischen Türken gegen entsprechend definierte innere und äussere Feinde zu kämpfen. Charme, Verhandlungsgeschick und seine fast legendäre Geselligkeit standen von nun an im Dienst einer Falkenpolitik. Spätestens 1912 hatte sich Talât von einem ergebnisoffenen, auf Konsenslösungen abzielenden Verhandlungsstil auf der Basis der Verfassung von 1908 verabschiedet, was innere Konflikte betraf. Spätestens seit der Rückeroberung von Edirne wusste er, wie er zum Erfolg kommen würde: durch die Bildung von

---

66 Rambert, Tagebuch, Bd. 49, 12. Oktober 1914.

Ad-hoc-Insidergruppen, mit denen sich jeweils das Kabinett wie auch das Komitee nach eigenen Vorstellungen manipulieren liess. Die Julikrise 1914 und das Bündnis mit Deutschland eröffneten neue internationale Spielräume, in denen Talât eine neue Breite an Handlungsmöglichkeiten erlangte und seine Macht weiter ausbauen konnte, auch wenn er nun unter dem Erwartungsdruck vonseiten Deutschlands stand.

Trotz Cavids mahnenden Rats und Said Halims Widerstand und obwohl er in seinen Memoiren standhaft das Gegenteil beteuert, unterstützte Talât den offiziellen Kriegseintritt nicht weniger engagiert als Enver, vielleicht nur etwas diskreter.[67] Talât kannte die Taktiken des Manövrierens; er wusste, wie man Verhältnisse entsprechend den eigenen Zielen steuern und Personen und Umstände gegeneinander ausspielen konnte. Diese Begabung fehlte Enver – ein vergleichsweise leicht zu durchschauender osmanischer Patriot, Militarist und Parteigänger Deutschlands. Enver verstand es nicht, so Cavids Einschätzung, ohne Absprache mit oder Anregung von Talât politisch irgendetwas zu unternehmen. So war das zweifellos auch bei seinem Bluff am 5. August 1914 gegenüber dem russischen Militärattaché gewesen, dem er osmanische Bereitschaft für ein Bündnis mit Russland vortäuschte (siehe Kapitel 27). Zur für Talâts Wirken seit Juli 1914 ausschlaggebenden Insidergruppe gehörten Enver und Halil. Diese Dreiergruppe – man kann mit Wangenheim von der «Aktionspartei» sprechen – traf sich am Abend des 10. Oktober 1914, um die aktive Beteiligung am Krieg voranzutreiben, wie das von Deutschland seit August verlangt wurde. Es gelang ihnen, auch Cemal von diesem Vorgehen zu überzeugen, obwohl dieser anfänglich Zweifel hatte. Am 11. Oktober trafen sie Wangenheim und konnten sich auf einen Angriff der Seestreitkräfte gegen Russland einigen, wie es die Deutschen schon Anfang September vorgeschlagen hatten. Als Gegenleistung sollten die Türken einen sofortigen Kredit in der Höhe von 2 Millionen türkischen Pfund erhalten. Deutschland stellte zusätzlich eine Anleihe von weiteren 5 Millionen Pfund für 1915 in Aussicht.[68]

Entgegen ihren öffentlichen Beteuerungen, die sie im Nachhinein abgaben, aber ganz so wie Cavid es damals aus der Nähe wahrnahm, befürworteten somit die aktivistischen Insider den Angriff gegen Russland im Schwarzen Meer. Dieser Schritt versetzte Ende Oktober 1914 die gesamte osmanische Welt in den Zustand aktiver Kriegsteilnahme. In Istanbul breitete sich sofort Freude über die Propagandanachricht von der siegreichen Abwehr eines angeblichen russischen Angriffs aus. Andere wiederum empfanden, dass sich sogleich eine bedrohliche, «geheimnisvolle Unruhe» auf die Hauptstadt legte. Angehörige von feindlichen Staaten mussten das Land noch im November verlassen. Aber auch etliche Osmanen entschieden sich zu diesem Schritt.[69] Schon in der zweiten Oktoberhälfte hatten Hektik und Ungewissheit geherrscht, wie die diplomatische Korrespondenz der Deutschen, aber auch Cavids Tagebuch und weitere Memoiren belegen. Von einem nüchternen militärischen Standpunkt aus betrachtet wäre Frühjahr 1915 für die osmanische Armee der frühestmögliche Zeitpunkt

---

67 Talat Paşa, Hatıralarım ve müdafaam, 37.
68 Wangenheim an das Auswärtige Amt, 10. Oktober 1914, PA-AA, R 22403, Nr. 702; 11. Oktober 1914, PA-AA, R 1914, Nr. 1022; Cavid, Tagebuch, Bd. 2, 668, 12. Oktober 1914.
69 Cavid, Tagebuch, Bd. 2, 671–678, 29.–31. Oktober 1914; Rambert, Tagebuch, Bd. 49, 15. November. Vgl. Aksakal, Ottoman Road to War, 153–182.

zum Kriegseintritt gewesen. Offenbar waren selbst innerhalb der Aktivistenpartei neue Zweifel aufgetaucht, nachdem Italien die Türkei am 23. Oktober davor gewarnt hatte, ihre Neutralität aufzugeben.

Talât war sowohl Abbild als auch Anführer seiner Freunde. Aber wenn es Zweifel gab, übernahm er die Führung und entschied sich in aller Regel für die gewagtere Option. Er wusste, dass Berlin und die deutsche militärische Mission unter Liman von Sanders nicht mehr länger an der Nase herumgeführt werden konnten. Er musste auch befürchten, dass der Schwung des Kriegs mit seinen grossartigen Erwartungen samt den finanziellen Vorteilen verloren ging, falls die Türkei ihre Freundschaft mit Deutschland verwirken würde oder der Krieg bis Weihnachten 1914 zu Ende ginge, was viele erwarteten. Seit August hatte sich Talât darauf verlassen, die transformative Kraft des europäischen Kriegs in den Kaukasus und den Mittleren Osten zu tragen. Es stimmt nicht, dass die Entscheidungsträger «einfach versuchten, so lange, wie sie konnten, einen neutralen Weg zu verfolgen», und dass nur Enver den Krieg wollte. Churchill musste ehrlich eingestehen, dass er wie die meisten Vertreter der Entente im August 1914 fälschlicherweise geglaubt hatte, «die Türkei verfolge gar keine eigene Politik und es daher [für die Entente] immer noch möglich war, sie [als Bündnispartnerin] zu gewinnen oder zu verlieren».[70]

In folgenden drei Punkten blieb sich Talât treu: Er vertrat seit 1912 eine kriegswillige türkistisch-nationalistischen Politik, für die Krieg immer aus einer Front nach innen und nach aussen bestand; er hielt sich an die gegenüber Deutschland eingegangen Verpflichtung zu aktiver Weltkriegsbeteiligung; und er war der Kriegsführung im Osten besonders stark verpflichtet. Vor diesem Hintergrund stand er ganz hinter Envers Plan für die russlandfeindliche Provokation im Schwarzen Meer, obwohl diese nicht vom ganzen Kabinett unterstützt wurde. In einer vollmundig abgefassten Mitteilung an die deutsche Oberste Heeresleitung hatte Enver dieser am 22. Oktober 1914 zugesichert, dass der osmanische Krieg gegen die Entente an mehreren Fronten geführt werde, möglicherweise auch gegen Serbien und Griechenland. Am gleichen Tag sandte er einen Befehl an Admiral Souchon, den deutschen Kommandeur der osmanischen Seestreitkräfte, und forderte ihn darin auf, die russische Marine anzugreifen, sobald er sich im Schwarzen Meer befinde und dort die Gelegenheit finde (oder eine solche herbeiführen könne), von den Waffen Gebrauch zu machen.[71]

Diese Botschaften waren Ankündigungen eines totalen Kriegs durch einen jungen, etwas grössenwahnsinnigen Kriegsminister und Oberkommandeur, der ehrgeizig eigene Pläne und Interessen verfolgte und im Übrigen meinte, den Vergleich mit Napoleon nicht scheuen zu müssen. Aber es war mehr im Spiel. Vom Bündnispartner unter Druck gesetzt, wollte er unbedingt auch die Anerkennung der militärischen Re-

---

70 Winston Churchill: *The World Crisis, 1911–1918*, zitiert in Dockter, Churchill, 70. Es handelt sich um ein hartnäckiges, fundamentales Missverständnis, wenn ein zum Türkeihistoriker gewordener US-Offizier noch in einer neuen Studie die Meinung vertritt, die Türkei habe keine «Kriegsziele [gehabt], die sich mit Zielen der nationalen Politik gedeckt» hätten. Indes zu sagen, die türkischen Kriegsziele seien nicht «fein ausgearbeitet» gewesen, ist eine echte Untertreibung: Erickson, Ottomans and Armenians, 137.
71 Wiedergegeben in Mühlmann, Deutschland und die Türkei, 101 f.

präsentanten der führenden Grossmacht Kontinentaleuropas gewinnen. Daher müssen bei der Beurteilung der osmanischen Weltkriegsstrategie psychologische Aspekte und eine besondere Verantwortung Deutschlands berücksichtigt werden, ohne dass sich deswegen die Schuld und Verantwortung der osmanischen Akteure für das, was 1915 folgte, abwälzen liesse.

Ende Oktober 1914 verfolgte Talât die Entwicklungen rund um die Marine Tag und Nacht, indem er immer wieder den telefonischen Kontakt mit dem Generalstab suchte, dem auch Oberst İhsan Sâbis angehörte. Am 27. Oktober passierten die Schiffe der osmanischen Marine den Bosporus. «Um Mitternacht rief mich Talât Bey zu Hause an, um zu fragen, ob es Neuigkeiten von der Marine gebe.»[72] Talât konnte die von Sâbis so dringend erwartete Nachricht noch bis zum Morgen des 29. Oktobers nicht empfangen. Als er sie dann an diesem gleichen Tag doch noch erhielt, gab er gegenüber dem amerikanischen Botschafter Henry Morgenthau offen zu, «dass sie sich dazu entschlossen hätten, gemeinsame Sache mit den Deutschen zu machen und mit ihnen zusammen zu schwimmen oder unterzugehen». Gegenüber einem Kollegen im Parlament machte Talât einen ironischen Witz mit den Worten: «Dies war ein unglücklicher Zwischenfall [im Schwarzen Meer], [...] aber es war gut so.» Deutschland und die Türkei sowie Talât und Wangenheim waren sich jetzt noch stärker verbunden. Für Morgenthau war der 29. Oktober 1914 das Datum, an dem die Deutschen «erfolgreich waren und Wangenheim sich durchsetzen konnte. Er hat in Ägypten Unruhe gestiftet und kontrolliert jetzt das Schwarze Meer.»[73] Talât, Enver und Wangenheim waren fortan die starken Figuren in Istanbul – wobei das für Wangenheim nur für kurze Zeit zutraf und Enver seinerseits sich zu keinem Zeitpunkt mit Talât auf Augenhöhe messen oder ihn in dessen Hauptrolle ersetzen konnte.

Wie er es angekündigt hatte, reichte Cavid nach dem osmanischen Angriff auf Russland seinen Rücktritt aus dem Kabinett ein.[74] Der Grosswesir war «dumpfen Geistes», Enver «völlig unbedarft in politischen Dingen und von kindlichem Geist», und Talât «ging von der Vorstellung aus, dass mit Unverfrorenheit alles geregelt werden könne». Die Herrschaft dieser Männer «hat das Land ins Unglück gestürzt», notierte sich Cavid am 30. Oktober 1914, der in seinem Tagebuch nunmehr scharfe Kritik an Talât und insbesondere an Enver äusserte. Er sah Talât ins Gesicht und wusste sofort, dass ihn sein Komiteebruder anlog, als er von einem Angriff der Russen sprach. Aber in unverbrüchlicher Loyalität und fast blindem Glauben fuhr Cavid trotz allem damit fort, Talât auch weiterhin zu Diensten zu stehen. Er tat dies aus einem, wie er glaubte, osmanisch-patriotischen Pflichtgefühl heraus. Sein Tagebuch deckt die schizophrene Situation auf, in der er sich befand. Nur durchs Schreiben konnte er sich eine gewisse Distanz verschaffen. Für ihn bedeutete es zum einen eine Übung in mentaler Unabhängigkeit, zum andern aber diente es als Gedächtnisstütze für die täglichen Geschäfte. Mit seinen privaten Notizen zum Zeitgeschehen unterhielt er

---

72 Sâbis, Harb hatıralarım, Bd. 2, 44–50; Wangenheim an Auswärtiges Amt, 24. Oktober 1914, PA-AA, R 1914, Nr. 1094.
73 Morgenthau, Tagebuch, 115, 29. Oktober 1914; Emmanuilidis, Osmanlı İmparatorluğu'nun son yılları, 105.
74 Cavid, Tagebuch, Bd. 2, 675, 30. Oktober 1914.

eine sehr persönliche «arrière-boutique» seines Denkens, wie Michel de Montaigne diese Methode in seinen berühmten *Essays* aus dem 16. Jahrhundert bezeichnet hatte.

Cavid empörte sich über eine Haltung, die dem Motto «Alles oder nichts», Sieg oder Untergang folgte und unter den Mitgliedern des Zentralkomitees weitverbreitet war. Dagegen lehnte er sich auf. Er vertrat die Überzeugung, dass niemand das Recht habe, von anderen zu verlangen, sich an einem kollektiven Suizid zu beteiligen. Talât war «der führende Kriegspartisan», und «für ihn und seine Anhänger war dieser Krieg ein *tout ou rien*», heisst es auch im Tagebucheintrag zum 3. November 1914 von Krikor Zohrab, dem armenischen Freund von Cavid. Spät am Abend des 3. Novembers 1914 unterhielten sich die beiden über das, was sie als auf Deutschland ausgerichtete fatale «Kriegspsychologie von Talât und seinen Anhängern» empfanden.[75] In den Augen dieser hellen Köpfe waren es zwei üble Strömungen, eine osmanische und eine deutsche, die sich hier Ende Oktober 1914 vereinten, um einen unseligen Krieg zu befeuern. Ihrer Meinung nach hätte Talât die Möglichkeit gehabt, seinen überragenden Einfluss geltend zu machen, um das Kabinett und das Komitee aus dem Krieg herauszuhalten. Stattdessen tat er genau das Gegenteil: Sein politisches Denken gehorchte einer Logik und Psychologie des Kriegs. Er war vom Türkismus seines Komiteefreundes Gökalp inspiriert und machte gemeinsame Sache mit den – aus Cavids Sicht – sektiererischen und fanatischen grauen Eminenzen Nâzım und Şakir. Als Führer der SO engagierten diese sich besonders stark für den Kampf an der Kaukasusfront.

Als letzter von mehreren politischen Brüdern im Zentralkomitee versuchte Nâzım im persönlichen Gespräch Cavid davon zu überzeugen, seinen Schritt nochmals zu überdenken und nicht aus dem Kabinett zurückzutreten. Cavids Tagebuch berichtet über die damaligen Äusserungen von Nâzım: «Wenn das Zentralkomitee mich [Cavid] für einen politischen Posten ernennt, ich diesen aber ablehne, [...] dann wäre das, wie wenn von diesem Moment an jedem beliebigen jungen Mann ein Revolver in die Hand gedrückt werden könnte, um Cavid Bey zu ermorden, denn ich würde ja in den Augen des Vaterlandes als gefallener Mann gelten, da meine Macht [allein] von der Partei kam. [...] alle Leute würden mich nun einen ‹verräterischen Juden› schimpfen (in gewisser Weise rechtfertigte er [Nâzım] sie damit). [...] es gab im ganzen Land keinen Platz mehr für mich.» Als Cavid dezidiert erwiderte, dass er nicht gegen sein Gewissen handeln werde, aber bereit sei, dem Land weiterhin zu dienen, antwortete Nâzım «mit dem abgeschmackten Spruch: ‹In diesem Krieg werden wir entweder umkommen oder siegen.›» Cavid kommentierte das nur noch mit wenigen Worten: «Jämmerlicher Geist, unseliges Land.»

In den Wochen nach diesem unerfreulichen Gespräch diffamierte Nâzım, der selber eine Herkunft als Dönme hatte, den Dönme Cavid überall als einen verräterischen Juden. Um ihn der Lächerlichkeit preiszugeben, nannte er ihn jetzt «David» und ging sogar so weit, damit zu drohen, aufgrund von Cavids Rücktritt alle Dönme aus dem Land zu verjagen. Das führte nun zu einem eigentlichen Bruch innerhalb des Komitees. Fortan waren die Tagebucheinträge von Cavid durchzogen von einem tiefen Misstrauen gegenüber Nâzım. Sowohl Talât als auch Cemal bedauerten die

---

75 Zohrab, Gesammelte Werke, Bd. 4, 401 f.; Cavid, Tagebuch, Bd. 2, 684, 3. November 1914.

Amtsniederlegung von Cavid sehr. Dieser aber war intelligent genug, das Märchen vom Angriff der Russen, Talâts zahlreiche Lügen und Envers naive Unbedarftheit zu entlarven. Doch Talât stimmte weitgehend mit der politischen Orientierung Nâzıms überein, auch wenn seine komiteeinterne Machtpolitik auf Ausgleich setzte.[76] Cavid hatte für Nâzım nur Verachtung übrig, denn für ihn war er ein Heuchler und eine fanatische Bestie. Wenn immer möglich mied er Begegnungen mit ihm. Doch, wie schon erwähnt, blieb Cavid in seiner selbst gewählten geistigen Gefangenschaft im Komitee weiterhin den «patriotischen Pflichten» treu ergeben, obwohl es ihm ein Leichtes gewesen wäre, sich zum Beispiel in ein anderes Land abzusetzen. Denn er reiste häufig in europäische Länder.

Ab November 1914 verfügte Talât über Machtfülle in der Hauptstadt. Ein vergiftetes politisches Milieu und der Kontext des Kriegs erlaubten es ihm, in maximaler Gestaltungsfreiheit Interaktionen, Informationen und Entscheidungsprozesse so zu beeinflussen, wie er dachte, es sei zum optimalen Wohl der türkischen Zukunft und seiner eigenen Stellung. Daher wurde Talât «trotz seiner Intelligenz» zu einem «Instrument des Bösen» (Cavid).[77] Sein ganzes Verhalten im Oktober 1914 und weitere gegen Cavid gerichtete Schritte des Misstrauens im November beweisen, dass er ohne Hemmungen Lügen auftischte und Vertrauen zerstören konnte. Nach einem Gespräch mit dem französischen Diplomaten Louis Steeg, der sich anschickte, Istanbul zu verlassen, schrieb Cavid: «Wenn ich die Vorstellungen und die Gesinnung der Regierung sehe, dann kann ich kein Vertrauen zu ihr haben […], weil es in Talâts Verständnis überhaupt keine illegitimen Handlungen gibt, wenn es darum geht, Probleme zu lösen.»[78]

Der Kreis um Talât hatte den Plan, französische und britische Bürger als menschliche Schutzschilder gegen Angriffe der feindlichen Marine einzusetzen. «Talât sagte mir nochmals, ich solle versuchen, die Zusicherung zu erlangen, dass die unbefestigten Meereshäfen nicht bombardiert würden, denn andernfalls würden sie das Weggehen der Franzosen und Engländer verbieten.» Morgenthau hielt am 11. November fest: «Als ich Talât sagte, dass die Amerikaner sie [die Türken] für zu anständig hielten, als dass sie die Drohung der Brandschatzungen und der Massaker wahrmachen würden, sagte er, ‹Was sollen wir tun, um zu beweisen, dass wir es ernst meinen?› Und ich sah, dass er wirklich meinte, was er sagte.»[79] Talât identifizierte sich ebenso mit radikalen Aktionen, wie er sich mit dem Dschihad identifizierte. Und der Dschihad war das ultimative Machtinstrument, über das ein muslimischer Staat verfügte. Wahhabitische Gelehrte hielten es allerdings für einen Bittruf von türkischen Ungläubigen, als Talât am 20. November 1914 telegrafisch einen saudischen Führer zur Beteiligung am osmanischen Dschihad einlud.[80]

Ab November 1914 führte Talât das Reich inmitten eines totalen Kriegs, was mehr als je zuvor Hand in Hand ging mit Ungesetzlichkeiten, Erpressung, Korruption

---

76 Cavid, Tagebuch, Bd. 2, 682–684, 3. November 1914; 687, 5. November 1914. Vgl. Bd. 3, 21, 30. November 1914; 22, 1. Dezember 1914; 141 f., 22. September 1915.
77 Ebd., Bd. 2, 673, 29. Oktober 1914; 689, 9. November 1914; 692, 13. November 1914.
78 Ebd., Bd. 3, 15, 23. November 1914; vgl. Bd. 3, 15–23, bis 24. Dezember 1914.
79 Morgenthau, Tagebuch, 127, 11. November 1915.
80 Hinweise auf das Telegramm und die Antwort darauf in M. Şükrü Hanioğlu: «Ottoman Jihad or Jihads», in: Zürcher, Jihad and Islam, 126–128.

und Chaos. In diesem Umfeld musste er sich bewähren und entfalten, und genau das tat er auch. Drohungen, billige Versprechen, unzuverlässiges Verhalten in finanziellen Angelegenheiten und ein ständiges argwöhnisches Feilschen mit Deutschland widerspiegelten einerseits prinzipienlose Hasardeure, andererseits die politischen Realitäten in der verheerten Welt nach der Entfesselung des allgemeinen Kriegs. Der bestimmende Politiker in Istanbul hielt Europa ein verzerrendes Spiegelbild vor, das schlimmste, aber eben doch reale Aspekte des zeitgenössischen Europa, nicht nur der Türkei, wie in der Vergrösserung unter einer Lupe aufzeigte. Unbeeindruckt von Gesetzen und ethischen Grundsätzen und stets mit dem Argument auf den Lippen, er habe in einer Vielzahl von Fällen gesehen, wie die europäischen Mächte Richtlinien selber gebrochen hätten, begann er die gnadenlosen Waffen eines vergleichsweise schwachen Akteurs einzusetzen, der ebenfalls imperial regieren wollte: Erpressung und Gewalt gegen Schwächere, die nicht zurückschlagen konnten. Talât war nicht nur ein Abbild der Kräfte im Komitee, sondern auch des gesamten zeitgenössischen Europa, dessen bevorstehende Geschichte von Verheerung und Zerfall des öffentlichen Vertrauens über die nächsten drei Jahrzehnte hinweg sein politischer Stil ankündigte.

Im Kabinett, aus dem alle Gegner der Kriegspolitik bereits ausgetreten waren, führte Talât nun mit Ad-hoc-Entscheidungen. Er war abhängig von einer aufreibenden Allianz mit Deutschland und stützte sich auf ein Komitee, in dem er zusammen mit radikalen Revolutionären von rechts wie Şakir, Nâzım, Kara Kemal und Gökalp das Sagen hatte. Vergleichsweise moderate ältere Politiker, die immer noch der Regierung angehörten – Grosswesir Said Halim und Scheichülislam Hayri – wurden marginalisiert und kamen mit der Situation kaum mehr zurecht. Cemal Pascha, immer noch Marineminister, wurde zum Regenten von Grosssyrien (inklusive Libanon und Palästina) ernannt und mit der Aufgabe betraut, das von den Briten annektierte Ägypten zurückzuerobern. Dieses überehrgeizige Projekt war einmal mehr ein sowohl deutsches als auch osmanisches Vorhaben, das die Geister in der Hauptstadt ebenfalls, fast wie Turan, elektrisierte. Tatsächlich bildete «in jenen Tagen» im Spätsommer und Herbst 1914 «die Eroberung des Kaukasus und Ägyptens die meistverbreitete Aktualität», erinnerte sich ein zeitgenössischer Bekannter von Gökalp. Cemal verliess Istanbul Ende November. Cavid schrieb in sein Tagebuch: «Heute Morgen [21. November] kam Cemal, um sich zu verabschieden. Er sagte, dass er vor zwei Tagen für Ägypten ernannt worden sei und dass alle Pläne in seinem Kopf schon bereitlägen. Falls seine starke Überzeugung auf Wissen gründet, was für eine grosse Kraft. Wenn jedoch auf Unwissen, was für eine ungeheure Sache.»[81]

Cavids Tagebuch bietet ergiebige Einsichten, ohne ein umfassendes Gesamtbild zu zeichnen, was es auch nicht beansprucht. Es konzentriert sich vielmehr auf jene Themenfelder, die den Autor in besonderer Weise interessieren. So dokumentiert es aus der Perspektive eines Insiders die Anfangszeit Talâts als Kriegsdiktator. Cavid war ursprünglich ein Radikaler in der Art eines Jakobiners, ein glühender Patriot,

---

81 Cavid, Tagebuch, Bd. 3, 12, 21. November 1914. Zwei kürzlich erschienene aufschlussreiche Bücher über Cemal, die sich weitgehend auf osmanische Quellen stützen, sind Çiçek, War and State Formation in Syria; Artuç, Cemal Paşa. Was den Bekannten von Ziya Gökalp betrifft, handelte es sich um Yahya K. Beyatlı, zitiert in Köroğlu, Ottoman Propaganda, 70.

aber ohne Chauvinist zu werden. Jetzt aber war er zu einem Einzelgänger am Rand des CUP-Kriegsregimes geworden. Im Gegensatz zu den meisten Männern in Talâts Diensten hielt er an grundlegenden Prinzipien von Gewissen und Menschenwürde fest. Als jenes Komiteemitglied, das bezüglich des internationalen Geschehens über die grössten Erfahrungen und die tiefsten Einsichten verfügte, unterstützte er weiterhin seinen politischen Freund, obwohl er mehr als nur skeptisch war, was den Krieg, das Bündnis, sogenannte Sachzwänge und den deutschen Anspruch auf Weltgeltung betraf. Der alte Huguenin war Cavid in Sympathie verbunden und vermittelte ihm den Zutritt zu Kreisen hinter der Bühne in Berlin, wo das politische Chaos ebenfalls zunahm. Nach dem anfänglichen Märchen vom raschen Sieg predigte Wangenheim, Berlin wolle «jetzt einen langandauernden Krieg daraus machen, um so alles beruhigen und eine lange Periode des Friedens einläuten zu können».[82]

Enver Pascha blieb in Istanbul, aber nicht in einer Position, die Talât politisch hätte konkurrenzieren können. Aber er mag weiterhin davon geträumt haben, eines Tages ein Kaiser nach dem Vorbild Napoleons zu werden, dessen Porträt seit Jahren prominent bei ihm an der Wand hing, zusammen mit demjenigen Friedrichs des Grossen.[83] Im Gegensatz zu seinen Vorgängern Ahmed İzzet und Mahmud Şevket wurde er immer mehr zu einem Kriegsminister, der mit den Vorstellungen der Falken konform ging. Für Talât blieb er unersetzlich, denn Enver sprach fliessend Deutsch, war bei breiten Kreisen in Deutschland – inklusive dem kaiserlichen Hof – beliebt, und daher konnte er sich einer besonderen Beziehung zu den Deutschen rühmen. Dennoch war die Zusammenarbeit mit der militärischen Mission und mit den deutschen Offizieren, die den osmanischen Armeen zugeordnet waren, häufig angespannt. Insgesamt war Talât im internationalen Istanbul vielfältiger vernetzt als Enver. Regelmässig traf er sich mit Diplomaten und den unterschiedlichsten Repräsentanten. Sowohl in der Innen- wie in der Aussenpolitik war Enver viel stärker von Talât abhängig als umgekehrt. Und diese Art von Beziehung setzte sich über die ganze Zeitspanne von 1914 bis 1918 fort, auch wenn beide Männer als Pfeiler des Kriegsregimes zu betrachten sind.

Enver galt zwar als öffentlicher Held der Revolution von 1908 und war seit Frühling 1914 mit einer osmanischen Prinzessin verheiratet, besass aber dennoch nicht die politisch relevante und immer noch wachsende Popularität Talâts. Nach den Problemen mit dem frühen Kaukasus-Iran-Turan-Vorhaben und stärker noch seit Ende Dezember 1914, als in den westlich von Kars gelegenen Bergen von Sarıkamış eine aufwendige Militäroffensive katastrophal scheiterte, war der Kriegsminister und aktuelle Oberbefehlshaber der Truppen auf den politischen Rückhalt von Talât angewiesen. Morgenthau nahm ihn damals als geknickt wahr: «Enver war zutiefst deprimiert und zog sich weitgehend zurück», als er vor Mitte Januar 1915 in die Hauptstadt zurückkehrte, und dies dauerte an, «bis er erkannte, dass ihm diese Niederlage nicht zum Vorwurf gemacht wurde».[84] Talât konnte Şakir und Enver schlecht die Schuld an-

---

82 Morgenthau, Tagebuch, 151, 16. Dezember 1914; 172, 26. Januar 1915.
83 Ebd., 179, 13. Februar 1915, und 21, 28. Januar 1914.
84 Morgenthau an den amerikanischen Aussenminister Lansing, 18. November 1915, in: *United States Official Records on the Armenian Genocide*, 370.

lasten für einen Plan, den er höchstpersönlich von allem Anfang an unterstützt hatte. So wurde Enver in der Hauptstadt wieder willkommen geheissen und akzeptiert, ohne dass eine kritische Beurteilung dessen, was schiefgegangen war, stattfand. Nachrichten von der Katastrophe unterdrückte die Zensur und ersetzte sie mit erfundenen Erfolgsmeldungen. Das Einparteiregime behandelte die Niederlage als gleichsam natürliches Resultat eines Glücksspiels oder eine Fatalität, nicht eine Angelegenheit, für die und deren Folgen Verantwortung zu übernehmen war. Die späteren militärischen Erfolge bei Gallipoli, im Irak und im Zusammenhang mit den Offensiven von Galizien und Rumänien vermochten Envers Stellung und die seiner «Militärfraktion» innerhalb des CUP nur vorübergehend zu stärken. Ende 1917 war Envers Position in der Wahrnehmung der Deutschen dermassen geschwächt, dass er «nur dank uns [Deutschen] und dank des Grosswesirs» (zu jener Zeit Talât) überleben konnte.[85]

Talât übte diktatorische Macht nicht direkt hierarchisch von oben nach unten aus, sondern als Hasardeur, der den anderen einen Schritt voraus war. Verschiedene Fraktionen und Machtorgane wusste er zu seinen Gunsten auszutarieren; Korruption setzte er konsequent für seine politischen Ziele ein. Seine Herrschaft erschien deshalb nie als wirklich stabil, sie erfolgte nie im gesamten Land gleichförmig, und sie war weniger rigid als die der europäischen Diktatoren nach ihm, obwohl auch diese sich auf Korruption als Mittel des Machterhalts stützten. Unter Talât verfügten initiative Gouverneure über Freiraum, auf regionaler Ebene vieles selber zu regeln, wobei der Ermessensspielraum durchaus seine Grenzen hatte, wie das Beispiel von Cemal Pascha in Syrien zeigt (siehe Kapitel 36). Talât durfte stets auf den Rückhalt des Komitees zählen. Er war ausschlaggebend, wenn es darum ging, in heiklen Fragen Entscheide zu fällen, etwa zum Umgang mit dem Zionismus. In aller Regel war auch er es, der die Entscheide zur Ernennung von Gouverneuren oder anderen hohen Funktionären der Verwaltung traf.

Nach dem militärischen Scheitern von Anfang 1915 bei Sarıkamış herrschte in Istanbul eine allgemeine Niedergeschlagenheit. Illegale Plakate gegen den Krieg tauchten mancherorts auf, und man spürte die Bedrohung durch eine Invasion. Diese bedrückende Gesamtlage konnte Talâts Stellung gefährden – und ebenso seine psychische Verfassung. In dieser Situation half ihm Envers unverwüstlicher Optimismus und seine Loyalität, wieder neuen Mut zu fassen und durchzuhalten. Nichts Geringeres als die Verteidigung der Hauptstadt stand jetzt auf dem Spiel. Zusammen mit den deutschen Generälen in Istanbul hatte Talât in dieser Sache nach ersten Angriffen im Dezember 1914 bereits Vorbereitungen getroffen. Enver war zu diesem Zeitpunkt noch nicht vom Kaukasus in die Hauptstadt zurückgekehrt. Talât brauchte nach Niederlagen in den ersten Kriegsmonaten unbedingt einen Erfolg, um nicht seinen Führungsanspruch zu verlieren oder selber in Apathie und Verzweiflung zu versinken. Wie schon in früheren Krisen, so sollte er den Erfolg auch jetzt wieder in der radikalen Aktion suchen.[86]

---

85 Bernstorff an Gwinner, 1. Januar 1918, in: Bernstorff, Erinnerungen und Briefe, 138. Enver verliess Erzurum am 9. Januar 1915. Sâbis, Harb hatıralarım, Bd. 2, 153.
86 Morgenthau, Tagebuch, 184 f., 23./24. Februar 1915; Cavid, Tagebuch, Bd. 3, 28, 18. Dezember 1914; der Polizeichef von Istanbul, Bedri, an Morgenthau, 8. Januar 1916, Morgenthau, Tagebuch, 432.

31 Auftrumpfen nach der Depression, dank Gallipoli

Talât und das CUP profitierten vom begonnenen Weltkrieg und der Allianz mit Deutschland: Die Reformen unter internationaler Aufsicht wurden ausgesetzt, die Sonderregelungen für Minderheiten (Kapitulationen) aufgehoben, vom Ausland betriebene Postdienste wurden geschlossen, und die Türkei erhielt finanzielle Unterstützung und hatte wieder Zugang zu Krediten. Auch Pläne konnten geschmiedet werden, mit deutscher Unterstützung verlorene osmanische Gebiete wiederzugewinnen und das Reich sogar noch auszuweiten. Aber der Krieg verlief im Winter 1914/15 für die Türkei an allen Fronten deprimierend, vom Kaukasus bis Nordiran, vom Süden Iraks bis zum Suezkanal. Daher flaute der Schwung des Kriegs fast vollständig ab, und in Istanbul machte sich Niedergeschlagenheit breit. Hinzu kam, dass sich in Teilen des Reichs Epidemien und Hungersnöte abzeichneten. Nichtsdestotrotz folgte Talât einer multiplen Agenda, die sich nicht allein von militärischen Siegen über äussere Feinde leiten liess. Am 29. Dezember, einen Tag bevor er Vali Cevdet in Van anwies, den armenischen Widerstand in der Stadt zu eliminieren, konnte Talât einen Kabinettsbeschluss und ein Dekret des Sultans durchbringen, welches den Reformplan vom 8. Februar 1914 praktisch aufhob, weil es die Vereinbarung mit den Generalinspektoren in den Ostprovinzen für beendet erklärte.[87] Seit August 1914 hatte Talât innerhalb von nur fünf Monaten die Zukunftsaussichten für den Osten Kleinasiens vollständig umgekrempelt.

Ein zentraler Faktor der radikalen Transformation im Osten war Enver Paschas Kaukasusoffensive, die ab August 1914 vorbereitet und im Dezember und Januar von der in Erzurum stationierten Dritten Armee und der Sonderorganisation (SO) bestritten wurde. Eine etwas genauere Betrachtung dieser Offensive erscheint daher angebracht. «Endlich geht es vorwärts, Gott sei gelobt. Mit Gottes Hilfe werden wir [...] unaufhaltsam und siegreich vorwärtsschreiten», schrieb Oberst Hafız Hakkı Pascha am 18. Dezember in sein Tagebuch. Hasan İzzet, der Kommandeur der Dritten Armee, legte seine Funktion aber am gleichen Tag nieder, denn er traute dem ganzen Vorhaben nicht. Er wurde umgehend durch Hakkı ersetzt. Über diesen fatalen Feldzug gegen einen Feind, der zwar numerisch unterlegen, aber bezüglich strategischer Intelligenz überlegen war, ist schon viel geschrieben worden. Das Ergebnis der Offensive war nicht nur der Verlust einer ganzen Armee und das Scheitern der Invasion insgesamt, sondern auch der Ausbruch einer Typhusepidemie und allgemeines Elend in der ganzen Region. Die türkische Presse und auch jene in Deutschland leugneten oder verschwiegen die Tatsachen.[88] Dabei hätten beide Länder, Deutschland im Besonderen, aus einer objektiven Analyse der Ereignisse wichtige Lehren für die Zukunft ziehen können. Weit über imperiale Sicherheitskonzepte hinaus war Gökalps «Idea-

---

87 İrade-i Seniyye, 29. Dezember 1914 (Kopie vom 30. Dezember 1914, BOA, DH.İD. 186–72).
88 Hafız Hakkı'nın Sarıkamış günlüğü, 91; Sâbis, Harb hatıralarım, Bd. 2, 132 f., darin enthalten Hasan İzzets Telegramm zum Rücktritt. Am 10. Januar 1915 ersetzte Hafız Hakkı seinen Vorgänger Hasan İzzet Pascha. Für Details zu den militärgeschichtlichen Aspekten vgl. Allen/Muratoff, Caucasian Battlefields, 240–292. Eine Beschreibung des allgemeinen Elends, verfasst von einem osmanisch-kurdischen Militärtierarzt, der in Erzincan stationiert war, findet sich bei Dersimi, Hatıratım, 73–76.

lismus» der Motor jenes dysfunktionalen politischen Denkens, welches dem Vorstoss in Richtung Kaukasus und Turan vom August 1914 an zugrunde lag.

Es trifft zu, dass in den Monaten nach August 1914 die Falken innerhalb des Komitees von der deutschen Diplomatie und vom deutschen Militär zum Handeln gedrängt wurden. Aber Liman von Sanders, der Leiter der deutschen Militärmission, hatte sich zurückhaltend und skeptisch gezeigt, als er von Enver darum gebeten wurde, bei der Offensive gegen die Russen Anfang Dezember das Kommando zu übernehmen.[89] Enver Paschas Zugriff auf die Armee und die SO ermöglichte ihm eine Strategie mit imperialen Ambitionen nach allen Seiten, während Şakir und viele andere «Idealisten» vom unmittelbaren Ruhm auf dem Weg nach Turan träumten, was sich sehr bald als tödliche Utopie erwies. Botschafter Wangenheim liess bezüglich des Debakels mit der Kaukasusoffensive jegliche Selbstkritik vermissen. Er schwenkte in seiner Argumentation um, indem er plötzlich erklärte, «es wäre das Beste, wenn die Türkei die Besetzung von russischem Territorium [...] vermeiden würde, weil das eine Friedensregelung [nach Kriegsende] erschweren würde». Er versuchte, das Fiasko herunterzuspielen und war «sehr darauf bedacht, dass die Türkei weiterhin bis zum Ende an der Seite Deutschlands kämpfen und nicht einen Separatfrieden anstreben würde». Der Vertrag vom 2. August und die Zusatzvereinbarungen vom 6. August hatten die Schicksale Deutschlands und der Türkei bereits sehr eng miteinander verbunden. Der neue, allgemeiner gehaltene Vertrag vom 11. Januar 1915, welcher bis 1920 hätte gültig sein sollen, stärkte die Verbindung der Partner und ihre beiderseitigen Erwartungen noch zusätzlich.[90]

Talât hatte sich mit dem Entscheid zum Krieg an deutscher Seite und dem Angriff beim Kaukasus einem riskanten, aber scheinbar vielversprechenden Unterfangen gewidmet. Doch die Investitionen von mehreren Monaten der Vorbereitung für einen Eroberungskrieg fielen mit dem Debakel von Sarıkamış dahin. Zahlreiche Augenzeugen sahen Talât zu Beginn des Jahres 1915 «sehr bedrückt», «schlecht gelaunt» und «völlig niedergeschlagen». «Zum ersten Mal seit Kriegsbeginn habe ich Talât verzweifelt erlebt», hielt Cavid am 14. Februar 1915 fest, nachdem die Nachricht von Hafız Hakkı Paschas Tod aufgrund einer Typhuserkrankung in Istanbul eingetroffen war.[91] Hafız Hakkı, der schon 1907 dem internen Komitee in Saloniki angehört hatte, war ein Vertreter der aktivistischen Idealisten innerhalb des CUP, welche mit Inbrunst an einen Sieg im Osten geglaubt hatten. «Es ist unmöglich, keine Tränen über den Verlust unseres geliebten Bruders zu vergiessen, über diesen immer versöhnlichen, aktiven und wertvollen Mann der Armee. Doch wir müssen sterben, damit die Nation und das Land zum Leben erblühen», schrieb Talât zwei Tage später an seinen Schwager Mustafa Abdülhalik (Renda), den Vali von Bitlis, westlich von Van. Abdülhalik war einer aus jenem Kreis von Talâts jungen und treuen, aus dem Balkan stammenden Männern, die jetzt als Funktionäre im Osten wirkten. Später stand auch er im Dienst für Mustafa Kemal Atatürk.[92]

---

89 Sâbis, Harb hatıralarım, Bd. 2, 120; Sanders, Fünf Jahre Türkei, 52 f.
90 Morgenthau, Tagebuch, 163, 9. Januar 1915; 168, 19. Januar 1915; 191, 8. März 1915; Mühlmann, Deutschland und die Türkei, 46 f., 98 f.
91 Morgenthau, Tagebuch, 167, 18. Januar 1915; 170, 23. Januar 1915; 183, 22. Februar 1915; Cavid, Tagebuch, Bd. 3, 36, 14. Februar 1915.
92 Talât an Abdülhâlik, Vali von Bitlis, 16. Februar 1915, Faksimile und Transkription in Hafız Hak-

Verschiedene militärische Aktionen im Norden Persiens, die von irregulären Einheiten durchgeführt wurden, standen unter der Führung von Envers Schwager Cevdet und Envers Onkel, General Halil. Diese Interventionen führten zu grossen Schäden in armenischen und syrischen Dörfern, verfehlten aber einmal mehr ihre gegen Russland gerichteten militärischen Ziele. Schliesslich wurden die Angreifer Mitte April 1915 in der Schlacht von Dilman entscheidend geschlagen. An dieser Schlacht nahm auch die Freiwilligenbrigade des armenischen Generals Andranik Ozanian teil. Zur Serie des Scheiterns passte im frühen Februar Cemal Paschas Bericht, dass er sich gezwungen sehe, seinen Versuch zur Überquerung des Suezkanals abzubrechen. So wurde aus den hohen Erwartungen der Vertreter imperialer Restauration und Expansion, welche in der Hauptstadt die Eliten und junge Armeeoffiziere beflügelt hatten, ein schweres Trauma. Nach Aussage des osmanischen Oberrabbiners Chaim Nahum waren im Februar 1915 sogar «alle Türken ziemlich niedergeschlagen».[93]

In dieser Situation und Atmosphäre liefen Talât und das gesamte Komitee Gefahr, ihre Autorität und Fassung zu verlieren. Als die Session am 14. Februar vorzeitig beendet wurde, verliessen die muslimischen Abgeordneten das Parlament in einer niedergeschlagenen und gleichzeitig aggressiven Stimmung. Feyzi, der notorisch antichristliche Abgeordnete von Diyarbekir, und viele andere drohten, kein einziger Christ in der Hauptstadt werde überleben, falls den ausländischen Kräften ein Vorstoss gelingen sollte. Als die Marine der Entente am 19. Februar damit begann, die Dardanellen (den Meereszugang zu Istanbul) unter schweres Bombardement zu nehmen, sah sich das Komitee unausweichlich damit konfrontiert, dass das Reich massiv in die Defensive gedrängt wurde und es mit dem rauschhaften Traum von Restauration und Expansion zu Ende war. Allenthalben herrschte Pessimismus, nicht nur an den Fronten und in der Hauptstadt, sondern auch unter den osmanischen Repräsentanten und bei jenen Verbündeten, die Cavid Anfang März 1915 in Wien und Berlin traf. Unter den ausländischen Diplomaten, die sich in Istanbul aufhielten, waren «alle unglaublich nervös und aufgeregt aufgrund der Situation».[94]

Als Folge des Fiaskos im Osten verloren die zivile Verwaltung und das dezimierte Militär die Kontrolle über die betroffenen Grenzgebiete, möglicherweise die ganze Grossregion, wo die osmanische Herrschaft nunmehr infrage gestellt war. Die Hauptfunktion, die der SO jetzt noch blieb, war eine rein defensive. Die russische Armee hatte auf osmanischem Territorium einige schmale Landstreifen besetzt und lancierte mit begrenzten Kräften temporäre Vorstösse. Um die SO-Führer und die Gouverneure zu beruhigen, machte Talât umgehend Zusagen über schnelle militärische Unterstützung aus Istanbul (die er nicht erfüllte), oder er verbreitete euphemistische Lügen wie beispielsweise von einer Invasion im ehemals osmanischen Mazedonien durch einen bulgarischen Bündnispartner (erst im September 1915 trat Bulgarien den Zentralmächten bei).[95] Mit seinen Telegrammen und Rundschreiben bestimmte der

---

kı'nın Sarıkamış günlüğü, 118. Zu einem ähnlichen Telegramm an Şakir vgl. Cemil, I. Dünya Savaşı'nda Teşkilât-ı Mahsusa, 140 f.
93 Morgenthau, Tagebuch, 184, 23. Februar 1915; Kévorkian, Armenian Genocide, 227.
94 Morgenthau, Tagebuch, 188, 1. März 1915; Cavid, Tagebuch, Bd. 3, 14; 36–41, 21. Februar 1915; Artuç, Cemal Paşa, 224 f.; Emmanuilidis, Osmanlı İmparatorluğu'nun son yıllları, 129.
95 Cemil, I. Dünya Savaşı'nda Teşkilât-ı Mahsusa, 205 f.

mächtige Innenminister weitgehend, was Regierungsbeamte in den Provinzen über aktuelle Angelegenheiten im In- und Ausland wissen durften. Zeitungen waren in den Provinzen rar und trafen oft nur mit Verspätung ein, und sie waren nach den Vorgaben des CUP zensuriert.

Talât stand im Februar und Anfang März 1915 mit dem Rücken zur Wand. Aber er besass reichlich Erfahrung als Spieler mit hohen Einsätzen und wusste sich dabei aus einem breiten Sortiment von legalen und illegalen Mitteln zu bedienen. Er war mental imstande, die Chimäre Turan und den Ehrgeiz, verlorene Territorien zurückzuerobern, beiseite zu lassen und sich auf die Realitäten in Kleinasien zu konzentrieren. Dabei lagen ihm die Dardanellen und die Ostfront, insbesondere Van, am meisten am Herzen. Die CUP-Führung konnte glaubhaft die Zuversicht vermitteln, dass man Istanbul erfolgreich verteidigen werde. Deutsche Generäle hatten die Führung, und deutsche Experten, deutsche Waffen und auch einige deutsche Militäreinheiten unterstützten die osmanischen Truppen bei der Verteidigung der Stadt. Dennoch war es ein Einsatz mit hohem Risiko. Die Situation in Van und in den Ostprovinzen war noch schwieriger zu handhaben, stellte aber keine direkte Bedrohung des Machtzentrums dar. Gemeinsam mit den Falken im Komitee hatte Talât in dieser Region Wind gesät, und jetzt erntete er den Sturm in der Gestalt von Elend, Hass, russischen Gegenvorstössen und einer gefährdeten osmanischen Zukunft.

Trotz, aber auch wegen der praktizierten sektiererischen Politik konnten die Regierungskräfte in jenen Gebieten nicht einmal mit der Unterstützung aller nominellen Muslime zu rechnen. Aleviten in Dersim, die sich schon immer vom osmanischen Sultanat-Kalifat distanziert hatten, sympathisierten mit Russland und weigerten sich, in der osmanischen Armee Dienst zu leisten. Die (sunnitisch-)kurdischen Anführer Abdurrezzak und Kâmil Bedirhan suchten einen Bündnisschluss mit der ARF; Russland unterstützte beide Seiten. Als Talât realisierte, dass hier Allianzbestrebungen im Gange waren, überzeugte er Cevdet von der Notwendigkeit, jeden Kurdenführer sofort zu verhaften, der solche Sympathien zeigte. Gegen die Armenier fiel Talâts Reaktion härter aus, obwohl es um Vorwürfe von durchaus vergleichbarer Art ging. Es waren auch härtere Massnahmen als gegen «die aufwieglerischen und hinterhältigen Zionisten», welche nach Ansicht von Cemal Pascha in Palästina «versuchten, eine eigene Nation zu gründen und bereits eigene Geldscheine und Briefmarken verwendeten» (siehe Kapitel 36). In den Monaten Januar und Februar erst hatte die CUP-Presse noch ausdrücklich auf den Patriotismus der osmanischen Armenier hingewiesen und ihr loyales Verhalten in der Situation des Krieges betont, und man konnte lesen, dass jegliches Misstrauen gegenüber den Armeniern, das von Muslimen geschürt werde, allein auf bösartige Manipulation zurückzuführen sei.[96]

Doch diese Art von veröffentlichter Meinung entsprach nicht Talâts eigener Einschätzung der aktuellen Lage. Vielmehr war sie eine Irreführung, welche die bevorstehende Verhärtung der Strategie im Inland verschleierte, die sich im Spätsommer 1914

---

96 Vgl. beispielsweise «Osmanlı Ermenilerinin vatan-perverliği», in: *Tanin*, 18. Januar 1915, 1; Talât an Cevdet, 14. März 1915, BOA, DH. ŞFR. 51-14 (1); Nuri Dersimi: *Kürdistan tarihinde Dersim*, Aleppo: Privatdruck, 1952, 94–98; Dersimi, Hatıratım, 77–79; Morgenthau, Tagebuch, 175, 2. Februar 1915, wo eine Aussage von Bahaeddin, dem Sekretär von Cemal Pascha, zitiert wird.

abzuzeichnen begann. In einem telegrafisch versandten Rundschreiben vom 28. Februar 1915 lenkte Talât die Aufmerksamkeit der Gouverneure im Osten Kleinasiens auf Berichte über «armenische Banditen» in Bitlis und auf «gegen die Armee in Aleppo und Dörtyol gerichtete gewalttätige armenische Akte» sowie auf subversive Dokumente aus Kayseri, welche «beweisen, dass unsere Feinde dabei sind, einen Aufstand vorzubereiten». Er stand, was die Armenier betraf, in engem Kontakt mit Enver und drängte darauf, dass jene, die in Dörtyol verhaftet worden waren, hart bestraft würden. In seinem Rundschreiben vom 28. Februar kam auch die am 25. Februar auf Envers Befehl angeordnete allgemeine Entwaffnung der armenischen Soldaten in der osmanischen Armee zur Sprache, und die Gouverneure wurden dazu aufgerufen, sich für weitere Massnahmen bereitzuhalten.[97]

Ausserordentlich aufgebracht war Talât über Nachrichten aus Van und über einen detaillierten Bericht von Arshak Vramian, dem Parlamentsabgeordneten von Van und früheren Klassenkameraden von Cevdet aus der Zeit an der Istanbuler Mülkiye (Hochschule für Verwaltungsbeamte). Dieser Bericht, der Cevdet am 21. Februar 1915 vorgelegt wurde,[98] sowie mehrere Telegramme, die den Van-Abgeordneten und das ARF-Mitglied Vahan Papazian als Absender hatten, beschrieben zum einen Kriegsverbrechen, die in der Region Van von irregulären SO-Einheiten begangen worden waren. Darüber hinaus machte der Bericht in keineswegs unterwürfigem Ton Vorschläge, wie die schwere Krise überwunden, die türkisch-armenischen Beziehungen gerettet und verpasste Reformen doch noch umgesetzt werden könnten. Das alles nahm Bezug auf alternative, vergleichsweise demokratische Herrschaftsformen, wie sie im Osten Kleinasiens im Reformplan vom Februar 1914 enthalten waren. Sie standen aber im völligen Widerspruch zur chaotischen, widerrechtlichen Art der Herrschaftsausübung durch das Einparteiregime, das die Christen nunmehr zu Freiwild machte. In Vramians Bericht wurde offen um die Erlaubnis zur Selbstverteidigung gegen stark zunehmende Übergriffe nachgesucht. Doch das Zentralkomitee deutete dies einzig als Versuch in Richtung armenische Autonomie und somit als Affront gegen die Regierung, wogegen scharf und umfassend reagiert werden musste. Nicht nur war nach der erfolgreichen Umsiedlung der Rûm vom Juni 1914 das Thema Deportation ein präsentes Thema, sondern unter den Offizieren war von der heilsamen Vernichtung der Minderheiten derart häufig die Rede, dass sie mancherorts auf direktem Weg auch Ausländern zu Ohren kam. Solches Reden war vermutlich am gebräuchlichsten unter Offizieren und Angehörigen der SO in Erzurum nach der Niederlage von Sarıkamış.[99]

---

97 Talât an mehrere Provinzen und *Sandschaks*, 28. Februar 1915, BOA, DH. ŞFR. 50-127.
98 Veröffentlicht als «Rapport de Vramian, député de Vaspourakan (Vilayet de Van), à la Chambre ottomane, présenté à Talaat Bey, Ministre de l'intérieur», in: *La défense héroïque de Van*, Genf: Ed. Drochak, 1916, 13–33. Vgl. Der Yeghiayan, My Patriarchal Memoirs, 60; Kévorkian, Armenian Genocide, 228–230.
99 Was exterminatorisches Reden betrifft, vgl. die Erklärung von Halil gegenüber Morgenthau am 12. November 1915, Morgenthau, Tagebuch, 381. Zu beachten ist in diesem Zusammenhang auch ein pauschal antiarmenischer Bericht, der eine exterminatorische Sprache verwendet, von Hasankale an das Militärkommando, datiert vom 22. Februar. Vermutlich begann die Niederschrift, als eine Antwort auf schwere Anklagen, die der Patriarch Anfang Februar in einer Mitteilung an die Regierung richtete; als Ganzes datiert der Bericht aber von Ende April, denn er bezieht sich auf Telegramme, die erst am 20. oder 21. April versandt wurden. Arşiv belgeleriyle Ermeni faaliyetleri, 420 f.; vgl. Der Yeghiayan,

Anfang März 1915 war Innenminister Talât noch nicht in der Stimmung und wohl auch nicht in der Lage zu einem umfassenden Vorgehen gegen die Armenier. In Dörtyol (Provinz Adana) und Zeytun (Provinz Aleppo), zwei Städten, in denen die Armenier sehr gut organisiert und zum Teil bewaffnet waren, hatten Akte der Rebellion stattgefunden, nämlich Widerstand gegen Rekrutierung und Repression sowie Spionage. Eine kleine Gruppe von Armeniern aus Zeytun, unter ihnen auch Deserteure, hofften auf einen ausgewachsenen Aufstand in Kilikien, einer ans Mittelmeer grenzenden Region im Südosten Kleinasiens. Die Rebellion wurde Ende März 1915 von der kräftemässig überlegenen Vierten Armee zerschlagen. Cemal, der Kommandant der Vierten Armee, initiierte beim Innenministerium die Umsiedlung dieser Armenier von Zeytun in die weit entfernte Provinz Konya. An ihrer Stelle wurden muslimische Flüchtlinge (*muhacir*) in Zeytun angesiedelt. Im Namen Talâts und des Direktoriums für die Wiederansiedlung von Stämmen und Flüchtlingen, welches zum Innenministerium gehörte, bat Talâts Mitarbeiter Ali Münif (Yeğenağa) Cemal schriftlich, die Schwierigkeiten der Situation zu bedenken, da doch die felsige Region alles andere als ein idealer Ort für die Wiederansiedlung der Muhacir sei. Ende Februar, noch vor der Umsiedlungsaktion von Zeytun, hatte der Vali von Adana bereits die Armenier aus Dörtyol an andere Orte der Provinz umgesiedelt, die nicht direkt am Meer lagen.[100]

Ein entscheidender Wendepunkt war am 18. März 1915 der Sieg über eindringende britische und französische Kriegsschiffe in den Dardanellen, der Meerenge von Gallipoli vor Istanbul, und damit die erfolgreiche Verteidigung der osmanischen Hauptstadt gegen die Marine der Entente. Am 19. März liess ein bestens gelaunter Talât Hauptmann William Hall, den Leiter des britischen Marine-Nachrichtendiensts, wissen, dass «viele der einflussreichsten Bürger» der osmanischen Hauptstadt «einen sofortigen Bruch mit den Deutschen begrüssen würden und dass man in den Moscheen der Stadt sogar für das Eintreffen der britischen Flotte bete». Mit dieser Lüge täuschte Talât Marineminister Churchill, was das militärische Durchhaltevermögen der osmanischen Hauptstadt und die Entschlossenheit der CUP-Spitze, an der Seite Deutschlands weiterzukämpfen, betraf. Entgegen den Hoffnungen der Briten gab es zwischen den beiden wichtigsten CUP-Führungspersonen, Talât und Enver, keinen Bruch; mit einem Coup von Talât gegen Enver war schon gar nicht zu rechnen. Auf britischer Seite war die Aufklärung offensichtlich sehr mangelhaft. Anlässlich eines Treffens des britischen Kriegsrats an diesem gleichen 19. März gab sich Churchill überzeugt, dass «die Zeit für uns gekommen ist, um die Sache ganz zu unseren eigenen Gunsten zu entscheiden» und «diese ineffiziente und aus der Zeit gefallene Nation» (womit die osmanische Türkei gemeint war) aufzuteilen. Zwischen Unter- und Überschätzung der türkisch-muslimischen Macht schwankend, vermischt mit impe-

---

My Patriarchal Memoirs, 55. Zu den Ausländern, die früh davon Wind bekamen, dass unter Osmanen von «Ausrottung» die Rede war, gehörten der österreichische Militärattaché Pomiankowski, der deutsche Missionar Johannes Ehmann in Mamuretülaziz und der Schweizer Jakob Künzler, Leiter eines Spitals in Urfa.

100 Ali Münif an Cemal, 14. April 1915, BOA, DH. ŞFR. 52-51, in: Armenians in Ottoman Documents, 25; Vali Ismail Hakkı an Talât, 26. Februar 1915, in: Arşiv belgeleriyle Ermeni faaliyetleri, 341; Arkun, Zeytun. Vgl. Kévorkian, Armenian Genocide, 591 f.

rialen Ängsten, hatte Churchill ein paar Wochen zuvor geäussert: «Indien ist das Ziel, der Islam der Treibstoff, und der Türke ist das Geschoss» (bis nach Indien ausgreifender deutsch-jungtürkischer Machtfantasien).[101]

Der Sieg vom 18. März verlieh Talât das nötige Vertrauen, um eine umfassende antiarmenische Strategie auszuarbeiten, wobei einiges schon vorgedacht und in die Wege geleitet, anderes noch offen war. «Unter verschiedenen Vorwänden schickt Vramian Telegramme an das [Innen-]Ministerium, in denen er Kritik an der Regierung übt und sie vielfach diffamiert. Dieser Mann muss aus Van weggewiesen und [...] an das Kriegsgericht in Erzurum überstellt werden. Schick bald die Ergebnisse deiner Ermittlungen», befahl Talât am 21. März Cevdet. Gleichentags informierte er Tahsin, dass «der Rücktritt von Venizelos in Griechenland [eine Folge der nationalen Spaltung zwischen Venizelos-Anhängern und Royalisten] die Situation zu unseren Gunsten verändert hat. Der Triumph im Bosporus geht weiter.»[102] Cevdet gehorchte Talât bereitwillig. Er lockte seinen früheren Studienkollegen und Freund Vramian in eine Falle, sodass er ihn in der Nacht des 16. April verhaften und, wie verlangt, «ans Kriegsgericht überstellen» konnte. Er tat dies kurz nach dem Mord an Ishkan, einem anderen Exponenten der ARF-Führung in Van. «Ans Kriegsgericht überstellen» bedeutete für ins Visier der Obrigkeit geratene Armenier das grosse Risiko, auf dem Weg zum Gericht gezielt ermordet zu werden.

Talât hatte am 13. April 1915 zum Handeln gedrängt. «Gibt es noch irgendetwas, das der Wegweisung des Besagten [Vramian] im Wege steht?» Er verfolgte höchstpersönlich zahlreiche individuelle Fälle von Armeniern und ruhte nicht, bis sie abgeschlossen waren, was oft die Ermordung bedeutete. Als letztes eindrückliches Lebenszeichen sandte Vramian am 8. Mai eine Nachricht von Bitlis nach Istanbul und bat Talât eindringlich, «im Namen höchster Interessen» die Hand zur Versöhnung auszustrecken und einem brudermörderischen Krieg in Van Einhalt zu gebieten. Noch so gerne würde er selber oder sein [armenischer] Kollege Vahan Papazian mit einem Abgesandten von Talât die Sache besprechen, und ganz gewiss würden sie innerhalb von drei Tagen eine gemeinsame Lösung finden. Verzweifelt, aber dennoch hoffend gab der osmanisch-armenische Abgeordnete Vramian auf dem Weg in den Tod ein letztes Zeugnis von Friedensabsicht und Lebenswillen. Doch Talât verharrte in seiner Fixierung auf Zerstörung, Rache und Auftrumpfen im selbst erklärten Krieg gegen einen inneren Feind, den er sich durch seine Kriegsbejahung und die tödliche Polarisierung in den Ostprovinzen weitestgehend selber geschaffen hatte.[103]

---

101 Zitiert in Dockter, Churchill, 76 f.
102 Talât an Cevdet, 21. März 1915, BOA, DH. ŞFR. 51-58 (1); Talât an Tahsin, 21. März 1915, BOA, DH. ŞFR. 51-77.
103 Talât an Cevdet, 13. April 1914, BOA, DH. ŞFR. 51-169; Kévorkian, Armenian Genocide, 232 f., 823. «S[on] E[xcellence] Talaat bey, Conspłe [Constantinople] / au nom intérêts supérieurs, deux races supplie[nt] votre excellence terminer question Van amiable / combattants arméniens poussées seulement par désespoir / si vous commandez fonctionnaire Bitlis portant vos ordres / et Papazian effendi en mai possible arriver Van / dans trois jours et faire arrêter guerre fratricide / attendant arrangement final / Vramian». BOA, DH. EUM. 2. Şb. 56-40. Diese Mappe enthält eine zweite, ähnlich lautende Nachricht von Vramian aus Bitlis, aber in osmanischer Sprache. Aus einem Telegramm von Talât an Cevdet vom 13. Juni 1915 geht hervor, dass Vramian zu diesem Zeitpunkt noch nicht ermor-

Der 18. März 1915 stellte einen Wendepunkt dar, weil ab da das CUP nach militärischen Niederlagen und dem allgemeinen Stimmungstief wieder Selbstsicherheit zurückgewann und damit verknüpft Talâts antiarmenische Politik landesweit brutale Gestalt annahm. Der Sieg bei Gallipoli – die erfolgreiche Abwehr des von Churchill dezidiert gesuchten Durchbruchs der Entente-Seestreitkräfte bei den Dardanellen – war der erste bedeutende osmanische Erfolg im begonnenen Weltkrieg. Er holte die Herrschaftsclique aus ihrer Depression heraus. Die Angreifer erlitten schwere Verluste. «An diesem Abend [des 18. März] durften wir die erste gute Nachricht empfangen. […] Das war eine frohe Botschaft nach langen Tagen der Qual und der Sorge, die uns niederdrückten. Die Angelegenheit von Çanakkale [bei den Dardanellen] stellt für uns keine unmittelbare Bedrohung mehr dar. Wir waren ausser uns vor Freude», schrieb Cavid. Noch mehr als mit der Rückeroberung Edirnes prahlte das Komitee fortan mit dem Sieg über die Seestreitkräfte der Weltmächte und verbreitete die «feste Überzeugung, dass Çanakkale nicht überwunden werden konnte».[104]

Der entscheidende Beitrag, den deutsche Befehlshaber und Militärexperten sowie die technische Ausrüstung der Deutschen zum Erfolg beigetragen hatten, wurde verschwiegen oder kleingeredet. Im Gegensatz zur von Osmanen geführten Dritten Armee, die in den Ostprovinzen stationiert war und lediglich von ein paar wenigen deutschen Offizieren begleitet wurde, stand die osmanische Armee in Istanbul und in Westanatolien unter direktem Befehl von Deutschen. Morgenthau schrieb: «Diese Männer [des CUP] sind völlig berauscht von ihrem offenkundigen Erfolg und beginnen bereits, den Beistand, den ihnen die Deutschen geleistet haben, völlig zu unterschätzen.» Interessanterweise hatte Wangenheim nichts einzuwenden gegen die Art und Weise, wie das CUP die Dinge gegen aussen darstellte. Vielmehr begrüsste er sichtlich gerührt diesen ersten wichtigen Erfolg seines Bündnispartners, für den er sich persönlich verantwortlich fühlte und der ihm bisher fast nur Sorgen bereitet hatte. Im Ergebnis wurde das Bündnis gefestigt, und Wangenheim war jetzt umso stärker darauf bedacht, Talât und Enver nicht vor den Kopf zu stossen.[105]

Für regimenahe Kreise war der Sieg über Frankreich und Grossbritannien vom 18. März 1915 die Geburtsstunde eines «Gefühls der nationalen Identität im ganzen Land», wie Muhittin Birgen festhielt. Die Regierung gewann mehr zurück als nur jenes Mass an Selbstsicherheit, über das sie im Spätsommer 1914 nach dem Bündnisschluss mit Deutschland verfügt hatte. Das neue Selbstvertrauen verband sich mit einer chauvinistischen Haltung, die sich allgemein gegen Ausländer richtete, ganz besonders aber gegen osmanische Armenier, die mittlerweile zu subversiven Fremd-

---

det worden war; dass es aber dazu kommen würde, war zwischen den Zeilen zu lesen. BOA, DH. ŞFR. 51-169.

104 Cavid, Tagebuch, Bd. 3, 47–51, 18.–30. März 1915.

105 Birgen, İttihat ve Terakki'de on sene, 221; Cavid, Tagebuch, Bd. 3, 79, 98. Morgenthau an Lansing, 18. November 1915, in einem Rückblick auf das erste Kriegsjahr in Istanbul, in: *United States Official Records on the Armenian Genocide*, 370; Alexander Krethlow: «The Armenian Genocide and the German Military», Vortrag an der Konferenz *Witness to a Crime of the Century. The German Empire and the Armenian Genocide*, Deutsches Historisches Museum Berlin, 3. März 2015; vgl. Alexander Krethlow: «Deutsche Militärs und die Armenier. Demographische Konzepte, Sicherheitsmassnahmen und Verstrickungen», in: Hosfeld/Pschichholz, Das Deutsche Reich, 149–171.

lingen und Sündenböcken für bisherige Niederlagen erklärt wurden. Am deutlichsten äusserte sich in dieser Hinsicht Bahaeddin Şakir, der die Armenier für das Scheitern im Osten verantwortlich machte, ein Standpunkt übrigens, den auch einzelne deutsche Offiziere vertraten. Anstatt weitere Eroberungen in Angriff nehmen zu können, sah sich die SO im Februar 1915 zum Rückzug gezwungen. Damit hatte sich Şakirs Eroberungsplan vom August 1914 in ein offensichtliches Fiasko gewandelt. Dennoch kam es für ihn und andere Gleichgesinnte nicht infrage, «von ihrem blind verfolgten Ziel einer Invasion abzurücken», auch wenn sie es vorläufig aufschieben mussten. «Die Überzeugung, dass die Türken [Muslime] in Russland der Türkei angeschlossen werden müssten, war derart tief verankert, dass die einschlägigen Projekte nur aufgeschoben, nicht aufgehoben wurden», schrieb das damalige SO-Mitglied Arif Cemil im selbstkritischen Rückblick.[106]

Als Şakir Erzurum am 13. März 1915 verliess und wenig später in der CUP-Zentrale in Istanbul eintraf, beschäftigten ihn diese irredentistische Vision, das bisherige Scheitern und der Wille, gegen die Armenier vorzugehen. Seit August 1914 hatte er mit brutalen Überfällen auf Gebiete jenseits der Landesgrenze und mit der Aufstachelung kaukasischer Muslime zum Dschihad aktiv die Saat der Gewalt gestreut. Jetzt erntete er die Frucht dieser Saat mit Gewaltakten, die sich an der Front auch gegen Muslime richteten. Die gescheiterten Angriffe und das Chaos, das an der langen Ostgrenze herrschte, radikalisierten die frustrierten Verantwortlichen. Es war leicht, die ansässigen Christen, Armenier und Assyrer zu Zielscheiben der Dschihad-Propaganda zu machen, zumal sie auf die Hilfe vorstossender russischer Einheiten hofften. Zur Desillusionierung kam aufseiten der SO und des CUP noch das Gefühl von Angst und Panik hinzu, denn sie wussten, dass sich der Rückzug auf der osmanischen Seite der Grenze fortsetzen könnte. Damit bestand die Aussicht auf eine ganz andere Zukunft in den Ostprovinzen, nämlich zugunsten des in diesem Gebiet ansässigen Christentums. Nâzım, ein Führer der SO mit Sitz in der Hauptstadt, teilte diese Ansichten mit seinem alten Komiteefreund Şakir.[107]

Die CUP-Archive sind weitgehend verloren gegangen oder verschollen, weshalb eine genaue Rekonstruktion der Ereignisse kaum möglich ist (es sei denn, dass noch unbekanntes Material aus privaten und militärischen Beständen in der Türkei eines Tages offengelegt wird). Dennoch liegt zutage, dass in Treffen von SO-Führern und Zentralkomiteemitgliedern in der zweiten Märzhälfte, vielleicht noch in der ersten Aprilhälfte, die Schritte erwogen wurden, die den Armeniergenozid unmittelbar ermöglichten. Die endgültige Entscheidung und Umsetzung lag bei Innenminister Talât. Nach vorliegenden Anhaltspunkten waren in solche Treffen neben Talât, Şakir und Nâzım auch Gökalp, Kemal, Halil, Şükrü und Cahid involviert, wobei nicht alle einer brutalen Endlösung zustimmten. Der Erfolg im Westen bei Gallipoli am 18. März hatte Talât die radikale Entschlossenheit verliehen, beginnend im Osten landesweit gegen die Armenier vorzugehen. In den Treffen danach im engen Kreise wog er Strategien basierend auf bereits getroffenen Massnahmen und Vorentscheiden ab. Die un-

---

106 Cemil, I. Dünya Savaşı'nda Teşkilât-ı Mahsusa, 236, 240, 261–263; Birgen, İttihat ve Terakki'de on sene, 222.
107 Sâbis, Harb hatıralarım, Bd. 2, 192; Gaunt, Massacres, 63.

mittelbare Konkretisierung des Armeniergenozids hing nunmehr von Entwicklungen auf der Makroebene ab, namentlich weiteren Angriffen der Entente auf die Hauptstadt, aber vor allem von umsetzbaren Vorschlägen und Initiativen seiner Männer in den Ostprovinzen, wohin Bahaeddin Şakir Anfang April zurückkehrte.[108]

Beizeiten begann das Komitee mit einer Propagandakampagne, die erfundene oder aufgebauschte Gräueltaten der Gegner herausstrich, ganz ähnlich wie die Propaganda während und nach den Balkankriegen. Es ging darum, die Solidarität mit «unseren unseligen Religions- und Rassenbrüdern im Kaukasus» zu unterstreichen und Empörung hervorzurufen über «die Missetaten, die allen Muslimen, nicht nur den osmanischen, angetan wurden», wie *Tanin* am 2. April schrieb. Gleichzeitig bereitete das Aussenministerium unter Grosswesir Said Halim – nunmehr nur noch eine Marionette, die nach den Vorstellungen von Talât und dem Komitee zu tanzen hatte – ein sogenanntes Rotes Buch vor. Dieses enthielt zum einen militärische und zivile Dokumente über «durch osmanische Armenier an der Seite der Russen verübte Gräueltaten», zum andern – in Umkehrung der tatsächlichen Intentionen und der wirklichen Abfolge der Ereignisse seit Ende Juli 1914 – Belege zu «von den Russen noch vor Kriegsbeginn durchgeführten Aggressionen und Angriffen, die eine Veränderung des Grenzverlaufs zum Ziel hatten». Diese Propaganda verriet zwischen den Zeilen die eigene aggressive Politik an der Kaukasusgrenze noch vor dem offiziellen Kriegseintritt.[109]

32 Heldentat? «Die armenische Frage existiert nicht mehr»

Asymmetrie, Vernichtungswille und ethnoreligiöse Kategorisierung charakterisieren den totalen Krieg im eigenen Land, den Talât im April 1915 auf neue Weise zu führen begann. Mitte Juli brüstete er sich damit, dass er «zur Vernichtung der Armenier in drei Monaten mehr zustande gebracht habe als Abdul Hamid in siebenunddreissig Jahren».[110] Dieses Eigenlob bestätigt, dass vor Mitte April der komplexe Entscheidungsprozess hin zum Armeniergenozid die kritische Linie überschritten hatte. Die genozidale Politik von Talât übertraf die Massaker an den Armeniern in den 1890er-Jahre unter Sultan Abdulhamid II. zwar bei weitem, nichtsdestotrotz stand sie auch in deren Tradition. Im Einklang mit Gökalps islamischem Türkismus hatte Talât in seiner politischen Philosophie die letzten Spuren eines aufrichtigen Ringens um ei-

---

108 Yalçın, Siyasal anılar, 313–318; Kévorkian, Armenian Genocide, 243–249.
109 «Harb ve vahşet», in: *Tanin*, 2. April 1915. Vgl. Aussenministerium ans Innenministerium, 7. März 1915, hinsichtlich einer Nachricht der osmanischen Botschaft in Teheran über antimuslimische Gräueltaten in den russischen Regionen Kars und Ardahan, BOA, DH. EUM. 2. Şb. 5-31, transkribiert in *Osmanlı belgelerinde Ermenilerin sevk ve iskanı (1878–1920)*, Ankara: Osmanlı Arşivi Daire Başkanlığı, 2007, 117 f.; Arşiv belgeleriyle Ermeni faaliyetleri, 380–387, Zitate 381, 384, Mitteilungen vom 23. und 25. Februar 1915 (ausdrücklich für das Rote Buch [Kırmızı Kitap] vorgesehen).
110 Caleb C. Gates, Präsident des Istanbuler Robert Colleges seit 1903 (vorher Präsident des Euphrates College in Harput-Mamuretülaziz, wo er die hamidischen Massaker des Jahres 1895 miterlebt hatte), Morgenthau, Tagebuch, 279, 18. Juli 1915. Vgl. Kieser, Der verpasste Friede, 199–202.

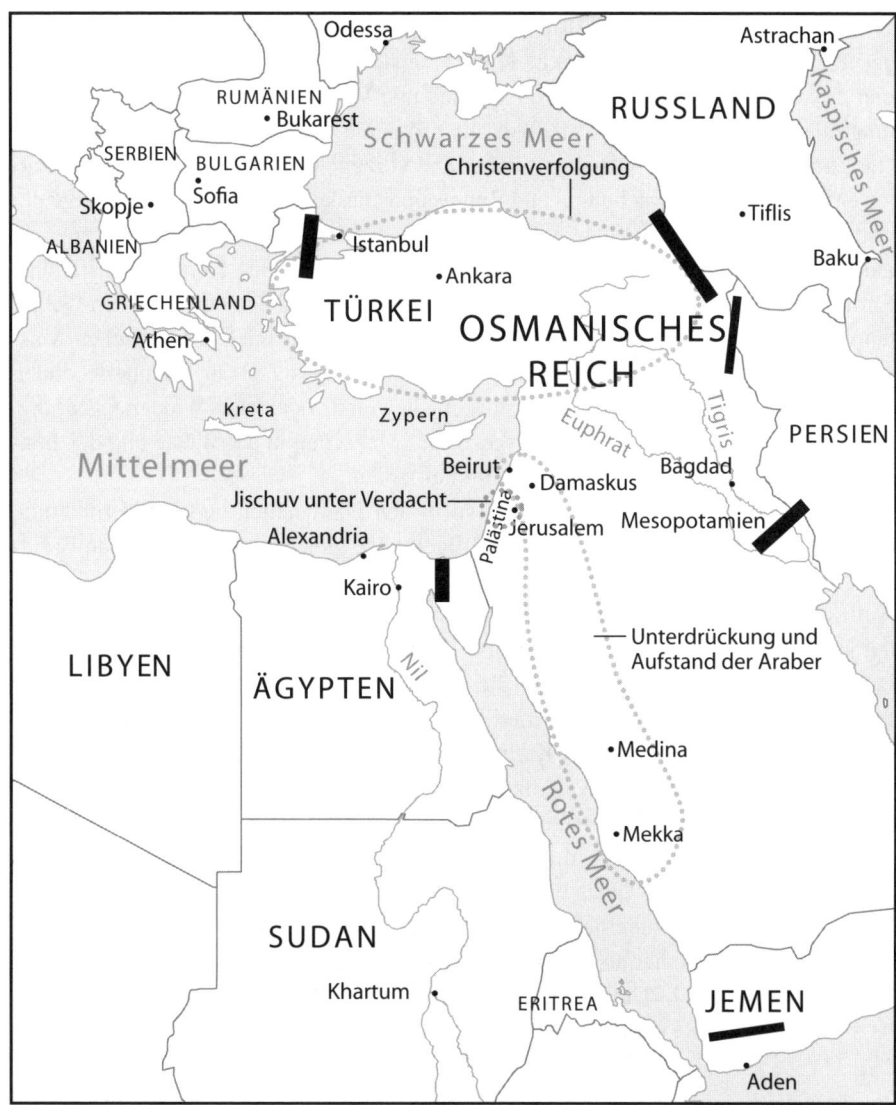

Karte 3: Der totale Krieg, gegen innen und gegen aussen, Stand 1915.

nen verfassungsmässigen Staat, um die Zusammenarbeit von Türken und Armeniern gegen Despotismus eliminiert. Vor 1908 und kurz danach, als Abdulhamid II. als gemeinsamer Gegner galt, gab es noch diesen gemeinsam deklarierten osmanischen Verfassungspatriotismus. Talât sprach sich und dem politische Projekt, das er verfolgte, 1915 das Urteil, indem er langjährige armenische Weggefährten und das Volk, dem sie angehörten, auf brutale Weise in den Tod schickte.

Die durch den Sieg vom 18. März ausgelöste Euphorie ging einher mit dem zugespitzten Armenierhass von Şakirs Kreis,[111] ersten Umsiedlungsaktionen in Dörtyol und Zeytun sowie mit Anfragen von Militärs und Valis zur Möglichkeit der Umsiedlung oder Vertreibung von Armeniern aus grösseren Gebieten in den Ostprovinzen. Das gab Talât den finalen Anstoss, umfassend vorzugehen. Seit September 1914 hatten er und Enver Überwachungs- und Repressionsmassnahmen gegen Angehörige der armenischen Elite in die Wege geleitet. Doch war es Talât – nicht Enver oder sonst jemand –, der im April, Mai und Juni 1915 den Plan für eine beinahe vollständige Entfernung der armenischen Mitbürger aus Kleinasien und den europäischen Gebieten der Türkei entwarf und umsetzte. Das Vorgehen ging mit systematischen Massentötungen vor allem im Osten Kleinasiens einher. Das Ziel für die überlebenden Vertriebenen in Syrien waren nicht ausgebaute Lager oder eine Wiederansiedlung, sondern Orte des Massensterbens ausgezehrter Menschen in der Wüste und des finalen Massentötens derjenigen, die noch immer lebten.

Die siegreiche Abwehr der Offensive in den Dardanellen und die Vernichtung der Armenier waren nicht nur zwei zufälligerweise gleichzeitig stattfindende Ereignisse, sondern es gab zwischen ihnen eine enge Verknüpfung. Das chauvinistische Auftrumpfen und der nach dem 18. März vorangetriebene heroische Mythos erstickten jegliche Selbstkritik und jede gesunde Kritik von aussen im Keim. Sie förderten radikale Entscheide und legitimierten diese mit Blick auf die Bedrohung von aussen.[112] Im April 1915 schwankte Talât vermutlich zwischen einer Vertreibungspolitik, die auf das riesige Gebiet des östlichen Kleinasien und auf Kilikien fokussiert war, und einem landesweiten Vernichtungsradikalismus, wie er von den Militärärzten Şakir und Nâzım vertreten wurde. Die erstgenannte Politik stellte wohl den kleinsten gemeinsamen Nenner dar, der in den Komiteetreffen von Ende März erlangt werden konnte.[113] Diese Basis ermöglichte indes eine verheerende Radikalisierung, die, gesteuert von Talât, die landesweite Inhaftierung armenischer Eliten ab April mit der landesweiten Ausrottung der Armenier ab Juni komplettierte. Diese geschah anfänglich unter dem beschönigenden Titel «Umsiedlungen» oder «Verschickungen» (*sevkiyat*). Regional begrenzt fanden erste davon im Mai und Juni in den Ostprovinzen statt. Im Sommer

---

111 Taner Akçam hat kürzlich auf ein Bahaeddin Şakir zugeschriebenes CUP-internes Schreiben vom 3. März 1915 hingewiesen, das der armenische Autor Aram Andonian 1921 veröffentlichte. Inhaltlich spricht nichts gegen die Authentizität dieses von tödlichem Hass erfüllten Briefes, das Andonian vom osmanischen Beamten Naim Efendi erwarb. Allerdings spiegelt Şakirs vollmundige Rede von einer bereits Anfang März erfolgten Komiteeentscheidung vor allem seinen SO-Kreis in Erzurum, nicht Talâts Entscheidungszentrum in der Hauptstadt. «The committee as the bearer of the nation's honor, has decided to free the homeland from the inordinate ambitions of this accursed [Armenian] nation and to assume the responsibility for the blemish that will stain Ottoman history in this regard. The Committee [...] has decided to annihilate all of Armenians living within Turkey, not to allow a single one to remain, and has given the government broad authority in this regard. On the question of how this killing and massacring will be carried out, the [central] government will give the necessary instructions to the provincial governors and army commanders.» Zitiert und kommentiert in Taner Akçam: «When Was the Decision to Annihilate the Armenians Taken?», in: *Journal of Genocide Research* 21/4 (Dezember 2019), 457–480.
112 Vgl. Hans-Lukas Kieser: «Join the Dots between Gallipoli and the Armenian Genocide», in: *The Conversation*, 23. April 2015, und «Der Mythos Gallipoli», in: *Neue Zürcher Zeitung*, 15. April 2015, 7.
113 Yalçın, Talât Paşa, 43; Yalçın, Siyasal anılar, 313–318.

1915 folgte die landesweite Vertreibung aus ganz Kleinasien und Thrakien. Systematische Massaker vor allem an den Männern waren Teil des Vertreibungsprozesses im Osten. Auch entwickelte das radikale und pauschale Vorgehen der Regierung gegen armenische Staatsangehörige eine ungeheure Dynamik der Stigmatisierung und Zerstörung in den Provinzen. Eine grosse Zahl auch von lokalen Tätern beteiligte und bereicherte sich am Massenraubmord oder machte mit bei der Vergewaltigung von Frauen, Mädchen und Knaben.

Als Herr einer Politik, die mehr erreichte, als Abdulhamid je erreicht hatte, trat Talât Mitte Juni 1915 gegenüber deutschen Diplomaten stolz und selbstbewusst auf. Wangenheim konnte offenkundige Tatsachen nicht mehr länger ausblenden, wie er es bis zu diesem Zeitpunkt getan hatte. Denn Talâts Politik war nicht, gezielt gegen einzelne Spione oder Saboteure vorzugehen, sondern «die armenische Rasse aus dem türkischen Reich auszurotten» (Telegramm vom 7. Juli 1915 an Reichskanzler Bethmann Hollweg). Ende August 1914 gab Talât gegenüber dem deutschen Botschafter bekannt: «La question arménienne n'existe plus.» Die armenische Frage – die entscheidende Kernthematik der orientalischen Frage – war in Talâts triumphaler Wahrnehmung erledigt. Damit hatte er die in *Tanin* veröffentlichte «Prophezeiung» des Vorjahres erfüllt (siehe Kapitel 27).[114]

Die an den Armeniern ausgeübte Gewalt der 1890er-Jahre war für Zehntausende von Männern und Jugendlichen, die nicht bereit waren zu konvertieren und sich beschneiden zu lassen (falls ihnen überhaupt die Gelegenheit dazu gegeben wurde) tödlich gewesen. Talâts Politik von 1915 hingegen nahm potenziell alle Armenier ins Visier, selbst jene, die erst kurz zuvor zum Islam konvertiert waren. Zudem entfesselte sie im Osten eine Welle von Gewalt gegen die Christen, die deutlich weiter ging als es der explizite «Verschickungs»-Plan des Innenministeriums vorsah. 1915/16 war diese Politik daher nicht nur der auslösende Grund für einen armenischen, sondern auch für einen assyrischen Genozid, der sich aus dem Verhalten von radikalen Vertretern der Zentralregierung, Valis und Offizieren sowie bereitwilligen einheimischen Tätern ergab. Im Unterschied zu den Massakern der 1890er-Jahre war in Anatolien in den Jahren 1915/16 eine Konversion nur dann Garant für das Überleben einer Person oder Personengruppe, wenn das Innenministerium ausnahmsweise seine Zustimmung dazu gab, zum Beispiel aus Rücksicht auf lokale muslimische Repräsentanten, die diese Toleranz erwarteten, oder wenn die Behörde aus unterschiedlichen Gründen nicht über die Macht verfügte, die ins Visier genommenen Personen zu verfolgen. Konversionen der religiösen Identität und des Glaubensbekenntnisses beeinflussten die ethnoreligiöse Logik der Bevölkerungspolitik nicht mehr entscheidend. Oder wie es der Gouverneur von Trabzon Anfang Juli 1915 ausdrückte: «[...] ein zum Islam übergetretener Armenier werde dann eben als mohammedanischer Armenier ausgewiesen.»[115]

---

114 Wangenheim an den Reichskanzler, 17. Juni 1915, PA-AA, R 14086, Nr. 372; 7. Juli 1915, PA-AA, R 14086, no. 433; Hohenlohe (Botschafter in Sondermission) an Bethmann Hollweg, 4. September 1915, PA-AA, R 14087, Nr. 549.
115 Bergfeld, der deutsche Konsul in Trabzon, an den Reichskanzler am 9. Juli 1915, PA-AA, R 14086. Vgl. Akçam, The Young Turks' Crime, 296–301.

Ab April 1915 entwickelte und koordinierte Talât die antiarmenische Politik in drei Hauptphasen: 1. die landesweite Verhaftung von armenischen Führungspersonen mit politischem, religiösem und intellektuellem Hintergrund im April und Mai 1915; 2. vom Juni bis in den Herbst die «Verschickung» der gesamten armenischen Bevölkerung aus Kleinasien und den europäischen Gebieten der Türkei in östlich von Aleppo gelegene Lager in der syrischen Wüste, wobei die armenischen Männer, aber auch Tausende von Frauen und Kindern aus dem östlichen und zentralen Kleinasien gar nie dort ankamen, sondern auf der Stelle oder unterwegs massakriert wurden; 3. das Verhungernlassen der meisten in den Lagern mit Ausnahme einer grösseren Gruppe, die rechtzeitig von Cemal weiter im Süden Grosssyriens angesiedelt wurde; und ausgenommen auch jene in den Lagern, die bis ins Jahr 1916 durchhielten und schliesslich einem finalem Massaker bei Der ez-Zor zum Opfer fielen. Obwohl eigentlich Cemal als Generalgouverneur in Syrien regierte, standen die Lager im Norden und Osten Syriens und die Transfers der armenischen Vertriebenen unter der Kontrolle eines Direktoriums, welches direkt dem Innenministerium unterstellt war.[116]

In verschlüsselten Telegrammen vom 24. April 1915 an die Provinzgouverneure und an die Armee (in Kapitel 2 erwähnt) wurde die Situation in Kleinasien unter Verweis auf Vorfälle in Van, Zeytun und an anderen Orten so dargestellt, als sei ein landesweiter armenischer Aufstand im Gange und als würden die Armenier insgesamt dem Feind bei dessen Kriegsanstrengungen Hilfe leisten. Denn revolutionäre Komitees seien nun der Überzeugung, dank des Krieges ihr langersehntes Ziel zu erreichen, nämlich Selbstbestimmung für die Armenier.

Die beiden wichtigsten Telegramme vom 24. April, eines an die Armee, das andere an die Zivilverwaltung gerichtet, sind in der Formulierung nahezu identisch. Sie beginnen mit Pauschalisierungen im Stil des Rundschreibens vom 6. September 1914. Aber der genaue Wortlaut lässt kaum Zweifel offen, dass jetzt grundsätzlich alle Armenier im ganzen Land, nicht nur Mitglieder von politischen Organisationen, ins Visier gerieten, auch wenn die sprachliche Betonung auf Letzteren liegt. In langen Sätzen, die das Handeln des Staates meist in Passivformulierungen ausdrücken (wie sie für die osmanische Administration typisch sind, aber auf die die Übersetzung in diesem Buch der Klarheit halber vielfach verzichtet), unterstellt Talâts Telegramm den armenischen Organisationen, dass sie sich kollektiv «seit jeher» gegen die Türkei verschworen hätten, speziell aber seit August 1914. Hinter der imperial-administrativen Sprache verschanzte sich der zur Macht gelangte Revolutionär von rechts, Talât. Er masste sich an, jegliches Verhalten ausser Unterwerfung oder kritikloser Unterstützung seines Regimes als Verschwörung abzutun. In einem langen Telegramm an den militärischen Oberkommandierenden Enver erklärte er am 24. April 1915: «Die Anstrengungen der revolutionären und politischen Organisationen der armenischen Komitees gingen seit jeher darauf aus, Selbstbestimmung zu erlangen. Gleich nach der Kriegserklärung warb das armenische Komitee der Daschnaken [ARF] für gegen

---

116 Vgl. Kévorkian, Armenian Genocide, 625–696; Akçam, The Young Turks' Crime, 158–193; Kaiser, Shukru Bey. Das jüngste und umfassendste Forschungsergebnis zur zweiten Phase des Genozids in Syrien liegt mit der Dissertation von Khatchig Mouradian vor: Mouradian, Genocide.

uns gerichtete Aktionen der Armenier in Russland. Sie rechneten mit der zeitweiligen Schwäche der Armee und entschieden sich für einen ausgewachsenen Aufstand der Armenier im Osmanischen Reich. Jetzt, da sich der Staat mitten im Krieg befindet, nutzten sie jede Gelegenheit für dreiste Taten im Rahmen einer heimtückischen Kampagne gegen das Leben und die Zukunft des Landes, wie es die jüngsten Akte der Rebellion in Zeytun, Bitlis, Sivas und Van einmal mehr bestätigt haben. Alle diese Komitees, die ihre Zentralen prinzipiell in fremden Ländern haben und sich auch heute noch revolutionär nennen, arbeiten mit allen verfügbaren Mitteln und unter allerlei Vorwänden gegen die osmanische Regierung. Ihr Ziel ist letztendlich die Erlangung von Autonomie. Die in Kayseri, Sivas und an anderen Orten entdeckten Bomben, die Regimente aus ursprünglich osmanischen Freiwilligen, die sich der russischen Armee angeschlossen haben, um das Land vereint mit den Russen anzugreifen, die von armenischen Komiteeführern gestartete Kampagne, die die osmanische Armee im Rücken bedroht: All das ist vielfach belegt in ihren Publikationen und durch die Vorkehrungen, die sie getroffen haben.»[117]

Nachdem Talât die allgemeine Lage im Land erst einmal so dargestellt hatte, dass sie seiner (imperial voreingenommenen, rechtsrevolutionären) Sicht der Dinge entsprach, zählte er die Massnahmen auf, die in einem ersten Schritt ergriffen werden mussten, um alle politischen Organisationen auszuschalten. Alle Mitglieder der Daschnak- und der Huntschak-Partei mussten aufgespürt und verhaftet werden. Das gleiche Vorgehen galt aber auch für andere «wichtige und schädliche Armenier, die der Regierung bekannt sind». Diese Wortwahl und Talâts Sicht der Dinge machen deutlich, dass landesweit die gesamte politische, intellektuelle, religiöse und wirtschaftliche Elite verhaftet werden sollte. Das analoge Rundschreiben an die Gouverneure von Bitlis, Erzurum, Sivas, Adana und Maraş enthielt noch einen zusätzlichen Satz mit der Aussage, dass die Massnahmen nur gegen die Aktivitäten der Komitees gerichtet seien. Es sei nicht die Absicht – zumindest zu diesem Zeitpunkt noch nicht –, dass die empfohlenen Schritte bereits jetzt zu «Morden zwischen der muslimischen Bevölkerung und dem armenischen Element» führten.[118] Das Zitat zeigt, dass sich Talât des mörderischen Potenzials absolut bewusst war, das auf lokaler Ebene gegen alle Armenier jederzeit aktiviert werden konnte, und das mit besonderer Effizienz, wenn man ihnen zuvor ihre Anführer weggenommen hatte. Seit den Massakern von 1895 und 1909 war diese Art von gesellschaftlicher Dynamik nur allzu bekannt. Bezeichnenderweise hielt Talât in einem weiteren Rundschreiben vom 26. April 1915 fest, dass die allgemeine Konfiszierung von Waffen den muslimischen Teil der Bevölkerung nicht betreffe.[119]

In einem weiteren kurzen Telegramm vom 24. April 1915 teilte Talât Cemal mit, dass von nun an keine Armenier mehr nach Konya geschickt werden sollten, wie das zuvor mit einer ersten Gruppe aus Zeytun gemacht worden war. Denn würde man sie

---

117 Talât an Enver, 24. April 1915, in: Arşiv belgeleriyle Ermeni faaliyetleri, Bd. 1, 423–425.
118 BOA, DH. ŞFR. 52–96, 97, 98, transkribiert in: *Osmanlı belgelerinde*, 125 f.; englische Übersetzung mit Ausnahme einzelner Sätze in Akçam, The Young Turks' Crime, 186 f.
119 Talât an mehrere Provinzen, 26. April 1915, BOA, DH. ŞFR. 52-188, zitiert in Akçam, The Young Turks' Crime, 188.

dort wieder gemeinsam ansiedeln, würden die Armenier erneut eine grössere Einheit bilden und die Fähigkeit erlangen, als solche zu agieren. Fortan war der Bestimmungsort für vertriebene Armenier das Wüstengebiet östlich von Aleppo zwischen Urfa im Norden und Der ez-Zor im Süden.[120] Talâts Telegramme vom 24. April sind eine eigentliche Erläuterung der von ihm jetzt verfolgten neuen Gesamtstrategie. Aber ihre Umsetzung, der zeitliche Ablauf und die geografische Dimension des Ganzen war noch nicht definitiv festgelegt. Sie hing davon ab, wie erfolgreich die ersten Schritte verlaufen und sich der gesamte Kontext entwickeln, insbesondere wie die Reaktionen von deutscher Seite ausfallen würden. In der Nacht vom 24. zum 25. April begannen Sicherheitskräfte damit, Mitglieder der armenischen Elite zu verhaften – vorerst nur in Istanbul. Die Gefangenen wurden verhört, gefoltert und schliesslich die meisten von ihnen ermordet. Die Provinz- und Militärbehörden, aber auch CUP-Kommissare, die in die Provinzen entsandt worden waren, verbreiteten von da an Propaganda über verräterische armenische Nachbarn, die den Muslimen in den Rücken fallen würden und deshalb so rasch wie möglich entfernt werden sollten.[121]

Quellen von Beobachtern vor Ort und auch veröffentlichte Quellen der osmanischen Armee in den Provinzen aus der Zeit des Frühjahrs 1915 entkräften unmissverständlich die Behauptung, es habe so etwas wie ein allgemeiner Aufstand stattgefunden.[122] Wie wir gesehen haben, gab es im August 1914 in Tiflis hohe Erwartungen, dass der Zeitpunkt für die Befreiung der türkischen Armenier gekommen sei. Die Armenier von Zeytun, Urfa, Şebinkarahisar (Sivas), Van und auf dem Musa Dagh setzten ihre Hoffnungen auf Hilfe und Unterstützung von aussen durch die Entente, zumal sie aus einer Position der Unterlegenheit und höchster Gefährdung verzweifelten Widerstand leisteten. Die Entfremdung der Armenier vom osmanischen Staat unter dem jungtürkischen Einparteiregime war in erster Linie eine Konsequenz der Polarisierung im ganzen Land seit August 1914. Deren Ursachen lagen in der radikalen Kriegspolitik einschliesslich der Suspendierung der Reformen und der Requirierung von Privatbesitz, die einer Plünderung gleichkam. Es gab Fälle von Sabotage und auch zahlreiche Fälle von Desertionen junger Männer, sowohl von Muslimen wie auch Nichtmuslimen.[123] Die Berichte, die Talât von den Provinz- und Militärbehörden im August 1915 als Belege zur Rechtfertigung seiner Politik einforderte, sind armselige Machwerke ex post facto. Eine jüngere Untersuchung hat detailliert einen ausschweifenden Bericht von Mehmed Reşid, dem Gouverneur von Diyarbekir, analysiert und kam zum Schluss, dass die in diesem Bericht angeführten Hauptargumente – eine armenische Verschwörung, das In-Umlauf-Bringen von Geheimplänen, eine verdeckte Mobilisierung, amerikanische Missionare als Anführer einer armenischen Revolte – «kaum mehr als blanker Unsinn» seien.[124]

---

120 Talât an Cemal, 24. April 1915, BOA, DH. ŞFR. 52–93.
121 In so unterschiedlichen Städten wie Eskişehir (Altınay, İki komite, iki kital, 28–46), Urfa (Künzler, Im Lande des Blutes und der Tränen, 43 und 48 f.) und Aintab (Kurt, Destruction, 82).
122 Zum Beispiel ausdrücklich eine Mitteilung der Dritten Armee in Hasankale (Erzurum) ans Oberkommando, 14. April 1915, in: Arşiv belgeleriyle Ermeni faaliyetleri, Bd. 1, 79.
123 Beşikçi, Ottoman Mobilization, 247–309.
124 Kaiser, Extermination, 217. Ähnliche Belege für Rechtfertigungen im Nachhinein sind namentlich die

In einem Interview von Mitte Mai 1915, als die armenische Elite bereits weitgehend ausgeschaltet war, äusserte sich Talât überschwänglich. Seine Statements widerspiegelten das neu gewonnene Selbstvertrauen eines autoritären Machtmenschen und Zerstörers, dem der Sieg bei den Dardanellen den entscheidenden Kick verliehen hatte. «Heute sind wir stark, wir sind stärker denn je. Seht euch um, ob es unter uns überhaupt noch jemanden gibt, der sich nicht sicher ist, dass wir und unsere Verbündeten gewinnen werden. […] Der Krieg kann so lange andauern, wie er will. Selbst der ärmste Mann wird keinen Hunger leiden.» (Allein in Syrien starben zwischen 1915 und 1919 mehr als eine halbe Million osmanische Zivilisten den Hungertod.) Talâts verfehlte Arroganz zeigte sich auch im Hinblick auf die Entwicklung in den Städten: «Sie bewundern den Fortschritt, der in Istanbul seit dem letzten Mal, als Sie diese Stadt besuchten haben, erkennbar ist, und Sie kennen diese Stadt ja schon sehr lange», sagte er zu einem Journalisten. «Kommen Sie in zwei Jahren wieder, dann werden Sie begreifen, welch grosse Fortschritte unsere Stadt gemacht haben wird. Die Hindernisse, die unseren Fortschritt behinderten, sind jetzt beseitigt, nämlich die alten Abkommen. Der osmanische Staat kann jetzt seine Glieder frei bewegen.»[125] Mit den alten Abkommen meinte Talât die osmanischen Kapitulationen, den Vertrag von Berlin und die Reformvereinbarung von 1914.

Die Vertreibung der Armenier aus den östlichen Gebieten Kleinasiens fand grösstenteils zwischen Mai und September 1915 statt, jene der Armenier aus Westanatolien und aus der Provinz Edirne in Thrakien dauerte von Juli bis Oktober. Wie bereits erwähnt (Kapitel 2), wurde von der Regierung am 27. Mai 1915 ein provisorisches Gesetz erlassen (das Parlament war seit dem 13. März suspendiert), das Repressionen und Massendeportationen sanktionierte, sofern die nationale Sicherheit dies erfordere. In Ostanatolien wurden die Männer, auch Teenager, grösstenteils nach ihrer Verhaftung vor Ort massakriert, und auch die Armeeangehörigen unter den Armeniern, die schon zuvor in unbewaffnete Arbeitsbataillone umgeteilt worden waren, wurden ermordet. Bei den Dardanellen und in Arabien gab es indes armenische Soldaten, die als Frontsoldaten der osmanischen Armee weiterhin zum Einsatz kamen. Die «Verschickung» im Westen betraf auch Männer, und viele «Verschickte» wurden mit dem Zug transportiert. Frauen und Kinder aus dem zentralen und östlichen Kleinasien litten auf ihren langen Märschen unter Mangelernährung, wurden krank oder verhungerten, andere wurden Opfer von Massenvergewaltigungen oder als Sklavinnen verkauft. An gewissen Orten, insbesondere in der Provinz Diyarbekir, wurden nach dem Aufbruch in vermeintlich neue Siedlungsgebiete in Syrien alle – Männer, Frauen und Kinder – sogleich ermordet.

Auch mehr als die Hälfte der assyrischen Christen wurden Opfer der Massenraubmord-Politik in der Provinz Diyarbekir. Mitte Juni 1915 traf das gleiche Schicksal Zehntausende von Assyrern aus der Provinz Bitlis. Insgesamt starben – die Ereignisse in Hakkâri mitgerechnet – ungefähr eine Viertelmillion als Opfer des Seyfo (Schwert), wie die Opfergruppe den assyrischen Genozid benennt. Schon am 26. Ok-

---

für das osmanische Rote Buch vom Oberkommando zusammengestellten Berichte: Arşiv belgeleriyle Ermeni faaliyetleri, Bd. 1, 81–125.
125 Interview mit dem Istanbuler Korrespondenten von *Die Neue Freie Presse* in «Tal'at Beyin beyânatı», in: *Tanin*, 19. Mai 1915, 2.

tober 1914 hatte Talât dem Gouverneur von Van den Befehl erteilt, die assyrische Bevölkerung in Hakkâri nahe der persischen Grenze zu beseitigen. Allerdings konnte er Ende 1914 diese frühe Politik der Vertreibung und Zerstreuung nicht umsetzen und machte sie auch später nicht zu einer allgemeinen landesweiten «Verschickungs»- und Vernichtungspolitik, wie er das im Fall der Armenier tat. Trotzdem liess er im Juni 1915 die assyrische Enklave in Hakkâri zerstören. Im Fall der Region Hakkâri kamen zwei Drittel von rund 100 000 Assyrern um, die anderen schafften es, in von Russland kontrollierte Gebiete zu fliehen.[126]

Die meisten Christen im östlichen Kleinasien, sowohl armenische wie auch assyrische, wurden also in der Zeit zwischen spätem Frühjahr und Herbst 1915 entweder massakriert oder vertrieben, und armenisches Gut wurde entweder dem Staat übertragen oder an die muslimische Bevölkerung verteilt. Damit war die jahrtausendealte armenische Existenz in der Region weitgehend ausgelöscht, einschliesslich Kultur, Religion und Sprache. Ab Juli 1915 waren alle armenischen Zeitungen verboten (ausser in der Hauptstadt Istanbul), und die noch übrig gebliebenen Armenisch sprechenden Leute im östlichen Kleinasien wurden dazu gezwungen, sowohl schriftlich wie auch mündlich nur noch auf Türkisch zu kommunizieren.[127] Obschon Talâts genozidale Politik die Armenier im Visier hatte, so verstärkte sie im Osten die bereits geschürte allgemeine antichristliche Dynamik. Sie ging einher mit dem polarisierenden Krieg und der Dschihad-Propaganda, die in der kaukasischen Grenzregion im August 1914 begonnen hatte. Längerfristig betrachtet schloss sie an die hamidischen Massaker der 1890er-Jahre an. Aber der neue Türkismus potenzierte die Gewalt, die nun landesweit die Gesellschaft umkrempelte und dem osmanischen Zusammenleben ein Ende setzte.

Talât leitete den Gesamtplan der «Verschickungen» und des Transfers geraubter Sachwerte. Er verstand es, mit den regionalen Vertretern seines Regimes gemeinsame Sache zu machen. Für die rechtswidrigen Zwangs- und Gewaltmassnahmen, die er verlangte, verwendete er gezielt brutale Mitarbeiter sowie Kollaborateure. Mit Massenmördern vor Ort spannte er weitgehend zusammen, auch wenn er es zu leugnen suchte. Massenvergewaltigungen, Sklavenmärkten oder der weitverbreiteten Korruption gebot er keinen Einhalt. Er hätte es in der entfesselten Lage, die er ausgelöst hatte, kaum in allen Fällen tun können. Als Kopf einer auf Zerstörung getrimmten Lumpenregierung förderte er in seiner Verwaltung systematisch die Extremisten. Gouverneure, die es wagten, der gesetzlosen, aber zielorientierten Destruktionswut entgegenzutreten, wurden versetzt oder abgesetzt.

Nur Cemal, der Generalgouverneur von Syrien, entwickelte Pläne für die Wiederansiedlung eines grossen Teils der Überlebenden und sorgte für die strafrechtliche Verfolgung von ein paar wenigen prominenten Verbrechen an armenischen Persönlichkeiten. Obwohl Talât im Herbst 1915 die sogenannte «Mazhar-Kommission» ein-

---

126 David Gaunt: «Relations between Kurds and Syriacs and Assyrians in Late Ottoman Diyarbekir», in: Jongerden/Verheij, Social Relations, *241–266, hier* 263; Gaunt, Massacres, 188; Kévorkian, Armenian Genocide, 379 f. Einen nüchternen, aber bewegenden Augenzeugenbericht der Morde in Bitlis aus dem Tagebuch eines Offiziers der osmanischen Seite findet man bei Nogales, Vier Jahre unter dem Halbmond, 89 f.
127 Talât an verschiedene Gouvernements, 1. Juli 1915, BOA, DH. ŞFR. 54-261.

setzte (geleitet vom früheren Vali Hüseyin Mazhar), welche die Ermittlungen gegen ungesetzliches Verhalten aufnehmen sollte, wurde trotz der belastenden Funde der Kommission kein einziges aktenkundiges Verfahren wegen eines an Armeniern begangenen Verbrechens aufgenommen.[128] Talât konzentrierte sich auf Fälle von individueller Bereicherung zum Schaden des Staates – nicht auf grundlegende Verbrechen wie Mord, Vergewaltigung, Plünderung und Versklavung, begangen an einer Grosszahl christlicher Mitbürger. Gewisse einschlägige Verfahren wusste er in eine spätere Zukunft zu vertagen, die dann aber in der Türkei gar nie stattfand. Denn nach 1918, in den Turbulenzen des Kriegs um Anatolien (1919–1922), verpasste es die Nationalbewegung unter Talâts politischem Nachfolger Kemal (Atatürk), mit sich und den Grossverbrechen der unmittelbaren Vergangenheit ins Reine zu kommen.

Unter Talât ging übersteigerter politischer Ehrgeiz mit Korruption und Mord zusammen. Angst um die Reichsherrschaft verband sich mit Hybris, Illusionen und landesweiter Kriminalität. Gouverneure steckten mit in der Region bekannten Gewalttätern und Räubern unter einer Decke, wobei Teile der Bevölkerung mittaten. Vor Ort entsandte Parteikommissare übten lokale Willkürherrschaft aus. Talâts so geartete Ägide machte die erste Phase des Genozids in Kleinasien administrativ möglich. Diese erste Phase – nämlich in Kleinasien, im Unterschied zur zweiten in Syrien – dauerte vom Frühling bis in den Herbst 1915. Talât war angewiesen auf gefügige, gegebenenfalls proaktive, ihm zuarbeitende Untergebene in den Provinzen, um das genozidale Vorhaben im Frühjahr 1915 zu starten. Dafür eigneten sich Beamte, welche die ideologische Linie des Einparteiregimes verinnerlichten – entweder ehrgeizige, dienstbereite junge Männer oder aber ältere Funktionäre mit etwas angeschlagenem Ruf, die jetzt nochmals ihren Eifer unter Beweis stellen konnten. Bei eigenständigeren Gouverneuren, die Gökalps «politische Religion» des Türkismus nicht teilten und sich nicht so einfach fügten, benötigte Talât mehr Zeit, um seinen Plan durchzusetzen. In eng begrenzten Gebieten misslang es ihm sogar ganz, so beispielsweise in Kütahya, İzmir und Dersim. Oder es gelang nur stark verzögert, wie in Ankara.[129]

Ali Mazhar Bey, der Vali von Ankara, wagte es, die Befehle von Talât aus dem Frühjahr 1915 zu verweigern. Gegenüber dem Stadtrat begründete er sein Verhalten damit, dass ihm sein Gewissen verbiete, gemäss den innenministeriellen Anweisungen zu handeln. Daraufhin schickte ihm der Minister einen jungen Emissär namens Atıf Bey (Bayındır), und dieser überbrachte «mündliche Befehle des Innenministeriums

---

128 Kaiser, Extermination, 406. Hüseyin Mazhar ist nicht zu verwechseln mit dem Vali von Ankara Ali Mazhar. Nach dem Krieg leitete Hüseyin Mazhar die Untersuchung der vom CUP verübten Verbrechen. Vgl. Gerçek, Report on Turks, 52 f.
129 Vgl. Gerçek, Report on Turks. Für eine genauere Beurteilung der proaktiven Kräfte in den Provinzen in Übereinstimmung mit Talât siehe Kapitel 33 sowie in Kieser/Anderson/Bayraktar/Schmutz, End of the Ottomans, die Kapitel über Angora, Aintab und die Ostprovinzen: Mehmet Polatel: «The State, Local Actors, and Mass Violence in the Bitlis Province», 119–140; Hilmar Kaiser: «Requiem for a Thug: Aintabli Abdulkadir and the Special Organization», 67–92, «Tahsin Uzer: The CUP's Man in the East», 93–115, «Scenes from Angora, 1915: The Commander, the Bureaucrats, and Muslim Notables during the Armenian Genocide», 141–166; Ümit Kurt: «A Rescuer, an Enigma, and a Génocidaire: Cemal Pasha», 221–246, «Proactive Local Perpetrators: Mehmet Yasin (Sani Kutluğ) and Ahmed Faik (Erner)», 265–286, «From Aintab to Gaziantep: The Reconstitution of an Elite on the Ottoman Periphery», 287–219.

betreffend das Massaker an den Armeniern und deren Vernichtung im Verlauf ihrer Deportation. Aber ich sagte zu mir selber: ‹Nein Atıf Bey. Ich bin ein Gouverneur, nicht ein Bandit. Ich kann das nicht tun, [aber] ich kann mich von diesem Sessel erheben, [und] du kannst kommen und es selber tun!›» In der Folge ernannte Talât Atıf zum bevollmächtigten Gouverneur der Provinz Ankara. Mit dem ihm eigenen manipulierenden, überrumpelnden Führungsstil versuchte Talât in einem Telegramm vom 22. Juni Mazhar trotzdem seinen Willen aufzuzwingen und ihn am genozidalen Verbrechen zu beteiligen. Dies betraf nun zwar nicht mehr Ankara, sondern Aleppo: «An Mazhar, den Gouverneur von Aleppo in Ankara: In Anbetracht der grossen Bedeutung der Provinz von Aleppo wegen des Transfers und der Unterbringung von Armeniern wie auch aus Gründen Ihrer Erfahrung in und Kenntnis dieser Provinz [Mazhar war zuvor schon einmal dort in Diensten gewesen] und angesichts Ihrer Zustimmung zur zuvor erwähnten Sache [eine Unterstellung Talâts] sind Sie für [den Posten in] Aleppo bestimmt worden. In der Überzeugung, dass Sie dieses Amt angesichts einer derart heiklen Aufgabe und in einem derart wichtigen Moment nicht würden zurückweisen können, hat das Ministerium Sie nicht um Ihre vorgängige Zustimmung gebeten.»

Mazhar wies das Angebot beziehungsweise die Nötigung zurück und bevorzugte es, in Rente zu gehen, obschon er erst 47 Jahre alt war. Daraufhin diffamierte ihn Talât als einen korrupten Funktionär, während armenische Überlebende später als Zeugen aussagten, was für ein «gesetzestreuer und wahrhaft gewissenhafter Regierungsbeamter» er gewesen sei. Er habe alle Christen beschützt, die unter seiner Regierung Schutz gesucht hätten. Daher wurde er ersetzt durch «einen 27-jährigen Mörder namens Atıf und einen sehr jungen Polizeichef von fünfundzwanzig Jahren, dessen Hass auf die Christen mindestens ebenso gross war wie seine Gier nach deren Eigentum».[130]

Die Hauptstadt war kosmopolitisch geblieben. Zahlreiche Diplomaten, Kaufleute und Journalisten lebten hier. Viele, aber längst nicht alle von ihnen waren Angehörige der verbündeten Staaten. Talât war sich von Anfang an bewusst, dass in Bezug auf Istanbul ein spezielles Vorgehen erforderlich war. Deshalb liess er es vorerst bei der Verhaftung der armenischen Elite und bei der Deportation jener Armenier, die keine Langzeitansässigen waren, bewenden.[131] In jeder Region und Provinz variierte Talâts genozidales Programm gemäss lokalen Gegebenheiten. Deportationen aus dem Osten Kleinasiens zählten, wie schon erwähnt, kaum Männer in ihren Reihen, weil diese schon am Ausgangsort ermordet worden waren. Anders verhielt es sich mit den Deportationen aus dem westlichen Kleinasien und Thrakien, welche teilweise die Anatolische Eisenbahn als Transportmittel nutzten. Das Ziel war das gleiche – die Vertreibung der Armenier. Die Methode war in beiden Fällen rechtswidrig, korrupt und brutal, aber kurz- und mittelfristig effizient und zielführend. Talâts hochrangiger Beamter Hamid Kaptancızâde bezeichnete in seinen Memoiren Talâts Politikstil als Faktor des langfristigen Niedergangs des Landes. Der Minister pokerte um alles oder

---

130 Vgl. Talat Paşa, Hatıralarım ve müdafaam, 41. Alle Zitate, einschliesslich des Telegramms DH. ŞFR. 54–94, 22. Juni 1915, stammen von Gerçek, Report on Turks, 51 f. Vgl. Hilmar Kaiser: «Scenes from Angora, 1915: The Commander, the Bureaucrats and Muslim Notables during the Armenian Genocide», in: Kieser/Anderson/Bayraktar/Schmutz, End of the Ottomans, 141–166.

131 Kévorkian, Armenian Genocide, 540–543. Diese umfasssende Untersuchung bietet – Kapitel für Kapitel – sehr detailliert je regionale Zugänge.

nichts, und wenn es dann nicht nach Komitadschi-Wunsch lief, setzte er zur Korrektur des Schicksals alle rechtswidrigen Mittel ein, die ihm zu Verfügung standen. Dieser Stil hatte ältere Wurzeln, welche in dieser Untersuchung mit imperialer Voreingenommenheit – mit eigener Herrschaft als letztgültigem soziopolitischem Wert und Ideal – in Zusammenhang gebracht werden. Im Unterschied zum imperialen Habitus vor ihm sah Talât sich als Revolutionär im Dienst eines modernen Türkismus indes an keine Norm und Tradition gebunden.[132]

Diyarbekir und sein Gouverneur Dr. Mehmed Reşid sind ein anschauliches Beispiel für Talâts Vorgehen und Führungsstil. Der Innenminister war vertraut mit dem früheren Distriktgouverneur von Karesi Dr. Reşid, der sich zu einem Rûm-Hasser entwickelt hatte. Er hatte ihn als Assistenten und Aufpasser eines der beiden Generalinspektoren für die Ostprovinzenreformen vorgesehen (siehe Kapitel 26). Auch seinen eigenen Mitarbeiter vom Innenministerium in Istanbul, Hamid Kapancızâde, kannte er gut, den er Anfang September 1914 zum Gouverneur von Diyarbekir ernannte. Talâts Problem mit Hamid war aber dessen überlegte Wesensart, Unkorrumpierbarkeit und Gerechtigkeitssinn. Einem Gouverneursbericht zufolge hatte der Reformplan vom Februar 1914 «helle Aufregung und grosse Befürchtungen unter der islamischen Bevölkerung» von Diyarbekir ausgelöst. In der Folge schürten Mitglieder der CUP-Zweigstelle in Diyarbekir, die Feyzi Pirinççizâde nahestanden, den Hass gegen die örtlichen Christen. Diese waren, gemäss Hamids Vorgänger, «völlig verzweifelt». Der erste Schritt von Hass zu Gewalt fand am 19. August 1914 statt, als der Hauptmarkt der Stadt abgebrannt und die armenischen Händler ausgeplündert wurden. Im Herbst 1914 begann Hamid mit Erfolg, in der Stadt und der Provinz die Sicherheit der Bevölkerung wieder zu gewährleisten. «Ich bewies gegenüber den Armeniern keine Freundschaft», gab er auf Vorwürfe zur Antwort, «aber auch keine Feindschaft. In meiner Zeit [als Gouverneur] gab es keinen Vorfall, der [berechtigterweise] Anlass für eine feindliche Gesinnung gegen diese armenische Nation hätte geben können.» Als nun Enver Pascha Hamid den Befehl erteilte, die diesem unterstellte Einheit von erfahrenen Gendarmen nach Erzurum zu schicken, um sich dort an den Kriegshandlungen zu beteiligen, insistierte Hamid, dass er auf diese Männer dringend angewiesen sei, um in seiner Provinz Recht und Ordnung aufrechterhalten zu können. «Vernünftige Argumente aber waren vergeblich.» Die Priorität galt dem Angriffskrieg, nicht dem inneren Frieden.[133]

Hamid war es auch, der sich in Diyarbekir der in grossem Stil betriebenen Beraubung von Armeniern widersetzte, die unter dem Deckmantel von Beschlagnahmungen und Kriegssteuern von Beamten, Offizieren und Notabeln begangen wurde. Daher war er bei der einheimischen Elite unbeliebt und wurde beschuldigt, die Armee zu verleumden. Aber der Hauptvorwurf, der im Frühjahr 1915 gegen ihn im Raume stand, war seine Haltung – die antiarmenischen Befehle nicht in der brutalen und verbrecherischen Weise umzusetzen, wie sie für das genozidale Ziel erforderlich war. Und so ersetzte Talât ihn Ende März 1915 durch Reşid. Hamid, der auch «der Verrückte» genannt wurde,

---

132 Kapancızâde Hamit, Anıları, 493–495.
133 Ebd., 476; Uğur Ü. Üngör: «Disastrous Decade. Armenians and Kurds in the Young Turk Era, 1915–25», in: Jongerden/Verheij, Social Relations, 273 f.

war einer der raren hohen Funktionäre innerhalb des Staatsapparats, der – innerlich weitgehend frei von imperialer Voreingenommenheit – sein nüchternes Denken auch dann nicht verlor, als seine Vorgesetzten alles daransetzten, die osmanischen Armenier pauschal zu stigmatisieren. Diese moralische Stärke und sein unbestechlicher Blick auf die Tatsachen unterscheiden ihn auch von gewissen hohen Staatsdienern des CUP, die ebenfalls an ethischen Standards festhielten und gegen einen parteiischen Regierungsstil protestierten, aber dennoch verankerte Vorurteile namentlich gegen die armenischen Christen tradierten – zum Beispiel Ahmed İzzet Pascha.[134]

Mehmed Reşid war ein Jahr älter als Talât und 1889 ein Mitbegründer des CUP gewesen. Für Talât war er kein einfacher Untergebener. Hinzu kam, dass Reşid gegen Ende 1914 ein nervöses oder gar gestörtes Verhalten an den Tag legte, nachdem Talât ihn samt Familie mehrfach versetzt hatte. Süleyman Nazif, Gouverneur von Bagdad, schrieb Ende 1914 über ihn: «An die Stelle des alten souveränen Charakters und der Ruhe [von vor 1912] traten ein unerträglicher Ehrgeiz und eine entsprechende Arroganz.» Nazif hatte Reşid in Bagdad getroffen, kannte ihn aber schon aus früheren Zeiten. Er beobachtete zudem einen erschreckenden Mangel an Disziplin bei Reşids Kindern: Im Haus eines Engländers, in dem die Familie vorübergehend wohnte, bis Reşid als Gouverneur für wenige Monate nach Basra versetzt wurde, zerstörten sie wertvolle alte Bücher und Bilder, ohne dass der Vater einschritt. Von seinem neuen Wirkungsort Basra aus informierte Reşid dann Talât, wie südirakische Stämme und weitere lokale Kräfte organisiert werden sollten, um «die Feinde ins Meer zu werfen». Drei Monate später wurde er nach Diyarbekir versetzt, wo er ein Jahr lang als Provinzgouverneur amtete.[135]

Gouverneur Reşid versicherte seinem Vorgesetzten im Voraus, dass er in Diyarbekir scharf gegen die Armenier durchgreifen werde. Ganz anders als Hamid verbrüderte er sich unmittelbar nach seiner Ankunft mit der örtlichen muslimischen Elite, die der CUP-Zweigstelle nahestand. Sehr bald schon brüskierte er die Armenier, die übrigen Christen und selbst die Jesiden, die alle leicht als Sündenböcke hingestellt werden konnten. Seit ihren Anfängen im späten 19. Jahrhundert verachtete die CUP-Clique in Diyarbekir die Minorität der Jesiden wegen tief verankerter religiöser Vorurteile. Seine Mitteilung ans Innenministerium vom 17. April, in der Reşid harte Massnahmen gegen die Jesiden ankündigte, begann mit der gleichen stereotypen Floskel, die auch Talât gegen die Armenier und Assyrer vorbrachte: «Schon immer waren es die Jesiden», die diese oder jene Missetat begangen haben sollen.[136] In verleumderischer Weise schob Reşid die Schuld für vorgefallene Unregelmässigkeiten bei den Requisitionen auf die armenischen Mitglieder einer Kommission, die von der örtlichen CUP beherrscht war, um dann umgehend eine Aktion einzuleiten, mit der die lokalen Behörden von den armenischen Angestellten gesäubert werden sollten.

Reşid hatte eine ihm loyale Truppe von ungefähr dreissig überwiegend tscherkessischen Männern mitgebracht, die schon in Karesi für ihn im Einsatz gestanden hatten.

---

134 Vgl. Ahmed İzzet, Feryadım, Bd. 1, 180, 220–229.
135 Reşid an Talât, 6. Dezember 1914, BOA, DH. ŞFR. 452-60; Süleyman Nazif: «Doktor Reşid», in: Hadisat, 8. Februar 1919, abgedruckt in Şahingiray, Hayatı ve Hâtıraları, 167–171.
136 BOA, DH. EUM. 2. Şb. 16-26.

Dieses Einsatzkommando bildete den Kern seiner Sicherheitskräfte in Diyarbekir. Zusätzlich verstärkt wurde es durch die örtliche Gendarmerie und eine Miliz unter Mustafa Cemilpaşazâde, einem prominenten Mitglied der örtlichen CUP. Talât überwies Reşid auf telegrafischem Weg den namhaften Betrag von fünfhundert türkischen Pfund für diese – in Hilmar Kaisers Worten – «terroristische Organisation».[137] Sie war Reşids wichtigstes Instrument in einer Welle von Repression, der in der Provinz Diyarbekir im Frühling und Sommer 2015 die meisten Armenier und eine Mehrheit anderer Christen durch Mord zum Opfer fielen. Bereits am 16. April 1915 kreisten Einsatzkräfte das armenische Quartier ein, durchsuchten die Häuser, vergewaltigten Frauen und plünderten und verhafteten mehrere Hundert Männer. Reşid nahm hier Massnahmen vorweg, die sein Chef Talât erst am 24. April landesweit in Kraft setzte. Ganz im Sinne seiner radikal antichristlichen Denkart und der vorherrschenden allgemeinen religiösen Polarisierung im Osten unterschied Reşid kaum zwischen armenischen und assyrischen Christen. Er war ein kulturell geprägter Muslim ohne persönliche Frömmigkeit und vor allem ein Sozialdarwinist, der sich dem Credo des islamischen Türkismus verschrieben hatte. Als solcher war er entschieden dagegen, die «Tür der Bekehrung» offen zu halten, durch welche Armenier sich als Konvertiten hätten retten können.[138]

In seinem Tagebuch äusserte sich Cavid im späten Sommer 1915 dahingehend, dass sich Talât mit «gestörten Ideen» identifiziere.[139] Diese stammten allerdings nicht nur, wie Cavid schrieb, von «ein paar Idioten aus dem Zentralkomitee», wie etwa von Bahaeddin Şakir, sondern bedeutenderweise auch von Protagonisten vor Ort, wie Reşid einer war. Denn ebenso stark wie Talât die ihn umgebenden Kräfte als Führer steuerte, war er gleichzeitig auch deren Abbild und Knotenpunkt. Diese grundlegende Tatsache gilt es im Auge zu behalten. Man sollte sich nicht von Talâts zuweilen bewusst täuschenden (und zu anderen Zeiten auch einfach nur plumpen) Äusserungen irreführen lassen, ebenso wenig von gewissen Schreiben oder administrativen Abläufen, die jeweils nur einen engen Ausschnitt aus einem viel umfassenderen Gesamtbild von Talâts tatsächlicher Herrschaft wiedergeben. Am 27. April 1915 informierte Reşid Talât über jene Massnahmen, die bereits umgesetzt wurden oder demnächst in der ganzen Provinz noch umgesetzt werden sollten. Er zog dabei die Schlussfolgerung, dass sich in seiner Provinz hoffentlich «die Frage der östlichen Provinzen in Kürze nicht mehr stelle». Beide wussten, dass die Beseitigung der Armenier gemeint war. Damit traf er voll ins Schwarze bezüglich jener Themen, die Talât wirklich beschäftigten. In dieser Hinsicht meinte der Innenminister vier Monate später gegenüber der deutschen Diplomatie vollmundig, dass sich die armenische Frage nicht mehr stelle.[140]

---

137 Dies ist die Bezeichnung, welche Kaiser, Extermination, 149, 154 f., 165–167, verwendet. Briefe des amerikanischen Arztes Floyd Smith, bis Mai 1915 in Diyarbekir im Einsatz, an James Barton, 25. August, 18. und 20. September 1915, American Board of Commissioners for Foreign Missions archives, Houghton Library Boston, ABC 16.9.7.
138 Reşid an Talât, 25. Juni 1915, BOA, DH. ŞFR. 477-14. Talât hatte ihm den Auftrag erteilt, die Konvertiten innerhalb der Provinz zu zerstreuen (Talât an die verschiedenen Provinzen, 22. Juni 1915, DH. ŞFR. 54-100).
139 Cavid, Tagebuch, Bd. 3, 135.
140 Reşid an Talât, 27. April 1915, BOA, DH. ŞFR. 468-146; Hohenlohe (Botschafter in Sondermission) an Bethmann Hollweg, 4. September 1915, PA-AA, R 14087, Nr. 549.

Regionale Anführer und Beamte wie Reşid handelten aktiv und proaktiv weitgehend im von Talât gesetzten Rahmen. Der Innenminister bestimmte einerseits die Entwicklung der genozidalen Politik, andererseits akzeptierte und nutzte er die Entwicklungen, die sich vor Ort ergaben. Das schloss gelegentliche harsche Nachfragen nicht aus, auch nicht bei Reşid, wie wir gleich sehen werden. Aber Talât stellte ihn nie als Verantwortlichen eines brutalen, gesetzlosen und undisziplinierten Lumpenregimes in der Provinz infrage. Der Gouverneur musste nicht um seine Stellung und Besoldung fürchten. Es genügte Talât, dass Reşid auf der Linie des Einparteiregimes agierte. Schon vor seiner Ankunft in Diyarbekir war Letzterer angeschlagen gewesen. Er unternahm alles, um radikal patriotischen Eifer unter Beweis zu stellen und möglichst aggressive Vorschläge nicht nur für die Provinz Diyarbekir, sondern auch für das benachbarte Urfa einzubringen. Sein Extremismus ging einher mit einer fast schon hysterischen Denkweise. Im Fall von Urfa beschuldigte er die dortigen Verantwortlichen eines passiven Verhaltens und drohte, «die Muslime würden die Regierung [das Regierungsgebäude] besetzen». Wie die Anstifter der Mobgewalt von 1895 diffamierte auch Reşid 1915 die Armenier pauschal als Verräter, die schon bald «schamlos die Muslime angreifen und massakrieren» würden, weshalb sie zuvor vernichtet werden müssten.[141]

Wie Reşid gegenüber seinem Vorgesetzten einräumte, kam es in Diyarbekir unbestreitbar zu Übergriffen, Mord und Raub, aber er versicherte Talât «mit absoluter Ehrlichkeit», dass er alles unternommen habe, um solche Vorfälle zu verhindern. Doch die Ortsansässigen hätten die lang gestreckten Züge von sich dahinschleppenden Deportierten wie ein «Heer von Ameisen» angegriffen. In diesem Punkt lag er nicht ganz falsch: Es gab raubmörderische Übergriffe durch breite Kreise von Tätern aus der Bevölkerung. Ebenso wenig lag Talât falsch, wenn er auf Fehler hinwies, die in den Provinzen gemacht wurden. Aber er tat dies, um Verantwortung abzuschieben und nach aussen seine Politik schönzureden. Tatsache war, dass nationale, regionale und lokale Instanzen in bereitwilliger Zusammenarbeit an einem Zerstörungsprojekt partizipierten, dessen Architekt Talât hiess. Reşid bestätigte am 18. September 1915, dass er 120 000 Armenier aus seiner Provinz entfernt und es vollbracht habe, nicht nur die Armenier der eigenen Provinz, sondern auch diejenigen aus dem Norden, die in die Provinz Diyarbekir gelangten, vollständig zu «verschicken».[142] In diesem Fall von Diyarbekir hiess das im Klartext, dass nahezu alle Betroffenen noch innerhalb der Provinz zu Tode kamen.

Bei allem Selbstlob für destruktive Grosstaten lassen Reşids Telegramme und seine übrigen Schriften[143] eine defensive, zutiefst unsichere, entwurzelte Persönlichkeit erkennen. Umso aggressiver handelte er nach Massgabe simpler Ideologeme. Reşids schriftlicher Austausch mit seinem Vorgesetzten gab diesem somit immer ein Druckmittel in die Hand, das er gegenüber seinem etwas schwierigen Untergebenen

---

141 Reşid an Talât, 24. Juni 1915, BOA, DH. ŞFR. 477-11.
142 Reşid an das Innenministerium, 18. September 1915, BOA, DH. EUM. 2. Şb. 68/71, in: Armenians in Ottoman Documents, 105. Vgl. Reşid an Talât, 16. Juli 1915, DH. ŞFR. 480-40; Talât an Reşid, 27. Juli 1915, DH. ŞFR. 54-A-117; 2. August 1915, DH. ŞFR. 54-A-248, und Reşid an Talât, 4. August 1915, DH. ŞFR. 482-83 (dieses Telegramm enthält auch den Vergleich mit den Ameisen).
143 Şahingiray, Hayatı ve Hâtıraları.

anwenden konnte. Obwohl Reşids Einbezug der Assyrer in die genozidale Politik zu diplomatischen Friktionen mit den Deutschen und einem Rüffel von Talât an seinen Untergebenen führte, stand der Vorgesetzte am Ende dennoch hinter seinem Gouverneur, der weder fähig noch Willens war, nichtarmenische Christen zu beschützen. Für Reşid waren sie alle geistig «vergiftet» und «durch englische [gemeint: amerikanische] Missionare gegen uns eingestellt». Der Extremist erwies sich als äusserst nützlich und effizient im Sinne des Innenministers und Parteibosses. Das trifft 1915 auf die Armenier ebenso wie 1913 und 1914 auf die Rûm zu. Keine Unterstützung von Talâts Seite erfuhren hingegen Distriktgouverneure wie Hüseyin Nesimi und Ali Sabid, die sich den brutalen Befehlen von Reşid verweigerten und in der Folge von dessen Todesschwadron umgebracht wurden. Talât drängte in derartigen Fällen keineswegs auf eine korrekte Strafverfolgung. Politische Zweckmässigkeit überdeckte alles, auch die schlimmsten Verbrechen. Talât unterstützte jene, die bei seinem Plan gewaltsamer Bevölkerungspolitik und wirtschaftlichen Transfers mitmachten. In Anatolien bedeutete das, die einheimischen Christen, primär die Armenier, zum Vorteil des Staates und der Muslime zu eliminieren und zu berauben. Es war selbst zweitrangig, dass das Raubgut zuweilen für regionale oder persönliche Bedürfnisse verwendet wurde und nicht der Zentralregierung zugute kam, wie das Gouverneur Reşid und die korrupte örtliche Kommission für zurückgelassenes Eigentum praktizierten.[144]

33 Die Bündelung antichristlicher Kräfte in den Ostprovinzen

Gouverneur Reşid arbeitete ab Ende März 1915 proaktiv auf die Vernichtung der osmanischen Christen in seiner Provinz Diyarbekir hin. In der Provinz Erzurum waren es das Kommando der Dritten Armee, die Sonderorganisation (SO) sowie die Verantwortlichen der Provinzregierung, welche sich ab Anfang Mai als Vorreiter einer mörderischen Vertreibung der armenischen Bevölkerung hervortaten. Zuvor hatten sie begonnen, Talâts Wahrnehmung und Konzeptualisierung der Armenier und der Ostprovinzen massgeblich zu beeinflussen. Sämtliche dortigen Akteure arbeiteten eng mit Talât zusammen. Einmal mehr war Talât einerseits das Spiegelbild und der Knotenpunkt der kooperationswilligen Kräfte vor Ort und in der Hauptstadt, andererseits steuerte und koordinierte er all diese Kräfte aktiv. Der Führer der SO, Bahaeddin Şakir, und Gouverneur Tahsin, beide enge politische Freunde von Talât, hatten ihren Sitz in Erzurum. Hier befand sich auch das Hauptquartier der Dritten Armee mit Mahmud Kâmil Pascha, dem militärischen Kommandanten in den Ostprovinzen an der Spitze.

Şakir war im März 1915 nach Istanbul gereist, um das Komitee über «die armenische und andere Angelegenheiten» zu informieren. In Absprache mit den benachbarten Provinzen hatten Tahsin und Kâmil «den im Vorgehen gegenüber den Armeniern zu verfolgenden Kurs beschlossen», wie Tahsin am 18. März Talât wissen liess. Tahsin bezeichnete die von Vramian vorgebrachten Klagen als «Unsinn» und meinte,

---

144 Reşid an Talât, 16. Juli 1915, BOA, DH. ŞFR. 480-40; Kaiser, Extermination, 287.

«im Augenblick» seien die Versetzung der armenischen Soldaten in unbewaffnete Arbeitsbataillone sowie Sanktionen gegen armenische Deserteure die angemessenen Verhaltensweisen; «eine auf gewisse Gebiete begrenzte Angelegenheit sollte nicht aufgebauscht werden».[145] Die sprachliche Formulierung zeigt, dass in Erzurum zu diesem Zeitpunkt (Mitte März) unterschiedliche Szenarien zum Umgang mit den Armeniern in Diskussion waren. Auch in Istanbul wurden im Gespräch mit Şakir solche Vorgehensvarianten diskutiert, bevor er Anfang April wieder nach Erzurum zurückkehrte. Klar wird aus Tahsins Mitteilung an Talât vom 18. März, dass er noch nicht auf Şakirs extremistische Linie eingeschwenkt war.

Die Korrespondenz zwischen Talât und Tahsin aus der Zeit zwischen Ende Dezember 1914 und April 1915 belegt indessen eindrücklich, wie Tahsin, ein junger, aber einflussreicher und vielfach anständiger Gouverneur, der von den Armeniern in Van geachtet wurde, unter dem Druck höhergestellter Funktionäre in Erzurum klein beigab und bald immer tiefer in den Sumpf monströser Unmenschlichkeiten geriet. Sein naiver Glaube an Eroberungen gen Turan und seine Bereitschaft zur Verfolgung einer entsprechenden Politik liessen allerdings seine Unreife und Unberechenbarkeit, die er mit vielen CUP-Freunden teilte, früh erahnen. Imperiale Voreingenommenheit und antiarmenische Vorurteile machten ihn anfällig für den Schritt hin zum Genozid.[146] Emotional war er unstabil. Ende 1914 befand er sich immer noch in Hochstimmung («der Krieg wird mit vollem Erfolg weitergeführt»); nüchterner, aber immer noch kämpferisch dann am 10. Januar 1915 («voller Zuversicht werden wir kämpfen und ohne Zweifel auch gewinnen»); und schliesslich niedergeschlagen Ende Januar, wie aus einem langen Telegramm hervorgeht. Zu diesem Zeitpunkt war die Katastrophe des Angriffskriegs mit ihren Folgen samt Ausbreitung von Typhus und Zehntausenden von muslimischen Flüchtlingen bereits nicht mehr zu leugnen.[147]

Trotzdem flüchtete er sich auch jetzt noch im Briefwechsel mit Talât in Illusionen und hätschelte seinen Traum von der Eroberung eines bedürftigen Kaukasus: «Der Krieg um den Kaukasus ist wie ein neugeborenes Kind, das eben gerade seinen Namen erhalten hat. [...] Machen wir es jetzt nicht zum Waisenkind.» Doch Depression überwog. Es gab «kein Haus in Erzurum ohne Tränen. Elend und Kummer haben einen Höhepunkt erreicht.» Sieg und Rache waren in den Augen von Tahsin das einzige wirksame Heilmittel «für die Bevölkerung in der Provinz». Anfang März 1915 veränderten sich Tahsins Auffassung und Sprache merklich. Er verwies auf den Informationsaustausch, den er mit den benachbarten Provinzen pflegte, und beschrieb «die Armenier aus dem Umland» nun «aufgrund von vielen Gründen und Beweisen» als Russophile, die «sich für einen Aufstand entschieden haben, der zum passenden Zeitpunkt beginnen soll». Er bat Talât darum, «sich dieser Sache doch bis spätestens im April anzunehmen». Dieser Sprachstil glich auffallend jenem von Tahsins eng vertrautem Parteibruder Abdülhalik, dem Gouverneur von Bitlis, welcher andert-

---

145 Tahsin an Talât, 18. März 1915, BOA, DH. ŞFR. 465-81; Talât an das Gouvernement von Erzurum, 5. April 1915, BOA, DH. ŞFR. 51-215.
146 In einer kurzen Mitteilung an das Innenministerium vom 23. Dezember 1914 verwendete er zum Beispiel die pauschalisierende Ausdrucksform «der verräterische Armenier», BOA, DH. ŞFR. 454-145.
147 Tahsin an Talât, 24. Dezember 1914, BOA, DH. ŞFR. 455-40; 31. Dezember 1914, BOA, DH. ŞFR. 456-17; 10. Januar 1915, BOA, DH. ŞFR. 457-26; 26. Januar 1915, BOA, DH. ŞFR. 459-38.

halb Monate später, am 18. April 1915, in einem Telegramm gegenüber Talât offen Massenmord vorschlug: «Die Vernichtung dieser Elemente [der Armenier von Bitlis], welche in diesen Gegenden des Heimatlandes schon immer eine Bedrohung für den Staat darstellten, ist ein Erfordernis um der Sicherheit des Staates willen.» Ganz im Sinne des vom CUP vertretenen Sozialdarwinismus bekundete Abdülhalik im selben Telegramm grosse Befürchtungen im Hinblick auf eine armenischen Dominanz in der Region, die sich aus der sozialökonomischen Überlegenheit und kulturellen Stärke der Armenier ergebe sowie aus den demografischen Entwicklungen, die die Muslime aufgrund des Kriegsgeschehens benachteiligen würden. Der Angst um Verlust der Vorherrschaft, die unter seinesgleichen herrschte, begegnete er mit dem extremen Vorschlag, die Armenier auszurotten.[148]

Ein Telegramm von Tahsin vom 22. April 1915 war ein weiterer Auslöser für die Befehle, die Talât am 24. April erliess. Zuerst wies Tahsin darauf hin, dass er sich häufig auf telegrafischem Weg mit Cevdet und mit Mustafa Abdülhalik austausche. Dann kam er auf eine heikle Situation in Van zu sprechen, die er «in jeder Hinsicht als einen Aufstand zugunsten der Russen» einschätzte. Das Ereignis könne aber ein isolierter Einzelfall bleiben, falls es, «Gott sei darum gebeten, schnell und gewaltsam unterdrückt» werde, was Gouverneur Cevdet gerade zu tun versuche. Falls das nicht gelinge, müsse man ernsthaft «mit einer Ausweitung der Rebellion auf die anderen Provinzen rechnen». Es war – im Widerspruch zu dem, was Talât am 24. April und die türkische Geschichtsschreibung seither behauptete – keine Rede von einem im Gang befindlichen allgemeinen Aufstand. Dann fiel Tahsin zurück in einen imperialen Sprachduktus: «Wenn Armenier Muslime angreifen, dann ist es nur logisch, dass sie einem gegenseitigen Massaker[149] ausgesetzt werden; so will es der Lauf der Dinge. Wenn nun die Hohe Pforte den befreundeten Staaten erklärt, was politisch erforderlich ist, dann werden sie [uns] vielleicht zukünftig nicht [von der Umsetzung unseres Plans] abhalten. Sie werden kein Aufheben machen.»[150]

Für Talât war das ein wichtiger Hinweis und Rat. Im gegebenen Kontext implizierte die Formulierung «was politisch erforderlich ist» geradezu zwingend ein gewaltsames Vorgehen, wenn nicht zielgerichtete Massengewalt. Und tatsächlich waren systematische lokale Massaker Teil des Plans vom April 1915, wie Talât selber zugestand, als er Ende August schrieb, es bedürfe keiner weiteren Gräueltaten mehr, denn «die Angelegenheit der Armenier als Problem der Ostprovinzen ist erledigt». Informationen der militärischen und zivilen Aufklärungsdienste von Erzurum vom April 1915, die die Ostprovinzen betrafen, liessen auf nicht mehr als einen regionalen

---

148 Tahsin an Talât, 3. März 1915, BOA, DH. ŞFR. 463-82. Vgl. dazu das Schreiben des deutschen Vizekonsuls Scheubner-Richter aus Erzurum an Wangenheim vom 3. März 1915, PA-AA, BoKon/168, in welchem «scharfe Massnahmen der Militärbehörden» gegen die Armenier bestätigt werden. Abdülhalik an Talât, BOA, DH. ŞFR. 467-120, teilweise zitiert in Mehmet Polatel: «The State, Local Actors, and Mass Violence in Bitlis Province», in: Kieser/Anderson/Bayraktar/Schmutz, End of the Ottomans, 130; im gleichen Band ist auch zu beachten Hilmar Kaiser: «Tahsin Uzer: The CUP's Man in the East», 93–115.
149 Unter Sultan Abdulhamid wurden die Massaker an den Armeniern in offiziellen Berichten und nach aussen als gegenseitiges, aber von den Armeniern provoziertes Morden dargestellt.
150 Tahsin an das Innenministerium, 22. April 1915, BOA, DH. ŞFR. 468-66.

Aufstand von Armeniern schliessen. Es handelte sich hierbei aber – mit Ausnahme der örtlich klar begrenzten armenischen Selbstverteidigung in Van – um eine Information, die sich auf reine Verdachtsmomente stützte. Ein Militärbericht der Dritten Armee an das Hauptquartier von Enver vom 14. April hatte jede «ernst zu nehmende und allgemeine Aufstandsbewegung» ausdrücklich ausgeschlossen, zumal jene, denen man es zugetraut hätte, einen solchen Aufstand überhaupt anzuzetteln, «den Mut dazu nicht hatten», obschon die allgemein delikate Situation gewiss Gelegenheit für einen Aufstand geboten hätte. Auf jeden Fall waren die Gouverneure und das Armeekorps instruiert, jegliche verdächtige Aktivität der Armenier sofort im Keim zu ersticken. Es gab keine Unruhen in Erzurum, «aber die armenische Bevölkerung ist sehr besorgt und befürchtet, dass es zu Massakern kommen könnte», berichtete der deutsche Vizekonsul Max Scheubner-Richter Ende April. Wie die Armenier selber, so nahm auch Vizekonsul Scheubner-Richter Tahsin immer noch als einen freundlichen und gemässigten Funktionär wahr, weil er ihn vor allem nach seinen angenehmen Umgangsformen und seinem guten Ruf aus seiner früheren Amtstätigkeit in Van beurteilte.[151]

In Wirklichkeit war Tahsin fortan nicht nur der willige Vollstrecker von Talâts Anordnungen, wie dieser sie in den Instruktionen vom 24. April erliess, sondern er blieb auch weiterhin der proaktive Mitarbeiter, der eigene Vorschläge einbrachte und unaufgefordert Informationen über die benachbarten Provinzen lieferte.[152] Er stand seinem Vorgesetzten näher und verfügte über grösseres Selbstvertrauen als Reşid; dennoch fühlte er sich verpflichtet, gegenüber dem Vorgesetzten Talât seine Ergebenheit und seinen glühenden «Idealismus» (*mefkûrecilik*), sein nationalistisches Glaubensbekenntnis im Geiste Gökalps, wiederholt zu beweisen. Wie im imperial geprägten Kommunikationsstil üblich, knauserte Tahsin dabei auch nicht mit Respektsbekundungen gegenüber seinem Vorgesetzten. Immer wieder taucht die Höflichkeitsfloskel auf: «Mit dem allergrössten Respekt küsse ich Ihre Hände.» Während das Du üblich war im Umgang der selbst erklärten CUP-«Brüder», befleissigten sie sich in der offiziellen Korrespondenz der Höflichkeitsform. Talâts stärkster Trumpf bei seinen Interaktionen mit Untergebenen und politischen Freunden war, dass er es geschafft hatte, sie alle von seinem überlegenen Patriotismus zu überzeugen. Das machte ihn nahezu unverwundbar und verschaffte ihm als Innenminister die Möglichkeit, den imperialen Verwaltungsapparat dazu zu nutzen, das osmanische Gesellschaftsgefüge nach seinen von Ziya Gökalp beeinflussten Vorstellungen zu zerstören.

Als Reaktion auf einen entsprechenden Vorschlag aus Militärkreisen befahl Talât am 9. Mai Cevdet und Abdulhalik, den Gouverneuren von Van und Bitlis, die Armenier mit Unterstützung der Armee «von Orten, wo sie in hoher Konzentration ansässig sind, in den Süden» zu deportieren. Weil bei dieser Aktion ein Teil der Provinz Erzurum mitbetroffen war, war auch Tahsin von diesem ersten Befehl zur Entfernung aller Armenier einer bestimmten Region betroffen. «Diese Bemühungen werden zu

---

151 Talât an das Gouvernement von Ankara, 29. August 1915, BOA, DH. ŞFR. 55-290; 14. April 1915, in: Arşiv belgeleriyle Ermeni faaliyetleri, Bd. 1, 79; Scheubner-Richter an Wangenheim, 26. April 1915, PA-AA, BoKon/168. Vgl. Scheubner-Richter an Wangenheim, 15. Mai 1915, ebd.
152 In einem Telegramm vom 5. Mai informierte er das Innenministerium über seine entsprechenden Taten, BOA, DH. ŞFR. 469-132.

sehr nützlichen Ergebnissen führen», versprach Talât in seinem Telegramm. Die «Verschickungen» aus Van und Bitlis verzögerten sich allerdings. Im Vergleich zu diesen Aktionen waren die Umsiedlungen aus Dörtyol und Zeytun, die im Februar und März von der Vierten Armee initiiert worden waren und anfänglich nach Konya führten, sowie jene der Bewohner aus Van, die von Envers Hauptquartier am 2. Mai veranlasst wurde, stärker eingegrenzt. Daher was es Innenminister Talât, der erst einen umfassenden «Verschickungs»-Plan entwickelte und diesen ab Mai auch sukzessive landesweit umsetzten liess.[153]

Mitte Mai begann Tahsin damit, die ersten Dorfbewohner zu deportieren, aber er hatte Talâts Plan in seiner ganzen Dimension noch nicht wirklich begriffen. «Ich habe nicht an so weite Entfernungen gedacht wie an [Der ez-]Zor. [...] Da es in Kastamonu [Nordanatolien, westlich von Erzurum] noch keine Armenier gibt, hatte ich vor, sie dorthin zu schicken. Aber jetzt werde ich sie, gemäss deinem Befehl, nach Urfa und Mosul schicken.»[154] Tahsins Briefwechsel mit Talât deckt auf, wie er unter Befolgung von Talâts Instruktionen die «Verschickungen» organisierte, wobei er gegenüber dem deutschen Vizekonsul mit Nachdruck militärische Erfordernisse der Dritten Armee unterstrich, denn «militärische Notwendigkeit» war das einzige Argument, das deutschen Diplomaten gegenüber für Umsiedlungen dieses Ausmasses geltend gemacht werden konnte. Wie aus den bisherigen Ausführungen klar wurde, beeinflusste der CUP-Kreis in Erzurum, wo unter anderem General Kâmil und SO-Anführer Dr. Şakir Vernichtungsabsichten unumwunden kundtaten, die Planung des landesweiten Genozids. Von Erzurum aus, dem Nervenzentrum des CUP-Regimes in den Ostprovinzen, nahm der Völkermord an den Armeniern seinen Anfang. Bemerkenswerterweise gab es noch eine letzte selbstkritische Anwandlung in Tahsins Seele, einen Anflug von Wahrhaftigkeit: «Es hätte in Van keinen Aufstand gegeben, wenn wir nicht selbst, mit unseren eigenen Händen, indem wir gewaltsam vorgingen, diese unmögliche Situation verursacht hätten, aus der wir es nicht mehr schaffen herauszukommen, wie auch die schwierige Situation, in die wir die Armee an der Ostfront gebracht haben», schrieb er am 13. Mai 1915 an Talât.[155]

Während Tahsin beim Anblick muslimischer Flüchtlinge und des Leids der Muslime in Erzurum Emotionen zeigen konnte, liess er bei den osmanischen Armeniern jegliches Mitgefühl vermissen, ob sie nun abgeschlachtet wurden oder zu Zehntausenden vor Hunger starben.[156] Sein Schreiben und Handeln war fortan dasjenige eines einzig auf die türkisch-muslimische Nation konzentrierten Sozialdarwinisten. Er war beflissen, Talât über die erfolgreiche Umsetzung seiner Befehle auf dem Laufenden zu halten und zeigte sich in höchstem Mass irritiert über die Solidarität, die der deutsche Vizekonsul Scheubner-Richter mit den armenischen Opfern bekundete, und dass dieser Verbrechen an den Armeniern untersuchen wollte: «Ihr Verhalten ist eine Schande angesichts der Tatsache, dass Hunderttausende von Muslimen für unsere gemeinsame

---

153 Talât an Cevdet und Abdülhalik, 9. Mai 1915, BOA, DH. ŞFR. 52-282. Vgl. Akçam, The Young Turks' Crime, 189 f.
154 Tahsin an Talât, 19. Mai 1915, BOA, DH. ŞFR. 471-114; Scheubner-Richter an Wangenheim, 16. Mai 1915, PA-AA, BoKon/168.
155 Gemäss Zitat in Kévorkian, Armenian Genocide, 231 und 867, Anm. 236.
156 Vgl. bereits Tahsin an Talât, 25. Mai 1915, BOA, DH. ŞFR. 472-71.

Sache ihr Leben lassen.» Doch der Deutsche gab nicht klein bei, als Tahsin sich bei Talât über ihn beschwerte. «Er sagte, er habe von der Botschaft einen Auftrag erhalten und werde einen Bericht über die Massenmorde verfassen», beklagte sich Tahsin bei Talât. Dieser bat Tahsin um weitere Informationen, die man gegen Scheubner-Richter verwenden und dann Wangenheim vorlegen könnte.[157]

Der Austausch zwischen Tahsin und Talât war intensiv: «Sollen die Armenier aus Harput und Diyarbekir und vor allem jene aus Sivas auch weggeschickt werden? In [der ganzen Provinz] Erzurum ist ihre Zahl auf weniger als die Hälfte [von 135000] gesunken. [...] In Ihrem ausgezeichneten ersten Befehl wurde die Handlungsnotwendigkeit bei dicht besiedelten Ortschaften betont. In dieser Provinz sind sie auf einen Bevölkerungsanteil von 4 Prozent [bezogen auf die Zentren] gefallen. Sollen wir die Armenier bis zum allerletzten Individuum wegschicken? Im Distrikt Hınıs wurden 3000 Männer von Kurden umgebracht. Insgesamt bleiben jetzt nur noch Frauen und Kinder übrig.»

Gleichsam beiläufig erwähnt dieses Schreiben vom 25. Mai den Massenmord an Tausenden von Zivilpersonen. Es bestätigt die Erkenntnis, dass armenische Männer und Jugendliche in den Ostprovinzen systematisch massakriert und nicht mit Frauen und Kindern «verschickt» wurden. Bemerkenswerterweise erhielt Tahsin von Talât die Antwort, es sei nicht nötig, die Armenier von Diyarbekir, Harput und Sivas zu deportieren. Talâts Schreiben wurde am 29. Mai abgefasst, also noch vor Wangenheims ausdrücklicher Zustimmung, «ein paar subversive Familien von den Zentren des Aufstands zu entfernen». Es ist denkbar, dass Talât damit gegenüber seinem Untergebenen den Eindruck einer gewissen Zurückhaltung bewahren oder auch einfach nicht alle seine Karten offen auf den Tisch legen wollte. In einer Mitteilung vom 23. Mai an Cemal, den Militärgouverneur von Syrien, hatte Talât jedoch bereits ein riesiges Gebiet bestehend aus Erzurum, Van, Bitlis, Adana, Mersin, Maraş, Iskenderun und Aleppo, definiert, aus dem – mit ein paar wenigen Ausnahmen – die Armenier «verschickt» werden sollten.[158]

Neben zahlreichen anderen Quellen sind es Tahsins Telegramme, die aufzeigen, dass der Staat vom Beginn der sogenannten Umsiedlungen an auf dramatische Weise in seiner ureigenen Aufgabe versagte, Staatsangehörige, Zivilpersonen zu schützen. An dieser Tatsache änderte auch Tahsins Behauptung nichts, er habe Gendarmen zum Schutz der Deportiertenkarawanen abkommandiert. Wieweit der Gouverneur selber in die Organisation von Massakern der SO, die weit über willkürliche Gewalt auf lokaler Ebene hinausgingen, involviert war, muss offenbleiben. Dank seiner Tüchtigkeit, seiner Loyalität und auch dank der engen Beziehung zu Enver war Tahsins Einfluss gross. Das zeigt sich auch im Kommunikationsstil, den er im Austausch mit Talât pflegte; er war charakterisiert durch eine Kombination von sachlicher Direktheit, verwegenen Vorschlägen, «idealistischen» Ergüssen eines Komitadschi und zwischen den Zeilen gemachten Anspielungen eines Insiders.

---

157 Tahsin an Talât, 24. Juni 1915, BOA, DH. ŞFR. 477-20; Talât an Tahsin, 5. Juli 1915, BOA, DH. ŞFR. 54-293. Bezüglich des Berichts von Scheubner-Richter siehe die Angaben weiter unten.
158 Tahsin an Talât, 25. Mai 1915, BOA, DH. ŞFR. 472-71; Talât an das Gouvernement von Erzurum, 29. Mai 1915, BOA, DH. ŞFR. 53-129; Talât an das Kommando der Vierten Armee, 23. Mai 1915, BOA, DH. ŞFR. 53-94.

Talâts Konzept von Vertreibung und Wiederansiedlung stellte den desillusionierten Gouverneuren der Ostprovinzen, die das Scheitern des Kaukasusfeldzug tief frustriert hatte, ein neues Ziel vor Augen. Es verlieh ihnen erneut das Gefühl von imperialer Machtfülle, nachdem sie in der Folge des gescheiterten Eroberungsfeldzugs Handlungsunfähigkeit und Machtlosigkeit hatten erfahren müssen und Zweifel am hochfahrenden Ideal von Turan aufgestiegen waren. Mit gleichsam jugendlicher Begeisterung nahm sich der 36-jährige Gouverneur Tahsin der neuen Aufgabe an. «Wenn Sie 40 000 bis 50 000 Muhacir aus Rumelien schicken, dann können die hier unter recht freundlichen Bedingungen wieder angesiedelt werden und eine neue Lebensgrundlage finden», schrieb er in einem Telegramm von Ende Mai. In diesem gleichen Telegramm wurde auch die rasche Wiederansiedlung von Muhacir im Distrikt Kığı verlangt, weil sonst «Banditen aus Dersim» den Muhacir hätten zuvorkommen und die Ausstattung der Häuser stehlen oder zerstören können.[159]

Die Umsetzung von Talâts Plan begann in Diyarbekir und Erzurum und machte ganz Kleinasien und Nordsyrien innerhalb von Monaten zu einer Arena von Massenraubmord und zahllosen weiteren willkürlich begangenen Verbrechen. Zahlreiche Dörfer und landwirtschaftlich genutzte Flächen wurden zur Beute, die muslimischen Migranten für ihre Neuansiedlung überlassen wurde, sofern sich nicht schon andere bedient hatten. Die «Verschickten» selber und was sie an privatem Besitz mitnehmen konnten, wurde ebenfalls als potenzielles Beutegut betrachtet. Diese Zivilisten wurden ausgeplündert, vergewaltigt, entführt und massenhaft ermordet – ohne jeden rechtlichen Schutz und ohne dass die Täter irgendeine Form von Bestrafung befürchten mussten.[160] In der Regel wurden die Männer, wie erwähnt, im Ostteil Kleinasiens noch vor oder gleich zu Beginn der Deportation von den Frauen und den Kindern getrennt und ermordet.

Im Frühsommer 1915 zeigte sich somit, dass Tahsin, der vormals scheinbar vielversprechende und aufgeklärte Vali von Van, sich zum Zudiener beim Vollzug von Talâts grossem Plan degradierte. In «brüderlichem» Ton (wie er es selbst formulierte) fragte er bei Talât an, wie man mit Angestellten und Gendarmen verfahren solle, die in «schändliche Taten und Korruption» verwickelt seien. Offenbar hatte Tahsin selber ein paar Mitarbeitende von dieser Sorte unter seinen Leuten. Aber die Anfrage blieb folgenlos. In einem Rundschreiben von Mitte Juni hatte Talât die Gouverneure darum gebeten, «das Leben der vertriebenen Armenier [aus Erzurum] auf ihrem Weg [nach Syrien] nach den Möglichkeiten, die den Gouverneuren zur Verfügung stehen, zu beschützen». Sollte es zur Anwendung von Gewalt kommen, so «sollte die [örtliche] Bevölkerung auf jeden Fall nicht daran beteiligt sein. Gegenseitiges Morden unter den Elementen und alle Vorkommnisse, die bei Aussenstehenden einen hässlichen Eindruck hinterlassen könnten», seien zu vermeiden. Die einzige Sorge galt also dem

---

159 Tahsin an das Innenministerium, 29. Mai 1915, BOA, DH. ŞFR. 472-145; Tahsin an Talât, 12. Juni 1915, BOA, DH. ŞFR. 475-29; weiteres Lob für «schöne und produktive Orte» für Muhacir aus Rumelien finden sich im Brief von Tahsin an Talât vom 26. Juli 1915, BOA, DH. ŞFR. 480-45 (Tahsins auf brüderlicher Ebene gestellte Frage betreffend Kriminelle unter den Angestellten und Gendarmen ist ebenfalls in dieser Mitteilung zu finden).

160 Ein detaillierter Bericht über die Situation in Erzurum ist zu finden in Scheubner-Richter an Wangenheim, 5. August 1915, PA-AA, R 14088.

Bild, das man gegen aussen abgab, und dem eigenen Prestige.[161] An dieser Stelle lässt sich anmerken, dass die europäischen Bundesgenossen die in einschlägigen Dokumenten greifbare jungtürkische Furcht vor Reaktionen in keiner Weise zu einer konzertierten diplomatischen Intervention zugunsten der Opfer auszunutzen wussten.

Da der deutsche Vizekonsul Scheubner-Richter damit fortfuhr, Armenier der Provinz Erzurum zu unterstützen, diffamierte ihn Tahsin bei Talât noch heftiger und schwärzte ihn auch bei Wangenheim an, indem er behauptete, der Vizekonsul sei ein Schürzenjäger und interessiere sich nicht für übergeordnete Staatsinteressen. Im Verlauf eines Treffens von Tahsin und Scheubner-Richter mit dem deutschen Arzt des Militärspitals in Erzincan[162] sprach sich dieser Arzt gegenüber seinem Landsmann zugunsten von Tahsin aus und meinte: «Würde in Deutschland eine Volksgruppe einen Aufstand vergleichbarer Art [wie die Armenier] riskieren, würde sie augenblicklich ausgelöscht.»[163] Dieses Statement machte grossen Eindruck auf den 31-jährigen Vizekonsul, der immer noch an Tahsins Mässigung und Menschlichkeit glaubte und dachte, dass es nur die Militärs waren, welche «die Armenier vollständig ausrotten» und damit eine Nachkriegs-«Türkei ohne Armenier» etablieren wollten, wie Kâmil sich ausdrückte.[164] In seiner aufrichtigen, aber leichtgläubigen Art änderte Scheubner-Richter nun seine Meinung. «Wir sind nun völlig einer Meinung», prahlte Tahsin gegenüber Talât. Scheubner-Richter «stimmte zu, dass das Vorgehen der Regierung gerechtfertigt sei». Tahsin schlug in der Folge dem Innenministerium vor, Scheubner-Richter eine Ehrung zuteilwerden zu lassen. Doch selbst wenn es zuträfe, dass der Vizekonsul teilweise einlenkte, so übertrieb Tahsin mit seiner Darstellung. Scheubner-Richters «Bekehrung» zu einem sozialdarwinistischen Radikalismus, wie ihn damalige Jungtürken verkörperten,[165] fand noch nicht statt, sondern erst nach 1918. Scheubner-Richter kehrte dann in seine Heimatstadt Riga zurück, die kurze Zeit später von den Sowjets besetzt wurde, worauf er sich nach München absetzte. Dort entwickelte er sich zu einem radikalen Kritiker der Rechte von Minderheiten und insbesondere zu einem fanatischen Judenhasser. 1923 wurde er in München im sogenannten Hitlerputsch an der Seite von Adolf Hitler erschossen, nachdem er gemäss originalem Wortlaut Hitlers zu diesem Zeitpunkt als dessen «rechte Hand» wirkte.[166]

Tahsin verunglimpfte und bedrohte auch die alevitischen Kurden von Dersim, die befürchteten, dass ihnen das gleiche Schicksal wie den Armeniern widerfahren könnte. Er warf ihnen vor, keinen Beitrag zu «unserem heiligen Krieg» zu leisten und die Perfidie begangen zu haben, Tausenden von Armeniern Schutz zu gewähren. «Sie sollten wissen, dass die Regierung angesichts solcher Schandtaten nicht untätig bleiben wird.» Tahsin war jetzt nicht mehr nur ein imperial angekränkelter Verächter

---

161 Tahsin an das Innenministerium, 10. Juli 1915, BOA, DH. ŞFR. 479-89; Talât an die Gouvernements von Diyarbekir, Mamuretülaziz und Bitlis, 14. Juni 1915, BOA, DH. ŞFR. 54-9.
162 Vgl. Theodor Colley an die Deutsche Botschaft, 21. Juni 1915, PA-AA, BoKon 96/Bl. 20–22.
163 Tahsin an das Innenministerium, 28. Juli 1915, BOA, DH. ŞFR. 481-68.
164 Scheubner-Richter an Wangenheim, 28. Juli 1915, PA-AA, BoKon/170; Stange an die Deutsche Militärmission, 23. August 1915, PA-AA, BoKon/170.
165 Vgl. Hans-Lukas Kieser (Hg.): *Aspects of the Political Language in Turkey*, Istanbul: Isis, 2002, 71–104.
166 Zu diesem Abschnitt in Scheuber-Richters Leben siehe Kellogg, Russian Roots.

subalterner Minderheiten, sondern in Erzurum entwickelte er sich zu einem Fanatiker, dessen eigenen Charakter die massenhafte Gewaltanwendung und die weiterhin hochgehaltene Utopie-Dystopie «Turan» schwer beschädigten. Ende August 1915 träumte der Kreis der CUP- und SO-Leute wieder davon, eine neue Offensive zu lancieren. Im Namen von Tahsin verschickte dessen Stellvertreter das folgende Telegramm der SO-Anführer Ömer Naci und auch Filipeli Hilmi: «Dies ist an Talât Bey und das Zentralkomitee gerichtet. [...] Bis anhin fehlte die [nötige] Ernsthaftigkeit, der [erforderliche] Einsatz und der gebührende Beitrag zur wirksamen Verfolgung des Wegs nach Turan. Ich versichere, ohne Illusion, dass Aserbaidschan inklusive Täbris innerhalb von zwei Monaten besetzt werden kann.»[167] Die Verantwortlichen des CUP und der SO verharrten in ihrer Fixierung auf Turan und die Eroberung des Kaukasus. Sie teilten diese Haltung mit weiteren Akteuren des Genozids. Anlässlich des islamischen Opferfestes Kurban Bayramı im Oktober 1915 konnte Reşid als Gouverneur von Diyarbekir per Telegramm Gratulationswünsche eines Distriktsvizegouverneurs entgegennehmen, «dafür, dass Sie die sechs östlichen Provinzen für unsere Sache gewonnen haben und damit auch den [freien] Zugang nach Turkestan und in den Kaukasus».[168] Konkret gesagt, dies war eine Gratulation zur eben vollbrachten Massenvernichtung der Christen Diyarbekirs.

Ihr antiarmenischer Exploit machte die Täter zeitweilig euphorisch, sodass einige, wie eben festgestellt, wieder vom Vormarsch Richtung Kaukasus, Turkestan und Turan träumten – ganz im Geist von Gökalps Heldengedicht auf den Haupttäter Talât Anfang September 1915 (siehe Kapitel 35). Wenige Monate später musste Tahsin jedoch zutiefst erschüttert die Kapitulation von Erzurum zur Kenntnis nehmen. Am gleichen Tag, als die Provinzhauptstadt eingenommen wurde, am 16. Februar 1916, schickte Tahsin im Auftrag von Şakir vom benachbarten Erzincan aus ein Telegramm an Talât und teilte mit, dass ein Schreckgespenst drohe: «Ostanatolien – eine christliche Region.» Zum ersten Mal fühlte er sich veranlasst, um seine Entlassung nachzusuchen, nur um im gleichen Atemzug sein «höchstes Verlangen» nach einer Rückkehr in die Provinzhauptstadt auszudrücken, «um für die [muslimische] Bevölkerung [von Erzurum] Rache zu nehmen». Im April gab er Talât noch einmal die Zusicherung, dass in allen Gebieten der Provinz, aus denen sich die Armee zurückgezogen habe, kein Armenier mehr übrig geblieben sei. Im Juli schrieb er schliesslich, dass die Katastrophen, die er über die letzten vier Jahre hinweg erlebt habe, seinen Geist verfinstert hätten. «Ich habe meine Pflicht getan. Gott ist mein Zeuge. Ich bin ein unglückseliger Mensch.»[169] Ein Mann, der Verantwortung für Massenmord zu tragen hatte, badete nunmehr in Selbstmitleid.

Zusammengefasst widerspiegelt im Jahr 1915 die Korrespondenz der Regimevertreter in den Ostprovinzen eine Weltanschauung, nach der das islamische Türkentum und die Christen einen gegenseitigen Vernichtungskrieg um die Herrschaft in der

---

167 Tahsin an das Innenministerium, 9. August 1915, BOA, DH. ŞFR. 483-40; Defterdâr (Finanzdirektor) Cemal im Namen des Gouverneurs von Erzurum an Talât, 26. August 1915, BOA, DH. ŞFR. 485-76.
168 Telegramm von Halil Edib, wiedergegeben in Şahingiray, Hayatı ve Hâtıraları, 29.
169 Tahsin an Talât, 16. Februar 1916, BOA, DH. ŞFR. 509-98; 13. Mai 1916, BOA, DH. ŞFR. 520-45; 20. April 1916, BOA, DH. ŞFR. 516-88; 17. Juli 1916, BOA, DH. ŞFR. 525-91.

Grossregion austrugen. Etwas detaillierter formuliert handelt ihre Korrespondenz von folgenden Hauptthemen: (1) Genozid als vom Krieg geforderte Pflicht – nämlich die Umlenkung der Aggression nach innen, gegen einen «inneren Feind», nachdem der kaukasische Eroberungsfeldzug gescheitert ist; (2) das Wiedererwachen der nicht erloschenen Sehnsucht nach einem Vormarsch Richtung Turan, sobald die armenische Frage, das heisst die Armenier selbst, «beseitigt» ist; und schliesslich (3) Enttäuschung, Depression und Selbstmitleid nach der russischen Einnahme von Erzurum Anfang 1916. Innenminister und Parteiboss Talât profitierte davon, dass er grössere Zusammenhänge sah als seine Untergebenen an der Kaukasusfront. So konnte er sich erneut rasch auf sein realistisches Minimalziel eines türkischen Nationalheims (Türk Yurdu) in Anatolien fokussieren. Damit war die dortige kompromisslose türkisch-muslimische Dominanz in politischer, demografischer, wirtschaftlicher und kultureller Hinsicht gemeint. Die Expansion in den Kaukasus gab er aber noch nicht verloren.

Nach dem militärischen Durchbruch der Russen mit der Eroberung von Erzurum und Trabzon ging Innenminister Talât gegen die osmanischen Pontusgriechen (Pontus-Rûm) am Schwarzen Meer vor. Sie waren Christen wie die bereits vertriebenen Armenier und sympathisierten nach seiner Einschätzung ebenfalls mit der Entente. Am Anfang, solange Griechenland sich noch neutral verhielt, ging Talât nur sehr vorsichtig vor und schränkte die Vertreibung von Pontus-Rûm strikt auf militärisch relevante Zonen ein, wo es möglich war, mit russischen Schiffen Kontakt aufzunehmen. Aber als im Herbst 1916 Truppen der Entente in Teile Griechenlands eindrangen und das Ende der griechischen Neutralität bevorstand, vervielfachte er die «Verschickungen», die in diesem Fall ins anatolische Landesinnere führten. In der Folge kam es zu Szenen, wie man sie von 1915 her kannte: Zehntausende von Pontus-Rûm, Männer, Frauen und Kinder, wurden Opfer von Massakern, Vergewaltigungen und Plünderungen. Banden der Sonderorganisation traten wie 1915 wieder in Aktion. Die berüchtigtste von ihnen war jene unter Führung von Topal Osman. Der führende Gouverneur war in diesem Fall Cemal Azmi, Vali von Trabzon, der sich schon 1915 durch die Plünderung von Armeniern persönlich bereichert hatte. Er versicherte jetzt seinem Vorgesetzten in einem Telegramm vom 27. Juni 1916, dass er sich mit vollem Engagement für die Rettung des heiligen Vaterlandes vor «Verrätern», nämlich nunmehr den Rûm in seiner Provinz, einsetzen werde.[170]

Die Gouverneure der Ostprovinzen wie Azmi, Tahsin, Cevdet, Abdulhalik und Reşid hatten ihre Hoffnungen auf die Eroberung des Kaukasus und eine grossartige Rolle in neu eroberten Gebieten gesetzt. Als der Vorstoss scheiterte, wurden sie zu Tätern in Verbrechen an der eigenen Bevölkerung. Sie übten sich im Missbrauch von Macht, und die meisten bereicherten sich dabei. Eine toxische Mischung aus Elend,

---

170 Cemal Azmi an Talât, 27. Juni 1916, BOA, DH. KMS. 40-12, zitiert in Efiloğlu, İttihat ve Terakki azınlıklar politikası, 412. Über die Pontus-Rûm zur Zeit von 1916/17 siehe ebd., 407–446 (geschrieben aus staatlicher Perspektive, ausschliesslich auf BOA-Quellen basierend). Einen allgemeineren Überblick bietet Stefan Yerasimos: «Pontus Meselesi», in: *Toplum ve Bilim*, 43–44 (1988/89), 35–76; Ayşe Hür: «Pontus'un Gayri Resmi Tarihi», in: Tageszeitung *Taraf*, 14. März 2010; ein dem «Pontusideal» freundlich gesinnter Beitrag mit reichem Quellenmaterial ist Sait Çetinoğlu, Dara Cibran: «Pontus Sorunu», Januar 2007, https://de.scribd.com/doc/16337319/Pontos-Sorunu. Eine präzise Untersuchung zum Thema Erinnerungskulturen bietet Sjöberg, The Making of the Greek Genocide.

Gewalt und unerfüllter ideologischer Sehnsucht bestimmte fortan ihre politische Mentalität. Elend und Misstrauen griffen auf das ganze Land und die Hauptstadt über. Cavid hatte im Sommer 1915 zu Verhandlungen in Berlin geweilt. Als er am 19. August 1915 weitgehend ahnungslos nach Istanbul zurückkehrte, war er höchst überrascht, «ein materiell und moralisch heruntergekommenes Land» vorzufinden, wie er am Tag seiner Ankunft im Tagebuch notierte. Bereits jetzt kam er zum Schluss: «Trotz des [erfolgreichen] Verteidigungskampfs bei den Dardanellen ist die geistig-seelische Verfassung verdorben.»[171]

34 Ausplünderung und Gleichschaltung, Ausrottung und nationaler Aufbau

Talât und seine engen politischen Freunde waren sowohl Produkte als auch Produzenten einer, wie Cavid fand, verkommenen Moral in der Hauptstadt. Der Gründungsgeschichte der «neuen Türkei» und «neuen Nation», die aufzubauen sie beanspruchten, schrieben sie kaum zwei Jahre nach Beginn ihrer imperialen Parteiherrschaft Massenverbrechen ein. Diese Hypothek liess die Aussichten auf eine existenzfähige Demokratie in Kleinasien in eine ferne Zukunft schwinden. Die CUP-Führer zerstörten auf Generationen hinaus gesellschaftliches Vertrauen. Mit ihnen setzte sich ein Politikstil durch, der die nachosmanische Welt nachhaltig belastete. Talâts Bemühungen um nationalen Neuaufbau bestanden zunächst einmal in nichts anderem als in Zerstörung und Plünderung. Das beinhaltete sowohl die Vertreibung von Bevölkerungsgruppen und den widerrechtlichen Transfer von deren Eigentum als auch Massaker und das organisierte Massensterben von «Verschickten». Massenmord steigerte sich in unbeschreibliche Dimensionen, als die Konzentrationslager in der syrischen Wüste zwischen Aleppo und Der ez-Zor im Sommer 1916 aufgelöst wurden, wie in diesem Kapitel erläutert werden wird. In der Absicht, in Kleinasien eine ausschliesslich türkisch-muslimische Einheitsbevölkerung zu etablieren, ersetzte Talats Politik die entfernte christliche Bevölkerung durch muslimische Migranten. Zudem trachtete er danach, die Identitäten von nichttürkischen, aber dennoch muslimischen Bevölkerungsgruppen «aufzulösen». Denn erst so erlangten diese Gruppen – vor allem Kurden – nach seinem von Gökalp inspirierten Konzept die Eignung zur Eingliederung in die neue Nation der «neuen Türkei», wie sie die CUP-Propaganda proklamierte. Die osmanischen Christen waren als solche gänzlich ausgeschlossen von der Zukunft.

Talâts zerstörerische, in seinen Augen jedoch revolutionäre Innenpolitik hatte sich für ihn als eine Konsequenz aus den Balkankriegen ergeben. Sie lautete formelhaft «Türkisches Nationalheim Anatolien» und «Die Türkei den Türken». Ab Juni 1914 gab es an der ägäischen Küste keine Rûm-Bevölkerung mehr; sie war ausradiert. Mit der Verfolgung der Armenier erreichte Talâts Innenpolitik ein beispielloses Ausmass an Gewalt. Sie mündete im Frühjahr 1915 in ihr ehrgeizigstes Projekt demografischer Ver-

---

[171] Cavid, Tagebuch, Bd. 3, 128, 19. August 1915.

änderung und der Vernichtung von Staatsangehörigen. 1916 folgte die im grossen Stil betriebene Umsiedlung von Kurden aus Teilen der Ostprovinzen, denn das Parteiregime betrachtete einen grossen Teil von ihnen als unzuverlässige Elemente. Innenminister Talât nutzte den Sachverhalt aus, dass Zehntausende von Kurden vor der vorrückenden Russischen Armee geflohen waren. In einem Befehl vom 2. Mai 1916 an Mustafa Atıf, den Gouverneur von Diyarbekir und Nachfolger von Mehmed Reşid, definierte er seine Richtlinien. Er erliess ein Verbot, kurdische Flüchtlinge aus den Kriegszonen in südlichere Gebiete zu schicken, «denn sie würden sich dort entweder den Arabern angleichen oder aber ihre kurdische Nationalität beibehalten und damit ein nutzloses und [sogar] schädliches Element [für die türkische Nation] bleiben». Um nützliche und akzeptierte Elemente der neuen Nation zu werden, mussten die Kurden also zuerst ihre eigene Nationalität (*milliyet*) verlieren und auch davon abgehalten werden, andere Identitäten wie beispielsweise die arabische oder armenische anzunehmen.

Am 2. Mai 1916 erteilte Talât in einem Telegramm an Gouverneur Mustafa Atıf in Diyarbekir folgenden Auftrag: «1. Türkische Flüchtlinge und türkifizierte Stadtbewohner sind in die Regionen Urfa, Maraş, und Anteb zu weisen und dort anzusiedeln. 2. Die Stammesführer sind unter allen Umständen vom gemeinen Volk [unter den Kurden] zu separieren, und einflussreiche Persönlichkeiten und Führungspersonen sind gesondert in die Provinzen Konya und Kastamonu und in den Sandschak [Verwaltungseinheit] von Niğde und Kayseri zu entsenden, um so zu verhindern, dass die kurdischen Flüchtlinge ihre Nationalität und ihr Leben gemäss den Stammesbräuchen auch an den Orten ihrer Neuansiedlung weiter pflegen. 3. Die kranken, alten, einsamen und bedürftigen Frauen und Kinder, die als nicht reisefähig gelten, sind auf türkische Dörfer und unter die Türken [der Provinz Diyarbekir] in den Städten Maden und Ergani zu verteilen [...]. 4. Mit den endgültigen Zielorten der Deportationen soll Korrespondenz geführt werden. Die Verteilungsmethode, das Vorgehen bei der Neuansiedlung und die Angaben, wann und wohin welche Anzahl von Deportierten geschickt wurde, das alles muss ans Ministerium rapportiert werden.»[172]

In einem anderen wichtigen Telegramm vom 4. Mai 1916 an die Gouverneure im Westen Kleinasiens legte Talât dar, dass der kurdische Anteil an der regionalen Gesamtbevölkerung nirgends auf über fünf Prozent steigen solle. Wie im Fall der vielen anderen muslimischen Migranten sollte auch bei den Kurden der allgemeine Lebensbedarf durch armenische Vermögenswerte (*emvali-metruke*, sogenannte zurückgelassene Besitztümer) gedeckt werden.[173]

Ahmed İzzet Pascha war früherer Kriegsminister und 1916 Kommandant der Zweiten Armee (1917 befehligte er zusätzlich auch noch die Dritte Armee) an der Ostfront. Er war ein entschiedener Gegner des Plans zur Umsiedlung der Kurden, wobei es aufgrund seines Erfahrungsberichts scheint, als habe er überhaupt nicht begriffen, dass diese Massnahme ein Element im Konzept von Talâts demografischer Politik war. Er bezichtigte die regionalen Akteure einer gefährlichen, brutalen und kurzsichtigen Art der Herrschaftsausübung. Er begründete seine Kritik damit, dass eine Ver-

---

172 BOA, DH. ŞFR 63-172, transkribiert in Dündar, İttihat ve Terakki Müslümanları iskân politikası, 73; vgl. Üngör, Making of Modern Turkey, 110 f. Vgl. auch Bozkurt, Bir toplumsal.
173 BOA, DH. ŞFR 63-188, transkribiert in Dündar, İttihat ve Terakki Müslümanları iskân politikası, 144.

treibung unter den gegebenen Umständen tödlich sei; dass kurdische Flüchtlinge aus den Kriegszonen ohne weiteres auch ganz in der Nähe angesiedelt werden könnten, und dass man Kurden nicht pauschal für schädlich halten sollte. Jakob Künzler, ein Schweizer Missionar, der in Urfa medizinische Hilfe leistete, war einer der wenigen ausländischen Beobachter, die über die Vertreibung der Kurden berichteten. Er organisierte mit Unterstützung der Konsuln in Aleppo Nothilfe für Zehntausende von Kurden, die sich 1916 in der Nähe von Urfa aufhielten und schwer Hunger litten. Die meisten von ihnen starben aber im Winter 1916/17 trotzdem, weil die Handhabung und praktische Abwicklung der gesamten kurdischen Umsiedlungsaktion durch Talâts Ministerium katastrophal war. Künzler schrieb: «Es war die Absicht der Jungtürken, diese kurdischen Elemente nicht mehr in ihre angestammte Heimat zurückzulassen. Sie sollten in Inneranatolien nach und nach im Türkentume aufgehen.» Die Hilfsaktion linderte nur vorübergehend die Not der bei Urfa gestrandeten Umsiedler, denn «der Winter 1917/18 brachte neue Not. Trotz guter Ernte gab es eine furchtbare Hungersnot, der beinahe alle deportierten Kurden zum Opfer fielen.»[174]

Das Massensterben unter den Kurden in den Jahren 1916/17 war das Resultat von – gelinde ausgedrückt – Unverantwortlichkeit und Fahrlässigkeit, aber es handelte sich nie um Massaker. Das unterscheidet diese Vorkommnisse von der Situation, in der sich die Armenier befanden, sowohl was die erste Phase betrifft, aber insbesondere auch die zweite Phase des Genozids in den syrischen Wüstenlagern ab Herbst 1915 bis ins Jahr 1916.

Talâts Absicht, Armenier in grosser Zahl umzubringen, wird – bezogen auf die Ostprovinzen – zwar schon im Frühjahr 1915 ersichtlich, aber restlos klar zeigt sie sich anhand der Art und Weise, in der er mit mehreren Hunderttausend Armeniern verfuhr, die die «Verschickung» aus Kleinasien überlebt und Nordsyrien erreicht hatten. Es handelte sich dabei grossmehrheitlich um Frauen und Kinder. Auch wenn er sich selber nie persönlich am Ort des Geschehens zeigte, so war es doch Talât, der von der Hauptstadt aus über Agenten aus seinem Ministerium die Abläufe vor Ort steuerte. Das Ziel war, die armenische Präsenz im dünn besiedelten Nordostsyrien, wohin die «Verschickung» geführt hatte, auf einen Anteil von unter zehn Prozent der Bevölkerung drücken. Im Klartext hiess das: Die meisten Armenier sollten ermordet werden.[175]

---

174 Ahmed İzzet, Feryadım, Bd. 1, 278 f., darauf Bezug genommen wird auch in Dündar, İttihat ve Terakki Müslümanları iskân politikası, 139; Künzler, Im Lande des Blutes und der Tränen, 67 f.

175 In Übereinstimmung mit Walter Rössler, dem deutschen Konsul in Aleppo während des Ersten Weltkriegs, kommt der Autor der vorliegenden Biografie zum Schluss, dass die von Naim Bey gemachten Äusserungen zum grössten Teil stichhaltig sind, auch wenn es offene Fragen gibt bezüglich der Authentizität von gewissen Dokumenten, die er dem armenischen Journalisten und Forscher Andonian verkauft hatte (veröffentlicht als *Documents officiels concernant les massacres arméniens*, Paris: Turabian, 1920). Naim Bey war in Aleppo als Funktionär im Subdirektorium des übergeordneten Direktoriums für die Wiederansiedlung von Stämmen und Flüchtlingen tätig, und dieses war eine Verwaltungseinheit des Innenministeriums. Naim Beys Dokumente belegen Talâts ausdrückliche Absicht zur Vernichtung der Armenier (was allerdings auch ohne diese Dokumente offensichtlich war, wie in diesem Kapitel ausgeführt wurde). Vgl. Lepsius an Rössler, 13. April 1921, und Rössler an Lepsius, 25. April 1921, PA-AA, NL/Rössler, Bd. 1. Vgl. Seyffarth, Entscheidung in Aleppo, 208–213; Taner Akçam: *Naim Efendi'nin Hatıratı ve Talaat Paşa Telgrafları. Krikor Gergeryan Arşivi*, Istanbul: Iletisim, 2016.

Talâts Agenten stoppten die Bemühungen einzelner wohlwollender örtlicher Gouverneure, die Talâts offiziellen Plan vom Frühjahr 1915, Armenier in Mesopotamien wieder anzusiedeln, zum Nennwert genommen hatten. Ob dieser Plan zum Schein dargelegt oder erst danach zu Makulatur geworden war, bleibe dahingestellt. Gutwillige Funktionäre wurden versetzt, das zaghafte Wiederaufleben von Überlebenden im nordsyrischen Exil bewusst zerstört und die übrig gebliebenen Armenier auf Märsche weggeschickt – dieses Mal in die Distrikte Rakka und Der ez-Zor. Bewusst herbeigeführter Mangel und Hunger diente dem Zweck, die Menschen sterben zu lassen. Dennoch überlebten viele. Nach aktuellem Forschungsstand wurden zwischen März und Oktober 1916 mehr als 200 000 noch immer Überlebende massakriert, bei lebendigem Leibe verbrannt oder ertränkt.[176] Die meisten dieser Verbrechen fanden in den Monaten August und September östlich von Der ez-Zor statt. Diese finale Vernichtungsaktion folgte der gleichen armenophoben politischen Logik, die im Juli 1916 hinter der Auflösung des armenischen Patriarchats von Konstantinopel, des Patriarchats von Jerusalem und des Katholikats von Aghtamar stand.[177]

Khatchig Mouradians jüngste Forschung zum Thema belegt detailliert Talâts gegen eine Neuansiedlung der Armenier gerichtete Politik und die von ihm zu verantwortende Ausrottung armenischen Lebens in Nordsyrien. Der Innenminister verleugnete seine eigenen, nur wenige Monate zuvor gemachten Äusserungen über die angekündigte Wiederansiedlung. Die meisten Zeitgenossen, auch die Opfer selbst, konnten den Plan des Innenministeriums für die zweite Genozidphase kaum durchschauen, die weitab von Beobachtern in der Wüste stattfand. Auch dem Gouverneur von Grosssyrien, Cemal Pascha, blieb nur wenig Spielraum, Armenier durch Wiederansiedlung in südlicheren Regionen Syriens zu retten. Zwar war er im grossen Ganzen einverstanden mit der antiarmenischen Politik seiner CUP-Brüder. Aber aus verschiedenen Quellen geht hervor, dass er Mühe hatte, sich hinter die Massentötung von Zivilisten und die heimtückische Ermordung armenischer Würdenträger zu stellen.

Mouradians Untersuchung und die Arbeiten einiger Historiker vor ihm enthüllen mit einer bisher nicht erreichten Klarheit das Ausmass an Widerstandskraft der Armenier, die unter qualvollen Opfern und extremen Entbehrungen, aber teilweise doch erfolgreich gegen ihre Ausrottung ankämpften. Klar erkennbar wird dabei die Pervertiertheit eines Staates im Umgang mit einer ihm angehörigen, auf seinen Schutz angewiesenen, fast zwei Millionen zählenden Bevölkerungsgruppe. Mouradian weist treffend darauf hin, dass das Schicksal der Armenier in Syrien – in zahlenmässig geringerem Ausmass auch dasjenige der Herero in Deutsch-Südwestafrika zehn Jahre zuvor – weit über damals verbreitete Internierungen hinauswies, nämlich auf das neuartige Phänomen eines genozidalen Universums von Konzentrationslagern. Zur Optimierung der tödlichen Abläufe wurden in dieser gleichsam surrealen Welt auch einige der armenischen Opfer zu subalternen Tätern im Dienst des Systems gemacht.

---

176 Diese Opferzahl wird von Mouradian, Genocide, 237, angegeben.
177 Der Katholikos von Sis in Kilikien mit neuem Sitz in Jerusalem wurde zum Oberhaupt aller verbleibenden osmanischen Armenier ernannt (Mouradian, Genocide, 10 f., 136–140). Über Cemal und seine Korrespondenz mit Sahag II. Khabayan, dem Katholikos von Kilikien, siehe Ümit Kurt: «A Rescuer, an Enigma, and a Génocidaire: Cemal Pasha», in: Kieser/Anderson/Bayraktar/Schmutz, End of the Ottomans, 225–237.

Darauf – nämlich namentlich ein paar frisch konvertierte Armenier als Täter einzuspannen – verstand sich eine von Talâts prominentesten Figuren in diesem Universum besonders gut: Salih Zeki, der Gouverneur von Der ez-Zor, von dem noch die Rede sein wird.[178]

Über Agenten, die treu ergeben seine Aufträge ausführten, stand Innenminister Talât als Chefplaner dem völkermörderischen Universum Nordsyriens vor. Ab Juli 1915 hatte er begonnen, Hilfeleistungen für überlebende Deportierte zu unterbinden. Bis zum frühen Herbst hatte er durch vertraute Emissäre seines Ministeriums die Kontrolle über die Hunderttausenden von Deportierten erlangt. Sein vordringliches Anliegen war es, die erneute Bildung von Gemeinschaften unter den Verbannten zu verhindern und bereits wieder gewachsene Strukturen zu zerstören. Da sich die Überlebenden seiner «Verschickung» durch Hunger und Epidemien nicht bis zum gewünschten Grad dezimieren liessen, griff Talât Anfang 1916 zum Mittel des aktiven Mordens. Im März ersetzte er Ali Suad, den Gouverneur von Der ez-Zor, durch Salih Zeki, einen bereitwilligen Massenmörder. Denn Ali Suad hatte sich bemüht, wenigstens einen Teil der Deportierten gemäss den ursprünglichen Weisungen des Ministeriums wirklich neu anzusiedeln. Im Übrigen konnte sich Talât auf eine indoktrinierte Bevölkerungsmehrheit von Muslimen verlassen, die gegenüber den Armeniern grösstenteils gleichgültig oder feindlich eingestellt war, erst recht, nachdem man diesen die Schuld an den in der Region ausgebrochenen Epidemien gegeben hatte. Auch wenn ihm das nicht immer gelang, war Talât darauf erpicht, das staatliche Gewalt- und Plünderungsmonopol betreffend die Armenier durchzusetzen.[179]

Bezeichnenderweise hatte Talât darauf bestanden, Zeki zum Nachfolger von Ali Suad zu nominieren, denn Zeki hatte sich in seiner Zeit als Distriktgouverneur von Develü (Provinz Kayseri) als antiarmenischer Hardliner profiliert. Enver hätte hingegen Şefik vorgezogen, denn dieser wusste am besten Bescheid über die Bedürfnisse der Armee, und Der ez-Zor war aus logistischen Gründen ein bedeutender Ort für die Versorgung der Sechsten Armee. Aber Enver gab Talât nach. Dieser hatte ihm vorgängig geschrieben: «Als Şefik Bey Gouverneur des Distrikts Hakkâri war, nahm er die Stellvertretung von [Vali] Cevdet Bey für die Zeit von dessen Abwesenheit vom Zentrum wahr. Als das Ministerium in jener Zeit den Befehl erteilte, Vramian und seine Kollegen zu verhaften, zögerte er zu handeln. Bis Cevdet wieder zurückkehrte, leitete er inakzeptable Schritte ein, um die Armenier zu besänftigen, welche diese Situation [der Nachsichtigkeit] für üble subversive Tätigkeiten ausnutzten. Zeki Bey dagegen war ein resoluter und aktiver Gouverneur von Develü. Er führte die antiarmenischen Massnahmen tadellos durch und wurde deshalb auf den Posten eines Zivilinspektors [des Innenministeriums] befördert. Wir gehen davon aus, dass er auch seinen Pflichten bezüglich der Armee und der armenischen Besitztümer in Der ez-Zor sehr erfolgreich nachkommen wird. Aber wenn Sie sich sicher sind, dass Şefik Bey nicht ein weiteres Mal zögern wird, wenn es darum geht, die Massnahmen gegen die

---

178 Mouradian, Genocide, 14–21, 128–130; Avagyan, Karanlıkta Kalmış Bir Eylemci.
179 Mouradian, Genocide, 199 f., 275. Vgl. Kévorkian, Extermination; Kaiser, At the Crossroads.

Armenier umzusetzen, dann lassen Sie mich bitte wissen, welche Argumente für Şefik Beys Ernennung zum Distriktgouverneur von Der ez-Zor sprechen.»[180]

Subtiler Widerstand gegen die mörderischen Autoritäten wurde vor allem von Armeniern geleistet, die schon lange in Aleppo ansässig waren und die Talât – wie in Istanbul – vorerst nicht antastete. Aber im Herbst 1915 wurden auch diese zur Zielscheibe seiner Verfolgung, und das vor den Augen einer starken internationalen Gemeinschaft inklusive einiger Konsuln. Jene Ausländer, die am Widerstand beteiligt waren, vor allem Missionare, halfen dem armenischen Netzwerk dabei, wenigstens das Überleben eines Teils jener Menschen zu sichern, die das Regime dem Tod geweiht hatte.

Talât – der vielversprechende revolutionäre Führer von 1908, der auch Armenier zu seinen Kollegen gezählt und sie respektiert, aber nie als ebenbürtige Partner anerkannt hatte – war zum obsessiven Feind der Armenier geworden, dessen Hass mit Angst einherging. Er war sich seiner Schuld sehr wohl bewusst, doch die Verinnerlichung von Sozialdarwinismus und totalem Krieg-Dschihad machten für ihn die Vernichtung von Zivilisten samt Frauen und Kindern hinnehmbar. Politisch motivierten Hass vermischte er mit einer kulturell-biologischen Sicht auf die Armenier, sodass er deren elementares Überleben ausserhalb von Anatolien zunehmend als Anfang einer Entwicklung wahrnahm, die negativ auf seine politischen «Errungenschaften» für das Türk Yurdu (Türkische Nationalheim) zurückschlagen könnte. Diese Zusammenhänge wurden aktenkundig, als Matthias Erzberger, ein deutscher Abgeordneter, der für Auslandpropaganda verantwortlich war und somit aussenpolitischen Einfluss besass, Talât im Februar 1916 besuchte. Von da an fürchtete Talât, dass nach dem Krieg armenische Überlebende in ihre frühere Heimat zurückkehren könnten und dass Deutschland sie dabei gemäss Erzberger sogar noch unterstützen würde. Talât liess dies Enver Pascha am 16. Februar 1916 in einer geheimen schriftlichen Mitteilung wissen, auf die wir noch zurückkommen werden.[181]

Das Massensterben der Armenier wegen Mangel und Aushungern war in Nordsyrien seit Herbst 1915 in vollem Gang. Massentötungen begannen im März 1916. In einem Rundschreiben, das an 27 Verwaltungseinheiten ging, erteilte Talât die Weisung, dass jeder staatliche Angestellte, der von Ausländern geleistete humanitäre Hilfe für Armenier toleriere, schwer bestraft werde. Viele Dokumente aus dem Direktorium für Allgemeine Sicherheit, das dem Innenministerium angegliedert war,[182] belegen, dass Talât sogar noch dann, als die Vernichtungskampagne im Herbst 1916 beendet war, damit fortfuhr, aus einem Generalverdacht heraus armenischen Einzelpersonen nachzuspüren. Einigen gab er die Erlaubnis zu einer Konversion, anderen nicht. Vielen erteilte er ein Reiseverbot für Kleinasien oder Istanbul. Für ihn hatten Armenier in ihrer angestammten Heimat nichts mehr zu suchen. Er setzte alle Hebel in Bewegung, um eine Rückkehr von Armeniern abzublocken.

Cemal Pascha betonte in seiner Korrespondenz mit Talât stets seine Solidarität und den grundsätzlichen Konsens mit ihm. Dennoch bewirkte er 1916, dass Zehntau-

---

180 Talât an Enver, 19. Mai 1916, BOA, DH. KMS. 39-13. Besonderen Dank an Candan Badem, der mich auf dieses Dokument aufmerksam gemacht hat.
181 Talât an Enver, 16. Februar 1916, in: Arşiv belgeriyle Ermeni faaliyetleri, Bd. 8, 104, 253.
182 Siehe 3. April 1916, BOA, DH. ŞFR. 62-234. Vgl. Talât an Cemal, 11. April 1917, DH. ŞFR. 74-273.

sende von Armeniern vor dem genozidalen System gerettet wurden, indem er sie weiter südlich in Syrien neu ansiedelte und formal zu Muslimen machte. Dabei konnte er sich immer noch auf den klaren Beschluss vom Frühjahr 1915 berufen, dass Armenier andernorts wieder angesiedelt werden müssten, dass sie aber nirgends zu einer Mehrheit in der Bevölkerung werden dürften.[183] Mochte sich diese Aktion auch als hilfreich erweisen, so führte Cemal Pascha sie doch in einer imperial voreingenommenen, herablassenden Haltung aus. Er benutzte die Armenier in grossem Umfang für Sklavenarbeit und widersetzte sich auch nicht generell den Vernichtungsaktionen im nördlichen Teil seines Militärgouvernements, wo Talât das Sagen hatte, was Armenier betraf. Ganz anders war Cemals Haltung, wenn es um Muslime ging: Da proklamierte er, es sei «die religiöse und patriotische Pflicht jedes Türken» die «rechtschaffenen und heldenhaften Flüchtlinge» aus dem russisch besetzten Erzurum, nämlich Hunger leidende Muslime, zu retten.[184]

Beatrice Rohner, Schweizer Lehrerin und Mitarbeiterin eines deutschen protestantischen Missionswerks, reiste im Dezember 1915 von Marasch nach Aleppo, um dort armenische Deportierte mit Überlebenshilfe zu unterstützen. Mit finanziellen Mitteln aus den USA, der Schweiz und Deutschland und mit diskreter Unterstützung von Geschäftsleuten und Konsuln in Aleppo übernahm sie die Verantwortung für ein Untergrund-Helfernetzwerk, das über eigene Kuriere funktionierte. Diese brachten Briefe und kleinere Geldbeträge in die Lager, um so den «Verschickten» zu ermöglichen, Lebensmittel und Wasser von arabischen Nomaden zu kaufen. Es ging einerseits darum, die Chance auf ein Überleben zu ermöglichen, andererseits – in den meisten Fällen –, ihnen zu beweisen, dass jemand an sie dachte, auch wenn ihnen der Tod bevorstand. In ihrem Haus in Aleppo schrieb Rohner jeweils in der Nacht Briefe an Bekannte in den Lagern und nähte zusammen mit engen Mitarbeiterinnen Geld und Briefe in die Kleider der todesmutigen Kuriere ein. Die meisten dieser jungen Männer waren Armenier, die sich als Nomaden verkleideten. Pastor Hovhannes Eskidjian, der Gründer und Leiter dieses Untergrundnetzwerks, verstarb im März 1916 an Typhus.[185]

Rohner unterhielt daneben in Aleppo legal ein Waisenhaus für fast tausend Strassenkinder, die meisten unter ihnen armenischer Herkunft. Die Bewilligung für dieses Heim kam Ende Dezember 1915 bei ihrem Treffen mit Cemal Pascha und Vali Abdülhalik (Renda) zustande. Rohner argumentierte erfolgreich mit der öffentlichen Hygiene und der Gefahr von Epidemien. Der neue Vali Abdülhalik – der uns bereits bekannte vormalige Gouverneur von Bitlis – war ein Hardliner und enger Vertrauter von Talât. Er war erst kurz zuvor in Aleppo eingetroffen, um den Posten des nur kurze Zeit amtierenden Vali Bekir Sami zu übernehmen, der seinerseits Ende Juni 1915 Gouverneur Celâl Bey in Aleppo abgelöst hatte. Celâl, früherer Vali von Erzurum und ehemaliger Innenminister, hatte den ortsansässigen Armeniern und vor allem

---

183 Cemal an Talât, 20. Juli 1916, BOA, DH. ŞFR. 526-20; Cemal an das Innenministerium, 1. August 1916, BOA, DH. ŞFR. 527-19. Was Mouradians Neubewertung von Cemal betrifft, so beachte man Mouradian, Genocide, 110–120.
184 Cemal an das Gouvernement von Aleppo, 24. November 1916, DH. EUM. 4. Şb. 24-17.
185 Hans-Lukas Kieser: «Beatrice Rohner's Work in the Death Camps of Armenians in 1916», in: Jacques Sémelin, Claire Andrieu, Sarah Gensburger (Hg.): *Resisting Genocide. The Multiple Forms of Rescue*, London: Hurst, 2011, 367–382.

der armenischen Gemeinschaft von Aleppo geholfen, die in Nordsyrien eintreffenden Deportierten zu unterstützen, vorab jene, die im Mai 1915 aus Zeytun vertrieben worden waren. Ab Juli 1915 intervenierte jedoch Talât, um die Unterstützung für die Überlebenden in den Lagern zu stoppen, obwohl Cemal Pascha diese Art von Hilfe ausdrücklich bewilligt hatte.[186]

Ende Juli 1915 nahm Talât die organisatorischen Fäden für das, was zur zweiten Phase des Genozids wurde, an die Hand. Er errichtete in Aleppo ein Subdirektorium seines Direktoriums für die Wiederansiedlung von Stämmen und Flüchtlingen und ernannte Abdulahad Nuri zu dessen Leiter. Im September entsandte er Şükrü (Kaya), den Leiter des in Istanbul domizilierten Direktoriums, nach Aleppo, um das Management der Überlebenden seiner «Verschickungen» zu überwachen und effizient zu organisieren. Ab Oktober galt die Weisung, dass alle nichtansässigen Armenier ein weiteres Mal deportiert werden sollten, nunmehr nach Rakka und Der ez-Zor, um Aleppo von ihnen zu säubern. Aber auch ansässige Notabeln wurden verhaftet, und selbst der Katholikos musste die Stadt verlassen, was die Verlegung des Sitzes nach Jerusalem bedeutete. Ab Oktober 1915 lebte die verbliebene armenische Bevölkerung von Aleppo unter konstanter Todesangst; allenthalben herrschte die Befürchtung, die Gemeinschaft als ganze könnte vertrieben werden.[187]

Şükrü (Kaya) war ein weiterer der jungen Männer in Talâts gefügigem Team, die später wichtige Positionen in der Republik Türkei bekleideten (von 1927 bis 1937 amtete er als Innenminister). Zwar führte Şükrü Anfang Oktober 1915 verwaltungstechnische Vorschriften zum Umgang mit Deportierten ein, aber diese erwiesen sich von allem Anfang an als Papiertiger – wie das Dekret des Ministerrats (de facto Talâts Dekret) vom 30. Mai und die Verfahrensrichtlinien vom 10. Juni 1915 zur Umsiedlung der Armenier. Allein die destruktiven Möglichkeiten der darin verliehenen Befugnisse wurden planvoll genutzt. Gleiches galt für die Bestimmungen vom 10. Juni 1915 (siehe weiter unten) zur Frage des armenischen Eigentums. Talâts Absicht war es, armenisches Eigentum vollständig und entschädigungslos in den Besitz muslimischer Bürger zu überführen, womit er eigene Zusagen brach. Für die Wiederansiedlung jener Armenier, die die Deportation bis nach Nordsyrien überlebt hatten, standen daher keine Mittel zur Verfügung. Mouradian hält trocken fest, dass innerhalb eines Jahres «die meisten der Deportierten unter dem Wüstensand ‹angesiedelt› wurden». Beatrice Rohner wie jedem anderen ausländischen Staatsbürger sowie allen nichtmuslimischen Händlern wurde der Zugang zu Zonen mit armenischen Lagern ab Anfang 1916 verboten, nachdem Rohner noch im Dezember 1915 mehrere Lager besucht hatte. Die erschütternde Wahrheit durfte nicht ans Licht kommen. So stand ab September 1915 auch das Fotografieren von Deportierten unter der gleich harten Bestrafung wie das Fotografieren von Kriegsschauplätzen.[188]

---

186 Telegramm vom 22. Juli 1915, zitiert in Mouradian, Genocide, 55.
187 Mouradian, Genocide, 69–82, 93–97.
188 Richtlinien zur Umsiedlung und zur Versorgung vom 10. Juni 1915, in: Arşiv belgeriyle Ermeni faaliyetleri, Bd. 1, 429–431; Şükrüs Richtlinien in Şükrü an Talât, 8. Oktober 1915, BOA, DH. EUM. 2. Şb. 68-88, zitiert in Mouradian, Genocide, 122; Mouradian-Zitat Seite 47. Die Weisung des Innenministeriums betreffend das Fotografieren vom 13. Februar 1916 ist zitiert in Mouradian, Genocide, 11.

Beatrice Rohner hatte immer wieder mit Vali Abdülhalik zu tun. Erst viel später war die zerbrechliche, aber unerschrockene Lehrerin in der Lage, über ihr Erleben und ihren vom Evangelium inspirierten humanitären Widerstand in Aleppo zu berichten: «Ja, unser Haus wäre wohl eine Oase in der Wüste geworden, aber kein Tag liess es uns vergessen, dass der Pharao des türkischen Hasses und Vernichtungswillens hinter uns her war und es um jeden Preis verhindern wollte, dass ein kleines Volk seiner Macht entging. [...] Wie ungern waren wir in Aleppo gesehen! Unser blosses Dasein war denen, die den Überrest des armenischen Volkes zu vernichten entschlossen waren, ein steter Dorn im Auge, und jede Gelegenheit, diese Kinder, die Hoffnung der Zukunft, wieder zu zerstreuen, mich von Aleppo zu entfernen, meine Mitarbeiter in die Wüste zu jagen, wäre mit Freude begrüsst worden. Aber etwas hinderte die Feinde, etwas lähmte die vielen Spione und Häscher, die uns täglich umgaben, etwas hielt die türkischen Behörden zurück, mit einem einzigen Befehl alles zu zerstören, obwohl wir ihnen völlig preisgegeben waren.»[189] Diese Sätze sind einem längeren Bericht entnommen, den sie 1934 in einer kleinen deutschen Missionszeitschrift veröffentlichte. Sie verwies auf Passagen im neutestamentlichen Hebräerbrief und brachte zwischen den Zeilen ihre Erfahrungen in der Türkei von 1915/16 mit eben begonnenen Verfolgungen in Nazideutschland in Bezug.

Vertreibung, Aushungerung und Massenraubmord: Talâts gegen die Armenier gerichtete Politik hatte von Anfang an einen ausgesprochen materiellen Aspekt im Interesse von Staat, örtlichen Notabeln und schamlosen Nachbarn. Materieller Transfer war insbesondere für die Ansiedlung und wirtschaftliche Förderung von Muhacir und weiteren Muslimen von Bedeutung. Die armenischen Vermögenswerte waren von gewaltigem Umfang. Sowohl private Vermögen, Läden, Geschäfte, Konzessionen (unter anderem für Minen) und Fabriken als auch Landbesitz und Liegenschaften von Stiftungen sowie (orthodoxe, protestantische und katholische) armenische Kirchen und deren Güter zählten dazu. Nicht alle Vermögenswerte wurden schon während des Ersten Weltkriegs überschrieben. Die Konfiszierungen setzten sich auch in der Zwischenkriegszeit und sogar bis in die zweite Hälfte des 20. Jahrhunderts fort. Erst der Tod der legitimen Eigentümer verschaffte den Hehlern von Raubgut – primär das Innenministerium, die Armee und örtliche Notabeln – ein Gefühl der Sicherheit vor Rückforderungen. Um das Jahresende 1916 listete Talât in seinem Notizbuch einen Teil des Raubguts auf: mehr als 40 000 Liegenschaften, 90 000 Dönüm[190] Landwirtschaftsfläche und 26 Konzessionen für Minenschürfrechte.[191]

Cemals Verbot des Fotografierens wird in einem Brief von Konsul Rössler erwähnt: Consul Rössler an Botschaft, 27. September 1915, PA-AA, BoKon/170.
189 Beatrice Rohner: «Pfade in grossen Wassern», in: *Sonnenaufgang* 36 (1934), 38, 54.
190 Ein Dönüm ist die osmanische Masseinheit für etwas mehr als 1000 Quadratmeter. 90 000 Dönüm entsprechen einer Fläche von mehr als 90 Quadratkilometern nutzbarem Land.
191 Talâts Notizbuch ist nicht datiert. Es befindet sich immer noch in privatem Besitz und wurde erst vor einigen Jahren veröffentlicht. Talat Paşa'nın Evrak-ı Metrûkesi, 90–103; vgl. Ara Sarafian: *Talaat Pasha's Report on the Armenian Genocide*, London: Gomidas, 2011, 69 f. Der Stand der Forschung bezüglich der Konfiszierungen hat sich in den letzten Jahren wesentlich verbessert, kann aber noch bei weitem nicht als umfassend bezeichnet werden; siehe Polatel/Üngör, Confiscation and Destruction; Akçam/Kurt, The Spirit of the Laws; Kurt, Destruction.

In einer pauschalen, fadenscheinigen Beschuldigung warfen Talât und das CUP den osmanischen Armeniern vor, sie hätten sich in Jahrhunderten osmanischer Herrschaft auf Kosten der Türken bereichert. So suchten sie die Beraubung der Armenier mit einem angeblichen Klassenkampf zu rechtfertigen – ein Argument, das sie vom zeitgenössischen Sozialismus kopierten, um den Neid und die Gier als Motive ihres Massenraubmords zu kaschieren. Talâts Kreis hatte schon vor dem Weltkrieg im Zusammenhang mit Boykotten und Vertreibungen der Rûm analog argumentiert.[192] Die Regierung erarbeitete – gleich wie Deutschland nach 1933 – eine legalistische Argumentationslinie, um Verbrechen zu vertuschen. Gleichzeitig konnten Talât und das CUP – im Gegensatz zu Deutschland – diese Art von Rechtfertigung mit erst kurz zurückliegenden Beispielen staatlicher Praxis verbinden, da nämlich Leben und Eigentum von Armeniern bereits während der Massaker der 1890er-Jahre, also zwei Jahrzehnte vor dem Genozid, weithin als rechtmässige Beute betrachtet und Verbrechen nie geahndet wurden. Der Staat hatte sich auch noch nach 1908 als ebenso unfähig wie unwillig erwiesen, das damals geraubte Eigentum, zumeist Land, wieder an die rechtmässigen Eigentümer zurückzugeben.

Einzig Senator Ahmed Rıza, der einstige Mentor der Jungtürken, wagte im Herbst 1915 im Parlament gegenüber den Mächtigen die Wahrheit auszusprechen, als er sagte: «Wenn dieses Land eine Verfassung und Recht kennt, darf es dieses [das Gesetz betreffend ‹verlassenes Eigentum›] nicht geben. Denn es ist ein Verbrechen. Menschen einschüchtern, aus ihren Dörfern treiben und dann ihr Eigentum verkaufen: Das kann keinesfalls rechtens sein. Kein osmanisches Gewissen oder Gesetz kann so etwas jemals akzeptieren.» Rızas Äusserung vermochte kaum etwas zu bewirken, zumal ihn Talât sogleich unter Druck setzte, sich nicht mehr weiter mit dem Thema zu befassen. Immerhin ist der Nachwelt mit diesem Votum eine Stimme erhalten geblieben, mit der der frühere geistige Führer des CUP in aller Klarheit im osmanischen Parlament den osmanischen Rechtskollaps von 1915 bezeugte. Öffentliche Moral, osmanisches Gemeingefühl und elementares Recht und Gewissen lagen, bildlich gesprochen, in Schutt und Asche. Das Votum kam einer Verurteilung von Talât gleich, denn dieser hatte die Vertreibung und den Eigentumstransfer nicht nur geplant und operationalisiert, sondern noch mit dem Deckmantel der Legalität umhüllt.[193]

Ab August 1914 hatten die Requirierungen zu militärischen Zwecken die günstige Gelegenheit eröffnet, im grossen Stil Privateigentum zu konfiszieren, wobei ein überproportionaler Anteil dieser Güter von nichtmuslimischer Seite stammte. Einiges davon hatte mit dringendem militärischem Bedarf wenig zu tun. Was aber im Mai 1915 mit den Armeniern begann, erwies sich als eine völlig neue Dimension

---

192 Die zwischen 1912 und 1914 erschienenen Artikel von Parvus in der CUP-Presse stellten die türkischen Kleinbauern als die wahrhaft ausgebeutete Klasse dar und als das Fundament der türkischen Protonation, die vom CUP geleitet werden sollte, während der Publizist Moïz Kohen Tekinalp, ein osmanischer Jude, die osmanischen Christen 1912 als Schmarotzer beschrieb, denen jeglicher Patriotismus fehle, womit er die Argumente des christenfeindlichen Türkismus bekräftigte. Siehe Monsieur Risal (alias Tekinalp): «Türkler bir rûh-i millî arıyorlar», in: *Türk Yurdu*, 5. September 1912, transkribierte Ausgabe Ankara: Tutibay, 1999, Bd. 1, 350–353. Vgl. Morgenthau, Tagebuch, 297 f., 8. August 1915; Kieser, «World War and World Revolution», 398–400.

193 MMZC, Session 3, Bd. 1, 134 f., Sitzung vom 13. Dezember. Vgl. Kaynar, Ahmed Rıza, 788–795.

von Eigentumstransfer. Die gesetzlichen Bestimmungen, die ab Mai erlassen wurden, waren teils ein legalistisches Verschleiern von offenkundiger Plünderei gegenüber Parlament und Öffentlichkeit, teils aber auch ein offener Rechtsbruch. Legalistische Bemäntelung diente zudem dazu, die Vertreter der Kriegsverbündeten, aber auch die armenischen Opfer selber zu besänftigen. Kritik und lästige Klagen sollten zum Schweigen gebracht, bohrende Fragen auf die lange Bank geschoben werden. Das trifft insbesondere auf jene Erlasse der Monate Mai und Juni zu, in denen von örtlich limitierten, befristeten Umsiedlungen von Personen in sensiblen Kriegsgebieten die Rede war. Hier wurde fälschlich versprochen, dass das beschlagnahmte Eigentum entweder restituiert oder in vollem Umfang mit einer Abfindung kompensiert werde und dass Besitz jedenfalls vollumfänglich neu zugeteilt werde. Dies alles sollte sich angeblich unter der Aufsicht von Spezialkommissionen anhand einer akribisch genau geführten Buchführung abspielen. Keine dieser wohlklingenden eigentumssichernden Massnahmen kam zur Anwendung. Das Ganze schrieb sich als staatlicher Lug und Trug in die Geschichte ein. Die zahnlosen Reaktionen der Bündnispartner, insbesondere Deutschlands, entsprangen sowohl den Sachzwängen der Kriegspolitik als auch ethischem Defätismus. Anfänglich liessen sich viele täuschen, aber selbst Botschafter Wangenheim durchschaute bis Mitte Juni 1915 das böse Tun.

Talât persönlich knüpfte das Netz von Betrug und Lügen, das die Verbrechen tarnen sollte. Mit Erfolg drängte er darauf, dass die Dekrete unter Zustimmung des ganzen Kabinetts zustande kamen, wodurch er bis Ende Mai 1915 die gesamte Regierung mit in den genozidalen Plan hineinzog. Den entscheidenden Schritt vollzog er mit seinem ausführlichen Brief vom 26. Mai an den Grosswesir (siehe Kapitel 3). Unter Beibehaltung der Argumentationslinie vom 24. April betonte er jetzt, dass man nach dem armenischen Hochverrat jegliche Möglichkeit ausschalten müsse, dass jemand der osmanischen Armee in den Rücken falle. Dann beschrieb er die Notwendigkeit der Vertreibung der Armenier aus den östlichen und südlichen Gebieten Kleinasiens und machte auch gleich selber einen Vorschlag für Richtlinien, nach denen mit den armenischen Besitztümern verfahren werden sollte. Die oben erwähnten falschen Versprechen entstammten ebendiesen Richtlinien.[194] Das Deportationsgesetz vom 27. Mai (ein vom Kabinett erlassenes Dekret) sanktionierte in begrenztem Rahmen Zwangsumsiedlungen von subversiven Familien, wie sie von der Dritten und Vierten Armee ohnehin bereits durchgeführt worden waren. Das Dekret forderte – in sehr allgemeiner Formulierung – «die Unterdrückung jeglicher Widerstandsbestrebung», aber es gab keinerlei Instruktion zu Expropriationen und vermied auch jeden Hinweis auf eine Deportation grösseren Umfangs. Said Halim und Enver hatten das Gesetz unterschrieben, Talât jedoch nicht. Das Dekret des Kabinetts, welches am 30. Mai folgte, war hingegen das Ergebnis und die Bestätigung von Talâts Brief vom 26. Mai, aus dem es lange Passagen wörtlich übernahm.[195]

Ausgestattet mit diesen beiden Dekreten und dazu noch mit Wangenheims, das heisst Deutschlands Zustimmung zu (begrenzten) Umsiedelungen, genoss Talât ab

---

194 Talât (aus der speziellen Abteilung des Innenministeriums, dem Direktorat für die Wiederansiedlung von Stämmen und Migranten) an den Grosswesir, 26. Mai 1915, BOA, BEO. 4357-326758.
195 Armenians in Ottoman Documents, 34 f.

Juni 1915 den nötigen Rückhalt. Jetzt nahm er die Gelegenheit wahr, die fortschrittlichste Bevölkerungsgruppe des spätosmanischen Reichs, die seiner islamisch-türkischen Vorstellung der «neuen Türkei» am meisten im Wege stand, zu entfernen und zu enteignen. Unverzüglich schöpfte er die Dekrete und die begrenzte deutsche Zustimmung radikal aus, um landesweite Massnahmen einzuleiten. Proteste gegen dieses Vorgehen blieben nicht aus, kamen aber zu spät und verliefen im Sand. Denn Mitte Juni hatte die Zerstörung bereits jene umfassende Dynamik erreicht, die vom Planer des Ganzen angestrebt worden war. In weiteren schriftlichen Instruktionen vom 31. Mai und 10. Juni 1915 erteilte Talât detaillierte Anweisungen: Es mussten sogenannte Kommissionen für verlassenes Eigentum gegründet werden, die direkt dem Innenministerium unterstellt waren; den Armeniern wurde es verboten, Vermögenswerte aus ihrem Besitz zu veräussern oder zu überweisen; vorgeschrieben wurde, wie diese Werte erfasst werden sollten; der Erlös von Vermögenswerten, die bei behördlichen Auktionen verkauft wurden, sollte unter dem Namen ihrer bisherigen Besitzer hinterlegt werden. Es gab auch Bestimmungen, in welcher Art die Armenier an ihrem Verbannungsort in kleinen Gruppen neu angesiedelt und wieder so mit Eigentum versorgt werden sollten, dass es ihrer früheren Lebenssituation entsprechen würde. Eine andere Vorgabe war, dass die neuen Siedlungen mindestens 25 Kilometer von der Linie der Bagdadbahn entfernt liegen mussten.[196]

Die «Verschickung» war eine verfassungswidrige Abscheulichkeit, die gleich von Beginn an sämtliche Beteuerungen zum Schutz von Leben und Eigentum Lügen strafte. Diese waren niederträchtiger Betrug, aber sie erfüllten den Zweck, wenigstens in den ersten Tagen und Wochen Kritik und Empörung zu dämpfen. Daher lassen sich die in den Bestimmungen enthaltenen Zusagen beim besten Willen nicht als teilweise «gut gemeinte», aber wegen Sachzwängen gescheiterte Bemühungen schönreden. Die einzige damit erreichte Erleichterung für die Verfolgten bestand darin, dass in einigen Fällen wohlgesinnte Gouverneure die Bestimmungen beim Wort nahmen und den Überlebenden der «Verschickung» eine Niederlassung in Nordsyrien gewährten – bevor Talât dies schroff unterband. Ein provisorisches Gesetz betreffend verlassenes Eigentum und offene Schuldforderungen vom 27. September und damit zusammenhängende Bestimmungen vom 8. November 1915 schlossen, im Widerspruch zu den Zusagen vom Mai und Juni, eine Rückkehr der «Verschickten» in ihre früheren Häuser und zu ihren Ländereien völlig aus. Dieses Gesetz und die entsprechenden Ausführungen gaben der Regierung jede Freiheit für den Umgang mit armenischen Gütern. Eine Möglichkeit, gegen einen Gerichtsentscheid zu rekurrieren, gab es nicht. Dennoch fürchtete sich Talât, wie erwähnt, vor einer Rückkehr von überlebenden rechtmässigen Besitzern, zumal Matthias Erzberger ihm die deutsche Unterstützung solcher Rückkehr klarmachte. Kurz nach Erzbergers Visite bei Innenminister Talât in Istanbul leitete dieser die finalen Massentötungen bei Rakka und vor allem Der ez-Zor ein.

In den Augen sozialdarwinistischer Anhänger des Türkismus wie auch von Islamisten, welche die Ermordung und Beraubung christlicher *gâvur* für legitim hiel-

---

196 Arşiv belgeleriyle Ermeni faaliyetleri, Bd. 1, 426–438.

ten, war Talâts Schachzug mit den armenischen Vermögenswerten einmal mehr eine grossartige Sache. Er bescherte der Kriegs-*ümmet*[197] – der Krieg führenden und auf Istanbuls Sultanat-Kalifat fokussierten Gemeinschaft der osmanischen Muslime (Ummah) – einen reichen materiellen «Segen». Ahmed Rıza nannte das Gesetz schlicht ein Verbrechen. Die deutsche Botschaft übernahm die Terminologie der wirtschaftsnahen Kreise von Istanbul und sprach von legalisiertem Beutemachen. Jedermann wusste Bescheid über die massenhaft erfolgten Plündereien, aber mehr als ein paar Proteste gab es nicht. Deutschland blieb in seiner anfänglichen Sünde gefangen: einem moralischen Defätismus als integriertem Bestandteil des Bündnisses, das es Ende Juli 1914 eingegangen war.[198] Arthur Gwinner, der Vorsitzende der Deutschen Bank, war einer von mehreren deutschen Bankvertretern, die ein Interesse bekundeten, für die Rückerstattung armenischer Schuldenguthaben eine einheitliche Lösung zu finden. In einem Brief vom 7. Oktober 1915 fasste er den Inhalt des betreffenden Gesetzes kurz und bündig so zusammen: «1. Alle Güter in armenischem Besitz sind konfisziert. 2. Die Regierung wird die Schuldenguthaben der vertriebenen Personen bei sich sammeln und deren Guthaben dann erstatten (oder auch nicht erstatten).»[199] Spätestens Ende 1916 hatten fast alle Armenier die Rechte an ihrem früheren Privateigentum auf Anordnung des Innenministeriums verloren, einerlei, ob ermordet, noch am Leben, aber erneut umgesiedelt oder unter den wenigen, denen aufgrund ihrer wirtschaftlichen Nützlichkeit gestattet wurde, in kleinasiatischen Städten zu verbleiben. Die häufigste Ausnahme von dieser Regel waren einzig Armenier, die schon seit langer Zeit in einer Metropole ansässig waren, wo sich auch einflussreiche ausländische Institutionen und Firmen befanden, also vor allem in Istanbul, İzmir und Aleppo. Nichtarmenische Christen durften gemäss dem von Talât 1915 eingeführten gesetzlichen Rahmen ihr Eigentum weiterhin behalten.[200]

Auch wenn neben den unmittelbaren materiellen Bedürfnissen des Staates, namentlich jenen für die Neuansiedlung muslimischer Migranten, öffentliche Korruption und private Bereicherung einen beachtlichen Teil der armenischen Vermögenswerte aufbrauchten, so waren diese immer noch gross genug, um einen materiellen Grundpfeiler für die sogenannte nationale Ökonomie (*milli iktisad*) bilden zu können, das heisst eine Wirtschaft in den Händen von Türken und Muslimen. Eine grosse Zahl von Geschäftshäusern und Läden sowie weite Flächen mit guten Böden für eine produktive Landwirtschaft wurden umverteilt, wovon uns Talâts Notizbuch wieder eine konkrete Vorstellung vermittelt.[201] Die Bergbauindustrie in der Provinz Diyarbekir lag beispielsweise ganz in den Händen von Armeniern, wurde dann aber nach

---

197 Zur Verwendung des Begriffs «war *ummah*» (*ümmet* auf Osmanisch) als Bezeichnung der kombinierten Wirklichkeit von gesellschaftlicher Dynamik und Zentralstaat in der spätesten Phase des Osmanischen Reiches, insbesondere während des Ersten Weltkriegs, siehe Kieser, Der verpasste Friede, 362, 382, 394 f.
198 Deutsche Botschaft an das osmanische Aussenministerium und deutsche Botschaft an den Reichskanzler, 5. Oktober 1915, PA-AA, BoKon 99/Bl. 9–12.
199 Gwinner an Auswärtiges Amt, 7. Oktober 1915, PA-AA, R 14088, mit enthalten eine französische Übersetzung des provisorischen Gesetzes. Vgl. Akçam/Kurt, Kanunların ruhu, 32–47.
200 Kaiser, Extermination, 287. Die hier im Zusammenhang mit Diyarbekir gemachte Feststellung hat auch für die anderen Gebiete in Kleinasien Gültigkeit.
201 Bardakçı, Talat Paşa'nın Evrak-ı Metrûkesi, 91–103.

Massgabe von Talâts nationaler Ökonomie vollständig islamisiert. Die grosse und profitable Baumwollindustrie in der Region Çukurova bei Adana, die in der zweiten Hälfte des 19. Jahrhunderts grossenteils von Armeniern aufgebaut worden war und sich seit dieser Zeit in armenischem Besitz befand, wurde enteignet. Ein Zeitungsartikel von Ende 1916 mit dem Titel «O Türke! Werde reich!» sprach vom Anbrechen einer «wirtschaftlichen Revolution» und würdigte ausgiebig muslimische Mitbürger, die unverzüglich die neuen Gelegenheiten für Handel und gute Geschäfte mit der Aussicht auf das grosse Geld ergriffen. Natürlich fehlte bei solcher Propaganda jeglicher Hinweis auf den Massenraubmord an den Armeniern, der solche Profite ermöglichte. Aber diese Auslassung war nicht nur in den Zeitungsartikeln jener Zeit üblich, sondern auch noch in umfangreichen späteren akademischen Publikationen zur türkischen Wirtschaftsgeschichte.[202]

Talât wollte sich von den Auswirkungen seiner Politik selber ein Bild machen. So unternahm er Inspektionsreisen in ein Kleinasien, das für ihn bis ins Jahr 1910 noch Terra incognita war. Das blieb es auch weiterhin, was genaue Kenntnisse über die Lebensverhältnisse in diesen Regionen betraf und über die Verwaltungstechnik imperialer Herrschaft hinausging. Im November 1916 führte ihn eine solche Reise nach Ankara, Sivas, Diyarbekir und wieder zurück nach Konya – insgesamt eine Reisestrecke von rund 2000 Kilometern, die er mit dem Auto zurücklegte. In den Städten hatte man Blaskapellen, jubelnde Bürger und mit osmanischen Fähnchen winkende Kinder aufgeboten, um das wahre Haupt der osmanischen Politik würdig willkommen zu heissen. Die politische, wirtschaftliche und menschlich-soziale Landschaft war verwüstet und gleichzeitig auf politische Linientreue getrimmt. Doch dieser Komitadschi aus dem Balkan betrachtete Anatolien immer noch durch seine mazedonische Brille, was heissen will mit grösster Zufriedenheit ob der Tatsache, dass die Muslime jetzt endlich in allen Dingen die Herren im Lande waren. Talât gab sich grösste Mühe, den Beweis für die Richtigkeit und den Erfolg seiner Innenpolitik zu erbringen, und so nutzte er jede Gelegenheit, einen übertriebenen Optimismus zur Schau zu stellen, statt die unübersehbare Zerstörung anzusprechen.[203]

Am 5. Dezember 1916 sandte Talât ein Telegramm an Ali Haydar Pascha, den Scharif von Mekka, einen hohen religiösen Würdenträger. Darin betonte er die Vorteile, die sich mit der Vertreibung der Armenier für «den Islam» und «die Muslime» ergeben hatten. Es war offensichtlich, dass Talât hier dem Notabeln Ali Haydar angesichts der Probleme, die der Aufstand der Araber verursachte, in gebührender Art seine Referenz erweisen, sich bei ihm im Namen des Islams einschmeicheln und Ali Haydars enge Beziehung mit den Machthabern in der Hauptstadt bekräftigen wollte. Deshalb stellte er seine Armenierpolitik als ein durchweg erfolgreiches Projekt zur Selbstermächtigung der Muslime dar. Nur mit einem kurzen Satz in der Mitte der Mitteilung nahm er Bezug auf eine arabische Deklaration zur osmanischen Unterdrü-

---

202 «Ey Türk! Zengin ol!», in: *İkdam*, 29. Dezember 1916, 1, zitiert in Toprak, Türkiye'de milli iktisat, 768; vgl. Toprak, Türkiye'de ekonomi ve toplum. Eine Fallstudie zu Diyarbekir und Çukurova bieten Polatel/Üngör, Confiscation and Destruction, 107–164.

203 Vgl. Cevâd, Osmanische Botschaft in Stockholm an den Aussenminister Halil, 10. Januar 1917, hier mit enthalten die Übersetzung eines aufschlussreichen Artikels der halb offiziellen russischen Zeitung *Novia Veremia*, 3. Januar 1917, BOA, HR. SYS. 2429-60.

ckung der Armenier und Grausamkeiten (*zulüm*) im Zusammenhang damit. Vermutlich bezog er sich dabei auf Äusserungen von Hussein bin Ali, dem von den Briten unterstützten Scharif von Mekka und selbst erklärten König von Arabien. Dieser erliess später ein Dekret zum Schutz von Armeniern. Es existierte auch ein Büchlein, das Anfang 1917 von Scheich Faiz al-Huseyin, einem früheren Distriktgouverneur in Mamuretülaziz, veröffentlicht wurde. Cemal hatte Faiz al-Huseyin beschuldigt, ein arabischer Autonomist zu sein, und mit dieser Begründung sandte er ihn 1915 als Häftling nach Diyarbekir, wo dieser Augenzeuge der örtlichen Armeniervernichtung wurde. 1916 konnte er aus dem osmanischen Hoheitsgebiet fliehen und schrieb sein Büchlein, welches später auch ins Englische und ins Deutsche übersetzt wurde.[204]

Innenminister Talâts Telegramm an Ali Haydar Pascha offenbart seine manipulierende Darstellung der Realitäten in Anatolien unmittelbar nach dem Völkermord: «Hohe Pforte, Innenministerium, Privatbüro. An Seine Exzellenz Ali Haydar Pascha Efendi, den Scharif der ehrwürdigen Stadt Mekka, [zurzeit] in der erleuchteten [Stadt] Medina. Zurück von einer Inspektion der anatolischen Provinzen und den Sandschaks Konya, Ankara, Kayseri, Sivas und Harput, erfüllt es mich mit Stolz, dass ich auf meinen Reisen die Hingabe der Muslime aus nächster Nähe sehen konnte. Von hier [Anatolien] aus betrachtet wird sofort einsichtig, wie vorteilhaft es war, die Armenier zu entfernen. Die [muslimische] Bevölkerung [geflohen] aus den besetzten Gebieten hat sich vollumfänglich angesiedelt und eingerichtet. Sie hat sich die Läden, Immobilien und Grundstücke der Armenier angeeignet und eine eigene Geschäfts- und Handelstätigkeit begonnen, auch wenn ihr das Know-how fehlte. Die vom Banditen Hüseyin gemachten Aussagen sprechen von Gräueltaten, die wir gegenüber den Armeniern verübt haben sollen. Sobald mein Budget vom Parlament genehmigt worden ist, werde ich kommen, um Ihre Hände zu küssen und die von Cafer Pascha und Seyyid Abdulvehâb verschickten Anweisungen umzusetzen. Cemal Pascha ist hier [in Istanbul] auf Urlaub. Sollte es irgendeine Anordnung von Ihrer Seite geben, die mit ihm diskutiert werden müsste, so schreiben Sie mir. Er sagt, dass der [Ausgang des] Feldzug[s] [in Arabien] vom Nachschub abhängig sei. Die rumänische Armee wurde heute bei Bukarest geschlagen. In ein paar Tagen wird Bukarest fallen und wir werden die Vorräte aus Rumänien untereinander aufteilen, inschallah. Auf diesem Weg werden wir eine Lösung für das [notorische] Problem mit dem Nachschub finden. Ich küsse Ihre Hand, Ihre Exzellenz, Pascha, und ich erweise meine Ehrerbietung gegenüber den Efendis Mecîd Muhiddîn und Mehmed Bey. Talât.»[205]

Im Gegensatz dazu ermöglichte Scheich Faiz al-Huseyin in seiner Schrift einen anderen, aufgeklärten muslimischen Blick auf die Armenierpolitik des imperialen Regimes. «Ist es denn recht, wenn diese Hochstapler, die sich als Stützen des Islams und

---

204 Faiz el-Ghusein (Faiz al-Huseyin), Bedouin notable of Damascus: *Martyred Armenia*, übersetzt aus dem arabischen Original, London: C. Arthur Pearson, 1917, sowie New York: George H. Doran, 1918. Auf Deutsch: Armenisches Märtyrertum, Potsdam: Tempelverlag, 1922. Ich danke Emre Can Dağlıoğlu für die Klärung des Datums der Erstveröffentlichung dieses Büchleins in arabischer Sprache. Eine Übersetzung von Scharif Husseins Dekret wurde vom Armenian National Institute (ANI) veröffentlicht: www.armenian-genocide.org/Affirmation.4/current_category.1/affirmation_detail.html, 6. November 2019.
205 BOA, DH. ŞFR. 70-180 und 180-1, 5. Dezember 1916.

des Kalifats und als Beschützer der Muslime ausgeben, gegen Gottes Gebot sündigen, die Gesetzte des Korans, die Tradition des Propheten und der Menschheit übertreten? Wahrlich, sie haben sich einer Tat schuldig gemacht, die für den Islam, für alle Muslime, für alle Völker dieser Erde, seien sie Muslime, Christen, Juden oder Götzendiener, eine empörende Widerwärtigkeit darstellt.»[206]

Es wurde bereits darauf hingewiesen, dass Talât den Distriktgouverneur von Der ez-Zor, Ali Suad, abberief, weil dieser die Ansiedlung von Überlebenden gemäss anfänglichen Anweisungen des Innenministeriums ernst genommen hatte. So hatte Ali Suad die «Verschickten» mit bescheidenen Mitteln ausgestattet, die ihnen erlauben sollten, ein neues Leben zu beginnen. Salih Zeki, sein Nachfolger, wechselte im Sommer 1916 zur Methode der Massenvernichtung. 1917 kam es in Beyoğlu, im Vergnügungsviertel von Istanbul, zu einer zufälligen Begegnung. Der (verhalten) dissidente CUP-Abgeordnete Emmanuil Emmanuilidis traf zusammen mit Kollegen auf einen klein gewachsenen Mann im Alter von vielleicht dreissig bis fünfunddreissig Jahren, «dessen Erscheinung in keiner Weise irgendwelche Zeichen von Brutalität erkennen liess. Er erzählte uns, dass er Muslim sei. Als Gouverneur in der Wüste von Der ez-Zor sei er reich geworden. Er habe 60 000 Armenier getötet und zahlreiche Kinder lebendig begraben. Er trete nur sehr selten in der Öffentlichkeit in Erscheinung, weil er keine menschlichen Gesichter sehen wolle. Er habe schon erwogen, Selbstmord zu begehen.»[207] Bei diesem Mann handelte es sich um Salih Zeki. Zu seinem Team von Killern in Der ez-Zor gehörte auch eine kleine Zahl frischer armenischer Konvertiten. Ihnen allen wurde eingehämmert, sie würden mit ihren Taten eine heilsame religiöse Pflicht erfüllen; für Konvertiten galt als Beweis der Bekehrung zum Islam, beim Töten aktiv mitzutun. Salih Zeki (Kuscharkov) gelang es Ende 1918, der Strafverfolgung der Istanbuler Regierung zu entfliehen. Er erfand sich 1919 neu als Kommunist und wurde Mitglied der neu gegründeten, alsbald verbotenen Kommunistischen Partei der Türkei. Von 1919 bis zu seinem Tod 1940 war er offizielles Mitglied der Russischen Kommunistischen Partei. Zwar behinderte seine Täterschaft beim Völkermord an den Armeniern seine spätere Karriere in der Sowjetunion, doch zugleich schützte ihn die seit Mitte 1920 – dem kemalistisch-sowjetischen Schulterschluss (siehe Kapitel 43) – gültige Devise Moskaus, den Völkermord nicht mehr zu thematisieren. Zeki passte sich in der Sowjetunion ideologisch an, ohne jedoch, soweit aus Dokumenten hervorgeht, zu wirklicher Reue zu finden, zumal viele seiner neuen Genossen in Massenmorde im russischen Bürgerkrieg verwickelt gewesen waren. «In meinem ersten Lebensabschnitt [bis 1916] fühlte ich mich gar nicht gut, da ich der [neu aufzubauenden türkischen] Bourgeoisie diente. Im zweiten Abschnitt fühle ich mich sehr gut, da ich dem Proletariat zuarbeite.»[208]

---

206 Faiz al-Huseyin, Martyred Armenia, 15.
207 Emmanuilidis, Osmanlı İmparatorluğu'nun son yılları, 146.
208 Zitiert in Yetvart Danzikyan: «İttihatçılıktan komünizme, Deyr-i Zor'dan Moskova'ya: Salih Zeki'nin bilinmeyen hikayesi», in: *Agos*, 11. Februar 2020; Avagyan, Karanlıkta Kalmış Bir Eylemci.

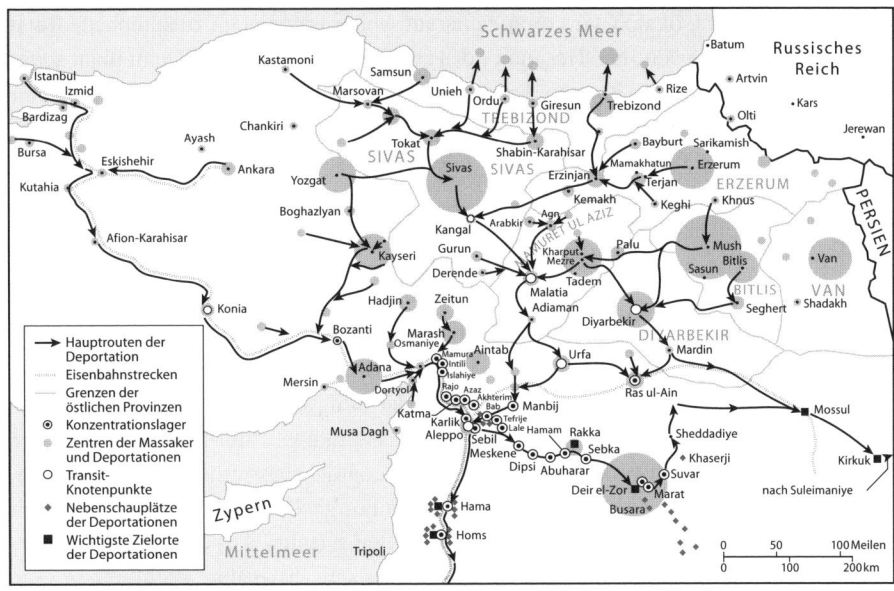

Karte 4: Genozid an den Armeniern in der osmanischen Türkei. Adaptiert von einer Karte, die ursprünglich vom Armenischen Nationalinstitut (ANI) veröffentlicht wurde, aus *The Young Turks' Crime against Humanity. The Armenian Genocide and Ethnic Cleansing in the Ottoman Empire by Taner Akçam*, © 2012 Princeton University Press.

35 «Sieger», «Noah», «Vater der Nation» – die toxische Ausstrahlung einer schillernden Figur

In den einschlägigen Dokumenten jener Zeit des Genozids stehen ehrliche, wenn auch bruchstückhafte Zeugnisse den Lobgesängen auf brutale Macher sowie deren Lügengebäude gegenüber. Eine anschauliche Metapher für aufpeitschendes Zujubeln ist die Ululation, das gellende «Lilili» – ein eindringlicher, rascher Zungenschlag, den Frauen ausüben, um Trauer, Aggression oder überschäumende Freude auszudrücken, so oft bei Hochzeitsfesten. Frauen praktizierten solche Laute in der spätosmanischen Ära auch, um Männer bei Plünderungen oder Massakern in den Städten oder bei Überfällen auf wehrlose Karawanen von Deportierten auf dem Lande anzufeuern. Auf diese Weise stimulierten sie nicht nur die Täter, sondern vertrieben auch moralische Skrupel.[209] Ähnlich stimuliert wurde der Machtmensch Mehmed Talât durch die Zustimmung der Lakaien in der Partei und der breiten Kreise, die vom Armeniergenozid profitierten, wie auch durch ein Lobgedicht von niemand Geringerem als

---

[209] Für anschauliche Augenzeugenberichte beachte man zum Beispiel Künzler, *Im Lande des Blutes und der Tränen*, 53–61; Balakian, *Armenian Golgotha*, 95, 135 f., 143–146; unveröffentlichter Bericht *Cinq ans d'exil, de 1914 à 1919*, verfasst von Franziskanerinnen von Urfa (Sœurs de Lons-le-Saunier), mit einem Abschnitt über den 6. Oktober 1915: «Les femmes, du haut des terrasses, font entendre leurs ‹lilis› stridents, cris de joie sauvage en l'honneur des braves qui viennent anéantir les ‹Gaours›.»

dem CUP-Mentor Gökalp (wir kommen darauf weiter unten noch zu sprechen). Talât war der gerissene, mächtige «Besieger» des armenischen Problems, wenn nicht sogar der geniale Held, der den Knoten der gesamten orientalischen Frage durchschlug. Er genoss nicht nur die Anerkennung jener, die sich persönlich bereicherten, sondern von allen, die in seinem Politikstil die Rettung der Türkei sahen und das Land seinetwegen zurück auf dem Siegespfad wähnten.

Auf der Gegenseite standen jene – und dazu gehörten auch einige Staatsdiener –, die die Vorgänge aus der Nähe miterlebten und mit Empörung in Tatsachenberichten festhielten. Damit bezeugten sie wenigstens gegenüber sich selber Glaubwürdigkeit und übten sich in möglichst unabhängigem Denken. Namentlich Cavid gehörte zu jenen, die ganz privat mit kritischer Stimme der Wahrheit nahe zu sein suchten. Zugleich war er indes nicht gewillt oder fähig, sich von der Gruppe zu distanzieren, die er Jahre zuvor als seine politische Heimat gewählt hatte. Doch konnte er immerhin der Nachwelt das authentische Zeugnis eines Insiders hinterlassen. «Ganz offensichtlich verfügt niemand über die nötige Kraft, den Mund zu öffnen und irgendetwas zu sagen. [...] Die Angelegenheit mit den Armeniern ist fürchterlich. Und niemand kann irgendetwas dazu sagen.» Es herrschte allenthalben eine Stimmung totaler Einschüchterung, und die europäischen Verbündeten der Türkei in Istanbul taten wenig oder gar nichts, um daran etwas zu ändern. Senator Ahmed Rıza, der frühere Führer der oppositionellen Jungtürken im Pariser Exil, fand, wie gesagt, im Herbst 1915 zwar den Mut, im Parlament mit der Stimme seines Gewissens zu reden. Aber Talât bestellte ihn ein und «machte ihm klar, dass er – sollte Rıza damit fortfahren, im Senat wegen der Armenier Streit anzuzetteln – Berichte über Taten der Armenier publizieren werde, die einen derart grossen Fanatismus unter den Muslimen hervorriefen, dass die Armenier noch viel schlechter behandelt würden als bisher». US-Botschafter Morgenthau hielt am 1. Oktober 1915 weiter fest: «Talât sagte ihm, wenn er sich tatsächlich den Armeniern gegenüber als nützlich erweisen wolle, dann sollte er besser den Mund halten.»[210]

Mit ähnlichen Drohungen, die ihre Wirkung kaum je verfehlten, ging Talât gegenüber deutschen Diplomaten vor. So verhinderte er jegliche offene Diskussion innerhalb des Parlaments und in der Öffentlichkeit. «Von einer Besprechung in der Deputiertenkammer will Talaat Bej lieber absehen, da er voraussieht, dass die Mitteilung der von den Armeniern in Van verübten Greuel zu Ausschreitungen hier führen würde», hiess es in der deutschen Botschaft.[211] Dies war eine kaum verschleierte Drohung mit Strassengewalt, wie das Regime sie mit falschen oder bewusst übertriebenen Sensationsnachrichten leicht hätte hervorrufen können. Das Potenzial und eingespielte Muster dafür lagen bereit. Allen waren die städtischen Massaker in den 1890er-Jahren und 1909 in lebhafter Erinnerung. Nur gehörte Innenminister Talât im Herbst 1915 zu den Letzten mit Interesse an Mobgewalt, zumal sie leicht eine Eigendynamik entwickelte und den Staat als schwach erscheinen liess. Vor allem

---

210 Morgenthau, Tagebuch, 346, 1. Oktober 1915; Cavid, Tagebuch, Bd. 3, 135–137.
211 Mitteilung von Mordtmann im Schreiben von Jagow an Wangenheim, 9. Oktober 1915, PA-AA, Bo-Kon/170.

hatte er sein primäres Ziel, die Ostprovinzen «armenierrein»[212] zu machen, längst erreicht. Cavid, Talâts enger politischer Freund, und der uns mittlerweile vertraute Zivilinspektor Hamid, der zu den ranghöchsten Beamten im Innenministerium gehörte, waren sich einig über das kriminelle Verhalten, das (nach Hamids Einschätzung) innerhalb von Talâts Verwaltung anzutreffen war beziehungsweise die ganze Verwaltung systemhaft durchdrang (so Cavids Wahrnehmung in den Monaten August und September 1915).

Eben erst von einem Aufenthalt in Europa zurückgekehrt, begann Cavid zu realisieren, was für ein Programm seine politischen Freunde in den leitenden Positionen in der Zwischenzeit aufgeleist hatten: «Ihr verstandet es nicht nur, die Vernichtung der politischen Existenz, sondern der biologischen Existenz eines ganzen Volkes in Angriff zu nehmen», klagte er sie im Tagebuch an. Cavid empörte sich über das «monströse Morden und das immense Ausmass an Brutalität, wie es die osmanische Geschichte zuvor noch nicht gesehen hatte, auch in ihren dunkelsten Zeiten nicht». In der Folge zog er aus dem politischen Projekt des CUP den Schluss, dass «wir mit diesen Taten alles verdammt haben. Wir haben die gegenwärtige Verwaltung [des Staates] in einer Art befleckt, die nicht wieder reinzuwaschen ist. Wir haben für alle ersichtlich bewiesen, dass wir eine Nation sind, die unfähig ist, sich selber zu regieren.» Cavid hatte ernsthaft Angst um die Zukunft der Türkei, auch in wirtschaftlicher Hinsicht. Während «die Dummen eine irre Freude haben», befalle die Vernünftigen eine grosse Traurigkeit beim Anblick der mutwilligen Zerstörung von qualifizierter Arbeitskraft und funktionierenden Handwerks- und Industriebetrieben.

Gleiches galt für die vom Regime geschaffenen Marktmonopole, die zu einem Produktionsrückgang und zu einer Zunahme von Korruption führten. Es traf auch auf den korporatistischen Furor des Regimes zu, der sich gegen all jene richtete, die auf der Basis von privater Initiative Güter produzierten, und gegen alle Ausländer, die im Land tätig waren. «Enver und Talât geben vor, [gesellschaftliche und wirtschaftliche] Probleme zu lösen, die selbst von wichtigen Denkern aus zivilisierten Ländern bis jetzt noch nicht gelöst werden konnten», kommentierte Cavid.[213] Tatsächlich war das Komitee «eng verbunden mit türkisch-muslimischen Handelsorganisationen, die neben den erwähnten jüdischen Händlern zum Anstieg der Preise beigetragen haben», wie Carl E. Wandel, der dänische Gesandte in Istanbul, berichtete. Für viele Leute waren Petroleum, Zucker und viele Lebensmittel unbezahlbar geworden. Wandel hatte in seinem Bericht vorgängig angetönt, es gebe «ziemlich grossen Missmut», welcher «in letzter Zeit gegenüber den reichen Dönme in Konstantinopel aufgekommen ist, die zur Zeit mittels einiger Produkte des Grundbedarfs den Handel in der Hauptstadt beherrschen und die von der türkischen Bevölkerung beschuldigt werden, ein Vermögen

---

212 Das Adjektiv stammt von Franz Günther, Vizedirektor der Anatolischen Eisenbahngesellschaft, in einem Bericht vom 17. August 1915 an Arthur Gwinner, den Vorsitzenden der Deutschen Bank: «Man muss in die Geschichte der Menschheit weit zurückgehen, um etwas Ähnliches an bestialischer Grausamkeit zu finden wie die Ausrottung der Armenier in der heutigen Türkei. Die Judenpogrome in Russland, die ich kenne, sind vergleichsweise Kinderspiel. […] Tatsache ist jedenfalls, dass die östlichen Provinzen schon jetzt armenierrein geworden sind.» Zitiert in Lothar Gall: *Die Deutsche Bank, 1870–1995*, München: C. H. Beck, 1995, 153.
213 Cavid, Tagebuch, Bd. 3, 136 f.

gemacht zu haben, indem sie eine gewisse Anzahl von Lebensmitteln und anderer lebenswichtige Güter horten, um deren Preis in die Höhe treiben». Wandel befürchtete, dass die CUP-Regierung «den gegen sie gerichteten Missmut dazu nutzen werde, die Schuld für die von ihr unternommenen Schritte [hin zu einer strikt islamisch-türkischen Nationalökonomie] allein auf die Juden abzuwälzen».[214]

Zu diesem Zeitpunkt waren die armenischen Händler bereits ausgeschaltet. Talâts Vertrauter Karasu (Emmanuel Carasso), der die Verantwortung für die Zuteilung der Lebensmittel trug, hatte deswegen in der Tat privates Vermögen anhäufen können.[215] Da die Juden im Unterschied zu den Armeniern und weiteren osmanischen Christen nicht im Visier der Verfolger standen, konnten einige von ihnen aus der speziellen Situation von Krieg und Genozid materiellen Gewinn schlagen, und das nicht nur in der Hauptstadt. Profiteure zogen von Stadt zu Stadt, wo gerade «Verschickungen» stattfanden. Ahmet Refik, ein liberaler Intellektueller, Geschichtsprofessor aus Eskişehir, war entsetzt, als im August 1915 in seiner Heimatstadt Muslime und Juden als Profiteure auftauchten, die die Gelegenheit ergriffen, mit dem günstigen Ankauf von armenischen Vermögenswerten zu Schleuderpreisen guten Gewinn zu machen. Einer von ihnen, ein in Eskişehir wohnhafter Jude, habe ihn mit den Worten angesprochen: «Das ist sehr schön, mein Herr … Sie [die Armenier] gehen jetzt, nicht wahr? Sie seien verabschiedet. Was haben sie nicht alles verbrochen, was haben sie uns Türken nicht alles angetan?!» Nach dem Bericht von Refik wurden die vollkommen unschuldigen Armenier von Eskişehir brutal aus ihren Häusern geworfen, am Bahnhof zu Gruppen zusammengetrieben und am 14. August in überfüllten Viehwaggons mit dem Zug auf die Reise geschickt.[216]

In einer langen Niederschrift von Ende Sommer 1915 verschaffte Cavid seinem Gewissen und seinen Emotionen Luft und griff in der geschützten Vertraulichkeit seines Tagebuchs das Komitee direkt an. «Ihr seid nicht nur schuldig, sondern auch unfähig. Was für ein Gewissen habt ihr eigentlich, wenn ihr akzeptiert, dass Frauen, Kinder und Alte, die aus den Städten vertrieben wurden, an Seen und auf Bergen ermordet werden?» Cavid erkannte noch klarer als Hamid, dass Talât «mit voller Überzeugung in dieser Sache drin war», und zwar nicht nur bezüglich der Planung des Vorhabens, sondern auch in der «begeisterten Annahme der ideologischen Grundlagen». Damit war der minderheitenfeindliche und xenophobe islamisch-türkische Korporatismus, den das Komitee pushte, aber auch der krude Sozialdarwinismus namentlich der als Militärärzte ausgebildeten CUP-Kader gemeint, darunter Dr. Şakir, Dr. Nâzım und Dr. Reşid. Indes scheint es, dass Cavid zu diesem Zeitpunkt die umfassende Führungsrolle Talâts beim Völkermord noch nicht begriff. Aber er durchschaute sehr wohl, dass dessen Rede von Untersuchungskommissionen eine einzige Alibiübung war. Im Stillen beklagte er: «Es ist eine gedankenlose, verblendete nationalistische Strömung

---

214 Wandel an Aussenminister Erik Scavenius, 19. September 1915, RA-UM/Gruppeordnede sager 1909–1945. 139. D. 1, «Tyrkiet-Indre Forhold» Pakke 1, til 31 Dec. 1916, veröffentlicht auf www.armenocide.de von Matthias Bjørnlund.
215 Feroz Ahmad: «The Special Relationship: The Committee of Union and Progress and the Ottoman Jewish Political Elite, 1908–1918», in: Levy, Jews, Turks, Ottomans, 216 f.
216 Altınay, İki komite, iki kıtal, 35, Erstveröffentlichung in Istanbul 1919. Vgl. Kévorkian, Armenian Genocide, 565.

an die Stelle des Osmanismus getreten. Was soll aus der wunderbaren Menschheit werden, wenn sie in die Hände von dummen Schlächtern gerät?» Eine noch nie dagewesene Politik der Zerstörung und des Fremdenhasses erledigte das Osmanentum, jubelte islamistischen Türkismus hoch und legte den Rechtsstaat in Trümmer. «All das haben sie nur getan, um die Armenier loszuwerden.» Sollte das die Geburtsstunde einer Nation, einer neuen Türkei werden? War es Talâts Wille, das Böse mitten ins Herz seines nationalistischen Projekts einzupflanzen? Cavid war der Verzweiflung nahe, und dennoch sagte er: «Trotz all des Bösen will ich meine Hoffnung für ein besseres Morgen nicht aufgeben.»[217]

Hamid Kapancızâde, der in hoher Position im Innenministerium mit Talât zusammenarbeitete, hatte als Outsider des CUP nur einen beschränkten Einblick in die tatsächlichen Entscheidungsprozesse. Aber er drängte den Innenminister immer wieder dazu, endlich etwas gegen die Verbrechen und Korruption zu unternehmen, die er in seinem Arbeitsbereich wahrnahm, und sich von den schönfärberischen Illusionen über die aktuelle politische Situation loszusagen. Es gelang ihm auch tatsächlich, in einigen Fällen Untersuchungen auf den Weg zu bringen. Aber diese blieben abgesehen von der Erstellung von Dokumentationen weitgehend folgenlos. Es lag für Hamid auf der Hand, dass ein Verwaltungsapparat, der sich dermassen in Massenverbrechen verstrickt hatte wie Talâts Innenministerium 1915, sich niemals aus eigener Kraft wieder hochrappeln und reinigen konnte. Vor seinem Tod im Jahr 1928 zog er im Rückblick den Schluss: «Ein Grund für den Niedergang dieses Landes ist der, dass [individuelle] Verantwortlichkeit hier einfach keine Wurzeln schlagen kann und dass Diebstahl, Korruption und die schändlichsten Verbrechen sich mit der Politik vermischen und deshalb ungestraft bleiben. Wenn Parteimitglieder, die durch dubiose Umstände eine Machtposition erlangt haben, Missetaten begehen, werden diese als Zeichen äusserster Hingabe anerkannt und als Heldentaten gewürdigt.»[218] Hamid war vor allem anderen ein professioneller Staatsbeamter und Fachmann in Finanzfragen. So kannte er weder alle Abteilungen des Ministeriums noch die Person Talâts im Komitee und privat. Aber seine Beurteilung der vom Minister praktizierten Personalpolitik ist aufschlussreich. Bemerkenswert ist zudem sein unkritischer, dem Zeitgeist geschuldeter Begriff von Talâts Patriotismus und patriotischer Aufrichtigkeit, während dieses Buch Talât als imperialen Ultranationalisten darstellt. Der ultranationalistische Führer des Einparteiregimes suchte mit letzter Konsequenz Gökalps Konzept eines einheitlichen islamisch-türkischen Staats- und Gesellschaftsorganismus zu verwirklichen. Er war kein Patriot, da es ihm an wirklichem Patriotismus mangelte: an Kenntnis und tatsächlicher Liebe und Klugheit für die real existierende Heimat, ihr Land und ihre Menschen. Hamid erkannte das Hauptübel in der politisch korrumpierten Staatsverwaltung. Er beschrieb Talat so: «Talâts Patriotismus und Aufrichtigkeit standen ausser Zweifel. Doch sein grösster Schwachpunkt war seine Naivität, die ihren Ursprung in seinem Mangel an Erfahrung und Wissen hatte. Er konnte nicht nachvollziehen, dass sich Komiteefreunde von gestern bereitwillig missbräuchlichen Machenschaften hingeben würden, sobald sie in einem anderen Arbeitsfeld aktiv wurden. Er konnte nicht fassen, dass dieselben [Komitadschi-]Qualitäten und

---

217 Cavid, Tagebuch, Bd. 3, 135–137.
218 Kapancızâde Hamit, Anıları, 478.

Fähigkeiten, die bei der Ausübung der einen Aufgabe zum Erfolg führten, in einer anderen Aufgabe nicht mit ebenso grossem Erfolg eingesetzt werden konnten. Es gelang ihm nicht vorauszusehen, dass durch [Partei-]Druck beförderte Kreaturen ihrem Amt nicht gerecht werden konnten. Kurz gesagt: Die Mentalität und Politik von Komitadschi, die auf Biegen und Brechen die Einheit der Parteifreunde [und Parteilinie] durchsetzen, triumphierte über die Logik [eines gut geführten] Verwaltungsapparats.»[219]

Was Aufmerksamkeit verdient, ist die Tatsache, dass Talât – keineswegs naiv – genau jene nicht fachlich, aber dafür ideologisch geeigneten Mitarbeiter auswählte, die er für seine Sache brauchte. Denn andere hätten seiner ruchlosen Innenpolitik die Gefolgschaft verweigert. Es galt die Regel, dass in wichtigen Abteilungen die Angestellten nur dann eine Chance auf Beförderung erhielten, wenn sie auch der Partei beitraten. Sie waren daher gezwungen, sich selber ganz in das Einparteisystem einzufügen und mitzumachen, wenn sie nicht beruflich und gesellschaftlich an den Rand gedrängt werden wollten. Cemil Filmer, der später ein bekannter Filmregisseur in der Republik Türkei wurde, berichtete offen über seine diesbezüglichen Erfahrungen. Um das Jahr 1913 hatte er als Achtzehnjähriger in Talâts Innenministerium eine Anstellung in der politischen Abteilung des Sicherheits- und Polizeidepartements gefunden, und seine Aufgabe bestand darin, Dokumente des Innenministers durchzuarbeiten. Zu seiner Abteilung gehörten vierzig Auftragsmörder (*fedai*), wobei ein Teil von ihnen für den Geheimdienst arbeitete, während sich andere mit «Angelegenheiten der Armenier» befassten. Nach einiger Zeit in dieser administrativen Funktion erhielt Cemil von Talât die Anfrage, ob er nicht dem CUP beitreten möchte, damit er befördert werden könne. Obwohl Cemils Familie nicht vermögend war, beharrte der Vater darauf, dass sich sein Sohn vor einer solchen Karriere hüte, und so gab Cemil seinen gut bezahlten Posten auf.[220]

Ismail Canbolad, ein langjähriger enger Komiteefreund von Talât, erwartete, dass beim Innenministerium die behördliche Arbeit mit einem Mindestmass an Rechtskonformität geleistet werde, aber angesichts der realen Zustände fühlte er sich völlig desillusioniert. Am 12. Mai 1916 schrieb er Talât in aufgewühlter Stimmung einen persönlichen Brief, in welchem er zum Ausdruck brachte, dass er für sich selber in diesem Umfeld keinen Platz mehr sehe, weder als staatlicher Beamter noch als Mitglied des CUP, und er schloss mit den Worten: «Und jetzt erbitte und verlange ich von dir und den anderen Freunden nur noch eines, und das ist: Belästigt mich nicht länger. Wenn ihr jetzt psychologischen Druck ausübt, werdet ihr mich in den Selbstmord treiben.» Canbolad quittierte seine führende Stellung in der Stadtverwaltung wie auch jene in der Provinzleitung, weil es zu Konflikten mit den erwähnten korrupten Handelsorganisationen sowie mit İsmail Hakkı, dem Generalintendanten des Kriegsministeriums, gekommen war. Talâts Angebot, Untersekretär (*müsteşar*) in seinem Ministerium zu werden, lehnte er ab. Aber sogar in diesem Fall brachte es Talât nur wenige Tage nach Abfassung des zitierten Briefes fertig, seinen widerspenstigen Freund umzustimmen, sodass er schliesslich genau das tat, was er ihm vorgeschlagen hatte.[221]

---

219 *Ebd.*, 493.
220 Filmer, Hatıralar, 34–37. Ich danke Hilmar Kaiser für den Hinweis auf diese Quelle.
221 Eintrag vom 18. Mai 1916, Cavid, Tagebuch, Bd. 3, 183 f. Canbolads Brief ist wiedergegeben in İttihadçı'nın sandığı, 416.

Im Gespräch über Anstellungen, Korruption und die strafrechtliche Verfolgung krimineller Beamter gestand Talât gegenüber seinem Komiteefreund Scheichülislam Hayri ein, dass es «unser Hauptfehler war, dass wir unsere Freunde an [viel] Geld gewöhnt haben. Viele von ihnen haben sich persönlich bereichert», wobei er typisch beschönigend beifügte: «Aber das ist nicht so wichtig.» Hayri konnte nicht verstehen, dass Talât es nicht schaffte, seine Administration von den übelsten Charakteren zu säubern. Er selber war indes weit davon entfernt, die auf solche Mitarbeiter angewiesene Politik gründlich zu hinterfragen oder gar der übermächtigen Figur des Einparteiregimes kritisch entgegenzutreten.[222]

Vereitelte oder stoppte Deutschland nicht mit allen Mitteln und aller Entschiedenheit den Genozid, so verwickelte es sich in der Logik des Kriegsbündnisses immer weiter in das Verbrechen. In derselben Situation befand sich Österreich, welches im Oktober 1915, nach vollbrachter erster Phase des Völkermords, sowohl Talât als auch dem eben zum Aussenminister ernannten Halil – den Nummern eins und vier in der Rangordnung der CUP-Minister – den Kaiser-Leopold-Orden Erster Klasse verlieh.[223] Vielfach darin verwickelt, wurden die europäischen Seniorpartner durch den Genozid des Verbündeten moralisch beschädigt, insbesondere Deutschland. Es blieb dem über viele Monate ablaufenden Verbrechen gegenüber einerseits passiv, gleichsam gelähmt, aber unterstützte andererseits seinen Bündnispartner in jeder Hinsicht, auch in der Propaganda.

Dr. Paul Rohrbach, Mitarbeiter im Auswärtigen Amt, schrieb am 21. September 1915 an Dr. Ernst Jäckh, den viele wegen dessen Türkeibegeisterung «Türken-Jäckh» nannten: «Die Nachrichten hier über die Ausmordung Armeniens sind fürchterlich. [Johannes] Lepsius hat eine Stunde mit Enver [Pascha] gesprochen, der auf Deine Veranlassung ihn empfangen hat. Enver hat Lepsius kalt bestätigt, sie wollten jetzt ein Ende mit den Armeniern machen! Das bricht dem deutsch-türkischen Bündnis moralisch den Hals.» Der moralische Genickbruch zerstörte unwiderruflich, wie Rohrbach festhielt, den Traum eines starken und unbesiegbaren Osmanischen Reichs als Schlüssel zu deutscher Weltmacht.[224] Rohrbachs Aussage war das Bekenntnis eines einzelnen Individuums; mit seiner Sichtweise stand er allein auf weiter Flur im Auswärtigen Amt und in der Deutsch-Türkischen Vereinigung, deren Mitglied er war und die Jäckh präsidierte. Gesinnungsgenossen fand er hingegen als Mitglied in der Deutsch-Armenischen Gesellschaft, der auch Persönlichkeiten wie Johannes Lepsius oder der Orientalist Joseph Marquart, Professor an der Humboldt-Universität in Berlin, angehörten. Mit Verweis auf die tendenziöse deutsche Berichterstattung weigerte sich Marquart im Gegensatz zu fast allen seinen Fachkollegen, für die Nachrichtenstelle für den Orient zu arbeiten, die dem Auswärtigen Amt unterstand.[225]

---

222 Hayri, 189, Tagebuch, 30. August 1916.
223 «Ta'lîka Ruhsat», in: *Tanin*, Nr. 2484, 15. Oktober 1915, 1.
224 Ernst Jäckh Papers, Yale University Library. Das Projekt einer zentraleuropäischen Weltmacht der Deutschen mit Zentrum im Nahen Osten wird beispielsweise in Rohrbachs propagandistischem Artikel in der New Yorker *Evening Mail* vom August 1915 beschrieben (Kopie im Archiv der Deutschen Bank, OR 1388).
225 Artikel «Deutsch-Armenische Gesellschaft» und «Joseph Marquart», in: *Thematisches Lexikon*, hg. von Hermann Goltz, Axel Meissner, München: Saur, 2004; Schaller, Rezeption des Völkermords, 529.

Für Marquart war, was in der deutschen Presse stand (im Unterschied zur Presse der deutschsprachigen Schweiz), ein «durchsichtiger Verleumdungsfeldzug». Abgesehen von spärlichen Kommentaren mit feinem Unterton in Emil Ludwigs Berichten (siehe Kapitel 5) wimmelte es 1915 und danach nur so von Lobreden auf Talât und die übrigen Führer des CUP. Wortreiche Apologien zugunsten der Machthaber in Istanbul gingen einher mit Anschuldigungen gegen die Armenier, deren Argumentation auf Talâts Formulierungen vom 24. April 1915 basierte. Ohne Widerspruch gab die Presse den Tätern Raum für deren Darstellung der Dinge, so dem Innenminister im *Berliner Tageblatt*, als dieser die finalen Massentötungen in Syrien einleitete: «Die Armenier pflegten ein Ideal, das nur bei Zertrümmerung der Türkei verwirklicht werden konnte. [...] Die Entfernung der Armenier aus den östlichen Wilajets war eine militärische Notwendigkeit geworden. [...] Bei der Überführung nach Mesopotamien wurden die Armenier von den Kurden überfallen und teilweise getötet. [...] Man hat uns vorgeworfen, dass wir keinen Unterschied zwischen den schuldigen und unschuldigen Armeniern gemacht hätten. Das war unmöglich, da bei der Lage der Dinge morgen schuldig sein konnte, wer heute vielleicht noch unschuldig war. Der Gedanke an den sicheren Bestand der Türkei musste alle sonstigen Erwägungen verstummen lassen. Unser Handeln war durch nationale und geschichtliche Notwendigkeit bestimmt.»[226] Neben offen sozialdarwinistischen Äusserungen wie dieser fanden sich in der einschlägigen Presse auch armenierfeindliche Verunglimpfungen kultureller und rassischer Art, die dem Antisemitismus der Belle Époque auffallend glichen. Deutsche Zensoren taten ihr Bestes, um jegliche landesinterne Debatte über den Armeniermord zu unterbinden.[227] Eine echte Auseinandersetzung fand erst Jahre später, nach Talâts Ermordung in Berlin 1921, statt. Zumindest ein Teil der deutschen Öffentlichkeit wurde sich zu diesem späten Zeitpunkt bewusst, was der islamisch-türkische Ultranationalismus bedeutete und was seinetwegen den Minderheiten unter dem Regime des Bündnispartners angetan worden war.

Envers Freund, der deutsche Marineattaché Hans Humann, verinnerlichte Aussagen der türkischen Kriegsfalken in der Armee, als er im Herbst 1915 meinte, dass «die Armenier sich ihrem eigenen Osmanentum gegenüber als illoyal erwiesen hätten, und dass jedermann, der einmal im Orient gewesen sei, einsehen müsse, dass die beiden Rassen nicht zusammen leben könnten und dass der Schwächere unterliegen müsse. [...] Unter dem Gesichtspunkt der Sicherheit sei es für die Türken absolut gerechtfertigt gewesen, die Armenier zu vernichten», wie Morgenthau erfuhr.[228] Humanns Freunde behandelten die als schwach verachtete Minderheit im eigenen Staat – die osmanischen Armenier – genau nach dem Wortlaut ihrer sozialdarwinistischen Sprache. Extreme Gewalt in Wort und Tat gegen die geächtete Minorität war Alltag in der osmanischen Türkei während des Ersten Weltkriegs. Diese andauernde Erfahrung im Umgang mit der Türkei, kombiniert mit jahrelanger lobhudelnder Presse über tüchtige Bundesgenossen, hinterliess in Deutschland Spuren. Diese wirkten sich umso

---

226 *Berliner Tageblatt*, 4. Mai 1916, zitiert in Schaller, Rezeption des Völkermords, 529. Neben dieser Untersuchung zur Haltung der deutschen Presse siehe auch Ihrig, Justifying Genocide, 163–189.
227 Jagow an Wangenheim, 9. Oktober 1915, PA-AA, BoKon/170.
228 Morgenthau, Tagebuch, 305, 17. August 1915.

einschneidender aus, als viele Deutsche in der Zwischenkriegszeit mit Neid auf die politischen Erfolge blickten, welche die Türkei unter den Kemalisten, vormaligen Jungtürken, trotz der Weltkriegsniederlage errangen.

So war für viele Deutsche «angriffslustiger [Ultra-]Nationalismus» augenscheinlich von Erfolg gekrönt. Damit wurde er gesellschaftsfähig. Nicht umsonst sprach Theodor W. Adorno 1966 zu Beginn seines Aufsatzes «Erziehung nach Auschwitz» von Völkermord als «Ausdruck einer überaus mächtigen gesellschaftlichen Tendenz». Er wollte «dabei auf eine Tatsache hinweisen, die sehr charakteristischerweise in Deutschland kaum bekannt zu sein scheint [...]. Schon im ersten Weltkrieg haben die Türken – die so genannte Jungtürkische Bewegung unter der Führung von Enver Pascha und Talaat Pascha – weit über eine Million Armenier ermorden lassen.»[229] Diese Tatsache war zwar im Deutschland der Zwischenkriegszeit sehr wohl bekannt, doch wurde sie fatalerweise als Bedingung des vermeintlich beneidenswerten politischen Erfolgs der Türkei rezipiert. Unter deutschen Offizieren und einigen deutschen Zivilpersonen, die sich während des Ersten Weltkriegs in der Türkei aufhielten, stellte Humann mit seiner sozialdarwinistischen Haltung keine Ausnahme dar. Aber unter deutschen Zeitgenossen allgemein, auch in der Türkei, entsprach seine Einstellung bei weitem keiner Mehrheitsmeinung. Das änderte sich später.

Die deutsche Diplomatie im Ersten Weltkrieg war darauf bedacht, sich von jeglicher gemeinsamen Schuld am Armeniermord zu distanzieren. Sie verstrickte sich aber dennoch nur schon deshalb darin, weil sie den Leugnungsdiskurs der Türkei aktiv verteidigte. Ihre Reaktion auf «das grösste Verbrechen aller Zeiten» (wie US-Botschafter Morgenthau und viele andere Zeitgenossen das türkische Vorgehen nannten) war insgesamt passiv, selbstgerecht und deshalb in dramatischer Weise unzureichend. Allgemein lässt sich mit Rohrbach sagen, dass Deutschland seine – durch die Kriegsbegeisterung von 1914 bereits angeschlagene – staatsbürgerliche Seele und damit auf Jahrzehnte hinaus den Boden für glaubwürdige, in einer eigenen politischen Kultur verankerte Selbst- und Fremdkritik preisgab. 1915 jedenfalls verpasste Deutschland als Seniorpartner im Bündnis die dramatische Herausforderung, als moralische Autorität aufzutreten. Mit Verweis auf prioritäre Sachzwänge des Kriegs machte Berlin es sich zu leicht – und ethischen Defätismus salonfähig. Talât begriff mit kalter Logik Deutschlands duldsame Haltung als Zustimmung zu seiner Armenierpolitik. Der Armeniergenozid wurde von den Deutschen auf vielen Ebenen stillschweigend und anstandslos gebilligt, so zum Beispiel, indem Regierungsbeamte zu einem Zeitpunkt, als er in vollem Gange und der Regierung im Detail bekannt war, eine grosse öffentliche Veranstaltung in Berlin finanzierten, an der prominente deutsche und osmanische Vertreter teilnahmen. In deren Verlauf nahmen sie Propaganda mit dem ultranationalistischen Motto «Die Türkei den Türken», aber ohne geächtete Minoritäten, ohne jede Entgegnung hin.[230]

Matthias Erzberger, ein deutscher Abgeordneter der katholischen Zentrumspartei, unternahm 1916 eine Reise nach Istanbul, die ihm Gelegenheit bot, gründlich über die

---

229 Theodor W. Adorno: «Erziehung nach Auschwitz», in: ders.: *Erziehung zur Mündigkeit, Vorträge und Gespräche mit Hellmut Becker 1959–1969*, Frankfurt am Main: Suhrkamp, 1970, 92 f.
230 «Türkiya Türklerindir», in: *Tanin*, 14. Dezember 1915, 4. «Projet de démenti», Jagow an Wangenheim, 9. Oktober 1915, PA-AA, BoKon/170, Nr. 1918.

vorherrschende Haltung Deutschlands gegenüber der Türkei nachzudenken. Im Rahmen dieser Reise kam es, wie schon erwähnt (Kapitel 34), auch zu einer persönlichen Begegnung mit Talât und Enver. Obwohl er den Armeniern gegenüber freundlich gesinnt war, zeigte Erzberger Verständnis für Befürchtungen des CUP. Er betonte die Loyalität der katholischen Armenier im Osmanischen Reich und beging die Dummheit, Talâts Versprechungen zu glauben, dass die Armenier insgesamt ab sofort nicht mehr verfolgt würden. «Ein türkisches Versprechen ist wertlos» – zu dieser Aussage sah sich Erzberger gut zwei Jahre später im Juni 1918 im Deutschen Reichstag genötigt.[231]

Erzbergers «Denkschrift über die Massnahmen zugunsten der Christen in der Türkei», die er Anfang März 1916 dem Auswärtigen Amt und zugleich, wie in Istanbul abgemacht, der Komiteeregierung zustellte, unterstrich die «Abneigung gegen nationalistische Bestrebungen» unter den Katholiken. Das unterscheide sie positiv von den orthodoxen Armeniern, den Trägern einer national-armenischen Unabhängigkeitsidee, sowie den in amerikanischen Missionsschulen erzogenen Armeniern mit demokratischer und aufklärerischer Gesinnung. Erzbergers Vorschläge, die überlebenden Deportierten durch die Mission des Malteserordens zu versorgen und in geschlossenen Dörfern entlang der Bagdadbahn wieder anzusiedeln, beschränkten sich auf die kleine katholische Minderheit unter den osmanischen Armeniern. Aber nicht einmal dieser, und damit dem Katholiken Erzberger, kam die Komiteeregierung entgegen – so wenig bedeuteten ihr die zaghaften Protektionsbemühungen des Bündnispartners. Sie kalkulierte richtig, dass dieser ängstlich am Bündnisvertrag und, nach innen und aussen, an der Vertuschung der weiterhin nicht mit Namen genannten Sache festhielt. Im Haushaltsausschuss des Reichstags bat Erzberger am 31. März 1916, «über die armenische Frage nicht in der Öffentlichkeit zu diskutieren, weil dadurch den Armeniern nur noch mehr Schaden zugefügt werden könne».[232]

Sanfte mündliche Mahnungen der Deutschen nahm Talât schon lange nicht mehr ernst; und falls der Ton härter wurde, verstand er es, mit Drohungen einzuschüchtern. Ernst nahm der Innenminister indes die ausdrücklich formulierte deutsche Erwartung, dass die Armenier nach dem Krieg wieder in ihre Heimatorte und Häuser zurückkehren sollten. «Bisher gab es vonseiten der Deutschen keine Einwände gegen unsere Armenierpolitik und ihre Folgen», liess Talât am 16. Februar 1916 Enver kurz nach Erzbergers Besuch wissen, «und wir verstehen das als Zustimmung. […] Doch in den Gesprächen, die ich erst kürzlich mit deutschen Abgeordneten führte, spürte ich, dass ihnen viel an einer Rückkehr der vertriebenen Armenier in ihre Heimatorte liegt.» Das war für Talât aber eine völlig inakzeptable Option. Um ihr zuvorzukommen, schlug er vor, Enver solle «die gegenwärtige Situation nutzen und […] die begonnene Politik zu einem unumkehrbaren Ende bringen».[233] Genau diese Unumkehrbarkeit war, wie wir schon gesehen haben, das Ziel der zweiten Phase des Genozids in Syrien sowie der vielerorts fortgesetzten Verfolgungen von Individuen oder kleinen Gruppen.

---

231 Matthias, Der interfraktionelle Ausschuss, Bd. 2, 410. Vgl. Hans-Lukas Kieser: «Matthias Erzberger und die osmanischen Armenier im Ersten Weltkrieg», in: Dowe, Matthias Erzberger, 113–115.
232 *Der Hauptausschuss des Deutschen Reichstags, 1915–1918*, eingeleitet von Reinhard Schiffers, bearbeitet von Reinhard Schiffers und Manfred Koch in Verbindung mit Hans Boldt, Düsseldorf: Droste, 1981–1983, Bd. 2, 429.
233 Talât an Enver, 16. Februar 1916, in: Arşiv belgeleriyle Ermeni faaliyetleri, Bd. 8, 104, 253.

Die deutsche Presse und hohe Staatsbeamte waren voll des Ruhmes für das jungtürkische Regime und für seinen hervorragenden Führer Talât, «die Verkörperung von allem Kraftvollen und Vorwärtsstrebenden der Türkei».[234] Obwohl diese Glorifizierung den Beigeschmack von plumper Kriegspropaganda und Falschheit hatte, tat sie doch ihre Wirkung auf viele Deutsche. Sie war ein besonders übler Bestandteil der die Realitäten verfälschenden Kriegspropaganda, die den öffentlichen politischen Diskurs in Europa vergiftete. Einer der damals zwischen Berlin und Istanbul besonders aktiven Propagandisten war Alfred Nossig, ein Mann mit vielen Facetten. Er war Schriftsteller, Bildhauer, Mitarbeiter des Auswärtigen Amts sowie Leiter der Allgemeinen Jüdischen Kolonisationsorganisation (AJK) – und besonders nachdrücklich in seinen Lobeshymnen auf die jungtürkischen Führer. Nossig hatte die zionistische AJK als Parallelorganisation zur Zionistischen Organisation (ZO) im Anschluss an die jungtürkische Revolution vom Juli 1908 in der Hoffnung gegründet, dass es zu einer umfassenden Kooperation mit dem CUP in der Frage der jüdischen Einwanderung kommen würde. Im Gegensatz zu Lepsius, der ebenfalls im Sommer 1915 in Istanbul eintraf, aber nur von Enver zu einem persönlichen Treffen empfangen wurde, wurde Nossig im August und September von allen bedeutenden Komiteeführern sowie vom Sultan und von den deutschen Diplomaten zu persönlichen Gesprächen eingeladen.[235]

Das Ergebnis von Nossigs Begegnungen in Istanbul waren eine Reihe panegyrischer Zeitungsartikel und eine Buchveröffentlichung. Er porträtierte Mehmed Talât als «Willensmenschen» und den stärksten Mann der Jungen Türkei, der «im Grunde das ganze türkische Staatsgebäude auf seinen Schultern trägt». Bewunderung erheische, wie Talât es zustande brachte, «mit einem Sprung an die Spitze der Regierung zu treten und die gesamte staatliche Maschine zu beherrschen, ohne durch die gewöhnliche administrative und diplomatische Schule gegangen zu sein». Nossig machte seiner Leserschaft Hochschätzung für Talâts Autokratie und «hervorragende staatsmännische Begabung» schmackhaft. Er zitierte das in jener Zeit in Istanbul gängige Bonmot: «Unser Sultan ist ein konstitutioneller Herrscher; Talât-Bei aber ist ein autokratischer Sultan.» Nossig erlaubte sich keine kritische Anspielung, wie das etwa Emil Ludwig tat, nur eine kurze rhetorische Frage, die er selbst im Geiste Gökalps beantwortete: «‹Usurpator›? Niemand denkt mehr daran, sich gegen diesen Willensmenschen aufzulehnen. Willig beugt man sich seiner Autorität und seiner Begabung. ‹Wir brauchen eine starke Hand›, heisst es heute.» Dieser deutsche Propagandist gefiel sich, Talât auch noch als «türkischen Bismarck» zu würdigen, obwohl er ihn insgesamt als eine neue Gattung junger, energisch-brutaler Politiker rühmte. Anfang 1917 fertigte er ein Porträtmedaillon von ihm an, das er ihm, dem damaligen Grosswesir und Pascha, anlässlich seines Besuchs in Berlin im April 1917 überreichen wollte.[236]

---

234 *Deutsche Levante-Zeitung*, Nr. 9, 1. Mai 1917, zitiert in Schaller, Rezeption des Völkermords, 529.
235 Vgl. Plozza, Zwischen Berlin und Konstantinopel. Nossig war Mitbegründer des Jüdischen Verlags in Berlin am Vorabend des Fünften Zionistenkongresses in Basel.
236 Nossig, Die neue Türkei, 30–35. Foto des Medaillons und Bericht in *Der Orient. Zeitschrift für die wirtschaftliche Erschliessung des Orients*, Juli 1917, 14 f. Der Vergleich mit Bismarck erschien im *Berliner Lokal-Anzeiger*, Nr. 606 (November 1916), zitiert in Schaller, Rezeption des Völkermords, 529.

Nossig als Anführer der AJK und Richard Lichtheim, Vertreter der ZO in Istanbul, wollten für ihre je eigenen Projekte das Beste erreichen. Beide wussten ihre Kontakte zur deutschen und amerikanischen Botschaft zu nutzen, unterhielten Kontakte mit Führern des osmanischen Judentums und versuchten die Vertreter des Regimes von ihren Plänen zu überzeugen. Dabei war Nossig derjenige, der ihnen am meisten schmeichelte. Die Regierung wollte eine «Konzentration von Juden» in Palästina verhindern, und so veränderte Nossig ihr zuliebe sein ursprüngliches Projekt der Einwanderung von Juden in Palästina in einen Plan zur Einwanderung von osteuropäischen Juden ins gesamte Osmanische Reich einschliesslich Kleinasien. Er scheute nicht davor zurück, diese Immigration als Ersatz für die vertriebenen Armenier schmackhaft zu machen. In Istanbul gründete er die Osmanisch-Israelitische Union und in Berlin als Gegenstück dazu die Deutsch-Israelitische Osmanische Union; beide sollten der Förderung «enger Beziehungen zwischen Juden und Osmanen» dienen. Er ging so weit, US-Botschafter Morgenthau, der selbst Jude war, den Abbruch von dessen Unterstützung für die armenischen Genozidopfer nahezulegen. «Als ein jüdischer Bruder bat er mich [Morgenthau] darum, meine Aktivitäten zugunsten der Armenier einzustellen, da dies den Türken sehr missfiel.» Morgenthau weigerte sich, der Bitte nachzukommen.[237]

In einem Memorandum vom 1. August 1916 übernahm Armando Moses die Idee, durch die Ansiedlung von Juden in Kleinasiens Osten die ermordeten oder vertriebenen Armenier zu ersetzen. Er war der Repräsentant der Auskunftsstelle für Deutsch-Türkische Wirtschaftsfragen in Istanbul, die von der Deutsch-Türkischen Vereinigung eingerichtet worden war.[238] Die Deutsch-Türkische Vereinigung war im April 1914 in Berlin mit dem Zweck der Förderung der deutsch-türkischen Freundschaft gegründet worden. Die Zweigstelle in Istanbul wurde am 3. Oktober 1915 eröffnet mit Enver als deren Präsident und mit prominenten Mitgliedern wie Wangenheim, Talât, Said Halim, Halil und Cemal. Talât, Ernst Jäckh und andere hielten Ansprachen. Paul Rohrbach, Mitglied der Deutsch-Türkischen Vereinigung seit ihrer Gründung im April 1914, gab in einem eindrücklichen Brief an das Vorstandsmitglied Jäckh am 15. August 1916 seinen Austritt bekannt. Er müsse «die letzte, bisher noch mühsam und mit schlechtem Gewissen festgehaltene Brücke zu dem Gedanken einer inneren deutsch-türkischen Gemeinschaft abbrechen. [...] So lange die Türken hierfür [für den Armeniermord] keine Sühne leisten, muss der deutsche Name in der Welt als beschimpft gelten, kann es kein gutes deutsches Gewissen, weder im Morgenlande, noch im Abendlande geben. [...] Wenn diese Dinge öffentlich bekannt werden, so gibt es überhaupt keine Möglichkeit mehr, sich Seite an Seite mit den Türken zu zeigen, es sei denn, die Türken sind vorher zur Busse und Genugtuung gezwungen worden. Ich wenigstens werde mit aller meiner Kraft dafür eintreten, und sollte der Tag kommen, wo ich die Unmöglichkeit einsehe, etwas Derartiges zu erreichen, so werde ich

---

237 Morgenthau, Tagebuch, 332, 17. September 1915. Wangenheim muss die Idee, vertriebene Armenier durch osteuropäische Juden zu ersetzen, von Nossig übernommen haben. Morgenthau, Tagebuch, 351, 7. Oktober 1915; 368, 28. Oktober 1915; Dokumente zur Geschichte des deutschen Zionismus, 178.
238 Friedman, Germany, 268 f. Zu Armando Moses vgl. Gençer, Bildungspolitik, 216. Zur Deutsch-Türkischen Vereinigung siehe Lewis Melville: «German Propagandist Societies», in: *Quarterly Review* (Juli 1918), 76 f.

Abb. 17: Nossigs Porträtmedaillon (aus *Der Orient. Zeitschrift für die wirtschaftliche Erschliessung des Orients*, Juli 1917, 14 f.) und Georg Kolbes Büste von Talât Pascha (Archiv Georg Kolbe Stiftung, Foto: Margrit Schwartzkopf).

die dann für mich einzig mögliche Folgerung ziehen und aufhören, Deutscher im politischen Sinne zu sein.» Mit den Worten, er könne «vor der Welt» nicht einem Vaterland angehören, «das diese entsetzlichen Greuel erträgt», schloss Rohrbach sein Schreiben.[239]

Nossig war keineswegs der einzige vom Krieg befeuerte Einzelakteur zwischen Berlin und Istanbul, der Grenzlinien nicht nur menschlichen Anstands, sondern elementarer Menschlichkeit krass verletzte. Von einer anderen Seite her tat dies Alexander Helphand Parvus, der sich 1910–1915 in Istanbul aufhaltende «Freibeuter der Revolution»,[240] von dem schon in den Kapiteln 16 und 26 die Rede war. Beide waren ausgezeichnet vernetzt. So eingebildet Nossig, der umtriebige Konkurrent der zionistischen Hauptorganisation ZO, auch war, lässt er sich doch ebenso wenig wie Parvus als Aussenseiter ignorieren. Denn zu wichtig vermochte er sich über Jahre auf höchster Ebene in Istanbul und Berlin zu machen, wie wir noch weiter sehen werden

---

239 Enthalten in Jäckh an Rosenberg, 24. August 1916, PA-AA, R 14093; Morgenthau, Tagebuch, 347, 3. Oktober 1915.
240 Diese Bezeichnung stammt von Winfried B. Scharlau und Zbyněk A. Zeman: *Freibeuter der Revolution – Parvus-Helphand. Eine politische Biographie*, Köln: Verlag Wissenschaft und Politik, 1964.

(Kapitel 40). Während des Holocausts töteten ihn 1943 Partisanen als einen Nazikollaborateur, da er dem Warschauer Judenrat angehörte.[241]

Ein strukturelles Problem war der traditionelle jüdische Schutzmechanismus, mit Machthabern fast jeder Couleur, insbesondere Sultan Abdulhamid und dem CUP, «vertikale Allianzen» einzugehen. Deren Auswirkungen führten zu einer teils bitteren spätosmanischen Beziehungsgeschichte zwischen Juden und Armeniern, mit langen Nachwirkungen. Spätosmanische Juden neigten dazu, die Regierung in Schutz zu nehmen und antiarmenische Gewalt zu rechtfertigen, nicht zuletzt um Loyalität zu demonstrieren. Es gab wohl Juden, die verfolgten Nachbarn da und dort halfen, doch sind auch mehrere gegenteilige Fälle belegt.[242] Die Armenier wurden von vielen beneidet, weil sie sich noch stärker als andere Minoritäten mit moderner Bildung, der Mitsprache in der politischen Sphäre und als wirtschaftlich erfolgreiche Akteure hervortaten.

Erst die Erfahrung in Kontinentaleuropa offenbarte wenig später die brutale Ohnmacht eines selbst durch und durch unterwürfigen traditionellen Zudienens. Nossigs Leben und Tod stehen klar und unmissverständlich für diesen neuen Sachverhalt im Zeitalter der Weltkriege. «Vertikale Allianzen» für Schutz oder Privilegien erwiesen sich offenkundig nicht mehr als gangbarer Weg, ja wurden ganz ad absurdum geführt, wenn mächtigste Autoritäten abgründig kriminell handelten – wie Talât, Stalin und Hitler. Auch wenn Loyalität und «vertikale Allianzen» gelegentlich Schutz boten, so nur vorübergehend und mit dem Risiko, die eigene Menschlichkeit zu zerstören. In der zweiten Hälfte des 20. Jahrhunderts wurde über dieses Thema leidenschaftlich debattiert, insbesondere als Reaktion auf Hannah Arendts Analyse des Hofjudentums und als Antwort auf ihre Schriften, die darauf aufbauten.[243]

Lichtheim war beunruhigt wegen Nossig und unternahm alles, um ihn davon abzuhalten, «Dummheiten zu erzählen» und damit jüdische Interessen zu unterlaufen. Ein vergleichbarer, aber etwas anders gelagerter Fall war jener von Moïz Kohen (Tekinalp), einem jüdischen Journalisten aus Saloniki, der sich mit zahlreichen Beiträgen als Verfechter des Türkismus einen Namen machte. Er war der Überzeugung, türkistische und osmanisch-jüdische Interessen könnten zur Deckung gebracht werden. Als glühender Anhänger von Ziya Gökalp und als Mitglied des CUP identifizierte er sich in seinen Texten weitgehend mit der antichristlichen Haltung des CUP, insbesondere mit dem antichristlichen Programm der «nationalen Ökonomie». Jacobson nannte ihn einen «Übertürken», der in unsinniger Weise Türkismus als Überwindung des Osma-

---

241 Ab 1930 gehörte Nossig dem Warschauer Judenrat an. Vgl. Mitchell Hart: «Moses the Microbiologist. Judaism and Social Hygiene in the Work of Alfred Nossig», in: *Jewish Social Studies* 2, Nr. 1 (Herbst 1995), 72–97.
242 Ein besonderer Abschnitt dieser schmerzhaften Beziehungsgeschichte von spätosmanischen Armeniern und Juden begann mit dem grossen Pogrom von Istanbul Ende August 1896, in dessen Verlauf mehrere ortsansässige Juden die Mörder zu den Häusern der Armenier geleiteten und selber an den Plünderungen teilnahmen – im Gegensatz zu hilfreichen jüdischen Nachbarn. Siehe Cohen/Stein, Sephardi Lives, 134–139; Shaw, The Jews of the Ottoman Empire, 210, 294 (mit Zitaten aus zeitgenössischen Berichten der Alliance israélite universelle).
243 Hannah Arendt: «Privileged Jews», in: *Jewish Social Studies* 8, Nr. 1 (Januar 1946), 3–30. Siehe auch Marc D. Baer: *Sultanic Saviors and Tolerant Turks. Writing Ottoman Jewish History, Denying the Armenian Genocide*, Bloomington: Indiana University Press, 2020.

nismus pries. Auch wenn nur als «kleiner Denunziant» eingestuft, so war Tekinalp doch in der Lage, mit seiner Einstellung der zionistischen Sache insgesamt Schaden zuzufügen. Er musste deshalb «zur Ordnung gerufen» werden, und zwar am besten vom jüdischen Abgeordneten Nissim Mazliah, der einen gewissen Einfluss auf ihn hatte.[244]

Was das Leiden der armenischen Bevölkerung betraf, so wandten ZO-Vertreter und führende osmanische Juden ihren Blick ab, während sich die jungen Zionisten der Spionagegruppe «Netzach Israel lo Ieshaker» (NILI, «Der Ewige Israels lügt nicht») in Palästina mit den Opfern solidarisch fühlten und Berichte verfassten, um die internationale Gemeinschaft aufzurütteln. Sie taten das gemäss eigenen Erklärungen im Namen der biblischen Propheten, im Namen Jesu und im Namen ihrer eigenen Menschlichkeit. Sie stellten die geradezu prophetische Frage: «Wann wird die Zeit kommen, in der wir [Juden] an der Reihe sind?» Da die Gruppe Spionage in britischen Diensten betrieb, wurde sie vom Jischuv (jüdische Bevölkerung in Palästina) als Gefahr, ja sogar als Katastrophe wahrgenommen. Der Jischuv missbilligte nicht nur die subversiven Aktivitäten der Gruppe, sondern fürchtete auch, auf irgendeine Art mit den Armeniern in Verbindung gebracht zu werden. Denn Cemal Pascha machte sich Sorgen, dass «Palästina ein zweites Armenien werden könnte» und Autonomie anstrebe. Das Engagement und die Opferbereitschaft der NILI-Gruppe trugen dazu bei, dass Grossbritannien 1917 die Balfour-Deklaration zugunsten des Zionismus erliess.[245]

Morgenthau, etliche zeitgenössische Beobachter in den neutralen Ländern und Augenzeugen vor Ort waren «fest davon überzeugt», dass der Mord an der armenischen Bevölkerung «das grösste Verbrechen seit erdenklichen Zeiten» sei. Mitglieder der NILI-Gruppe glaubten, dass «das vom römischen General Titus befohlene summarische Massaker der Juden der einzige überlieferte Vorfall in der Geschichte ist, der mit dem Massenmord an den Armeniern verglichen werden kann. Und heute wie damals, hier wie dort war es ein von der Regierung ausgeheckter Plan.» Dank der Möglichkeit von innerosmanischen Reisen waren einzelne NILI-Mitglieder gut informiert. So erkannten sie sehr wohl, dass der Genozid von der Regierung und damit von Talât gesteuert wurde. Sie wussten auch Bescheid über die Mitwirkung der muslimischen Bevölkerung und lokaler Dienststellen und über «regelrechte Frauenmärkte» in allen «Agglomerationen, durch die die Kolonnen der Armenier getrieben worden waren». Lewis Einstein, ein Mitglied von Morgenthaus Mitarbeiterstab, kam Ende 1916 hinsichtlich des Schicksals der Armenier zum Schluss: «Innerhalb dieses ganzen Grauens des Kriegs muss dies als die Krönung des Grauens in Erinnerung bleiben. Es gibt nichts Vergleichbares zu dieser in aller Stille geplanten Vernichtung einer Rasse. [...] Die armenische Rasse in Kleinasien wurde so gut wie ausgelöscht.» Kurz vor seinem Tod im Jahr 1967 kam Einstein nochmals auf das Thema zurück, und er betonte, dass

---

244 Lichtheim an Jacobson, 11. August 1915, CZA, Z3-64, 00121; Jacobson an Lichtheim, undatierte Kopie auf Durchschlagpapier (mit fehlender erster Seite), CZA, Z3-64, 00073; Jacobson an Lichtheim, 18. Juli 1915, Z3-53, 00088-00089; Landau, Tekinalp, 287 f.

245 Bericht von Avshalom Feinberg an Henrietta Szold, Oktober 1915, zitiert in Auron, Banality of Indifference, 162. Über die NILI-Gruppe und den Jischuv siehe Friedman, Germany, 367–373. Tamara Zieve: «Ex-Mossad Chief: Jewish Spies Were Instrumental in Balfour Declaration», in: *Haaretz*, 24. Juli 2017.

diese an den Armeniern begangenen Verbrechen «wie Hitlers Massnahmen gegen die Juden» zu betrachten seien, bloss zahlenmässig kleiner.[246]

Deutsche Lobeshymnen auf Talât waren zahlreich, aber an Pathos, Überzeugung und Rhetorik übertraf Gökalp sie bei weitem, indem er Talât auf den Sockel eines ganz aussergewöhnlichen Staatsmannes hob. Er machte Talât zum Vater und zur Noah-Gestalt der türkischen Nation mitten in weltweit stürmischen Zeiten. Gökalps Mitte August 1915 geschriebenes Gedicht zu Ehren von Enver Pascha rühmte den charismatischen und unerschrockenen Helden als stets beispielhaften Hoffnungsträger, der vertrauensvoll den grossen Dschihad begonnen hatte.[247] Aber das Gedicht für Talât vom 1. September 1915 ging einen Schritt weiter, indem es den Parteifreund als Herz und Zentrum des Komitees und der ganzen Nation darstellte. Im Spätsommer 1915, nach erfolgreich durchgeführtem Massenraubmord in Kleinasien, befand sich Talât auf dem bisherigen Höhepunkt seiner Popularität. Seine Position war stärker als je zuvor.

> «Du bist der Geist, der die Seelen eint
> In dir erkennt das Komitee sein Gewissen
> Wo es [das Komitee] ein Schiff ist, da bist du Noah
> Gäbe es dich nicht, dann wäre diese Nation verwaist
> Du hast ein reines Herz gleich einem türkischen Soldaten
> Du bist ein Held ohne Arroganz und frei von Prahlerei ...
> Du bist ein Abbild der Ehrlichkeit, so wie die türkische Geschichte eines ist
> Du bist ein unerschütterliches Herz ...»[248]

Talât war das im eigenen Land und auch international erkennbare Gesicht des Komitees und der Regierung. Im Herbst 1915 fühlte er sich stark genug, um Said Halim das Aussenministerium zu entziehen und damit die Aussenbeziehungen des Landes vollständig in die eigenen Hände zu nehmen. Damit marginalisierte er den Grosswesir endgültig. Halil wurde am 24. Oktober 1915 Aussenminister, aber war in allem abhängig von Talât. Von Talât angeleitet, hatte das Komitee sich bereits Mitte Juni 1915 zu diesem Schachzug entschieden. Damals hatte Cavid versucht, Halil zu einer Intervention gegen den, wie er fand, niederträchtigen Umgang mit den osmanischen Abgeordneten Zohrab und Vartkes zu bewegen, die ans Kriegsgericht von Diyarbekir überstellt wurden. «Doch diesem Kerl [Halil] fehlt die Tatkraft, irgendetwas durchzusetzen.» Cavid begriff sofort, dass Talât und das Komitee die beiden Abgeordneten

---

246 Morgenthau an Lansing, 18. November 1915, in: *United States Official Records on the Armenian Genocide*, 372; Aaron Aaronsohn, Memorandum presented to the War Office, London, 16. November 1916, in: Auron, Banality of Indifference, 384. Ein Hinweis auf einen blühenden Sklavenmarkt ist auch zu finden in Faiz al-Huseyin, Martyred Armenia, 34; Lewis Einstein: «The Armenian Massacres», in: *Contemporary Review*, 1. Januar 1917, 494. Einstein an Lawrence E. Gelfand, 27. März 1965, zitiert in Einstein, Inside Constantinople, xi.
247 «Enver Paşa», in: *Tanin*, 13. August 1915, 2.
248 «Tal'at Bey», in: *Tanin*, 1. September 1915, 2.

«nicht nur einer Befragung wegen von Istanbul nach Diyarbekir geschickt hatten», wie sie es behaupteten – sondern um sie unterwegs zu ermorden.[249]

Ab Juni 1915 wusste Talât, dass der Plan zur Eliminierung der Armenier funktionierte. Entsprechend selbstsicher und selbstzufrieden trat er auf. In dieser Pose eines Gewinners und Siegers teilte er US-Botschafter Morgenthau Anfang August 1915 mit, dass «sie [das Komitee und die Regierung] ihre Einwände gegen die Armenier auf drei unterschiedliche Gründe zurückführten: (1) dass sie [die Armenier] sich auf Kosten der Türken bereichert haben; (2) dass sie über sie [die Türken] herrschen und einen eigenen Staat errichten wollen; (3) dass sie offen den Feind ermutigt haben; daher seien sie [Talât und das Komitee] zum unwiderruflichen Entscheid gelangt, sie noch vor Beendigung des Kriegs unschädlich zu machen.» Talât fügte noch hinzu, sie würden «die Armenier so behandeln wie wir [Amerikaner] die Neger behandeln», womit er einmal mehr das eigene Verhalten mit einem Verweis auf Sünden anderer zu rechtfertigen suchte.[250] Deutschen Freunden gegenüber befürwortete Talât die «Vernichtung des armenischen Volkes» ganz offen, «denn es bedeutete eine politische Erleichterung» für die Türkei.[251] Somit stellte sich Talât als vollkommen gerechtfertigt dar, indem er einen Genozid beging. Es fehlte dem Bündnispartner die moralische Stärke und Bereitschaft, dieser Ungeheuerlichkeit zu begegnen. Denn die allein herrschende militärische Logik der Allianz sah im kritischen Fall keinen Plan B – Bündnisbruch – vor. Das Mantra unersetzlicher Bündnispartnerschaft erstickte politisches Ethos.

Die kriegsspezifischen Argumente, die Talât ins Feld führte und die 1915 in Istanbul zirkulierten, lauteten: «Die Armenier hätten alle [türkischen] Pläne zur Eroberung des Kaukasus vereitelt, sie seien die Verursacher der türkischen Niederlage bei Sari Kamish [Sarıkamış], und es seien die armenischen Freiwilligen [an der Seite Russlands] gewesen, die im Distrikt Aserbaidschan die türkischen Truppen angegriffen und zurückgedrängt hätten.» Auf diese Weise sei der Marsch nach Turan zum Stillstand gebracht worden. Die «Rückschläge, die die türkischen Truppen bei Sari Kamish, Aserbaidschan und Van hinnehmen mussten, seien alle von den armenischen Freiwilligen herbeigeführt worden, und nicht von den russischen Truppen». Daher waren die «Massnahmen gegen die Armenier absolut gerechtfertigt», sagte Talât dem armenischen Patriarchen Zaven, als er diesem verzweifelten Vertreter eines Volkes in der Agonie am 19. September 1915 eine Audienz gewährte. Gleichzeitig empfinde er «grossen Groll und Verbitterung über jene Armenier, die versucht haben, eine europäische Intervention zu veranlassen, um eine funktionierende Regierung [Verwaltung] und Reformen in Anatolien zustande zu bringen». Allerdings hätten sie, wie Talât anfügte, «nur auf eine derartige Gelegenheit gewartet, um die Armenier zu bestrafen». Mit der Deportation von Armeniern sogar aus dem im europäischen Teil der Türkei gelegenen Rodosto (Tekirdağ) hingegen habe man sich für die gegen Muslime

---

249 Von Frühling bis Sommer 1915 hielt sich Cavid meistens zu Verhandlungen in Berlin auf. Cavid, Tagebuch, Bd. 3, 84 f., 14./15. Juni 1915; Bd. 3, 89, 24. Juni 1915; Babacan, Mehmed Talât Paşa, 142. Für eine allgemeine Einschätzung der Person von Halil und seines moralischen Versagens gegenüber Zohrab siehe Emmanuilidis, Osmanlı İmparatorluğu'nun son yılları, 284.
250 Morgenthau, Tagebuch, 297 f., 8. August 1915.
251 Ernst Jäckh, Leiter der Zentralstelle für Auslandsdienst, an Arthur Zimmermann, Untersekretär des Aussenministeriums, 17. Oktober 1915, PA-AA, R 13750.

verübten Ungerechtigkeiten während der Zeit der bulgarischen Besatzung im Ersten Balkankrieg rächen wollen.[252]

Talât verfasste beziehungsweise liess unter seiner engen Aufsicht einen ausführlichen internen, an das Aussenministerium adressierten Bericht über die Situation in Urfa verfassen, die international Aufsehen erregt hatte. Er ist auf den 6. März 1916 datiert. Darin äusserte sich der Innenminister in abschätziger Weise dahingehend, dass die Armenier «ihre nationale Existenz [ohnehin] nur als Subjekte unter osmanischer Regentschaft aufrechterhalten könnten».[253] Zu den Ausländern, die sich in der Stadt Urfa aufhielten, gehörten Angehörige der Deutschen Orientmission von Johannes Lepsius, unter ihnen die Gebrüder Eckart, Karen Jeppe sowie das Ehepaar Künzler im «Schweizer Spital». Diese hatten über die brutale Repression der sich verzweifelt verteidigenden Armenier berichtet, deren Wohnquartiere durch Artilleriebeschuss unter Leitung eines deutschen Offiziers zerstört wurden. In Urfa lag das Grauen der «Verschickungen» schon im Frühling 1915 überaus klar zutage, denn Urfa war ein Knotenpunkt für Deportierte aus dem Norden, und Züge der Vertriebenen aus Zeytun hatten Urfa schon im März passiert. Die Tatsache, dass das Geschehen unter internationaler Beobachtung stand, sowie die Fähigkeit der Armenier, sich zu einem gewissen Grad selber verteidigen zu können, waren Faktoren, die erklären, weshalb das Innenministerium die Entfernung der Armenier aus Urfa bis Oktober 1915 aufschob.[254]

Im Bericht des Innenministeriums heisst es weiter: Weil die Armenier den «armenischen Freiheitstraum» hartnäckig verfolgt hätten, seien sie zu «Instrumenten der russischen, englischen und französischen Politik» geworden und damit zu «einem Element anhaltender Subversion für den Erhabenen Staat». Talât zog daraus den Schluss, dass die Armenier ihre Existenzberechtigung verloren hatten. Verräterisch hätten sie «den Vorabend und Beginn des allgemeinen Kriegs als Gelegenheit» dazu genutzt, «überall Rebellion und Revolution zu entfachen». Auch hätten sie subversiv die öffentliche Meinung zu beeinflussen und sogar Muslime zu überzeugen gesucht. Aber das habe nur «tiefe Hassgefühle unter der loyalen und gehorsamen muslimischen Bevölkerung ausgelöst», behauptete Talât, der selbst erklärte Wortführer der islamisch-türkischen Nation. Sein Armenierhass ging so weit, dass er selbst die trauernde Anteilnahme der armenischen Kirche in Urfa, als osmanische Streitkräfte Ende 1914 Ardahan eroberten und dabei Christen massakrierten, in seinem Bericht als Subversion verurteilte. Dieser Text belegt Talâts Identifikation mit dem imperialen Vokabular Abdulhamids. Auch er stellte nunmehr die grossen Massaker von 1895 als «armenische Ereignisse» im Zusammenhang mit «einer aufständischen Bewegung»

---

252 Morgenthau, Tagebuch, 273, 10. Juli 1915; 350, 7. Oktober 1915; 358, 18. Oktober 1915; Der Yeghiayan, My Patriarchal Memoirs, 79–81.

253 Talât an das Aussenministerium (Halil), 6. März 1916, transkribiert in Ergünoz Akçora: «Talat Paşa'nın Urfa isyanı raporu», in: *XI: Türk tarih kongresi; Kongreye sunulan bildiriler*, Ankara: TTK, 1994, Bd. 5, 1785–1794.

254 Unter den Beobachtern und humanitären Helfern vor Ort ist das Ehepaar Jakob und Elisabeth Künzler, Leiterpaar des Schweizer Spitals, zu erwähnen. Jakob Künzler gelang es, aktuelle Berichte zu den Ereignissen in der Region Urfa nach Deutschland und in die Schweiz zu schicken. Man beachte in diesem Zusammenhang seinen nüchternen Bericht *Im Lande des Blutes und der Tränen* (1999; Neuauflage der Ausgabe von 1921).

dar und meinte, armenische Komitadschi hätten die Zeit nach der jungtürkischen Revolution dazu missbraucht, sich in Urfa als militante Gruppe zu organisieren. Von der gegenüber Sultan Abdulhamid kritischen Sprache der Jungtürken von 1908 findet sich in diesem Schreiben Talâts keine Spur mehr.

Aus den oben aufgeführten Versatzstücken prägt Talât für Generationen einen reproduzierbaren Diskurs und Katalog von Argumenten, um den Genozid zu rechtfertigen. Auf dieser Grundlage setzte sich einerseits die Leugnung staatlicher Verbrechen und jeglicher staatlichen Verantwortung für das geschehene Unrecht, andererseits eine selbstgerechte Rechtfertigung von Mord und Zerstörung der armenischen Minderheit in zahllosen Memoiren, in der türkischen Geschichtsschreibung und der politischen Kultur Ankaras fest.[255] Die extrem antiarmenische Geisteshaltung wird explizit und kohärent erst von 1915 an in den Quellen greifbar, das heisst im Funktionszusammenhang mit der genozidalen Politik. Sie ist das Korrelat eines heftigen Tätertraumas.

Beides ist in der damaligen Genese des islamisch-türkischen Ultranationalismus verankert, der die ideologische Grundlage sowohl der jungtürkischen als auch der frühen kemalistischen Einparteiregierung bildet. Mit ihrer tödlichen Voreingenommenheit gegen armenische und andere Christen erstickte diese Haltung das wenige, was von einem teils friedlichen osmanischen Zusammenleben in den frühen 1910er-Jahren noch übrig geblieben war. Der Armeniergenozid löschte die Utopie moderner individueller Gleichberechtigung in Verbindung mit der einzigartigen Vielfalt von Regionen, Kulturen und Religionen in der spätosmanischen Welt aus. Talâts ultranationalistisch voreingenommene Perspektive auf den Ersten Weltkrieg, die Genozid sowohl leugnet als auch rechtfertigt, und die ihr entspringende Herabminderung der Armenier wurden fortan ein gemeinsamer Nenner des postosmanischen Zusammenhalts in der Türkei. Solange der Genozid nicht mit später Reue beantwortet und die von Talât diesbezüglich geprägte Geschichtsschreibung nicht gründlich revidiert wird, so lange behindert er in der Türkei weiterhin eine Demokratie und die Entfaltung von Pluralismus.

Anthropologisch betrachtet haben wir es mit einer Nation zu tun, deren Gründung durch die Tötung und Beraubung menschlicher Sündenböcke erfolgte. Die fesselnde Kraft eines gemeinsam verübten Verbrechens, das anschliessend gleichsam rituell gerechtfertigt wird, ist gemäss René Girards Verständnis von Opfermythen ein archaisches Muster tribalen Zusammenhalts, das heisst ein auf dem Schlachten von Sündenböcken beruhender gesellschaftlicher Pakt. Jede Gesellschaft bleibt in fundamentaler Sündenbocklogik gefangen, wenn sie sich nicht radikal durch historisch-kritische Wahrheit und Standards der Gleichberechtigung – gleiche Menschenwürde aller – herausfordern lässt. In der historischen Wirklichkeit geht die Emanzipation von fragwürdigen Gesellschaftspakten mit der Erfahrung von Brüchen und Katastrophen einher, wenn Mechanismen der Ungleichheit, Auswege in die Leugnung und die Bezichtigung von Sündenböcken nicht mehr funktionieren. Erst die Akzeptanz histori-

---

255 Antiarmenische Apologien füllen unzählige Seiten in den Memoiren von Talât, Cemal, Halil und anderen CUP-Repräsentanten. Für eine vertieftere Auseinandersetzung mit diesem Thema sei verwiesen auf Göçek, Denial of Violence.

scher Faktizität Hand in Hand mit der Übernahme historischer Verantwortung eröffnet die Chance zu einem Prozess gesellschaftlicher Neuaushandlung hin zu einem alle einbeziehenden Gesellschaftsvertrag (Grundgesetz).[256]

36 Talât, die Juden und der Zionismus in Palästina

Es gab unter Juden Osteuropas in «Jiddischland» wie auch unter Armeniern im russischen, armenischen und persischen Kaukasus im späten 19. und frühen 20. Jahrhundert ein Phänomen, das sich «revolutionärer Geist» nennen liesse. Es könnte zu Vergleichen über vielfach unterschiedliche, aber doch eigentümlich verwandte Schicksale einladen, zu denen die Erfahrung von Genozid in einer jahrhunderte-, im armenischen Fall jahrtausendealten Heimat gehört. Linksrevolutionäre Netzwerke und Interaktionen entstanden, die Armenier und Juden im Zarenreich und revolutionären Russland zusammenführten.[257] Weiter westlich im Osmanischen Reich, wo linksgerichtete Sozialrevolutionäre nur eine marginale Rolle spielten, war dies wenig und nach 1913 fast gar nicht mehr der Fall. Hier, insbesondere in der Hauptstadt Istanbul, suchten und genossen sowohl osmanische Juden als auch zionistische Vertreter die Nähe des CUP auch noch nach Etablierung des Parteistaats im Jahr 1913.

Mit Theodor Herzls zentralem Werk *Der Judenstaat* (1896) und weiteren grundlegenden Texten zielte der Zionismus des späten 19. und frühen 20. Jahrhunderts ausdrücklich auf eine separate politische Selbstorganisation ab in einem Palästina, das noch immer Teil des Osmanischen Reichs war. Vladimir Jabotinskys Konzept einer reinen, inselähnlichen Nation, wie er es 1911 in seinem Werk *Rasse und Nationalität* auf Russisch veröffentlichte, war deutlich separatistischer ausgerichtet als jede nationalistische Idee der ARF oder irgendeines Aktivisten aus Huntschak-Kreisen.[258] Es gab Merkmale und Faktoren, die das Modell der jüdischen von jenem der armenischen nationalen Wiedergeburt innerhalb der spätosmanischen Welt unterschieden und damit schliesslich auch den Jischuv, die jüdische Präsenz in Palästina, glücklicherweise vor einem ähnlichen Schicksal wie jenem der osmanischen Armenier im

---

256 Chris Fleming: «Mimesis and Violence. An Introduction to the Thought of René Girard», in: *Australian Religion Studies Review* 15, Nr. 1 (2002), 57–72; Sandor Goodhart: «The Self and Other People: Reading Conflict Resolution and Reconciliation with René Girard and Emmanuel Levinas», in: *Journal of Philosophy. A Cross-Disciplinary Inquiry* 7, Nr. 16 (Herbst 2011), 14–25; Sémelin, Purifier et détruire; Hans-Lukas Kieser: «Religious dynamics and the politics of violence in the late Ottoman and post-Ottoman Levant», in: *Cambridge World History of Violence*, Bd. 4, Cambridge: Cambridge University Press, 2020, 263–285; René Girard: *La Violence et le Sacré*, Paris: Grasset, 1972; René Girard: *Des choses cachées depuis la fondation du monde*, Paris: Grasset, 1978; René Girard: *Le Bouc émissaire*, Paris: Grasset, 1982.
257 Houri Berberian: *Roving Revolutionaries. Armenians and the Connected Revolutions in the Russian, Iranian, and Ottoman Worlds*, Berkeley: University of California Press, 2019; Alain Brossat, Sylvie Klingberg: *Revolutionary Yiddishland. A History of Jewish Radicalism*, New York: Verso, Paperback 2017 (Übersetzung von *Le Yiddishland révolutionnaire*, Paris 1983).
258 Vladimir Jabotinsky: *Race and Nationality* (russisch 1911, Manuskript), zitiert in Rabinowicz, Vladimir Jabotinsky's Conception of a Nation, 28 f.

Ersten Weltkrieg verschonten. Dennoch kam es zu Momenten, in denen es schien, das armenische Schicksal könnte auch dem Jischuv bevorstehen.

Bevor das britische Mandat für Palästina der zionistischen Selbstorganisation in der Zwischenkriegszeit ein schützendes Dach bot, befanden sich zionistische Büros zum grössten Teil ausserhalb des Osmanischen Reichs. Das war ähnlich wie bei den armenische Parteien seit den 1890er-Jahren: Sie waren wie die Zionisten nationen- und reichsübergreifend organisiert mit Zentralbüros im Ausland, namentlich in Genf. Aber die in der osmanischen Türkei zahlreicheren Armenier partizipierten seit der Tanzimat-Periode landesweit stärker am politischen, gesellschaftlichen und wirtschaftlichen Leben als die kleine Minderheit der Juden. Nach der jungtürkischen Revolution waren CUP und ARF sogar durch eine Wahlallianz miteinander verbunden. Während die in ganz Kleinasien verstreuten osmanischen Armenier keine realistische Alternative zur Koexistenz in einem Verfassungsstaat hatten, gab es für die Zionisten eine solche. Das hauptsächliche armenische Siedlungsgebiet lag in Kleinasien, also einem Kerngebiet des islamisch-türkischen Nationalismus im Sinne Talâts und Gökalps, aber auch schon zuvor von Abdulhamids Konzept islamischer Einheit. Das war nicht (beziehungsweise, bei Abdulhamid, nicht im selben Mass) der Fall mit Palästina. Auch hatten westliche Kriegsschiffe leichten Zugang zur ganzen östlichen Mittelmeerküste, im Unterschied zu den Ostprovinzen, dem hauptsächlichen armenischen Siedlungsgebiet. Zwar waren die Juden Palästinas im Ersten Weltkrieg ebenfalls eine potenzielle Zielscheibe umfassender Vertreibung und hatten während des Kriegs Zwangsmassnahmen zu ertragen. Aber im Grossen und Ganzen genossen sie wirksamen Schutz vonseiten Deutschlands, der amerikanischen Diplomatie und – aus wohlverstandenem Eigeninteresse – von Talât.

Dieser Schutz beruhte neben den schon genannten Faktoren auf der Annahme, die Juden besässen – realen oder auch nur eingebildeten – globalen Einfluss, und den Protagonisten lag einiges daran, diesen in Kriegszeiten auf der eigenen Seite zu wissen. Der Zionismus war in der osmanischen Hauptstadt «zu einer der wesentlichen Strömungen in der [aktuellen] politischen Situation» geworden, wie der britische Botschafter Gerard Lowther schon 1911 an den britischen Aussenminister Edward Grey schrieb. Das entsprach gewiss den Tatsachen. Doch Lowther und sein Mitarbeiter Gerald H. Fitzmaurice meinten einen «Panjudaismus», «Panislamismus» und eine «jüdisch-freimaurerische Verschwörung» – angeblich von Freimaurer Talât und seinen teilweise kryptojüdischen (Dönme) Freunden aus Saloniki gefördert – zu erkennen, welche die Zukunft des gesamten Mittleren Ostens unterminieren könne.[259] Das kam einem Rundumschlag des Repräsentanten der britischen Weltmacht im Osmanischen Reich gleich, den Louis Rambert nicht grundlos für einen schwachen Analytiker hielt. Zielführende britische Politik in kritischen Zeiten wie den frühen 1910er-Jahren in der osmanischen Hauptstadt hätte differenziertere Beobachtungen und gründlichere Analyse erfordert, wie Churchills Fehlkalkulationen in den ersten Kriegsmonaten zeigten.

---

259 7. März 1911, FO 371-1245-9105, Nr. 146, zitiert in Mandel, Turks, 239. Für eine frühe eingehende Untersuchung einer in Istanbul vorherrschenden britischen Denkweise für die Zeit vor dem Ersten Weltkrieg, bei der Verschwörungstheorien mit der Vorstellung einer jüdischen Weltherrschaft einhergingen, beachte man Kedourie, Young Turks.

Talât sympathisierte keineswegs mit dem Zionismus, obwohl ihm Islamisten und andere konservative Kreise genau dies lautstark vorwarfen und obwohl sowohl zeitgenössische Beobachter als auch spätere Historiker behaupteten, das sei der Fall gewesen. In Wirklichkeit schätzte er das europäisch-osmanische Kräftefeld schlauer ein als andere. Er achtete immer auf gute jüdische Presse und damit verknüpfte internationale Vorteile. Daher war ein dem Armeniergenozid vergleichbarer Plan zur Vernichtung der Zionisten und der Juden ausgeschlossen. Ahmed Cemal Pascha, der Militärgouverneur von Grosssyrien, konnte nur schwer verstehen, weshalb die antiautonomistische Logik des CUP nicht in gleicher Weise auch auf die Situation in Palästina angewandt werden sollte. In einem Telegramm vom 16. März 1915 an Talât erklärte er, dass er «dem Zionismus einen grösseren Schlag versetzen» wolle, denn er halte ihn für «eine riesige Katastrophe für Palästina». Dennoch war Cemal weder generell gegen die Juden in Palästina oder im Osmanischen Reich eingestellt, noch machte er je einen Vorschlag, den ganzen Jischuv zu zerstören. Mitte März 1916 bat er Talât um einen Einwanderungsstopp für jene Juden, die nicht bereit waren, die osmanische Staatsbürgerschaft anzunehmen und die osmanische Souveränität anzuerkennen. Seine Anfragen an Talat beschränkten sich darauf, grössere jüdische Kolonien zu verhindern, althebräische Ortsnamen für Plätze mit neuen Siedlungen zu verbieten, über ausländische Staatsangehörige jüdischen Glaubens, die in zionistische Aktivitäten involviert waren, nachzuforschen und sie auszuweisen sowie Einbürgerungsgesuche von Zionisten zurückzuweisen.[260]

Cemal wandte im Krieg harte Massnahmen an und hätte den zionistischen «Staat im Staat» zerschlagen wollen. Deshalb galt er vielen als judenfeindlicher Hardliner und Übeltäter – im Gegensatz zum angeblich zugänglichen, moderaten Staatsmann Talât. Tatsächlich galt Talât vielen Juden in Istanbul, besonders nach dem autoritären Putsch von 1913, als angesehene Respektsperson. Abraham Elmaliyah, ein für die Zeitung *Le Jeune-Turc* tätiger Journalist war einer seiner glühenden Bewunderer und hielt ihn für den wahren «Helden der Revolution», der Enver bei weitem überflügelte.[261] Nichtmuslimische Bejahung des Diktators Talâts entsprang der nachvollziehbaren, aber engen ethnozentrischen Perspektive von Kreisen, die er vergleichsweise begünstigte, oder der Attraktivität eines tatkräftigen Modernisierers und selbst erklärten Revolutionärs, der dem Eigennutz am förderlichsten schien. Zu dieser Gruppe gehörte auch Parvus – ein frühes, schillerndes Beispiel für die Überlappung von Revolutionären von rechts mit solchen von links, das sich bezeichnenderweise in Talâts Istanbul herauskristallisierte. Für jene, die das CUP-Regime besser kannten (dazu gehörten auch Zionisten der NILI-Gruppe), war Cemal zwar ein imperial voreingenommener Stützpfeiler des Komitees, der aber im Gegensatz zu anderen jungtürkischen Führern die rücksichtslose Vernichtung von Minoritäten ablehnte. Viele Armenier, einschliess-

---

260 Cemal an Talât, 16. März 1915, BOA, DH. ŞFR. 465-19, abgedruckt und übersetzt in Ben-Bassat, Enciphered Ottoman Telegrams, 283 f. In Çiçek, War and State Formation in Syria, 80 f., wird auf das gleiche Telegramm ebenfalls Bezug genommen, entsprechende Übersetzung liegt vor.
261 Zitiert in Friedman, Germany, 211. Friedman selber übernahm eine analoge positive Sichtweise, denn er unterschied pauschal zwischen einerseits dem Verhalten von Cemal, regionalen Gouverneuren und anderen Funktionären und andererseits, in oberflächlicher Analyse, der moderaten Politik von Talât (211–213).

lich der etwa 150 000, denen er das Leben rettete, indem er sie vor dem Hungertod oder vor der Massakrierung in den Lagern bewahrte, wussten Cemal als einen relativ gnädigen regionalen Autokraten in einer Zeit der Extreme zu schätzen.[262]

Cemal Pascha wird traditionell als der dritte Mann im Triumvirat Talât-Enver-Cemal an der Spitze des CUP-Regimes dargestellt, doch ergibt sich daraus ein unzutreffendes Bild von Talât und seiner Beziehung zum zwei Jahr älteren Cemal Pascha, dem Marineminister und Kommandanten der Vierten Armee. Denn Talât hatte jeweils das letzte Wort. Seine Kommunikation mit Cemal Pascha über sensible Themen in Palästina deckt auf, dass die letzten Entscheide in all diesen Angelegenheiten beim Innenminister lagen, und zwar bereits vor seiner Ernennung zum Grosswesir. Auch gehörten seit Sommer 1913 die entscheidenden Interaktionen mit ausländischen Ansprechpartnern in der Hauptstadt in Talâts Zuständigkeit. Das schloss weite Felder der Aussenbeziehungen ein, die er als Innenminister steuerte. Daraus ergab sich eine überlegene Position Talâts lange bevor er das Grosswesirat, den höchsten Posten innerhalb der osmanischen Verwaltung, erlangte.

US-Botschafter Abram Elkus, der Nachfolger von Morgenthau, beurteilte sowohl Talât als auch Cemal folgendermassen: «[…] im Ganzen gesehen ziemlich freundlich gegenüber den Juden, aber sie misstrauten den entschiedenen Zionisten.» Zu einem analogen Urteil über die beiden CUP-Grössen kam auch der deutsche Botschafter Johann H. von Bernstorff (Nachfolger von Kühlmanns, der seinerseits den Wangenheim-Nachfolger Wolff-Metternich abgelöst hatte). Brutaler als gegenüber Zionisten gingen Cemal und Talât gegen «verräterische» syrisch-arabische Notabeln vor. In ihrer auf Istanbul konzentrierten imperialen Logik verabscheuten sie arabische Nationalisten, die der Zentralregierung kritisch gegenüberstanden. Cemal liess mehrere von ihnen hängen, aber ohne Aggressionen gegenüber der arabischen Bevölkerung insgesamt. Er hielt sich buchstabengetreu an das oben erwähnte Rückkehr- und Wiederansiedlungsgesetz (Sevk ve İskân Kanunu) vom Mai 1915. Das bedeutete, dass auch arabische Familien, die er als staatsgefährdend taxierte, für eine gewisse Zeit deportiert werden konnten. Aber er wandte dieses Gesetz nicht in der pervertierten, exterminatorischen Art und Weise an, wie Talât das bei den Armeniern tat.[263]

Mit den Armeniern verhielt es sich somit anders als mit Juden und Arabern. Nach dem Zustandekommen der internationalen Übereinkunft zu den Reformen vom 8. Februar 1914 und verstärkt nach dem fehlgeschlagenen Kaukasusfeldzug begann Talât nicht nur ihr Streben nach Autonomie zu hassen, sondern auch die Armenier in ih-

---

262 Cemals ausführliches Telegramm an Talât vom 3. November 1916 ist ein eindeutiger Beweis für seine harte, sozialtechnologische und imperial voreingenommene, aber dennoch nicht auf Vernichtung ausgerichtete Haltung. Er verlangte «humane [demografische] Verschiebungen» (BOA, DH. ŞFR. 541-120) und zwang Zehntausende zur Konversion (zum Islam), wodurch er sie retten konnte. Cemal an Talât, 1. August 1916, DH. ŞFR. 527-19. In seinen während Kriegszeiten geschriebenen Briefen und auch noch in seinen später verfassten Memoiren fraternisiert Cemal mit Talât, zum Beispiel: «Möge Gott das Land durch deine Dienste segnen. Ich küsse Ihre Wangen», 10. August 1916, DH. ŞFR. 519-63; oder ähnlich: «Ich küsse deine Augen, mein Bruder» («Bruder» von beiden Seiten verwendet), 10./11. April 1916, DH. ŞFR. 62-294.
263 Elkus, The Memoirs of Abram Elkus, 84; Bernstorff an Hertling, 25. Januar 1917, zitiert in Friedman, Germany, 385; Atay, Zeytindağ, 78; Dündar, İttihat ve Terakki Müslümanları iskân politikası, 92–107. Vgl. Çiçek, War and State Formation in Syria, 41–43.

rer Gesamtheit, wie oben zitierte Aussagen belegen. Damit wandte er sich von der früheren politischen Partnerschaft mit der ARF total ab. Er trat die Ideale mit Füssen, die er mit Armeniern nach 1908 geteilt zu haben schien, und verleugnete seine Bewunderung für beispielhafte armenische Revolutionäre.[264] Er missachtete fortan den hervorragenden Beitrag, den Armenier im Kampf um einen osmanischen Verfassungsstaat seit dem 19. Jahrhundert geleistet hatten. Das mörderische Verhalten gegenüber Zohrab und Vartkes, mit denen er jahrelang eng zu tun und oft zusammengearbeitet hatte, symbolisierte den Kollaps von Talâts moralischer Persönlichkeit und eines grundrechtlich verankerten politischen Projekts. Die Armenier waren zum Sündenbock eines verlorenen Kriegs und überspannter, aber frustrierter imperialer Erwartungen geworden und damit zu jener Zielgruppe, der man im Kampf um die Zukunft in Kleinasien Schuld anlastete und die man vernichtete. Fortan waren sie weiterhin die Geächteten, auf die man zeigte und für die in der osmanischen Welt nach 1915 kaum jemand Verständnis aufbrachte. Selbst deutsche und österreichische Militärangehörige mussten sich von ihnen fernhalten und durften sich nicht in Angelegenheiten einmischen, die ihr Schicksal betrafen.

Das Schicksal der Armenier offenbarte eine paradigmatische, aber exotisch fremde, abgründige Realität des modernen Europa, dem auch die osmanische Türkei angehörte. Diese Wirklichkeit blieb bis zum Zweiten Weltkrieg, ja oft noch lange danach nahezu unverstanden. Trocken, aber irritiert notierte der in der Türkei stationierte österreichische Offizier Eugen Hoeflich (der spätere israelische Schriftsteller Mosche Y. Ben-Gavriêl) über einen bekannten Istanbuler Armenier, der in die Wüste verbannt wurde: Das Einzige, was dieser Mann falsch gemacht habe, sei, als Armenier geboren worden zu sein.[265] Dieses Kriterium negierte radikal die Errungenschaften einer Moderne, welche Standesvorrechte der Geburt weithin überwunden hatte, aber im 20. Jahrhundert nacktes Leben nach einer durch Geburt bestimmten Kategorisierung kollektiv vernichtete. Daher verkannten die Blätter der Ententemächte und jüdische Zeitungen die historische Dimension von Talâts Verbrechen, wenn sie im Frühjahr 1917 nach repressiven Massnahmen und der Evakuierung von Juden aus Jaffa dieses Ungemach auf die gleiche Ebene stellten wie das Schicksal der Armenier oder gar behaupteten, «das Massaker an den Armeniern verblasst gegenüber den jüngsten Schandtaten [in Palästina]».[266] Solche Übertreibungen und andere Fehldeutungen trugen dazu bei, dass für viele deutsche Juden die Shoah wenige Jahre später gleichsam aus heiterem Himmel kam. Franz Werfel wirkte 1933 mit *Die vierzig Tage des Musa Dagh*, einem ergreifenden Werk über den Armeniergenozid, solcher Ahnungslosigkeit spät entgegen. Der sorgfältig recherchierte historische Roman gehörte zu den Büchern, die die Nazis verbrannten. Es gab für Zeitgenossen viele nachvollziehbare Gründe, sich aus Selbstschutz nicht mit den Genozidopfern zu solidarisieren. Aber

---

264 Yalçın, Siyasal anılar, 314.
265 Siehe seinen autobiografisch inspirierten Roman, basierend auf seinen Tagebucheinträgen des Jahres 1917: Ben-Gavriêl, Jerusalem wird verkauft, 37, 45, 54.
266 «Allies to Capture Jerusalem in June», in: *Sun*, New York, 16. Mai 1917, 1. Siehe auch Yuval Ben-Bassat, Dotan Halevy: «National narratives challenged: Ottoman wartime correspondence on Palestine», in: Hans-Lukas Kieser, Thomas Schmutz (Hg.): Remembering the Great War in the Middle East. From Turkey and Armenia to Australia and New Zealand, London: I. B. Tauris, in Vorbereitung.

die neue Politik als altherkömmliche «orientalische Despotie» oder, wie später noch Ernst Nolte, «brutale asiatische Tat»[267] zu missverstehen, machte blind für die nahe Zukunft.

Die judenfeindliche Stimmung in Palästina war nicht allein der Stimmungsmache von feudalen Landbesitzern geschuldet, wie es Zionisten darstellten, sondern hing eng zusammen mit ungelösten grundsätzlichen Fragen gleichberechtigten Zusammenlebens verschiedener Ethnien und Religionen, die seit Mitte des 19. Jahrhunderts die besten osmanischen und osmanisch-armenischen Köpfe umgetrieben hatten. Sie kannten die wahren Herausforderungen der spätosmanischen Welt, die in weit stärkerem Ausmass ihre Welt war als diejenige der Zionisten aus Osteuropa. Ein Teil von diesen hatte früh alle Hoffnung auf friedliche Koexistenz im Osmanischen Reich aufgegeben, vielleicht nie gehegt. Vladimir Jabotinsky lehnte das Modell einer Kohabitation rundweg ab mit dem Ziel, ein exklusiv jüdisches Gemeinwesen in Palästina aufzubauen und es mit einer «eisernen Mauer», das heisst mit überlegenem Militär, zu schützen. Jabotinsky, David Ben Gurions wichtigster zionistischer Konkurrent in der Zwischenkriegszeit, erinnerte daran, dass er zu Max Nordau (Mitbegründer der Zionistischen Weltorganisation an der Seite von Theodor Herzl) gesagt habe: «Ich erinnere mich an eine Ihrer Reden, in der Sie sagten: ‹Wir gehen nach Palästina, um die [moralischen] Grenzen Europas bis zum Euphrat auszuweiten. Und das Hindernis ist: die Türkei.› Jetzt naht deren Ende – sollen wir uns da nur zurücklehnen und nichts tun?» Im Frühjahr 1915 machte sich Jabotinsky für den bewaffneten Kampf und eine Organisation stark, aus der die Jüdische Legion in der britischen Armee hervorging, die der zionistischen Vertretung in Istanbul natürlich viel Kopfzerbrechen bereitete.[268]

Es erstaunt daher nicht, dass Cemal Pascha und andere mehr im CUP die Juden keinesfalls als weniger verräterisch als die Armenier betrachteten. Aber im Gegensatz zu diesen standen sie wegen Palästina nicht zuoberst auf der Prioritätenliste. Sie verfügten zudem über eine im Ersten Weltkrieg wirksamere internationale Vernetzung und sollten helfen, das schlechte Image des Regimes in Teilen der ausländischen Presse zu korrigieren. Der Vergleich macht klar, dass der Armeniergenozid nicht aus einem angeblich verräterischen oder fahrlässigen Verhalten armenischer Repräsentanten abzuleiten ist, wie das die jungtürkischen Täter und mit ihnen die deutsche Presse in die Welt hinaustrugen. Wäre das der Grund, hätte es den Jischuv ebenfalls getroffen; Talât hätte mühelos seine Telegramme vom 24. April 1915 auf Jabotinsky und die zionistische Führerschaft des Jischuv umschreiben können. Der wichtigste Grund lag darin, dass die Armenier in die Gesellschaft, Kultur, Wirtschaft und Politik der spätosmanischen Türkei landesweit vielfach involviert und zudem international gut vernetzt waren, aber dem Staatsmodell des islamisch-türkischen Nationalismus der 1910er-Jahre diametral entgegenstanden. Dieser Ultranationalismus implizierte

---

267 Ernst Nolte: «Vergangenheit, die nicht vergehen will. Eine Rede, die geschrieben, aber nicht gehalten werden konnte», in: *Die Zeit*, 11. Juli 1986.

268 Zitiert in Stanislawski, Zionism, 241; siehe auch *Stenographisches Protokoll der Verhandlungen des VII. Zionisten-Kongresses*, Berlin: Jüdischer Verlag, 1905, 21. Zu den Problemen, die sich aufgrund von Jabotinskys Bemühung um einen bewaffneten Kampf gegen die Türkei ergaben, beachte man beispielsweise Lichtheim an Zionistisches Zentralbureau, 7. August 1916, CZA, Z3-60, 00171-00175; Mitteilung an die osmanische Regierung, 17. August 1916, Z3-66.

in Anatolien eine gewaltsame Gesellschaftsrevolution von rechts, welche die osmanischen Christen zur Zielscheibe eines staatlich organisierten ethnoreligiösen «Klassenkampfs» machte. So konnte das Einparteiregime 1915 sowohl starke materielle Anreize als auch antichristliche Impulse in einem Dschihad nach innen abrufen.

Die Art und Weise, wie die CUP-Potentaten über Juden und Zionismus redeten, war keinesfalls harmlos. Cemal Pascha war besorgt, dass «Palästina ein zweites Armenien werden könnte».[269] Seine harten, aber doch begrenzten Massnahmen verrieten seinen imperialen Zentralismus, der regionale Selbstbestimmung ablehnte und erstickte. Sein ausgeprägter Antizionismus hatte wohl das Potenzial, sich zu grösseren judenfeindlichen Massnahmen auszuwachsen. Zeitweise vertrat er die Ansicht, sämtlich Juden seien Mitläufer der zionistischen Bewegung,[270] so wie Talât in allen Armeniern Aufständische zu erkennen glaubte. Auch Talât dachte, «dass es eine Zusammenarbeit aller Juden untereinander gibt», und so machte er gegenüber Oberrabbiner Chaim Nahum einmal in humoristischem Sinn eine Andeutung über die Möglichkeit, sämtliche Juden aus Palästina auszuweisen.[271] Im Fall der Armenier hatten Talât und seine engen Freunde ursprünglich auch «nur» die Absicht verfolgt, die Überwachung der Reformpläne durch die Europäer zu verhindern, weil sie für Nichtmuslime mehr regionale Selbstbestimmung gebracht hätten. Aber der Krieg an der Kaukasusfront schuf einen Kontext, der alles zu radikalisieren erlaubte.

Die Armenier waren die am besten ausgebildete und agilste, aber auch verletzlichste Gruppe in der spätosmanischen Welt. Sie beteiligten sich seit Mitte des 19. Jahrhunderts engagiert am Gemeinwesen und glaubten, dass ein pluralistischer Verfassungsstaat und das Gleichheitsversprechen der Moderne auch bei ihnen zu realisieren seien. Jedoch erlitt die osmanische Welt schon zu Beginn der 1910er-Jahre, einige Jahre früher als Kontinentaleuropa, einen Kollaps öffentlichen Vertrauens und politischer Hoffnung, was radikaler Ideologie und Aktion die Tür öffnete. Das Einparteiregime wollte aktiv mitmachen beim Weltkrieg und daraus Nutzen ziehen, aber sein expansionistischer Kaukasusfeldzug «Richtung Turan» scheiterte gleich zu Beginn. Folglich konzentrierte es sich auf seine anatolische Agenda. Es richtete seine Gewaltbereitschaft gegen den leicht definierbaren kollektiven Feind im Innern. Willige Akteure auf allen Hierarchiestufen beteiligten sich am Mord. Etwas mehr als zwei Jahrzehnte später erlitten die Juden Europas in einem anderen, aber durchaus verwandten Kontext eine potenzierte Vernichtung.[272] Talât war nicht Hitler: Er war kurz nach 1908 eine Hoffnungsfigur für viele, auch Armenier. Der direkte Vergleich setzt mit dem ab 1912 radikalisierten, kriegshetzerischen, fortan von Talât beherrschten CUP ein: einer Komiteepartei, die elitäre Geheimorganisation und landesweite Mas-

---

269 Lichtheim, 2. Januar 1917, zitiert in Friedman, Germany, 279.
270 Çiçek, War and State Formation in Syria, 81, 84.
271 Lichtheim an das Zionistische Zentralbureau, 11. August 1916, CZA, Z3-60, 00148; Morgenthau, Tagebuch, 332, 17. September 1915.
272 Im Leben des Ehepaars Lehmann-Haupt begegnen wir einer persönlichen Reise von Talâts Istanbul nach Hitlers Österreich, siehe Hans-Lukas Kieser: «Armeniermord, Shoah und das Ehepaar Lehmann-Haupt. Eine Kontextualisierung», in: Sebastian Fink et al. (Hg.): *Carl Friedrich Lehmann-Haupt. Ein Forscherleben zwischen Orient und Okzident*, Wiesbaden: Harrassowitz, 2015, 95–108.

senorganisation kombinierte und mythisch-heroische Geschichtsbilder mobilisierte. Das CUP eliminierte brutal seine politischen Gegner und ging extrem gewalttätig gegen eigene Minoritäten vor, wobei es eine konsequent islamisch-türkistische Ideologie und Agenda verfolgte. Auf diese Weise wurde Talât zum Pionier einer neuen Art von Politik, die Ultranationalismus, Völkermord und Sozialtechnologie planvoll kombinierte. Im Unterschied zu Hitler war Talâts politisches Projekt erfolgreich, was Kleinasien, das Kerngebiet des spätosmanischen Reichs, betraf.

Talâts Einparteiregime war antiliberal. Ihm galt jegliche Bemühung um eine freie, plurale und egalitäre Gesellschaftsordnung als inakzeptabel, als Verrat am Ziel uneingeschränkter islamisch-türkischer Souveränität in Kleinasien und jedenfalls zu bewahrender Herrschaft im Rest des Reichs. Denn eine offene politische Auseinandersetzung hätte mühelos die politische Philosophie des Komitees, seine kontraproduktive Verwaltung und imperialen Mythen entschleiert. Julius Becker, Journalist der deutschen *Vossischen Zeitung* und ein Vertreter des Zionismus, fasste den Befund Anfang 1918, nach ausgiebigen Interviews mit Talât und Cemal so zusammen: Diese imperialen Herrscher hatten Angst. Sie fühlten sich ausserstande, aufstrebende, ökonomisch prosperierende und selbstbewusste Gruppen konstruktiv in ihre eigene Vorstellung von Herrschaft einzubinden. Am Ende blieb ihnen nichts anderes übrig, als auf den äusseren Grenzen des Reichs zu beharren, ohne ein realistisches, gar attraktives politisches Modell für die Zukunft im Land anzubieten. Sie hatten kein Verständnis für selbstbestimmte Menschen und Gesellschaften. Plakativ und unkritisch rühmten sie sich, die Türkei sei – in Talâts Worten – «das einzige Land, das keinen Antisemitismus kennt, den Sie sonst in allen Ländern finden». Auch im Frieden fehlte den Machthabern in der Hauptstadt das Potenzial, ihre «Politik grundstürzend zu ändern, ihren – von den Deutschen mit grossgezogenen – Pantürkismus aufzugeben und eine vernünftige Nationalitätenpolitik einzuleiten». Deutsche Hilfe vermochte an dieser Situation nichts zu ändern, auch nach Beendigung des Krieges nicht, zumal, wie Becker scharfsinnig beifügte, es Deutschland selber an der nötigen Kompetenz und Sensibilität für Minoritäten fehle. Auf internationaler Ebene wolle Deutschland als judenfreundlicher Staat wahrgenommen werden, und um diese Haltung belegen zu können, begehre es entsprechende Erwähnung in der internationalen Presse. Aber in Deutschland verhielt es sich anders. Man verdächtigte den Staat, Juden zu bevorteilen. Wenn Aktionen zugunsten der Juden in Palästina an die deutsche Öffentlichkeit drangen, brachte das die Behörden in Verlegenheit. Becker glaubte nicht wie die Sensationsjournalisten in den USA, dass «man uns ein ‹Armenierschicksal› bereiten könnte, was vielfach befürchtet wird». Denn die «Türken haben gesehen, dass das bei den Juden nicht so leicht geht wie es bei den Armeniern war».[273]

Wie andere Organisationen, die Minderheiten vertraten, hatten auch die Zionisten grosse Hoffnungen in die jungtürkische Revolution von 1908 gesetzt. Nach der restriktiven Ära von Sultan Abdulhamid versprach eine liberale Periode bessere Möglichkeiten zur Einwanderung nach Palästina. Die europäischen Zionisten und ihre osmanisch-jüdi-

---

273 «Reisebericht von Dr. Becker», Anfang Januar 1918, CZA, Z3-11. Vgl. dazu auch Lichtheim an das Zionistische Zentralbureau, 2. April 1917, CZA, Z3-66.

schen und Dönme-Mittelsmänner vermieden indes weiterhin tunlichst, als Autonomisten oder Separatisten in Erscheinung zu treten, obwohl zahlreiche in Europa erscheinende Schriften sie in den Augen der Zentralregierung als das auswiesen. Saloniki, das Zentrum des CUP und eine mehrheitlich von Juden bewohnte osmanische Stadt, erwies sich als Bollwerk des Zionismus, auch wenn die meisten osmanischen Juden sich gegen aussen nicht dazu bekannten, denn viele fürchteten, als illoyale Staatsbürger angesehen zu werden. Andere waren am Zionismus schlicht nicht interessiert oder hielten die Zionisten für «eine kleine Gruppe von Scharlatanen».[274]

Auch die zionistischen Führer, beginnend mit Theodor Herzl, verinnerlichten die schon erwähnte vertikale Logik der Macht mit ihren «vertikalen Allianzen». So setzten sie ab 1908 auf bevorzugte Beziehungen zum CUP, der stärksten Organisation der jungtürkischen Bewegung, und nicht auf ein Bündnis mit der Oppositionsbewegung von Prinz Sabahaddin, dessen Dezentralisierungsmodell bessere Möglichkeiten für staatsunabhängige Initiativen und Formen der Selbstbestimmung zuliess, insbesondere für Juden in Teilen Palästinas. Victor Jacobson war seit 1908 der informelle Vertreter der Zionistenorganisation in Istanbul. Seine wichtigsten Mittelsmänner waren Emmanuel Karasu (oder Carasso, Abgeordneter von Saloniki), Nissim Mazliah (Abgeordneter von İzmir) und Oberrabbiner Chaim Nahum. Sie alle waren gute Bekannte von Dr. Nâzım, Talât und Cavid aus der gemeinsamen Zeit in Saloniki. Nâzım bezeichnete die Juden als «das verlässlichste Element». Anfang 1909 sprach er sich für die Immigration von Millionen von europäischen Juden aus, wobei er nur einen Teil von ihnen für Palästina vorgesehen hätte, denn bei zu starker Konzentration an diesem einen Ort wären sie für die osmanische Regierung «eine Gefahr» geworden.[275]

Gegen Ende 1909 erhielt Talât von David Wolffsohn, dem zweiten Präsidenten der Zionistenorganisation, ein Schreiben mit Ausführungen zur historisch und religiös bedingten Verbundenheit der Juden mit Palästina. Aber er reagierte nicht, obwohl Wolffsohn ausdrücklich um eine Antwort gebeten hatte. Seit seinem Besuch in London im Juli 1909 stellte Talât immer wieder neu klar, «die politischen Ziele des Zionismus könnten kaum Zustimmung finden im türkischen Reich».[276] Dennoch respektierte er Zionisten als Juniorpartner und liess ihre Anliegen an sich herantragen. Diskussionen in der osmanischen Öffentlichkeit stimmten ihn indes sehr skeptisch, weil antizionistische Angriffe von konservativ-islamistischen und anderen Kreisen in Parlament und Presse zunahmen. Auch mehrten sich Feindseligkeiten in Palästina, von wo auch einfache Dorfbewohner via Petitionen zunehmend Klagen an die Zentralregierung richteten.[277] Das CUP riskierte, als judenfreundlich verschrien zu werden. Einmal mehr drohte Mobgewalt gegen Nichtmuslime, nun auch in diesem neuen Zusammenhang, worauf Ohannes Vartkes Serengülian in seiner eindringlichen Parlamentsrede am 16. Mai 1911 hinwies. Die tiefe Krise von Talât und dem CUP in den Jahren 1911/12 fiel ja, wie in Teil III erklärt, zusammen mit einer Grundsatzdis-

---

274 Zeitung *Stamboul*, 2. März 1911, zitiert in Mandel, Turks, 243.
275 Jacobson an Wolffsohn, 8. und 12. Februar 1909, zitiert in Friedman, Germany, 144–148. Vgl. Benbassa/Rodrigue, Sephardi Jewry, 121–123.
276 *Jewish Chronicle*, 23. Juli 1909, zitiert in Mandel, Turks, 192.
277 Yuval Ben-Bassat: *Petitioning the Sultan. Protests and Justice in Late Ottoman Palestine*, London: I. B. Tauris, 2013.

kussion im Parlament über Zionismus und die osmanische Zukunft (Kapitel 16). Jene Debatte offenbarte, dass kein gemeinsamer verfassungspatriotischer Nenner da war und damit kein realistischer gemeinsamer Horizont für das Osmanische Reich. Das war in erster Linie für die stark in osmanische Politik involvierten Armenier bedenklich. Die anderen konnten Alternativen ins Auge fassen: die Türkisten Kleinasien als Türk Yurdu, die Zionisten Palästina als jüdisches Gemeinwesen und arabische Nationalisten eine Herrschaft über Irak und Syrien.

Dank des Milieus von Saloniki und weiterer regierungsnaher Kreise verfügten die Juden über einen privilegierten Zugang zu Talât. Als gewiefter Netzwerker war er empfänglich für persönliche Demarchen, wobei er als Gegenleistung Dienste erwartete, insbesondere positive Erwähnungen in der Presse, finanzielles Entgegenkommen und Unterstützung in der Diplomatie. Talât konnte sich über die Berichterstattung zu seiner Person kaum beklagen. In jüdischen Publikationen sowohl im Osmanischen Reich als auch im Ausland erfreute er sich einer ausgezeichneten Presse.[278] Gleichwohl wollte er nicht allzu eng mit den Juden und mit dem Zionismus in Verbindung gebracht werden, da er befürchtete, die Opposition würde von einer offenen Zusammenarbeit zwischen CUP und Zionisten profitieren. Am 6. Januar 1913 bemerkte er anlässlich eines persönlichen Treffens zu Jacobson: «Der Zionismus ist für uns eine Frage der Innenpolitik und des Streits zwischen den Parteien.» Für Jacobson stand das informelle Haupt des CUP «noch immer auf dem Standpunkt der Verneinung der Nationalität. [...] Staatsmann ist er nicht, aber ein guter Parteiführer.» Anfang 1913 strebte Talât allerdings eine nähere Verbindung mit den Zionisten an und nahm in diesem Zusammenhang wiederholt mit Jacobson Kontakt auf. Auch den CUP-Veteranen Essad Pascha (Toptani) und Ahmed Agayev (Ağaoğlu), einen führenden CUP-Intellektuellen und Professor der Universität von Istanbul, spannte er jetzt als seine Mittelsmänner ein.[279]

Nach dem kurzen Zwischenspiel mit der liberal-konservativen Opposition an der Regierung in der zweiten Hälfte des Jahres 1912 begrüssten die Zionisten den CUP-Putsch vom Januar 1913 und die darauf folgende Diktatur. Insbesondere hiessen sie das nach der Ermordung von Mahmud Şevket Pascha gebildete neue Kabinett von Juni 1913 mit Talât als Innenminister willkommen. Allgemein lässt sich sagen, dass die bisher schon bestehende Zusammenarbeit zwischen Komitee und Mitgliedern der osmanisch-jüdischen und Dönme-Elite nochmals gefestigt wurde, denn das neue Einparteiregime betrachtete andere nichtmuslimische Vertreter, mit denen das CUP

---

278 Dies trifft auf Zeitungen wie die *Jüdische Rundschau, Die Welt, Der Orient* zu und ausgeprägter noch auf die in Istanbul erscheinende und von Zionisten finanzierte Zeitung *Le Jeune-Turc*. Beispiele für lange, schmeichlerische Artikel über Talât sind «Le voyage de Talaat bey [nach Livadiya]», 9. Mai 1914, 1; «Le voyage de Talaat bey [nach Bukarest]», 27. Mai 1914, 1. Beispiele von gezielter Falschinformation im Dienst von Talât (Abstreiten von Vertreibungen und Verbrechen gegen Rûm im Frühjahr 1914) sind enthalten in «Déclaration de Talaat bey», 9. Juni 1914, 1; «Déclarations de Talaat bey sur son voyage à Carassi», 10. Juni 1914, 1; «L'arrivée de S. E. Talaat bey et la situation: De notre correspondant particulier», 22. Juni 1914, 1. Trotz seiner CUP-freundlichen Haltung war *Le Jeune-Turc* von Frühling bis Sommer 1913 zeitweise verboten, als die Zensur extrem rigide Formen annahm, siehe Neufach an Zentralbureau, 22. Juli 1913, CZA, Z3-46, 00052.
279 Jacobson, 6. Januar 1913, CZA, Z3-45, 00274-00275. Talâts hier übersetzte Aussage beliess Jacobson auf Französisch.

zuvor eng zusammengearbeitet hatte, fortan als unzuverlässig, ja verräterisch. Juden konnten diese Lücke füllen. Die deutsch-jüdische Zeitung *Die Welt*, das von Herzl gegründete Sprachrohr der zionistischen Bewegung, schrieb im Juli 1913: «Die Mitglieder des neuen türkischen Ministeriums bieten durch ihre persönlichen Qualitäten wie durch ihr bisheriges Verhalten uns gegenüber volle Gewähr dafür, dass der innerpolitische Regierungskurs dem jüdischen Element weiterhin durchaus günstig bleiben wird. Der neue Grosswesir, Prinz Said Halim, hatte wiederholt Gelegenheit, seine wohlwollende Gesinnung den Juden gegenüber zu bekunden. Talaat Bey, der neue Minister des Innern, wurde bekanntlich in einer jüdischen Schule erzogen und stand seither dauernd in freundschaftlichen Beziehungen zu zahlreichen jüdischen Persönlichkeiten. Er spricht das spaniolisch-jüdische Idiom ausgezeichnet und versteht auch etwas Hebräisch. Scherzweise wird er geradezu ‹der jüdische Minister› genannt. Ein anderes Mitglied des Kabinetts, Halil Bey, Präsident des Staatsrats und ehemaliger Kammerpräsident, zeichnet sich gleichfalls durch besonders judenfreundliche Gesinnung aus.»

Mit dieser Art der Darstellung schmeichelte *Die Welt* sich selber und ihrer jüdischen Leserschaft, wobei sie Talâts Erziehung falsch darstellte und seine Sprachkenntnisse gehörig übertrieb. Vor allem reduzierte sie die grosse Frage nach osmanischer Zukunft auf die Frage nach Sympathien oder Antipathien für die Juden. Es fehlte jeglicher Hinweis auf den blutigen Putsch und die pauschale Verfolgung politischer Gegner auf dem Weg zur Bildung des diktatorischen Kabinetts oder auf Abgründe, in die das Komitee mit seiner Kriegshetze und seiner nunmehr offen pantürkischen Agenda die ganze Region stürzen könnte. Einzig die erfolgreiche Strafverfolgung von Hintermännern der Ermordung von Mahmud Şevket strich das Blatt auf derselben Seite heraus. «Die Verschwörer, bekannte antisemitische Agitatoren», hätten auch «einen Anschlag auf das Leben angesehener jüdischer Mitglieder der jungtürkischen Partei und anderer jüdischer Notabeln» gestanden.[280]

Nach dem Putsch vom Januar 1913 herrschte in der Hauptstadt gemäss Jacobson «ein grosser Gesinnungswandel» bezüglich der «zionistischen Frage und der Judenfrage generell».[281] Ein Auslöser für den spürbaren Wandel des CUP hin zu einer prononciert projüdischen Haltung war – wie bereits angedeutet – die teilweise zerbrochene Beziehung zu den Armeniern, nachdem es diesen gelungen war, das Thema der Ostprovinzenreformen Ende 1912 erneut international zu lancieren. Nahum nutzte die Gelegenheit, um die Aufhebung antizionistischer Restriktionen zu fordern, unter denen teilweise auch einheimische osmanische Juden zu leiden hatten. Seine Botschaft vom 10. Februar 1913 an das Justizministerium wurde in der Istanbuler Zeitung *L'Aurore* veröffentlicht, einer seit 1909 von den Zionisten finanzierten jüdischen Publikation. Ein Editorial pries die Vorteile der jüdisch-türkischen Kooperation in einer Weise, die die britische Botschaft als eine Art «Bündnis zwischen dem Panjudaismus

---

280 «Das neue türkische Kabinett und die Juden», in: *Die Welt*, 4. Juli 1913, 856. Vgl. Feroz Ahmad: «The Special Relationship», in: Levy, Jews, Turks, Ottomans.
281 Brief von Jacobson an Henri Frank, 28. Februar 1913, CZA, Z3-45, 00160-00162.

und Panislamismus in der Türkei» charakterisierte.²⁸² *L'Aurore* schrieb in grossen Worten von globaler jüdischer Macht in finanzieller, intellektueller und politischer Hinsicht. Diese Macht könne «alle anderen anleiten» und so mithelfen, den Traum einer «grossen Türkei» an der Seite eines «mächtigen Judentums» zu verwirklichen. Talât fand die Wunschvorstellung von einer informellen islamisch-jüdischen Allianz als Gegenkraft zu den nominal christlichen Mächten zweifellos interessant. Denn sie verlieh ihm zusätzlichen Handlungsspielraum und die Möglichkeit, die jüdische Karte auszuspielen, das heisst, sich und seine Politik auf dem internationalen Parkett als durch die Juden befürwortet und unterstützt darzustellen.

«Der Islam ist am Zerfallen, er wird vergehen und muss unweigerlich verschwinden, wenn von aussen keine Unterstützung kommt. Wir verfügen weder über die [nötige] Intelligenz, noch über das Know-how und auch nicht über das [erforderliche] Geld. Die Juden haben das alles, aber es fehlt ihnen der Boden, auf dem sie tätig werden könnten. Die Juden sollen zu uns kommen, um unsere Angelegenheiten zu regeln, indem sie ein enges Bündnis mit uns eingehen.»²⁸³ Mit diesen Worten fasste Jacobson zusammen, was Ahmed Agayev anlässlich eines Treffens in der zweiten Februarhälfte 1913 als Vorschlag «gemäss den Anweisungen von Talât» einbrachte. Die Idee einer islamisch-jüdischen Allianz, die in unterschiedlicher Ausprägung mehrfach auftauchte, ging auf vormoderne Zeiten zurück. Sie beinhaltete antiwestliche und antichristliche Elemente, die Jacobson nicht guthiess. Er war sich sehr wohl bewusst, «wie naiv und sogar gefährlich» dieser Vorschlag wäre, wenn er wörtlich genommen würde. Andererseits war er insofern vielversprechend, als «die Türken beginnen, die Judenfrage in den Blick zu nehmen [...] als eine Frage von grösstem politischem Interesse für die Türkei selbst». Jacobson drängte auf «ein Aktionsprogramm, um die jüdische Mitarbeit bei der Neugestaltung der Türkei zu etablieren». Somit war er durchaus zufrieden, 1913 beim politischen Flirt von CUP und ZO mitzuspielen. Er regte sich auch nicht übermässig darüber auf, dass Talât ihn nach einem ihrer Treffen wohl jovial, aber grob (wenn nicht rassistisch) als «Hund, Hundesohn» tituliert hatte, da er «vollkommen recht» hatte «in allem, was er sagte». Andere Zionisten waren von der grossartigen Verbrüderungsidee nicht gleichermassen überzeugt. «Nein, die Türken sind nicht unsere ‹Brüder›, und nicht einmal mit den wahren Ismaeliten [Arabern] gibt es eine geistige Verbindung», meinte Jabotinsky, der scharfzüngige Zionist von rechts, zu Max Nordau. «Wir sind Gott sei Dank Europäer und die Erbauer Europas für das nächste Jahrtausend.»²⁸⁴

1913 war die Zionistische Organisation dazu bereit, die ungehinderte Einwanderung und die Aufhebung gewisser Restriktionen, namentlich die Ermöglichung des Landerwerbs in Palästina, mit bedeutenden Leistungen zu belohnen, und zwar: «1. Manipulation der europäischen Presse zu Gunsten der Türkei, 2. Anwerbung gewisser Kreise der [Hoch-]Finanz» und, drittens, wohlwollende jüdische Experten und

---

282 So die Worte des britischen Botschafters, 17. März 1913, FO 371/1794/16925, Nr. 218; mit enthalten ist der Ausschnitt aus *L'Aurore*, zitiert in Mandel, Turks, 333 f.
283 Brief von Jacobson an Henri Frank, 28. Februar 1913, CZA, Z3-45, 00160-00162.
284 Zitiert in Stanislawski, Zionism, 241.

Berater zur Verfügung zu stellen.[285] Talât nahm jüdische Dienste gerne an, war aber nie bereit, die geforderte Gegenleistung zu erbringen. Er verstand es, sich entgegenkommend zu zeigen, vage Versprechungen zu machen und, vordergründig, als Wohltäter in Erscheinung zu treten. Aber er ging Schrittchen, die er jederzeit wieder rückgängig machen oder umdeuten konnte, oder er gab heimlich gegenteilige Anweisung an die lokalen Behörden.[286] So hob er beispielsweise das sogenannte rote Formular auf (eine Aufenthaltsbewilligung mit diskriminierendem Charakter, die ihren Zweck gar nie in der von der Regierung beabsichtigten Weise zu erfüllen vermochte). Aber bezüglich Landkauf und Niederlassungsrecht blieb er restriktiv, womit er gleichzeitig Forderungen der Araber erfüllte. Diese Forderungen waren im Kontext des arabischen Kongresses in Paris 1913 mit zunehmender Dringlichkeit gestellt worden. Im Gegensatz zu Jacobson und Sami Hochberg, dem jüdischen Herausgeber von *Le Jeune-Turc*, die im Beobachterstatus am Kongress teilnahmen, bevorzugte die Mehrheit der Kongressteilnehmer die Ausrichtung von Prinz Sabahaddins liberaler «Liga für Privatinitiative und Dezentralisierung». Ganz im Sinne der Liga bekundete die Kongressmehrheit Solidarität mit den Armeniern und mit deren anhaltenden Forderungen nach Reformen, egalitärer Pluralität und gesicherten Individualrechten.[287] Der Realpolitik verpflichtet, erkannten die Zionisten hingegen die Vorteile, die mit direktem Zugang zur Macht (mit «vertikaler Allianz») verbunden waren. Diesen gaben sie den Vorrang gegenüber Prinzipien, die der Levante eine andere, mittlerweile utopisch gewordene Zukunft hätten ermöglichen sollen.

Obwohl Talât nur zu minimalen Konzessionen an den Zionismus bereit war, sorgte die verbreitete Korruption dafür, dass sich ausländischen Juden trotz gesetzlicher Einschränkungen zahlreiche Gelegenheiten für Landkäufe boten. Im Ganzen gesehen herrschte in Istanbul und der Levante für die Zionisten weiterhin eine relativ «günstige Atmosphäre». Richard Lichtheim, der sich Jacobson 1913 in Istanbul angeschlossen hatte, zeigte sich Anfang 1914 optimistisch: «Der Grossrabbiner [Nahum], der mit Talât sehr eng verbunden ist, sagte mir gestern wörtlich, ‹Die Türken sind sehr erfreut darüber, dass sich der [neue] amerikanische Botschafter [Morgenthau] für jüdische Belange stark macht.› Das bedeutet natürlich, dass sie von Amerika einen materiellen Nutzen erwarten, wenn sie die Juden aufnehmen.» Nahum hatte sich als Repräsentant aller osmanischen Juden bis dahin sehr vorsichtig verhalten, aber fortan getraute er sich, gegenüber den zionistischen Vertretern in Istanbul offener und freundschaftlicher zu sein.[288]

Einige osmanische Juden und Zionisten gingen sehr weit im Schmus mit den neuen Machthabern und der neu vorherrschenden Ideologie. Selbst Gökalps Ideal kultureller Vereinheitlichung wurde in einer Art und Weise beweihräuchert, die einem Verrat an grundlegenden zionistischen Idealen gleichkam. So beklagte sich B. Israil, ein Journalist der von Zionistenkreisen finanzierten Zeitung *Le Jeune-Turc*, in ei-

---

285 Jacobson an Paul Nathan, Hilfsverein der Deutschen Juden, 2. März 1913, CZA, Z3-1640.
286 J. Neufach, Istanbul, an das Zentralbureau Berlin, 22. Juli 1913, CZA, Z3-46, 00052. Siehe auch die anderen Dokumente in dieser Mappe von Mai bis August 1913; Mandel, Turks, 384, 468.
287 Mandel, Turks, 380, 388.
288 Lichtheim an das Actionscomité der Zionistischen Organisation, 23. Januar 1914, CZA, Z3-48, 00197-00203.

nem ausführlichen offenen Brief an Talât Anfang 1914 darüber, dass es nicht nur die Osmanen selber seien, die eine ungekünstelte türkische Sprache nicht beherrschen würden, sondern auch jene, die «ihr Leben damit zugebracht haben, viele kleine Vaterländer innerhalb des einen Vaterlandes zu gründen, und die ihr Gemüt immer nur mit nichtosmanischer Literatur genährt haben». Ihm selber, so bekannte er, habe «patriotisches Bewusstsein und patriotische Überzeugung gefehlt». Er rühmte sich aber, jetzt endlich ein patriotisches Ideal erlangt zu haben und forderte Talât dazu auf, nach dem Beispiel der Académie française eine osmanische Akademie zu gründen. Dabei verwies er auf den «grossen Kardinal Richelieu» als Vorbild, dem es nachzueifern gelte. B. Israil, allem Anschein nach osmanisch-jüdischer Herkunft, bekannte sich zu einer kulturell homogenen Gesellschaft und zitierte sinngemäss Ziya Gökalp, als er schrieb: «Das Individuum gehört in allen seinen Teilen und Gliedern und mit seinem ganzen Denken der Gesellschaft. Sein Wert und seine Bedeutung hängen gänzlich von seiner Hingabe an die Gesellschaft ab.»[289]

Der Überschwang, mit dem Vertreter des Judentums nach aussen für das CUP und sogar Gökalps Ideale schwärmten, erzeugte mit Sicherheit projüdischen Goodwill unter den Herrschenden, aber vermochte nichts an deren grundsätzlicher Ablehnung jeglicher zionistischen Autonomie in Palästina zu ändern. Einige Aufzeichnungen von Lichtheim aus dem Frühjahr 1914 weisen mit guten Gründen auf ein geringes Vertrauensniveau hin und auch darauf, dass sich die zionistischen Vertreter aus Deutschland mental schlecht akklimatisierten. Manchmal herrschte ein Klima offenen Betrugs. Worte und Versprechen entwerteten sich in Windeseile. Die CUP-Akteure handelten aufgrund von Ad-hoc-Entscheiden und erwiesen sich in den Augen der Zionisten als wenig würdige Empfänger der Geldbeträge, die sie ihnen zahlten. Die Restriktionen für Palästina blieben insgesamt in Kraft. Eine zionistische Vereinigung in Istanbul, die zuerst freudig begrüsst worden war, sah sich von einem Tag auf den anderen mit einem Verbot konfrontiert. Aussagen, Mitteilungen und Audienzen erwiesen sich als Fiktion. «Agajeff [Agayev], der seit Jahren beim ‹Jeune Turc› mitarbeitet und monatlich von uns 15 Ltq. [türkische Pfund] bekommt, scheint uns in der ganzen Sache hinters Licht geführt und betrogen zu haben. Seine vorgestrige Unterhaltung mit Talaat, die er gemeinsam mit Essad Pascha zu unseren Gunsten gehabt haben will und die er uns mit allen Details geschildet hat, war eine Erfindung.»[290]

Mit Geld liess sich trotz allem ein gewisses Mass an Macht kaufen. «Jetzt ist der Moment, Ali Kemal [leitender Herausgeber der Zeitung *Peyam*] zu bestechen. Er ist ein grosser Gauner, aber [Dr.] Wellisch meint auch, dass er für 5000 Franken jährlich zu kaufen ist. Auch sonst muss schleunigst mit der arabischen Presse etwas geschehen. Es ist jedenfalls dringend, gegen die arabische Presse vorzugehen. Ich finde es geradezu lächerlich, dass wir nicht dem ‹Karmel› in Haifa und dem ‹Philistin› [sic, ‹Filistin›] in Jaffa [beides arabisch-palästinensische Zeitungen] mit ein paar tausend Franken das Maul stopfen.» Lichtheim bekannte: «In unserem Verhältnis zu den Arabern liegt doch der Schlüssel zur Situation.» Aber damit meinte er nicht ein

---

289 B. Israils Artikel in *Le Jeune-Turc* auf Osmanisch als «An Seine Exzellenz, den Innenminister Talât Beyefendi», in: *İçtihâd*, Nr. 95, 12. März 1914, 2132–2134.
290 Lichtheim an das Zionistische Zentralbureau Berlin, 12. April 1914, CZA, Z3-48, 00052-00053.

Vertrauensverhältnis. «Haben wir auf dieser [arabischen] Seite keine Schwierigkeiten, so können wir bei der guten Disposition der Regierung jetzt alles erreichen.»[291] Lichtheim ging es um die «vertikale Allianz», welche die arabische Mehrheit vor Ort umging, nicht um «horizontale» Beziehungsarbeit von Gleich zu Gleich. Dass seine Methoden nicht dazu taugten, Vertrauen in Palästina zu schaffen, steht auf einem anderen Blatt. Darauf steht auch, dass Talâts Einparteiregime in Istanbul definitiv der falsche Adressat dafür war, eine konstruktive zionistische Vision zu fördern.

Generalmobilmachung und Weltkrieg drängten den Zionismus und Palästina in der osmanischen Hauptstadt für eine Weile in den politischen Hintergrund. Das Thema tauchte Ende 1914 wieder auf, als Cemal damit begann, repressive Massnahmen in Palästina vorzuschlagen und teilweise bereits anzuwenden. Es ging um Themen wie Überwachung, Verhaftungen und begrenzte Vertreibung oder Umsiedlung, wie sie im Osten Kleinasiens bereits zuvor aktuell geworden waren. Für Talât waren solche Massnahmen in Palästina nicht prioritär. Aber die Situation dort verschaffte ihm häufige diplomatische Nachfragen und gab ihm ein internationales Druckmittel in die Hand. Dieses setzte er nicht zuletzt erfolgreich dafür ein, öffentliche Aufmerksamkeit von den Armeniern abzulenken. So konnte er sich in dem einen, international besonders stark beachteten Fall als staatsmännisch geben, während er im anderen Fall seine Vernichtungspolitik durchzog.

Die Juden im Osmanischen Reich, auch jene nichtosmanischer Nationalität, konnten sich in der Zeit des Ersten Weltkriegs trotz Repressionen vergleichsweise glücklich schätzen, auch wenn die allgemeine Situation prekär, das Vertrauen in die Behörden gering und die Zukunft unsicher war. Im Gegensatz zu fast allen anderen Staatsangehörigen, die aus feindlichen Ländern wie Russland stammten und interniert oder ausgewiesen wurden, konnten die meisten Juden in Palästina verbleiben. Hinzu kam, dass Deutschland die deutschen zionistischen Repräsentanten in Berlin, Istanbul und Jaffa von der Pflicht zum Militärdienst befreite. Auch Zionisten ohne deutsche Nationalität einschliesslich russischer Zionisten genossen in Europa und im Osmanischen Reich Unterstützung vonseiten Deutschlands.

Wangenheim war hocherfreut, dass Talât im November 1914 erneut «vollstes Verständnis» zeigte für das wichtige Anliegen, weltweit die Sympathien der Juden zu gewinnen. Er befürchtete, Deutschland könnte für jeden als antisemitisch bewerteten Akt, über den in der Presse berichtet wurde, verantwortlich gemacht werden. Wiederholt äusserte er den Wunsch, die deutsche Unterstützung für Juden möge doch in der Öffentlichkeit bekannt gemacht werden, und er ärgerte sich jedes Mal, wenn über Härten im Vorgehen gegen Juden in Palästina berichtet wurde, besonders dann, wenn ihm die Berichterstattung dramatisiert erschien. Talât seinerseits hielt Druck auf die Zionisten aufrecht mit seiner Erwartung, diese sollten alles in ihrer Macht Stehende tun, um eine Berichterstattung zu unterbinden, welche die Türkei in der Weltpresse in einem schlechten Licht darstellte.[292] Lichtheim hatte in Istanbul starke Unterstützung

---

291 Ebd., 14. März 1914, CZA, Z3-48, 00103-00104.
292 Wangenheim wird zitiert in Friedman, Germany, 209, 226; Lichtheim an E. A. C., 6. Januar 1915, CZA, Z3-51, 00284-00292.

für seine Kritik an der ersten Welle von Repressionen in Palästina erfahren, was ihn zuversichtlich stimmte. Seinen Brief vom 6. Januar 1915 an die Zentrale der Zionistischen Organisation in Berlin schloss er mit den Worten: «Seit Bestehen unserer Bewegung haben wir noch nie so starke Unterstützung erfahren.» Diese Unterstützung kam zum einen vonseiten der deutschen und der amerikanischen Diplomatie, zum andern von einer vergleichsweise wohlgesinnten Zentralregierung in der osmanischen Hauptstadt.[293]

Die Zionisten genossen das Vorrecht, fast zu jeder Zeit unkomplizierten Zugang zur deutschen und amerikanischen Botschaft zu haben. Aber sie erhielten nur selten die Gelegenheit zu einem persönlichen Treffen mit Talât. Er war es, der beim Thema Palästina nach innen und nach aussen das letzte Wort hatte. Immerhin verfügten die Zionisten über mehrere engagierte Mittelsmänner, die unablässig darum bemüht waren, ihre Anliegen der osmanischen Zentralregierung vorzutragen. Als Cemal Paschas Sekretär und früherer Distriktgouverneur von Jaffa, Bahaeddin, am 25. Januar 1915 «eine Erklärung ausstellte, man werde die aufwiegrerischen und intrigierenden Zionisten bekämpfen, die versuchten, eine eigene Nation zu gründen und bereits eigene Banknoten und Briefmarken benützten», wurde US-Botschafter Morgenthau umgehend darüber in Kenntnis gesetzt. Er ging zu Talât, und dieser rief Enver an. Daraufhin versicherte Talât Morgenthau, «dieser Befehl war nicht autorisiert und wird widerrufen, falls er tatsächlich ausgegeben wird». Zusätzlich versprach er, «Militärdienst werde von den Juden während des ersten Jahres ihrer osmanischen Staatszugehörigkeit nicht gefordert und alle Flüchtlinge könnten zurückkehren, sofern sie sich damit einverstanden erklären, osmanische Bürger zu werden». Im Prinzip mussten ausländische Juden fortan die neue Staatszugehörigkeit annehmen, um eine Aufenthaltsbewilligung zu erhalten.[294]

Am Vorabend seines umfassenden Angriffs auf die einheimischen Armenier legte Talât besonders grossen Wert darauf, keine harten Massnahmen gegen den Zionismus in Palästina zu ergreifen. Damit erreichte er, dass in freundlichem Ton ausführlich über Themen im Zusammenhang mit den Juden berichtet wurde. Im Zuge dieser PR-Bemühungen konstatierte Arthur Ruppin, Leiter der Palästina-Niederlassung der Zionistischen Organisation, am 3. März 1915 «einen plötzlichen und eklatanten Umschwung in Cemal Paschas Einstellung» zugunsten der Juden, herbeigeführt durch Talâts Anordnungen.[295]

Am 24. April, nachdem Talât die entscheidenden Rundschreiben schon verschickt hatte und unmittelbar bevor es zur Verhaftung der gesamten Elite der Istanbuler Armenier kam, lud der ahnungslose amerikanische Botschafter Talât und Nahum zum Dinner ein. Sie «sassen bei Tisch und sprachen über das Zionismusthema», doch das Gespräch wurde auf einen ernsteren und drängenderen Gegenstand gelenkt. Morgenthau hatte erfahren, dass «sie [die Machthaber in Istanbul] sich entschieden haben, alle denkbaren Ansätze zu einer Revolution zu zerschlagen». Auf die Armenier ange-

---

293 CZA, Z3-51, 00292.
294 Morgenthau, Tagebuch, 175, 2. Februar 1915. Vgl. Mazza, Djemal Pasha, Zionism, and the Evacuation of Jaffa, 92.
295 Ruppin, Memoirs, Diaries, Letters, 156.

sprochen «gab [Talât] zu, dass sie eine grosse Anzahl von ihnen verhaftet hätten» (die allgemeinen Verhaftungen begannen ein paar Stunden später). «Die Türken scheinen sich dessen bewusst zu werden, dass sie nur dann regieren können, wenn sie alle Intellektuellen unterdrücken.» Grossrabbiner Nahum, ein intimer Kenner der Verhältnisse, «fürchtete sich offensichtlich vor internen Unruhen ebenso sehr wie vor dem Krieg».[296]

Jener chauvinistische und massenmörderische Frühling und Sommer 1915 in der Türkei stellte für jede exponierte Minorität eine explosive Situation dar. Talât war fest «entschlossen, alle [nicht als unterwürfig wahrgenommenen] Vereine und Zusammenschlüsse zu zerstören. Er sagte, er sei selber ein Anführer von Revolutionären gewesen und wisse daher, wozu diese im Stande seien. Die wollen wirklich jede [regierungsunabhängige] Organisation zerstampfen», schrieb Morgenthau am 26. April 1915. Wangenheim versicherte diesem, «er werde den Zionisten helfen, nicht aber den Armeniern».[297] Innenminister Talât sprach von Zeit zu Zeit Drohungen aus, liess sich immer wieder den Hof machen und schaffte es, den Zionismus stark einzugrenzen, ohne ihn zu zerstören. Um dies sowie sein Hauptziel, nämlich für ihn günstige PR zu erreichen, arbeitete er mit unterschwelliger Erpressung und der Drohkulisse von Pogromen oder harten behördlichen Massnahmen. So hielt er seine Gesprächspartner unter Druck. Über Nahum beeinflusste er nicht nur die öffentlichen Auftritte Morgenthaus nach dessen Rückkehr in die Vereinigten Staaten protürkisch, um negative Konsequenzen für Juden im Osmanischen Reich zu vermeiden, sondern er brachte es sogar fertig, wie Lichtheim im Sommer 916 schrieb, dass Morgenthau «eine türkophile Rede hielt».[298]

Die Lage der Juden veränderte sich von 1915 bis 1916 nicht wesentlich – zur Erleichterung von Nahum, der im Rahmen eines Gesprächs mit dem Innenminister Anfang 1916 die Zusicherung erhalten hatte, «dass nichts gegen die Juden unternommen werde», denn «er [Talât] wollte zu diesem Zeitpunkt nichts von einer jüdischen Frage wissen, da sie vorerst die armenische Frage zu lösen hatten».[299] Die Fixierung auf die Armenier trug somit dazu bei, die Aufmerksamkeit von den Juden abzulenken und sie so gewissermassen zu schützen. Dies war auch ein Jahr später noch so, und in modifizierter Art auch noch im April 1917 im Zusammenhang mit der Evakuierung der Juden aus Jaffa. Wenige Monate später änderten welthistorische Ereignisse die Lage grundlegend. Die Russische Revolution, der russische Austritt aus dem Krieg, die Balfour-Erklärung und die britische Eroberung von Jerusalem schufen neue Koordinaten sowohl für die Zukunft Palästinas als auch Armeniens und des ganzen Kaukasus.

Vor der Evakuierung der Juden aus Jaffa erfolgte im März 1917 diejenige der Muslime aus dem weiter südlich gelegenen Gaza. Denn es standen Kämpfe mit den britischen Truppen bevor, welche, unterstützt durch das ANZAC (Australier und Neu-

---

296 Morgenthau, Tagebuch, 215 f., 24. April 1915. Es handelt sich hier nicht um das einzige gemeinsame Essen von Talât, Nahum und dem amerikanischen Botschafter. Auf mehrere Essen mit Elkus, dem Nachfolger von Morgenthau, wird hingewiesen von Göppert, Pera, an Bethmann Hollweg, 3. Januar 1917, PA-AA, R 13837; Lichtheim an das Zionistische Zentralbureau, 6. Januar 1917, CZA, Z3-66.
297 Morgenthau, Tagebuch, 217 f., 26./27. April 1915; vgl. ebd., 393, 23. November 1915.
298 Lichtheim an das Zionistische Zentralbureau, 7. August 1916, CZA, Z3-60, 00168, und 31. August 1916, 00108.
299 Morgenthau, Tagebuch, 431, 6. Januar 1916.

seeländer), sukzessiv vorrückten. Beide Evakuierungen folgten ähnlichen, militärisch begründeten Vorgehensweisen. Die Evakuierungen brachten manche Entbehrungen mit sich. Sie stellten für die Juden, die eine noch kleine Minderzeit im Land waren, eine existenzielle Bedrohung dar. Conde de Ballobar, der spanische Konsul von Jerusalem, untersuchte das Geschehen und stellte im Widerspruch zu sensationslüsternen Berichten im Westen indes klar, dass es «nicht wahr [ist], dass es dort Massaker oder eine Verfolgung der Juden gegeben hat». Das war auch die Meinung des US-Konsuls.[300] Dennoch fand die damalige Version einer propagandistischen Presse Eingang in Geschichtsbücher und in eine ethnozentrische Geschichtsschreibung.[301] Eine solche Darstellung verzerrte die Erfahrung jener, die 1917 tatsächlich von den Evakuierungen selber betroffen waren. Was schwerer wiegt: Sie zog das Leiden der Armenier für effekthascherische Vergleiche heran, wie wir weiter oben in diesem Kapitel gesehen haben, statt den Armeniergenozid in seiner einzigartigen Tragik und neuartigen Dimension überhaupt je gebührend wahrzunehmen und anzuerkennen.

Das Schicksal der Armenier war die ultimative Referenz des Grauens. Das instrumentalisierten auch osmanische Behörden. Der Distriktgouverneur von Haifa bedrohte jüdische Dorfbewohner, indem er sagte: «Wenn ihr mir den Spion [Yosef] Lishansky [aus der NILI-Gruppe] nicht ausliefert, wird euer Schicksal das gleiche sein wie jenes der Armenier, an deren Tod ich persönlich mitbeteiligt war.» Damit fügte er der individuellen Folter, mit der er politische Häftlinge drangsalierte, auch noch die psychologische Folter der Dorfbewohner hinzu, indem er sie mit der Androhung eines Armenierschicksals terrorisierte. Analoge Beispiele finden sich bei Cemal Pascha bei der Evakuierung der Juden von Jaffa. Mit dieser Einschüchterung liessen sich grössere Gruppen rasch gefügig machen. Aber weder Cemal noch der Distriktgouverneur wären je imstande gewesen, etwas durchzusetzen, was Talât ausschliesslich als Massnahme gegen die Armenier angeordnet hatte.[302]

Auf die auch unter Armeniern verbreitete Verschwörungstheorie einzugehen, Zionisten und Juden seien mitverantwortlich für den Genozid, ja Talât sei Kryptojude gewesen, wäre verschwendete Zeit und Mühe. Die nahen Beziehungen und die nicht wenigen Juden oder Dönme im CUP ändern nichts am Tatbestand, dass das Einparteiregime mit Talât und dem Zentralkomitee die treibende und damit verantwortliche Kraft war. Der Dönme Cavid erwies sich im nahen Umfeld der Haupttäter als schärfste, wenn auch ganz private Stimme gegen Genozid, worauf dieses Buch mehrfach hinweist.

---

300 Ballobar, Jerusalem in World War I; Mazza, Djemal Pasha, Zionism, and the Evacuation of Jaffa, 96 f.; Yuval Ben-Bassat, Dotan Halevy: «A tale of two cities and one telegram. The Ottoman military regime and the population of Greater Syria during WWI», in: *British Journal of Middle Eastern Studies*, 4. November 2016, http://dx.doi.org/10.1080/13530194.2016.1246240. Besondere Erkenntnisse verdanke ich den Beiträgen von Dotan Halevy und Yuval Ben-Bassat zu Jaffa im Jahr 1917, die sie im Rahmen der Konferenz *Ottoman Cataclysm. Total War, Genocide and Distant Futures in the Middle East (1915–1917)* an der Universität Zürich, 28.–31. Oktober 2015, präsentierten.
301 Ben-Bassat/Halevy, National narratives challenged.
302 Anfrage von Talât beim Vali von Beirut, 24. November 1917, BOA, DH. ŞFR. 81/233, Telegramm mit Übersetzung reproduziert in Ben-Bassat, Enciphered Ottoman Telegrams, 281 f.; Atay, Zeytindağ, 61–63; Ali Fuad, zitiert in Mazza, Djemal Pasha, Zionism, and the Evacuation of Jaffa, 99.

Auf einem anderen Blatt steht die Geschichte der Leugnung, Relativierung, Beschönigung und Vertuschung der Armeniermassaker und des Genozids, von Herzls Bemühungen um Annäherung an Abdulhamid bis zu israelischer Interessenpolitik im 21. Jahrhundert. Hier liegt der bemerkenswerte Beitrag jüdischer, später auch israelischer Kreise im Verbund mit türkischen Regierungen offen zutage. Klar ist der Befund, dass er jeweils einer opportunistischen Haltung, nicht einem Mangel an Wissen entsprang und entspringt. Dieses Kapitel hat entsprechende Einblicke für die 1910er-Jahre gegeben, andere Historiker haben die Entwicklung bis ins 21. Jahrhundert untersucht.[303] Zweifellos können möglichst störungsfreie Zweckbündnisse mit Talâts Nachfolgern in der Republik Türkei oder mit antiarmenischen Machthabern in Aserbaidschan als Erfordernisse von Realpolitik und damit Genozidvertuschung als unumgänglich dargestellt werden. Der Staat Israel könne sonst nicht überleben. Der symbolische Preis dafür – Glaubwürdigkeit und Vertrauen – ist allerdings sehr hoch und war das schon in den 1910er-Jahren. Interessenpolitik dieser Art instrumentalisiert und trivialisiert sowohl Verbrechen gegen die Menschlichkeit in der Geschichte als auch Leugnung von Genozid in der Gegenwart.

Talât spielte die Karte privilegierter Beziehungen meisterhaft aus, indem er sich als nahezu alleinigen Freund der Juden ausgab, der Verständnis für Zionisten hatte, oder auch, zusammen mit Enver, als einen von wenigen wahren Freunden Deutschlands in der Machtelite Istanbuls – nur um sich von den Adressaten solcher Botschaften maximalen Rückhalt zu sichern. Dabei hielt er unverrückt an seiner primären Identifikation mit dem CUP und ultranationalistischen Zielen fest. Selbst nach der Balfour-Deklaration nahm er weiterhin Gelegenheiten wahr, die jüdische Karte zu seinen Gunsten auszuspielen (siehe Kapitel 40). Unter massgeblicher jüdischer Beteiligung zeichnete die internationale Presse ein geschöntes Bild, in Deutschland bisweilen ein enthusiastisches Porträt vom Bundesgenossen Talât: ein freundlicher, fähiger, überaus energischer und vielversprechender Staatsmann der «jungen und neuen Türkei», der unter anderem gegen widerspenstige Reaktionäre oder ignorante Massen ankämpfen musste und dabei auch Juden schützte.

Vielerorts, nicht nur in der Türkei, wurde ein Jahrhundert lang an einem oberflächlichen, unkritischen Bild vom – wie dieses Buch formuliert – Architekten des Armeniergenozids festgehalten.[304] Grundlegende historische Verknüpfungen quer durch Europa, zu denen dieser Pionier eines neuen Politikstils beitrug, blieben daher massiv unterbelichtet. In Deutschland trugen nach dem Weltkrieg, wie wir im nächsten Teil sehen werden, linke und liberale Stimmen zu einer Neubeurteilung Talâts in Teilen der Öffentlichkeit bei. Insgesamt blieb es aber bei dem Phänomen, das dieses Buch «Schizophrenie» deutscher politischer Eliten im ersten Jahrhundertdrittel nennt. In unserem Fall koexistierte das Wissen um Talâts Verantwortung für Völkermord mit Zuneigung, Hofieren und vielen positiven Bemerkungen über ihn auch noch in Me-

---

303 Marc D. Baer: *Sultanic Saviors and Tolerant Turks*; Bali, Devlet'in örnek yurttaşları; Rifat N. Bali: *Türkiye'de Holokost Tüketimi, 1989–2017*, Istanbul: Libra, 2017. Bezogen auf Erinnerungspolitik in den USA im späten 20. Jahrhundert Edward T. Linenthal: *Preserving Memory. The Struggle to Create America's Holocaust Museum*, New York: Columbia University Press, 1995, 263.

304 Dies trifft selbst auf einen verdienten Wissenschaftler wie Isaiah Friedman zu; siehe sein Bild von Talât in Friedman, Germany, das keine osmanischen und türkischen Quellen heranzieht.

moiren. Es ist bittere Ironie, dass die frühen Nationalsozialisten die «allzu mächtige jüdische Presse» in Deutschland beschuldigten, sie habe sich 1921 nicht auf die Seite des rechtschaffenen Talât geschlagen, sondern auf die Seite seines armenischen Mörders und dessen allzu liberalen Richter (siehe Kapitel 44). Dabei hatte die «jüdische Presse» in Istanbul und darüber hinaus in den kritischen Jahren seiner Herrschaft sehr wohl zu Talât gehalten.

Wenn wir zum Schluss dieses Teils V nochmals einen Blick auf Jaffa im Frühjahr 1917 werfen, so lässt sich sagen, dass der aufschreckende Hinweis auf das Armenierschicksal genügte, um international helle Aufmerksamkeit und damit zusätzlichen Schutz für den verletzlichen Jischuv zu bewirken. 1915/16 war es hingegen so gewesen, dass die Armenier die ganze nach innen gerichtete Gewaltbereitschaft des Einparteiregimes absorbierten. Wie Talât selbst bekannte, erlaubte seine Konzentration auf diese schlimmsten Opfer des Ersten Weltkriegs kein vergleichbares Vorgehen gegen Juden. Insofern lenkte der Armeniergenozid vom Jischuv ab und trug zu dessen Verschonung bei.

Teil VI

Triumph und Fall in Istanbul, Tod in Berlin und Nachleben in Ankara

Es war folgerichtig, wenn auch gleichsam verspätet, dass Talât Said Halim Pascha Anfang 1917 als Grosswesir ablöste. Schon seit Oktober 1914 hatte er Halim weitgehend an den Rand gedrängt und vom engeren Kreis jener ausgeschlossen, die gemeinsam mit ihm die wichtigsten Entscheide trafen. Ende Oktober 1915 hatte er ihm das Aussenministerium weggenommen, das Halim in Doppelfunktion mit seinem Amt als Grosswesir geführt hatte, wenn auch von Anfang an abhängig vom Innenminister. Somit übernahm 1917 mit Talât ein Mann aus dem innersten Kreis des CUP und ein Vollblut-Komitadschi die Führung des Gesamtreichs. Die CUP-Presse beschwor den Anbruch einer neuen Ära, in der sich die Regierung zum ersten Mal ausschliesslich aus revolutionär gesinnten CUP-Insidern zusammensetzte.

Die deutsche und österreich-ungarische Presse begrüsste ihrerseits Talât Paschas Amtsantritt als Grosswesir wärmstens. Sie lobte ihn weiterhin als grossen, fähigen und beneidenswert tatkräftigen Staatsmann. Damit entwickelte sich «die deutsche politische Schizophrenie», wie sie diese Arbeit herausstellt, ungehemmt weiter. Sie manifestierte sich darin, dass deutsche Eliten sich einerseits fasziniert, ambitiös und besitzergreifend dem Osmanischen Reich zuwandten und sich mit ihm und seinen jungtürkischen Führern identifizierten. Andererseits waren zum Teil dieselben Eliten vom exterminatorischen Stil des CUP schockiert, sodass sie eine verstörende Entfremdung in ihrer Wahlverwandtschaft mit der spätosmanischen Türkei durchmachten. Dieser stand nun der ihnen trotz allem imponierende Grosswesir Talât Pascha vor, der es verstand, seine Karten gegenüber Deutschland mit maximalem Erfolg auszuspielen und sich dafür die besonderen Fähigkeiten von Enver und Cavid nutzbar zu machen. Als Emil Ludwig im *Berliner Tageblatt* über die dämonischen Seiten von Talât schrieb (siehe Kapitel 2), nahmen dies zweifellos manche Leser als faszinierenden Nebenaspekt eines genialen, etwas exotischen und jedenfalls neuen und vielversprechend rücksichtslosen Politikertypus im totalen Krieg auf.

Auch in seiner neuen Rolle als Grosswesir blieb Talât von den einschneidenden Auswirkungen seiner antiarmenischen Politik durchdrungen, wie seine wichtigsten Ansprachen des Jahres 1917 belegen. Nach der zerstörerischen Innenpolitik der Jahre 1915 und 1916 befand sich das ganze Land nicht nur in einer gefährlich unsicheren Lage, sondern auch in einem Zustand offensichtlich absenter ethischer Orientierung und weitestgehender Rechtslosigkeit. Grosse Teile der *classe politique* und der Armee waren «moralisch heruntergekommen», so Cavid im Tagebuch. Wegen systemischer Korruption, Mangelversorgung und allseits bekannter, aber vertuschter Verbrechen war ihr Ansehen sowohl national als auch lokal geschrumpft. Talât fühlte sich weiterhin gedrängt, überlebende Armenier eng zu überwachen. Die Möglichkeit, dass es in Zukunft zu einer armenischen Autonomie kommen könnte, löste bei ihm Ängste aus. Dass sich an der Grundhaltung seines Regimes nichts geändert hatte, bewies einmal mehr die Entschlossenheit vom Frühjahr 1918, die junge Republik Armenien wenn nicht zu vernichten, so doch militärisch zu einem politischen Krüppel zusammenzustauchen. Dieser kleine Staat war nach dem Rückzug der Russen aus dem Kaukasus und nach dem Zusammenbruch der nur kurze Zeit bestehenden Transkaukasischen Föderation aus der Not heraus gegründet worden und vom ersten Tag seines Bestehens an in seiner Existenz bedroht.

Talâts Aufstieg zu diktatorischer Macht an der Spitze des Reichs hatte im Herbst 1914 begonnen. Seine Karriere war aufs Engste verknüpft mit dem Krieg und mit dem Bündnis mit Deutschland, dessen anhaltende Unterstützung für die Stärke des osmanischen Partners und die freie Hand im Innern entscheidend war. Deutschland glaubte, dass das Bündnis mit der Türkei die eigene Stellung im globalen Wettbewerb der Mächte stärke, obwohl vielfach zutage trat, dass eine tragfähige gemeinsame Basis fehlte. Abgesehen von ein paar wenigen gemeinsam erzielten militärischen Erfolgen, allen voran bei Gallipoli 1915, stand die Allianz auf unsicherem Boden und drohte im Frühling 1918 gar zu zerbrechen. Osmanische Truppen stiessen damals weiter in den Kaukasus vor, als es nach deutscher Auffassung vereinbart worden war. Zudem musste Talât inzwischen einsehen, dass Deutschland die vom CUP sehnlichst erwünschte Rückgewinnung einiger Territorien des Balkans nicht unterstützen würde. Die Propaganda in der Presse wurde dennoch nicht müde, weiterhin von tiefen Gemeinsamkeiten der beiden Partner zu reden, die angeblich weit über die von beiden vertretenen antibritischen und antirussischen Einstellungen hinausgingen. Auf beiden Seiten hielten prämoderne imperiale Motive wirkmächtige Reichsmythen am Leben, die indes mit dem Willen zu Modernisierung, Fortschritt und Stärke einhergingen. Was die moderne Herausforderung egalitärer, pluraler Gesellschaft betraf, vertraten sowohl das CUP als auch wilhelminische Eliten unterschwellig oder auch offen Konzepte der Überlegenheit mehrheitlicher Volksgruppen, die sie als Träger des Reichs erachteten, über andere, minderheitliche. In dieser Hinsicht traf sich bezeichnenderweise der Antisemitismus mit der feindseligen Verächtlichkeit gegenüber orientalischen Christen, in erster Linie den Armeniern. Unter Vertretern der deutschen Elite, namentlich unter Offizieren, überlappten sich diese Haltungen, die beide mit explizitem Sozialdarwinismus einhergingen, wie im Teil V dieses Buchs deutlich wurde.

Kriegswillige wilhelminische Eliten ebenso wie Vertreter des CUP wehrten sich gegen transatlantische globale Dynamiken, von denen sie sich ausgeschlossen sahen und die sie als erdrückenden angelsächsischen Imperialismus verabscheuten. Mit diesem standen, wie sie glaubten, veränderungswillige Minderheiten im eigenen Land im Bunde. Ideologisch war Talâts Türkei ihrem Bundesgenossen weit voraus, was Sündenbockdenken, Verschwörungstheorien, völkischen Nationalismus und gewaltsame Bevölkerungspolitik betraf. Daher stellt dieses Buch die CUP-Komiteeherrschaft als

Wegbereiterin rechtsgerichteter moderner Revolution dar, die ethnoreligiöse Konflikte mit Klassenkampf und einer modernistischen antiliberalen, antiwestlichen Agenda mischte. Bis ins Jahr 1918 leistete Berlin systematischen Massenverbrechen seines Bundesgenossen Vorschub, wobei die politischen Experten mehrheitlich das Unheil nicht kommen sehen wollten und die Entscheidungsträger unwillig oder unfähig blieben, dem Lauf des Unheils rechtzeitig etwas entgegenzusetzen. Erst im Frühjahr 1918 wurden sich deutsche Politiker und die deutsche Öffentlichkeit im Zusammenhang mit schweren Spannungen im Kaukasus der Tragweite des Armeniergenozids klarer bewusst.

Trotz der unübersehbaren Mängel, mit denen das Kriegsbündnis behaftet war, erzielten die Zentralmächte in den Verhandlungen von Brest-Litowsk (9. Dezember 1917 bis 3. März 1918) einen zwar nur vorübergehenden, aber dennoch überwältigenden diplomatischen Erfolg mit massiven territorialen Auswirkungen, den Grosswesir Talât gerne für sich in Anspruch nahm. Darauf folgte am 7. Mai 1918 der Vertrag von Bukarest mit Rumänien, das seit 1916 im Bündnis mit Russland gestanden hatte. Eine Folge des Vertrags von Brest-Litowsk war, dass die Türkei die Provinzen Batumi, Ardahan und Kars wieder zurückerhielt, die sie aufgrund des Berliner Vertrags von 1878 verloren hatte. Nach Jahrzehnten, in denen das spätosmanische Reich immer nur Territorialverluste hinnehmen musste, war dies somit das erste Mal, dass es wieder einen Landgewinn verzeichnen konnte. Das «bewies auf ewige Zeiten die Genialität und den Patriotismus Seiner Exzellenz» Talât, wie in einer Glückwunschbotschaft zu lesen war.[1] Jetzt konnte die Türkei die expansiven Träume vom August 1914 wieder aufleben lassen.

Talât besass fortan Grund zur Annahme, er werde als Sieger aus dem völkermörderischen Glücksspiel des Kriegs hervorgehen, sodass er zumindest die Zukunft Kleinasiens und des Kaukasus bestimmen und damit ein weiteres Jahrzehnt türkischer Geschichte gestalten würde. Talât erreichte den Zenith seiner Karriere. Die Aussichten waren Ende 1917 hoffnungsvoll, auch wenn man Teile Syriens und des Iraks verloren hatte, wo die Truppen der Ententemächte weiter vorrückten. Zumindest teilweise, was den Norden des Reichs betraf, durchkreuzte der Führer der osmanischen Türkei erfolgreich die geheimen Teilungspläne der Entente vom Frühjahr 1916. Diese sowie die Balfour-Deklaration wurden im Spätherbst 1917 öffentlich bekannt. Zu Recht hat der Historiker Sean McMeekin kürzlich darauf hingewiesen, dass das viel zitierte Sykes-Picot-Abkommen vom 16. Mai 1916 in engem Zusammenhang mit der zur gleichen Zeit erfolgten Übereinkunft mit dem russischen Aussenminister Sasonow zu sehen ist: Bei beiden Abkommen ging es um die Aufteilung osmanischer Gebiete, beim ersten um die östlichen Gebiete Kleinasiens sowie um die Zuordnung Istanbuls – während die Balfour-Erklärung den Juden ein Nationalheim (*national home*) in Palästina versprach.[2]

Für viele machte es den Anschein, Talât würde als Grosswesir mit frischer Energie zu brillanten imperialen Horizonten aufbrechen und dem osmanischen Staat bessere Zeiten und durchgreifende Reformen bescheren. «Die Türkei begrüsste das

---

[1] Der osmanische Generalkonsul in Budapest, 8. März 1915, BOA HSD.AFT.6-57.
[2] Siehe Sean McMeekin: *The Ottoman Endgame. War, Revolution, and the Making of the Modern Middle East, 1908–1923*, New York: Penguin, 2015, 288.

Anbrechen des Jahres 1918 mit den allersüssesten Hoffnungen» – mit diesen Worten beschrieb der osmanische Abgeordnete Emmanuilidis die damalige Stimmung im Land.[3] Doch die durch die CUP-Herrschaft verursachten Schäden waren allzu offensichtlich, als dass man ernsthaft an eine derartige Erneuerung des Gemeinwesens hätte glauben können.

Da für ihn Osteuropa, der Kaukasus und die osmanische Welt im Vordergrund standen, begriff Talât westliche und transatlantische Dynamiken nur rudimentär. Daher war es für ihn ein von Juli bis September 1918 dauernder schmerzlicher Prozess zu erkennen, dass der Weltkrieg für die Mittelmächte tatsächlich verloren war. Immerhin hatte die CUP-Regierung noch an ganz anderen Fronten Krieg geführt als die europäischen Mächte, nämlich nach innen. Daher bedeutete für Talât die Niederlage im Weltkrieg nicht automatisch auch ein Verlieren auf nahezu der ganzen Linie, wie das auf Deutschland zutraf. In seinem Berliner Exil in einem besiegten und geknickten Deutschland konnte er seine Anstrengungen für die «patriotische Sache» unmittelbar fortsetzen. Denn das weiterhin erreichbare Minimalziel bestand noch immer in der Schaffung eines uneingeschränkt türkisch-muslimischen Nationalheims (Türk Yurdu) in Kleinasien. Auch die Hoffnung, dass Teile des Kaukasus und Mesopotamiens dazugehören würden, war trotz Weltkriegsniederlage noch keinesfalls gestorben.

Deutschland war nach Weltkriegsende polarisierter und orientierungsloser als die Türkei. Zwar kam es auch im Istanbul und Kleinasien der unmittelbaren Nachkriegszeit zu tiefer Verwirrung und Durcheinander. Dies barg die Chance, selbstkritisch in sich und politisch über die Bücher zu gehen. Doch die Gesellschaft war noch immer von Jahren brutaler Repression und der Indoktrination durch das CUP-Kriegsregime in weiten Teilen gleichgeschaltet. So liessen sich rasch handlungsfähige Eliten hinter dem Aufruf zum bewaffneten Kampf für muslimische Eigenstaatlichkeit in ganz Kleinasien scharen. Obwohl anfänglich etwas niedergeschlagen und ratlos, war Talât unter den CUP-Führern im Exil die pragmatischste und weiterhin am meisten respektierte Figur. Allerdings konnte er vom Exil aus nicht mehr der Meister über alle CUP-Netzwerke und deren Nachfolgegruppierungen sein, um deren wohlerhaltene und in den letzten Kriegsmonaten noch zusätzlich vorbereitete Machtmittel vor Ort gezielt einzusetzen.

General Mustafa Kemal Pascha, der spätere Atatürk, bis anhin ein rangmässig niedriger gestellter Rivale von Kriegsminister Enver Pascha, korrespondierte seit Ende 1919 direkt mit Talât. Neu tat er dies aus einer Position der Überlegenheit gegenüber den vorherigen Spitzen des CUP heraus. Denn er war es, der erfolgreich militärischen Widerstand im Land organisierte und zugleich die politisch integrative Rolle von Talât zu erben begann, wobei er sich auf dessen in Kleinasien verbliebene Mitarbeiter stützte. Auch machte er sich die Netzwerke des türkischen Nationalismus in Europa zunutze, die Talât im Exil organisierte. Der vormalige Grosswesir suchte rasch den Kontakt mit dem ihm wohlbekannten vormaligen CUP-General, der den muslimischen Widerstand gegen die Siegermächte und damit die Macht im Land neu organisierte. Mustafa Kemal (Atatürk) nahm den nun auf ihn ausgerichteten Wie-

---

3 Emmanuilidis, Osmanlı İmparatorluğu'nun son yılları, 327.

deraufbau einer Zentralmacht von den osmanischen Ostprovinzen aus vor. Denn die Ententemächte hatten nach dem Rückzug Russlands zu dieser Region kaum noch Zugang. Zudem war dort eine intakte osmanische Armee stationiert, die über breiten Handlungsspielraum verfügte.

Örtliche Notabeln, insbesondere sunnitisch-kurdische Stammesfürsten, weigerten sich, Raubgut an zurückkehrende christliche Überlebende des Völkermords zurückzuerstatten, wie das die Istanbuler Nachkriegsregierung verlangte, der Kemal seine Gegenregierung in Ankara entgegenstellte. Sie waren deshalb empfänglich für Kemals Aufrufe, das Sultanat-Kalifat müsse in einer gemeinsamen Kraftanstrengung vor fremden Mächten und vor der Unterstellung unter fremdes Recht gerettet werden. Vor diesem Hintergrund nahm Kemal Pascha, gestützt auf die Machtmittel und regionalen Kräfte des vormaligen Regimes, ab Frühjahr 1919 den Kampf gegen Ansprüche nichttürkischer Bevölkerungsgruppen in Kleinasien auf. Daraus ergaben sich die Kriege gegen Griechen, Rûm und Armenier, die von den Siegermächten nur teilweise unterstützt wurden. Dieser türkisch-nationale «Unabhängigkeitskrieg» folgte der Linie der religiösen Polarisierung, die der CUP-Parteistaat in Kleinasien zementiert hatte. Auf einer Linie mit der nationalistischen Diktion seit Edirne und Gallipoli sprachen die Akteure wieder von einem Heils- und Unabhängigkeitskrieg. Der Handlungsspielraum der Siegermächte blieb eingeschränkt, nicht nur, weil sie darauf verzichtet hatten, Kleinasien zu besetzen, sondern auch, weil sie sich auf Kosten der Minderheiten zerstritten bei der Frage nach der Zukunft der osmanischen Welt.

Der Krieg um Kleinasien vollendete nach 1919 Talâts zentrales Projekt der demografischen Türkisierung, das er und das Komitee am Vorabend des Ersten Weltkriegs lanciert hatten (Kapitel 26). Talâts Pontuspolitik der Jahre 1916/17 wurde 1919 neu aufgegriffen. Das bedeutete erneut kollektive Ausrottung. Betroffen waren die Pontus-Rûm, das heisst griechisch-orthodoxe Osmanen, deren Vorfahren schon in der Antike in der südöstlichen Schwarzmeerregion gelebt hatten.

Auch wenn ein handlungsleitender Pantürkismus mit der Weltkriegsniederlage obsolet geworden war, setzte sich der Ultranationalismus der 1910er-Jahre – entgegen den wiederholten Zusicherungen von Cavid – direkt im türkischen Nationalismus der Zwischenkriegsjahre fort. Diesen Ultranationalismus kennzeichnete weiterhin eine radikale Xenophobie im umfassenden Wortsinn. Er lehnte feindselig-angstvoll alle Kräfte und Identitäten ab, ob einheimisch oder ausländisch, die sich nicht klar der türkisch-muslimischen Kriegs-Ummah zuordneten. Cavids Argumentation während der Zeit des Ersten Weltkriegs war natürlich apologetisch und utilitaristisch. Aber sie zeigte auch auf, wie gering sein Verständnis für historische Prozesse und wie wenig glaubwürdig Zusicherungen selbst aus dem Kreis der Insider des Regimes waren. Erst recht lässt sich das sagen im Blick auf Cavids Mitte Juni 1916 geführtes langes Gespräch mit dem deutschen Aussenminister Gottlieb von Jagow, in dem er behauptete, die Angelegenheit mit den Armeniern von 1915 sei zwar schlecht angepackt worden, aber die Sache sei jetzt endgültig erledigt und abgeschlossen. Es sei keinesfalls mehr nötig, auf sie zurückzukommen.[4]

---

[4] Cavid, Tagebuch, Bd. 3, 194, 13. Juni 1916. Zum Thema eines vorübergehenden radikalen Nationa-

Seit Februar 1917 bekleidete Talâts loyaler politischer Freund Cavid erneut das Amt des Finanzministers. Nachdem Cavid im August 1915 von den Abscheulichkeiten gehört hatte, die an den Armeniern verübt wurden, hatte er die Tötung von Talât durch einen Armenier vorausgesagt. Seine Prophezeiung sollte wahr werden: Mehmed Talât Pascha wurde 1921 in Berlin von einem jungen Aktivisten ermordet, der im Auftrag der ARF die Aufgabe des Rächers erfüllte. Der in Berlin geführte Prozess gegen Talâts Mörder brachte nicht nur osmanische Abgründe der 1910er-Jahre ans Licht einer internationalen Öffentlichkeit, sondern machte auch eine grundlegende Polarisierung der deutschen Gesellschaft und deutscher Geschichtsdeutung sichtbar. Das richterliche Urteil – ein Freispruch für den Rächer – wurde daher überaus kontrovers diskutiert. Die öffentliche Auseinandersetzung schied die Geister und stellte das Fehlen internationalen Strafrechts und internationaler Strafverfolgung bei Verbrechen gegen die Menschlichkeit in ein grelles Licht. Ein eifriger Beobachter des Prozesses, der Rechtsstudent Raphael Lemkin, trug später entscheidend zur UN-Genozidkonvention von 1948 bei. Nicht nur wandte er den von ihm geprägten Neologismus «Genozid» auf den Armeniermord an, sondern bezeichnete diesen als den Auslöser für sein Lebenswerk. Wenige Jahre nach dem Berliner Prozess gewann die nationalistische Pro-Talât-Strömung, wozu schon 1921 die Nazis gehörten, die politische Oberhand in Deutschland.[5]

37 Die «neue Türkei» von Grosswesir Talât Pascha

Die «neue», «junge» Türkei, die Anfang 1917 ausgerufen wurde, war ein imperialer Parteistaat, in dem Grosswesir und Parteiführer Talât diktatorische Macht ausübte. Er war neu nicht nur Grosswesir, sondern immer noch Innenminister, für kurze Zeit auch Finanzminister und de facto ebenso Aussenminister, denn der offizielle Aussenminister, Nessimi Bey, war eine ausgesprochen schwache Figur. In der Charakterisierung des neuen Regierungschefs durch den deutschen Botschafter Richard von Kühlmann fällt die zustimmende Passage zur «gewaltige[n] Willenskraft und, wo es not tat, auch Brutalität» auf: «Mit Talaat ist der stärkste und bedeutendste Mann der ganzen jungtürkischen Partei, der schon seit geraumer Zeit die effektive Macht in Händen hatte, nunmehr auch formell zur Leitung des türkischen Staates berufen worden. Der breitschultrige, schwergebaute Mann mit seinen schwarzen, durchdringenden Augen und einer äusseren Ruhe und bonhommie, die eine gewaltige Willenskraft und, wo es not tat, auch Brutalität angenehm verschleiern, ist aus den unteren Klassen hervorgegangen [...] und ist seit Ausbruch der Revolution gegen Abdul Hamid immer im Vordergrunde der Ereignisse gestanden.»[6]

Eine zu Ehren des neuen Grosswesirs geprägte Medaille pries Talât als das Modell eines erfolgreichen Türken, der nun dem Staat vorstand: «Die Türken verdan-

---

lismus siehe Cavid im Austausch mit Oscar Wassermann und weiter mit Frederic-Hans Rosenberg, 16. Dezember 1916. Cavid, Tagebuch, Bd. 3, 305, 307.
5 Ihrig, Justifying Genocide, 270–298.
6 Ambassador Kühlmann an Auswärtiges Amt, 5. Februar 1917, PA-AA, R 13801-1, 75–99.

ken ihre Triumphe Ihrem Mut und Ihrer Beharrlichkeit. Tal'at Paşa – Grosswesir und Innenminister – der Erhabene Osmanische Staat.»[7] Das neue Regime appellierte an das türkisch-muslimische Selbstbewusstsein, was seit der russischen Februarrevolution mit einer flammenden Neubelebung pantürkistischer Tendenzen einherging. Talâts Grosswesirat weckte Vorahnungen des gleichgeschalteten, führerzentrierten Gemeinwesens wie auch der von oben diktierten Kulturrevolutionen der Türkei der Zwischenkriegszeit. «Wir haben nicht den Mut, frei unsere Gedanken zu äussern», schrieb Cavid am Vorabend von Talâts Rede anlässlich seines Amtsantritts.[8]

Der neue Grosswesir präsentierte am 15. Februar 1917 dem Parlament sein Kabinett und ein Programm, das von Cavid und Cahid verfasst worden war. Das Parlament gab diesem ohne eine einzige Gegenstimme seine Zustimmung. Als Talât erschien, wogte minutenlanger Applaus. Mit Bedacht begann er seine Rede damit, eine Geschichte «nationalen Heils» zu erzählen. Das von chronischen Krisen geplagte Land habe Anfang 1914 nach den Kriegen in Libyen und auf dem Balkan endlich Frieden erlangt. Doch habe ihm der Weltkrieg keine Atempause gelassen, sondern es dazu genötigt, unter schwierigsten Bedingungen einen beispiellosen Einsatz zu leisten und grosse Opfer zu bringen. Dabei habe es sich «ehrenvoll von allen Erniedrigungen gereinigt». Selbstmitleid ging in Talâts Rhetorik mit Selbstverherrlichung einher. Der Adressat der Botschaft war «die Nation» – aber im Grunde genommen ihr höchster Vertreter, der Redner selber, und die ihm Nahestehenden. Die Nation (*millet*, seit 1913 verstanden als muslimisch-osmanische Staatsnation) vermochte einer glanzvollen osmanischen Geschichte ein neues heroisches Kapitel hinzuzufügen. Die Rede erreichte ihren Höhepunkt und provozierte spontane emotionale Zwischenrufe, als Talât das Gespenst eines Feindes heraufbeschwor, der vorgehabt habe, «uns» aus Istanbul und vom Bosporus nach Anatolien zu vertreiben. Aber nach seinen «lächerlichen Drohversuchen» habe der Feind angesichts «unserer heldenhaften Armee» zu Land und zu Wasser fliehen müssen. Das nationale Heil begann zwar schon 1913, erreichte aber seinen eindeutigen Höhepunkt 1915 auf Gallipoli. An mehreren Stellen wurde Talâts Rede von begeistertem Applaus unterbrochen, und es gab Zwischenrufe wie «Gott, schenke Erfolg!». Er beendete seine Ansprache mit den Worten: «Wir werden damit fortfahren, unsere Pflicht zu erfüllen, im Vertrauen auf den göttlichen Beistand und auf die geistliche Hilfe des Propheten [Mohammed].»[9]

«Gallipoli» wurde unmittelbar zu einem politischen Mythos, und als solchen benutzte und zelebrierte ihn Talât. Fortan wurde dieses Schlachtfeld als jener Ort erinnert, an dem die moderne türkisch-muslimische Nation, mit Talâts Worten zu sprechen, erfolgreich ihre Existenz (*muhafaza-i mevcudiyet*), das bedeutet «unser Recht zu leben» (*hakk-ı hayatımız*), verteidigt hatte und somit auf exemplarische Art ihr Überleben, ihre Zukunft und ihren Fortbestand sichern konnte.[10] Obwohl Talât in sei-

---

7 SALT Research, ANUDM00380.
8 Cavid, Tagebuch, Bd. 3, 360, 14. Februar 1917.
9 MMZC, Session 1, Bd. 3, 181 f., Sitzung vom 15. Februar 1917. Vgl. «Hayât-ı teşrîyye Meclis-i Mebûsân'da», in: *Tanin*, 16. Februar 1917, 3.
10 Siehe die 1918 erschienene «Dardanellen-Sonderausgabe» *Yeni Mecmua. Çanakkale özel sayısı 18 Mart 1918*. Darin feierten der Sekretär des Zentralkomitees, Küçük [der Kleine] Talât (Muşkara) und mehrere CUP-Intellektuelle, darunter Gökalp, den Sieg bei den Dardanellen vom 18. März 1915 und

ner Rede den Sieg bei Gallipoli als beinahe alleinigen Sieg der Osmanen darstellte und somit den bedeutenden deutschen Beitrag kaum würdigte, anerkannte er das Bündnis mit den Mittelmächten als eine «Angelegenheit auf Leben und Tod». Er liess keine Zweifel offen, dass das neue Kabinett loyal zur Allianz stand.

Bei der Überleitung zum zweiten Teil seiner Ansprache betonte Talât, dass die Regierung mit «absoluter Entschlossenheit» Reformen im Einklang mit der europäischen Zivilisation und den Erfordernissen des «jetzigen Zeitalters» durchführen wolle. Gleichzeitig machte er das Zugeständnis, dass Probleme und Sachzwänge des Kriegs es jetzt noch nicht zulassen würden, zu vorgesehenen «grundsätzlichen und tief greifenden Aktionen und Revolutionen voranzuschreiten». Die Regierung stützte sich weiterhin auf deutsche und österreichische Berater, um das Bildungswesen zu verbessern, das Recht zu reformieren und die Infrastruktur im Land aufzubauen. Zum selben Zweck europäisch inspirierter Reformen schickte man auch «eine sehr grosse Anzahl junger Leute nach Deutschland und Österreich, um Natur- und Geisteswissenschaften zu studieren». (Bei den in der Schweiz Studierenden bestand die Gefahr, dass sie unzensurierte Zeitungen lesen und mit den Hauptvertretern der türkischen Opposition im Exil in Kontakt kommen könnten, die sich dort niedergelassen hatten.) Talât bekannte auch, er glaube «nur an die eine Zivilisation in der Welt», und die Türkei «muss dieser Zivilisation angehören, wenn sie gerettet werden will». Wie Gökalp hielt Talât Zivilisation für universal, während er türkisch-muslimische Kultur, die das Gemeinwesen prägen sollte, als eine a priori durch «identische Sprache, Religion, Geschmack und Moral» gegebene nationale Eigenschaft verstand.[11] Seine Rede beendete er mit dem von rauschendem Applaus begleiteten Satz: «Unser grösster Wunsch ist es, im Land Recht walten zu lassen.» Der Wunsch war fromm, die Schwierigkeit aber gross, wie Cavid notierte, denn in Talâts Türkei herrschten seit Jahren Zwang, Gewalt und Rechtlosigkeit.[12]

Mit seiner Rede hatte der neue Grosswesir die Hauptziele seiner Regierung dargelegt: Rechtsstaat, Wiederaufbau der Wirtschaft und gründliche Reformen einschliesslich des Rechtssystems. Kompetente Stimmen erinnerten ihn zeitig an die Realitäten in den Regionen. Auch hatte ihm seine Reise durch Anatolien Ende 1916 den katastrophalen Zustand des Landes vor Augen geführt. Aber wie schon in seinem Brief an Ali Haydar und bei anderen Gelegenheiten verschleierte er auch jetzt die gegebenen Realitäten mit schönfärberischen Formeln. Mit dem Zitat seines Mitarbeiters Hamid Kapancızâde wurde bereits darauf hingewiesen (siehe Kapitel 35),

---

den Sieg danach auf Gallipoli als eine «ewig freudige Botschaft von der Rettung des Orients», als ein «Geschenk, von den Muslimen Anatoliens einer Menschheit dargebracht, die ihr Vertrauen auf Mut, Gerechtigkeit und Ehre setzt». Siehe die transkribierte Ausgabe Istanbul: Yeditepe, 2006, 13 f. Zum Thema einschlägiger öffentlicher Geschichte und Erinnerungspolitik siehe auch Hans-Lukas Kieser, Thomas Schmutz (Hg.): *Remembering the Great War in the Middle East. From Turkey and Armenia to Australia and New Zealand*, London: I. B. Tauris, in Vorbereitung, insbesondere Erol Köroğlu: «Over-Remembering Gallipoli in Turkey».

11 Gökalp, Türkçülüğün esasları, 13.
12 MMZC, Bd. 3, 181 f.; Cavid, Tagebuch, Bd. 3, 361, 14. Februar 1917; Talât an Aubrey Herbert im Februar 1921, in: Herbert, Talaat Pasha, 15. Vgl. «1917 (1333) Kongresine sunulan raporda ‹kavanin ve nizamatın ıslâhına› ilişkin kısım», in: Tarık Z. Tunaya: *Türkiye'de siyasal partiler*, Istanbul: İletişim, 1998, Bd. 1, 155–157; Gençer, Bildungspolitik; Kieser, Vorkämpfer der «Neuen Türkei», 75–82.

dass der Grosswesir dem Wunsch nach Rechtsstaatlichkeit 1917/18 in keiner Weise nachzukommen wusste. Immerhin brachte der CUP-Kongress vom September 1917 innovative Rechtsreformen inklusive Vorschläge zum Familienrecht auf den Tisch. Sie wurden bis 1918 teilweise und mit Atatürks sogenannter Revolution des Rechts (Hukuk Devrimi) in den 1920er-Jahren radikal umgesetzt (siehe Kapitel 45). Talât führte auch eine Kalenderreform durch und bereitete damit die vollständige Übernahme des westlichen Kalenders vor. Seine Modernisierungsmassnahmen beinhalteten zudem «die Anstellung von Frauen als Krankenschwestern und für wohltägige Aufgaben, in Verkaufsläden für die Armee und in Arbeitsbataillonen hinter der Front; [...] den Ausbau der Universität von Istanbul, die Errichtung neuer Lehranstalten für Architektur, bildende Künste und Musik, eine Übersetzung des Korans ins Türkische und sogar die Durchführung des ganzen Gottesdienstes auf Türkisch in ein paar wenigen Moscheen der Hauptstadt».[13]

In den Kriegsjahren 1914 und 1915, in denen Talât sich als unanfechtbarer Führer etablierte, hatte der jährliche Kongress des CUP nicht getagt. 1916 fand er wieder statt, doch er trug nicht zu grösserer Einigkeit unter den Parteimitgliedern bei, wie sich das Zentralkomitee das eigentlich erhofft hatte, sondern verlief turbulent. Die wesentlichen Streitpunkte betrafen die Fortsetzung des Kriegs anstelle separater Friedensschlüsse, Skandale im Zusammenhang mit der Versorgung und Missbräuche im Umgang mit Gütern aus armenischem Besitz. Beim CUP-Kongress 1917 hielt Grosswesir Talât eine Grundsatzrede. Dabei zeigte sich deutlicher noch als in seiner Ansprache zum Amtsantritt im Februar, wie sehr er einem Wunschdenken frönte und sich in Fiktionen verhedderte. Wie schon beim Jahreskongress 1916, so behauptete er auch jetzt wieder, russische Angriffe seien im Oktober 1914 dafür ausschlaggebend gewesen, dass die Türkei sich auf die Seite der Mittelmächte geschlagen habe und im November 1914 in den Krieg eingetreten sei. Mehr als die Hälfte seiner Rede brauchte er dazu, seinen Zuhörern «im Namen der Menschlichkeit und der Gerechtigkeit» zu erklären, die Behauptung von osmanischen Gräueltaten gegenüber den Armeniern und anderen Teilen der Bevölkerung seien nichts anderes als propagandistische Lügen. (Nach der Kriegsniederlage schob Talât die Schuld den Deutschen zu, die «über seinen Kopf hinweg bestimmt hätten», während er versucht habe, die Vernichtung der Armenier zu verhindern.)[14] Er beschwor die historische Mission des CUP, «Gerechtigkeit und Frieden auf der Grundlage des Rechts einzuführen» – die grundlegende Pflicht und Aufgabe eines jeden Staates. Talât war bei weitem nicht der einzige Staatsführer, der im Weltkrieg Tatsachen verdrehte und einem Wunschdenken verfiel, aber er tat dies vor einem besonders unterwürfigen und eingeschüchterten

---

13 Zitat: Jäckh, Rising Crescent, 96. Kommandant der Zweiten Armee İzzet Pascha an den Innenminister Talât, 16. Juli 1916, BOA, DH. ŞFR. 532-33; Gürzumar, Übernahme, 43. Der neue Kalender, der in der Administration zur Anwendung kam, war vom 14. März 1917 an gültig; er folgte dem Modell des gregorianischen Kalenders und begann das Jahr mit dem Monat Januar (nicht mit dem März, wie im zuvor verwendeten Maliyye-Kalender); siehe Emmanuilidis, Osmanlı İmparatorluğu'nun son yılları, 244 f.

14 «Er selber sei immer schon gegen die versuchte Vernichtung der Armenier gewesen. [...] Er habe zweimal gegen diese Politik Protest eingelegt, aber er sei von den Deutschen überstimmt worden», erzählte Talât im Februar 1921 Aubrey Herbert. Herbert, Talaat Pasha, 3.

Publikum. Daher geriet er mehr als andere in die Versuchung, Fakten zu verschleiern und der Vergessenheit anheimzustellen, wobei Berlin ihm als dem personifizierten Garanten des Bündnisses beistand. Talâts Mantra schloss Selbstkritik aus und lautete: «Wir kämpfen nur um unsere Existenz, unsere Unabhängigkeit, unsere freie [nationalistische] Entfaltungsmöglichkeit und unseren Fortschritt.»[15]

Zurück zur Antrittsrede des Grosswesirs vom 15. Februar 1917, in deren drittem Teil es um Wirtschaft, Finanzen und die allgemeine Versorgungslage des Landes ging. Hungersnöte mit Zehntausenden von Todesopfern sowie eine landesweite Korruption, die Regimeträger und regimenahe Kreise zum Teil sagenhaft bereicherte, machten die Frage der Versorgung überaus heikel und anrüchig. Bereits Ende 1915 und beim Jahreskongress 1916 hatte diese Frage zu turbulenten Szenen unter den CUP-Mitgliedern geführt. Im Herbst 1917 war dies auch im Parlament der Fall.[16] Talât kündigte in seiner Rede vom 15. Februar 1917 gegenüber den Abgeordneten an, dass die Ernteerträge im laufenden Jahr deutlich besser ausfallen würden als im Vorjahr. Er werde zudem eine Kommission für Versorgungsfragen präsidieren, die sich landesweit um den Bedarf an Gebrauchsgütern und Lebensmitteln kümmern sollte. Dennoch starben unter Talâts Grosswesirat weiterhin Menschen den Hungertod. Es gab Fälle von versuchtem Kannibalismus, so im Gefängnis von Diyarbekir.[17] Talât versprach in seiner Rede weiter, die Regierung werde Ausgabendisziplin an den Tag legen und nur dann auf ausländische Kredite zurückgreifen, wenn es zwingend nötig sei. Das vorrangige Ziel bestehe aber in der nationalen Industrialisierung, und da sei man auf Investitionen und sonstige Unterstützung aus dem Ausland angewiesen. Das gelte auch bei den angestrebten Verbesserungen im Bildungssystem und im Bereich von Wissen und Wissenschaften. Der zweite Teil sowie einzelne Elemente des dritten Teils von Talâts Antrittsrede waren inhaltlich und sprachlich so, dass, wer sie später las, den Eindruck haben mochte, sie stammten aus Reden von Kemal Atatürk – dem politischem Erben Talâts nach der Weltkriegsniederlage.

Paradigmatisch und nachhaltig vermischte Talât den osmanischen imperialen Mythos mit türkischem Nationalismus und revolutionärer Erneuerung. «Nationalismus», «Revolution» und «europäische Zivilisation» wurden folglich zu den Losungsworten seiner Amtszeit als Grosswesir. Sie waren Teil des 1913 einsetzenden Narrativs von nationalem Heil, türkischer Unabhängigkeit und sozialer Revolution (auf ethnoreligiöser Grundlage), wie es die dem CUP nahestehende Presse und die Intelligenz bereitwillig verbreitete. Diese der Politik Talâts eingeschriebene «Meistererzählung» war reproduzierbar und liess sich flexibel weiterspinnen. Nach der Version des Jahres 1917 begann die nationale Rettung und Befreiung der Türkei im Jahre 1913

---

15 «Memo on Turkish Attitude Towards Peace», 20. Dezember 1917, FO 371/3381 (General Correspondence), 239; M. Beau, der französische Botschafter in Bern, an Aristide Briand, den französischen Aussenminister, «Annexe [Bericht eines CUP-Mitglieds], Turquie – situation politique», 7. November 1916, Documents diplomatiques français, Bd. 5, 1036–1046 (besten Dank an Claire Mouradian, die mich auf dieses Dokument aufmerksam gemacht hat). Vgl. Kévorkian, Armenian Genocide, 699–702.

16 Cavid berichtet, dass Talât, der eigentlich «niemals seine Fassung verliert», bei einer Gelegenheit doch die Fassung verlor, nämlich im Anschluss an eine Sitzung, die zu diesem Thema stattgefunden habe. Cavid, Tagebuch, Bd. 3, 163, 12. Dezember 1915; 446 f., 25. Oktober 1917.

17 Birgen, İttihat ve Terakki'de on sene, 406.

und erreichte ihren Höhepunkt mit der Amtszeit von Grosswesir Talât, einer der «herausragendsten Figuren unserer Revolution».[18] Nur wenige Jahre später wurden als überragende Kulminationspunkte der Beginn des kemalistischen Widerstands (1919) und der Vertrag von Lausanne (1923) hinzugefügt.

Die wichtigsten Zeitungen der Hauptstadt gaben das Echo zu Grosswesir Talâts Rede, Programm und Schlagwort vom Aufbau der «neuen Türkei». Auch die Presseorgane der Bündnispartner stimmten in den Chor der Bewunderer ein, indem sie die Formel von der grossartigen revolutionär-reformerischen Erneuerung der Türkei unter Talât weiterverbreiteten. Ausländischer Beifall tat dem Selbstbild gut und wurde in der osmanischen Hauptstadt mit grosser Aufmerksamkeit verfolgt.[19] Ahmed Ağaoğlu, ein Universitätsprofessor, Abgeordneter und, wie Gökalp, Parteigänger eines expansiven Pantürkismus, schrieb Anfang Februar 1917: «Die Führer des Komitees haben [1908] eine osmanische Revolution vollbracht und die Osmanen vor tödlichen Fesseln und drohendem Verderben gerettet, indem sie [in vollem Umfang 1913] das Geschick des Staates in ihre Hand nahmen. Damit begann eine neue, erhabene Ära.» Er fuhr fort: «Sie waren so kühn, innerhalb des Staates die volle Unabhängigkeit [von ausländischer Kontrolle] zu erlangen, sobald [1914] der allgemeine Krieg ausbrach. [...] Im Verlauf des Kriegs erbrachten sie gegenüber der ganzen Welt den Beweis, dass Osmanen, wenn sie der Geist von Einheit und Fortschritt beseelt, auch fähig sind, sich resolut und wirksam durchzusetzen. [...] Was den neuen Grosswesir angeht, gibt es niemand in unserem Land, der die autoritative Persönlichkeit Seiner Exzellenz Mehmed Talât Paschas nicht kennt. Seine Exzellenz Talât Pascha ist zweifellos die höchste Figur, die aus der osmanischen Revolution hervorgegangen ist. Er ist mit seiner Persönlichkeit der lebende Beweis für die Vitalität und Kraft des Osmanentums und Türkentums.»[20]

Yunus Nadi (Abalıoğlu), ein anderer führender Intellektueller und Journalist, der später auch prominent unter Atatürk tätig war, begrüsste zu Beginn des neuen Grosswesirats Talâts Programm, da es «die Gefühle und Meinungen der ganzen Nation ausdrückt. Die Welt soll wissen, dass die gesamte osmanische Nation eins ist mit der Regierung von Talât Pascha in ihrer [programmatischen] Entschlossenheit.»[21] Ahmed Emin (Yalman) wiederum, ein bis in die frühe zweite Hälfte des 20. Jahrhunderts international prominente Stimme der türkischen Intelligenz, hob bemerkenswert unkritisch den für ihn historisch einmaligen Moment der Einheit in der politischen Ära nach 1908 hervor. In seiner Wahrnehmung herrschten in der Hauptstadt gegenseitiges Vertrauen und Einigkeit, wie das zuvor noch nie der Fall gewesen war. Das neue Kabinett durfte auf die einmütige und wohlverdiente Unterstützung des Parlaments und

---

18 «Şu'ûn-ı dâhiliyye», in: *Tasvîr-i Efkâr*, 7. Februar 1917, 1. Vgl. «Yeni kabine ve ıslahât», in: *Tanin*, 17. Februar 1917, 1.
19 Siehe beispielsweise die Übersicht ausländischer Zeitungsmeldungen zu Talât und seinen Reisen nach Berlin, Wien und Sofia in *Servet-i Fünun*, 23. Mai 1917.
20 «Hâl ve atî», in: *Tercüman-ı Hakikat*, 5. Februar 1917, 1. Wir haben Ağaoğlu schon in Kapitel 36 angetroffen.
21 *Tasvîr-i Efkâr*, 17. Februar 1917, 1.

«der ganzen Nation» zählen; Ahmed Emin nannte es eine «Regierung des Rechts und des Friedens».[22]

Die verwegene Rhetorik einer jungen, neuen, sich modernisierenden Türkei verschleierte die Tatsache, dass man politisch gesehen am Abgrund stand. Die Mitglieder des nunmehr ganz mit CUP-Insidern besetzten Kabinetts hatten es – mit der etwaigen Ausnahme Cavids – vorgezogen, dem dornigen Weg zu einem modernen Gesellschaftsvertrag und der Herausforderung egalitärer Pluralität auszuweichen. Stattdessen schlugen sie einen nach innen und aussen kriegerischen Weg ein. Die vielen Lobredner des Regimes verschwendeten keinen Gedanken darauf, dass sie die Zerstörung jenes Teils der osmanischen Nation aktiv oder passiv in Kauf nahmen, der – um Lieblingsbegriffe von Modernisierern zu gebrauchen – über die beste Bildung, die höchste Produktivität und die besten Zukunftsaussichten verfügte: Armenier und weitere einheimische Gruppen osmanischer Nichtmuslime.

Istanbuls journalistische Intelligenz begleitete echohaft den Entwicklungsweg des neuen Grosswesirs. Talât hatte sich nach seiner persönlichen und der Parteikrise der Jahre 1910–1912 vom Verfassungspatriotismus von 1908 vollends verabschiedet. Er begann sich 1912 ein autoritäres, ultranationalistisches Konzept der Machtkonzentration zu eigen zu machen, das ihm Erfolg versprechend schien, denn es verband den Mythos eines überlegenen imperialen Osmanentums mit der frischen Begeisterung für Gökalps islamischen Türkismus. Die Solidarität einer staatstragenden imperialen Ummah im Krieg ging einher mit Gökalps «Turan» genannter Traumwelt und Grossmannssucht, welche bei der männlichen Jugend Enthusiasmus weckte. «Turan» vereinte blühende ethnozentrische Mythologie mit dem Willen zur Moderne und integrierte sowohl den Pantürkismus als auch den Panislamismus. Selbst wenn bei Talât das Machtkalkül Vorrang vor der Ideologie hatte, gesellte er sich unzweideutig den Kreisen bei, deren Dynamik und Fanatismus er nutzte.

Wie unverfroren türkeizentrisch und unbekümmert um wahre Zusammenhänge Grosswesir Talât vorgehen konnte, zeigt sein nahezu belustigender Umgang mit der Stockholmer Friedenskonferenz 1917. Sie war durch die Zweite Sozialistische Internationale einberufen worden. Sie war von Anfang an umstritten und wurde von Delegierten aus verschiedenen Ländern vorbereitet. Obwohl sein Parteiregime keinerlei Verwandtschaft mit dem friedliebenden Sozialismus der Internationale aufwies, wollte Talât auf keinen Fall diese diplomatische Bühne vor einem Publikum aus vielen Ländern verpassen. Daher täuschte er die Existenz einer türkischen sozialistischen Partei mit eigenem Siegelstempel vor und machte Vorbereitungen, um enge, zu Sozialisten erklärte CUP-Freunde wie Mazliah, Hüseyinzade Ali und Akil Muhtar als Delegierte an den Kongress zu entsenden. Doch die Delegation aus der Türkei wurde nicht zugelassen. Da half ihm auch sein Draht zu Parvus nicht. Er hätte dies antizipieren müssen, denn die ARF und Huntschak waren langjährige Mitglieder der Zweiten Internationale und bestens im Bild darüber, wie brutal Talâts Regime mit wirklich sozialistischen Kreisen in der osmanischen Türkei umgegangen war.[23]

---

22 *Sabah*, 16. Februar 1917, zitiert in Babacan, Mehmed Talât Paşa, 138.
23 Tunçay, Türkiye'de sol akımlar, 65 f.

Wie oben ausgeführt, fokussierte Talât das Programm seines Grosswesirats ostentativ auf die Wiederherstellung von Recht und Ordnung. Das hinderte ihn nicht daran, die radikale Wirtschafts- und Bevölkerungspolitik muslimischer Türkisierung Kleinasiens fortzusetzen und so seinen Bruch mit elementaren Verfassungsgrundsätzen zu besiegeln. Es herrschte ein «Chauvinismus» (şovinizm) und «extremistischer Nationalismus» (müfrit nasyonalizm) beziehungsweise Ultranationalismus, wie Cavid im Tagebuch mehrfach festhielt. Aber sogar er war zuweilen der Meinung, ein temporärer Chauvinismus sei der türkischen Position in den Verhandlungen mit Deutschland durchaus dienlich. Er ahnte noch nicht, dass er später selbst zum Opfer eines Ungeistes würde, dem er an der Seite Talâts temporäre Nützlichkeit zugesprochen hatte.[24]

Trotz schwerer Vorbehalte nahm Cavid aus einem einseitiger Freundschaft geschuldeten Pflichtgefühl heraus die Berufung an, wieder Finanzminister zu werden und darüber hinaus in zahlreichen weiteren Angelegenheiten als direkter Sonderbeauftragter Talâts zu agieren. Zwar war der Grosswesir in diesen Fragen mehr auf Cavid angewiesen als umgekehrt. Aber dieser fühlte sich Talât moralisch-patriotisch verpflichtet und war existenziell abhängiger von Talât, als dies umgekehrt der Fall war. «Aufgrund unserer [politischen] Bruderschaft bitte ich um deine Zustimmung [zur Übernahme des Ministeramts]», telegrafierte Talât an Cavid. Nur einen Tag später, am 4. Februar 1917, ergab sich Cavid in einem langen Schreiben mit durchaus kritischen Passagen dem Willen Talâts: «Ich nehme [den Posten] im Sinne eines freundschaftlichen Akts und als Selbstaufopferung an.» Cavid gewichtete seine gefühlsmässige Verpflichtung gegenüber Talât und, wie er meinte, patriotische Pflicht zur «Selbstaufopferung» sehr hoch, auch wenn dies auf Kosten seiner persönlichen und intellektuellen Integrität ging. Mit der erneuten Annahme des Ministeramts in einem nunmehr rundum von Talât geprägten Kabinett machte er sich erst recht ganz abhängig vom starken Mann der Türkei.[25]

Cavid stand mit Talât in täglichem Austausch. Sie trafen sich regelmässig, um während Stunden die laufenden Geschäfte zu besprechen. Cavid nahm seinen Freund von Zeit zu Zeit auch besorgt und traurig wahr, vor allem im Zusammenhang mit Korruption in der Partei. Angesichts offensichtlich gravierender Mängel seines Regimes versuchte der Führer der Türkei häufig, die Problematik mit einem Scherz zu überspielen.[26] In solchen Fällen empfand Cavid sowohl Wut als auch Mitleid mit ihm. Sein stets wieder neues Engagement rechtfertigte er sich selbst gegenüber damit, dass seine Liebe und seine Verantwortung für das Land schliesslich über allem anderen stehe. «Im Gegensatz zu ihnen [den CUP-Kameraden, namentlich Nâzım] liess ich mich nicht von Emotionen treiben, ich hielt es für eine Gewissenspflicht, alles zu versuchen, um von diesem [Staats-]Schiff noch zu retten, was zu retten war, auch wenn es überall Risse und Brüche aufwies.» Verglichen mit Hamid (Kapancızâde) fehlte

---

24 Cavid, Tagebuch, Bd. 3, 174 f., 23. Februar und 2. März 1916; 304–307, 15./16. Dezember 1916; 355, 4. Februar 1917. Cavid wurde in den frühen 1920er-Jahren zu einem Kritiker des in seinen Augen radikalen Nationalismus der Kemalisten, die ihn 1926 nach haltlosen Anschuldigungen nach einem Schauprozess in Ankara hinrichteten.
25 Ebd., Bd. 3, 350, 3. Februar 1917; 356 f., 4. Februar 1917; vgl. 360, 11. Februar 1917.
26 Siehe beispielsweise ebd., Bd. 3, 173, 17. Februar 1917; 179, 22. April 1917; 304, 16. Dezember 1916; 313, 29. Dezember 1916.

Cavid trotz dieser Beteuerung die Ausgewogenheit von intellektueller *und* emotionaler Distanz. Inneren Frieden fand er bis zu einem gewissen Grad, indem er seinen ganzen Ärger in seinem Tagebuch niederschrieb, so zum Beispiel kurz vor seinem Eintritt ins Kabinett: «Ich empfinde Mitleid für Talât. Wie sehr hätte ich mir doch gewünscht, dass ein Kabinett, das zum ersten Mal wirklich unser eigenes ist, frei von Lug und Trug wäre. Aber was kann ich tun? Er will seine altbekannten schlechten Prinzipien und Gewohnheiten nicht aufgeben.»[27]

Trotz seiner klaren Einsichten und seines tiefen Mitgefühls, das Cavid im August und September 1915 angesichts des Armeniergenozids erkennen liess, ging er so weit, das Kabinett aktiv im Entschluss zu unterstützten, jegliche Form von künftiger armenischer Selbstbestimmung zu unterbinden. Seit Frühjahr 1917 wies er Talât auf die Tatsache hin, dass die Verträge mit Deutschland zwar den territorialen Status quo des Osmanischen Reichs garantierten, aber die Möglichkeit einer Selbstbestimmung der Araber und einer Rückkehr der Armenier in ihre Heimat nicht ausschlossen. Es müsste daher noch eine Klausel hinzugefügt werden. Cavid hatte die Stimmen der deutschen Diplomatie korrekt verstanden, die seit Sommer 1915 immer wieder betonten, Deutschland werde in den Friedensverhandlungen der Nachkriegszeit nicht bereit sein, die Türkei in Dingen, die die Armenier betreffen, zu verteidigen. Das war der einzige konstante konstruktive Standpunkt, den die deutsche Diplomatie gegen die Armenierpolitik des CUP einnahm. Cavids Bemühungen, diese Absicht zu durchkreuzen, waren umsonst. Zudem war er im November 1917 besorgt, dass «ein demokratisches Russland zu keinem Friedensschluss bereit sein würde, ohne die armenische Frage geregelt zu haben».[28] Doch der kaum begonnene Demokratisierungsprozess kam in Russland alsbald zum Stillstand. Im Zuge der Machtkonsolidierung, die sie priorisierten, liessen die Bolschewiken Mitte 1920 die Armenier fallen und verbündeten sich mit den kemalistischen Erben Talâts.

Traurigkeit war Talâts stärkstes psychologisches Mittel, um Cavid bei kritischem Widerstand schachmatt zu setzen. Damit erreichte er jeweils, dass Cavid auf ihn einging und zu einem Konsens nach Talâts Willen bereit war. Mit melancholischer Anwandlung brachte er jeweils Cavid wieder auf die «richtige», eigene Denkspur, ohne dass er, die Schlüsselfigur, etwas bei sich ändern musste. Zu Talâts gleichsam unwiderstehlichem Charme gehörte wohldosierte Melancholie im richtigen Moment. Sie liess selbst wütende Menschen in seiner Gegenwart weich werden. Nach sechs Monaten der Amtsführung als Grosswesir kritisierte Cavid seinen Freund heftig: «Im Widerspruch zu dem, was wir versprochen haben, haben wir nicht das Geringste unternommen, damit wieder Recht herrscht.» Das habe Ansehen, Ehre und Integrität des CUP-Kabinetts zerstört. «Diese Worte machten den Grosswesir traurig. […] Auch er

---

27 Zitate ebd., Bd. 3, 352; 356, 3./4. Februar 1917.
28 Ebd., Bd. 3, 377–389, 11. April bis 6. Mai 1917; 416, 5. September 1917; 449, 5. Dezember 1917. Ausser in den Akten des deutschen Archivs PA-AA lässt sich diese Haltung der Deutschen, die gegenüber den Gesprächspartnern aus dem CUP klar ausgesprochen wurde, auch in osmanischen Dokumenten finden. Wangenheim beispielsweise sprach sich kurz vor seinem Tod noch einmal gegenüber Cavid in diesem Sinn aus. Cavid, Tagebuch, Bd. 3, 147, 26. September bis 18. Oktober 1915, ohne Angabe des genauen Datums. Auch Wolff-Metternich äusserte sich am 5. Januar 1916 so in İzzet Paschas Haus. Cavid, Tagebuch, Bd. 3, 169.

ist pessimistisch geworden.» Aber aus dieser Reaktion ergab sich keine Korrektur.[29] Dies umso weniger, als sich nach den geohistorischen Veränderungen vom Herbst 1917 etwaiger Pessimismus an der CUP-Spitze in Hochstimmung verwandelte. Diese verdankte sich an erster Stelle dem Kollaps von Russlands imperialer Herrschaft im Kaukasus und der Oktoberrevolution.

Cavid blieb unfähig, aus inakzeptablen Situationen, die er durchschaute und kritisierte, wirkliche Konsequenzen zu ziehen, ausser dass er fleissig Tagebuch schrieb. Er akzeptierte, dass ihm nichts anderes übrig blieb, als heimlich schreibend seine Verzweiflung auszudrücken, wenn er seine Arbeit innerhalb und zugunsten der CUP-Regierung fortsetzte. Zu den Hauptgründen für seine Verzweiflung gehörten das charakterlose Verhalten diverser Komiteemitglieder, die beinahe totale Abwesenheit von Rechtsstaatlichkeit und schliesslich Talât selbst, der Kopf des Ganzen. Der Grosswesir, an den er sich gebunden fühlte, löste bei ihm eine hilflose Mischung von Mitleid und Wut aus.[30]

«Unser intellektuelles Leben steckt seit vielen Jahren in einem Gefängnis», war Anfang März 1918 in *Yeni Mecmua* (Neue Zeitschrift), dem neuen Meinungsblatt von Ziya Gökalp und der CUP-Intelligenz, in einem Artikel des 27-jährigen Mitarbeiters Necmettin Sadık zu lesen. In der offenkundigen Absicht, dem vorherrschenden Bild, seine «neuen Türkei» unterdrücke Intellektuelle, etwas entgegenzusetzen, nahm Talât Anfang März 1918 an einer Zusammenkunft von Journalisten teil, bei der auch Necmettin Sadık und Hüseyin Cahid zugegen waren (wir haben Cahid schon mehrfach angetroffen, siehe namentlich Kapitel 21). Hier unterstrich Talât die Notwendigkeit einer freien Presse. Die «Aufrichtigkeit und Schlichtheit» des Regierungschefs bei diesem Auftritt flösste den Anwesenden, wie Sadık berichtete, «Respekt ihm gegenüber» ein. Der Grosswesir argumentierte: «Sie [die Presse] kann ihre Pflicht nur dann erfüllen, wenn sie frei ist. Wir sind angewiesen auf die einzigartige Form der Unterstützung, die von der Presse kommt.» Doch Necmettin Sadık fiel auf, dass sich Talât «vor irgendetwas fürchtete».[31]

Die Stimmung im Saal war daher eigenartig. Cahid, erfahrener Journalist und Mitglied des CUP-Zentralkomitees, erklärte den Teilnehmern der Zusammenkunft, dass die Regierung und die Presse von jetzt an Freunde seien. Sie würden Hand in Hand einen gemeinsamen Weg gehen; Missverständnisse würden fortan der Vergangenheit angehören; die «Metzger» – das heisst die behördlichen Zensoren – würden von nun an ihre «Skalpelle» mit Zurückhaltung anwenden. Doch es gab eine Bedingung: «Lasst uns stets alle zusammen mit der Regierung gegen den übelsten Feind des Landes kämpfen, die politische Reaktion. [...] Gegen die intellektuelle politische Reaktion, gegen die dunklen Mächte, die diese Reaktion hervorbringen – lasst uns als die Intellektuellen des Landes alle gemeinsam einen Bund schliessen.» Bald würde die

---

29 Cavid, Tagebuch, Bd. 3, 407, 25. August 1917. Muhittin Birgen erwähnt ebenfalls mehrfach Talâts melancholische Gestimmtheit, insbesondere – nunmehr situationsbedingt übermächtig – bezogen auf die Zeit zwischen Sommer und Herbst 1918. Birgen, İttihat ve Terakki'de on sene.
30 Beispielsweise am 22. September 1917, nach einer Versammlung von Komitee- und Regierungsmitgliedern in Talâts Haus; Cavid, Tagebuch, Bd. 3, 433.
31 Necmettin Sadık (Sadak): «Sulh müjdesi», in: *Yeni Mecmua*, Nr. 21, 14. Februar 1918, 101.

Regierung dem Presseverband alle nötigen Freiheiten erteilen. Inspiriert von Cahid und Talât schrieb Necmettin Sadık, das Wort «Reaktion» habe jetzt seine herkömmliche Bedeutung von religiöser und konservativer Reaktion (die sie im Putsch von 1909 noch zu Recht hatte) verloren. «Von jetzt an bedeutet politische Reaktion eine betrübte [und skeptische] Einstellung, die nicht einmal klar sagt, um was es ihr geht, die aber in bitteren Erinnerungen an vergangene Zeiten gefangen ist. [...] Dass wir von Zeit zu Zeit albtraumhafte Bekümmernis empfinden, ist eine Reaktion, die von dunklen Mächten verursacht wird. Das ist es, wovor wir uns alle fürchten müssen, und die Presse am allermeisten.»[32]

Ein so verstandener «Kampf gegen die Reaktion» schloss eine fundierte Auseinandersetzung mit der jüngsten Geschichte von vornherein aus, indem er sie als Trübsalblasen abtat. Das Zugeständnis von «Pressefreiheit» hing davon ab, ob man sich mit ganzem Herzen an einem Krieg gegen böse Mächte beteiligen wollte oder nicht, wobei der Parteistaat definierte, was unter «böse» zu verstehen war. Jene, die sich aufgrund von selbstkritischen Gedanken Sorgen um das Land machten, wurden als Mitglieder einer von dunklen Mächten geschürten Verschwörung stigmatisiert. Necmettin Sadık war ein aufstrebender Journalist und ausserordentlich junger Soziologieprofessor der Universität Istanbul. Später wurde er Aussenminister der Türkei. Aber er schluckte und verbreitete damals einfach alles, was die journalistische CUP-Autorität Cahid und «unser grossartiger Staatsmann [Talât]» an jenem Abend des 6. März 1918 predigten. Für ihn wie für viele andere ging das Ideal einer konstruktiven Zusammenarbeit mit Talâts Grosswesirat einher mit der Neubelebung des blendenden Ideals von Turan. Talât, der eben erst von erfolgreichen Verhandlungen in Brest-Litowsk zurückgekehrt war, wie auch ein nicht namentlich genannter Redner riefen es an jener Zusammenkunft mit Nachdruck in Erinnerung.[33]

38 Vermessene Nationalrevolutionäre im Bund mit haltlosen Eliten Europas

Im Verlauf der Kriegshandlungen und bei anhaltender Propaganda verstrickte sich Deutschland immer mehr in Widersprüche, Falschnachrichten und verdrehte Lagebeurteilungen. Das betraf nicht nur, aber insbesondere das Bündnis mit dem jungtürkischen Parteistaat. Deutschland fand sich wohl oder übel ab mit einer Situation, die kluge Denker als tödliche Verwicklung erkannten. Talât seinerseits fürchtete, den deutschen Partner zu verprellen oder gar zu verlieren, wenn er die Beziehungen zwischen den zwei Ländern zu hart auf die Probe stellte – etwa falls er auf einem osmani-

---

32 Necmettin Sadık (Sadak): «İrtica aleyine ...», in: *Yeni Mecmua*, Nr. 34, 7. März 1918, 141. Eine Auswahl von Artikeln aus den ersten 45 Ausgaben von *Yeni Mecmua* finden sich in transkribierter Form in Erdal Baran: *Yeni Mecmua üzerine bir inceleme*, Yüksek lisans tezi (zwischen Master- und Doktorarbeit), Universität Niğde, 2009.
33 Ebd. Über Sadaks Sympathien für die Nazis, seine Amtszeit als Aussenminister und seine Hinwendung zu den Vereinigten Staaten siehe John M. VanderLippe: *The Politics of Turkish Democracy. İsmet İnönü and the Formation of the Multi-Party System, 1938–1950*, Albany: SUNY Press, 2005.

Abb. 18: Kaiser Wilhelm II. am 15. Oktober 1917 in der osmanischen Hauptstadt. Ihm gegenüber Scheichülislam Musa Kazım Efendi. Hinter ihm Talât. Zu seiner Linken Sultan Mehmed V. Hinter dem Sultan Enver Pascha (akg-images, Berlin, Sammlung Archiv für Kunst und Geschichte).

schen Sonderfall beharrte, wenn er nach der Kriegserklärung der Vereinigten Staaten an Deutschland und Österreich die Beziehungen mit den USA nicht abbräche.[34] Die deutsche Führung und die Presse betrachteten Talât als Freund und Garanten sicherer Beziehungen. Kaiser Wilhelm II. ehrte ihn mit der Verleihung des prestigeträchtigen Ordens des Schwarzen Adlers, den Talât mit «tiefster und untertäniger Dankbarkeit» annahm. Diese Ordensverleihung erhöhte Talâts Ansehen sowohl in der Türkei als auch in Deutschland und wurde in Istanbul als Bekräftigung deutsch-türkischer Freundschaft über die Kriegszeit hinaus gewertet.[35] Ähnlich wurde Kaiser Wilhelms Besuch in der osmanischen Hauptstadt im Oktober 1917 aufgenommen.

Viele Deutsche sahen in Talât nicht nur den erfolgreichen Staatsmann, sondern auch einen ehrlichen, freundlichen, energischen und bewundernswerten Bündnispartner. «Dem Charme der selten sympathischen und gewinnenden Persönlichkeit konnte sich niemand, der mit ihm in Berührung kam, entziehen», bekannte Liman von Sanders, der Führer der deutschen Militärmission. Ein breites Spektrum deutscher Persönlichkeiten, darunter Botschafter Bernstorff (Nachfolger von Kühlmanns ab Juli 1917), der Journalist Friedrich Schrader und Carl F. Lehmann-Haupt, Professor für Geschichte an der Universität von Istanbul, teilte damals diese positive Meinung. Ein-

---

34 Cavid, Tagebuch, Bd. 3, 372, 7. April 1917.
35 Kühlmann an das Aussenministerium, 22. März 1917, PA-AA, R 13801-2, 66–90.

drücke aus oft zufälligen, meist oberflächlichen Begegnungen vermischten sich mit vorgefassten, durch die Presse geprägte Meinungen und der Faszination, die Talât durch seine Energie, seine gewinnende Art der Selbstdarstellung und seinen einmal witzigen, dann wiederum melancholischen Charme ausübte.[36]

Es kam immer wieder vor, dass die deutsche Diplomatie taktische Zugeständnisse oder schöne Worte der osmanischen Regierung wenn nicht als bare Münze, so doch als vielversprechende Anzeichen eines Wandels und willkommenen Ausswegs aus Sackgassen interpretierte. Das entsprach meist Wunschdenken und einer Denkfaulheit, die mit den Kurzschlüssen der Kriegslogik zusammenhing. Denn eigentlich wussten die Diplomaten Bescheid über fundamentale Dysfunktionen und die Verbrechen gegen die Menschlichkeit von Talâts Türkei. So ging zu Beginn von Talâts Grosswesirat Wolff-Metternichs Nachfolger in Istanbul, Botschafter von Kühlmann (der spätere deutsche Aussenminister), vom «vollständigen Siege der türkisch-nationalistischen Richtung im Komitee» aus und resümierte: «Die im grossen Umfange durchgeführte Armeniervernichtung und die in einzelnen kleineren Unternehmungen zutage tretenden Neigungen, auch dem griechischen Elemente gegenüber schonungslos vorzugehen, sind das Resultat dieser politischen Richtung gewesen.» Dann bilanzierte er: «Ich glaube, dass als Gesamtergebnis die Ausrottungspolitik dem türkischen Reiche geschadet hat. Die Greuel des Armenierfeldzuges werden noch lange auf dem türkischen Namen lasten. […] Auch innerlich ist das Land durch den Untergang und die Verbannung einer körperlich kräftigen, arbeitsamen und sparsamen Bevölkerung ansehnlich geschwächt worden.»[37]

Doch als wüsste er nicht um die Tragweite seiner Aussagen, machte der deutsche Diplomat einen Gedankensprung, indem er im selben Atemzug an die frischen Versprechungen von Gleichstellung vor dem Gesetz und daran glauben wollte, dass der neue Grosswesir «in allen Fragen der Nationalitätenpolitik einen neuen Kurs zu steuern beabsichtigte». Realitätsfern hielt er sich an vermeintlich vertrauliche, in Wirklichkeit wohlkalkulierte, wohlfokussierte Einflüsterungen: «Wie ich vertraulich höre, ist mit Einstellung der Armeniervertreibungen und mit Aufhören der an einzelnen Stellen hervorgetretenen Verfolgung gegen die Griechen bestimmt zu rechnen. Den Armeniern soll (damit will man aber erst in einiger Zeit hervortreten) die Rückkehr in ihre alten Wohnplätze, soweit diese nicht als Kriegsgebiete zu betrachten sind, gestattet werden.» Von Kühlmann sorgte sich sehr, aber nicht um die Opfergruppen, sondern um ungünstige Folgen der von ihm festgestellten «Armeniervernichtung» für die verbündeten Täter. Neben den wirtschaftlichen Nachteilen, die der Völkermord zeitige, werde er «noch lange denjenigen vergiftete Waffen liefern, die der Türkei die Eigenschaft als Kulturstaat absprechen und die Austreibung der Türken aus Europa verlangen».[38]

---

36 Sanders, Fünf Jahre Türkei, 14. Vgl. Bernstorff, Erinnerungen und Briefe, 126–130 (rückblickend verstand Bernstorff Talâts Ermordung als Strafe für «seine Teilhabe an der armenischen Sünde»); Schrader, Flüchtlingsreise, 22 f.; vielen Dank an Jochen Schrader für seinen Hinweis auf diese Publikation seines Urgrossvaters); Hans-Lukas Kieser: «Armeniermord, Shoah und das Ehepaar Lehmann-Haupt», in: Sebastian Fink et al. (Hg.): *Carl Friedrich Lehmann-Haupt. Ein Forscherleben zwischen Orient und Okzident*, Wiesbaden: Harrassowitz, 2015, 105.
37 Kühlmann an Bethmann Hollweg, 16. Februar 1917, PA-AA, R 14046.
38 Kühlmann an Bethmann Hollweg, 16. und 24. Februar 1917, PA-AA, R 14046.

Selbst noch bei Kriegsende hatten deutsche Behördenmitglieder nicht begriffen oder wollten nicht verstehen, dass Talât der eigentliche Architekt des Völkermords war, obwohl die Berichte von Wangenheim und Wolff-Metternich schon 1915 kaum Zweifel daran offenliessen. Sie schienen Talâts zuweilen «tragische Gestimmtheit», die sich auch bei den Reichseliten um ihn herum bemerkbar machte, mit ergreifender imperialer Tragik oder gar tiefgründiger Menschlichkeit zu verwechseln. Sie identifizierten sich mit ihm als heldenhaftem Verteidiger von Nation und Reich, schätzten seine Loyalität, bewunderten seinen Aufstieg trotz beschränkter Schulbildung und liessen sich von seiner machtpolitischen Intelligenz beziehungsweise Schlauheit beeindrucken. Selbst für Deutsche vor Ort war es schwierig, sich im politischen Labyrinth der osmanischen Hauptstadt zurechtzufinden. Liman von Sanders bekannte, dass das Zentralkomitee für ihn «immer eine etwas geheimnisvolle Erscheinung geblieben» sei. Er betonte, dass den Deutschen in Istanbul «– ganz unabhängig vom militärischen Range – an den Zentralstellen niemals, auch nicht einmal in Vertretung, ein Einblick in das Innere des türkischen Regierungsmechanismus zugestanden wurde».[39]

Andere urteilten oberflächlich. «Wir können keinen loyaleren Freund Deutschlands finden als ihn», schrieb Botschafter Bernstorff, dem Talât als ein «uneigennütziger Patriot» galt. Im gleichen Atemzug, mit schnellem Vorurteil, apostrophierte er den Grosswesir als «aufrichtig und fleissig, wie dies bei einem Orientalen überhaupt möglich ist». Den Kriegsminister Enver achtete er abgesehen von dessen Bündnistreue gering: «Enver Pascha, kann dem Grosswesir an Intelligenz nicht das Wasser reichen.» Daher hielt er Talât für «den einzigen Staatsmann» der Türkei, wobei er festhielt: «Talât und Enver stehen und fallen mit uns.»[40] In der Tat hatte Deutschland in den turbulenten Tagen vor dem Ersten Weltkrieg, als den meisten der Ausbruch eines allgemeinen Kriegs vor Augen stand, sein Schicksal auf Gedeih und Verderben verwoben mit einem revolutionären Komitee, welches weder deutsche Generäle noch Diplomaten in seinem Verhalten an der Spitze des Osmanischen Reichs nüchtern einzuschätzen wussten. Unwissend liessen sie sich ins kalte Wasser werfen, und der Grund, auf dem sie bauen wollten, war Sumpf. Es gab hohe deutsche Offiziere, welche die Türkei in ein deutsches Ägypten verwandeln wollten, während anderen, wie Ernst Jäckh, im Gleichklang mit dem CUP eine starke, rein «türkische Türkei» vorschwebte. Unter deutschem Einfluss stehend, sollte diese als Schlüssel zur Weltmacht des Deutschen Reichs dienen.[41]

Während in den europäischen Ländern, vor allem in Russland, aber auch in Deutschland ab 1916, die Angst vor Revolutionen zunahm, brauchten sich die Herrschenden in Istanbul vor einem organisierten Widerstand im eigenen Land überhaupt nicht zu fürchten. Seit Juni 1913 war die Opposition erledigt und die Presse vollumfänglich zensuriert. Die zivilen wie auch die militärischen Institutionen befanden sich

---

39 Sanders, Fünf Jahre Türkei, 17, 52.
40 Bernstorff an Auswärtiges Amt, 20. Juni und 30. Juli 1918, PA-AA, R 13804-2, 44 f. und 77 f. Bernstorffs Überheblichkeit wird auch deutlich in seiner Haltung gegenüber Cavid und in seiner Absicht, diesen widerspenstigen Verhandlungspartner in die Schranken zu weisen. Bernstorff an Kühlmann, 4. Dezember 1917, R 13803-1, 73–75. Zur Bedeutung von «tragischer Gestimmtheit» in einer Geschichte der Gewalt siehe Bozarslan, Violence.
41 Jäckh an von Weizsäcker, 9. November 1917, in: Jäckh, Rising Crescent, 268.

fest in den Händen des CUP. Dessen Sonderorganisation (SO) war ein zusätzliches Instrument, um im permanenten Ausnahmezustand die Kontrolle aufrechtzuerhalten, Angst einzuflössen und gezielten Terror auszuüben. Seit dem Armeniermord herrschte tödliche Stille im Land. Breite Kreise der verbliebenen Gesellschaft waren eingeschüchtert und vom Krieg schwer versehrt.[42] Nicht wenige im ganzen Land profitierten indes von armenischem Raubgut, und viele, die dem Parteistaat nahestanden, bereicherten sich durch Begünstigung und Korruption. Erst in den letzten Weltkriegsmonaten drangen in diesem Zusammenhang vermehrt Klagen gegen Behörden an die Öffentlichkeit. Auch kam es im Militär zu nicht unüblichen Machtkämpfen bei lange mobilisierten Armeen. Solche Unruhen waren nicht harmlos – siehe weiter unten im Zusammenhang mit Yakub Cemil –, aber Talât konnte sie unter Kontrolle halten.

Cavids Anklage gegenüber Deutschland, es habe die Türkei mit sich in den aktiven Krieg hineingerissen, zieht sich durch sein gesamtes Tagebuch. Zeitweise bediente er sich dieses nur halb wahren Arguments, um die wiederholten Verhandlungen über die Gewährung von Finanzkrediten in seinem Sinn zu beeinflussen oder um den Bau der Bagdadbahn und andere Anliegen voranzubringen. Cavid und Talât schlugen Kapital aus der psychologischen Tatsache, dass sich Deutschland in der Julikrise 1914 vor dem drohenden allgemeinen Krieg als zugänglich, verletzlich und beeinflussbar erwiesen hatte. «Erst wenn es Probleme auf sich zukommen sah, erinnerte es sich an uns.» Hätte Deutschland vor dem Juli 1914 das Bündnis mit der osmanischen Türkei gesucht, dann wäre es auf beidseitigem Vertrauen gegründet und nicht plötzlichen Sachzwängen geschuldet gewesen. So legte Cavid den Sachverhalt, wie er ihn verstand, dem deutschen Diplomaten Frederic Rosenberg, dem Sekretär für orientalische Angelegenheiten im Auswärtigen Amt dar.[43]

Klar bleibt, dass das Kriegsbündnis und die Wechselwirkungen zwischen Talâts Türkei und dem wilhelminischen Deutschland für beide Seiten gleichermassen zentral und problematisch waren. Sie sollen deshalb im Folgenden unter verschiedenen Aspekten weiter vertieft werden. Das Bündnis beteiligte die osmanische Welt am allgemeinen Krieg und zog somit die ungelöste orientalische Frage in die Logik und Dynamik eines totalen Kriegs und Dschihad hinein, was eine ungünstige Voraussetzung für gerechten Frieden danach in der grossen Krisenregion war. Es machte Talât die Zementierung des Parteistaats und das Durchhalten in einem Weltkrieg möglich, den er nur an den äusseren Fronten verlor; der Einparteistaat konnte sich daher unter Exgeneral Mustafa Kemal mit dem alten Personal erfolgreich als postimperialen, ultranationalistischen Einheitsstaat rekonfigurieren. Für Deutschland eröffnete das Bündnis zwar scheinbar vielversprechende Handlungsspielräume, die sich aber schliesslich alles in allem als verheerend erwiesen. Denn deutsche Politik verstrickte sich in verderbliche Abhängigkeiten und in die Mitverantwortung für Völkermord, ohne langfristig irgendeine ihrer hochgesteckten strategischen Erwartungen zu rea-

---

42 Die Situation in der mannigfach kriegsversehrten osmanischen Gesellschaft, 1912–1918, untersucht das neu erschienene Buch von Yiğit Akın: *When the War Came Home. The Ottomans' Great War and the Devastation of an Empire*, Stanford: Stanford University Press, 2018.

43 Cavid an Oscar Wassermann vom Vorstand der Deutschen Bank, 4. Juli 1916, und an Rosenberg, 12. Juli 1916. Cavid, Tagebuch, Bd. 3, 205 f., 211 f.; 353, 3. Februar 1917. Vgl. Frederic von Rosenberg.

lisieren. Über Jahre wurde die deutschsprachige Öffentlichkeit, mit Ausnahme der Schweiz, an Kriegspropaganda, Falschnachrichten, Beschönigungen, Völkermordleugnung sowie Ansätze zu einem Kult genialen Führertums gewöhnt (siehe auch Kapitel 35 und weiter unten).

«Jener ewig denkwürdige Beschluss von 1914, durch den die Türkei sich im Weltkriege auf die Seite Deutschlands und Österreich-Ungarns stellte, ist zum sehr grossen Teile das Werk Talaat Paschas», schrieb die Wiener Zeitung *Neue Freie Presse* am 1. Mai 1917 anlässlich von Besuchen des Grosswesirs in Berlin, Wien und Sofia. «Durch diesen Beschluss, der die Sicherung des Bestandes der Türkei nach aussen und der Möglichkeit ruhiger und segensreicher Entwicklung im Innern bedeutet, haben Talaat Pascha und seine Kollegen und Gesinnungsgenossen sich ein weltgeschichtliches Verdienst erworben.» Superlative anerkennender Bewunderung – die später analog in Atatürk-Beschreibungen auftauchten – bestimmten die Berichterstattung über den, wie es hiess, «ganz aussergewöhnlichen» Politiker, der «durch seinen feurigen Idealismus und durch seine ausserordentliche Tatkraft die Seele und die treibende Energie der fortschrittlichen und reformatorischen Bewegung ist, der sich die Türkei mit solchem Erfolge ergeben hat». Die Presse in Deutschland und Österreich pries ihn als «den Vertreter nicht nur des Bundesgenossen von heute, sondern auch des Freundes und Mitarbeiters von morgen». Für sie galt Talât Pascha als «der berufene Führer dieser gewaltigen Zukunftsarbeit der [neuen] Türkei».[44]

Auf diese Weise wurde Talâts Name zusammen mit alternativen Entwürfen und Illusionen nahöstlicher Zukunft in die Geschichte Deutschlands und Österreichs der 1910er-Jahre eingeschrieben. Die Allianz mit den Mittelmächten machte Grosswesir Talât zu einer in Europa und dem Nahen Osten respektierten und viel beachteten politischen Persönlichkeit – auch wenn ihn die Geschichtsschreibung danach für ein Jahrhundert fast ganz aus den Augen verlor. Er erschien einerseits als starker imperialer Führer in der Linie von Sultan Abdulhamid II., andererseits im Kontrast zu diesem als markant modern, tatkräftig und deshalb zukunftsweisend, ja als Vorbild für einen neuen Politikstil. Spätestens mit ihrer Teilnahme an der Trauerfeier nach dem Tod von Abdulhamid in Istanbul Mitte Februar 1918 stellten sich Talât und seine Parteibrüder öffentlich hinter das Vermächtnis dieses letzten wirklich regierenden Sultans, den sie jahrelang verteufelt hatten.[45] Zu ihrer eigenen Überraschung mussten sie entdecken, dass sie einer ganz ähnlichen imperial voreingenommenen Logik von staatlicher Macht gehorchten, allerdings in neuer, radikalerer Art und Weise.

Das Jahr 1917 hatte für den Vierbund gut begonnen (Bulgarien gehörte seit September 1915 zu den Mittelmächten). Denn die Mittelmächte konnten die Eroberung Rumäniens im Januar abschliessen und sich damit den Balkan weitgehend nach eigenen Interessen sichern. Die Februarrevolution im Zarenreich schwächte die rus-

---

44 «Der türkische Grosswesir Talaat Pascha in Wien», in: *Neue Freie Presse*, 1. Mai 1917, 4; auf Osmanisch zitiert in *Servet-i Fünun*, 10. Mai 1917, 347 f. Siehe auch «Ein Gespräch mit Talaat Pascha, kaiserlich ottomanischem Grosswesir», in: *Neue Freie Presse*, 1. Mai 1917, 1.

45 Vgl. die Beobachtungen des deutschen Botschafters Bernstoff anlässlich der Trauerfeier in Bernstorff, Erinnerungen und Briefe, 21.

DEUTSCHE LEVANTE-ZEITUNG

Organ
der Deutschen Levante=Linie, der Hamburg=Amerika Linie, der Mittelmeer=Linie Rob. M. Sloman jr., der Hamburger Vereinigung der Freunde Bulgariens, des Deutsch=Persischen Wirtschaftsverbandes, der Deutsch=Türkischen Vereinigung, des Deutsch=Bulgarischen Vereins und des Deutschen Balkan=Vereins.

Diese Zeitschrift erscheint am 1. und 16. jeden Monats und dient zur Förderung der Handelsbeziehungen mit den Ländern des Mittel=, Schwarzen und Roten Meeres, des Balkans, Marokko, Arabien und Persien. — Jahrespreis bei der Post in Deutschland Mk. 6.—. Im Auslande abonniert man bei den deutschen und ausländischen Postanstalten; unter Streifband direkt vom Verlag bezogen Mk. 10.— jährlich. In Griechenland nimmt die Buchhandlung Eleftheroudakis & Barth in Athen aus Abonnement entgegen. Im Buchhandel kann Bezug durch die Firma Wilhelm Opetz, Leipzig, Brüderstraße 61, erfolgen. Anzeigenpreis: die viergespaltene Nonpareillezeile oder deren Raum im Anzeigenteil Mk. 1.—. Aufschläge für Platzvorschriften: zweite und vierte Umschlagseite 50 %, dritte Umschlagseite und Fahrplan=Einlagen 20 %. Für Anzeigen in den ab 1. Januar 1917 erscheinenden türkischen und bulgarischen Beiblättern erhöhen sich die Preise um 25 %. Bei Wiederholungen Rabatte nach Übereinkunft. Kleine Anzeigen: die viergespaltene Zeile 30 Pf, netto. Redaktion und Verlag: Hamburg 1, Levantehaus. Telegrammadresse: Levantezeitung Hamburg. Fernsprecher: Im Fernverkehr: Fernamt Nr. 45; im Stadt= und Vorortverkehr: Gruppe 6, Nr. 4561–4567, 4697 und 4751. Sprechzeit des Schriftleiters: 12–1½ Uhr.

Nummer 9   Hamburg, den 1. Mai 1917   7. Jahrgang

(Nachdruck aller Artikel, auch teilweiser, nur mit genauer Quellenangabe gestattet.)

Großwesir Talaat in Deutschland.

Unter lebhafter Anteilnahme und warmer Zustimmung der politischen Kreise in Konstantinopel hat der Großwesir TALAAT-Pascha seine Reise nach Deutschland angetreten. Ein doppelt bemerkenswerter Schritt, einmal als Zeichen für den Umschlag in den Anschauungen, wie sie bislang in der Türkei herrschend waren, und sodann aber als ein sichtbarer Ausdruck der Einheitlichkeit der Politik der Mittelmächte.

Wenn schon die Diplomatie der alten Schule im allgemeinen sich mit dem Mantel des Geheimnisvollen zu umgeben stets bemüht war, so hat sich die türkische Politik im besonderen immer bestrebt, Europäern jeden Einblick in ihre Absichten und Beweggründe zu erschweren und eine Welt für sich zu bilden. Am Goldenen Horn lebte man in seinen eigenen orientalischen Gedankengängen und Anschauungen, zum Vorteil für das Land. Die Wirklichkeit fand viel zu wenig Berücksichtigung und der Spekulation ward ein viel zu großer Spielraum gewährt. Und so kam man in Europa zu dem Urteil, daß die Fähigkeit, reale Verhältnisse nüchtern zu erfassen, dem Orientalen überhaupt selten gegeben sei. Nicht daß man der türkischen Rasse ein besonderes Unvermögen hätte zuschieben wollen. Der orientalischen Psyche im allgemeinen gab man die Schuld, daß so oft und so wenig mit der Wirklichkeit gerechnet wurde. Freiherr VON DER GOLTZ hat dieses Hindernis 1913 in einer Schrift mit den Worten charakterisiert: „Der Mangel an Augenmaß für das Erreichbare, das Sichverlieren in phantastische oder rein theoretischen Spekulationen ist keineswegs nur ein Bildungsfehler. Er scheint in der ganzen Disposition des orientalischen Geistes zu liegen; denn man findet ihn nicht bloß in der Armee, sondern auch auf andern Gebieten öffentlicher Tätigkeit wieder. Das Naheliegende, Einfache genießt kein Ansehen. Durchweg werden die Pläne zu groß, ohne richtigen Zusammenhang mit dem praktischen Bedürfnis und ohne sorgfältige Prüfung der gegebenen Bedingungen entworfen."

Der Hauptfehler, unter dem die Türkei bisher gelitten hat, dürfte jedoch mehr darin liegen, daß die leitenden Kreise weder ihr eigenes Land, seine Kräfte und Bedürfnisse kannten, noch die Verhältnisse in der übrigen Welt zu übersehen vermochten. Das Effenditum, d. h. die Beamtenkaste, die aus jahrhundertlanger Überlieferung ein Vorrecht auf die Verwaltung des Landes für sich in Anspruch nahm, kam aus Konstantinopel und den übrigen türkischen Großstädten kaum heraus. Höchst zufrieden mit sich selbst, beanspruchte sie lediglich auf Grund der Beziehungen ihrer Verwandtschaft zum Regierungssitz für sich das Recht zum Eintritt in das Beamtentum und zum Zutritt zur Staatskrippe, einerlei ob die nötigen persönlichen Fähigkeiten und Kenntnisse vorhanden waren, auch einerlei ob in der Staatsmaschinerie eine Lücke auszufüllen war.

In diesen Verhältnissen haben die Führer der jungen Türkei glücklicherweise Wandel geschaffen. Wie in den verschiedenen Städten des Osmanischen Reiches ganze alte, düstere Stadtteile niedergerissen wurden, um ihnen Licht und Luft zu gewähren, so macht auch die neue Verwaltung jetzt die Augen auf, um sich im heimischen Lande und dem Zustand und den daraus erwachsenden Notwendigkeiten umzusehen und sich auch in der Fremde zu unterrichten, um Vergleichsmöglichkeiten und Verbesserungsanregungen zu finden. Man hat eingesehen, wie wenig es angeht, sich in eigenen Gedanken eine Türkei auszumalen, die nicht ist von der Wirklichkeit, auch ist man sich darüber klar geworden, daß sich der alte Lieblingswunsch „La Turchia farà da sè" nicht verwirklichen läßt. Dieser Erkenntnis Raum geschaffen zu haben, ist nicht zum wenigsten ein Verdienst von TALAAT.

Wohl dem Volke, dem große Zeiten große Männer gebären! In dem gewaltigen Kriege, in dem es schon um Sein oder Nichtsein der Türkei ging, ehe sie sich den alten Mittelmächten anschloß, waren für das Osmanische Reich Wirklichkeitspolitiker ebenso nötig wie ein tapferes Heer und hervorragende Führer. Denn der größte Augenblick türkischer Geschichte stand bevor. Der osmanische Staatsmann, der geschichtlich und politisch klar zu denken vermochte, mußte wissen, daß die Schicksalsstunde seines Landes gekommen war, daß es galt, alles zu sichern, was die Zukunft seines Vaterlandes und seines Volkes brauchte. Ein solcher Staatsmann war unsern türkischen Freunden in TALAAT beschert. Nicht beschwert durch Effendidünkel der alten Zeit, hat er sich durch geistige Talente und sittliche Vorzüge zu seiner heutigen Stellung emporgearbeitet

Abb. 19: Die deutschsprachige Presse (mit Ausnahme der schweizerischen) pries Talât als den Retter der imperialen Türkei, als ein Vorbild progressiver Politik und als einen Pfeiler der Kriegsallianz (*Deutsche Levante-Zeitung*, 1. Mai 1917, Staats- und Universitätsbibliothek Hamburg).

Abb. 20: Talâts handschriftliche Notiz vom 23. Oktober 1917 zum Bündnis mit Deutschland, mit einem abschliessenden Koranzitat aus Sure 5,56 (Ernst Jäckh Papers, Yale University Library).

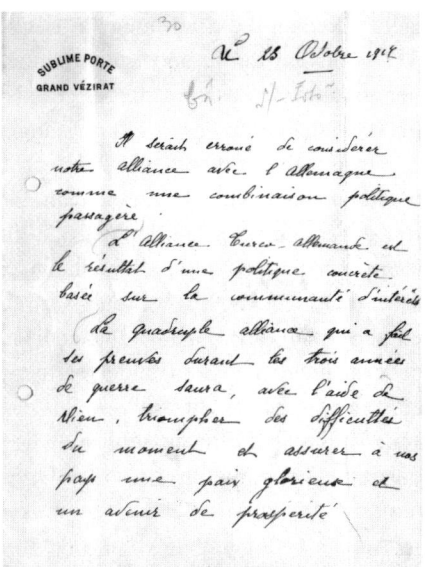

sische Armee, was die Hoffnungen auf einen Separatfrieden wachsen liess.[46] Angesichts der Tatsache, dass der Erzfeind Russland nach der Oktoberrevolution einen endgültigen Friedensschluss suchte und in Brest-Litowsk vielversprechende Verhandlungen begannen, endete das Jahr 1917 für die osmanische Seite günstig, obwohl in den vorangehenden Monaten Versorgungsprobleme zusammen mit Korruption in den

---

46 Schon am 8. Februar 1917 wurde das osmanische Aussenministerium über eine bevorstehende Revolution informiert (die dann Anfang März auch tatsächlich begann), worauf das Nutzbringende eines Separatfriedens mit Russland erwogen wurde. Siehe den Brief im Namen des Aussenministers Halil an das Innenministerium (das heisst Talât), 8. Februar 1917, BOA, DH. EUM. 5. Şb. 33-14.

eigenen Reihen die Stimmung im Land immer wieder belasteten. Am 18. Oktober 1917 schlossen Berlin und Istanbul eine Militärkonvention ab, also ein Abkommen über militärische Zusammenarbeit. Die Militärkonvention war eigentlich vorgesehen, um die Verhältnisse der Nachkriegsära entsprechend den Vorgaben im Vertrag vom 11. Januar 1915 zu regeln, der den früheren Vertrag vom 2. August 1914 ersetzt und erweitert hatte und den Österreich am 21. März 1916 unterzeichnete.[47] 1917 ergänzte die Konvention vorzeitig den deutsch-türkischen Bündnisvertrag dahingehend, dass sie eine verstetigte und vereinheitlichte Führung, Ausbildung und Ausrüstung beider Armeen festschrieb. Ein weiterer Vertrag vom 28. September 1916 vervollständigte den geheimen Vertrag vom 11. Januar 1915, indem er den Abschluss eines Separatfriedens durch einen der Bündnispartner ausschloss. Er bezweckte die maximale Absicherung der Interessen und Vorteile beider Länder mit der interpretationsbedürftigen Formel, «dass bei Friedensschluss sich jeder Vertragsteil diejenigen Vorteile sichern könne, die im Verhältnis zu seinen Opfern und Leistungen ständen». Beide Länder würden «alle ihre Mittel einsetzen, um ein gemeinsames Ziel zu erreichen».

Am 23. Oktober 1917, fünf Tage nach Abschluss der Militärkonvention, hinterliess Talât eine persönliche handgeschriebene Notiz, vermutlich zuhanden von Ernst Jäckh, einem freien Mitarbeiter des Auswärtigen Amts (wir kennen ihn als «Türken-Jäckh» aus Kapitel 35), aber gewiss zur Beachtung aller deutschen Freunde aus der Politik. Die Notiz kann als politisches Glaubensbekenntnis gelesen werden und betraf bezeichnenderweise nur den deutschen Allianzpartner: «Es wäre ein Fehler, würde man unser Bündnis mit Deutschland nur für einen vorübergehenden politischen Zusammenschluss halten. Die türkisch-deutsche Allianz ist das Resultat einer konkreten, auf gemeinsamen Interessen beruhenden Politik. Der Vierbund hat sich über drei Kriegsjahre hinweg bewährt; sie wird, mit Gottes Hilfe, über momentane Schwierigkeiten triumphieren und unseren Ländern einen glorreichen Frieden und eine blühende Zukunft bescheren. Da wir recht haben, werden wir gewinnen! Jene, die sich an Gottes Seite halten, werden die Sieger sein.» (Der letzte Satz, die Sure 5,56b, ist arabisch geschrieben, alles andere auf Französisch, das heisst in der Sprache, in der Talât sich üblicherweise mit Europäern unterhielt.)[48]

Es ist anzunehmen, dass Talât an das glaubte, was er in dieser informellen Notiz festhielt. Die Bezugnahme auf Gott und den Koran gehörte nicht zum Wortschatz, dessen er sich in der Regel in seiner alltäglichen Kommunikation bediente, war ihr aber nicht ganz fremd. Die Tagebücher von Cavid und Hayri bestätigen, dass Talât die strategische Ausrichtung, die seine Notiz vom 23. Oktober 1917 bekräftigte, wirklich ernst nahm. Nur wenn Deutschland sich dafür entschieden hätte, mit Russland gemeinsame Sache zu machen, wäre das Bündnis für die Türkei ungültig geworden, wie Talât einmal Ende 1916 bemerkte. Im Gegenzug erwartete das Regime in Istanbul seit Ende Juli 1914 viel vom Bündnis mit Deutschland. Als etwas vom Wichtigsten gehörte dazu die freie Hand im Innern des Parteistaats. Eng damit verknüpft war die

---

47 Die Verträge sind abgedruckt in Mühlmann, Deutschland und die Türkei, 78–101, vgl. 47–50.
48 Informelle handgeschriebene Notiz, datiert auf den 23. Oktober 1917, auf einem Blatt mit dem Briefkopf «Sublime Porte, Grand Vézirat» aus den Unterlagen von Ernst Jäckh (Ernst Jäckh Papers), Yale University Library.

Vertreter der Mittelmächte.
Von links nach rechts: General Hoffmann, Graf Czernin, Talaat Pascha und Exz. von Kühlmann.

Abb. 21: Vertreter der Mittelmächte in Brest-Litowsk zu Beginn des Jahres 1918. Von links: der deutsche General Max Hoffmann, der österreichische Aussenminister Graf Czernin, Talât Pascha und der deutsche Aussenminister Richard von Kühlmann (Generallandesarchiv Karlsruhe).

Erwartung, Deutschland würde «aus freien Stücken und voller Überzeugung auf die Kapitulationen verzichten», die Talât als Innenminister im September 1914 einseitig aufgehoben hatte (siehe Kapitel 27).[49]

Im Rückblick mag der Glaube des jungen Grosswesirs an eine gemeinsame osmanisch-deutsche Zukunft als tragisch und pathetisch erscheinen – als letztmögliche Hoffnung, das Reich vor dem Untergang zu bewahren. Aber zu diesem Zweck hätte er seine Strategie nicht mit Ultranationalismus und Völkermord kombinieren dürfen. Doch die beiden Elemente – der Angriff auf osmanische Christen und eine illusionäre national-imperiale Zukunft an der Seite der Mittelmächte – folgten einer verknüpften Logik. Denn «Turan» war nicht nur eine schwärmerische Feuilletonfantasie, sondern ein zwingendes Element der imperial voreingenommenen, territorial überspannten Kriegsideologie des CUP, die mit dem Willen einherging, Widerstände exterminatorisch zu beseitigen. Wenn Talât im Brustton der Überzeugung «unser Recht zu leben» verteidigte (siehe Kapitel 37), dann meinte er dies in der ihm eigenen

---

49 Cavid, Tagebuch, Bd. 3, 307, 16./17. Dezember 1916; vgl. Bd. 3, 330, 17. Januar 1917.

national-imperialen Terminologie. Im gleichen Atemzug vertrat er den Glauben an das Recht, die Macht und die dauerhafte Gültigkeit der neuen Mittelmächteordnung für Europa, den Nahen Osten und Russland, so wie die Bündnisverträge und in besonderer Klarheit der überaus vorteilhafte Vertrag von Brest-Litowsk im März 1918 diese Ordnung definierten.

Dank der Rückeroberung von Erzincan, Erzurum und Trabzon und des Rückgewinns von Kars, Batum und Ardahan befand sich Talâts Türkei im Frühjahr 1918 aussenpolitisch in einer starken Verfassung. Viele Regimeträger wurden deshalb zu selbstsicher und vernachlässigten eine ganzheitliche Betrachtung der Weltkriegssituation. «In dieser Hinsicht war es bezeichnend», schrieb Bernstorff in seinen Erinnerungen, «dass die Türken nach dem Zusammenbruch Russlands siegestrunken wurden und uns dadurch vermehrte Schwierigkeiten bereiteten, dass sie im Kaukasus Annexionen nachliefen», und zwar auch solchen, die weit über die Vereinbarungen des Vertrags von Brest-Litowsk hinausgingen. «Sie hielten eben ihren Krieg für siegreich beendet», wie Bernstorff festhielt, aber unterschätzten dabei die Bedeutung der Front im Westen und den Willen der Westmächte, «die orientalische Frage nach ihren eigenen Wünschen zu regeln». Der aussenpolitische Glanz im ersten Halbjahr 1918 kontrastiert scharf mit der Kriegsversehrung, Unterversorgung und korrupten Verwaltung im eigenen Land. Zudem gelangte das Vertrauen zwischen den Bündnispartnern im Frühling 1918 an einen Tiefpunkt.[50]

Talâts imperialer «Geist von Brest-Litowsk» entzündete in der Hauptstadt erneut Enthusiasmus für Turan. Im Sinne Gökalps verband er imperiale Machttradition mit pantürkischem Enthusiasmus und dem Postulat zivilisatorischen Fortschritts nach europäischem Muster, doch mit Ausschluss demokratischer Freiheiten und individueller Grundrechte. Selbstbestimmung wurde gutgeheissen, sofern verbündete hegemoniale Nachbarn dieses Recht kleineren Ländern zugestanden, um grössere Feinde zu schwächen, so zum Beispiel in Polen und in der Ukraine. Diesem Geist fehlten moderne Prinzipien, Sinn für politische Realisierbarkeit und eine strategische Intelligenz mit globalem Weitblick. Er wurzelte weder in Grundrechten noch einem demokratischen Gesellschaftsvertrag. Freilich waren auch die Vereinbarungen der Entente vom Frühjahr 1916 – Sykes-Picot-Sasonow – imperial voreingenommen, und zwar im Sinne des modernen westlichen Imperialismus. Doch wurden sie rechtzeitig von den Bolschewiken der Weltöffentlichkeit enthüllt und von diesen sowie den neu ins Spiel gekommenen USA anhaltend infrage gestellt. Zudem konnten sie in den massgeblichen Staaten öffentlich kritisiert werden. Auch unternahm Grossbritannien den ernsthaften Versuch, aber scheiterte schliesslich dabei, ein Minimum an Gerechtigkeit für die Armenier zu erwirken. Wegen ihrer begrenzten Mittel und ultimativ imperialen Logik ging die britische Politik in Lausanne 1923 einen Kompromiss ein, der eigene und kemalistische Interessen ausglich, aber den Schutz der Minderheiten und das Postulat demokratischer Selbstbestimmung opferte. Dieser und weitere «Sündenfälle» offenbarten, dass das «imperial voreingenommene» britische Konzept von Politik von seinem Ansatz her fortan nicht mehr tauglich war.

---

50 Bernstorff, Erinnerungen und Briefe, 129; siehe auch Bernstorff an Erzberger, 30. März 1918, ebd., 145.

Abb. 22: Besuch des österreichischen Kaisers Karl in der osmanischen Hauptstadt, Talât im Vordergrund rechts, Mai 1918 (auf der Originalfotografie mit einfachem x markiert; Wienbibliothek im Rathaus, Tagblatt-Archiv).

Der generische Begriff von der «imperialen Voreingenommenheit», den diese Studie anwendet, impliziert eine auf Gewalt gegründete Machthierarchie anstelle von Beziehungen, die auf Vereinbarungen, Gleichheit und Gesellschaftsverträgen beruhen. Seit den frühen 1910er-Jahren war die Weltmacht Grossbritannien offensichtlich mit der orientalischen Frage überfordert. Weder konnte sie sich aktiv und konstruktiv in die entscheidende osmanische Reformfrage am Vorabend des Weltkriegs einbringen (Kapitel 24) noch die osmanische Seite des Weltkriegs, dessen jungtürkische Akteure und deren neuartigen, machtvollen Ultranationalismus realistisch einschätzen (Kapitel 5 und 27). Winston Churchill, Talâts Zeitgenosse und Widerpart, personifizierte diese britische Grenzerfahrung im Nahen Osten der 1910er-Jahre. Zwar erlitt er 1915 politisch Schiffbruch, prägte aber als Kabinettsmitglied wieder die frühe nachosmanische britische Nahostpolitik im Sinne des oben erwähnten und analoger Kompromisse. Die Mandate der nachosmanischen Levante nutzte er funktional, um noch für kurze Zeit das Imperium zu wahren. Damit trug er wenig zur Zukunft der Völker eines Nahen Ostens bei, den er von London aus als «Middle East» einordnete (siehe auch folgendes Kapitel 39).

Deutschland und die von ihm abhängigen Presseorgane waren sich einig im Lob auf jenes politische Phänomen, das sie als verheissungsvollen türkischen Nationalismus priesen. Damit meinten sie das regierende CUP und vertraten die Auffassung, dieses verfolge Ziele, die sich mit den eigenen Interessen deckten, auch wenn sie sich dabei auf schlüpfrigem Boden bewegten. Der Zeithorizont der Politiker in Berlin war eng bemessen und unrealistisch, und dies selbst in den Augen eines CUP-Vertreters wie Cavid. «Ich traf mich mit Helfferich zum Mittagessen. Zimmermann und Rosenberg waren auch da. Ich sah, wie sie alle recht optimistisch gestimmt waren. Ich wies darauf hin, dass sich der Krieg noch um mindestens ein weiteres Jahr hinziehen werde, [aber] sie glaubten, dass er noch vor dem Winter zu Ende gehen werde», schrieb Cavid im Sommer 1916 in sein Tagebuch. Vizekanzler Karl Helfferich ging davon aus, dass sich mit einem Sieg Deutschlands eine allgemeine Friedenskonferenz erübrige und in der Folge die Mittelmächte Anspruch auf Reparationszahlungen hätten, sodass Berlin die Kriegsanleihen zurückzahlen könnte. Talât vertraute Helfferichs Einschätzungen und seiner Sicht auf das aktuelle globale Zeitgeschehen, während er Matthias Erzberger, der die demokratischen Kräfte Deutschlands seit der deutschen Krise vom Juli 1917 anführte, misstraute. Denn Erzberger hörte nicht auf, seine Sorgen wegen der Armenier zu äussern. Nach dem Krieg trat Helfferich auf als ein Führer der extremen Rechten und erbitterter Gegner von Erzberger, seinem Langzeitkonkurrenten, der 1921 ermordet wurde, nachdem Helfferich ihn öffentlich angegriffen und zur Zielscheibe gemacht hatte. Aussenminister Walther Rathenau wurde 1922 nach ähnlichem Muster ermordet.[51]

Während des Kriegs konnten imperiale Nationalisten wie Helfferich auf ihre gleichgesinnten, aber weit radikaleren Ansprechpersonen in Istanbul zählen, die ihrerseits an Deutschlands Zukunft glaubten. So feuerten sich beide Seiten gegenseitig in analogen Denkkategorien an. Am 10. April 1917 schrieb Cavid: «Am heutigen Abend wurde das [osmanische] Parlament ein weiteres Mal Zeuge der unsinnigen Gedanken von Bahâeddin Şakir. Wir müssen Amerika den Krieg erklären; kein einziger amerikanischer Spion dürfe hier [in der Türkei] bleiben.» Mit «Spionen» waren Missionare, Lehrer und Ärzte gemeint, die fast alle humanitär im Near East Relief engagiert waren. Cavid fuhr fort: «Man könnte verzweifeln, wenn man zusehen muss, wie die Zukunft der Nation dem Einfluss von Männern mit solcher Geisteshaltung preisgegeben ist. […] Ziya [Gökalp] war ebenfalls der Meinung, die Nation müsse eine resolute Haltung gegenüber Amerika einnehmen und zusammen mit Deutschland marschieren, als würde Deutschland alles in Ordnung bringen. Man hörte wieder die alte Leier [von 1914]: ‹Wenn wir denn sterben sollen, so lasst uns sterben […].› Diese jämmerlichen Leute haben keine Ahnung von Lebensbezügen ausserhalb der Türkei und merken gar nicht, was in der Welt vor sich geht. Sie stellen sich vor, Deutschland sei so mächtig wie Gott.»[52]

Um Deutschland einen Gefallen zu tun, entschied das Parlament, alle Verbindungen mit Amerika abzubrechen, wie Talât vorgeschlagen hatte. Cavid und Cahid waren die «Rufer in der Wüste», wie es in Cavids Tagebuch heisst: Sie sprachen sich gegen eine alternativlose Verbindung mit Deutschland auf Gedeih und Verderb aus. Kritische Äusserungen solcher Art wurden, vereinzelt im Parlament, doch meist nur noch im kleinen Kreis gemacht. Erreichten sie dann trotzdem die Ohren von Talât und

---

51 Cavid, Tagebuch, Bd. 3, 224, 30. Juli 1916. Vgl. Williamson, Karl Helfferich, 111–150, 365–373; Dowe, Matthias Erzberger.
52 Cavid, Tagebuch, Bd. 3, 375 f., 10. April 1917;

stellten seine Ausrichtung infrage, «stimmten sie ihn traurig». In der Folge schaffte er es in der Regel, Abweichler umzustimmen und auf seine Linie zu bringen.[53]

Wie wir festgestellt haben, wurden die «Männer der Tat» in Istanbul, ihr politischer Stil und ihr Narrativ nationalen Heils von der deutschsprachigen Presse ausser der Schweiz mit salbungsvollen Worten gelobt. Zweifellos brachte diese permanente penetrante Propaganda die deutschsprachige Öffentlichkeit dazu, sich an eine wohlwollende Sicht auf einen protofaschistischen Politikstil zu gewöhnen, auch wenn dieser Stil generell keineswegs den Eliten in Berlin und Wien entsprach. Arthur Zimmermann, Staatssekretär im Aussenministerium, sympathisierte mit dem einsamen Dissidenten Ahmed Rıza, einem «Idealisten», der «aufgrund seines Glaubens an die [friedliche] Einheit unterschiedlicher Volksgruppen» bei seinem Besuch in Berlin «einen guten Eindruck hinterliess». Aber der Riss zwischen den Idealen und dem, was Berlin als zwingende Realpolitik erachtete, war nicht mehr zu reparieren, weil ein realisierbarer Einschluss von Moral in Politik seit August 1914 nicht einmal erwogen worden war. Damalige sogenannte Realpolitik mit ihrem moralischen Defätismus trug Scheuklappen, denn sie unterschlug langzeitliche Aspekte des politischen und gesellschaftlichen Lebens. Zudem ging sie mit offenkundigen Illusionen einher. Die Reden, die Kaiser Wilhelm im Verlauf seines Besuchs in Istanbul Mitte Oktober 1917 hielt, klangen in Cavids Ohren wie reines Wunschdenken. Im Januar 1918 war Cavid in Berlin im Haus von Bankier Oscar Wassermann zu einem gemeinsamen Essen mit Walther Rathenau, dem späteren Aussenminister der Weimarer Republik, und dem Schriftsteller Maximilian Harden eingeladen. Er freute sich ausserordentlich über die Gelegenheit zu einem differenzierten Gespräch mit zwei Persönlichkeiten, die im Gegensatz zur deutschen Regierung unter dem De-facto-Diktator General Erich Ludendorff «nicht militarisiert waren».[54] Ludendorff und Talât, der eine Militär, der andere Parteimensch, waren zwar grundverschiedene Persönlichkeiten, standen aber beide in der zweiten Weltkriegshälfte je ihrem Reich diktatorisch vor. Ein Sozialdarwinist mit ideenreichem taktischem Denken, aber ohne Charme, baute Ludendorff im Vergleich zu Talât politisch noch viel stärker auf Sand.[55]

Ein ungenannter deutschsprachiger Journalist, der dem österreichischen Aussenminister Czernin nahezustehen schien, fasste Mitte Mai 1917, wenige Tage nach Talâts Rückkehr von seiner Europareise, treffend das haltlose politische Denken zusammen, das unter Eliten der Mittelmächte im Zusammenhang mit der Türkei vorherrschte: «Ein neues Regime hat in verständiger Verjüngungstaktik modernen Geist, modernes Denken und nationales Fühlen in den Orient getragen. In knapp sechs Jahren hat die jungtürkische Komiteepartei die nationalistische Richtung zum geltenden Erfolge durchgedrückt. […] Männer stehen an der Spitze dieser Bewegung, Männer,

---

53 Ebd., Bd. 3, 381 f., 18. April 1917.
54 Ebd., Bd. 3, 220, 25. Juli 1916 (Zimmermann war damals Unterstaatssekretär, ab Herbst 1915 Staatssekretär); 437, 15. Oktober 1917; 480, 19. Januar 1918.
55 Anfang der 1920er-Jahre fand sich Ludendorff an der Seite Adolf Hitlers. Er verstieg sich, auch unter dem Einfluss seiner sektiererischen Ehefrau, in eine dem germanischen Gott Wotan huldigende Religiosität. Nebelin, Ludendorff; Bettina Amm: «Die Ludendorff-Bewegung im Nationalsozialismus», in: Uwe Puschner, Clemens Vollnhals (Hg.): *Die völkisch-religiöse Bewegung im Nationalsozialismus*, Göttingen: Vandenhoeck & Ruprecht, 2012, 127–148.

die das Regierungstalent nicht durch ihre Geburt erworben, sondern durch ihre Veranlagung erlernt haben, Männer wie Talaat Pascha, der allmächtige Minister. […] Die erfolgreiche Teilnahme der Türkei am grossen Krieg hat die nationalistische Richtung natürlich noch begünstigt. Die Aufhebung der politischen Kapitulationen musste als glänzender Beweis für die Richtigkeit der nationalistischen Behauptung von der Möglichkeit einer besseren Zukunft erscheinen. Und der siegreiche Widerstand an den Dardanellen, eine Heldentat, wie sie fast vereinzelt unter den bewegenden Ereignissen der Gegenwart steht, hat nicht nur alle Türken mit patriotischem Stolze erfüllt, sondern auch den Feinden den Beweis geliefert, dass die Meinung vom ‹kranken Manne auf dem Balkan› nichts mehr ist als ein Märchen, dessen Geltung endgültig dahingegangen ist. […] Mitteleuropa und der Orient sind nicht nur in politischen Fragen ein untrennbares Ganzes geworden, schon früher waren sie in kultureller Richtung und Absicht ein Komplex von Ideen, mit einem Ziele und mit einer Zukunft.»

Dieser deutsche Artikel aus den dreisprachigen *Belgrader Nachrichten* befürwortete auch die Wiederherstellung türkischer Herrschaft im Kaukasus sowie die Aussicht, «dass die Krimtataren eine freie, muselmanische Republik unter türkischer Oberhoheit ins Leben rufen können». Er zitierte Czernin als den Politiker, der das Mantra «Triest-Damaskus und alles Land, das den Türken in Kleinasien gehört» geprägt habe, das heisst die Losung für den Zusammenschluss Mitteleuropas und der Levante sowie uneingeschränkte rein türkische Herrschaft in Anatolien. Der Artikel beschwor enge kulturelle und wirtschaftliche Bande als «das grosse Heil für die Zukunft der Türkei» herauf. Bezeichnend ist schliesslich seine Rede einer ewig gültigen Freundschaft zwischen den Mittelmächten und der Türkei, «die in der Not der Stunde geboren und auf den Schlachtfeldern mit Blut besiegelt wurde». Sie werde bestehen bleiben als «eine der wichtigsten und wertvollsten Errungenschaften der Politik dieses Krieges».[56]

39 Mit Deutschland gegen das wankende British Empire

Die vielfältigen Quellen, die für die vorliegende Biografie beigezogen wurden, verweisen auf die zentrale Bedeutung, die Deutschland für Talât, seinen Aufstieg zur Macht, seine internationale Statur und seine Projektion imperialer türkischer Zukunft hatte. Die Tatsache, dass er in den ersten Weltkriegsmonaten, obwohl viel beschäftigt, auch die deutsche Sprache lernte und später leidlich auf Deutsch radebrechen konnte, war mehr als bloss eine Laune. Nichts weist darauf hin, dass er ernsthaft über einen Separatfrieden mit England oder Russland nachdachte, und erst recht nicht, dass er einen Bruch mit den Allianzvereinbarungen von 1917 erwogen hätte. Erst in den letzten Kriegsmonaten, seit dem späten Frühjahr 1918, tauchten Gründe auf, die ihn sein Vertrauen in eine Symbiose mit Deutschland verlieren liessen. Dazu gehörten an erster Stelle die schweren Spannungen im Kaukasus und die wiedererwachte Virulenz des

---

56 «Der türkische Bundesgenosse», in: *Belgrader Nachrichten*, 16. Mai 1918, 1, mit beigefügter osmanischer Übersetzung in BOA, HR. SYS. 2453-5.

Armeniermords zusammen mit der Frage der armenischen Zukunft. Hinzu kamen im Sommer 1918 die böse Ernüchterung über die deutsche Niederlage im Westen und die verlorene Aussicht auf territoriale Rückgewinne auf dem Balkan mit deutscher Hilfe. Selbstverständlich stand Talâts jahrelange Zuwendung zu Deutschland keineswegs dem konstanten Bemühen im Wege, meist via Cavid mit allen, auch psychologischen Mitteln alles in ihrer Macht Stehende zu unternehmen, um in den Verhandlungen mit Berlin das Maximum für die osmanische Seite herauszuschlagen.

Es ist gut möglich, dass sich der junge Grosswesir gewisser Strohmänner bediente in der Absicht, Verwirrung zu stiften oder das Gerücht zu verbreiten, es bestünde Interesse zu separaten Verhandlungen mit Grossbritannien, wofür namentlich sein Freund Mustafa Rahmi, der Gouverneur von İzmir, infrage kam.[57] Aber es handelt sich um ungesicherte Vermutungen. Tatsache ist hingegen, dass Mitglieder der zerstreuten osmanischen Opposition und sogar ein paar CUP-Mitglieder sowie Grossbritannien selbst einen Separatfrieden anstrebten. Die meisten Oppositionellen standen der Kriegspolitik kritisch gegenüber. Auch wollten sich manche rechtzeitig für die Ära nach dem Krieg positionieren und sich Posten sichern. Man mag versucht sein, gewisse britische Dokumente, die entweder direkt von zum Teil schillernden Persönlichkeiten wie J. R. Pilling, Basil Zaharoff, Mustafa Rahmi, Abdülkerim oder Fuad Selim stammen oder in einem Bezug zu ihnen stehen, zum Nennwert zu nehmen, gerade wenn sie über spannende Kontakte und Ereignisse berichten. Indessen gilt es, das politische Leben in der osmanischen Hauptstadt unter Talât sorgfältig zu prüfen. Zwar machten immer wieder Personen geltend, sie würden im Namen hoher Repräsentanten, ja sogar in Talâts Namen sprechen oder sie stünden jedenfalls in Kontakt mit den Betreffenden. Oft erwies sich, dass solche Behauptungen nicht stimmten, ja schlicht erfunden waren. In einem blühenden Handel mit dem Verkauf von politischen Kontakten, Informationen und Falschmeldungen witterte manch einer die Möglichkeit, Einfluss zu gewinnen und gutes Geld zu verdienen. Unerfahrene Zionisten hatten 1913 in Istanbul auf diesem Gebiet ernüchternde Erfahrungen machen müssen (siehe Kapitel 36).

In der zweiten Weltkriegshälfte kam es zu zwei prominenten Fällen von Geheimdiplomatie zwischen dem britischen Premierminister Lloyd George und der Türkei. George hatte 1917 einen persönlichen Sondergesandten namens J. R. Pilling, der, wie damals viele Agenten verschiedener Staaten, von der Schweiz aus tätig war. In den osmanischen Staatsarchiven findet man von ihm indes kaum erwähnenswerte Spuren, und in Cavids Tagebüchern gibt es nur einen kurzen Eintrag über ihn. Cavid sympathisierte mit der Idee, dass die Türkei stärker auf Distanz zu Deutschland gehen sollte, und war daher zweifellos für entsprechende Hinweise empfänglich. Talât Pascha selbst liess sich offenbar keinen Kommentar zu Pilling entlocken, obwohl Pilling ihm zwei Briefe sandte. Dessen zweiter Brief ist im Osmanischen Staatsarchiv aufbewahrt; er wurde am 22. Mai 1917 über den osmanischen Gesandten Fuad Selim von Bern nach Istanbul verschickt. Dieser Brief war stümperhaft, unglaubwürdig und nicht dazu angetan, irgendeine Saite in Talâts politischer Seele für einen Separat-

---

57 Rahmi galt in den Augen einiger Briten als liberal. Wir haben ihn schon mehrfach angetroffen, namentlich in Kapitel 26.

frieden zum Klingen zu bringen. Damit warf er auch kein günstiges Licht auf den Chef des Sondergesandten. Denn der Brief richtete sich in allzu plumper Weise gegen Deutschland und war nicht einmal als Finte ernst zu nehmen, indem er fälschlich dem früheren Grosswesir Said Halim die Schuld am Bündnis mit Deutschland und an der Kriegspolitik zuwies. Zudem machte er unrealistische Versprechungen für den Fall, dass ein Separatfrieden abgeschlossen würde. Pillings berichtete Lloyd George, Talât strebe einen unabhängigen armenischen Pufferstaat zwischen der Türkei und Russland an. Aber das war Fantasiedenken (siehe Kapitel 40). Man kann bestenfalls vermuten, dass Talât, falls er in irgendeiner Weise antwortete, unverbindliche Versuchsballone steigen liess.[58]

Der andere Versuch im Rahmen von Lloyd Georges geheimdiplomatischen Aktivitäten mit der Türkei begann ebenfalls im Frühjahr 1917 und wollte eine Distanz zwischen Enver einerseits und Talât und dem Krieg andererseits herbeiführen. Er sollte Enver dazu drängen, ins Exil zu gehen. Es ging um eine Reihe indirekter Kontakte zwischen George und Enver, die über Basil Zaharoff und Abdülkerim liefen. Das schwächste Glied in dieser Kommunikationskette war Envers Verwandter Abdülkerim, ein früherer Diplomat und Sekretär unter Abdulhamid II. Er war für den bedeutenden Waffenhändler Zaharoff die wichtigste Kontaktperson und machte Verbindungen zu osmanisch-türkischen Kreisen in der Schweiz geltend.[59] Abdülkerims naheliegendes Motiv war, über seinen reichen Verhandlungspartner zu Geld zu kommen. Der Inhalt seines Vorhabens bestand darin, dass Grossbritannien Enver ein luxuriöses, von Zaharoff finanziertes Asyl garantieren würde. Dass Abdülkerim sich diesbezüglich bis in Details mit beiden Seiten abgesprochen habe, war am plausibelsten eine für ihn lukrative Lüge, die immerhin so gerissen war, dass noch heute einige westliche Historiker sie ernst nehmen.[60] Diese fast peinlich anmutenden Versuche von Geheimdiplomatie sind aber insofern ernst und interessant, als sie zeigen, wie ratlos Lloyd George im Hinblick auf den Nahen Osten nach der Februarrevolution in Russland war. Sie zeugen auch davon, vor welchen fast unlösbaren Problemen Grossbritannien wegen des unerwartet aufwendigen Kriegs und der ungewissen Zukunft in der Levante stand.

Die militärischen Erfolge in Gallipoli, im Irak und – mit osmanischer Beteiligung – in Galizien und Rumänien hatte dem öffentliche Ansehen von Kriegsminister

---

58 BOA, HR. SYS. 2434-63; Cavid, Tagebuch, Bd. 3, 392, 15. Juni 1917; Schneer, Balfour Declaration, 258.
59 Der steinreiche Zaharoff war ein Türkisch sprechender, in Westanatolien geborener Rûm. Jene osmanischen Vertreter in Genf, die sich um einen Separatfrieden bemühten, waren im Allgemeinen liberale Dissidenten, während Abdülkerim sie als Verbindungsleute zu CUP-Kreisen darstellte. Vgl. Kieser, Vorkämpfer der «Neuen Türkei», 78 f., 168.
60 Zur Verwicklung von Pilling, Rahmi, Fuad Selim, Zaharoff, Abdülkerim und Enver in Bemühungen um einen Separatfrieden gemäss britischen Archiven: Keith Hamilton: «‹Zedzed›in çikolatası», in: *Radikal 2*, 17. April 2005, übersetzt von Mete Tunçay, www.radikal.com.tr/radikal2/zedzedin-cikolatasi-872507; Joseph Maiolo, Tony Insall: «Sir Basil Zaharoff and Sir Vincent Caillard as Instruments of British Policy towards Greece and the Ottoman Empire during the Asquith and Lloyd George Administrations, 1915–18», in: *International History Review* 34, Nr. 4 (2012), 819–839; Schneer, Balfour Declaration, 253–262, 291–300, 347–361; David French: «Failures of Intelligence: The Retreat to the Hindenburg Line and the March 1918 Offensive», in: Michael Dockrill, David French (Hg.): *Strategy and Intelligence. British Policy during the First World War*, London: Hambledon Press, 1996, 67–95, hier 87–91.

Enver Pascha zwar gutgetan, dennoch konnte er keinesfalls riskieren, die Unterstützung der Deutschen und seine Parteifreundschaft mit Talât aufs Spiel zu setzen. Der deutsche Botschafter Bernstorff beurteilte ihn Ende 1917 gegenüber Arthur Gwinner als politisch überaus schwach. «Enver Pacha's Stellung ist so geschwächt, dass er nur von uns und vom Grosswesir um unseretwillen gehalten wird. Er kann gar nicht mehr viel [punkto Bagdadbahn] durchsetzen.»[61] Die politische Schwäche tat seinem patriotischen Selbstverständnis indes keinen Abbruch. Abdülkerims mehr oder weniger aus der Luft gegriffenes Angebot eines von Grossbritannien garantierten Luxuslebens im Ausland konnte von ihm daher nur als Beleidigung verstanden werden. Gewiss war er schlau genug, um allenfalls in Absprache mit Talât auf Täuschungsmanöver einzugehen, wie er das schon beim vorgetäuschten Bündnisangebot an Russland Anfang August 1914 getan hatte. Lloyd Georges Berater und das britische Aussenministerium unter Aussenminister Arthur Balfour, die von Zaharoffs Versuch, Enver zu kontaktieren, nichts wussten, schätzten 1917 die Chancen für einen Separatfrieden mit der Türkei realistischerweise als minimal ein. Die grössten Chancen, zu einem Separatfrieden zu gelangen, bestanden mit Russland, und zwar in der Zeit nach der Februarrevolution. «Aber [diese] Friedenshoffnungen haben sich zerschlagen», schrieb Cavid Mitte Juni 1917, kurz nachdem die britische Zaharoff-Abdülkerim-Offerte gestartet worden war, die noch bis 1918 herumgeisterte.[62]

Weder Cavid noch Enver waren zum von Abdülkerim behaupteten Zeitpunkt tatsächlich in der Schweiz. Während des Sommers 1917 waren sie in Istanbul damit beschäftigt, einmal mehr von Berlin Geld zu beschaffen sowie die Militärkonvention zur Unterschriftsreife zu bringen. Im Januar 1918 übernahm Enver die Stellvertretung von Talât, der nach Brest-Litowsk abreiste. Schon im Juli 1917 hatte Aubrey Herbert – ein britischer Orientalist, Hauptmann, Parlamentsabgeordneter und Agent für besondere Kontakte – seinen Vorgesetzten im Aussenministerium in London über seine vorsichtigen Erkundigungen bei oppositionellen liberalen osmanischen Kreisen in der Schweiz Bericht erstattet. Sein Befund war, dass sich «von den bedeutenden Kräften in der Türkei» keine zu Verhandlungen bereit erklärt habe, obwohl Herbert damals davon ausging, Talât sei «die treibende Kraft hinter dem Versuch, die Fühler [nach möglichen Friedensverhandlungen] auszustrecken».[63]

Abschliessend lässt sich sagen, dass Envers Verbundenheit mit Talât wie auch seine seit 1908 bestehende klare Abhängigkeit von ihm in politischen Dingen durch den ganzen Weltkrieg hindurch und teilweise darüber hinaus bestehen blieben. Allerdings wurde die Freundschaft durch Putschversuche in der zweiten Weltkriegshälfte belastet und erlangte nie mehr die frühere Einigkeit. Mit einer Ausnahme scheinen sich die Putschversuche nie gegen Talât, sondern zum Teil gegen Enver gerichtet zu

---

61 Bernstorff an Gwinner, 1. Januar 1918, in: Bernstorff, Erinnerungen und Briefe, 138. Siehe auch die Beobachtungen von Talâts Berater Muhittin Birgen zu Envers schwacher Stellung: Birgen, İttihat ve Terakki'de on sene, 404–407.
62 Cavid, Tagebuch, Bd. 3, 392, 15. Juni 1917.
63 Protokoll von G. Clerk und R. Graham, 31. Juli 1917, FO 371/3057 (Gespräche zu einem Sonderfrieden von 1917), 148986. Vgl. Herbert, Tagebuch, Bd. 5, 5–11, 22. Juli 1917, DD/HER/70/1-3, Somerset Heritage Centre.

haben. Derjenige vom Frühjahr 1916 wurde von Major Yakub Cemil angeführt,[64] unterstützt von Tscherkessen aus der SO, welche Enver zuvor nahegestanden hatten. Bei diesem und ähnlichen weiteren Vorfällen, die von der Armee oder der SO ausgingen, bewies sich Talât als der Gewiefteste von allen, der im mehrdimensionalen Machtspiel in der osmanischen Hauptstadt die Fäden in der Hand behielt. Gemäss einem Geständnis strebte Cemil einen Separatfrieden an und erkor Mustafa Kemal, den späteren Atatürk, als Ersatz für Kriegsminister Enver. Falls die Aussage wahr und nicht fabriziert war, ist klar, dass Talât der Umgang mit dem abhängigen Enver leichter fiel als mit dem unabhängigeren Geist Mustafa Kemal, den er weniger gut kannte. Talât unterdrückte erfolgreich die frühzeitig enttarnte Gruppe und liess Cemil Ende Sommer 1916 hinrichten, als sich Enver gerade in Deutschland aufhielt.[65]

Talât schaffte es, interne Unruhen auszuschalten und fand Wege, um eine «Disharmonie mit Enver zu vermeiden», die das eingespielte Verhältnis zu sehr getrübt hätte.[66] So bewahrte er sein Netz von Abhängigen in hohen Stellungen. So war es ihm auch gelungen, den dramatischen persönlichen Protest von Canbolad, den die Korruption in der Partei anekelte (siehe Kapitel 35), zu besänftigen. Diesen und weitere Parteifreunde sowie die von Enver entfremdeten Offiziere vermochte er jeweils wieder zur Mitarbeit zu bewegen. Anfang 1917 gab es zwischen Enver und Talât einen Konflikt um ein neues Rekrutierungsgesetz, dessen Kompetenzen für Talât zu weit gingen. Ende 1917 – der Grosswesir ging damals für mehrere Wochen nach Europa und zu den Verhandlungen in Brest-Litowsk – kursierte ein ernst zu nehmendes Gerücht über einen weiteren, diesmal gegen Talât gerichteten Putschversuch, in den sowohl Enver wie auch Mustafa Kemal verwickelt waren. Doch resultierten keine weiteren Konsequenzen daraus. Gemäss späterer Aussage von Mustafa Kemals Adjutanten Mehmet Cevat Abbas (Gürer) habe Kemal damals die Aussprache mit Talât gesucht und es sei zu einem vertraulichen Gespräch beider Männer in Talâts Haus gekommen.[67]

In seinen Bemühungen, sich und seine Politik nach dem Weltkrieg zu rechtfertigen, wies Talât darauf hin, dass 1914 eigentlich Grossbritannien die bevorzugte Wahl für ein Bündnis gewesen wäre. Er fühlte sich jedoch von den Briten zurückgewiesen, als sie im Herbst 1913 aus Rücksicht auf Russland nicht bereit waren, Generalinspektoren für die Reformen in den Ostprovinzen zur Verfügung zu stellen. Eine ernsthafte Entfremdung hatte schon früher begonnen, nämlich als Grossbritannien Kâmil Paschas CUP-feindliches Kabinett und dessen kompromissbereite Position während des Ersten Balkankriegs unterstützte, die von den Scharfmachern im CUP als natio-

---

64 Cemil war derjenige Offizier an Envers Seite, der im Januar 1913 Nâzım Pascha ermordete. Siehe Kapitel 20.
65 Cavid, Tagebuch, Bd. 3, 249, 9. September 1916; M. Beau, Bern, an A. Briand, «Annexe, Turquie – situation politique», 7. November 1916, Documents diplomatiques français, Bd. 5, 1036–1046. Zum Ereignis mit Yakub Cemil siehe auch Atay, Mustafa Kemal'in ağzından Vahdettin, 18 f.; Fortna, Circassian, 176 f.
66 Cavid, Tagebuch, Bd. 3, 544, 5. September 1918.
67 Ebd., Bd. 3, 458–460, 15., 17., 18. und 19. Dezember 1917; Bd. 4, 211 f., Januar 1921; V. G. W. Kell an R. H. Campbell, 31. Januar 1917, mit «einem Bericht aus vertrauenswürdiger Quelle», FO 371/3048 (Talâts Streit mit Enver), 27296; Babacan, Mehmed Talât Paşa, 168–170.

nales Sakrileg verschrien wurde. Aubrey Herbert führte am 26./27. Februar 1921 in Köln ein ausführliches Gespräch mit Talât Pascha, dem Grosswesir im Exil, und stellte dabei die Frage, «an welchem Punkt freundliche Beziehungen zwischen unserem eigenen Land und der Türkei unmöglich wurden», worauf Talât antwortete: «Zu jenem Zeitpunkt, als [der britische Premierminister] Herr Asquith seine Rede über die Frage von Adrianopel hielt.» Asquiths Rede forderte drohend, dass die Stadt bei Bulgarien verbleiben müsse. Talât durchschaute, dass der Premier mit dieser Forderung insofern bluffte, als er ultimativ militärische Macht und Gewalt vor Ort entscheiden lassen würde. Denn das schien die Lektion in internationaler Politik seit Beginn der Balkankriege zu sein. Talât erkannte dies und verlor den Respekt vor ihm. Er und das CUP-Kabinett ignorierten in der Folge Asquiths Drohungen und gewannen Talâts Heimatstadt Edirne Ende Juli 1913 erfolgreich zurück (siehe Kapitel 22).

Schmerzliche Wahrheiten und apologetische Verdrehungen oder Verkürzungen mischten sich in Talâts Argumentation über die Beziehung mit Grossbritannien. Das CUP fühlte sich von London seit der Revolution von 1908, die mit grosser Sympathie mit England einhergegangen war, nicht für voll genommen. Die Erwartung der jungen Revolutionäre, von den Vertretern der Weltmacht auf Augenhöhe behandelt zu werden, war zwar nicht realistisch, offenbarte aber zugleich den imperial voreingenommenen britischen Politikstil, der darin versagte, proaktiv mit den neuen Kräften der jungtürkischen Revolution umzugehen. Die negative Reaktion auf Cavids Brief an Churchill, 1911, im Namen des CUP (siehe Kapitel 18) bekräftigte das Gefühl schnöder Zurückweisung. Rebellischer Trotz aus tiefem Groll über eine spätestens im Herbst 1913 als definitiv empfundene Zurückweisung charakterisierte fortan die Haltung von Talâts Türkei gegenüber Grossbritannien (erst die Konferenz von Lausanne stellte zehn Jahre später die Beziehung auf eine neue Grundlage).

Die Zusammenarbeit mit der seit 1909 gegenüber dem CUP proaktiven deutschen Diplomatie stand allerdings immer im Raum und war ein Faktor britischer Skepsis. Wirtschaftlich und finanziell war Deutschland seit Beginn der 1910er-Jahre der dem CUP zugänglichste Partner. Im Juli 1914 erwuchs daraus ein vollwertiges deutsch-osmanisches Bündnis, das Talât indes, auch wenn weniger spitz als Cavid, als deutsches Zugeständnis in der Not der europäischen Julikrise und je nachdem auch wieder nur als Ersatz für die verwehrte erste Wahl betrachtete. Da er zudem immer wieder dazu neigte, Schuld auf andere und das Ausland abzuschieben, fiel es ihm nicht schwer, gegenüber Aubrey Herbert den deutschen Bündnispartner der Schuld am Armeniermord zu bezichtigen. Das unglückliche Bündnis wiederum hätten die Briten verursacht: «Ihr habt uns in Deutschlands Arme getrieben. Es blieb uns keine Alternative: Alles andere hätte den politischen Untergang und die Aufteilung des Landes bedeutet.»[68] In Wirklichkeit war Deutschland eine attraktive und naheliegende Wahl schon deutlich bevor Grossbritannien eine enge Partnerschaft verweigerte, wie sich aus der Entwicklung der Beziehungen ab 1909 zeigt. Deutsches «Türkenfieber» half mit, dass auch viele auf deutscher Seite dies so sahen (siehe Kapitel 16). In globalpolitischer Hinsicht teilten deutsche Diplomaten mit der Türkei gemeinsame Frustra-

---

68 Herbert, Talaat Pasha, 8. Vgl. Ünal, Young Turk Assessment, 31.

tionen gegenüber den Ententemächten. Sie zeigten von 1913 an eine bemerkenswerte Affinität für Talâts neuen CUP-Parteistaat und dessen Kampf für die «neue Türkei». Die Zurückweisung durch die Briten wurde aufgebauscht und diente den CUP-Wortführern zur Rechtfertigung radikaler Schritte. Sie spielte auch eine gewisse Rolle für die frühe proaktive Beteiligung der Türkei am Krieg gegen die Entente, zumal Grossbritannien am 1. August 1914, einen Tag vor dem Bündnisabschluss mit Deutschland, osmanische Kriegsschiffe konfiszierte, was eine antibritische Stimmung anheizte (Kapitel 27). Bei selektiver Wahrnehmung schien immer wieder vieles Talâts Deutschlandstrategie zu bestätigen: die Triumphe bei den Dardanellen und bei Gallipoli 1915, die Niederlage der Briten bei Kut (südöstlich von Bagdad) im Frühjahr 1916 und der endgültige Kollaps Russlands im Kaukasus. Der Sturz des Zaren Mitte März 1917 machte die bedrückende Nachricht vom Fall der Stadt Bagdad, des früheren Sitzes des Kalifen, ein Jahr nach dem Triumph von Kut wett und überwog ihn.[69]

Im Blick aufs Ganze aus der Distanz wird klar, dass die Verantwortung für verpasste Chancen und ungenutzte Kompromisse, die dazu hätten beitragen können, die tödliche geostrategische Polarisierung zu verhindern, sowohl bei Talâts Türkei lag als auch beim Stärkeren, nämlich beim British Empire und seiner Nahostpolitik. Das britische Imperium befand sich im frühen 20. Jahrhundert auf dem Höhepunkt seiner Macht, aber es beruhte auf vormodernen königlichen Vorrechten, auf Eroberung, Rasse und Klassenmentalität, sodass es in den radikalen Bewährungsproben des neuen Jahrhunderts scheitern musste, wenn es sich nicht von Grund auf neu konstituierte. Zwar herrschte abgesehen von prägnanten Klassenunterschieden eine substanzielle demokratische Rechtsstaatlichkeit in den Heimatländern westeuropäischer nationaler Imperien wie Grossbritannien, Frankreich und den Niederlanden. Doch unterschieden sich davon fundamental die oft ausbeuterischen Verhältnisse in Übersee, wo Gouverneure nach Kriegsrecht regieren konnten.[70] Sowohl die Ressourcen als auch die bis anhin leidlich akzeptierte imperiale Legitimität neigten sich dem Ende zu – das wurde an der Schwelle zum 20. Jahrhundert klar. Indizien waren der Zweite Burenkrieg, der britische Umgang mit Irland und die soziale Frage in Grossbritannien selbst (Pauperisierung, Klassengegensätze und die Abschiebung von «Sozialfällen», auch vielen Kindern, nach Übersee). Das zögerlich defensive Verhalten der Briten in Istanbul stand beherzten Reformen und Initiativen der Konfliktlösung in den erwartungsvollen Jahren nach 1908 im Weg. So obsiegte die Versuchung, die Pandorabüchse der orientalischen Frage im Weltkrieg zu zertrümmern.

Die Radikalisierung Talâts in den frühen 1910er-Jahren und der britische Habitus standen miteinander in Wechselwirkung, da Talât permanent zur Weltmacht aufschaute und in mancher Hinsicht sein Verhalten nach den Grenzen richtete, die sie ihm implizit oder explizit setzte oder eben nicht setzte. Zehn Jahre zuvor hatte die internationale Presse ausgiebig über den Burenkrieg berichtet, in dessen Verlauf das

---

69 Vgl. Emmanuilidis, Osmanlı İmparatorluğu'nun son yılları, 325 f.
70 Vgl. Lyndall Ryan, Amanda Nettelback: «Frontier Violence in the British Empire», in: *The Cambridge World History of Violence*, Bd. 4: *1800 to the Present*, Cambridge: Cambridge University Press, 2020, 227–245.

britische Militär riesige Konzentrationslager mit tödlichen Folgen eingerichtet hatte.[71] Dadurch hatten die von den Briten geführten Auseinandersetzungen über Humanität, Demokratie und Selbstbestimmung viel Glaubwürdigkeit verloren. Sozialdarwinismus und imperial voreingenommene Ansichten zu Kultur- und Rassenfragen traten an die Oberfläche des politischen Denkens. Sie prägten auch den britischen Philo- und Antisemitismus, nachdem der im 18. und frühen 19. Jahrhundert in Grossbritannien und Amerika weitverbreitete millennaristische *restorationism* weitgehend verschwunden war. (Damit ist eine moderne, hauptsächlich protestantisch geprägte Bewegung gemeint und der Glaube an eine dem Millennium vorangehende Rückkehr der Juden nach Palästina und deren Hinwendung zu Jesus – eine Art Vorläufer aktueller Strömungen des christlichen Zionismus.[72]) Von Istanbul aus betrachtet unterschied sich britisches Denken und Handeln nur graduell, nicht substanziell von Vulgärvarianten des Rassismus anderswo. Die Jungtürken der 1910er-Jahre nutzten tatsächliche und aufgebauschte Ungerechtigkeiten Europas und insbesondere der Weltmacht Grossbritannien gegen indigene Volksgruppen in Afrika, Australien und Asien sowie den Irlandkonflikt immer wieder, um verfassungswidriges Verhalten ihrer Regierung in der osmanischen Welt zu rechtfertigen oder zu relativieren.

Es wurde bereits auf Mängel und geringe Weitsicht in Berichten britischer Diplomaten über das Osmanische Reich hingewiesen. Ab November 1914 fehlte ihnen der direkte Zugang zu wichtigen Informationsquellen, sodass das Wissen in London sich fortan auf Interpolationen aller Art und häufig auf Geheimdienstinformationen beschränkter Qualität stützte. Die Botschafter Gerard Lowther und Louis Mallet waren zwar die Vertreter eines Weltreichs in der osmanischen Türkei, aber vergleichsweise schwache Figuren. Ihre Berichterstattung aus dem politischen Zentrum des Osmanischen Reichs nach 1908 durchzogen Vermutungen und Verschwörungstheorien (siehe Kapitel 36) – wo nüchterner psychologischer Sachverstand und eine proaktive, konstruktive Diplomatie entscheidend gewesen wäre. Ein britisch-russischer Kompromiss in der Frage des teilweisen Einbezugs von britischen Experten bei den Reformen in den Ostprovinzen im Jahr 1913 hätte Talât in seiner Trotz- und Abwehrhaltung entwaffnen können. Jedenfalls wären der Nachwelt die Argumente erspart geblieben, die Reformen hätten bloss einer russischen Annexion gedient und das CUP sei unter Zwang in die Arme der Deutschen getrieben worden. Grossbritannien verpasste zweifellos Chancen und scheiterte an der Herausforderung, Vertrauen und Verlässlichkeit aufzubauen. Es besass keine Perspektive für den Nahen Osten, die über alt gewordene imperiale Konzepte hinausreichten. Talât seinerseits war negativ fixiert auf das europäische Machtspiel, um im Gegenzug den Willen nach voller Souveränität durchzusetzen – was gleichbedeutend war mit der umfassenden Macht seines Parteistaats. So nutzte er den schwindenden Kredit Grossbritanniens als Rechtfertigung und die

---

71 Die jüngste gründliche Untersuchung des Burenkriegs stammt von Martin Bossenbroek: *Tod am Kap. Geschichte des Burenkriegs*, aus dem Niederländischen übersetzt von Andreas Ecke, München: C. H. Beck, 2016. Zur Aneignung des Sozialdarwinismus durch die Jungtürken in den 1910er-Jahren siehe Kieser, Türklüğe İhtida, 184–191.
72 Kieser, Johannes Lepsius, 211–214; Kieser, Nearest East, 15–136.

britische Wankelmütigkeit als Freiraum für eine ultranationalistisch-revolutionäre Politik, die er nur in der Allianz mit Deutschland ausleben konnte.

Zum von Anfang an reaktionären und apologetischen Stil seiner Einparteiherrschaft gehörte Talâts Haltung, konsequent die Verantwortung für das eigene Tun, das die Archivdokumente belegen, herunterzuspielen. Herbert, der britische Sonderbeauftragte, hielt in seinem Tagebuch am 3. März 1921 eine einschlägige Aussage Talâts fest: «Die Türken hatten uns [Briten] die Türkei praktisch angeboten, und wir haben sie zurückgewiesen. Wir [Briten] haben uns mit den Russen zusammengetan, und sie [die Türken] konnten nicht neutral bleiben. Und so wählten sie den einzigen Weg, der ihnen das Heil versprach. Er [Talât] entschuldigte sich [zwar] wegen der Armenier, wies aber jede Verantwortung von sich und sprach dann die Möglichkeit einer Übereinkunft mit uns an [die sich in Lausanne 1923 tatsächlich realisierte]. All diese Gespräche hindurch verhielt er sich sehr freundlich und eher etwas zynisch. [...] Ich fragte ihn, wie denn ihre Beziehungen zu den Deutschen während der Kriegszeit so gewesen seien. Er lachte und sagte: ‹Abscheulich.›» Die kommunikative Situation und Absicht im Gespräch mit Herbert im deutschen Exil muss natürlich im Kontext von 1921 analysiert werden, was Talâts ostentative Geringschätzung der Deutschen erklärt. Dies ändert jedoch nichts daran, dass die langjährige antibritische Synergie von deutschen Eliten, die nach Weltgeltung strebten, mit ultranationalistischen imperialen Revolutionären im Istanbul der 1910er-Jahre die mentalen Koordinaten für künftige Geschichte bestimmten. Was Grossbritannien betraf, zog einer von Herberts Vorgesetzten im Aussenministerium nach der Lektüre des Berichts über Herberts Begegnung mit Talât den zutreffenden Schluss: Talât «fand es schwierig, mit uns zu kooperieren, weil unsere Politik gegenüber der Türkei über die letzten vierzig Jahre hinweg im Grunde genommen negativ war. Daher die Hinfälligkeit unserer Bemühung, von der wir wünschten, dass sie sowohl der christlichen Bevölkerung in der Türkei zugutekomme als auch unsere Eigeninteressen bediene.»[73]

In seinem Buch *World Crisis* hält Winston Churchill fest, dass es «keinen bedeutenden politischen Bereich [gab], über den die britische Regierung unvollständiger informiert war, als den türkischen» und dass die Regierung, Churchill eingeschlossen, im Sommer 1914 fälschlicherweise geglaubt habe, «dass die Türkei keine politische Strategie verfolge und daher noch immer zu gewinnen oder zu verlieren sei».[74] Churchill, sein ambivalentes Verhalten und sein Scheitern 1915 zeugen von einer selbstgefälligen und vernebelten Sicht auf die Herausforderungen, die sich in der spätosmanischen Welt stellten. Während zweier Jahrzehnte schwankte der junge ehrgeizige Politiker zwischen einer liberalen Haltung im Stil von William Gladstone, einer konservativ protürkischen Linie im Stil von Benjamin Disraeli und einer neuen Strömung im Stil des «Türkenfiebers» nach 1908. Diese zuletzt genannte Haltung führte zu starken Sympathien mit den CUP-Führern, die man schätzte, mit denen man sich identifizierte und die man als entschlossene Vertreter eines gefährdeten Reichs bewunderte, weil sie mit jugendlicher Energie um die Wahrung ihres imperialen Bestands kämpften.

---

73 Herbert, Tagebuch, Bd. 9, 4, DD/HER/70/1-3, Somerset Heritage Centre; Herbert, Talaat Pasha, 9; W. Tyrell, Aussenministerium, an Herbert, 22. März 1921, DD/DRU 56, Somerset Heritage Centre.
74 Zitiert in Dockter, Churchill, 70.

Im Fall von Winston Churchill folgte aus der selbstkritischen Rückschau auf ein Jahrzehnt mit entscheidenden Rückschlägen in der britischen Politik gegenüber der osmanischen Türkei die klare Absicht, Realitäten vor Ort im Interesse des British Empire anzuerkennen. In der Folge suchte er als Kriegs- und danach Kolonialminister die Freundschaft mit einer von direkten CUP-Nachfolgern geprägten Türkei, wobei er zuvor hochgehaltene ethische Grundsätze und minimale Gerechtigkeit gegenüber den hauptsächlichen Opfergruppen des Krieges preisgab. Diesen Preis zu bezahlen war man in London bereit, um sich für eine kurze Zeitspanne die imperiale Kontrolle über überwiegend islamische Territorien anzueignen. Churchill äusserte bereits im November 1920 in einem Memorandum an Lloyd Georges Kabinett: «Wir sollten uns mit Mustafa Kemal arrangieren und zu einem guten Friedensschluss gelangen, um die [britische] Position in Ägypten, Mesopotamien, Persien und Indien zu entspannen.» Die amerikanische Historikerin Michelle Tusan bilanzierte 2014, dass die britische Unfähigkeit, «osmanische Kriegsverbrechen mit ganzer Entschiedenheit zu verfolgen, die Spannung zwischen dem Verständnis von moralischer Verantwortung im 19. Jahrhundert und einem universalen Standard von Menschenrechten sichtbar machte», dem das British Empire nicht mehr genügen konnte. Es hatte sich bisher auf moralische Werte berufen, konnte aber fortan keine glaubwürdige Stimme internationalen Rechts sein, da es im Sumpf imperialer Überlebenskämpfe gefangen war.[75]

Somit gelangte das British Empire im Nahen Osten der 1910er-Jahre deutlich ans Limit, was seine politische Philosophie, Legitimierbarkeit, Zukunftsgestaltung und materiellen Ressourcen betraf. Diese Entwicklung begünstigte umgekehrt den Aufstieg von Talâts «revolutionärem» Parteistaat und des von Gökalp inspirierten türkischen Ultranationalismus, der bis 1923 mit imperialem Islam einherging. Der Erste Weltkrieg und das Bündnis mit Deutschland boten einen fruchtbaren Boden für eine politische Theorie und Praxis, die junge imperiale Revolutionäre von rechts ermächtigten, sich im Rundumschlag mit einigen guten, aber auch vielen schlechten Gründen gegen die Westmächte zu stellen. Vor dem historischen Hintergrund Europas in der ersten Hälfte des 20. Jahrhunderts kann diese politische Praxis als wegweisend oder als Protofaschismus verstanden werden. Sie nahm in der Türkei der 1910er-Jahre Elemente vorweg, die den späteren kontinentaleuropäischen Faschismus kennzeichneten. Im Unterschied zu diesem war Gökalps Ultranationalismus bis 1923 die Religion, das heisst der Islam, politisch und kulturell zentral eingeschrieben (siehe Kapitel 17). Zwar brachte Atatürk den Islam in den Institutionen seines Parteistaats zum Verschwinden, aber nicht das Phänomen des in den 1910er-Jahren geborenen Ultranationalismus als solches. Im Gegensatz zum Nationalsozialismus und anderen europäischen Faschismusausprägungen behielt daher die vom CUP initiierte hochwirksame Verbindung von Islam, türkischem Ethnonationalismus und polarisierender moderner Parteipolitik auch nach dem Ende des Zweiten Weltkriegs das drohende Potenzial, früher oder später wieder wirkmächtig zu werden.

---

75 Michelle Tusan: «‹Crimes against Humanity›. Human Rights, the British Empire, and the Origins of the Response to the Armenian Genocide», in: *American Historical Review* 119, Nr. 1 (Februar 2014), 47–77, hier 69. Churchill-Zitat in Dockter, Churchill, 98.

40 Imperialismen, Utopien und Dystopien: Sykes-Picot, Balfour, Brest-Litowsk

Ein Faktor, der Talâts politischen Werdegang seit 1913 prägte, war der Wunsch, im Bündnis mit der deutschen Grossmacht ein Gegengewicht zur britischen Weltmacht zu bilden, diese im Nahen Osten in die Knie zu zwingen und eine türkisch dominierte neue Nahost- und Kaukasusordnung ohne Einfluss der Westmächte und Russlands zu entwerfen. Anfang August 1914 wurde in Istanbul der Wille überlaut, das Russische Reich nicht nur herauszufordern und an der Ausweitung seines Territoriums zu hindern, sondern es zu zerstören. Ende 1917 schienen alle Wünsche in Erfüllung zu gehen, was den nördlichen osmanischen Reichsteil betraf. Ein Jahr später präsentierte sich die Situation beträchtlich, aber nicht völlig anders. Dieses Kapitel untersucht die Zusammenhänge von Talâts und seines Nachfolgers Mustafa Kemals Türkei mit den unterschiedlichen Zukunftsprojektionen, die mit den diplomatischen Meilensteinen der Sykes-Picot-Sasonow-Vereinbarungen (1916), der Balfour-Erklärung (1917) und des Vertrags von Brest-Litowsk (1918) einhergingen. Sie trugen sowohl stark utopische als auch dystopische Züge.

Ende 1918 war Russland revolutioniert, Deutschland besiegt, Arabien verloren und Talât im Exil. Von Deutschland aus suchte er Beziehungen mit der Siegermacht Grossbritannien aufzubauen, und zwar im Einklang mit dem in Anatolien nun massgebenden Kreis um Mustafa Kemal. In diesem Sinn nahm Aubrey Herbert die Begegnung mit Talât wahr, den er Anfang 1921 in Deutschland traf. Der frühere Grosswesir blieb ein Pragmatiker der Macht. Er konnte nur schwer von der Macht lassen und war nach dem verlorenen Krieg bereit, sich mit Grossbritannien auf einen Handel einzulassen, der den Seinen, das heisst der türkischen Nationalbewegung, wenigstens den grössten Teil Kleinasiens sichern sollte. Die Nationalisten waren durchaus gewillt, darüber hinaus Ansprüche geltend zu machen, primär im Südwestkaukasus, wenn auch nicht mehr im Ausmass der Utopie von Turan (eine Dystopie für Nichtmuslime und Nichttürken der Region), welcher der Vertrag von Brest-Litowsk Anfang 1918 Vorschub geleistet hatte.

Um seine Agenda gegenüber den Westmächten voranzutreiben, trug Talât mit seiner Agitation im Exil zu einer Kontinente übergreifenden Drohkulisse bei (siehe Kapitel 43). Sie bestand aus Kräften, die man als «antiliberale Internationale von Revolutionären» bezeichnen kann. Dazu zählten CUP-Führungsmitglieder im Exil, von denen inzwischen einige an der Spitze panislamistischer und -türkistischer Zellen standen und mit den Bolschewiken kooperierten. Der langjährige vormalige Minister begab sich somit teilweise wieder, wie in seinen Jugendjahren, in den politischen Untergrund, aber diesmal kombiniert mit vielen aktiven Kontakten zu höchsten Instanzen, mit denen er über Jahre Kontakte gepflegt hatte. Noch als Grosswesir war ihm im letzten Jahr des Ersten Weltkriegs eine andere, brillantere Zukunft vor Augen gestanden. Denn «Turan» im Sinne von Gökalps expansivem, in jeder Hinsicht überrissenem Gedankengebilde erlebte damals, nach dem jähen Absturz Anfang 1915, eine Wiedererstehung, worauf wir weiter unten noch eingehen werden. Die Utopie des islamischen Turan ging mit der Vorstellung eines türkischen Einheitsstaates mit

Anatolien als dem führenden Zentrum einher. Sie bewies 1917–18 insofern erneut ihr tödliches Potenzial, als sie bei ihren Enthusiasten die Entschlossenheit förderte, auch die noch übrig gebliebenen Armenier im Kaukasus entweder ganz (Halil Pascha, Envers Onkel) oder teilweise (Enver und Talât) zu vernichten sowie die exterminatorische Vereinheitlichung Anatoliens weiter voranzutreiben. Die überspannt expansive äussere und die exterminatorische innere Dimension standen wie 1915 in einem Wechselverhältnis.

Deportationen, die von deutschen Offizieren als militärische Notwendigkeit gerechtfertigt wurden, galten in der zweiten Weltkriegshälfte einer weiteren anatolischen Bevölkerungsgruppe christlichen Glaubens, nämlich den Rûm von Pontus aus der östlichen Schwarzmeerregion, auch Pontusgriechen genannt; es waren tödliche «Verschickungen». Im Frühjahr 1918 meldeten sich im Parlament muslimische Stimmen zu Wort, die forderten, jetzt sei für «die Rûm, unsere ärgsten Feinde [in der Region von Trabzon], die Zeit gekommen, das Gebiet [vollständig] zu verlassen» – ein Teil von ihnen war bereits deportiert worden (siehe Kapitel 33).[76] Auch in dieser Sache bestand Kontinuität von Grosswesir Talâts zu Mustafa Kemals Türkei, der am 19. Mai 1919 in Samsun am Schwarzen Meer landete, wo er die Vernichtung der Pontusgriechen, die einem türkisch-muslimischen Einheitsstaat im Wege standen, mithilfe von Banden fortführen liess, die sich an den Massakern von 1915 und 1916 beteiligt hatten. Es handelte sich um die erste Militäraktion des sogenannten türkischen Unabhängigkeits- beziehungsweise «Heilskriegs» (Kurtuluş Savaşı), 1919–1922.[77] Mustafa Kemals General Nureddin Pascha führte den Feldzug an. Dieser bedeutende CUP-General, der «Sieger von Kut» und einer der wichtigsten Generäle im Unabhängigkeitskrieg, ist auch als Gewalttäter gegen alevitische Kurden und massenmörderischer Zerstörer Izmirs in die Geschichte eingegangen (Kapitel 43). Nureddin war langjähriges CUP-Mitglied und stand 1909 als Distriktgouverneur direkt im Dienst Talâts während dessen erstem Innenministerium.[78] Obgleich er und Atatürk – beide extrem ehrgeizig, selbstbezogen und militärisch sozialisiert – sich auf persönlicher Ebene schlecht vertrugen, gehörte somit Nureddin zu den Topkadern, die den Übergang von Talâts Grosswesirat zur Ankaraer Regierung gewährleisteten.

Vor den turbulenten Umbrüchen 1919 war Talâts Grosswesirat der Kontext einschneidender Deklarationen, Abmachungen und Zukunftsvorstellungen für Europa, Russland, die osmanische Welt und weltweit. Die Pläne zur Aufteilung des Osmanischen Reichs, auf die sich die diplomatischen Vertreter Mark Sykes aus Grossbritannien, François Georges-Picot aus Frankreich und der russische Aussenminister Sasonow im Frühjahr 1916 in Petrograd geeinigt hatten, wurden nach 1918 teilweise umgesetzt, einschliesslich des spezifischen Sykes-Picot-Abkommens vom 16. Mai 1916. Was in den bis heute häufigen öffentlichen Anspielungen auf Sykes-Picot fast

---

76 Zitat aus Emmanuilidis, Osmanlı İmparatorluğu'nun son yılları, 329.
77 Das nationalistische Narrativ vom Unabhängigkeits-, Befreiungs- und Heilskampf setzte 1913 mit der Rückeroberung von Edirne ein und definierte auch stark die Propaganda- und Selbstsicht auf den Ersten Weltkrieg. Es war indes bereits im Narrativ der blutigen Rückgewinnung der Macht nach dem kurzlebigen Putsch vom April 1909 vorgespurt (Kapitel 14). Seit Atatürks Herrschaft überragte der Krieg 1919–1922 (Kurtuluş Savaşı) alle vorherigen Kriege zur «nationalen Rettung».
78 Taş, Nureddin Pasa, 29–31.

immer vergessen geht, ist das Faktum, dass wichtige Teile von Talâts Zukunftsentwürfen das Geschick der nachosmanischen Levante nicht weniger nachhaltig bestimmten als die anrüchigen Geheimabkommen der Entente, denen Ende 1917 die wegweisende Balfour-Deklaration folgte. Diese Feststellung trifft auf Kleinasien und Teile des Südwestkaukasus zu, wo die Pläne von Sykes, Picot und Sasonow auf der ganzen Linie scheiterten. Stattdessen setzten sich dort jene von Talât, dem osmanischen Führer in der Viererallianz der Mittelmächte, durch, wozu die Bolschwiken, Russlands Linksrevolutionäre von 1917, bis in die ersten Jahre nach dem Weltkrieg entscheidend beitrugen. So bewahrte Talâts Kernprojekt seinen Impuls und Schwung, obwohl die Kriegsniederlage das Langzeitbündnis mit Deutschland, dem internationalen Pfeiler seiner Politik, ausser Kraft setzte. Damit war die Grundlage für den erfolgreichen Kampf um Kleinasien unter der Führung von Mustafa Kemal (Atatürk) gelegt.

Somit sind zwei gegensätzliche Grundlinien und Entwürfe für die osmanische Levante gegen Ende des Ersten Weltkriegs zu berücksichtigen, obgleich allein Sykes-Picot zum Mythos wurde. Ganz auf der Linie seiner bisherigen Politik gab Talât Pascha der Türkei durch all die einschneidenden geopolitischen Verschiebungen von 1917 hindurch eine vergleichsweise konstante Ausrichtung vor. Diese Meilensteine betrafen das Osmanische Reich unmittelbar: US-Präsident Wilsons vierzehn Punkte, die russische Oktoberrevolution, der britische Durchbruch in Palästina, die Balfour-Deklaration, die Moskauer Veröffentlichung der Entente-Geheimvereinbarungen und im Dezember 1917 der Beginn der Friedensverhandlungen mit dem revolutionären Russland in Brest-Litowsk. Grosswesir Talât leitete dort grossenteils persönlich die Verhandlungen. Sie resultierten im Vertrag vom 3. März 1918 und markierten Talâts kurzlebigen politischen Zenit. Das Selbstvertrauen des Parteiregimes gelangte damals an einen Höhepunkt und sein Handlungsspielraum in Kleinasien, im Kaukasus und darüber hinaus weitete sich massiv aus. Auch war man weit davon entfernt, die arabischen Teile des Reichs verloren zu geben. Damit einher ging ein deutscher Imperialismus, der seinen beherrschenden, vorwiegend wirtschaftlichen Einfluss in der Türkei abzusichern suchte und die Zeit nach einer allgemeinen Friedenskonferenz als fortgesetzte Kooperation mit Talâts Türkei vorsah.[79] Anfang März 1918 meinte der deutsche Botschafter Bernstorff zuversichtlich, der Grosswesir sei «um vieles erfahrener aus Europa zurückgekommen. Bei seiner hohen Intelligenz ist er befähigt, mangelnde Bildung nachzuholen und man merkt ihm an, dass der wochenlange tägliche Verkehr mit europäischen Staatsmännern ihn sehr gefördert hat. Er ist jetzt viel zugänglicher für Ermahnungen im Sinne der Berücksichtigung der öffentlichen Meinung.»[80] Talâts Höhenflug brachte allerdings die zunehmende Frustration in der Bevölkerung über die Versorgungslage und die allgegenwärtige Korruption nicht zum Verschwinden. Zudem trat wenig später im Kaukasus ein Kollaps des Vertrauens zwischen der Türkei und Deutschland ein, sodass die deutsche Entschlossenheit und bald auch Fähigkeit dahinschwand, die viel beschworene Wiederherstellung und Erstarkung des Osmanischen Reichs im Interesse Deutschlands zu befördern.

---

79 Bernstorff an Auswärtiges Amt, 22. Dezember 1917, PA-AA, R 13803-2, 11–13; 11.–14. Februar 1918, PA-AA, R 13803-3, 7–25; 3. März 1918, PA-AA, R 13804-1, 2; Cavid, Tagebuch, Bd. 3, 494, 28. März 1918.
80 Bernstorff an Auswärtiges Amt, 3. März 1918, PA-AA, R 13804-1, 2.

Die Balfour-Erklärung zielte direkt auf das Osmanische Reich. Sie stellte neben den zahlreichen weitgreifenden, geostrategisch bedingten Zukunftsplänen, die später hinfällig wurden, ein kleines, aber langfristig bedeutsames Element der Zukunftsplanung dar. Der britische Aussenminister Arthur Balfour sandte am 2. November 1917 eine unter Mitwirkung Sykes' und von Zionisten vorbereitete Erklärung an Baron Rothschild, einen prominenten Zionisten in England. Es war eine wohlwollende Zusicherung betreffend Palästina, das immer noch dem Osmanischen Reich angehörte, allerdings damals von britischen Truppen besetzt war. «Die Regierung Seiner Majestät betrachtet mit Wohlwollen die Errichtung einer nationalen Heimstätte in Palästina für das jüdische Volk und wird ihr Bestes tun, die Erreichung dieses Zieles zu ermöglichen [...].»[81]

In einem ersten Ansatz lässt sich die Balfour-Deklaration als Teil eines nachosmanischen Nahostentwurfs nach Vorstellung der Briten und namentlich auch als unmittelbare Antwort auf den Umbruch, den die Russische Revolution verursachte, betrachten. Diese Deklaration setzte die Mittelmächte in Istanbul, Berlin und Brest-Litowsk unter einen heiklen, doch klärenden Zugzwang. Die osteuropäischen und russischen Juden in «Jiddischland» hatten bis dahin im Allgemeinen mit den Mittelmächten sympathisiert. Der gemeinsame, wenn auch verschieden gelagerte Hass auf Russland hatte zu einer engen Verbindung zwischen CUP und jüdisch-osmanischen Eliten beigetragen, namentlich seit der Einführung der Diktatur 1913 und während des Ersten Weltkriegs (Kapitel 36). Doch die Mittelmächte waren keineswegs in der Lage, der Balfour-Deklaration mit einer gleichwertigen Antwort zu begegnen. Denn sie waren in Nationalitätenfragen und bezüglich der Selbstbestimmung von Minderheiten weder progressiv noch einmütig, ja im Falle von Talâts Türkei offen feindselig.

Ein zweiter Zugang zur Balfour-Deklaration und eine vertiefte Analyse ihres Inhalts ermöglicht erweiterte Erkenntnisse. Die Deklaration übersetzte nicht nur die jahrhundertealte *restorationist* (wie in Kapitel 39 erklärt) und die jahrzehntealte zionistische, ebenfalls auf biblische Prophetie zurückreichende Forderung nach einer jüdischen Heimstätte in Palästina in die Sprache der Diplomatie, sondern sie verband sich, wenn auch ambivalent, mit dem osmanischen Verfassungspatriotismus von 1908 und dessen Anliegen einer gleichberechtigten Koexistenz verschiedener ethnoreligiöser Gruppen mit gesicherten individuellen und kollektiven Grundrechten in einem modernisierten Nahen Osten. Zweifellos kümmerte sich die Deklaration in erster Linie um den jüdischen Wunsch nach einer nationalen Heimstätte. Dennoch schwang neben der ethnozentrischen auch die universal-konstitutionelle Utopie mit, denn viele Juden im Osmanischen Reich und namentlich in Palästina hatten die neue Ära der Verfassung 1908 rückhaltlos begrüsst.[82] Ambivalent ist die Rückschau deshalb, weil die jüdischen und zionistischen Vertreter sich gegenüber der Einparteidiktatur und deren Leugnung des Armeniermords generell konnivent und opportunistisch verhielten. Beide Utopien, die ethnozentrische ebenso wie die plural-egalitäre, standen völlig quer zu Talâts politischem Geist nach 1913. Die Balfour-Erklärung war nicht zuletzt

---

81 Schneer, Balfour Declaration, 261.
82 Michelle Campos: *Ottoman Brothers. Muslims, Christians, and Jews in Early Twentieth-Century Palestine*, Stanford: Stanford University Press; Benbassa/Rodrigue, Sephardi Jewry, 71.

auch deshalb ein Stachel in seinem Fleisch, weil sie mit Statements der britischen Regierung einherging, die ein unabhängiges Armenien unterstützten.[83]

Dass der Erste Weltkrieg das ganze erweiterte moderne Europa in dessen bisherigen politischen und sozialen Grundfesten erschüttert hatte, trat 1917 voll zutage. Fortan lag für eine breite, modern geprägte Öffentlichkeit mit beginnendem globalem Bewusstsein die Erwartung nahe, dass sich nachimperiale Regierungssysteme, die Glaubwürdigkeit beanspruchten, zu Rechtsgleichheit, Demokratie und Solidarität bekennen mussten, unabhängig von ethnischen und religiösen Zugehörigkeiten. Das unterstrichen sowohl Präsident Wilson als auch Kommunistenführer Lenin 1917/18 in ihren Ansprachen gegenüber einem weltweiten Publikum mit im Übrigen ganz unterschiedlichen Visionen der Zukunft. Millionen von Bibelgläubigen brachten prophetische Tradition mit ihren jahrtausendealten Aussagen über zukünftige Formen des menschlichen Zusammenlebens auf der Erde ins Spiel, ob in einem expliziten Millennarismus, einem liberal übersetzten amerikanischen Protestantismus oder einer neuen, «dialektischen Theologie»: Uralte Prophezeiungen und Grundgesetze für Menschen sollten nach der Urkatastrophe mehr denn je zur Geltung kommen und gegenseitige Anerkennung, menschliche Gleichwertigkeit und solidarische Gemeinwesen weltweit fördern. Diese Prinzipien transzendierten Ideologeme von religiöser, rassenbedingter, kultureller oder nationaler Überlegenheit und deren Rückbezüge auf vormoderne Mythen.

Die Neugründung Israel entsprang sowohl modernem osteuropäischem Ethnonationalismus als auch biblischer Prophezeiung, an der sich auch viele prozionistische Christen orientierten. Sie zu befürworten glich einer Quadratur des Kreisels für all jene, die sich vertieft damit auseinandersetzten, ohne einfach Modeströmungen zu folgen. Für Teile imperialer Eliten mit christlichem Hintergrund in Grossbritannien und Deutschland bot der junge Zionismus trendige Zukunftsprojektionen an: eine aus dem entzauberten Europa in die Levante ausgelagerte Utopie, die in der Rückwirkung – *ex oriente lux* (Licht und Erleuchtung aus dem Orient) – Teilhabe daran versprach. Für die Juden indes war europäischer Antisemitismus eine Realität und Zion eine Frage des Überlebens. Hoffnungsvoll und zuversichtlich auf Zion hin zu blicken war aber nur möglich – wie bei den ernsthaftesten Zionisten der Epoche nachzulesen ist –, wenn die Neugründung mit der Vision einer Gesellschaft in Palästina einherging, die auf Verwirklichung der oben genannten Prinzipien pochte. So, nur so, konnte Israel als Ferment der Veränderung, ja «heilsamer Fremdkörper» in einer spätosmanischen Welt tiefer Dauerkrisen und aus einem Kontinentaleuropa, das in der Ära der Weltkriege seinen moralisch-politischen Halt bald komplett verlor, gelten. Nur so war es prophetisch und voll und ganz zu befürworten.[84]

Talât bekräftigte Anfang 1917 im amtlichen (und amtssprachlichen) Austausch mit seinem Komiteefreund Cemal Pascha, dem Gouverneur von Grosssyrien, noch-

---

83 Schneer, Balfour Declaration, 261.
84 Zahlreiche einschlägige Texte zionistischer Vordenker, darunter Achad Haam, Martin Buber, Bernard Lazare, Shemu'el Hugo Bergman, aber auch von Theodor Herzl, Chaim Weizmann und David Ben Gurion in Denis Charbit (Hg.): *Sionismes. Textes fondamentaux*, Paris: Albin Michel, 1998. Zur Gespaltenheit amerikanisch-protestantischer Nahostmission, die im frühen 19. Jahrhundert aus teils restaurationistischen Impulsen heraus erwachsen war, siehe Kieser, Nearest East, 97–136.

mals seine Haltung zum Thema Palästina und Zionismus: «Ich gehe völlig einig mit der Meinung Ihrer Hoheit, dass die schädliche Agitation und der schädliche Einfluss des Zionismus, die den höchsten Interessen des Landes entgegenlaufen, ausgemerzt werden müssen. Aber weil sich die Zionisten einer grossen politischen und wirtschaftlichen Macht unter unseren Verbündeten und den neutralen Staaten erfreuen, halte ich es für zweckmässiger, die bestehenden Gesetze streng anzuwenden [um so das gleiche Ziel zu erreichen], indem wir von der gegenwärtigen [Weltkriegs-]Situation profitieren, anstatt ein neues Gesetz zu erlassen, welches international für Aufsehen sorgt. [...] Ich glaube, dass wir den Zionismus zerstören und ausradieren können, um so die heiligen Interessen des Landes zu wahren.»[85] Cemals kurzzeitiger Erfolg bei der Verteidigung von Gaza im Frühjahr 1917 vermochte den Fall Jerusalems im Herbst desselben Jahres nicht zu verhindern. Anfang 1917 hatte Cemal noch gehofft, wie er an Talât schrieb, das Kriegsgeschick mit einer erneuten Suezkampagne vollständig wenden zu können, obwohl seine Truppen in den Wochen zuvor Rückschläge gegen die vorrückenden Briten, Australier und Neuseeländer (ANZAC) hatten einstecken müssen. Die sentimental, fromm und patriotisch angehauchte, aber auch Egozentrik und Narzissmus verratende Rhetorik, in der dieses halb fantasierende, halb tragische Telegramm vom 6. Januar 1917 abgefasst ist, lässt sich als sprachliches Zeichen für das Ende des CUP-Imperialismus verstehen.[86]

An Talâts grundsätzlicher Haltung änderte sich nach dem Verlust von Palästina nichts. Wahrscheinlich glaubte er bis zum Sommer 1918, die deutsche Macht würde sich – wie das im Bündnisvertrag auch vereinbart worden war – im Rahmen der Nachkriegsfriedensgespräche für die Wiederherstellung des osmanischen Territoriums starkmachen. Selbst Cavid hatte die Meinung vertreten, Deutschland müsse bei den Friedensverhandlungen aufgrund des Bündnisvertrags nötigenfalls Belgien preisgeben, um das im Süden des Iraks gelegene, britisch besetzte Basra zurückzubekommen.[87] Auf Druck von Bernstorff willigte Talât für den 12. Dezember 1917 in ein Gespräch mit dem zionistischen Repräsentanten Julius Becker ein, denn die Mittelmächte mussten der durch die Balfour-Deklaration ausgelösten probritischen Sympathiewelle unter Juden etwas entgegensetzen.[88] Von einem zionistischen Standpunkt aus gesehen war das Gespräch eine Enttäuschung. Talât hielt stur an einer reichsweiten Vereinheitlichung und Stärkung der Zentralregierung fest; er stellte lediglich innerhalb dieses engen vorgegebenen Rahmens ein wenig mehr Autonomie für Städte und Gemeinden auch in Palästina in Aussicht. Er behauptete, was interessengeleitete Propaganda das ganze 20. Jahrhundert hindurch wiederholen sollte: «Wir [Muslime

---

85 Talât an Cemal, 31. Januar 1917, BOA, DH. ŞFR. 72-129, als Antwort auf das Schreiben von Cemal an Talât, 26. Januar 1917, DH. ŞFR. 544-29.
86 Cemal an Talât, 6. Januar 1917, BOA, DH. ŞFR. 456-100. Vgl. Talât an Cemal, 10. April 1917, BOA, DH. ŞFR. 74-273, wo er Cemal gratulierte und ihm «von Gottes Seite her» ein erfolgreiches Vorankommen wünschte.
87 Cavid, Tagebuch, Bd. 3, 296, 9. Dezember 1916, in einem Treffen mit Rosenberg; vgl. ebd., Bd. 3, 455, 11. Dezember 1917, nach dem Fall von Jerusalem.
88 Vgl. Klaus J. Herrmann: «Political Response to the Balfour Declaration in Imperial Germany: German Judaism», in: *Middle East Journal* 19, Nr. 3 (Sommer 1965), 303–320.

und Türken] kennen keine Judenfrage», und «die Türkei ist das einzige Land, das keinen Antisemitismus kennt, während er in allen anderen Ländern vorkommt».[89]

Becker, der sich zwischen Ende 1917 und Anfang 1918 in der osmanischen Hauptstadt aufhielt, vermochte die tatsächlichen Verhältnisse sehr wohl wahrzunehmen, wie aus seinem Bericht hervorgeht (siehe auch Kapitel 36). Talât, Cemal und ihre politischen Freunde hatten es bis zu diesem Zeitpunkt nicht geschafft, eine zukunftstaugliche Politik für das eigene Land zu entwickeln, die geeignet war, mit Herausforderungen in der Art der «Judenfrage» oder anderer Minderheitenfragen auf wirksame, konstruktive Art umzugehen. Becker wertete es als Eingeständnis politischer Unbedarftheit, dass sich die Führungsriege vor einwandernden Juden fürchtete, als wären sie potenzielle Feinde, und nicht proaktiv deren Potenzial – Kapital, Wissen, Know-how und vielerlei Kompetenzen – für das eigene Land zu nutzen wusste. Damit wies Becker auf alte, systembedingte Schwächen eines hierarchisch konzipierten Reichs hin, das mit dem CUP in ultranationalistische Fahrwasser geraten war. Als kultivierter und aufrechter deutscher Zionist überschätzte er andererseits jüdische Verständigungsbereitschaft im Sinne von Theodor Herzls optimistischem Roman *Altneuland*. Er unterschätzte die kalte Entschlossenheit nationalistischer Zionisten, nach ethnoreligiösen Kriterien und mit «maximalistischem» Anspruch über ein Gebiet zu regieren, so wie das einigen Zionistenführern aus Osteuropa vorschwebte.[90]

Becker deckte wesentliche Merkmale der CUP-Herrschaft und -Psychologie auf: Angst und Einschüchterung gepaart mit trotziger Auflehnung und dem Anspruch auf Überlegenheit, aber zugleich geplagt von Minderwertigkeitsgefühlen gegenüber Nichtmuslimen. Diese Faktoren gehen eng einher mit dem Phänomen, das dieses Buch als imperial sunnitisch-osmanische Voreingenommenheit bezeichnet. «Warum haben wir [1922] İzmir niedergebrannt?», lautete die rhetorische Frage, welche Falih Rıfkı (Atay), ein Privatsekretär Talâts, darauf Adjutant Cemals und später Journalist im engsten Umfeld von Mustafa Kemal, im Zusammenhang mit Nureddin Paschas Eroberung von Izmir 1923 stellte, deren Augenzeuge er war. Seine vielsagende Antwort lautete so: «Als die Armenier deportiert wurden, haben wir aus der gleichen Angst heraus alle ihre noch immer bewohnbaren Quartiere in den anatolischen Städten niedergebrannt. [...] Das geschah nicht aus reiner Zerstörungswut, sondern ein Minderwertigkeitskomplex spielte dabei eine Rolle. Alles, was einen europäischen Anschein machte, war irgendwie auch christlich und damit fremd und damit schlicht und fatal nicht Teil von uns.»[91]

Das Gespräch mit Becker sollte nicht Talâts letzter Austausch mit jüdischen Repräsentanten bleiben. Weil er glaubte, dass die Juden über entscheidende globale Macht verfügten, war es für ihn geradezu eine Notwendigkeit, mit ihnen im Geschäft zu bleiben. So traf er sich in Berlin und Istanbul während und nach der Konferenz von Brest-Litowsk, zwischen Januar und August 1918, auch mit Vertretern des Zionismus.

---

89 «Reisebericht von Dr. Becker», samt (Protokollen von) Gesprächen mit Talât (12. Dezember 1917) und mit Cemal (1. Januar 1918), Anfang Januar 1918, CZA, Z3-11.

90 Becker kritisierte wenig später «maximalistischen Zionismus», siehe seinen Artikel «Maximalistischer Zionismus», in: *Neue Jüdische Monatshefte* 3, Nr. 13, 10. April 1919, 255–265. Becker lebte nach dem Weltkrieg in Genf.

91 Atay, Çankaya, 375 f.

Diskutiert wurden verbesserte Bedingungen für die Errichtung eines «jüdischen Zentrums» in Palästina unter türkischer Herrschaft. Bei der Konferenz von Brest-Litowsk liessen sich weder die Mittelmächte noch die junge bolschewistische Regierung von Vereinbarungen zugunsten jüdischer Autonomie in Europa und/oder Palästina überzeugen, obwohl es vonseiten der zionistischen Hauptzweigstelle in Berlin und von Poale Zion (eine Bewegung von marxistisch-zionistischen jüdischen Arbeitern) derartige Bemühungen gab. Immerhin sprach sich Berlin für eine entgegenkommende Lösung aus, sodass auch Talât den Eindruck entstehen liess, er werde sein Möglichstes tun und sich um die Angelegenheit kümmern.[92]

Auf seiner Reise nach Brest-Litowsk traf Talât am 5. Januar 1918 in Berlin Alfred Nossig und versprach (gemäss Nossigs optimistisch gehaltenem Bericht), allen Wünschen von jüdischer Seite nachzukommen. Er lobte die Loyalität der osmanischen Juden, strich heraus, dass er selber jüdische Freunde in grosser Zahl habe, und schliesslich gab er Nossig die Erlaubnis, sich mit seinem engen CUP-Freund Karasu in Istanbul in Verbindung zu setzen, um mit ihm weitere Verhandlungen zu führen. Karasu und Midhat Şükrü waren im September 1915 an der Gründung der Osmanisch-Israelitischen Union in Istanbul durch Nossig beteiligt gewesen. Talât kam für kurze Zeit von Brest-Litowsk nach Istanbul zurück und willigte ein, sich mit Vertretern der Deutsch-Israelitischen Osmanischen Union und mit einer Delegation der Allgemeinen Jüdischen Kolonisationsorganisation und weiteren zionistischen Wortführern zu treffen. Das war am 23. Januar 1918. Er versprach, der Einwanderung einer «grossen Zahl von Juden» zuzustimmen, wie man Nossigs Bericht entnehmen kann. Für Berlin war das ein wichtiger Punkt, denn das eröffnete die Möglichkeit, die jüdische Migration aus Osteuropa nach Deutschland einzudämmen, wenn – wie es damals schien – die eroberten osteuropäischen Gebiete weiterhin unter deutscher Herrschaft verblieben.

Anfang 1918 veröffentlichte das Auswärtige Amt eine prominente Stellungnahme, in der auf Talât Bezug genommen wurde und deren Zusagen wie eine glückliche Kombination jüdischer, osmanischer und deutscher Interessen zugunsten echter Rechtsgleichheit und lokaler Selbstbestimmung für Juden in Osteuropa wie auch in Palästina klangen. Das «Komitee Pro Palästina», ein «deutsches Komitee zur Förderung der jüdischen Palästinasiedlung», widerspiegelte diese Sternstunde eines deutsch-osmanisch unterstützten Zionismus, mit dem es plötzlich möglich schien, wichtige Ziele rasch zu erreichen. Dieses Komitee war im Frühling 1918 in Berlin von prominenten jüdischen und nichtjüdischen Deutschen gegründet worden. In Istanbul gingen Ende Juni die osmanisch-jüdischen Gespräche mit deutscher Unterstützung weiter, wobei auf europäisch-jüdischer Seite Victor Jacobson der Wortführer war, während auf osmanischer Seite Nissim Mazliah und Oberrabbiner Nahum sowie Şükrü, Gökalp und Nâzım die Verhandlungsdelegation bildeten. Was diese Hardliner des CUP von den Zionisten erwarteten, war klar: nicht nur Sympathien und Konnivenz, sondern aktive jüdische Propaganda für die osmanisch-türkische Herrschaft in Paläs-

---

92 Vgl. Matityahu Minc: «The Zionist Movement and the Brest-Litovsk Negotiations in January 1918», in: *Jahrbücher für Geschichte Osteuropas. Neue Folge* 28, Nr. 1 (1980), 31–61, besonders 39; Friedman, Germany, 382–413.

tina und die imperiale Türkei allgemein. Dazu gehörte auch die Erwartung, öffentlich türkische Verbrechen gegen die Menschlichkeit, in erster Linie den Völkermord an den Armeniern, abzustreiten.[93]

Mitte Juli 1918 genehmigte Talât «die Errichtung eines [religiösen] jüdischen Zentrums in Palästina, gestützt auf eine gut organisierte Einwanderung und Kolonisierung». Das entsprechende Communiqué betonte, dass «sich die jüdischen Ziele unter osmanischer Souveränität und im Rahmen des Osmanischen Reichs gut verwirklichen liessen». Aber das ganze Projekt war auf Sand gebaut.[94] Ab Mitte 1918 stand die Niederlage der Mittelmächte nahe bevor. Und abgesehen von Talâts Entschlossenheit, die Juden auf seiner Seite zu halten in einem internationalen Machtspiel, das ihm jedoch alsbald entglitt, fehlte in Istanbul der politische Wille und das Sensorium für die zionistische Sache.

Die zuvor geheimen Pläne von Sykes, Picot und Sasonow wurden Ende November 1917 von den Bolschewiken veröffentlicht. Seit Oktober 1916 wusste Talât, dass es gemeinsame Überlegungen vonseiten Frankreichs und armenischer Vertreter im Hinblick auf die Nachkriegsordnung gab. Mitte November 1916 führten diese Bemühungen zur Gründung der Französisch-Armenischen Legion. Anscheinend – wie sich aus den Aufzeichnungen im Osmanischen Staatsarchiv und Zeitungsberichten jener Zeit schliessen lässt – erregten diese Pläne bei ihrer Veröffentlichung Ende 1917 kein Aufsehen in Istanbul. Talât erwähnte das Sykes-Picot-Abkommen erst später in einem an Mustafa Kemal (Atatürk) gerichteten Brief vom 22. Dezember 1919: «Der 1916 von Frankreich und Grossbritannien geschlossene Vertrag lässt die arabischen Gebiete [innerhalb des Osmanischen Reichs] wie einen sezierten Vogel aussehen und überlässt einem autonomen Arabien fast nur Wüstengebiete.» Diese Ausgangslage nahm er als Argument, um in den Friedensverhandlungen die Einheit von Türken und Arabern zu unterstreichen. Dabei betonte er die Bedeutung des Kalifats zur Stärkung türkisch-arabischer Bande.[95]

Russlands Austritt aus dem Krieg und aus dem Bündnis der Entente sowie die Ende 1917 beginnenden Verhandlungen von Brest-Litowsk schienen den Osmanen einen attraktiven Gegenentwurf zur Balfour-Deklaration und zu den geheimen Ententevereinbarungen von 1916 zu bieten. Die osmanische Alternative rechnete mit der siegreichen Expansion der Mittelmächte und in der Folge mit einer starken Verhandlungsposition bei einer allgemeinen Friedenskonferenz. Das würde es dem CUP-Regime erlauben, den Weltkrieg mit Gebietsgewinnen im Kaukasus und – so

---

93 Dokumente zur Geschichte des deutschen Zionismus, 23 f.; Friedman, Germany, 404–412.

94 Entwurf des Communiqués zum Treffen von Talât mit jüdischen Vertretern in Istanbul am 14. Juli 1918, abgedruckt in Friedman, Germany, 427 f.

95 Das Sykes-Picot-Abkommen wurde zuerst auf Russisch veröffentlicht, dann im *Manchester Guardian*, 26. November 1917 (siehe die Faksimileausgabe dieser Zeitung auf Wikipedia). Talât an das Aussenministerium (Halil), 21. Oktober 1916, bat um weitere Nachforschungen, nachdem er über den Geheimdienst Informationen erhalten hatte, die sich auf zwei Artikel von im August 1916 auf Armenisch in der Zeitschrift *Armenia* erschienenen Artikel bezogen. *Armenia*, BOA, HR. SYS. 2284-14 (1). Eliezer Tauber: «La Légion d'Orient et la Légion arabe», in: *Revue française d'histoire d'outre-mer* 81, Nr. 303 (1994), 171–180; Varnaka, French and British Post-War Imperial Agendas; İlkin/Tekeli, Kurtuluş Savaşı'nda Talât Paşa, 317.

Karte 5: Europa und der Kaukasus nach dem Vertrag von Brest-Litowsk vom März 1918.

die Hoffnung – mit einer territorialen Wiederherstellung alter Grenzen auf dem Balkan abzuschliessen und gleichzeitig in den arabischen Gebieten den Status quo zu wahren, indem die dort von den Briten gemachten Eroberungen durch Verhandlungen rückgängig gemacht würden. Nach knapp vier Monaten Verhandlungsdauer konnte der Vertrag von Brest-Litowsk am 3. März 1918 unterzeichnet werden. Für die osmanische Türkei bedeutete dieser Vertrag einen gewaltigen diplomatischen Sieg, denn er öffnete die Tür zur Rückgewinnung von drei kaukasischen Provinzen, die sie 1878 an Russland verloren hatte (Artikel IV im Vertrag). Der Vertrag von Batum, der am 4. Juni 1918 von der Türkei und den nachzaristischen Staaten Georgien, Armenien und Aserbaidschan unterzeichnet wurde, führte sogar noch zu weiteren territorialen Zugewinnen. Im letzten Drittel des Monats Mai 1918 und Anfang Juni bedrohte die osmanische Armee auf ihrem Siegeszug in den Kaukasus Eriwan, die letzte verbliebene armenische Stadt. Nur der äusserste Einsatz neu organisierter armenischer Streitkräfte konnte die Angreifer bei Karakilise und Sardarabad zurückschlagen.[96]

---

96 Allen/Muratoff, Caucasian Battlefields, 468–477.

Talât behielt die Aussenpolitik weiterhin in seinen eigenen Händen, wie er das seit Sommer 1913 tat, und so leitete er auch die Verhandlungen in Brest-Litowsk im Januar und Februar 1918 persönlich. Es fiel ihm nicht schwer, sich mit Ludendorffs Politik maximaler Druckausübung und weiträumiger Besetzung von russischem Territorium zu identifizieren. «Wir sehen das in Übereinstimmung mit den Interessen des osmanischen Staates, zumal das Programm der Bolschewiken die Idee der Wiederbelebung des alten grossen Russland beinhaltet, einfach auf eine andere Art», schrieb er aus Brest-Litowsk an Enver Pascha, seinen Stellvertreter in Istanbul.[97] Mit der neuen, nun unabhängigen Ukraine wurden separate Gespräche geführt, und es kam mit ihr früh zu einem Vertragsabschluss. Die ukrainische Delegation äusserte sich bewundernd über die Kriegsleistungen der Türkei und drückte die Erwartung aus, dass Palästina auch in Zukunft osmanisch sein werde.[98] Sehr viel schwieriger als in Brest-Litowsk war es für die osmanische Seite, im Fall eines endgültigen Siegs der Mittelmächte territoriale Gewinne auf dem Balkan anzustreben. Verhandlungen mit Bulgarien und Rumänien um die Rückgabe früherer osmanischer Territorien scheiterten. Für Talât und das CUP war es jedoch eine Frage von Prestige und Selbstachtung, Gebietsverluste aus dem Ersten Balkankrieg wieder rückgängig zu machen, zumal die meisten führenden Komiteemänner aus dem Balkan stammten. «Selbst kleine territoriale Gewinne» seien «nützlich für das Ansehen» seines Kabinetts, liess Talât den deutschen Aussenminister Richard von Kühlmann Anfang März 1918 wissen. Aber er wurde enttäuscht.[99]

Als dunkler Schatten lag über Talâts grossartigen Perspektiven vom Frühjahr 1918 weiterhin, und erneut akut, sein Umgang mit den Armeniern. Wie im Herbst 1914, so waren sich Talât und Enver auch jetzt wieder weitgehend einig in Fragen, die den östlichen Teil Kleinasiens und den Kaukasus betrafen. Verlautbarungen vonseiten der Entente zur Frage der armenischen Unabhängigkeit nahmen sie ernst, entsprechende Äusserungen der Bolschewiken verfolgten sie sehr genau, und sie kannten Deutschlands Befürwortung der Rückkehr von armenischen Überlebenden und der Rückerstattung ihres Eigentums.[100]

Das Prinzip der Selbstbestimmung, wie die Mittelmächte sie für Ukrainer und Polen begrüssten, war ein sehr heikler Punkt für Talâts Regierung. In seinen Schreiben an Talât Anfang 1918 wand sich Enver, aber ohne seine antiarmenische Gesinnung zu zügeln. Sein Standpunkt war: Sollten tatsächlich auch die Armenier gemeint sein, wenn in Brest-Litowsk vom allgemeinen Prinzip der Selbstbestimmung die Rede war, dann «kann dies [dieses Prinzip] natürlich nicht auf unser Land angewandt werden, sondern nur auf Gebiete [im Kaukasus], die ihnen gehören und in keinem Zusammenhang mit uns stehen». Talâts Antwort erfolgte in einem warnenden Ton: «Wenn wir – Gott

---

97 Talât, Brest-Litowsk, an Enver, 1. Februar 1918, zitiert in Duran, Dünya Savaşı sonunda Türk diplomasinin ilk başarısı, 31 f.
98 Langes Telegramm von Talât, Brest-Litowsk, an das Aussenministerium in Istanbul, 1. Februar 1918, BOA, DH. SYS. 2295-2. Vgl. auch die Nachdrucke von zahlreichen trankribierten osmanischen Dokumenten in Duran, Dünya Savaşı sonunda Türk diplomasinin ilk başarısı.
99 Frederic von Rosenberg, 58 f.; Cavid, Tagebuch, Bd. 3, 494, 28. März 1918.
100 Vgl. «L'autonomie de l'Arménie», in: *Gazette de Lausanne*, 16. Januar 1918, BOA, HR. SYS. 2295-2.

bewahre – gegen die Armenier versagen sollten, so nähme uns die Weltöffentlichkeit sehr übel wahr und das wäre für unser Land gefährlich.» Denn dann wäre nicht nur das expansive Kaukasusprojekt von Talâts Türkei gefährdet, sondern möglicherweise könnte dann diplomatischer Druck den Armeniermord nicht weiter vertuschen – mit ernsthaften politischen und rechtlichen Konsequenzen. Enver versorgte den Grosswesir in Brest-Litowsk mit regionalen Informationen. Dazu gehörten Berichte über armenische Gräueltaten und Racheakte an Muslimen während des russischen Rückzugs von Erzincan, Erzurum und Kars, vor der osmanischen Rückeroberung dieser Städte. Sie dienten primär dem Bemühen, gegenüber den Delegationen das osmanische Vorrücken im Kaukasus zu rechtfertigen, das gegen den Waffenstillstand verstiess. Enver informierte zudem über die georgisch-armenische Zusammenarbeit, die zur Gründung der temporären Transkaukasischen Demokratisch-Föderativen Republik führte, und liess Talât von Pontus-Rûm wissen, die sich bewaffneten, während gegen sie muslimische Banden organisiert wurden.[101]

Ende Frühjahr 1918 manifestierte sich die antiarmenische Einstellung der CUP-Exponenten erneut extrem. Enver schrieb seinem General Vehib Pascha: «Sollte es in der Zukunft ein kleines Armenien geben, so wird es seine Anweisungen von Amerika erhalten.» Von einer anfänglichen Bevölkerung von ein paar Hunderttausend «würde es zu einem Land von Millionen und für uns zu einer Art Bulgarien im Osten werden, zu einem gefährlicheren Feind als Russland, denn alle armenischen Interessen und Wünsche sind auf unser Land gerichtet». Er kam zum Schluss: «Es ist inakzeptabel, den Armeniern eine [politische] Existenz zu ermöglichen. Man muss alles tun, um sie vollständig zu schwächen und sie in einem gänzlich mittellosen Zustand zu halten, damit ihre benachteiligten Lebensumstände sie daran hindern, sich selber zu organisieren.»[102] Das Schreiben datiert vom 9. Juni, also kurz nach den Niederlagen der osmanischen Angreifer gegen die armenischen Verteidiger von Eriwan. Osmanischen Einheiten, die im Juli 1918 offiziell als «Islamische Armee des Kaukasus» formiert wurden, rückten danach weiter vor Richtung Baku.

Envers Onkel Halil, der Kommandant der Offensive im Kaukasus, posaunte sein exterminatorisches Begehren unverblümt in die Welt hinaus: «Ich werde keinen einzigen Armenier auf der Erdoberfläche zurücklassen!»[103] Als Repräsentant einer vermeintlich überlegenen Rasse und Religion sah er sich befugt, eine vermeintlich subalterne Gruppe, die der türkisch-muslimischen Hegemonie im Kaukasus nicht zustimmen mochte, zu vernichten. General Otto von Lossow, Militärattaché bei der Botschaft in Istanbul, berichtete Ende Mai 1918 sichtlich aufgebracht: «Wie ich dauernd melde, ist das Ziel der türkischen Politik dauernde Besitznahme der armenischen Di-

---

101 Talât, Brest-Litowsk, an Enver, 1. Februar 1918, zitiert in Duran, Dünya Savaşı sonunda Türk diplomasinin ilk başarısı, 31; und Enver an Talât in Brest-Litowsk (verschickt via die osmanische Botschaft in Berlin, 29. Januar 1918), BOA, HR. SYS. 2876, 3-1 (dieser Ordner enthält mehrere Briefe von Enver an Talât).
102 Enver an den Kommandanten der Dritten Armee, Vehib Pascha, 9. Juni 1918, Faksimile in Reynolds, Shattering Empires, zwischen 166 und 167.
103 Halil Kut: «Eylül 1918'de Erivan ve Ermeniler», in: *Ermeniler Hakkinda «Makaleler-Derlemeler»*, Erzurum: Erzurum Universitesi, 1978, 147–165, zitiert in Hamit Bozarslan: «L'extermination des Arméniens et des juifs. Quelques éléments de comparaison», in: Kieser/Schaller, Völkermord, 322 f.

strikte und Ausrottung der Armenier. Alle gegenteiligen Versicherungen Talaats und Envers sind gelogen. Die extreme armenierfeindliche Richtung hat in Konstantinopel die Oberhand gewonnen.»[104]

In völliger Umkehrung der Tatsachen warf Halil Pascha den Armeniern vor, sie hätten 1918 eine «Vernichtungsoffensive» und einen «Rachefeldzug» gegen die Türken geführt. Das war typisch offensiver Argumentationsstil von CUP-Tätern, die einzelne tatsächliche Kriegsverbrechen von armenischen Milizen aufbauschten, um sie auf eine Ebene mit staatlicher Genozidpolitik zu stellen. Das CUP verfolgte seit Beginn des Ersten Weltkriegs eine Politik der Vernichtung und des Dschihad gegen kaukasische und osmanische Christen. Im Kontext des russischen Rückzugs von 1918 lancierten sie den Dschihad neu und jagten aufs Neue der Utopie-Dystopie von Turan nach. Das war ein expansionistischer Kurs, der das Bündnis mit Deutschland schwer belastete und weit über das Ziel der imperialen Wiederherstellung von drei kaukasischen Provinzen hinausging. Die CUP-Führung schien geradezu glücklich, dass sie armenische Gräueltaten im Kaukasus 1918 im Nachhinein als Relativierung des Armeniermords nutzen konnte. Aber nicht nur dazu, sondern auch zur Rechtfertigung der Eroberungen sollte der öffentliche Fingerzeig auf Vergehen im kleinen armenischen Volk dienen, wie Botschafter Bernstorff selbstkritisch an Matthias Erzberger schrieb: «Es war vielleicht ein Fehler, die tatsächlich vorgekommenen Greuel der armenischen Banden öffentlich zu erwähnen. Indessen erschien dies notwendig, um das Vorrücken der türkischen Truppen trotz des damals noch bestehenden Waffenstillstands zu rechtfertigen. Ausserdem war es der türkischen Regierung sehr angenehm, eine nachträgliche Entschuldigung für ihre früheren Sünden zu finden.»[105]

Massaker von armenischen Milizen an Muslimen fanden während des Rückzugs der russischen Armee von Erzincan und Erzurum statt, dort auch an Aleviten, sowie am 31. März 1918 in Baku, am Vorabend der kommunistischen «Kommune von Baku». Umgekehrt und zusätzlich zu den extremen früheren Gewalttaten massakrierten die vorrückenden türkischen Streitkräfte die armenische Bevölkerung von Kars und Ardahan. Die Islamische Armee des Kaukasus ermordete bei ihrem Einmarsch in Baku Mitte September 1915 gezielt Tausende von Armeniern. Sie stand unter dem Kommando von Nuri (Killigil) Pascha, dem Halbbruder von Enver.[106]

Im Hinblick auf Utopien und Dystopien in der osmanischen Welt der 1910er-Jahre kontrastiert «Turan» – nach Gökalp ein «gewaltiges und ewiges Vaterland», das der Weltkrieg den Türken erschliessen sollte – mit «Zion», einem kleinen, weltweit ausstrahlenden Sehnsuchtsort für Generationen von Juden und christlichen *restorationists*. Als eine überdehnte Irredenta assoziiert Turanismus im historischen Rückblick Krieg und Genozid. Der «Aufbruch nach Turan» war ebenso überschwänglich wie grossspurig und imperialistisch, indem er ein unter türkischer Herrschaft vereinheitlichtes Osmanisches Reich pantürkisch zu erweitern suchte. Gökalp sah vor, euro-

---

104 Bernstorff an das Aussenministerium, 23. Mai 1918, PA-AA, R 14100.
105 Bernstorff an Erzberger, 30. März 1918, in: Bernstorff, Erinnerungen und Briefe, 144.
106 Kut, Kütül-Amare kahramanları, 175. Vgl. Hovannisian, Armenia, 94–227; Suny, The Baku Commune; Thomas de Waal: *The Caucasus. An Introduction*, Oxford: Oxford University Press, 2010, 60–67.

päische Zivilisation in diese Grosstürkei einzupflanzen (was der Kemalismus später für die anatolische Türkei umsetzte), aber sie im Übrigen sowohl «fremder Kultur» als auch politischer Bevormundung durch Europa ganz zu entziehen. Man kann den Zionismus und den Turanismus als kontrastierende politische Messianismen des frühen 20. Jahrhunderts auffassen, die beide zu neuen Horizonten jenseits bestehender Machtverhältnisse und Sozialsysteme aufzubrechen suchten, im Falle des Turanismus jenseits des Russischen Reiches, des British Empire und – so die Selbstsicht – kosmopolitisch-osmanischer Dekadenz. Das «neue Leben» der «neuen Türkei», das Gökalp propagierte, sollte «neue Türken», die sich dem Staat organisch eingliederten, hervorbringen.[107] Im Falle des Zionismus war der Aufbruch grundlegender und stärker historisch verankert. Es ging um ultimative Rettung vor dem Unheil, das das Römische Reich einst über die Juden gebracht hatte; darum, die damit verbundene Zerstreuung und Heimatlosigkeit zu überwinden und dem Antisemitismus der europäischen Moderne zu entkommen. Der Messias oder Mahdi (*mehdi*) beider Messianismen war keine Person, sondern abstrakt, nämlich Zion beziehungsweise Turan (in Verbindung mit Kızılelma, siehe Kapitel 17).

Eine ganze Reihe von Publikationen, unter anderem in Gökalps und des CUP neuer Zeitschrift *Yeni Mecmua*, liess sich im letzten Kriegsjahr von Turan inspirieren. Sie zielten auf Turans kulturelle, rassische, religiöse und wirtschaftliche Erschliessung ab, sprachen aber auch eine längerfristige politische Einigung an. Ihre Zukunftsentwürfe verstanden Istanbul und das türkische Staatswesen in Anatolien als «kulturelles Zentrum», «nationale Kaaba» und «Sitz des Kalifats» einer turanischen Grosstürkei, die sich aus «40 Millionen Türken und Muslimen» zusammensetzte. Politische Einheit war die Folge der kulturell-religiösen Einheit. Gökalp wollte, dass die «Union der Türken» eine «grosse türkische Nation» mit einem gemeinsamen «türkisch-muslimischen Ideal» bilden würde. Denn «dieses Zeitalter gewährt nur zahlenmässig grossen Nationen ein Lebensrecht». Er prophezeite, Turan werde, wenn es «gerettet» sei, zu einem grossartigen Gemeinwesen oder staatlichen «Organismus» (*uzviyet*) aller Türken in Gliedstaaten werden. Deren vereinte Armeen in Kleinasien, im Kaukasus, in Zentralasien und so fort würden eine kolossale Macht entfalten. Alle Staatsangehörigen würden dann Muslime sein, das Türkisch von Istanbul sprechen und angeführt werden von einem charismatischen, eschatologischen Führer-Kommandeur (*reis, sahib-kırân, kumandan*). Sie alle wären «hierarchisch organisiert wie eine Armee» und würden sich als gehorsame Glieder des Staats und einer einzigen solidarischen Gesellschaft verhalten. Meinungsdifferenzen würden streng unterdrückt, divergierende Haltungen oder Ideale gar «abgetötet». In der Tat: Gökalps Pamphlete aus dem Frühjahr 1918 lesen sich wie Vorlagen zentraler Elemente in späteren europäischen Faschismen, unterstrichen indes die Bedeutung des Islams weit über kulturelle Aspekte hinaus.[108] – Zion, im diametralen Unterschied, war das Ideal einer kleinen, ebenso um

---

107 Ziya Gökalp: *Yeni hayat*, Istanbul: Yeni Mecmua, 1918, transkribierte Ausgabe: *Yeni hayat ve doğru yol*, Ankara: Kültür Bakanlığı, 1976.
108 Ziya Gökalp: *Rusya'daki Türkler ne yapmalı?*, Istanbul: Tanin Maatbası, 1918; Ziya Gökalp: «İçtimaiyat ‹Turan› Nedir?», in: *Yeni Mecmua*, Nr. 31, 8. Februar 1918, 82–84; Necmettin Sadık: «İrtica aleyine …», in: *Yeni Mecmua*, Nr. 34, 7. März 1918, 141; Reşid Safvet (Atabinen [Sekretär der türki-

ihr Überleben wie Wiedererstehen ringenden Nation, für die – wie obige Zitate und der Umgang mit Armenien bewiesen – der Vordenker einer Grossnation nur Verachtung, ja sozialdarwinistische Ausmerzungsgedanken übrig haben konnte.

Zusammenfassend lässt sich sagen, dass es im Ersten Weltkrieg nicht nur das Sykes-Picot-Abkommen, sondern auch noch alternative Entwürfe für die osmanische Welt gab, die auf lange Sicht gesehen erfolgreich waren, nämlich mit uneingeschränkter türkischer Souveränität in Kleinasien und einem Teil des Südkaukasus sowie der jüdischen Heimstätte in Palästina. Ein Endsieg der Mittelmächte schien nach dem Zusammenbruch Russlands naheliegend, vor allem von Istanbul aus betrachtet. Der Vertrag von Brest-Litowsk von März 1918 öffnete die Tür für die osmanische Rückeroberung von Territorien im Südkaukasus und darüber hinaus. Indem Talâts Türkei verlorene Gebiete zurückgewann und Gökalps zündender Idee turanischer Einheit von Istanbul bis Zentralasien neu Auftrieb verlieh, nahm das Regime des revolutionären Grosswesirs ungeahnten Schwung auf. Die Balfour-Deklaration und der darin verwendete Kernbegriff einer «nationalen Heimstätte» kontrastierte diametral mit Talâts und Gökalps expansiver Reichsidee, war indes verwandt mit der namentlich von Grossbritannien in Aussicht gestellten Selbstbestimmung und Gerechtigkeit für die Armenier. Die Versprechen der Westmächte an diese beiden kleinen Völker, die Armenier und Juden, hatten einen positiv diskriminierenden Charakter zugunsten von Gruppen, die ohne äussere Hilfe keine Chance hatten, sich innerhalb der jahrhundertealten sunnitisch-imperialen Hegemonie in der Levante Platz zu verschaffen. Die Weltkriegsniederlage der osmanischen Türkei ergab die Möglichkeit, beide Versprechen einzulösen. Aber nur dasjenige in der Balfour-Erklärung wurde erfüllt. Im Norden des ehemaligen Reichs setzte sich im Gegensatz zu den Vereinbarungen von Sykes, Picot und Sergei Sasonow ein türkischer Einheitsstaat durch, der neben seiner imperialen Wurzel aus dem Postulat eines Nationalheims für Türken (Türk Yurdu) hervorgegangen war.

41 Verdrängung in Istanbul und Wahrheit in Berlin – Talâts Rücktritt

Dank der erneuten osmanischen Expansion in den russischen Kaukasus befand sich Talât Anfang 1918 in einer starken Position, aber nicht für lange. Denn es fehlte das Fundament für ein solides Gemeinwesen im eigenen Land, und schwere Niederlagen an den anderen Fronten drückten auf die Stimmung. Schliesslich brach aufgrund der deutschen Niederlage im Westen auch noch der internationale Grundpfeiler von Talâts Türkei, das deutsche Kaiserreich, weg. Talât gelang es erst mit Verspätung, die ganze Situation richtig einzuschätzen, nämlich im September 1918 während eines Besuchs in Berlin, bei dem er mit den deutschen Partnern Unstimmigkeiten im Kaukasus sowie ein koordiniertes Vorgehen bei den Friedensverhandlungen besprechen wollte.[109]

---

schen Delegation bei der Konferenz von Lausanne]): «Kafkas etekleri Türk ticaret yolları», in: *Yeni Mecmua*, Nr. 43, 9. Mai 1918, 325.
109 Cavid, Tagebuch, Bd. 3, 538, 29. August 1918.

Schon bevor er mit der politisch auseinanderbrechenden deutschen Hauptstadt konfrontiert wurde, hatte sich Talât geweigert, jene Fakten zu sehen, die die Grundfesten seiner eigenen Kriegslogik von Anfang an hätten erschüttern können: sein Glaube an Deutschlands überlegene Macht und Hilfsbereitschaft gepaart mit dem Vertrauen in die hochfliegenden Bündnisverträge. Fast alle Mitglieder der CUP-Führungsriege waren – mit nur graduellen Unterschieden – zu *nihai zafer'ci*, das heisst zu befürwortenden Sprachrohren und zumeist auch Gläubigen eines Endsiegs (*nihai zafer*) geworden. Es war tabu, auch nur den kleinsten Zweifel daran zu äussern. Wer immer aus dem Kreis der Partei am Nuruosmaniye-Sitz des Zentralkomitees ein und aus ging, aber verzagt und pessimistisch dreinschaute, wurde als Schwächling und Schwarzseher blossgestellt.[110]

Der den Leserinnen und Lesern dieses Buchs bereits wohlbekannte Parlamentsabgeordnete Muhittin (Birgen), auch Berater von Talât, Journalist und Verfasser von Editorials für *Tanin*, hatte den ganzen Sommer 1917 in Berlin verbracht. Dort erlebte er Deutschlands politische Julikrise aus der Nähe mit und machte für ihn beunruhigende Beobachtungen, von denen er nach seiner Rückkehr nach Istanbul Talât erzählte. Obwohl Deutschland im Vergleich zur Türkei immer noch beeindruckend stark und gut organisiert dastand, erweckte es in Muhittin den Eindruck grosser Zerrissenheit. Er pflegte Kontakte zu Vertretern der Linken und anderen Demokraten, die sich wünschten, dass Staat und Kaiser sich dem Parlament unterordneten. Sie argumentierten, eine gereifte Nation könne sich mit einem Reichstag, dessen Kompetenzen auf die Budgetüberprüfung beschränkt seien, nicht zufriedengeben. In einer Grundsatzrede vom 6. Juli 1917 verlangte Matthias Erzberger einen Friedensvertrag ohne Annexionen und die Vorrangstellung des Parlaments vor diktatorischen Generälen. Eine Mehrheit der Abgeordneten unterstützte dieses Forderungen, sodass Erzberger zur demokratischen Integrationsfigur in einer polarisierten politischen Landschaft wurde. Kanzler Bethmann Hollweg musste abdanken, Vizekanzler Helfferich wenige Monate später.[111]

Muhittin war entsetzt darüber, dass die Demokraten in Deutschland ernsthaft glaubten, es bestehe die Möglichkeit, «Heil nicht durch Gewalt, sondern durch Politik» zu erlangen, denn «damit betrügen sie sich nur selbst». Und ebenso empörte ihn ihre Entschlossenheit, mit Russland möglichst rasch Frieden zu schliessen sowie ihr Glaube an die Bereitschaft von Grossbritannien und Frankreich, friedlich in einen Kompromiss einzuwilligen, sobald Deutschland demokratisch geworden sei. Muhittin schrieb seine Aufzeichnungen in der Retrospektive unter der Diktatur von Atatürk nieder, den er im gleichen Atemzug mit Hitler und Mussolini rühmte. Als früherer Mitarbeiter von Talât bemitleidete er jene deutschen Demokraten, die seiner Meinung nach in eine trügerische Zwickmühle geraten waren und den Blick für das eherne Gesetz des «gnadenlosen Kampfs ums Überleben in der internationalen Politik» verloren hatten. Als Muhittin im September 1917 Talât seine in Berlin gemachten Beobachtungen schilderte, glaubte er in den Gesichtszügen und Augen des Führers

---

110 Birgen, İttihat ve Terakki'de on sene, 395–435.
111 Williamson, Karl Helfferich, 218–255; «Die Krise auf dem Höhepunkt» und «Der Wortlaut der Kriegserklärung», in: *Frankfurter Zeitung*, 14. Juli 1917, 1.

zum ersten Mal den Ausdruck eines Schattens zu erblicken. Gökalp hingegen, der bei der Begegnung ebenfalls anwesend war, versprühte Optimismus, indem er mit Blick auf die Umwälzungen in Russland selbstzufrieden sein Credo von 1914 wiederholte: «Russland wird zugrunde gehen und in Schutt und Asche liegen / die Türkei aber wird wachsen und Turan sein!»[112]

Neun Monate später, Ende Frühjahr 1918, befragte Talât Muhittin im Rahmen eines langen persönlichen Gesprächs erneut zur internationalen Lage. Zuvor, während der fünf Jahre von Muhittins Herausgeberschaft von *Tanin*, hatte er hingegen kaum je das Bedürfnis verspürt, sich mit ihm zu unterhalten und um Rat zu fragen. Der junge, aber erfahrene Journalist nahm einen erschöpften, verwirrten Grosswesir wahr, vom diplomatischen Triumph von März 1918 war nichts mehr zu spüren. Talâts übliches Verhalten, während Gesprächen zu lächeln und das Gegenüber freundlich zu necken, war verschwunden. Ernsthafte Spannungen mit Deutschland waren schon Ende März aufgetaucht, und zwar nicht nur mit Blick auf den Kaukasus, sondern auch auf die – schon mehrfach erwähnten – vom CUP sehnlich erstrebten Rückgewinne auf dem Balkan. Dass Deutschland dazu nicht Hand bieten konnte, «beleidigte und deprimierte» Talât. Gemäss Cavid kamen damals erstmals Gedanken an einen Separatfrieden oder aber reduzierte Beziehungen mit Deutschland auf. Cavid trug zusätzlich zur angespannten Beziehung bei, indem er Helfferich und Rosenberg zu einem umfassenden Schuldenerlass Deutschlands gegenüber der Türkei drängte. Dabei strapazierte er das Argument, dass es in Deutschlands eigenem grösstem Interesse liege, die Türkei vor dem finanziellen Kollaps zu bewahren. Sekretär Rosenberg erklärte Cavid daraufhin, der Reichskanzler sei «betrübt zu sehen, dass das Geld, welches Deutschland uns [der Türkei] gegeben habe, dafür verwendet worden sei, Christen zu vernichten; dies sei Teil der aktuellen Problematik», die sich zwischen den beiden Regierungen aufgebaut habe.[113] Als überengagierter, ganz von Talât abhängiger Patriot war Cavid nicht im Geringsten in der Lage, mit solchen und ähnlich umstürzenden Wahrheiten angemessen umzugehen, obwohl er über sie Bescheid wusste.

Im Juli 1918 fand am Nuruosmaniye-Parteisitz ein persönliches Gespräch zwischen Cavid und Talât statt. Dabei bestätigte Talât Cavids Beobachtung einer zunehmenden Laisser-faire-Mentalität in der Beaufsichtigung der Provinzgouverneure.[114] Der Grosswesir räumte ein, dass er über die Situation im eigenen Land und auf internationaler Ebene tief enttäuscht sei: «Der Krieg hat die ganze Moral des Landes tief zerrüttet. Wohin man schaut, findet man eine grosse Zahl derer, die mit Politik zu tun haben und sich dabei [nur] die eigenen Taschen füllen. […] Die Deutschen schafften an der Westfront den Durchbruch nicht; alle Hoffnungen, die wir in sie gesetzt hatten, erwiesen sich als null und nichtig.» Talât betraute nun Ismail Canbolad (den er im Frühjahr 1916 noch marginalisiert hatte) mit dem Amt des Innenministers, allerdings nur bis zum 2. Oktober. «Bis anhin habe ich das Innenministerium noch in der eigenen Hand behalten, um Zwietracht mit Enver zu vermeiden», vertraute er Cavid an. «Aber

---

112 Birgen, İttihat ve Terakki'de on sene, 400.
113 Cavid, Tagebuch, Bd. 3, 494–496, 28./29. März 1918; 511–515, 9.–20. Juli 1918; 524 (Rosenberg-Zitat), 31. Juli 1918; 541, 31. August 1918.
114 Ebd., Bd. 3, 504 f., 1.–22. Juni 1918.

jetzt will ich, dass jede Unstimmigkeit, worin auch immer sie besteht, ans Tageslicht kommt, um die Probleme zu lösen.»[115] Obwohl sich auch das als leeres Versprechen oder frommer Wunsch erwies, so zeigt die Äusserung doch, wie ernst die Situation für alle aussah.

Im Juli 1918 fühlte sich Talât in einer Falle zwischen drei «Feuern» gefangen, wie er es selber formulierte: Einerseits war da Enver Pascha, ein Freund mit schwer vorhersehbarem Verhalten, den der osmanische Vormarsch im Kaukasus begeisterte und übermässig optimistisch stimmte (er war einmal mehr bereit, «bis zum letzten Mann zu kämpfen»); dann der neue Sultan Mehmed VI. Vahideddin, ein Kritiker des CUP und im Vergleich zu seinem Vorgänger eine deutlich stärkere Persönlichkeit; und schliesslich äussere Feinde, die vom Westen und vom Süden her vorrückten. Talât hatte sein Vertrauen in die Dynamik des Kriegs verloren – er, der seit dem Herbst 1912 kühn und kalkuliert auf Krieg gesetzt hatte. Damit gingen auch die Energie, der innere Antrieb und ein nach aussen prägnantes Selbstvertrauen verloren, also jene Wesensmerkmale, die seit 1913 die deutschen Gäste ausserordentlich beeindruckt hatten. Muhittin schrieb in der Rückschau: «Wir hatten verloren. Talât war geschlagen. Er selbst kann die Niederlage noch nicht glauben und akzeptieren; er wartet noch immer auf das Resultat erneuter Offensiven der Deutschen an der Westfront. Doch er war besiegt, obwohl er sich dessen noch nicht richtig bewusst war. Seine Niederlage bedeutete auch die Niederlage der Türkei.»[116]

Muhittin reiste Ende Juli 1918 wieder nach Berlin und traf sich dort mit Erzberger, dem «Mann der Stunde», sowie mit einem völlig hilflosen Rosenberg und anderen deutschen Vertretern, die er, wie er schreibt, in einem Zustand allgemeiner Verwirrung vorfand. Er bemühte sich um die Beschaffung nützlicher Informationen für Talât, der sich ebenfalls zu einer Reise in die deutsche Hauptstadt entschlossen hatte. Muhittin war erschüttert über den Pessimismus und die Verwirrung, die in Berlin herrschten, aber das Erstaunlichste war für ihn die Aktualität der Verbrechen gegen die Armenier, über die von linken und liberalen Demokraten engagiert diskutiert wurde. In der Presse wimmelte es nur so von Artikeln zu diesem Thema, «während wir in Istanbul überhaupt nichts wussten über diese Art von Veröffentlichungen». Was immer in solchen Artikeln und Diskussionen eine kritische Spitze gegen Talâts Türkei enthielt, nahm er persönlich. Er schrieb daher, dass die massive Anklage, die die Demokraten gegen das CUP-Regime vorbrachten, «gegen uns [Türken]» insgesamt gerichtet sei.

In Muhittins Augen musste die osmanische Botschaft in Berlin blind gewesen sein, dass sie nichts merkte vom Heranwachsen einer demokratischen Koalition, die gegenüber dem Krieg, dem CUP-Regime und den Menschenrechten eine ganz andere Haltung einnahm als das bisher regierende Establishment. Berichte von Diplomaten, die sich in abgehobenen Kreisen bewegten, hatten offensichtlich wenig mit den Realitäten vor Ort zu tun. Eine zentrale Frage für Talât war, inwiefern in den bevorstehenden Friedensverhandlungen frühere Vereinbarungen eingehalten würden und wie die weitere Koordination zwischen den Bündnispartnern vonstatten gehen würde. Diese

---

115 Ebd., Bd. 3, 544, 5. September 1918; Bernstorff an Auswärtiges Amt, 15. Juli 1918, PA-AA, R 13804-2, 69; 2. Oktober 1918, R 13804-3, 80.
116 Birgen, İttihat ve Terakki'de on sene, 395–435, Zitate 395, 427 f.

Frage richtete Muhittin an Erzberger anlässlich eines privaten Treffens im Hotel, in dem dieser logierte. Erzberger zeigte Verständnis für die Frage, wies aber kritisch darauf hin, dass die Regierungen in Berlin und Istanbul als Oligarchien zu betrachten seien, welche die politische Sprache der Demokraten nicht verstünden. Deshalb könnten sie in Zukunft nicht als vollwertige Partner gelten.

Der Führer der Demokraten fuhr dann, gemäss Muhittins Erinnerungen, folgendermassen fort: «Die Türkei ist für uns zur Plage geworden. Sie müssen einfach anerkennen, dass die Veröffentlichungen über den Armeniermord in der französischen, englischen und amerikanischen Presse uns Demokraten tief beschämen. [...] Bedauerlicherweise besudelt eine immense Schande die Türkei, und für diese können wir nicht geradestehen. Es kann auch nicht unsere Pflicht sein, dies zu tun.» Er schluckte weder Muhittins Narrativ von der nationaler Selbstverteidigung gegen die Armenier, noch akzeptierte er das Argument, «unser Anteil an den Sünden» sei «im Vergleich zum Anteil an Sünde und Verantwortung der Entente gering und unbedeutend gewesen». Talâts Mann verstieg sich zur Behauptung: «Wir Türken erachten uns als frei von Sünde.»[117]

Seit Sommer 1915 wusste das Komitee um Hinweise dahingehend, dass sich die deutsche Diplomatie bei den Nachkriegsfriedensverhandlungen nicht dafür hergeben würde, die Armenierpolitik der Türkei zu verteidigen. Seit Matthias Erzbergers Besuch in Istanbul Anfang 1916 fürchtete das CUP die damit verknüpfte Überzeugung deutscher Vertreter, dass die armenischen Überlebenden in ihre Heimat zurückkehren und ihre Güter zurückerstattet werden sollten. Trotz einer insgesamt moralisch defätistischen Haltung gab es somit doch Ansätze zu einer konsistenten Haltung in der deutschen Diplomatie. Sie beharrte auf dem Wortlaut der Abmachungen im späten Frühjahre 1915, als Botschafter Wangenheim nur einer temporären Umsiedlung einer begrenzten Zahl von Menschen aus Kriegszonen und keinesfalls Massenenteignungen und Massakern zugestimmt hatte. Obwohl jahrelang kleinlaut, schluckte die deutsche Diplomatie nicht ohne Weiteres die Vernichtung armenischer Existenz in Kleinasien, deren Talât sich im Sommer 1915 gebrüstet hatte (siehe Kapitel 35). Cavid stimmte seinerseits im Widerspruch mit seinen zwischenzeitlichen Bemühungen im Herbst 1918 der Regelung zu, dass «die aus den anatolischen Provinzen stammenden Armenier [...] in ihre Häuser zurückkehren» sollten, auch wenn sich die Restitution der Güter schwierig gestalten würde, da viele Häuser zerstört oder anderweitig besetzt und armenische Güter in die Hand von Funktionäre, muslimischen Nachbarn oder Muhacir gelangt waren. Mitte Oktober 1918, nachdem Talât bereits zurückgetreten war, verteidigte Cavid diese Vorgehensweise erfolgreich im Parlament.[118]

Muhittin fühlte sich vor den Kopf gestossen, weil «die Sache mit den Armeniern der alleinige Grund» für die deutschen Demokraten sein sollte, sich im Sommer 1918 von der Türkei im Namen der Humanität und einer demokratischen Zukunft abzuwenden. In seinen Erinnerungen bezeichnete er daher den Mord an Erzberger und Deutschlands Krise der Zwanzigerjahre als Strafe für die Blindheit Deutschlands, das die Türkei im Stich gelassen habe. Seiner Meinung nach schlug Adolf Hitler im

---

117 Ebd., 449 f.
118 Cavid, Tagebuch, Bd. 3, 581 f., 16. Oktober 1918.

Gegensatz zu Männern wie Erzberger den richtigen, nämlich autoritären und radikal nationalistischen Weg ein, wie das die Türken lange vor ihm beispielhaft getan hätten. Als Talât Anfang September 1918 in Berlin eintraf, war Muhittin seine engste Vertrauensperson. (Cavid hatte Berlin bereits vorher verlassen und traf sich am 5. September mit Talât im Zug zwischen Budapest und Wien.)[119] Talât wurde sehr ernst, als Muhittin ihn über Deutschlands voranschreitenden inneren Zusammenbruch und Erzbergers Äusserungen zu den Armeniern und dessen eindeutiges Bekenntnis zur Demokratie informierte. Noch immer weigerte sich Talât, eine Weltkriegsniederlage zu akzeptieren, die eine Niederlage seines Regimes und seines Politikstils wie auch die Abrechnung mit Geschichte und den Ruf nach wirklicher Demokratie implizierte.

In seinen Verhandlungen mit dem deutschen Aussenminister Paul von Hintze und General Lossow vom 8. September 1918 distanzierte sich Talât von der pantürkischen Strömung, von der sich viele in seinem Parteistaat im Glauben an Turan hatten mitreissen lassen. Gemäss deutschem Protokoll lässt sich Talâts neue Bescheidenheit auf folgende Kurzformel reduzieren: kaukasische Pufferstaaten statt Grossmachtträume und Verzicht auf Annexionen im Nordiran: «Seit dem Mai hat sich die Lage so verändert (militärische Ereignisse im Westen, neuer Sultan, Erschütterung der Stellung Enver Paschas), dass die Türkei an eine nach Abenteuern schmeckende Politik im Kaukasus nicht mehr denken kann. Ihr Ziel sei die Bildung von Pufferstaaten gegen Russland, Armenien, Georgien und Aserbeydjan, wozu noch ein neuer mohammedanischer Staat in Turkestan kommen müsse.» Mit dem Hinweis auf Turkestan östlich des Kaspischen Meer, mit nach Talâts Vorstellung 14 Millionen Einwohnern, liess er die Tür doch noch einen Spalt offen für expansiven Einfluss. Er forderte deutsche Waffen und Instruktoren für Turkestan, um dessen aktive Teilnahme am Krieg zu ermöglichen. Lossow antwortete darauf: «Offiziere können wir nicht stellen. Waffen liefern wir der Türkei dauernd; darüber, und wie sie sie verwendet, brauchen wir keine Kontrolle zu üben.» Der Grosswesir wünschte zudem unbedingt noch das Grosse Hauptquartier der deutschen Armee zu besuchen, um dem Kaiser seine Huldigung «zu Füssen legen zu dürfen. Er erhoffe davon eine Befestigung seiner Stellung in der Heimat. Auch wünsche er sich durch eine Aussprache mit Seiner Majestät, dem Generalfeldmarschall und General Ludendorff ‹moralisch› zu stärken», wie Staatsuntersekretär Wilhelm von Stumm rapportierte. Am 13. September zeigte sich dann der Grosswesir laut Hintze «über die huldvolle Einladung Seiner Majestät hoch beglückt».[120]

In seinen wiederholten Gesprächen mit Muhittin lernte Talât allmählich, sich mit der Realität der unmittelbar bevorstehenden Weltkriegsniederlage abzufinden. Er begann sich auf Themen zu konzentrieren, die er für die Türkei als relevanteste Herausforderungen in der Zeit nach der Niederlage, nach der Trennung von Deutschland und nach dem Sturz des CUP betrachtete. Fortan war es im Hinblick auf die bevorstehenden Friedensverhandlungen unmöglich, irgendeinen Anspruch auf territorialen Status quo des Osmanischen Reichs aufrechtzuerhalten. Talât und seine deutschen Gesprächspartner verständigten sich darauf, dass die Regierungen der Mittelmächte je

---

119 Ebd., Bd. 542, 5. September 1918.
120 PA-AA, R 13804-3, 50–62.

einzeln um einen Friedensschluss gemäss dem 14-Punkte-Plan von US-Präsident Wilson nachsuchen würden. In seinen Gesprächen mit Muhittin stimmte Talât zum ersten Mal einer möglichen Abspaltung der arabischen Gebiete zu, wobei er vermutete, dass sich dieser Schritt ohnehin als Forderung aus den kommenden Verhandlungen ergeben könnte. Sein hauptsächliches Anliegen betraf aber Kleinasien, den Brennpunkt seiner Politik seit 1913. Von jetzt an gab es, wie er selbstzufrieden festhielt, «kein Minoritätenproblem im früheren Sinn und Ausmass mehr. [...] Wir mögen gut oder schlecht gehandelt haben; auf jeden Fall haben wir es fertiggebracht, die Türkei in einen anatolischen Nationalstaat umzuwandeln. Die Störelemente und Meinungsdifferenzen unter uns haben abgenommen.» Obwohl er nun die militärische Niederlage anerkennen musste, bekräftigte Talât mit diesen Worten nochmals das, was er als seine grösste Leistung betrachtete: die Beseitigung jener osmanischen Minorität, welche am eindringlichsten individuelle und kollektive Rechtsgleichheit gefordert und daher einem türkischen Einheitsstaat in Anatolien im Weg gestanden hatte.

Im Weiteren gab Talât zu, das CUP habe aus einer Haltung der Angst heraus jegliche Opposition unterdrückt. In Zukunft sollten zwei politische Pole, ein liberaler und ein konservativer, wechselseitig das politische Leben in der Türkei bestimmen. Wirklich liberale Kräfte hatten aber im politischen Denken dieses Vaters des Nationalstaats weiterhin keinen Platz. Was Talât unter «liberal» verstand, hatte nichts zu tun mit echten osmanischen Liberalen wie Prinz Sabahaddin oder Krikor Zohrab. Den einen hatte er ins Exil, den anderen als Teil einer angeblich verräterischen Volksgruppe in den Tod geschickt. Der Begriff «liberal» war in Talâts Wortverständnis sehr eng definiert, nämlich als Bezeichnung für einen vergleichsweise linksorientierten Flügel innerhalb des CUP im Gegensatz zu einem eher rechtskonservativen Flügel. Seine Meinung war: «Einheit und Fortschritt [CUP] muss in zwei Teile aufgeteilt werden», um die Türkei in Zukunft erfolgreich zu lenken. Wenige Jahre später scheiterte Mustafa Kemal Pascha zweimal mit dem Versuch, wie von Talât vorgesehen per Diktat eine Oppositionspartei einzuführen. Talâts wie Atatürks Türkei konnte mit Liberalität im Sinne politischer und individueller Freiheitsrechte des 19. Jahrhunderts («civil liberties») nichts anfangen.[121] Talâts einschneidendes Vermächtnis bestand daher im Einparteistaat mit personalisierter Regierungsführung und Minderheitenphobie.

Noch vor seiner Abreise aus Berlin und seiner Rückkehr nach Istanbul am 27. September 1918 war Talât zum Entschluss gelangt, sein Amt niederzulegen.[122] Die Stimmung in der osmanischen Hauptstadt verschlechterte sich zusehends wegen der allgemeinen Ungewissheit und der offenkundigen Korruption, unter welcher die öffentliche Infrastruktur und die allgemeine Versorgungslage weiter stark litten. Eine ebenbürtige Opposition hatte Talât nach dem jahrelangen Kahlschlag gegen jegliche Dissidenz nicht zu befürchten. Da sein Grosswesirat die Versprechen zur Beendigung von Unterver-

---

121 Vgl. Ahmet Demirel: *Birinci meclis'te muhalefet. Ikinci grup*, Istanbul: Iletisim, 2007; Erik J. Zürcher: *Turkey. A Modern History*, London: I. B. Tauris, 2004, 176–181; Birgen, İttihat ve Terakki'de on sene, 440–467, 490–492, Zitate 441, 449, 452, 460.
122 Cavid, Tagebuch, Bd. 3, 559, 21. September 1918; Waldburg, Pera, an Auswärtiges Amt, 30. September 1918, 1918, PA-AA, R 13804-3, 77 f.

sorgung und Korruption nicht einlöste, musste er sich allerdings im Parlament und in der Partei mit wachsenden Spannungen auseinandersetzen.

Der deutsche Botschafter Bernstorff hielt Anfang 1918 fest: «Das ganze Geld, das aus Deutschland kam oder sich bereits im Land befand, vereinigte sich in wenigen Händen, während die grossen Massen verarmen und Hunger leiden.»[123] Der vorteilhafte Friedensschluss mit Russland, die Rückgewinnung von Territorien und die Neubelebung des Ideals von Turan im Frühjahr 1918 vermochten die Misere im Gemeinwesen nur vorübergehend zuzudecken. Lütfi Simavi, ein führender Beamter am Hof des Sultans und damit ein privilegierter Beobachter, schrieb im Tagebucheintrag vom 25. Mai 1918: «Istanbul ist zu einem Ort geworden, der gänzlich in Schande versinkt.» Er meinte damit Korruption, illegale Bereicherung und offen zur Schau gestellten Prunk in Kreisen des CUP, während daneben grosse Bevölkerungsgruppen ein Leben im Elend fristeten.[124] Beschwerden über das Verhalten des CUP-Establishments nahmen überhand. Vor diesem Hintergrund kam Finanzminister Cavid zum Schluss: «Dieses Kabinett hat überhaupt kein Recht mehr zu überleben. Es versagte vor jeder Herausforderung, der es sich stellen wollte.» Cavid war Ende September 1918 schon eine Woche früher als Talât in der osmanischen Hauptstadt eingetroffen. Er ärgerte sich über Talâts zahlreiche Reisen, die in seinen Augen zu keinen greifbaren Resultaten führten. Er begehrte auf gegen Envers deplatzierten Optimismus und die in seinen Augen unverantwortliche Verschwendung von Ressourcen bei der Eroberung des Kaukasus. Einmal mehr beelendete ihn der Todeskult sektiererischer Komiteemitglieder: «Doktor Nâzım wies auf die nationale Ehre hin. ‹Zusammen mit den Deutschen werden und müssen wir sterben.›»[125]

Obwohl Talât am 27. September 1918 am Bahnhof Sirkeci mit einem zutiefst traurigen Gesicht aus dem Zug stieg, malte er noch am gleichen Tag bei einer Pressekonferenz ein rosiges Bild von seinem Berlinbesuch und der allgemeinen Situation. Der Zusammenbruch der Fronten in Bulgarien und Syrien sei nicht so wichtig, da «im Kaukasus und in Zentralasien von den Türken [Turkestans] neue Kräfte organisiert und sofort an die Fronten verlegt wurden, womit das Gleichgewicht wiederhergestellt war». Ahmed Emin (Yalman) war Zeuge der Ankunft des Grosswesirs. Dieser Journalist und Professor an der Universität Istanbul konnte aber in Talâts «ermüdenden Wiederholungen zur Lage im Kaukasus» nicht den geringsten Trost und auch kein Zeichen der Hoffnung finden. Als ihn der Regierungschef kurz danach zu sich rief, klangen seine Worte völlig anders: «Was ich da zu euch allen gesagt habe, sagte ich nur, um eine plötzliche Unruhe und Panik unter den Leuten zu verhindern. Die Wahrheit ist, dass alles zu Ende ist. Wir haben den Krieg verloren. […] Wir haben viele Fehler begangen. Aber du weisst, dass unsere Liebe zum Vaterland gross war und dass wir aus Angst um unsere Nation grosse Risiken eingegangen sind, und so haben wir schliesslich die Orientierung verloren.»[126]

---

123 Bernstorff, Erinnerungen und Briefe, 167 f.
124 Lütfi Simavi, Son Osmanlı sarayında gördüklerim, 256.
125 Cavid, Tagebuch, Bd. 3, 558–564, 20.–29. September 1918.
126 Yalman, Yakın tarihte gördüklerim ve geçirdiklerim, Bd. 1, 305 f.

Im September 1918 durchbrachen die Truppen der Entente die mazedonische Front in Bulgarien. Am 29. September 1918, zwei Tage nach Talâts Ankunft in Istanbul, legte Vierbundmitglied Bulgarien seine Waffen nieder, wodurch die Türkei von Österreich und Deutschland isoliert wurde. «Diese Nachricht schlug in Istanbul wie eine Bombe ein.»[127] In der Nuruosmaniye-Zentrale des CUP herrschte Verwirrung und Fassungslosigkeit. Muhittin, Talâts im letzten Kriegsjahr so häufig kontaktierter Weggefährte und Journalist bei *Tanin*, sah sich mit einem intellektuellen Debakel konfrontiert. «Was habe ich doch in den vielen Jahren nicht alles zu den Leuten gesagt! Und auf einen Schlag bricht alles zusammen.»[128] Talâts Rücktrittserklärung veröffentlichte die Presse am 13. Oktober 1918. Das neue Kabinett unter Ahmed İzzet Pascha nahm am 14. Oktober seine Tätigkeit auf. Der erfahrene 73-jährige Ahmed Tevfik Pascha, der von Sultan Vahideddin zuerst damit betraut wurde, ein neues Kabinett zu bilden, war mit seinem Vorhaben gescheitert, weil ihn Talât unter Druck setzte, CUP-Vertreter wie Cavid und Hayri ins neue Kabinett aufzunehmen.

Nicht alles in Istanbul lag am Boden. Aus der Perspektive des CUP, der führenden Organisation türkisch-muslimischer Macht seit 1908 und der treibenden Kraft hinter dem, was in der vorliegenden Untersuchung als imperiale Kriegs-*ümmet* (vom CUP zum Dschihad mobilisierte osmanisch-muslimische Kriegsgemeinschaft oder -Ummah) zutage tritt, kam nunmehr der Moment für eine neue, teilweise schon vorbereitete Phase im Untergrund. Fortan sollten CUP-Mitglieder, die sich nicht durch Kriegshetze oder Beteiligung am Armeniermord international kompromittiert hatten, unter neuen politischen Etiketten ins Rampenlicht der Türkei treten. Das waren Männer wie Ahmed İzzet Pascha, Hüseyin Rauf (Orbay), Mustafa Kemal, Mustafa Hayri, Kazım Karabekir und Ali Fethi (Okyar). Sie alle waren Offiziere, ausser Hayri, und in einem jugendlichen Alter unter vierzig, ausser die etwas älteren Hayri und İzzet. Ausserdem sorgte Talât vor und initiierte frühzeitig eine Organisation namens Karakol (Wache), die sich auf CUP- und SO-Agenten stützte. So gab es auch nach dem Ende der CUP-Herrschaft eine steuerbare Untergrundorganisation Gleichgesinnter inner- und ausserhalb von Istanbul.[129]

Am 1. November 1918 hielt Talât am letzten CUP-Kongress, der im Nuruosmaniye-Parteisitz abgehalten wurde, eine Abschiedsrede. Ein Mitarbeiter von Atatürk, der Erziehungsminister und Geschichtsprofessor Yusuf H. Bayur (1891–1980), listete Talâts in dieser Rede vorgebrachten «offensichtlichen Lügen über die meisten wichtigen Punkte» in seinem umfangreichen, Mitte des 20. Jahrhunderts geschriebenen Werk *Türk inkılâbı tarihi* (Geschichte der türkischen Revolution) auf. Besonders ausführlich ging er auf Talâts falsche Chronologie der Ereignisse bei der Entstehung der deutsch-osmanischen Allianz und auf seinen geschönten Bericht über den osmanischen Angriff gegen Russland im Schwarzen Meer Ende Oktober 1914 ein. Diese zwei Argumente nutzte Talât dafür, die Verantwortung für die willentliche Beteiligung am Weltkrieg kleinzu-

---

127 Lütfi Simavi, Son Osmanlı sarayında gördüklerim, 285.
128 Birgen, İttihat ve Terakki'de on sene, 500.
129 Babacan, Mehmed Talât Paşa, 186; Mango, Atatürk, 186 f., 203; Göçek, Denial of Violence, 377; Tunçay, Türkiye'de sol akımlar, 261; Nesrin McMeekin: *Turkey's Relations with the Bolsheviks 1919–1922*, Masterarbeit, Ankara: Bilkent Universit, 2007, 24 f.

Abb. 23: Talât Paschas Gesicht im Mond des Kurban Bayramı (Opferfest, 16.–19. September 1918), von dem die Menschen sich Frieden erhofften (Satirezeitschrift *Karagöz*, 27. September 1918).

reden. Nicht sein erwartungsfrohes Einlassen auf das Glücksspiel des Kriegs ab Ende Juli 1914 zusammen mit Enver und vielen Kriegsbegeisterten, sondern das Drängen der Deutschen stellte er in seiner Rede vom 1. November als Hauptgrund für den Eintritt der Türkei in einen fatalen Krieg dar. «Ich beabsichtigte zwar unbedingt, zusammen mit unseren Bündnispartnern in den Krieg einzutreten», sagte er und stritt seinen grundsätzlichen Willen zur aktiven Kriegsbeteiligung nicht ab. Aber er sei bis 1918 überzeugt gewesen, dass Deutschland siegen werde, und behauptete, er habe den offiziellen Kriegseintritt auf einen späteren Zeitpunkt verschieben wollen. Der tatsächliche Kriegseintritt muss indes vom offiziellen Akt des Eintritts und von der Dschihad-Erklärung im November 1914 unterschieden werden. Der CUP-Ideologe Gökalp hatte im frühen August offiziös den Dschihad für den Vormarsch nach Turan und die Zerschlagung Russlands ausgerufen, während gleichzeitig die Kriegsvorbereitungen auf Hochtouren liefen und irreguläre Kriegshandlungen an der Ostfront begannen. Unterlassungssünden in Talâts Rede betrafen die Bevölkerungspolitik und den Armeniermord. Er konnte «böse Taten», die im ganzen Land bekannt waren, nicht einfach leugnen. Aber er setzte alle rhetorischen Hebel in Bewegung, um die Ereignisse zu verzerren, Fakten zu unterdrücken und die Schuld auf äussere Kräfte abzuschieben, um sich und das CUP der Hauptverantwortung zu entziehen.[130]

---

130 Bayur, Türk inkılâbı tarihi, Teil 4, Bd. 3, 774–779. Die ausführlichste Version dieser Rede ist zu finden in Yalman, Yakın tarihte gördüklerim ve geçirdiklerim, Bd. 1, 307–311.

Grosse Teile der Bevölkerung hielten im Herbst 1918 immer noch zu Talât und liebten ihn sogar. Ihr Glaube an ihn als das authentische, wenig gebildete, aber erfolgreiche Kind einfacher Eltern aus dem Volk war fast unerschütterlich. Er war einer von ihnen. In ihren Augen war er das neue Sinnbild für zutiefst überzeugten Patriotismus, für nationale Auferstehung und – im Gegensatz zu den meisten anderen Amtsträgern – für Unbestechlichkeit. Nachdem im Oktober 1918 niemand mehr die Niederlage ignorieren konnte, erwartete die Bevölkerung von Talât allerdings ein standhaftes Eingeständnis jener Dinge, die unleugbar falsch gelaufen waren – um so ihren Glauben an ihn als einen grundsätzlich «guten Herrscher» bewahren zu können. Lütfi Simavi schrieb am 3. November 1918 in sein Tagebuch: «Sie glaubten, er [...] werde sich vor der Justiz behaupten und ein allfälliges Urteil heldenhaft über sich ergehen lassen. Aber das passierte nicht», sondern die deprimierende Nachricht von Talâts, Envers und Cemals Flucht aus Istanbul schlug, wie Simavi metaphorisch fortfuhr, wiederum wie eine Bombe in Istanbul ein.[131]

Von Präsident Wilson hatte man Anfang November noch immer keine Antwort erhalten auf das osmanische Ersuchen, in einen Frieden nach den Prinzipien des 14-Punkte-Programms einzuwilligen.[132]

42 Den Kampf fortsetzen: Flucht nach Deutschland

In der Nacht vom 1. zum 2. November 1918 floh Talât auf einem deutschen Schiff zusammen mit den CUP-Mitgliedern Enver Pascha, Cemal Pascha, Dr. Nâzım, Dr. Şakir, Dr. Rüsuhi und Cemal Azmi nach Sewastopol auf der Krimhalbinsel. Grosswesir Ahmed İzzet hatte die Flucht nicht verhindert, aber als das Gericht in Istanbul es verlangte, ersuchte der Grosswesir sofort offiziell um Auslieferung der Geflohenen. Obwohl İzzet Ende 1913 Opfer einer Verschwörung geworden war, die ihn zum Rücktritt als Kriegsminister zugunsten von Enver gezwungen hatte, versuchte er jetzt nicht, sich persönlich zu rächen, auch bemühte er sich nicht um ein ordentliches Rechtsverfahren wegen CUP-Verbrechen, sondern er handelte intuitiv innerhalb jener Grenzen, die ihm sein türkisch-muslimischer Patriotismus setzte.

Alle drei früheren Minister sandten ihm kurze Abschiedsbriefe, in denen sie ihre selbstlose Hingabe an den Staat, die Nation und das Vaterland unterstrichen (es handelte sich dabei um rhetorische Figuren, die sich in jungtürkischen Egodokumenten aus dem ersten und auch noch zweiten Drittel des 20. Jahrhunderts häufen). Sie baten um Verständnis für ihre Flucht zu diesem für die Türkei kritischen Zeitpunkt. Cemal betonte, dass er sich nicht davor gefürchtet hätte, verhaftet zu werden, «wie Sie besser als irgendein anderer wissen», und unterstrich, dass er in die Verbrechen gegen die Armenier nicht direkt verwickelt gewesen sei. Enver dagegen stellte sein zukünftiges Engagement für muslimische Unabhängigkeit im Kaukasus in den Vordergrund und

---

131 Lütfi Simavi, Son Osmanlı sarayında gördüklerim, 297; vgl. Birgen, İttihat ve Terakki'de on sene, 549.
132 Cavid, Tagebuch, Bd. 3, 579, 14. Oktober 1918.

betonte, dass er auf diese Weise auch wieder für «meine Religion, meine Nation und meinen Sultan» kämpfen werde. Der frühere Grosswesir Talât wählte für seinen Brief eine persönliche Sprache. Seine auffällige Betonung von Ehrlichkeit, bescheidenen Vermögensverhältnissen und einem beschränkten Geldbetrag, von dem er die Hälfte für sich beanspruchen werde und den Rest seiner Familie überlasse, weist möglicherweise auf eine strategische Lüge hin (wenn man seine Aussagen im Kontext bisheriger zweckgerichteter Täuschungen bewertet). Es liegt nahe, dass es ihm gelang, direkt oder via seine Freunde namhafte Vermögenswerte mit ins Exil zu nehmen, die es ihm erlauben sollten, in Berlin und von Berlin aus in ganz Europa zu agitieren. Das tat er dann auch tatsächlich.[133]

Begleitet von Şakir und Nâzım setzte Talât seine Reise von der Krim aus mit der Bahn fort und traf am 10. November 1918 in Berlin ein, nur einen Tag nach der Flucht von Kaiser Wilhelm II. aus seiner Hauptstadt. In Berlin herrschte Hochspannung in einer revolutionären Situation. Nach einigen ersten schwierigen Tagen in einem Hotel am Alexanderplatz und an weiteren Orten bezog Talât schliesslich eine grosse Wohnung an der Hardenbergstrasse 4 (heute U-Bahn-Station Ernst-Reuter-Platz). Freunde hatten für ihn diese Wohnung gefunden. Friedrich Ebert, der neue Kanzler aus der Sozialdemokratischen Partei, unterzeichnete eine Bescheinigung, die Talâts Aufenthalt und Reisen in Deutschland legalisierte. Seine Ehefrau, Hayriye, folgte ihm im Frühjahr 1920.[134]

Es erwies sich für Talât als ausgesprochen hilfreich, auf alte Freunde aus dem Aussenministerium zurückgreifen zu können. Aussenminister Wilhelm Solf hatte die Botschaft in Konstantinopel in einem Schreiben wissen lassen, Deutschland werde Talât und Enver als langjährigen loyalen Bündnispartnern selbstverständlich Asyl gewähren, nicht aber jenen, die die Türkei nur deshalb verliessen, weil sie «sich der Verantwortung für die Verfolgung der Armenier entziehen» wollten. In doppelt absurder Argumentationsweise – die deutsche Diplomatie wusste um Talât als dem Architekten des Völkermords – fügte er hinzu: «Wir sollten nicht rückwirkend mit dazu beitragen, Täter vor einer Bestrafung zu schützen.»[135] Oscar Wassermann (Vorstandsmitglied der Deutschen Bank), Hanna Wangenheim (Witwe des verstorbenen deutschen Botschafters) und viele andere boten dem früheren Grosswesir und seinen Gefährten Gastfreundschaft an. In seinen Briefen beklagte sich Talât über den Mangel an finanziellen Mitteln, und Cavids Tagebuch scheint diesen Umstand zu bestätigen. Immerhin verfügte er über die nötigen Mittel, um in Berlin ein Agitationszentrum aufzubauen und ausgedehnte Reisen durch ganz Europa zu unternehmen, nachdem er sich etwas eingelebt und die aus Istanbul mitgebrachte Niedergeschlagenheit abgelegt hatte. Es liegt nahe, dass er auch Unterstützung von vermögenden Freunden wie Wassermann, Strauss (Mitarbeiter des deutschen Aussenministeriums und/oder der Deutschen Bank) empfing, und ebenso von Karasu und Mazliah, alten Parteifreunden

---

133 Ahmed İzzet, Feryadım, Bd. 2, 34 f., 287 f. (Briefe).
134 Denker, İttihatçı şeflerin gurbet maceraları, 17 f. (Erstpublikation dieses Texts in der Zeitung *Tevhid-i Efkâr*, Istanbul, Mai bis Juli, 1922); Birgen, İttihat ve Terakki'de on sene, 552, 559.
135 Solf an die Botschaft in Konstantinopel (Bernstorff), 30. Oktober 1918, zitiert in Seyffarth, Entscheidung in Aleppo, 326.

aus Saloniki und Kollaborateuren des Kriegsregimes, die wiederholt in seiner Korrespondenz der Nachkriegszeit auftauchen.[136]

Talât tauchte somit in Berlin als Pascha und vormaliger Grosswesir unter, aber diskret unter Pseudonymen, meist Ali Sâî («eifriger Arbeiter»). Diesen Namen hatte er sich schon im Herbst 1912 als Kriegsfreiwilliger zugelegt. Im Gegensatz zu seiner patriotischen Trotzhaltung und einer selbstbewussten Proklamation in der Presse im Juli 1912, als das CUP ebenfalls, aber nur vorübergehend, seine Macht verlor und der abgesetzte Minister kühn in der Hauptstadt verweilte, hatte er sich in der für ihn viel bedrohlicheren Situation im Herbst 1918 dazu entschlossen, in Berlin um Asyl nachzusuchen. Er fürchtete sich vor der möglichen Rache politischer Rivalen und auch vor internationaler Justiz, in erster Linie der britischen. Es herrschte grosse Angst vor dem «berüchtigten Thema» (Cavid) der Verbrechen an den Armeniern. Daher fasste das CUP den Beschluss, dass alle Mitglieder, die erwiesenermassen direkt in den Armeniermord verwickelt waren, untertauchen oder zumindest für einige Zeit aus der osmanischen Hauptstadt verschwinden sollten. Das betraf neben den ins Ausland geflohenen Topkadern Leute wie beispielsweise Feyzi, den Abgeordneten von Diyarbekir, oder Ali Cenani, den Abgeordneten von Anteb.[137]

Mit Unterstützung des Türkischen Clubs in Berlin und auf Befehl von Grosswesir İzzet Pascha unternahm Rıfat Pascha, der türkische Botschafter in Deutschland, einige Anstrengungen, um die hochrangigen CUP-Mitglieder der Gerichtsbarkeit der Regierung in Istanbul auszuliefern.[138] In der jungen Weimarer Republik gab es aber genug Kräfte, die diese Exilierten aus den Reihen des früheren Bündnispartners, prominente Mitglieder des untergegangenen Einparteiregimes, zu unterstützen bereit waren. Solf und viele andere angesehene Notabeln empfanden immer noch grossen Respekt für die Vertreter des vormaligen Regimes in Istanbul und hielten Talât weiterhin für einen verdienstvollen Staatsmann, so wie ihn die deutsche Kriegspropaganda ja auch vier Jahre lang dargestellt hatte. Es war nicht nur naiv, sondern politisch schizophren, dass Amtsträger von Solfs Statur so taten, als seien ganz andere verantwortlich für den Armeniermord. Auf diese Weise konnten sie nicht ins Reine kommen mit der Tatsache, dass Talât der Hauptverantwortliche war und dass sie sich an seinen Politikstil und an ihn als ehrenwerten Politiker nur zu sehr gewöhnt hatten. Auch Cavid, der nicht an der Verantwortung seines Freundes für die Abscheulichkeiten von 1915 zweifelte, wunderte sich Ende 1918 darüber, dass hinter dem offensichtlichen Drahtzieher Talât und dessen engstem Kreis noch immer nach anderen Hauptverantwortlichen gesucht wurde. Vonseiten der Siegermächte waren das Pauschalverdächtigungen gegen Deutsche.[139]

---

136 Yalçın, İttihatçı liderlerin gizli mektupları, 143–223; Birgen, İttihat ve Terakki'de on sene, 553 f. Zu Strauss siehe Cavid, Tagebuch, Bd. 4, 305; vgl. ebd., Bd. 4, 258 (vermutlich handelt es sich um den gleichen Strauss, auf den Christian Gerlach Bezug nimmt in seinem Beitrag «Nationsbildung im Krieg», in: Kieser/Schaller, Völkermord, 382, 415).
137 Cavid, Tagebuch, Bd. 3, 649, 662, 12. und 21. Januar 1919; Babacan, Mehmed Talât Paşa, 191–204.
138 İzzet an Rıfat, 5. November 1918, «Très urgent – confidentiel», in: Ahmed İzzet, Feryadım, Bd. 2, 289 f.
139 Cavid, Tagebuch, Bd. 3, 627, 23. November 1918; Solf an die Botschaft in Konstantinopel (Bernstorff), 30. Oktober 1918, zitiert in Seyffarth, Entscheidung in Aleppo, 326.

Ursprünglich wünschte sich Talât, so rasch wie möglich wieder in die Türkei zurückzukehren, erkannte indes rasch Herausforderungen, die er im Exil anpacken wollte, um so seinen nationalrevolutionären Kampf fortzuführen. Er begann damit, all jene Kräfte zu organisieren, die seine Interessen und seine Sicht der Dinge teilten, darunter Islamisten und Deutsche, die rechts standen. Zugleich nahm er jene Türken in Europa ins Visier, die er als Feinde seiner Sache wahrnahm. Wer Fakten zur Gegenwartsgeschichte in der ungeschönten Art der freimütigen türkischen Jugend in Berlin darstellte, den verunglimpfte er als unehrenhafte Person.[140] Aufgrund von Kontakten, die junge türkische Offiziere und Studenten im Herbst 1918 mit deutschen Linken hatten, blickten Teile des Türkischen Clubs in Berlin höchst kritisch auf das untergegangene CUP-Regime. Sie planten, im Namen der türkischen Community in Berlin einen Artikel zu veröffentlichen, der beschreiben sollte, «wie 800 000 Armenier ermordet wurden». Sogar Hamdullah Suphi (Tanrıöver) hielt im Türkischen Club eine eindrückliche CUP-kritische Rede über das Verbrechen an den Armeniern. Suphi war seit 1912 einer der einflussreichsten Vertreter der CUP-nahen Türk-Yurdu-/Türk-Ocağı-Bewegung (Bewegung für ein türkisches Nationalheim) in Istanbul. Er kam im Herbst 1918 nach Berlin mit dem Auftrag, die dort weilenden türkischen Studenten zu inspizieren. Die misstrauische Jugend schätzte ihn trotz oder gerade wegen seiner Rede als Opportunisten ein, weshalb sie seinen Versuch boykottierte, sich im Club als Führer zu etablieren. Ganz im Geiste der linken Wortführerin Rosa Luxemburg, die bereits als Studentin in Zürich in den 1890er-Jahren gegen die Verfolgung von Armeniern öffentlich protestiert hatte, fühlten sich diese Kreise einer wahrhaft sozialistischen Haltung verpflichtet, was selbstredend die Verteidigung von Menschen- und Minderheitenrechten einschloss. Kaum waren diese jungen Leute aus Berlin zurück in der Türkei, «gründeten sie die erste ernsthafte linke Bewegung» von Türken – das heisst eine nicht überwiegend aus osmanischen Christen zusammengesetzte sozialistische Gruppe, wie das in den Jahrzehnten zuvor der Fall war –, so die Beobachtung des Historikers der türkischen Linken, Mete Tunçay. Doch wurde diese Bewegung vom kemalistischen Regime binnen Kurzem brutal unterdrückt.[141]

Da der frühere Grosswesir und seine Freunde deutschen Schutz von höchster Stelle genossen und auch von konservativen und nationalistischen Zeitungen unterstützt wurden, die sich weigerten, über Kriegsverbrechen zu schreiben, liefen Rıfat Paschas Bemühungen ins Leere und das selbstkritische Momentum unter den Türken in Berlin ging verloren. Damit wurde die Chance für ein wirksames gemeinsames Innehalten und Insichgehen von Türken und Deutschen in Berlin verspielt. Ganz in der Nähe seiner Wohnung gründete Talât den «Orientalischen Club» (Şark Kulübü), wo sich ententekritische Muslime und ihre europäischen Sympathisanten treffen konnten. Ohne jede Angst vor Zensur oder Strafverfolgung konnten sie hier agitieren und ihre Ideen kultivieren. Damit wurde Talât von allem Anfang an im deutschen Exil bereitwillig Gelegenheit zur Agitation wie auch zur erneuten Einflussnahme auf die

---

140 Talât (alias Hamdi) an Enver (alias Abbas), 29. November 1918, Enver Pascha-Dokumente, Türk Tarih Kurumu, Ankara.
141 Tunçay, Türkiye'de sol akımlar, 785–792.

deutsche Presse geboten. Ebenfalls seinen Berliner Beziehungen war es zu verdanken, dass es ihm gelang, für sich und Cavid Pässe mit falschen Namen zu beschaffen.[142]

Talâts Bekanntschaft mit ihm wohlgesinnten Politikern und Diplomaten, ein Netzwerk von CUP-Sympathisanten im Ausland, seine Tarnungen (europäische Kleidung, Senkung des Körpergewichts, Entfernung des Schnurrbarts) und ein gefälschter Pass ermöglichten ihm bis zu seiner Ermordung viel Mobilität in Deutschland und ganz Europa, obwohl Grossbritannien und die Regierung in Istanbul ihn vor Gericht bringen wollten. Am 5. Juli 1919 verurteilte das Militärgericht in Istanbul ihn zusammen mit Enver, Cemal und Nâzım in Abwesenheit zum Tode. Talâts ruhelose subversive Diplomatie in den Jahren 1919 und 1920 ging mit Reisen zu Versammlungen in Italien, der Schweiz, Schweden, Holland und Dänemark einher. Viele begannen in ihm den bewundernswerten Repräsentanten eines rasch wachsenden Widerstands der Türkei gegen die Nachkriegspläne der Siegermächte zu sehen. Dadurch erwarb er sich erneut Respekt und Einfluss, und das nicht nur bei Türken und Muslimen, sondern auch bei Deutschen und Bolschewiken sowie in einem Italien auf der Suche nach neuem Einfluss auf dem Balkan und in der Levante.[143]

Die Agitation im Ausland und eine neue Dynamik in Anatolien führten innerhalb von wenigen Monaten zu einem breiten türkisch-nationalistischen Konsens, bei dem eine trotzig «antiimperialistische» Leugnung oder Relativierung der Kriegsverbrechen eine zentrale Rolle spielte. Diese Kreise begannen offensiv einen Opferdiskurs zu verbreiten, der Muslime, Türken und Deutsche im Gegensatz zu verächtlich gemachten Armeniern und Levantinern als die wahren und primären Opfer sowohl des Weltkriegs als auch moderner Geschichte überhaupt darstellte. Viele Deutsche fanden sich von dieser Sicht der Dinge und Umkehr der Werte angesprochen, da Deutschland selbst tief gespalten war in der Frage eigener Schuld am Weltkrieg im Allgemeinen und jungtürkischer Kriegsverbrechen im Besonderen.

Im Gegensatz zu politisch interessengeleiteten Diskursen über Viktimisierung gab es, wie schon angetönt, in den ersten Monaten nach dem Krieg in Berlin und Istanbul verschiedene Beispiele freimütiger und selbstkritischer Auseinandersetzung mit dem Geschehenen. Im Mai 1919 wurde in der grossen Berliner St.-Hedwigs-Kathedrale ein öffentlicher Gedenkgottesdienst organisiert, der der Ermordung von «mehr als einer Million Armeniern», der vom Weltkrieg am schlimmsten betroffenen Opfergruppe, gedachte. Der Text der Einladung zur Feier wehrte «direkte Mitschuld», nicht jedoch Mitverantwortung ab. Er unterstrich die einzigartige Bedeutung des Themas für «das deutsche Volk» und für ganz Deutschland, «weshalb diese Feier in der Hauptstadt des Deutschen Reiches stattfinden sollte […]. Das deutsche Volk, obwohl es sich frei weiss von direkter Mitschuld, empfindet doch tief die Tragik der Verkettung der Umstände, die Deutschland abhielt, die Vernichtungsmassregeln seines Bundesgenossen zu verhindern, so dass es schmerzlicher als irgendein anderes Volk mittragen muss an dem Leid des armenischen Volkes.» Ähnlich schrieb Johannes Lepsius 1919 im

---

142 Yalçın, İttihatçı liderlerin gizli mektupları, 143, 199.
143 Auch erhofften sich manche von ihm finanzielle Unterstützung. Talât an Cavid, 16. Oktober 1920, in: Yalçın, İttihatçı liderlerin gizli mektupları, 165; Babacan, Mehmed Talât Paşa, 186; Grassi, İtalya ve Türk sorunu, 138–140.

Vorwort zur Neuausgabe seines Berichts *Der Todesgang des armenischen Volkes* von 1916: «So schlimm es in unserem eigenen Vaterland aussieht, an diesen Völkermord, den die Jungtürken auf dem Gewissen haben, reicht selbst unser Elend nicht heran.» Der Journalist und Philologe Friedrich Schrader, der viele Jahre in der Türkei verbracht hatte, verlangte von den Deutschen Selbstkritik und einen Kurswechsel, womit er – obgleich kulturalistisch formulierend – seinen unverbesserlichen Landsmann und CUP-Enthusiasten Jäckh herausforderte: «Wir dürfen auch im Ausland nicht, wie wir bisher getan haben, stets zu der Partei halten, die es auf Vergewaltigung wichtiger Kulturelemente zugunsten der eigenen nationalen Vorherrschaft abgesehen hat. Das wird sich stets rächen, wie es sich in der Türkei gerächt hat. Wir hätten nicht türkischer sein dürfen als die Türken.»[144]

Mitte Mai 1919, als die griechische Armee İzmir und dessen umliegende Gebiete besetzte – jene Region, in der das CUP im Frühjahr 1914 im grossen Stil ethnische Säuberungen durchgeführt und die Rûm vertrieben hatte (siehe Kapitel 26) –, begann sowohl in Istanbul als auch in der europäischen Diaspora eine Vielzahl selbstgerechter Stimmen die frischen selbstkritischen Einsichten zu übertönen. Vermischt mit dem erneuten Willen zu nationaler Selbstbehauptung, aber gesteuert von erfahrenen CUP-Propagandisten, wurde bisherigen osmanisch-muslimischen Ressentiments gegen Christen erneut Raum gegeben. Diese Stimmen pervertierten buchstäblich das Vokabular des Völkermords durch pamphletartige Ausdrücke wie «Martyrium einer Nation» oder «Ermordung einer Nation», die sie nicht etwa auf die ermordeten Armenier, sondern auf die Situation der unterlegenen Türkei unter dem Druck der Sieger anwandten. («Völkermord» war ein damals bereits gebräuchlicher deutscher Begriff, ebenso wie das englische *murder of a nation*, Mord an einer Nation.) Unter diesen Umständen scheiterten auf Generationen hinaus die ernsthaften und mutigen Anläufe von türkischer Seite, die eigene Geschichte des Weltkriegs unmittelbar nach dem Geschehen freimütig aufzuarbeiten.[145]

«Der endgültige Sieg wird uns gehören, denn wir sind unschuldige Opfer» – so lautete ein Text der Vereinigung Revolutionärer Islamischer Komitees, einer Art Nachfolgeorganisation der CUP-Sonderorganisation (SO), die von CUP-Mitgliedern im Exil ins Leben gerufen worden war.[146] Viele stimmten mit solchen und ähnlichen Parolen in einen transnationalen Chor von Aktivisten ein, zu dem sich führende Stimmen der deutschen extremen Rechten gesellten. Denn sie waren überzeugt von einer «Schicksalsgemeinschaft» zwischen der Türkei und Deutschland. Übereinstimmend vertraten sie eine zeitgeschichtliche Sichtweise, die besagte, dass die deutsche Türkeipolitik und die Türkei selbst auf keinen Fall zum Ausbruch und zur Ausweitung des Weltkriegs beigetragen hätten. Der scharfzüngige, scharf rechtsgerichtete Karl Helfferich aus Berlin, über viele Jahre ein guter Bekannter von Talât, behauptete als eine «unumstössliche geschichtliche Wahrheit», die deutsche Türkeipolitik sei einzig

---

144 Schrader, Flüchtlingsreise, 112 f.; Lepsius, Todesgang des armenischen Volkes, xxviii. Einladung zum Gottesdienst, zitiert in Meissner, Martin Rade, 263; Denker, İttihatçı şeflerin gurbet maceraları, 14–30; Mangold-Will, Begrenzte Freundschaft, 41–54. Eine Untersuchung der zeitgenössischen deutschen Presse ist zu finden in Ihrig, Atatürk in the Nazi Imagination, 33–35.
145 Yalçın, İttihatçı liderlerin gizli mektupları, 201; Kieser, Türklüğe İhtida, 134–173.
146 Yalçın, İttihatçı liderlerin gizli mektupları, 307; Safi, Ottoman Special Organization, 280.

Entwicklungs-, Kultur- und Friedenspolitik gewesen. «Wenn es trotzdem zu der Weltkatastrophe des Krieges gekommen ist, – die Tatsachen der deutsch-türkischen Politik erhellen vielleicht besser als alles andere den Urgrund: Es ist zum Krieg gekommen, weil der Friede das deutsche Wachstum förderte und weil – um das bismarcksche Wort zu wiederholen – unsere Nachbarn Wünsche hatten, die nur durch Krieg zu erfüllen waren.» Vor diesem Hintergrund hätten beide Nationen als treue Bündnispartner «einen Kampf um das Dasein» durchkämpfen und «zum bitteren Ende» eine analog ungerechte Behandlung durch die Siegermächte erleiden müssen. «Der ihr [der Türkei] auferlegte Frieden von Sèvres ist das Seitenstück des uns auferlegten Friedens von Versailles.»[147]

Bei seiner Suche nach Asyl in Europa ging es Grosswesir und Parteichef Talât im Herbst 1918 somit nicht nur darum, sich in Sicherheit zu bringen und Demütigungen im eigenen Land zu entgehen, sondern als der Komitadschi und das unverwüstliches *animal politique*, das er war, die europäische Front des nationalen Kampfs der Türkei, wie er ihn verstand, unmittelbar nach der Weltkriegsniederlage aufzubauen. So machte er nicht nur mit aktiver Präsenz in Deutschland, sondern durch eine intensive internationale Korrespondenz, die sich meist an langjährige Kampfgefährten richtete, erneut seinen Einfluss geltend. Er ermutigte Türken im In- und Ausland im Namen ihrer nationalen Ehre den Siegermächten die Stirn zu bieten und sich für das nationale Heil, das heisst türkische Herrschaft in ganz Anatolien und den bewaffneten Kampf dafür einzusetzen.[148] In dieser Zeit verfasste er auch seine Memoiren. Bei seinen mehr oder weniger diskreten Treffen und Auftritten konnte er sich im turbulenten Nachkriegsdeutschland grosser Aufmerksamkeit sicher sein. Militante, politisch rechts stehende Kreise, die offen mit den geflohenen CUP-Grössen sympathisierten, strebten einen Putsch gegen die Weimarer Republik an, obgleich diese in der «Deutschen Revolution» von 1918/19 radikal linke Revolutionäre mit Gewalt unterdrückt hatte, da sie die neue Republik als viel zu nachgiebig gegenüber den Forderungen der Sieger in Versailles verachteten.

Als im März 1920 in Berlin der von scharf rechten Kreisen inszenierte Kapp-Putsch gegen die demokratisch gewählte Regierung der Weimarer Republik scheiterte, war auch «Talaat Bey, der erfahrene Meister der Revolution» (Ernst Troeltsch), an der anschliessenden Pressekonferenz zu sehen und zu vernehmen. Er erklärte, dass ein Putsch, der durchgeführt werde, ohne dass bereits ein funktionsbereites Kabinett bereitstehe, nichts anderes als Kinderei sei. Auch Hans Humann, der langjährige Bekannte von Enver und Talât aus Istanbul (Kapitel 4 und 35), hatte sich am Kapp-Putsch beteiligt. Dieser ehemalige Attaché der Deutschen Botschaft muss mit Talât in Berlin regen Kontakt gepflegt haben. Humann begann nach dem Putsch die *Deutsche Allgemeine Zeitung* zu publizieren, die, ähnlich wie Nazizeitungen, häufig auf die Türkei fokussierte und dabei «türkische Methoden» für die «Rettung Deutschlands» empfahl. Eine erwartungsvolle Aufmerksamkeit deutscher Reaktionäre und Revolutionäre von rechts richtete sich auf Kleinasien, wo sich unter Kemal Pascha erfolg-

---

147 Helfferich, Deutsche Türkenpolitik, 3 und 31.
148 Birgen, İttihat ve Terakki'de on sene, 617.

reich eine antiwestliche Bewegung bildete, die diese deutschen Sympathisanten in ihrer Haltung bestärkte.[149]

Talât stellte seine Memoiren im ersten Jahr im Exil fertig und beabsichtigte im Herbst 1919, das Manuskript zur Veröffentlichung nach Istanbul zu schicken, besann sich aber Ende des Jahres anders und liess das Vorhaben ganz liegen. Auch verzichtete er darauf, das Manuskript dem kritischen Auge von Cavid zu unterbreiten, wie er das mit ihm anfänglich abgemacht hatte.[150] Noch immer ist dieses Manuskript, dessen Geschichte eine eigene Studie verdient, verschollen, nur einige Auszüge davon wurden 1921 im Original in Istanbul veröffentlicht. Das Interesse liegt nicht nur am Inhalt – Talâts Verteidigung seiner Politik und damit jener des CUP –, sondern auch am keineswegs gradlinigen Weg dieser Schrift bis zu ihrer erstmaligen postumen Veröffentlichung 1945 in der Zeitung *Tanin*. Diese Veröffentlichung beruht indes nicht auf dem Originalmanuskript, sondern gemäss dem Herausgeber Hüseyin Cahid Yalçın auf einer heute ebenfalls verschollenen deutschen Übersetzung. Das Manuskript war umstritten im damaligen Deutschland, in der Türkei und teilweise auch im engeren und weiteren Kreis des CUP. Vor allem aber löste es schliesslich bei Talât selbst Zweifel aus, sodass er nicht zu einer Veröffentlichung stehen mochte. Die Istanbuler Zeitung *Yeni Şark* begann Talâts Schrift im November und Dezember 1921 in Fortsetzungen zu publizieren, das heisst zu einem Zeitpunkt, als die Nationalbewegung unter Mustafa Kemal sich siegreich in Anatolien ausbreitete. Aber *Yeni Şark* brach die begonnene Veröffentlichung im Todesjahr von Talât aus ungeklärten Gründen ab.[151]

Gegenüber Herbert nannte Talât seine Memoiren im Februar 1921 «ein Memorandum zu den armenischen Massakern», womit er einmal mehr bestätigte, welche zentrale Bedeutung das Armenierthema für sein politisches Leben hatte. Im Bestreben, die während zehn Jahren zerrütteten Beziehungen zu Grossbritannien auf eine neue Grundlage zu stellen, hatte der zurückgetretene Grosswesir Herbert nach dem Waffenstillstand im Herbst 1918 einen Brief zukommen lassen, «in welchem er erklärte, dass er für die Massaker an den Armeniern nicht verantwortlich sei, dass er das beweisen könne und deshalb ungeduldig darauf warte, das auch tun zu können». Talâts enger Mitarbeiter Hüseyin Cahid (Yalçın), den wir in diesem Buch mehrfach angetroffen haben, schrieb im Rückblick, dass «die Situation und die Umstände» von Talâts Asyl in Deutschland es «ihm nicht erlaubten, seine Memoiren wahrheitsgemäss zu schreiben», und dass Cavid ihn schon zu Kriegszeiten darum gebeten habe, seine Erinnerungen aufzuschreiben, aber dass er das zu jener Zeit noch nicht tun wollte.[152] Der konkrete Anstoss zur Schrift kam indes 1919 von Nissim Mazliah auf einer gemeinsamen Reise nach La Haye, wie Talât Cavid in einem Brief kurz vor seinem Tod darlegte: «Er insistierte, ich solle eine Verteidigungsschrift verfassen und dabei die Partei [das CUP], die verschiedenen Kabinette sowie die Innen- und Aussenpolitik

---

149 Troeltsch zitiert in Hosfeld, Operation Nemesis, 18; siehe auch Ihrig, Atatürk in the Nazi Imagination, 68, 102 f.; siehe auch Ihrig, Justifying Genocide, 227.
150 Cavid, Tagebuch, Bd. 4, 35, 44, 53, 27. Oktober, 26. November, 27. Dezember 1919.
151 Die originalgetreuste Ausgabe ist Talat Paşa, Hatıralarım ve müdafaam, die die Veröffentlichung in *Yeni Şark* integriert und sich im Übrigen auf Yalçıns Ausgabe abstützt. Siehe in der Ausgabe von Kaynak die Seiten 9–11 zur Textgeschichte.
152 Herbert, Talaat Pasha, 1, 21; Talat Paşa'nın hatıraları, 5; Yalçın, Talât Paşa, 8.

rechtfertigen.» Während die CUP-Freunde im Exil begeistert auf sein zügig verfasstes Manuskript und dessen routinierte Verteidigung der Partei reagierten und ihm rieten, es zum Druck nach Istanbul zu senden, unterliess er das schliesslich. Denn er habe den Text beim zweiten und dritten Durchlesen nicht mehr gemocht.[153]

Das war ein Zeichen für einen etwas selbstkritisch gewordenen und zweifelnden Geist. Der unbestrittene Führer der osmanischen Türkei der 1910er-Jahre blieb in seinem schriftlichen Vermächtnis einer sattsam bekannten Argumentation verhaftet. Sein Text ist rundum defensiv und breitet bekannte Unwahrheiten aus, die auch seine Rede am letzten CUP-Kongress charakterisierten (Kapitel 41). Weil darin ein frischer, selbstkritischer Blick und damit Glaubwürdigkeit fehlten, hatte die Schrift keinen Weitblick und keine Vision. Das konnte ernsthafte Leser nur unbefriedigt lassen. Der Führer im Exil konnte oder wollte keine zwei, drei Schritte geistig zurücktreten, um aus der Distanz sein Tun, den Hotspot Istanbul und die osmanische Weltkriegskatastrophe neu wahrzunehmen, zu bedenken und in Worte zu fassen. Daher finden sich in seinem Text keine Einsichten und neuen Aussichten, sondern nur apologetische Rückschau und oft nur die aus den Jahren zuvor bekannten Formulierungen. Sachzwänge, Gruppendynamik, opportunistisches Verhalten und Identitätsentwürfe formen Individuen. Der frühere dominante Minister floh in seinen Memoiren vor sich selbst als dem Architekten des Völkermords. Der Zenit des *animal politique* Talât in den verheerenden 1910er-Jahren fiel zeitlich zusammen mit der Geburt des Surrealismus, des Dadaismus und einer totalen Infragestellung der Person als Einheit in Literatur und Kunst. Doch wie sollen im wirklichen Leben Menschen ernst genommen, verstanden und auch rechtsfähig werden, es sei denn als verantwortungsfähige Individuen in ihren sozialen Bezügen? Daher gilt auch für Talât die grundlegende Frage nach seiner Verantwortung als Mensch und Politiker jenseits nationaler Apologetik, in der er sozialisiert und versiert war, aber die keine historische Verantwortung, sondern nur nationale Ehre kannte. Es mag sein, dass er sich diese Frage in Berlin zu stellen begann und sich daher mit den abgeschliffenen Argumenten einer langjährigen diskursiven Routine, wie sie seine Schrift charakterisiert, nicht mehr identifizieren mochte. Doch wahrscheinlicher war das Gegenteil davon, nämlich das Gefühl einer ungenügend positiven und vorwärtsblickenden Selbstdarstellung; oder im besten Fall die Ahnung, dass beides – Zuversicht und ehrliche Rückschau – eigentlich zusammengehen würde. Wenn wir die vertrackte Geschichte seiner Entstehung und Nichtpublikation hinzunehmen, sind seine Memoiren ein jungtürkisches Egodokument par excellence.

Der Verfasser begann seinen Text mit der Äusserung seiner Betrübnis über das in Europa praktizierte hohle Gerede von Recht und Humanität, indem er das internationale Staatensystem anklagte, welches den osmanischen Status quo verraten habe, obwohl der Berliner Vertrag diesen garantierte. Das diente ihm dazu, die osmanische Türkei als Opfer internationaler Politik in der Ära vor 1914 darzustellen und seine Politik in all ihren Ausprägungen als Auflehnung des CUP gegen ein ungerechtes Europa und damit als legitim zu rechtfertigen. Seine Apologie ging von einer imperialen Türkei aus, die in Gefahr sei, vernichtet zu werden. Ihr Kampf, das heisst die

---

153 Talât an Cavid, 18. Februar 1921; vgl. Talât an Cemal, 21. Dezember 1920, in: Yalçın, İttihatçı liderlerin gizli mektupları, 182, 187. Siehe auch Cavid, Tagebuch, Bd. 4, 225, 21. Februar 1921.

Politik des CUP, war daher nichts weniger als ein Überlebenskampf, die Gewaltanwendung Notwehr. Er liess keine Zweifel darüber offen, dass für ihn nur Muslime als vollwertige Staatsangehörige galten; entsprechend sein Bemühen in einer sehr langen Fussnote, entgegen einigen Gerüchten den Beweis zu erbringen, was für ein wahrer Türke und Muslim er selber sei, wobei er in derselben Fussnote dann plötzlich diese für seine Politik so entscheidende Herkunfts- und Identitätsfrage zu einer «Angelegenheit von Herz und Gefühl» herunterspielte. Er räumte ein, dass es zu seinen Kriegszielen gehört habe, «ein [türkisch-muslimisches] Nationalgefühl zu schaffen und dem Geist der Nation einzupflanzen». Der Krieg an der Seite Deutschlands sei populär gewesen, weil alle zusammen – «Sultan, Kronprinz, Senat und Parlament, Armeeoffiziere, Bevölkerung und Verwaltungsbeamte» – zur Überzeugung gelangt seien, die Heimat werde jetzt gerettet. Der Verfasser gestand Fehlschläge in heiklen Angelegenheiten ein – so beim Umgang mit den Armeniern und wegen persönlicher Bereicherung durch Kriegsgewinnler –, doch unterstrich er das, wie er glauben liess, vorherrschende ehrliche und patriotische Engagement sowohl im Inneren des Landes wie auch an den Fronten.[154]

Der Armeniermord war der Angelpunkt der Rechtfertigungsschrift. Doch die gleichsam kosmetischen Eingeständnisse von Versäumnissen, ohne das Ausmass eines Völkermords, um den es ging, glaubhaft anzusprechen und Verantwortung zu ergründen, waren ein dürftiges Vermächtnis für den langjährigen osmanischen Reichs- und Parteiführer, den selbst erklärten Revolutionär einer neuen, besseren Ära. Dieser Befund war Talât offenbar bei seiner zweiten und dritten Lektüre des Texts aufgefallen, während die Parteifreunde ihn zu seiner Schrift beglückwünschten. Er wies darin zwar zu Recht auf deutschen Druck zu Beginn des Weltkriegs hin, aber beschrieb die Situation im späten Oktober 1914 gemäss seiner alten Propagandaversion so, als hätten er und Enver keine Ahnung gehabt von Admiral Souchons Angriffsplänen, die direkt zum offiziellen osmanischen Kriegseintritt führten. Ebenso spielte er die Initiative von ihm und der CUP-Spitze, die dem deutsch-osmanischen Bündnis im Juli 1914 den Weg bahnte, herunter – als sei das Ganze von Botschafter Wangenheim ausgegangen. Was die Armenier betraf, behauptete er, alles unternommen zu haben, die Deportationsmassnahmen im Osten zu verzögern, machte aber im selben Atemzug geltend, ein allgemeiner Aufstand habe die sofortige Vertreibung der Armenier aus Kleinasien erfordert, und zwar militärisch bedingt. Seine Bevölkerungspolitik sprach er nicht an. Zwar habe die Deportation «verheerende Formen» angenommen, aber muslimische Zivilisten im Osten hätten, wie er suggerierte, tendenziell noch Schlimmeres erleiden müssen. Die hauptsächlichen Übeltäter seien unmoralische Individuen sowie wilde Kurden. Beim Thema Misswirtschaft und Bereicherungen, die mit Hungersnöten einhergingen, verleumdete der Autor ausgerechnet Ali Mazhar, den rechtschaffenen Gouverneur von Ankara (siehe Kapitel 32). Ihm Korruption anzudichten war einfacher, als sich gegenüber der Leserschaft mit dessen Weigerung, bei Talâts Politik mitzutun, auseinanderzusetzen.[155]

---

154 Talat Paşa, Hatıralarım ve müdafaam, 34, 38 (Zitate).
155 Es existierte ein missbräuchlicher Handel mit Güterwagen der Bahn (*vagon ticareti*), der sich gravierend auf die Verteilung von Gütern auswirkte. Eine andere Frage ist, ob überhaupt und gegebenenfalls

Der Verfasser der Apologie erwartete von Europa für sich und seine Sache hohe Standards der Fairness und Gerechtigkeit, aber sobald sich andere auf analoge Rechtsstandards beriefen, wich er aus. Den Ruf nach internationaler Unterstützung für die Strafverfolgung der Kriegsverbrechen verfemte er als «Mord» an CUP-Patrioten und drohte damit, dass diejenigen, die solche Gerechtigkeit forderten, «in Zukunft ohne Zweifel die Strafe für ihren Fehler treffen werde».[156] Das glich einem Bannstrahl des vormaligen Grosswesirs und Parteibosses und atmete den Geist nationalistischer Rachejustiz gegen jene, die es wagten und wagen würden, die im Ersten Weltkrieg von seinem Parteistaat begangenen Verbrechen gegen die Menschlichkeit anzusprechen. Die sich durch Talâts ganze Schrift hindurchziehende Anstrengung, keinerlei politische Verantwortung für gravierendste Untaten gelten zu lassen und als Folge davon den Staat, wie er ihn verstand, als verantwortungsunfähig, losgelöst von Grundrechten darzustellen, machen seine Schrift bestürzend hohl – und auch beklemmend, was seine langfristige Wirkung angeht. Talât Pascha war nicht ein jungtürkischer Politiker unter vielen, sondern der hauptsächliche Begründer der modernen Türkei noch vor Atatürk, seinem unmittelbaren politischen Erben. Immerhin scheint es für ihn zu sprechen, dass er auf eine Publikation verzichtete. Vor allem aber verpasste er es und war nicht imstande, seinen Beitrag zur dringend erforderlichen Klärung der osmanischen Weltkriegsgeschichte auszuarbeiten und vorzulegen. Er zog es vor, vor ungeklärtem gegenwartsgeschichtlichem Hintergrund im bisherigen Geist weiterhin für den Kampf ums Türk Yurdu in Anatolien zu agitieren.

Nachdem im Frühling 1918 im CUP-Establishment in Istanbul noch optimistische Ausgelassenheit mit Blick nach Osten geherrscht hatte, wurde Talât wenige Monate später brüsk durch eine politische Realität globaler Dimension eingeholt. Die Weltkriegsniederlage und der nun allgemein vorherrschende Fokus auf die tiefen Schatten seines Regimes lasteten auf ihm. In Berlin merkte er indes bald, dass ihm die Wirren in Europa und Deutschland Schutz boten und erlaubten, im Sinne seiner bisherigen Sache agitatorisch tätig zu sein. Zudem genoss er Protektion durch die junge Weimarer Republik, allerdings ohne sich dieser Protektion ganz sicher sein zu können. Als jemand, der vor 1908 lange Jahre subversiv tätig gewesen war, kannte er sich mit dem Aufbau konspirativer Netzwerke, verschlüsselter Kommunikation und Geheimaktionen bestens aus und fand rasch Handlungsspielräume. Es gelang ihm, Kontakte zu türkisch-nationalistischen Agitatoren namentlich in Lausanne, Den Haag und Rom aufzubauen sowie in Berlin ein Propagandabüro einzurichten mit Arif Cemil (Denker) als Mitarbeiter.[157] Damit galt er in Europa bald als der inoffizielle Repräsentant einer Türkei, die gewillt war, sich dem Vertragssystem der Siegermächte in Paris mit allen Mitteln zu widersetzen.

---

wieweit Mazhar an diesem Handel in unlauterer Weise beteiligt gewesen wäre. Am plausibelsten ist eine Schutzbehauptung von Talât. Er hatte Mazhar entlassen, weil dieser sich im Juni 1915 geweigert hatte, Talâts Befehle gegen die Armenier auszuführen. Ebd., 41 f.
156 Ebd., 46.
157 Talât an Cavid, 1. Mai 1920, in: Yalçın, İttihatçı liderlerin gizli mektupları, 152.

Talât bewahrte sich so im Exil den militanten «nationalen Geist des Kriegs», der seit Herbst 1912 seine konstante Inspirationsquelle war, aber bereits auf seine Zeit als jugendlicher Revoluzzer zurückging (Kapitel 8–11). Talât war 1912/13 der hauptsächliche Anstifter und Repräsentant einer Kriegs-Ummah, auf die er und sein Kreis die osmanische Nation reduzierten und in deren Namen sie fortan politisierten. Im Gegensatz zu Abdulhamids staatszentriertem Islamismus und den frühen Pamphleten des CUP versah Ziya Gökalps Gedankenwelt türkische Eliten der 1910er-Jahre und Talâts Kreis damals mit einer begeisternden Ideologie. Talâts Türkei übernahm zwar Praktiken Abdulhamids, aber radikalisierte sie und orientierte sich an einem expansiven ethnozentrischen Ideal namens Turan. Das minimale Postulat der frischen Türkismusbewegung war seit den Balkankriegen ein uneingeschränkt muslimisch-türkisches Nationalheim (Türk Yurdu) in Kleinasien. Es stand im Zentrum von Talâts Innenpolitik der Jahre 1913–1918 und wurde nach 1918 zum überragenden Ziel seiner Agitation im Ausland. Obwohl Talât in Berlin weiterhin auf den Kampfgeist der Muslime im Kaukasus und in Turkestan hoffte, ordnete er ausseranatolische Dynamiken dem einen prioritären Ziel unter: eine «völlig souveräne Türkei» in Anatolien, die in einer späteren Phase mit den Arabern und/oder Teilen des Kaukasus konföderiert werden könne.[158] Damit stand er im Einklang mit den türkischen Nationalisten um Mustafa Kemal (Atatürk), die fast alle dem CUP entstammten und 1919–1922 den muslimischen bewaffneten Kampf um Anatolien vorantrieben. Sie nannten diesen einen nationalen Unabhängigkeitskrieg (İstiklâl Harbi). Für sie war es ein Kampf um souveräne Selbstbestimmung und daher eine Fortführung jenes Ringens, das in ihren Augen 1913 konkret begonnen hatte, von Talât verkörpert wurde und mit der Rückgewinnung von Edirne seinen ersten Sieg gefeiert hatte.

Mustafa Kemal Pascha war seit der Verteidigung von Gallipoli 1915 ein ruhmvoller General. Zuvor Guerillaführer, hatte er 1911 an der Seite Envers gegen die Italiener in Libyen gekämpft. Er leitete nach dem Weltkrieg die Fortsetzung desselben Ringens, indem er den Unabhängigkeitskrieg in Anatolien organisierte und 1920 eine Gegenregierung in Ankara begründete. Hoch ambitioniert, war Kemal schon während des Weltkriegs unzufrieden mit den Führern des CUP, fand aber in keinem Kabinett die erwünschte, auf ihn zugeschnittene Führungsaufgabe, nach der er bereits vor Kriegsende Ausschau hielt.[159] Die Istanbuler Regierung sandte ihn im Mai 1919 ins Landesinnere, um die Armeekräfte zu inspizieren, zu disziplinieren und der Befehlsgewalt Istanbuls zu unterwerfen. Er reiste zwar nach Samsun am Schwarzen Meer, aber verweigerte den Gehorsam und machte aus seiner Mission eine Fortsetzung des nationalen Kampfs im Sinn und Geist der vorhergehenden Jahre, doch ohne Turan. So verfolgte auch er das Ziel einer souveränen türkisch-muslimischen Herrschaft, aber fortan ohne Anspruch auf imperiale Restauration oder gar Expansion. Im neuen Parlament von Mustafa Kemals Gegenregierung in Ankara versammelten sich seit April 1920 Abgeordnete, die sich vom Parlament in Istanbul abgesetzt hatten oder von

---

158 Talât an Cavid, 21. Dezember 1919 und 6. Januar 1920, in: Yalçın, İttihatçı liderlerin gizli mektupları, 145–147.
159 Cavid, Tagebuch, Bd. 3, 636, 11. November 1918; vgl. ebd., 459 f., 17.–19. Dezember 1917. Vgl. Mango, Atatürk, 185–286.

Kemal, nicht durch freie Wahlen, eingesetzt wurden. Niemand von ihnen war dazu befugt, den Kurs der Jahre zuvor infrage zu stellen, was Talâts Innen- und Bevölkerungspolitik, den Völkermord und die damit einhergehenden massiven materiellen Veränderungen in Anatolien betraf.

Talâts enger Weggefährte, der CUP-Chefideologe Ziya Gökalp, verkörperte die Kontinuität von Talât zur kemalistischen Türkei, denn er blieb der geistige Vater des türkischen Nationalismus auch für die Kemalisten und Generationen von Nationalisten, die danach folgten. Bevor er sich neu in Ankara niederlassen durfte, hatte der äusserst produktive Essay- und Lyrikautor durch die Publikation einer Zeitschrift namens *Küçük Mecmua* in seiner Heimatstadt Diyarbekir volle Loyalität gegenüber Kemals Regierung zu beweisen. Er war zuvor einer der von den Briten auf Malta gefangen gehaltenen CUP-Kader gewesen, deren Befreiung im Mai 1921 Kemals erstarkte Nationalbewegung durch die Geiselnahme britischer Offiziere erzwang. Im Übrigen war Ankara jedoch peinlich darauf bedacht, in keiner Weise mit dem vormaligen Komitee in Beziehung gebracht zu werden. Gökalp pries mit ultimativem Überschwang den Führer und «das grosse Genie» Mustafa Kemal. «Die ganze Welt zollt dem Namen von Gazi Mustafa Kemal Pascha Respekt», schrieb er. In *Prinzipien des Türkismus*, seinem 1923, ein Jahr vor seinem Tod, publizierten ideologischen Vermächtnis, definierte Gökalp Türkismus als «die Verherrlichung der türkischen Nation». *Prinzipien des Türkismus* bilanzierte Kemals Leistung mit den übertriebenen Worten, dass «die türkische Nation, die zuvor keine Rechte in der [osmanischen] Türkei besass, heute sämtliche Rechte innehat. Die Souveränität dieses Landes ist die Souveränität der Türken; in Politik, Kultur und Wirtschaft herrscht heute das türkische Volk.»[160] Für Kemals Gesundheits- und Sozialminister Dr. Rıza Nur verfasste Gökalp noch in Diyarbekir einen Bericht über kurdische Stämme, um so deren Türkisierung durch Ankara vorzubereiten.[161]

Welche Rolle spielte Talât nach 1918 für den Kampf um türkische Herrschaft in Kleinasien? Der vormalige Minister und Parteiführer verstand und akzeptierte sehr rasch die zentrale Stellung von Mustafa Kemal, so wie sie sich 1919 herauskristallisierte. Aus eigener Erfahrung wusste er besser als andere, wie schwierig sich während des Kriegs die Beziehung zwischen Kemal und dessen früherem Vorgesetzten Enver gestaltet hatte. Zwar war 1919 fast alles im Fluss, aber dennoch setzte Talâts alerter politischer Instinkt schon vor Ende 1919 auf die uneingeschränkte Zusammenarbeit mit dem Führer in Anatolien. In einem Brief an Kemal im Dezember 1919 beschrieb er sich als Kopf einer Untergrunddiplomatie im Exil und als ergebenen Patrioten, der mit Eifer und Kompetenz lobbyierte, um die Nationalbewegung dabei zu unterstützen, die volle Kontrolle in Anatolien gegen nichttürkische Ansprüche durchzusetzen.[162]

---

160 Gökalp, Türkçülüğün esasları, 30 f.; vgl. Heyd, Foundations, 37–39.
161 Rıza Nur wurde 1922/23 Vizechef der türkischen Delegation an der Konferenz von Lausanne. Ercan Çağlayan: *Cumhuriyet'in Diyarbakır'da kimlik inşası*, Istanbul: Iletisim, 2014, 17 f., und Einleitung zu *Ziya Gökalp'ın neşredilmemiş yedi eseri ve aile mektupları*, hg. von Ali Nüzhet Göksel, Istanbul: Işıl, 1956, 8 f.
162 Der Briefwechsel zwischen Talât und Kemal wurde erstmals publiziert in İlkin/Tekeli, Kurtuluş Savaşı'nda Talât Paşa; Talâts Brief vom 22. Dezember 1919 ist auf den Seiten 315–321 zu finden, Kemals Brief vom 20. Februar auf den Seiten 312–330.

Karte 6: Europa und das Osmanische Reich nach dem Ersten Weltkrieg.

Kemal benötigte in der fragilen Situation seines beginnenden Kampfes 1919 jede erdenkliche Unterstützung innerhalb und ausserhalb des Landes. Es fehlten ihm auch finanzielle Mittel, sodass er Talât um einen höheren Geldbetrag anging. Die Gunst europäischer Staaten zu gewinnen war wichtig in einer Zeit, als die Siegermächte sich in Paris darüber stritten, wie mit dem geschlagenen Osmanischen Reich umzugehen sei. Es galt, mit Propaganda und Agitation nicht nur Sympathien und Unterstützung zu erlangen, sondern auch ein europäisches Land gegen das andere auszuspielen, wobei dem revolutionären Russland die entscheidende Rolle zufiel. Durch Bürgerkrieg und westliche Intervention bedrängt entschieden sich die Bolschewiken, Kemals Gegenregierung aus ex-CUP Kräften als «revolutionär», da antibritisch, einzustufen. Ohne russischen Rückhalt hätte Ankara den Krieg kaum gewinnen können (siehe Kapitel 43).

Wie angetönt musste Kemal die vielfältigen nahtlosen Verbindungen seiner Bewegung mit Talâts Türkei verschleiern, um nicht von vornherein bitter nötige Sympathien zu verspielen. Das galt an erster Stelle für Kontakte mit ehemaligen CUP-Spitzenleuten. Kemal war für seinen Erfolg zwar nur mehr begrenzt auf diese angewiesen und wollte deren Konkurrenz bei einer eventuellen Rückkehr um jeden Preis zuvorkommen. Aber er war für den Aufbau der Gegenregierung (*millî teşkilat*) in Ankara fast vollständig auf die früheren CUP-Netzwerke, -Zivilkader und -Armeeoffiziere angewiesen. Hinzu kam, dass sich die Nationalbewegung auf die Kriegs-Ummah der Jahre zuvor abstützte und jene Feindbilder hochhielt, die schon damals ihre Wirkung entfaltet hatten. Eines der wirksamsten Mittel war es 1919/20, Angst zu schüren vor zurückkehrenden Armeniern, die unterstützt von den Siegermächten die Rückgabe ihrer Güter und Gerechtigkeit einforderten. So starteten denn auch Kemals Streitkräfte im Juni 1920 einen ihrer ersten Feldzüge gegen armenische Stellungen im südwestlichen Kaukasus, um damit ein armenisches Nationalheim zu verhindern, das – gemäss den Vereinbarungen im Vertrag von Sèvres vom 10. August 1920 – auch einige zuvor osmanische Gebiete umfassen sollte. Schon zu Kriegszeiten hatte Kemal sich in der Frage einer möglichen Rückkehr von armenischen Überlebenden vollumfänglich hinter Talât gestellt und eine Rückkehr a priori abgelehnt. Nach Ansicht der beiden hatten diese Menschen keinerlei Recht, auf den «Boden der Türkei» zurückzukehren.[163]

43 Eine antiliberale Internationale von Revolutionären

Eingeschränkt im Exil lebend begann Mehmed Talât auf die Macht eines transnationalen revolutionären Islams zu setzen, wie das CUP es im Weltkrieg und in der Zeit vor 1908 getan hatte. Dabei bewies er, dass er von komplexen Konstellationen und strategischen Entwicklungen eine grössere Ahnung hatte als seine leidenschaftlicheren revolutionären Kumpanen mit ihren liebgewonnenen Illusionen, obgleich auch er weiterhin Hoffnungen auf den Islamismus und Pantürkismus setzte, und zwar vor allem auf die

---

163 Atay, Mustafa Kemal'in ağzından Vahdettin, 44 f.; Kemals Gespräch mit dem Reichsstatthalter Nikolaus von Dallwitz in Strassburg, Ende Dezember 1917, in: Kreiser, Atatürk, 118–120.

protürkische Dynamik unter im Kaukasus lebenden Muslimen. Andere fielen zurück in grandiose Wunschbilder, wie sie nach dem russischen Kollaps wieder hochgekommen waren, oder sie griffen Mythen aus ihrer Zeit im politischen Untergrund vor 1908 wieder auf. Auch Talât war noch nicht ganz bereit, sich von seinem Bild der imperialen Türkei zu lösen, wenn er beispielsweise Cavid schrieb: «Jetzt ist fortgesetztes Durcheinander und Unheil im Orient eine *fatalité* [Schicksal], denn man vertraut den Türken nicht.» Es wäre für alle besser, wenn «die Türken – wie früher – die [imperiale] Gendarmenrolle gegen jederlei Probleme im ganzen Orient wahrnähmen».[164]

Von Berlin aus machte sich Talât Ende 1918 daran, in Zusammenarbeit mit Enver, Cemal, Halil, Şakir und weiteren engen Freunden aus CUP-Kreisen militanten Islamismus in Ägypten, Indien, Irak, Afghanistan und Turkestan zu koordinieren. Denn die Russische Revolution hatte auch dem revolutionären Islam zu neuen Impulsen verholfen. Dieser verband das gemeinsame antiimperialistische Bekenntnis mit dem Ruf nach Anerkennung der Opferrolle und rief nach einer militanten Selbstorganisation. Daraus erwuchs unmittelbar nach dem Weltkrieg eine Art informelle und heterogene «antiliberale Internationale», die sich aus Bolschewiken, Islamisten, Deutschen des rechten Flügels, CUP-Männern und türkischen Nationalisten zusammensetzte. Sowjetrussland unterstützte aktiv gegen die Westmächte gerichtete, islamisch und türkisch-nationalistisch motivierte Bewegungen.

Für Talât war das Zusammengehen mit den Bolschewiken rein funktional: Es diente der Etablierung eines uneingeschränkten und exklusiven Türk Yurdu in Anatolien – dem Hauptanliegen des früheren Innenministers. Das traf auch auf den transnationalen Islamismus zu, dessen er sich primär zugunsten des Machtkampfs in Anatolien bediente. Talât und Kemal sahen im Islam und im Bolschewismus vor allem den antiwestlichen Hebel, um eine politisch und wirtschaftlich souveräne Türkei auf Kosten des Ausgleichs mit minderheitlichen, nichttürkischen Ansprüchen in Kleinasien zu etablieren. Sie gingen realistisch davon aus, die westlichen Mächte würden schon einlenken, wenn die Nationalisten in Ankara ihre Macht genug abschreckend und anhaltend demonstrierten. So setzten Talât wie Kemal auf die Bolschewiken, um im Kampf für ihr Türk Yurdu den Siegermächten und vor allem den von diesen mehr oder eher weniger unterstützten Armeniern, Kurden, Griechen und Assyrern eine besser gerüstete Übermacht entgegenzusetzen. Gegenüber Aubrey Herbert meinte Talât: «Eine Allianz mit den Bolschewiken war eine reine Frage der Zweckmässigkeit.» Vollständige türkische Souveränität in ganz Kleinasien sowie zusätzlich in Ostthrakien, Aleppo und Mosul war somit ihr Kernanliegen und definierte entsprechend den Nationalen Pakt (Misak-ı Millî), auf den sich das Parlament in Istanbul Anfang 1920 einigte.[165] Dieser Nationale Pakt bildete die Grundlage, auf der das neue Parlament in Ankara (Kemals Gegenregierung) im selben Jahr seine Tätigkeit aufnahm. Mehrere Abgeordnete des Parlaments in Istanbul setzten sich nach Ankara ab, als die Briten im März 1920 die osmanische Hauptstadt besetzten.

---

164 Talât an Cavid, 2. Dezember 1920, in: Yalçın, İttihatçı liderlerin gizli mektupları, 170.
165 Ebd., 14. Juli, 9. August und 19. Dezember 1920, 156–158, 162, 172 f.; Herbert, Talaat Pasha, 18. Vgl. Karabekir, İstiklâl harbimizde Enver Paşa ve İttihat ve Terakki Erkânı; Artuç, Cemal Paşa, 324–382. Der Misak-ı Millî ist auf der Website der Türkischen historischen Gesellschaft zu finden, www.ttk.gov.tr/index.php?Page=Sayfa&No=244.

Im Herbst 1919 unternahm Talât eine ausgedehnte Reise. Zuerst fuhr er in die Niederlande, wo es zur Begegnung mit Camille Huysmans, dem Sekretär der Zweiten Sozialistischen Internationale, kam. Talât versuchte ihn beim Thema der Armenier für seine Sicht der Dinge zu gewinnen. Dann folgte ein Zwischenhalt in der Schweiz, wo er Cavid traf und wo sich eine starke, europaweit aktive türkisch-nationalistische Gruppe in der Diaspora gebildet hatte. Eine weitere Station war Italien, wo Mustafa Kemals antibritische Bewegung von höchsten Kreisen Unterstützung erfuhr. Ungefähr Mitte Dezember 1919 organisierte Talât in Berlin einen (bescheidenen) «Kongress» von Sympathisanten. Dieser Anlass bewies nach Meinung eines verblüfften zeitgenössischen Beobachters, dass «herzliche Beziehungen bestanden zwischen den türkisch-nationalistischen Organisationen, den bolschewistisch-muslimischen Gruppen und den pangermanischen Nationalisten!».[166] Tatsächlich besuchte Talât den Kommunistenführer Karl Radek (alias Karol Sobelsohn) wiederholt im Moabit-Gefängnis, das nicht weit von Talâts Wohnung entfernt in der Nähe des Bahnhofs Zoo lag. Radek war im Dezember 1918 illegal eingereist und nahm aktiv am Spartakistenaufstand in Berlin im Februar 1919 teil, weshalb er verhaftet wurde. In seinem Brief vom 22. Dezember 1919 an Mustafa Kemal schrieb Talât es seinen Bemühungen zu, dass Radek, den er als Delegierten von den Verhandlungen in Brest-Litowsk her kannte, aus dem Gefängnis entlassen wurde. So konnte Radek wieder zu Lenin nach Moskau reisen, um im Interesse Deutschlands gute türkisch-bolschewistische Beziehungen zu pflegen.

Radek beschrieb in seinem Tagebuch sehr instruktiv, wie Talât ihn im Gefängnis besuchte: «Einer der ersten Gäste war das ehemalige Haupt der jungtürkischen Regierung, Talaat-Pascha, und sein Kriegsminister, der Held der Verteidigung von Tripolis, Enver-Pascha. Nach der Niederlage der Türkei lebten sie halblegal in Berlin – die Entente forderte ihre Auslieferung – und dachten darüber nach, wie sie die Verteidigung der Türkei fortsetzen konnten. [...] Talaat kannte ich aus Brest-Litowsk. Dort sah ich ihn am Tisch der Sieger. Hier im Berliner Gefängnis war er niedergeschlagen [...]. Er sprach davon, dass der mohammedanische Osten sich nur gestützt auf die Volksmassen und auf das Bündnis mit Sowjetrussland von der Sklaverei befreien könne. Ihre Beziehungen zu Kemal-Pascha, der die Verteidigung der Türkei nach der Niederlage im Weltkrieg leitete, stellten sie so dar, dass Kemal gezwungen sei, sich von dem gestürzten jungtürkischen Regime abzugrenzen, dass aber zwischen ihnen keine ernsthaften Gegensätze bestünden und dass sie im Ausland Hilfe für ihn organisierten. Ich überredete sie, nach Russland zu fahren, was Enver-Pascha später auch tat. Talaat-Pascha wurde von den Armeniern getötet, die an ihm Rache für die unmenschlichen Morde nahmen. Wir sprachen häufig über die armenische Frage. Talaat verteidigte seine Politik nicht, er wies nur darauf hin, dass sie von allen Seiten

---

166 Cavid, Tagebuch, Bd. 4, 33–52, 20. Oktober bis 24. Dezember 1919; Talâts Briefe an Cavid, 27. September 1919 bis 6. Januar 1920, in: Yalçın, İttihatçı liderlerin gizli mektupları, 143–147; Kieser, Türklüğe İhtida, 149–173; Gregor Alexinsky: «Bolshevism and the Turks», in: *Quarterly Review* 239 (Juni 1923), 183–197, Zitat auf Seite 190. Zu Alexinsky, einem Freund von Georgi Plekhanov, siehe David Shub: «Fact or Fiction on Lenin's Role. A letter from David Shub defending his biography of Lenin», in: *The New International* 16, Nr. 2 (März bis April 1950), 86–91, www.marxists.org/history/etol/newspape/ni/vol16/no02/shub.htm.

von der Entente umgeben waren, die die Armenier als Zersetzungselement benutzte, und gezwungen waren, die härtesten Methoden anzuwenden. Ich muss sagen, dass Talaat auf mich den Eindruck eines Menschen mit grossem Verstand und starkem Willen machte; er sprach in gebrochenem Deutsch, unter das er viele französische Wörter mischte. Enver-Pascha, der gut Französisch und Deutsch sprach, war nervös und machte den Eindruck eines Menschen, der sein Gleichgewicht völlig verloren hatte und mehr um seine persönliche Stellung als um sein Land kämpfte.»[167]

Talât spannte sein Beziehungsnetz ohne ideologisch-dogmatische Berührungsängste. Bemerkenswerterweise verzichtete er gegenüber Radek beim Thema Armeniermord auf die üblichen Rechtfertigungsversuche. Das wirft ein Licht auf seine Unzufriedenheit mit den Memoiren, die er damals verfasste. Radek hatte kurz zuvor während des kurzlebigen Spartakusaufstands Seite an Seite gestanden mit Rosa Luxemburg und Karl Liebknecht, die beide wenig später ermordet wurden. Dieser Reichstagsabgeordnete hatte 1915 als Einziger den Mut, den Armeniermord und Deutschlands Verantwortung freimütig anzusprechen. Allen drei schwebte im unmittelbaren Nachkriegsberlin eine sozialistische Revolution auf dem Weg zur Weltrevolution vor. All das brachte Talât 1919 nicht aus dem Konzept, solange die Gegenseite das Spiel mitspielte, um das es ihm nun ging: Sowjetrusslands Unterstützung der türkischen Nationalisten in Kleinasien. Sollte im Orient eine neue Macht – Talâts in Ankara reorganisierte kemalistische Türkei – erfolgreich als Gegengewicht zu den Siegerstaaten des Ersten Weltkriegs entstehen, so erforderte dies die Zusammenarbeit zwischen panislamischen, türkisch-nationalistischen und bolschewistischen Kreisen. Auflehnung gegen die westlichen Siegermächte und eine allgemein revolutionäre Stimmung führten dazu, dass Kommunisten mit politisierten Gruppen zusammenkamen, die sich fernab vom Marxismus als islamistische, türkische (Ex-CUP) oder deutsch-nationalistische Revolutionäre verstanden («Revolutionäre von rechts» in der Terminologie dieses Buches). Für sie alle wurde Deutschland Ende des Weltkriegs ein Tummelplatz.

Der bolschewistische Flirt mit antiwestlich orientiertem Islamismus zeigte sich nirgends deutlicher als beim Kongress der Völker des Ostens in Baku im September 1920, an dem auch Enver teilnahm. Sechs Jahre nach der Förderung des Dschihad durch die Deutschen (und sechzig Jahre bevor die CIA die islamistische Karte auszuspielen begann und antisowjetische Dschihadisten nachhaltig mit Waffen versorgte) rief Komintern-Chef Grigori Sinowiew die in Baku Versammelten dazu auf, gegen den westlichen Imperialismus in den heiligen Krieg zu ziehen, was ihm begeisterten Applaus säbelrasselnder Zuhörer bescherte. Die Kreise, mit denen Talât in Verbindung stand, hatten 1920 bereits an verschiedenen Orten von früheren CUP-Kadern geführte islamisch-revolutionäre Komitees gegründet, darunter in Berlin (Talât), Baku (Bahaeddin Şakir), Afghanistan (Cemal Pascha), Anatolien (Küçük Talât [Muşkara] und Nail) und in Moskau, wo unter Enver und Dr. Nâzım das islamisch-revolutionäre Zentralkomitee seinen Sitz hatte. Enver gab seinen Gesinnungsgenossen in Berlin zu verstehen, sie seien keine Kommunisten, auch wenn sie sich guter Zusammenarbeit

---

167 Otto-Ernst Schüddekopf: «Karl Radek in Berlin. Ein Kapitel deutsch-russischer Beziehungen im Jahre 1919», in: *Archiv für Sozialgeschichte* 2 (1962), 152 f. Ein offensichtlicher Übersetzungsfehler – «kleintürkisch» statt «jungtürkisch» – wurde korrigiert.

mit den russischen Bolschewiken erfreuten. «Aber wir verfolgen innerhalb der vom Kalifat und Sultanat festgelegten Grenzen eine Politik, die die Souveränität des Volkes nach sozialistischen Grundsätzen anerkennt.» Bei seiner Ankunft in Kabul im Herbst 1920 versprach Cemal Talât, er werde bedeutende muslimische Angriffe auf das von den Briten verwaltete Indien organisieren.[168]

Das Sprichwort «Gegensätze ziehen sich an» oder «Extreme berühren sich» bewahrheitete sich exemplarisch für die nationalrevolutionäre Bewegung in der Türkei und das bolschewistische Russland. Das war jedoch nicht unmittelbar der Fall. In der frühen Phase der Beziehungen zwischen Bolschewiken, CUP-Führern im Exil und Kemals Nationalbewegung in Kleinasien spielten die Armenier eine zentrale Rolle. Der nach Moskau zurückgekehrte Radek und Georgi Tschitscherin, der sowjetische Verantwortliche für auswärtige Angelegenheiten, machten noch im Mai 1920 den gemeinsamen Vorschlag, die Türkei solle Teile der osmanischen Ostprovinzen an die Armenier abtreten. Auf der anderen Seite taten sich Offiziere um Mustafa Kemal, allen voran Kâzım Karabekir, der Kommandant an der Ostfront, schwer damit, im Kaukasus «nur» die Provinzen Kars, Batumi und Ardahan, aber nicht auch Baku zu behalten. Kars, Batumi und Ardahan waren im Vertrag von Brest-Litowsk der Türkei übertragen worden. Radek wies darauf hin, dass ein Entgegenkommen der Türkei in der überaus heiklen Angelegenheit der Armenier das moralische Ansehen der Türkei international entscheidend verbessern würde. Doch Mustafa Kemal machte schon im April 1920 in einem Brief an Lenin klar, dass von ihm in diesem Punkt keinerlei Nachgiebigkeit zu erwarten war. Er bewertete die armenische Führung als «imperialistische Regierung», die bekämpft werden müsse, da sie vom Westen Unterstützung erhoffe und Werte mit dem Westen teile.[169]

Die Armenier, ihr Schicksal und ihre Anliegen waren russischen Revolutionären lange vertraut. Sie waren auch innerhalb der Zweiten Sozialistischen Internationale bestens bekannt, der sowohl die ARF als auch die sozialdemokratische Huntschak-Partei angehörten, die aber im Weltkrieg zerfiel. An der Solidarität mit den Armeniern war unter ernsthaften Sozialisten nicht zu rütteln, doch Moskau revidierte diese Haltung Mitte 1920 aus strategischen Gründen. Damals entzogen die bolschewistischen Machthaber ihre Unterstützung für eine armenische Zukunft auch in osmanischen Teilen des armenischen Siedlungsgebiets, wo der Genozid 1915 begonnen hatte. Moskau entschied sich für ein machtpolitisch wirkungsvolles Zusammengehen mit Ankara gegen die Westmächte und die in Paris verhandelte Weltordnung, was einer Wende gleichkam. Denn kurz zuvor hatten noch bolschewistische Exponenten die Solidarität mit den Armeniern unterstrichen und prinzipiell am Reformplan von 1914, den Russland führend unter-

---

168 Cemal an Talât, 30. Oktober 1920, in: Yalçın, İttihatçı liderlerin gizli mektupları, 258, und Tunçay, Türkiye'de sol akımlar, 280.
169 Brief an Lenin, 26. April 1920, zitiert in Tunçay, Türkiye'de sol akımlar, 263; Karabekir, İstiklâl harbimizde Enver Paşa ve İttihat ve Terakki erkânı, 12–17. Der nach der Oktoberrevolution regierende Rat der Volkskommissare hatte Ende 1917 ein «Spezielles Dekret über die freie Selbstbestimmung von ‹Türkisch-Armenien›» erlassen, um so ein Zeichen gegen deutschen und türkischen Imperialismus im Kontext der Konferenz von Brest-Litowsk zu setzen (J. V. Stalin, «Turkish Armenia», 31. Dezember 1917, www.marxists.org/reference/archive/stalin/works/1917/12/31.htm).

stützt hatte, festgehalten. Der damalige Nahostexperte Gotthard Jäschke wies mit Nachdruck auf diesen grundlegenden Richtungswechsel hin.[170]

Somit schlossen sich 1920 Revolutionäre von links und von rechts im Namen einer Fundamentalopposition gegen den Frieden von Paris zusammen. Sie taten dies auf Kosten der schwächsten, im Ersten Weltkrieg am schlimmsten verfolgten Bevölkerungsgruppe. Auf den Vertrag von Versailles vom 12. August 1919 für Deutschland und denjenigen von Trianon vom 4. Juni 1920 für Österreich-Ungarn folgte am 10. August 1920 der Vertrag von Sèvres, der sich auf das Osmanische Reich bezog und ein unabhängiges Armenien mit osmanischen Gebieten vorsah, aber nicht ratifiziert wurde. Die Verächtlichmachung Armeniens durch das CUP und dessen Nachfolger ähnelte auf beklemmende Weise einer späteren sowjetischen und nationalsozialistischen Haltung, die Polen als «Bastard des Versailler Vertrags» beschimpfte.[171]

Kurz nach dem CUP-Exilkongress in Berlin Mitte Dezember 1919 sandte Talât einen langen, auf den 22. Dezember 1919 datierten Brief an Mustafa Kemal. Das tat er unter falschem Namen durch einen persönlichen Sendboten und mit der zusätzlichen Vorsichtsmassnahme, dass er im Brief von Kemal als einer dritten Person sprach. In seinem Schreiben stellte sich der vormalige Grosswesir hinter den vielversprechenden Führer der neu gegründeten nationalistischen Machtorganisation in Anatolien und anerkannte ihn gleichsam als legitimen Nachfolger in einem langjährigen, 1913 begonnenen türkischen Unabhängigkeitskrieg. Kemals Antwortschreiben an Talât vom 20. Februar 1920 ist eine selbstbewusste, doch vorsichtige Bejahung von Talâts Schreiben und dessen politischer Analyse – auch wenn die kemalistische Geschichtsschreibung, die die Distanz zwischen CUP und Kemalismus herausstrich, diese Deutung kaum je akzeptiert hätte.[172] In seinem Brief legte der ehemalige Grosswesir sachlich und seriös seine Sicht der aktuellen Lage dar, ohne sich in den Mittelpunkt zu stellen. Er zeigte auf, welche Punkte seiner Meinung nach die Neuorganisation einer souveränen «nationalen Staatlichkeit» oder «nationalen Organisation» zwingend zu berücksichtigen hatte (der Begriff *millî teşkilat* erscheint wiederholt in beiden Briefen und bezieht sich auf Kemals Gegenregierung). Kemal und Talât waren sich in den wesentlichen Elementen einig. Beide glaubten an eine politisch nutzbare oder mobilisierbare Solidarität von Türken und Muslimen in Kleinasien und darüber hinaus. Beide hielten Propaganda für das Kalifat als das Mittel der Wahl zur Aufstachelung zum Kampf. Beide waren von der Notwendigkeit bolschewistischer Unterstützung überzeugt. Und beide sahen schliesslich den Weg zur uneingeschränkten Macht über Anatolien im Wiederaufbau einer schlagkräftigen «nationalen» Organisation durch ein geheimes Netzwerk ausgewählter Männer unter einem unanfechtbaren höchsten Führer, der Vertrauen und Autorität geniesst. Das konnte niemand anderes sein als Mustafa Kemal, wie Talât deutlich machte. Nur eine von einem solchen Führer geleitete Organisation sei imstande, gegen die von Grossbritannien unterstützten Griechen

---

170 Jäschke, Weg, 31.
171 Aussenminister Molotow 1939, Redeausschnitt, zitiert in: «Das Regime Gomulka und die Entstalinisierung», in: *Neue Zürcher Zeitung*, 14. Januar 1962, 9.
172 İlkin/Tekeli, Kurtuluş Savaşı'nda Talât Paşa, 315–321, 312–330.

in den Krieg zu ziehen, die im Mai 1919 in Izmir gelandet waren. Kemals Nationalbewegung konnte dabei, wie wir gesehen haben (Kapitel 41), auf intakte Strukturen des CUP zurückgreifen. Der neue Führer sollte mit autoritärer Macht regieren, aber mit einem Parlament, einem Kabinett und einer regierenden Partei, um sich nach aussen Legitimität zu verleihen.

Die eng verwandte undemokratische Ausrichtung beider stand in der Tradition des Politikstils von Parteichef und Minister Talât seit 1913. Damit einher ging eine verächtliche Abneigung gegenüber Liberalen. Sie werden in diesen Briefen als «widerwärtige» und «dumme» Verräter bezeichnet, da sie dem Ultranationalismus des CUP, den Ankara weitertrug, entgegenstanden und dafür der Unterstützung durch liberale Kräfte im Westen bedurften beziehungsweise bedurft hätten. Sie waren es an erster Stelle, die den Mut aufbrachten, für die jüngst begangenen Verbrechen gegen Nichtmuslime Gerechtigkeit und Wiedergutmachung einzufordern – was Talât und Kemal übereinstimmend als äusserst unpatriotisches Verhalten taxierten. In Kemal Paschas Brief fand in diesem Zusammenhang neben anderen Namen insbesondere jener von Ali Kemal unehrenhafte Erwähnung. Dieser umtriebige Journalist und Minister der Istanbuler Regierung von 1919 wurde zur bevorzugten Zielscheibe der Ultranationalisten. So war es nicht überraschend, dass Nureddin Pascha, ein CUP-General, den wir bereits kennen (Kapitel 40) und der inzwischen Ankara diente, 1922 den Lynchmord an Ali Kemal durch einen Strassenmob veranlasste. Nureddin war nach den Worten von Falih Rıfkı (Atay) ein «übler Fanatiker und Demagoge», ein Meister im Schüren von Strassen- und Massengewalt und einer von mehreren extremistischen Führerfiguren, welche das CUP der 1910er-Jahre hervorgebracht hatte. In brutalster Weise schlug er 1921 den Aufstand von alevitischen Kurden der Region Koçgiri-Dersim nieder, die gegen die Ankara-Regierung für kurdische Autonomie im Sinne von Wilsons Vierzehn Punkten kämpften. Nureddin war es auch, der 1921 den Befehl zur mörderischen Vertreibung der Pontus-Rûm erteilte. Als Kommandant jener Armee, die im September 1922 Izmir von den Griechen zurückeroberte, war er auch weitgehend für den damit einhergehenden Massenmord an christlichen Zivilpersonen und die Zerstörung der Stadt durch mutwilliges Niederbrennen verantwortlich, wie Falih Rıfkı, ein Vertrauter Atatürks und Augenzeuge der Eroberung Izmirs, festhielt.[173]

Obwohl Mustafa Kemal unmittelbar nach Kriegsende Kritik am CUP-Regime übte, wie es damals im Trend lag, manifestiert sein ausführlicher Brief an Talât vom 20. Februar 1920 seinen weitgehenden Konsens mit dem Exgrosswesir in den wichtigsten Fragen. Muster von dessen langjährigem Kriegsdiskurs tauchen auch in Kemals Text auf, insbesondere das hyperbolische Argument, den Türken werde «unser Recht auf Existenz» genommen – was bei Talât anfänglich den imperialen Status quo

---

173 Atay, Çankaya, 375 f.; Elise Massicard: «The Repression of the Koçgiri Rebellion, 1920–1921», in: *Violence de masse et Résistance – Réseau de recherche* (2009), www.sciencespo.fr/mass-violence-war-massacre-resistance; Mango, Atatürk, 330 f. Vgl. Ali Kemals prägnanten Artikel zur Verdrehung von Opfern und Tätern durch die türkisch-nationalistische Propaganda jener Zeit: «Zâlimler, Mazlûmlar», in: *Sabah*, Nr. 10427, 9. November 1918, 1. Zu Nureddin Pascha existieren Publikationen aus nationalistischem Blickwinkel, in denen weitere Quellen zu finden sind: Taş, Nureddin Paşa, 208–212 (zur Ermordung von Ali Kemal), und Mustafa Balcıoğlu: *İki isyan. Koçgiri, Pontus/Bir paşa. Nurettin Paşa*, Ankara: Nobel, 2000.

meinte. Dieses häufige Argument nutzte nach 1918 unehrlich den sprachlichen Anklang an Völkermord oder Vernichtung einer Nation, um im sensiblen Kontext der Armenierfrage Opfer und Täter propagandistisch umzukehren oder zumindest den Unterschied zu verwischen. Kemal versicherte Talât, dass er mit ihm völlig einig gehe in der Einschätzung, die Teilnahme am Weltkrieg an der Seite Deutschland sei für das Osmanische Reich unumgänglich gewesen. Es sei deshalb absurd, die dafür verantwortlichen Politiker wegen einer Kriegsschuld strafrechtlich zu verfolgen. Ebenso stellte er klar, dass er sich bezüglich der Armenier ganz auf Talâts Seite befinde. Wieder und wieder betonte er das «wir» einer Elite unter seinem aufgehenden Stern an der Spitze einer türkisch-muslimischen Nation in Anatolien, und in dieses «wir» schloss er Talât unmissverständlich mit ein. Talâts zahlreiche nach dem Weltkrieg verfassten Briefe gaben mit demselben «wir» zu verstehen, wen er in seinen Nationsbegriff einschloss oder nicht.

Ergänzend zu Kemal setzte sich Talât für den Aufbau einer starken «Basisorganisation» (teşkilat-ı esasiyye) türkisch-muslimischer Macht im Ausland ein, neben der europäischen Diaspora in einer, wie er formulierte, «weiten türkischen Welt» und in einer «muslimischen Welt». Er postulierte «die Einheit der Türken» und die mögliche Einheit von Türken und Arabern. Cemal und Enver hätten ihrerseits unter den Muslimen in Turkestan und Afghanistan zu agitieren begonnen. Talât zählte noch immer auf sie, während Mustafa Kemal Zurückhaltung zeigte. Gleichwohl gründete Kemal seine emotionale Rhetorik gegenüber Muslimen im Lande wie auch weltweit auf die dramatische Behauptung, der Sultan-Kalif sei in die Hände der Feinde gefallen, weswegen er und seine Bewegung für ein souveränes Sultanat-Kalifat kämpften.[174] Kemal legte Wert auf die islamische Einheit und auf die Pflege der Beziehung mit antibritischen und antifranzösischen Kräften in der Levante und im Kaukasus. In einem seiner in freundlichem Ton gehaltene Briefe an Cemal Pascha wies er darauf hin, es sei nützlich, wie Cemal plante, «Grossbritannien in Indien anzugreifen».[175] Kemal sprach auch von der Möglichkeit einer türkisch-arabischen Föderation, welche auch die Muslime des Kaukasus umfassen könne. Der nationale Pakt schloss Überlegungen zu möglichen Konföderationen nicht von vornherein aus, auch wenn solche Perspektiven im Hintergrund blieben gegenüber dem Primärziel: Sicherung eines anatolischen Türk Yurdu.

In seinem langen Brief an Talât identifizierte sich somit Kemal, der aufgehende Stern der türkischen Politik, weitestgehend mit dem früheren Grosswesir und CUP-Spitzenmann. Nachdem Talât ihm in seinem Brief sozusagen die Weihe als unbestrittener Führer an der Heimatfront zugesprochen hatte, würdigte der Exgeneral im Gegenzug nicht nur Talâts «sehr erfreuliche Bemühungen in Europa», sondern de facto auch Talât persönlich als Vorgänger im Kampf für die grosse patriotische Sache, über die sie sich bestens verständigen konnten. Weder Enver oder Cemal noch irgend-

---

174 Siehe Kemals Briefe, die darauf abzielten, Notabeln aus den Provinzen von sich zu überzeugen und auf die eigene Seite zu ziehen. Siehe auch die betreffende *fetva* der Ankara-Regierung, unterzeichnet von 76 Muftis, auf die hingewiesen wird im Brief von Edip Servet an Cavid, 19. Mai 1920, in: Yalçın, İttihatçı liderlerin gizli mektupları, 192; Atatürk, Nutuk.
175 Kemal an Cemal, 1. Oktober 1920, in: Yalçın, İttihatçı liderlerin gizli mektupları, 363.

eine andere namhafte Person aus der CUP-Führungsriege spielte für Kemal Atatürk eine vergleichbar wichtige Rolle. Es lag ihm viel daran, dass sich Talât unterstützend, aber unterordnend zu seiner Regierung in Ankara bekannte, weshalb er ihn sehr gerne weiterhin als zugehörigen und aktiven «Bruder» ansprach, wie es dem Jargon des CUP entsprach. Talât seinerseits verstand sich bis zu seinem Tod, wie es scheint, in analoger Weise als von Mustafa Kemal damit betraut, in Europa für die gemeinsame Sache diplomatisch und propagandistisch führend tätig zu sein.[176] Die mehr als verhaltene Art, in der Kemal und kemalistische Autoren die damalige Zusammenarbeit mit ihrem Vorgänger Talât behandelten, ändert nichts an den Fakten.

Nach dem Ende des Ersten Weltkriegs und der Niederlage seiner imperialen Kriegspolitik beurteilte Talât die Situation der Türkei und die Chancen des CUP, noch einmal die Geschicke des Landes zu bestimmen, realistischer als die meisten anderen CUP-Spitzen. Daher schloss er sich früh Mustafa Kemal an und akzeptierte, ja begrüsste, dass nach mehr als fünf Jahren eines imperialen Parteistaats unter seiner Führung, der schliesslich scheiterte, ein neues Machtzentrum unter Mustafa Kemal in Ankara entstand. Denn es blieb dem Hauptziel eines anatolischen Türk Yurdu und Gökalps Credo und Verherrlichung der türkischen Nation treu. Enver Pascha hingegen vollzog diesen Schritt nie. Er flüchtete sich in einen Dschihad in Turkestan als Teil eines weltweiten antiimperialistischen Kampfes der Muslime zur «Rettung der islamischen Welt». Dabei setzte er seine Hoffnungen auf eine revolutionäre SO-Nachfolgeorganisation. Von Türken angeführt sollte sie nach erfolgreicher Sammlung der Muslime Turkestans Enver eine glorreiche Rückkehr nach Anatolien ermöglichen. Aber er blieb als Kriegsherr erfolglos und fand 1922 seinen Tod bei einem Scharmützel im heutigen Tadschikistan.[177]

Talât hingegen fiel es nicht sehr schwer, sich darauf einzustellen, dass im Einklang mit seinem langjährigen Ziel eine andere Hauptperson in Anatolien die angestrebte einheitsstaatliche türkische Macht aufbauen würde. Für dieses Ziels war er auch bereit, mit Grossbritannien Kompromisse einzugehen. Er kooperierte mit Mustafa Kemal, obwohl er wusste, dass er in Ankara nicht auf ungeteilte Sympathien stossen würde und es zweifelhaft war, ob er jemals dort willkommen wäre. Tatsächlich wies Ankaras Aussenminister Bekir Sami (Kunduh) ihn und seine CUP-Freunde im Exil in einem Brief vom August 1920 mit unverblümt deutlichen Worten in ihre Schranken. Sie sollten im Ausland bleiben und sich auf für Ankara nützliche Agitation beschränken. Auch wenn dieser Rüffel besonders Envers Kreis galt, enthielt er ebenfalls eine Spitze gegen Talât, da Sami sie alle in der Ungewissheit beliess, ob sie je nach Anatolien zurückkehren durften. Der Brief machte Talât tieftraurig, auch wenn er versicherte, dass Ankara ihn, nicht die diplomatischen Gesandten der Regierung in Istanbul, als seinen Repräsentanten für ganz Europa betrachte.[178]

---

176 Mustafa Kemal an Talât, 7. November 1920, und Talât an Cavid und Câmi, 2. Februar 1921, in: Yalçın, İttihatçı liderlerin gizli mektupları, 178, 220.
177 Cavid, Tagebuch, Bd. 4, 263–272, 11.–29. April 1921, über Envers und Talâts Selbstverständnis und Strategien.
178 Brief vom 18. (sic) August, angesprochen in Talât an Cavid vom 9. (sic) August 1920, in: Yalçın, İttihatçı liderlerin gizli mektupları, 162 f.; Cavid, Tagebuch, Bd. 4, 267, 17. April 1921 (mit kritischer Passage aus Bekirs Brief an Talât). Vgl. Birgen, İttihat ve Terakki'de on sene, 697–703, 741–746.

«Dieser wenig gebildete Telegraphen-Beamte aus Saloniki hatte politische Einfälle, Übersicht und eine innere Vision des Ganzen, und war entschlossen, die Sache an unserer Seite zu Ende zu führen», so hatte Emil Ludwig Ende Oktober 1918 Talâts Rücktritt kommentiert. Seine Energie als Politiker sei zwar «riesenhaft» gewesen, aber von ihm selbst dennoch überschätzt worden. «Trotzdem», so gab Journalist und Biograf Ludwig sich sicher, «ist dieser Mann als Ganzes zu stark, um, wie ein Glücks- und Unglückskind nur einfach zu verschwinden.» Menschenkenntnis spreche dafür, «dass Enver verschwinden, Talaat wieder auftreten wird».[179] Talât trat zwar nicht wieder auf in seiner Heimat. Aber seine Agitation im Exil erzielte länderübergreifende Resonanz, während das Erbe seiner Politik seine türkische Heimat dauerhaft bestimmte und auch Deutschland noch markant mit ihm zu tun hatte.

44 Tod und Nachleben in Deutschland und der Türkei

Am 15. März 1921, einem Dienstagmorgen, verliess Talât um 10.45 Uhr seine Wohnung an der Hardenbergstrasse 4, um sich neue Handschuhe zu kaufen. Kaum auf die Strasse getreten, kam ihm ein junger Armenier namens Soghomon Tehlirian entgegen und erkannte ihn. Dann ging der Armenier an Talât vorüber, drehte sich um und erschoss ihn aus kurzer Distanz von hinten, unmittelbar vor dem Haus Hardenbergstrasse 27. Talât war sofort tot. Er starb im Alter von 47 Jahren. Sein Weggefährte Dr. Nâzım, der nur wenige Gehminuten vom Tatort entfernt an der Uhlandstrasse 194 wohnte, traf kurz nach dem Attentat am Ort des Geschehens ein und begab sich darauf zu Talâts Frau Hayriye in ihre Wohnung. Ungefähr um 11.35 Uhr traf Ernst Jäckh, «Türken-Jäckh», ebenfalls an der Hardenbergstrasse 4 ein. (Er war nach dem Krieg Mitarbeiter des Auswärtigen Amts geblieben und sah sich weiterhin in der Rolle eines Botschafters zur Förderung deutscher Freundschaft mit einer starken, unabhängigen Türkei.) 11.30 Uhr war die Zeit, zu der sich Jäckh in der Regel mit Talât traf. Er und Nâzım gingen gemeinsam zurück zum Schauplatz des tödlichen Anschlags.

Aus ermittlungstechnischen Gründen liess die polizeiliche Mordkommission den zugedeckten Leichnam bis 13 Uhr am Tatort auf dem Gehsteig liegen. Jäckh war darüber aufgebracht und stritt sich mit dem Streifenpolizisten. Er empfand es als inakzeptabel, «den höchsten Würdenträger der verbündeten Türkei, [...] unseren treuen Bündnispartner im Krieg», diesen «türkischen Bismarck» respektlos auf der Strasse liegen zu lassen. Schliesslich erhielten Jäckh und Nâzım die Erlaubnis, den Leichnam zur nahe gelegenen Leichenhalle Charlottenburg zu bringen. Jäckh berichtete General Zeki Pascha mündlich und Nâzım teilte Cavid schriftlich mit, was sie über das Vorgefallene wussten und was anschliessend geschah. Zu jenem Zeitpunkt konnte in Berlin noch niemand wissen, dass Tehlirian im Rahmen der Geheimoperation «Nemesis» von der ARF zu seiner Tat beauftragt und vorbereitet worden war. Er hatte den früheren osmanischen Minister und Hauptverantwortlichen des Völkermords schon

---

179 Emil Ludwig: «Talaat und Enver», in: *Vossische Zeitung*, 26. Oktober 1918, PA-AA, R 13804-4.

seit Dezember 1920 eng überwacht. Talât war die Nummer eins auf der Liste der Operation Nemesis. Zwar konnte Tehlirian auch auf die Unterstützung von in Berlin lebenden ARF-Mitgliedern zählen, aber seine hauptsächlichen Auftraggeber und Unterstützer sassen in Boston, unter ihnen Armen Garo, Talâts früherer Kollege im osmanischen Parlament. Garo hatte Talât am 30. Juni 1914 ein letztes Mal getroffen, als ihre Beziehung schon von gegenseitigen Hassgefühlen überschattet war. Anfang August 1914 war er aus Erzurum geflohen, wo wenig später grenzüberschreitende Überfälle der SO den Nährboden für den Genozid vorbereiteten, noch bevor der offizielle Krieg begann (siehe Kapitel 28–30).[180]

Am Samstag, 19. März 1921, wurde der Leichnam, begleitet von einem eindrücklichen Trauerzug, zur Trauerfeier in den nahe gelegenen Friedhof Matthäi überführt, nachdem zuvor in der Wohnung des Verstorbenen ein Gebet im Kreis der Trauernden stattgefunden hatte. Einladungen zur Trauerfeier waren im Namen des Orientalischen Clubs und der Witwe Hayriye an Talâts breiten Freundes- und Bekanntenkreis verschickt worden. Aber es nahmen schliesslich sehr viel mehr Leute als erwartet daran teil. Nâzım schätzte es sehr, dass hohe deutsche Beamte, die in der Zeit seines Exils mit dem Exgrosswesir in Kontakt geblieben waren, den Verstorbenen mit ihrer Anwesenheit bei der Feier ehrten. Die Ansprachen zu Ehren Talâts dauerten zwei Stunden. Bahaeddin Şakir sprach im Namen der Türken, Schekib Arslan und Scheich Abdülkadir sprachen für die Araber, andere für die Perser, die Aseris und die Ägypter. Ernst Jäckh und Franz Günther, der Direktor der Anatolischen Eisenbahn, waren die beiden Redner aufseiten der Deutschen. In ihren Trauerreden priesen sie den «grossen Staatsmann und treuen Freund» (der gleiche Wortlaut, der auch auf der Schleife des Trauerkranzes vom Auswärtigen Amt zu finden war). Şakir erklärte pathetisch «im Namen der orientalischen Völker», dass «die Ermordung nicht das Ergebnis persönlicher oder national motivierter Rache gewesen sei, sondern die Konsequenz aus der imperialistischen Politik, die gegen die islamischen Nationen betrieben werde. Wir werden Rache nehmen, indem wir unsere Ketten sprengen und unsere Unabhängigkeit erlangen werden.»

Mit diesem Statement tat Şakir so, als gebe es gar keine konkreten Gründe für den Mord. Cavid notierte dagegen in seinem Tagebuch nur trocken, es sei falsch zu meinen, Grossbritannien oder Griechenland hätten irgendetwas mit der Ermordung zu tun. In seiner ersten Reaktion auf Talâts Ermordung verklärte Cavid in einem Tagebucheintrag vom 16. März 1921 Talâts Leistung. Nur dessen «eiserne Hand sei in der Lage gewesen, diesem [türkisch-osmanischen] Chaos entgegenzutreten, das nun schon seit Jahren andauert». Im selben Abschnitt gab er ein rückblickendes Bekenntnis ab zu seiner jahrelangen Bezugsperson im CUP-Komitee: «Das einzige Heil für Patrioten, die ihr Land wirklich lieben, bestand darin, Talâts Geist vor dem [inne-

---

180 Dr. Nâzım, Berlin, an Cavid, undatiert (um den 20. März 1921), in: Yalçın, İttihatçı liderlerin gizli mektupları, 105–108, worauf Cavid Bezug nimmt in Cavid, Tagebuch, Bd. 4, 258, 28. März 1921; Jäckh an Zeki, 17. März 1921, in Jäckh, Rising Crescent, 269 f.; Meissner, Martin Rade, 199. Insidererkenntnisse zur Operation Nemesis in Shiragian, Legacy; MacCurdy et al. (Hg.): *Sacred Justice. The Voices and Legacy of the Armenian Operation Nemesis*, Piscataway, NJ: Transaction, 2015. Detailreiche Berichte in Hosfeld, Operation Nemesis, und Eric Bogosian: *Operation Nemesis. The Assassination Plot that Avenged the Armenian Genocide*, New York: Little, Brown, 2015.

ren] Auge erscheinen zu lassen, um wegen der allenthalben herrschenden Korruption nicht in Verzweiflung zu verfallen.» Es ist ebenso bemerkenswert wie bedenklich und bedenkenswert, dass Cavid zu Talât hielt und aufschaute, obgleich er, wie dasselbe Tagebuch vielfach bezeugt, unter dessen nicht nur unorganisiertem und korruptem Stil, sondern auch schlechten Charakterzügen litt. Es war eine Gebundenheit, die an Hörigkeit grenzte, welche die Beziehung dieser beiden ungleichen Politiker charakterisierte.[181]

CUP-Freunde beabsichtigten, Talâts sterbliche Überreste in die Türkei zu bringen, aber aus naheliegenden politischen Gründen wollten weder Istanbul noch Ankara den Leichnam haben. Dennoch priesen die Zeitungen in Ankara den verstorbenen Grosswesir, beklagten seinen Tod und verurteilten «die Niederträchtigkeit der hinterhältigen Ermordung eines türkischen Würdenträgers» scharf. Wie vor ihnen schon Şakir in Berlin, so wiesen auch sie auf eine britische, nicht armenische Verschwörung hin, denn dies war ideologisch geboten. Andernfalls hätten sie die öffentliche Aufmerksamkeit auf die grosse offene Wunde und Talâts Schuld am Armeniermord gelenkt. Die Zeitungsmeldungen in der von den Siegermächten besetzten Hauptstadt reichten von harscher Kritik am früheren Grosswesir, namentlich durch Ali Kemal, bis hin zu Ehrbezeugungen gegenüber jener «Person, die [von 1908 bis 1918] die wichtigste Rolle in der ganzen Türkei gespielt hatte».[182] Die meisten wiesen auf seine ausserordentliche Karriere vom einfachen Postangestellten zum Grosswesir hin. Es gab gegensätzliche Darstellungen, indem die einen aufdeckten, wie sich CUP-Mitglieder und auch Talât persönlich bereichert hätten, während zahlreiche andere Artikel ans Mitgefühl der Leserschaft appellierten, indem sie von der leidvollen Armut des Paschas im Exil berichteten. Auch seine Politik gegen die Armenier wurde von einigen verteidigt. Ein Journalist der Zeitung *Vakit* kommentierte eher kritisch, dass Talât nun nicht mehr vor dem Volk Rechenschaft ablegen könne, wie es nötig gewesen wäre, «da er selber der Schlüssel zu den Ereignissen [im Zusammenhang mit den Armeniern] war».[183]

Der Journalist und Abgeordnete Celal Nuri (İleri) schrieb unmittelbar nach Talâts Ermordung treffend, wenn auch zu sehr aufwertend, dass «die Ära, die mit dem allgemeinen Krieg begonnen hatte […], noch nicht zu Ende ist. Deshalb müssen wir vorsichtig sein, bevor wir ein definitives Urteil über diese Ära fällen. Selbst wenn Talât Pascha nicht zum Grosswesir aufgestiegen wäre, hätte die Geschichtsforschung viel über ihn zu erzählen. Noch stärker als seine Qualitäten als Staatsmann sollte man in ihm den Revolutionär würdigen.» Er schloss mit der zutreffenden quellenkritischen Aussage: «Wenn Talâts Geschichte einmal geschrieben wird, so werden die [heute verschollenen] Akten des Zentralkomitees mehr Erhellendes zutage fördern als jene der Hohen Pforte.»[184] Die Tageszeitung *Joghovourti Tsayn* des unabhängigen armenischen Sozialisten Dikran Zaven (der in den späten 1890er-Jahren den CUP-Gründern Cevdet und Sükûti geholfen hatte, die Zeitschrift *Osmanlı* in Genf herauszugeben)

---
181 Cavid, Tagebuch, Bd. 4, 246.
182 *Vakit*, Nr. 1175, 18. März 1921, 1. Vgl. Babacan, Mehmed Talât Paşa, 214–217.
183 *Vakit*, Nr. 1217, 27. März 1921, 2.
184 *İleri*, Nr. 1128, 19. März 1921, 1.

tat sich schwer damit, mit dem für ihn enigmatischen, überaus ambivalenten Verstorbenen klarzukommen. Er, der jetzt von Millionen von Opfern verflucht wurde, habe früher einmal «durch seinen demokratischen Anstrich sogar das Vertrauen der Rûm und der Armenier gewonnen». Nachdem sie an die Macht gelangt waren, hätten Talât und sein Kreis «fälschlicherweise geglaubt, dass die Geschichte der Türkei, ja sogar des ganzen Nahen Ostens mit ihnen einen grundlegenden Neuanfang mache». Zaven wagte vorsichtig zu hoffen, dass «sich die Türken schon der wahren Interessen ihres Landes bewusst sind und daher diesen früheren Minister nicht zu ihren guten Staatsmännern zählen werden».[185]

Die deutsche Presse, Figuren vom politisch rechten Rand wie auch Repräsentanten der Weimarer Republik, zollten Talât nach dessen Ermordung Respekt oder identifizierten sich offen mit ihm und sympathisierten gleichzeitig mit der nationalen Gegenregierung in Ankara. Diese erschien beneidenswert, weil sie durch bewaffneten Kampf spektakuläre Erfolge erzielte im Bemühen, die Pariser Ordnung (Vertrag von Sèvres) und insbesondere deren Schuldzuweisungen betreffend Kriegsverbrechen und in der Kriegsschuldfrage zurückzuweisen. Gustav Stresemann, Führer der nationalliberalen Deutschen Volkspartei und später ein international hoch angesehener Aussenminister, schlug im April 1921 der Deutsch-Türkischen Vereinigung vor, zu Ehren des früheren Grosswesirs eine öffentliche Erinnerungsfeier durchzuführen. Er muss davon ausgegangen sein, dass sich durch eine derartige Veranstaltung Sympathien in der Bevölkerung wie auch vonseiten Ankaras gewinnen liessen.[186] Obwohl er in recht breiten Kreisen Sympathien und Respekt genoss, erwies sich Talât als spaltendes Element, ja Prüfstein in der politischen Polarisierung der Weimarer Republik. Dies trat beim Prozess gegen den Attentäter Tehlerian im Juni 1921 zutage. Erst jetzt wurde einer grösseren Öffentlichkeit richtig bewusst, dass zusammen mit dem Mord am Grosswesir auch Völkermord zur Diskussion stand – ein Aspekt, dessen Bedeutung Journalisten und Juristen nunmehr ausführlich unterstrichen.

Das Landgericht Berlin-Moabit weitete den ihm zustehenden rechtlichen Spielraum bis an die Grenzen aus, um der Perspektive des Attentäters gerecht zu werden und ihn freizusprechen. Das Verbrechen gegen die Menschlichkeit von 1915, dem Deutschland nicht Einhalt zu bieten wusste und vor dem es jahrelang die Augen verschlossen hatte, stand primär vor Gericht. Armenierfreundliche Kreise sowie Menschen, denen eine – zukünftige – universale Justiz bei solchen Verbrechen ein Anliegen war, zeigten sich hocherfreut darüber, «dass es noch ein anderes Deutschland gibt als das der wahllosen und skrupellosen Türkenfreundschaft» (Ewald Stier). Andere wie Armin T. Wegener, Heinrich Vierbücher und die linke Zeitung *Vorwärts* ehrten Tehlerian als heldenhaften armenischen Wilhelm Tell. Nachdenklich und voraus-

---

185 *Joghovourti Tsayn*, zitiert in *İleri*, Nr. 1128, 19. März 1921, 1. Vgl. Kieser, Türklüğe İhtida, 78.
186 Mangold-Will, Begrenzte Freundschaft, 166. Bei seiner Türkeireise hatte sich derselbe Stresemann am 26. Januar 1916 in seinem Tagebuch nach einem Gespräch mit Enver notiert, dass eine «Armenier-Verminderung 1–1,5 Millionen [Menschen]» stattgefunden habe und die türkische Regierung von ihnen «800 000 bis 1 000 000 [türkische Pfund] Vermögen» beschlagnahmt habe. Stresemann notierte zugleich das deutsche Mantra «Wir brauchen Türkei». Wolfgang G. Schwanitz: «Immer guter Laune. Gutmann und die Deutsche Orientbank», in: Vivian J. Rheinheimer (Hg.): *Herbert M. Gutmann. Bankier in Berlin, Bauherr in Potsdam, Kunstsammler*, Leipzig: Koehler & Amelang, 2007, 61–77.

schauend kam Emil Ludwig mit Blick auf Europa zum Schluss, der Richtspruch sei «das grosse Gleichnis der Zukunft: dass Völker zu unterdrücken von dem erwachten Europa Niemand mehr zusteht. Wer es tut, und sei's aus höchster Vaterlandsliebe, die jener des zu unterdrückenden Volkes in nichts nachstehen mag, der stellt sich ausser den Gesetzen und muss gewärtigen, dass sich die Anarchie des Völkerlebens in einen einzigen Schuss verdichtet – und nicht einmal sein Mord die Sühne findet! Erst wenn es anders wird, wenn sich ein Bund von Völkern zum Wächter internationaler Ordnung macht, wird kein mordender Armenier mehr straflos bleiben, weil kein türkischer Pascha mit einem Federstrich ein Volk in die Wüste schicken darf.»[187]

Genugtuung über Talâts Ermordung war ein schlechter Ersatz für Gerechtigkeit im Sinne Ludwigs und der späteren UNO-Genozidkonvention. Allerdings waren Talât und weitere Angeklagte von den Richtern in Istanbul in Abwesenheit wegen Massenmord zum Tod verurteilt worden.[188] Das Urteil war damals rechtsgültig, die Gegenregierung in Ankara kassierte es erst später. Die Tötung Talâts war jedoch deshalb ein schlechter Ersatz, weil sie zwar spektakulär für Rache sorgte, aber nicht zu anerkannter Gerechtigkeit und zur Heilung der kranken kollektiven Beziehung zwischen der Türkei und ihren armenischen Opfern beitragen konnte. Viele Täter aus Talâts Türkei hatten sich nach Ankara abgesetzt und prägten die Republik Türkei auf Jahrzehnte. Viele Überlebende blieben auf Rache fixiert, während die Täter und ihr Staat in trotziger Leugnung und Selbstgerechtigkeit versteinert blieben – unfähig und unwillig, Schritte nach vorn und Akte der Wiedergutmachung zu unternehmen.

Das Berliner Gericht holte das Bestmögliche in der gegebenen Situation heraus und wirkte als Weckruf für das internationale Rechtsdenken. Dennoch war sein Vorgehen ambivalent. Es konnte und wollte die Organisation hinter Tehlerians Tat und deren Motive nicht erhellen. Es sah sich genötigt, auf eine psychiatrische Argumentation auszuweichen, um den Attentäter als traumatisch gestört vor einer Verurteilung zu bewahren. Tehlerian hatte dem Gericht eine zwar generell, aber nur teilweise auf ihn persönlich zutreffende Geschichte erzählt, die das traumatisierende Grauen des Völkermords in seiner Heimatregion Erzincan veranschaulichte. Von Dutzenden von Familienangehörigen war jedoch tatsächlich er der einzige Überlebende. Das eigentliche juristische Manko indessen war, dass es keine internationale Rechtsnorm für eine universale Ahndung von Verbrechen gegen die Menschlichkeit gab, die das Attentat erübrigt hätte, weil Talât sonst in Deutschland frühzeitig vor Gericht gestellt worden wäre. Das Fehlen internationaler Strafverfolgung auch in gravierendsten Fällen stach zwei jungen Rechtsstudenten ins Auge, die dem Prozess in Berlin mit Aufmerksam-

---

187 Emil Ludwig: «Ein weltgeschichtliches Urteil», in: *Die Weltbühne* 27, 7. Juli 1921, 65; Vierbücher, zitiert in Schaller, Rezeption des Völkermords, 532; *Vorwärts*, zitiert in Ihrig, Justifying Genocide, 267; Stier, zitiert in Meissner, Martin Rade, 266. Zum Prozess selber siehe Schaller, Rezeption des Völkermords, 531–538; Meissner, Martin Rade, 264–266; Ihrig, Justifying Genocide, 234–269; *Der Prozess Talaat Pascha. Stenographischer Prozessbericht*, Vorwort von Armin T. Wegener, Berlin: Deutsche Verlagsgesellschaft für Politik und Geschichte, 1921; Rolf Hosfeld: «Ein Völkermordprozess wider Willen», in: Hosfeld, Johannes Lepsius, 248–257.
188 Vgl. Dadrian/Akçam, Judgment at Istanbul, 101–107; Giovanni Bonello: «The ‹Malta Trials› and the Turkish-Armenian Question», in: ders. (Hg.): *Histories of Malta*, Bd. 9: *Confessions and Transgressions*, Malta: Fondazzjoni Patrimonju Malti, 2000, 180–228.

keit folgten: Raphael Lemkin, der spätere Vorreiter der UN-Genozidkonvention, und Robert M. Kempner, der Ankläger bei den Nürnberger Prozessen. Wie schon erwähnt, wandte Kemal sich im Brief an Talât gegen die Strafverfolgung von Kriegsverbrechen; mittels Geiselnahme erzwang seine Regierung im Frühjahr 1921 die Freilassung von Verdächtigen. Lemkin war schockiert über dieses Justizversagen.[189]

Als andere Agenten der Operation Nemesis am 17. April 1922 in Berlin Bahaeddin Şakir und Cemal Azmi töteten, gab es in der deutschen Presse deutlich weniger antiarmenische Reaktionen als im Jahr zuvor, wie Ewald Stier feststellte und deshalb glaubte: «La vérité est en marche» (die Wahrheit ist auf dem Vormarsch) und «Der Traum Berlin-Bagdad ist ausgeträumt».[190] Diese Einschätzung erwies sich indes als falsch, denn nicht nur geisterten Vorstellungen aus den 1910er-Jahren weiterhin in den Köpfen herum – so bei Franz von Papen, deutscher Offizier in Talâts Türkei, später Reichskanzler und schliesslich Hitlers Botschafter in Ankara –, sondern die türkische Nationalbewegung wurde nach 1918 wegen ihrer militärischen und diplomatischen Erfolge für viele Deutsche zu einem stark positiven politischen Vorbild. Die ultranationalistische «neue Türkei», die daraus hervorging, diente ihnen als eine Vorlage für das nationalistische «neue Deutschland», nach dem viele riefen und das 1933 an die Macht kam.

War in Teilen der Gesellschaft «die Wahrheit auf dem Vormarsch», so fiel in anderen Teilen die Verurteilung der völkermörderischen Taten von Talât, Şakir und Azmi nicht nur milde aus, sondern sie wurden als zwar brutal, aber notwendig dargestellt. «Sieht man von der menschlichen Seite ab, so war die Ausstossung der Armenier aus ihrem Staatskörper für die neue Türkei», so schrieb in den 1920er-Jahren der Atatürk-Biograf Dagobert von Mikusch, «eine kaum minder zwingende Notwendigkeit als [...] die Ausrottung der Indianer für den neuen Staat der Weissen in Amerika». Der Jurist Carl Schmitt ging 1926 so weit, Kemals Türkei «mit ihrer radikalen Aussiedlung der Griechen und ihrer rücksichtslosen Türkisierung des Landes» zu den «moderne[n] Demokratien zu rechnen» und im gleichen Atemzug die «Ausscheidung oder Vernichtung des Heterogenen» positiv zu konnotieren.[191]

Das waren Hinweise auf eine politische Kultur in der Gefahr, zur leichten Beute eines exterminatorischen Ultranationalismus zu werden, indem sie sich politischer Muster aus Talâts und Kemals Türkei bediente. Für den Hitlerputsch von 1923 darf, wie Stefan Ihrig geltend gemacht hat, der Türkeibezug nicht verdrängt bleiben und damit die zum Teil aussereuropäischen Wurzeln des kontinentaleuropäischen Faschismus. Ihrig hat in seiner Analyse der deutschen Presselandschaft der 1920er-Jahre aufgezeigt, dass Hitlers damaliger Versuch der Machtergreifung im Gegensatz zu geläufigen Meinungen viel stärker von Mustafa Kemal und den Ereignissen in Anatolien inspiriert war als vom Beispiel Mussolinis und von seinem «Marsch auf Rom».[192] Rechtsgerichtete Blätter wie die *Kreuzzeitung* profilierten sich mit Stereotypen, in-

---

189 Lemkin, Totally Unofficial, 20; Schaller, Rezeption des Völkermords, 537 f.
190 Zitiert in Meissner, Martin Rade, 266 f.
191 Dagobert von Mikusch: *Gasi Mustafa Kemal. Zwischen Europa und Asien*, Leipzig: Paul List, 1929, 83; Carl Schmitt: *Die geistesgeschichtliche Lage des heutigen Parlamentarismus*, Berlin: Dunker und Humblot, 1926, 14.
192 Ihrig, Atatürk in the Nazi Imagination, 68.

dem sie angebliche jüdische und armenische Wesenseigenschaften gleichsetzten und als schädlich darstellten. Rechtsextreme Zeitungen wie die *Deutsche Allgemeine Zeitung* hämmerten ihren Lesern die türkische Dolchstosslegende vom Verrat der Armenier ein, welche dem deutsch-türkischen Bündnis bei seinen Kriegsanstrengungen in den Rücken gefallen seien. Berliner Exilorganisationen in der Nachfolge des CUP veröffentlichten nur minimal angepasstes antibritisches und antiarmenisches Propagandamaterial aus dem Weltkrieg. Zu den Vertretern dieser Organisationen gehörten der ägyptische Arzt Mansur Rifat und Schekib Arslan, ein Mitarbeiter des deutschen Geheimdienstes während des Weltkriegs.[193]

Alfred Rosenberg war einer der wichtigsten Ideologen des Nationalsozialismus. Als Hitler nach dem gescheiterten Putsch von 1923 ins Gefängnis kam, diente er als dessen Stellvertreter und als Leiter der Nationalsozialistischen Deutschen Arbeiterpartei (NSDAP). In seinem Artikel «Mörder und Mörderschutz» identifizierte er sich vorbehaltlos mit Talât und schrieb gleichsam ganze Passagen aus Broschüren von dessen Propaganda ab. Was er den vorgegebenen antiarmenischen Aussagen beifügte, waren antisemitische Wendungen. Aus seiner Sicht hatte die «Judenpresse» den Freispruch von Tehlerian begrüsst und Talât als blutrünstiges Tier dargestellt. «Jüdische Politik» habe immer wieder die Armenier, welche England zur Zerstörung des Osmanischen Reichs benutzte, zum Nachteil der Türken begünstigt. Mansur Rifat, auf den Rosenberg im folgenden Zitat verweist, war ein Mitarbeiter in Talâts Berliner Kreis. «Auch während des Weltkriegs haben die Armenier die Spionage gegen die Türken geleitet, ähnlich wie die Juden gegen Deutschland. Das zwang den treuen Verbündeten des Deutschen Reichs, Talât Pascha, zu scharfen Ereignissen [!], wobei denn auch einige Härten nicht zu umgehen waren. (Man lese Näheres nach bei Dr. Mansur Rifat: ‹Das Geheimnis der Ermordung Talaat Paschas›.) Nach dem Zusammenbruch von 1918 wohnte nun Talât Pascha in der Hauptstadt des Landes, zu dem er treu gehalten hatte, und wurde hier ermordet. Die Gross-Presse dieses Landes beschimpfte ihn noch nach seinem Tode, stellte sich schützend vor seinen Mörder und forderte dessen Freispruch. Und tatsächlich, das Berliner Gericht sprach den Armenier Teilirian frei. Die Judenpresse aller Farben jubelte und bezeichnete den Freispruch als das ‹einzig mögliche Urteil›.»[194]

So bleibt festzuhalten, dass die Identifikation mit Talât Pascha und dessen Sicht der 1910er-Jahre den deutschen Nationalsozialismus von Anfang an kennzeichnete. Diese Identifikation ging mit einer prägnanten sowohl juden- als auch armenierfeindlichen Einstellung einher.

---

193 Rifat kombinierte seinen antibritischen ägyptischen Nationalismus mit einem intoleranten panislamischen Diskurs. Mansur Rifat: *Das Geheimnis der Ermordung Talaat Paschas. Ein Schlüssel für das englische Propagandasystem*, Berlin: Morgen- und Abendland-Verlag, 1921; Mansur Rifat: *Talaat Paschas Prozess – sein Verlauf und sein Ende. Ein letztes Wort zur armenischen Frage*, Berlin: Morgen- und Abendland-Verlag, 1921; Mansur Rifat: *Die Ahmadia-Sekte*, Berlin: Morgen- und Abendland-Verlag, 1923. Vgl. Meissner, Martin Rade, 120; Schaller, Rezeption des Völkermords, 536; Mangold-Will, Begrenzte Freundschaft, 73.

194 Alfred Rosenberg: «Mörder und Mörderschutz», in: *Der Weltkampf*, Juli 1926; Nachdruck in ders.: *Kampf um die Macht. Aufsätze von 1921–1932*, München: Zentralverlag der NSDAP, 1938, 435 f.

45 Talâts langer dunkler Schatten

Trotz der Dramatik und Turbulenzen nach Talâts Flucht aus Istanbul und während des türkischen Unabhängigkeitskriegs vollzog sich der Machtwechsel Talâts zu Kemals Türkei, vom CUP in Istanbul zur neuen Hauptstadt Ankara vergleichsweise zielstrebig und nahtlos. Kemal Pascha war zwar beruflich Armeeoffizier, aber beerbte aus guten Gründen an erster Stelle Talât, nicht die Armeeoffiziere Enver Pascha oder Cemal Pascha, die an der Seite Talâts, aber nicht gleichwertig mit ihm dem CUP-Parteistaat vorgestanden hatten. Talât, der Zivilist an der Spitze der Partei und des Staates, hatte es schon im politischen Untergrund vor 1908 verstanden, auch mit Armeeoffizieren gute Beziehungen zu unterhalten und sich als charmanter, aber kühner, hart durchgreifender Komitadschi und Modellpatriot Respekt zu verschaffen.

Obwohl er bis zu seinem Besuch in Berlin im September 1918 seiner strategischen Überzeugung vom Zusammengehen der imperialen Türkei mit einem siegreichen Deutschland verhaftet blieb, begriff Talât danach rascher als seine Komiteefreunde den tiefgreifenden politischen Wandel. Er war imstande, neue Prioritäten zu setzen, aber nach Massgabe bisheriger Prinzipien. Daher konnte der ehemalige Grosswesir sich vom Exil aus frühzeitig dem ihm bekannten CUP-General Mustafa Kemal Pascha und dessen Führung im Kampf um Kleinasien zu- und unterordnen. Er hoffte auf Rückkehr in die Heimat, ob mit oder ohne grossen politischen Ambitionen sei dahingestellt. Die Zurückweisung durch Ankara mit einem Verbot der Rückkehr, was unterschwellig drohte, deprimierte ihn und war das Mittel Ankaras, ihn in die Schranken zu weisen. Doch das war kaum je nötig. Er identifizierte sich nach seinem Debakel an der Spitze des Reichs und seinem Gang ins Exil weiterhin mit seiner Sache – nämlich der Türkei nationale Zukunft zu verschaffen, zumindest noch in Anatolien. Dieses Buch hat von Talâts «Ehe» mit der Politik gesprochen (Kapitel 1). Es ist diesem Faktum sowie dem Mangel an Zugang zu privaten Quellen geschuldet, dass seine Frau und das kinderlose Eheleben der beiden in dieser politischen Biografie nur am Rande auftauchen. Zweifellos könnte eine Studie über Hayriye Bafralı, seine Gattin, die ihm ins Exil folgte, zusätzliche Erkenntnisse befördern.

Zwar deprimierte ihn die Ungewissheit einer Rückkehr in die Heimat, und das Manuskript seiner Memoiren liess ihn unbefriedigt. Er war nicht imstande, mit sich und den Seinen ins Reine zu kommen. Aber er konnte sicher sein, dass sein politisches Vermächtnis die nachosmanische Türkei grundlegend prägen würde. Denn Kemal Pascha identifizierte sich mit Talâts Kernanliegen, dem uneingeschränkt türkischen Nationalheim, dem Türk Yurdu, in Kleinasien. Das schloss die uneingeschränkte Zustimmung zum Resultat des Völkermords und der systematischen Vertreibungen der übrigen osmanischen Christen mit ein. Kemal und Talât teilten ein gökalpsches Verständnis der türkischen Nation, das als ultranationalistisch zu bezeichnen ist. Junge Funktionäre aus Talâts Team wechselten früh nach Ankara, wo sie hohe Ämter übernahmen. Viele hatten Blut an den Händen, namentlich Şükrü Kaya, Celâl Bayar sowie die Gouverneure Tahsin Uzer, Abdülhalik Renda und Atıf Bey Bayındır. Auch Talâts treu ergebene Helfer, Journalisten oder Studenten wie Muhittin (Birgen), Falih Rıfkı (Atay), Necmettin Sadık (Sadak), Yunus Nadi (Abalıoğlu), Ahmed Emin (Yalman) und Reşit Saffet (Atabinen) starteten ihre Karrieren in Ankara beziehungsweise lancierten sie hier neu.

Neben diesen Mitarbeitern von Talât ist eine weitere Reihe von sehr jungen Mitgliedern des CUP und/oder türkistischer Clubs (der Vereine *Türk Yurdu* und *Türk Ocağı*), die dem CUP loyal nahestanden, zu erwähnen. Einige von ihnen schafften es unter Kemal Minister zu werden, so Şükrü Saraçoğlu, Mahmut Esat Bozkurt und Cemal Hüsnü Taray. Ein anderes typisches Beispiel für Kontinuität von Talâts zu Kemals Türkei war Gökalps Cousin Feyzi Pirinççizâde, CUP-Abgeordneter für Diyarbekir, der in den 1920er-Jahren zweimal Minister war. Er steht stellvertretend für die regionale Macht einer ganzen Pirinççizâde-Dynastie, die ihre Zukunft mit dem CUP und dessen Politik gegen die Armenier verknüpft hatte. Sie genoss noch über das kemalistische Einparteiregime hinaus Einfluss, das heisst bis in die zweite Hälfte des 20. Jahrhunderts. Ähnlich liegen die Umstände beim CUP-Abgeordneten für Anteb, Ali Cenani, einem Anführer der örtlichen Armenierverfolgung 1915, Parlamentsabgeordneter und Minister in den 1920er-Jahren.[195] Alle diese hier erwähnten Männer trugen nach Talâts Flucht ins Berliner Exil zu einem zielgerichteten Übergang der Macht von Istanbul nach Ankara bei. Damit setzten sie in hohem Mass die politischen Muster und Praktiken, Überzeugungen und Prinzipien im ganzen Land fort. Es sei keineswegs ausgeblendet, dass sich auch neue republikanische Ideale Bahn brachen und dass diese bedeutende Auswirkungen zeitigten. Aber diese Art von republikanischem Idealismus fand sich vor allem bei Beamten in den zweiten und dritten Rängen sowie jenen, die in den Bereichen Erziehung und Kultur tätig waren und zu neuen Bildungseliten beitrugen. Der Aufbau der Republik ruhte dennoch auf dem von Talât gelegten Fundament und einem von Gökalp inspirierten Nationalismus.

Der letzte Punkt mag der wichtigste sein: Trotz des strukturellen Wandels in den 1920er-Jahren blieben grundlegende Konzepte die gleichen – unabhängig von der kemalistischen Anstrengung, Politik und Nationalismus vom Islam abzulösen, der für den Türkismus bis 1923 zentral war. Ein Vers aus einem Gedicht von Mehmed Emin bringt die in den 1910er-Jahren gelegten Grundlagen knapp und klar auf den Punkt: «Ich bin Türke / Grossartig meine Religion und meine Rasse.» Der Türkismus der 1910er-Jahre verherrlichte die türkisch-islamische Nation; Nationalismus, Politik und islamische Religion verschmolzen darin. Er machte das «Allahu akbar» zum Schlachtruf der Türken (*Türk'ün tekbiri*, *millî tekbir*) und sah keinen Widerspruch darin, sich zugleich vollumfänglich europäische Zivilisation, aber nicht Kultur und Religion aneignen zu wollen.[196] Für Gökalp gründete Nation auf gemeinsamer Religion, Kultur und Rasse, worin für ihn Identität vorgegeben war; und eine moderne Nation musste homogen sein. Er verwarf die Vorstellung eines Gesellschaftsvertrags und damit das Konzept einer in gesellschaftlicher Auseinandersetzung erstrittenen und ausgehandelten, religiös und sprachlich heterogenen Verfassungsnation. Gökalps

---

195 Siehe Kurt, Destruction; Üngör, Making of Modern Turkey. Diese bedeutende Untersuchung konzentriert sich auf Diyarbekir im Verlauf des 20. Jahrhunderts.
196 Mehmed Emin (Yurdakul), 1869–1944, nationalistischer Dichter und spiritueller Bruder Gökalps, zitiert in Hanioğlu, Atatürk, 66; Ziya Gökalp: «Türkün tekbiri», 9. August 1914, zitiert in Köroğlu, «Propaganda or Culture War», 147; Rauf Yekta: «Millî tekbir hakkında», in: Yeni Mecmua. Çanakkale özel sayısı, 175 f.

Nation löste die imperiale sunnitische «herrschende Nation» (*millet-i hâkime*) aus ihrem osmanischen Vielvölkerzusammenhang heraus und machte sie zur praktisch alleinigen Nation eines territorialen Einheitsstaats. Türkischsprachige Muslime, die politisch dominante Gruppe im Osmanischen Reich, konnten so ihre privilegierte Stellung gleichsam in die Republik hinüberretten, mussten sich aber zum Türkentum «bekehren». Als ein früher Kemalist schrieb: «Ich bin nicht mehr der Diener eines Prinzen, eines Sultans oder eines Herrn / Ich bin der Sohn einer Nation, die [nur] vor sich selbst niederkniet», drückte er die Begeisterung eines Konvertiten aus, der sich vom Reich abwandte und sich zum einheitsstaatlichen Türkentum in ganz Anatolien bekehrte.[197] Auch Talâts Politik war primär diesem (islamischen) Türkentum (Türklük) verpflichtet gewesen, obgleich sie noch imperiale Ziele verfolgte.

Der Geist von Talâts engem Freund und geistigem Mentor Gökalp durchdrang den Kemalismus und das nationalistische Denken von Mustafa Kemal, dem Gökalp in den letzten Jahres seines Lebens ergeben zuarbeitete (er starb 1924). Fast in jedem westlichen Geschichtsbuch kann man lesen, Atatürk habe sich als gemässigter Republikaner vom osmanischen Reichsdenken und vom expansionistischen Turanismus losgesagt. Dennoch fand auch Pantürkismus Eingang in den Kemalismus, und zwar in dessen ethnozentrischer Geschichtsthese und Sprachtheorie der 1930er-Jahre, die das Türkentum zum Ursprung der menschlichen Sprache und Zivilisation schlechthin machten. In seinen letzten Jahren (er starb 1938) versuchte Atatürk den Islam nicht nur aus dem Nationalismus und öffentlichen Leben zu verdrängen, sondern diesen Pfeiler von Gökalps Ideologie ganz herauszubrechen und die Türkei ideologisch ausschliesslich auf Türkismus und westlicher Zivilisation aufzubauen. Doch die Geschichtsthese und Sprachtheorie waren viel zu spekulativ und versponnen. Sie vermochten weder die breitere Bevölkerung anzusprechen noch die wissenschaftliche Grundlage für einen kemalistischen Nationalismus jenseits des Islams zu liefern. Ihre hohe Zeit in den 1930er-Jahren ging bezeichnenderweise mit dem exterminatorischen militärischen Feldzug der Regierung von Ankara gegen kurdische Aleviten in der gebirgigen Region von Dersim einher. Dersim hatte sich im ersten Jahrzehnt der Republik noch etwas Autonomie bewahren können, nachdem es 1915 den einzigen kollektiven Zufluchtsort für Armenier in Kleinasien gebildet hatte. Der Feldzug von 1937/38 ging mit der gezielten Tötung von (vermutlich weit) über zehntausend Zivilisten einher.[198]

Vor diesem Hintergrund konnte der Kemalismus den Verdrängungskampf gegen den politischen Islam, den seiner Geburt eingeschriebenen Mitstreiter und Konkurrenten, langfristig nicht gewinnen. Denn Kemal Atatürks politischer Weg und sein politisches Denken bauten auf Gökalps Konzept einer autoritär geführten türkisch-muslimischen Nation auf. Atatürk identifizierte sich mit dem mit diesem Konzept verquickten, 1913 einsetzenden nationalen Narrativ, das für ihn und den Kemalismus im nationalen «Heilsgeschehen» 1919–1923 kulminierte. In dieser heissen Phase des

---

197 Abdurrahman Hâmid: «Mefkûre», in: *Türk Yurdu* 15 (Februar 1925), transkribierte Ausgabe Ankara: Tutibay, 1999, Bd. 8, 198. Das Gedicht wurde am 27. Dezember 1922 in Ankara geschrieben.
198 Hans-Lukas Kieser: «Türkische Nationalrevolution, anthropologisch gekrönt: Kemal Atatürk und Eugène Pittard», in: *Historische Anthropologie* 1 (2006), 105–118; Hans-Lukas Kieser: «Dersim Massacre, 1937–1938», in: *Online Encyclopedia of Mass Violence*, 2011, www.sciencespo.fr/mass-violence-war-massacre-resistance/en/document/dersim-massacre-1937-1938.

türkischen Unabhängigkeitskriegs, dem auch Talât und Gökalp zuarbeiteten, pochte Kemal auf brüderlich-muslimische Verbundenheit und damit das fortgesetzte Zweckbündnis mit Regionalherren, namentlich Kurden, in der Tradition des CUP. Der Führer der Nationalbewegung trug damals den Titel *gazi*, weil ihn das Parlament in Ankara im Sommer 1921 feierlich zum *gazi*, zum erfolgreichen Krieger im Namen des Islams ernannte hatte, zumal er sich exklusiv für muslimische Rechte in Kleinasien einsetzte und christenfeindliche Reden hielt.[199] Der Menge damals «Elhamdülillah, wir sind alle Muslime, wir alle sind Gläubige» zuzurufen, war er sich nicht zu schade, denn er punktete politisch damit, sich von den osmanischen Christen, vor allem den Armeniern abzusetzen und diesen alle Rechte in Anatolien abzusprechen.[200] Verlässliche Statistiken dazu gibt es nicht, aber wir können davon ausgehen, dass das CUP sich auf eine grosse und überwältigende *Minderheit*, die es in autoritären Strukturen organisiert hatte, stützte und so seit 1913 die Politik und das gesellschaftliche Leben an dissidenten oder abgewandten Muslimen sowie fast allen Nichtmuslimen vorbei diktierte und dass Kemal diese Konstellation fortsetzte wie auch vollendete. Zwang und Enteignungen charakterisierten ebenfalls den in Kemals Türkei fortgesetzten Aufbau einer möglichst ausschliesslich türkisch-muslimischen Volkswirtschaft. Talâts Intimus Muhittin Birgen schrieb in den 1930er-Jahren das Offensichtliche: «Die Mitglieder des CUP haben den Helden der neuen Nationalbewegung [Kemal] daher nie für abwegig gehalten. Mit nationalem Geist und nationaler Disziplin, die sie sich in den zwölf vorangehenden Jahren [seit 1908] angeeignet hatten, scharten sie sich alle um ihn.» Birgen selbst wurde unter Atatürk Abgeordneter und Vorsteher des Generaldirektoriums für Presse und Information. Dieser Jünger Gökalps in den 1910er-Jahren betonte ebenfalls die ideologische Kontinuität: «Alle CUP-Mitglieder, die während des Kriegs gelernt hatten, sich mit Ziya Gökalps Ideen zu identifizieren, die das CUP verbreitete, scharten sich logischerweise ohne Weiteres um Mustafa Kemal Pascha im Bemühen, diese neuen und wirksamen Grundsätze weiter zu verteidigen.»[201]

In seiner bekannten Rede (*Nutuk*) von 1927 legte Präsident Mustafa Kemal den Grundstein für ein personenzentriertes «Selbstnarrativ» beziehungsweise eine «Egogeschichte» türkisch-nationalen Heils.[202] Man kann die *Nutuk* als die stolz affirmative Ergänzung zu Talâts acht Jahre zuvor verfassten, aber nie veröffentlichten Memoiren verstehen, die sehr defensiv gehalten sind. Die *Nutuk* bildet zu ihnen insofern ein Gegenstück, als die Memoiren zwar ein noch immer kämpferisches, aber klar versehrtes und angefochtenes Ego nach der Weltkriegsniederlage widerspiegeln. Talât betonte gleich wie Kemal, er habe selbstlos der Erneuerung und Selbstbehauptung der türkischen Nation gedient. Kemals Egoerzählung nimmt ihren Anfang im Mai 1919, als er begann, die Aufstandsbewegung in Anatolien gegen die Nachkriegsregierung in Istanbul zu koordinieren, welche Forderungen der Westmächte, darunter die Strafverfolgung von Kriegsverbrechen, nachgekommen war. Die grundlegende

---

199 Gingeras, Fall of the Sultanate, 287–289.
200 Atatürk, Atatürk'ün Söylev ve Demeçleri, Bd. 2, 130–132.
201 Birgen, İttihat ve Terakki'de on sene, 697 f.
202 Kemal Atatürk, *Nutuk: 1919–1927*, Ankara: Atatürk Kültür, Dil ve Tarih Kurumu, 1989. Vgl. Adak, National Myths.

Rolle des CUP und Talâts für die Aufstandsbewegung bleibt in Kemals Erzählung völlig ausgeblendet. Bezeichnenderweise nimmt sie aber Talât auch von jeglicher Kritik aus, während sie gegenüber anderen CUP-Führern mit Vorwürfen nicht spart. Erst als seine Stellung unantastbar geworden war und von CUP-Topkadern keine Konkurrenz mehr drohte, war Atatürk bereit, so Jäckh, «offen zuzugeben, dass sein Erfolg in beachtlichem Ausmass ‹auf Talâts Schultern ruhte›».[203]

Die kemalistische Geschichtsschreibung gehorchte Atatürks Vorgaben aus den 1920er-Jahren, aber bewegte sich innerhalb bereits vom CUP vorgegebener narrativer Strukturen nationaler Heilsgeschichte. Die westliche Turkologie ebenso wie die Area-Studies nach 1945 folgten grossmehrheitlich diesen Leitplanken, ohne die Bereitschaft und Fähigkeit, diese wirkungsvoll zu hinterfragen. Daher blieb die einschlägige Geschichtsschreibung über Jahrzehnte hinweg in einem heroisch-genialischen Bild von Atatürk gefangen, wie zahlreiche Atatürk-Biografien bis ins späte 20. Jahrhundert hinein beweisen. Weit über die indoktrinierte Vermittlung in der Türkei selbst hinaus galt Atatürk als einzigartiger Staatsmann und Modernisierer, dank dem die Türkei nach dem Ersten Weltkrieg zur von allen anderen Ländern der Region abgehobenen «Erfolgsgeschichte des Nahen Ostens» geworden sei.[204] Diese Art von Geschichts- und Politikwissenschaft liess sich von Kemals Egonarrativ zu sehr beeindrucken und ignorierte gleichzeitig den ersten und ebenso entscheidenden Teil der Gründung des türkischen Nationalstaats in Anatolien unter Talât. Damit übersah sie dessen ebenso bahnbrechendes wie überaus ambivalentes politisches Erbe.[205] Der facettenreiche Übergang von Talât zu Kemal blieb in der Folge unterbelichtet, während der Bruch mit der spätosmanischen Türkei überbetont und Gökalps Rolle als Chefideologe des CUP *und* bleibender Vater des türkischen Nationalismus nie kritisch und umfassend erforscht wurde.

Der säkulare Kemalismus schaffte Anfang 1924 das Kalifat ab. Aber innerhalb von drei Generationen verlor er seinen Kampf gegen den politischen Islam, weil er im Krieg um Kleinasien auf diesen gesetzt hatte, so wie es auch das CUP bei allen seinen Kriegen getan hatte. Zudem endete sein Versuch einer radikal ethnozentrischen Begründung des Staats durch die Geschichtsthese der 1930er-Jahre, die den Islam ignorierte, binnen Kurzem in einer ideologischen Sackgasse. Das Prinzip des Populismus (*halkçılık*), das der Kemalismus für sich beanspruchte, war kein Ersatz für Demokratie, für die Kultur friedlicher Auseinandersetzung und den fairen Ausgleich der Rechte aller Beteiligten, nämlich aller in Anatolien einheimischen Bevölkerungsgruppen. Es mag beunruhigen, kann aber vor diesem Hintergrund nicht überraschen, dass Erdogans Türkei der 2010er-Jahre, die in mancher Hinsicht auf diejenige vor Atatürk zurückgreift, sich nicht glaubwürdig vom militanten Dschihadismus distanzieren kann und will. Das betrifft insbesondere jene einst osmanischen Gebiete in Syrien, wo 1915/16 die zweite Phase des Armeniergenozids stattfand und hundert Jahre

---

203 Jäckh, Rising Crescent, 90.
204 Zara Steiner: *The Lights that Failed. European International History 1919–1933*, Oxford: Oxford University Press, 2007, 123–125.
205 Für in jüngerer Zeit erschienene kritische Literatur siehe die Anmerkungen im Vorwort und in Kapitel 1, einschliesslich Zürcher, Unionist Factor.

später der türkische Militärapparat nicht gegen den Terror des «Islamischen Staats», sondern gegen dessen effizienteste Gegner, die mit assyrischen Christen und Jesiden verbündeten Kurden der Region, in Bewegung gesetzt wurde.

Freilich glaubte Talâts Nachfolger Atatürk, dass sich eine existenzfähige Türkei vom früheren Regime und seinen eklatanten Exzessen abgrenzen musste, wenn sie Zukunft haben wollte. Im Begehren nach einem radikalen Aufbruch ergriffen die Kemalisten daher Massnahmen, die sie als «Revolution» bezeichneten und die die vorangehenden Jahre und Jahrzehnte mit all ihren Problem und Abgründen hinter sich und vergessen lassen sollten. Zum Dunkel naher Vergangenheit gehörten der politische Islam und die Realitäten eines Dschihad, der in den Provinzen ein Faktor des Völkermords war. Gleichsam überstürzt suchte der kemalistische Parteistaat eine zivilisatorische «Überverwestlichung» zu verwirklichen, die unter anderem fertige Gesetzbücher aus europäischen Ländern übernahm. Das bedeutendste davon war das Schweizerische Zivilgesetzbuch (ZGB), das Kernstück der «Revolution des Rechts» (Hukuk Devrimi) von 1926 und das inhaltliche Rückgrat des kemalistischen «Säkularismus». Denn das ZGB schaffte die Scharia vollständig ab. Diese Einführung «veränderte den Verlauf tausendjähriger Geschichte, im Geschick der türkischen Nation begann ein strahlender Morgen, ein neues Zeitalter», schrieb der für den Transfer zuständige Justizminister mit revolutionärem Selbstbewusstsein. Abgesehen vom einschneidenden neuen Zivilrecht, bedeutete «Säkularismus» indes an erster Stelle die staatliche Kontrolle der Religionen, nicht ihre freie Entfaltung in einem Gemeinwesen, das Religion und Staat trennt. 2002 kam es erstmals zu einer eigenständigen türkischen Kodifikation des Schweizer ZGB, dem über die Jahrzehnte alle zwischenzeitlichen schweizerischen zivilrechtlichen Reformen integriert worden waren. Diese eigenständig formulierte, inhaltlich aber weiterhin eng verwandte Rechtsfassung ist immer noch in Kraft, aber die Islamisierung des türkischen Gemeinwesens seit den 2010er-Jahren stellt deren Wortlaut und Geist infrage.[206]

Auch die kemalistische Revolution des Rechts setzte indes eine von Gökalp inspirierte Reform Talâts von 1917 in radikaler Weise fort (siehe Kapitel 37). Das damalige Reformpaket stärkte den Staat auf Kosten der religiösen Administration des Scheichülislam, während die Kemalisten auf Vereinbarungen der Konferenz von Lausanne reagierten. Sie nutzten die prompte Rechtsreform, um weitere europäische Einmischung via Rechtsexperten auszuschalten sowie den verbliebenen Resten nichtmuslimischer Minderheiten den zivilrechtlichen Spielraum, den ihnen der Vertrag von Lausanne noch gewährt hatte, abzuerkennen. Talâts Reformpaket von 1917 hatte den Scheichülislam aus dem Kabinett entfernt und die Scharia-Gerichte, die religiösen Stiftungen und die Medresen (islamische Schulen) den Justiz-, Stiftungs-, Erziehungsministerien zugeteilt. Es nahm Ansätze des Direktoriums für religiöse Angelegenheiten von 1924 vorweg (das heutige Diyanet İşleri Başkanlığı). Als Konsequenz der Abschaffung des Kalifats errichtet, institutionalisierte das Diyanet den Betrieb und die vollständige staatliche Kontrolle der islamisch-sunnitischen Mehrheitsreligion im Land mit Steuergeldern. Als Mitglied der einschlägigen Parlamentskommis-

---

206 Kieser/Meier/Stoffel, Revolution islamischen Rechts, 13 und 53.

sion war Gökalp 1924 noch kurz vor seinem Tod aktiv in die Schaffung des Diyanet involviert.[207]

Die Republik Türkei folgte einem Kurs, der mehr von Talâts Konzepten und politischer Praxis vorgezeichnet war, als die Akteure in Ankara sich eingestanden und ausländische Politiker, Diplomaten und Historiker es im 20. Jahrhundert wahrnahmen. Viele hielten den Kemalismus über Jahrzehnte für ein praktikables und respektables, ja vielleicht das einzig mögliche autoritäre Modell für Modernisierung im Nahen Osten, wenn nicht sogar in der Dritten Welt.

Doch die neue Republik konnte trotz all ihrer Rhetorik von Neuanfang ihren Anspruch nicht einlösen, die Ära zuvor mit ihren tiefen Prägungen und Abgründen hinter sich zu lassen. Auch sie war, wie die politische Struktur unter Talât, ein Parteistaat, der eine kulturell homogene Nation anstrebte, Diversität verdrängte und somit einen egalitären Gesellschaftsvertrag über die engen Schranken der Ethnonation hinaus verwarf, was grundlegende Konflikte – namentlich den Kurdenkonflikt – auf Jahrzehnte hinaus perpetuierte. Auch Atatürks Republik verherrlichte im Geiste Gökalps das Türkentum und diskriminierte die Bevölkerung nach religiösen, ethnischen und ideologischen Kriterien. Die Institutionen, die sie hervorbrachte, insbesondere das Erziehungs- und Justizwesen, blieben trotz wichtiger Errungenschaften diesen frühen Vorgaben auch noch nach Einführung des Mehrparteiensystems nach dem Zweiten Weltkrieg unterworfen.

Den verheissungsvollen Ansätzen zur Neugestaltung des Gemeinwesens – Zivilrecht, Schulwesen, Berufsleben für Frauen, landesweite Infrastruktur – standen die im Ultranationalismus beibehaltenen antiegalitären und imperialen Tendenzen entgegen, die auf das CUP zurückwiesen. Die Aufgabe war zweifellos anspruchsvoll und die politische Atmosphäre im Europa der Zwischenkriegszeit – dem erklärten zivilisatorischen Vorbild – weithin scharf antiliberal. Doch was auch immer an den Umstände sowohl vor als auch nach 1923 lag, Realität war nicht nur die Absenz eines egalitären, konsensuellen Gesellschaftsvertrags aller Menschen im Land, die trotz Völkermord und Vertreibung noch verblieben waren, sondern dass die massgeblichen politischen Akteure dieses Ziel gar nicht anstrebten. Eine Ausnahme ist die kurze Zeit um 1908. Es genügt, an Talâts Kriegshetze nach 1912 und seinen politischen Stil des «Alles oder nichts» unter Preisgabe der verfassungsmässigen Grundrechte zu erinnern.

Diese Schlüsselfigur eines neuartigen Parteistaat, dieser Meister der Machtspiele und profilierte Glücksspieler auf der internationalen Bühne war zugleich der erste Gründervater eines anatolischen Türk Yurdu. Talâts einheitsstaatliches Ideal verschloss Nichtmuslimen und Nichttürken die Zukunft in ihrer Heimat überhaupt oder teilweise, je nach ethnoreligiöser Zugehörigkeit. Zwar kam dem Kemalismus zugute, dass er sich vom Reich und vom Islam in dessen politischer Dimension abwandte und sich auf den Wiederaufbau im anatolischen Kernland des späten Osmanischen Reichs

---

207 Ebd., 11–15, 55; Eric Flury-Dasen: «Georges Sauser-Hall», in: *Historisches Lexikon der Schweiz*, Version vom 13. Januar 2012, https://hls-dhs-dss.ch/de/articles/015772/2012-01-13; Markus Dressler: «Rereading Ziya Gökalp: Secularism and Reform of the Islamic State in the Late Young Turk Period», in: *International Journal of Middle East Studies* 47 (2015), 511–531, hier 517.

konzentrierte. Das war Atatürks Leistung. Auch findet sich bei einigen zeitgenössischen Kemalisten ein authentisches Verlangen nach egalitärer Demokratie. Aber es fehlte klar an jenem Momentum, das nötig gewesen wäre, um «Talât zu überwinden». Es genügte nicht, ihn und das CUP in den ersten beiden Jahrzehnten der Republik zu verschweigen, ohne im Willen nach wirklicher Demokratie sein weiterhin wirksames Vermächtnis kritisch zu analysieren.

Talâts sterbliche Überreste wurden im Rahmen einer gemeinsamen Aktion der Regierungen von Adolf Hitler und İsmet İnönü am 25. Februar 1943 mit grossem Pomp in die Türkei überführt, vier Jahre und vier Monate nach Kemal Atatürks Tod. Dieser in der Presse viel beachtete Transfer von Talâts Sarg von Berlin nach Istanbul war nicht die gleichsam spukhafte, aber folgenlose momentane Rückkehr eines Totgeglaubten in einer ausserordentlich dunklen Stunde der Weltgeschichte. Vielmehr ging er einher mit dem offiziellen Eingeständnis der grundlegenden Wahrheit, dass die Republik Türkei dem Politiker Talât, der nicht lange zuvor noch Deutschlands treuer Verbündeter gewesen war, viel verdankte, und damit verdankte sie auch dem deutschen Partner im Ersten Weltkrieg etwas. Diese Tatsache hatte Atatürk gar nicht, die anderen ungern eingestanden. Mit Talâts postumer Rückkehr gab die Republik wenige Jahre nach Atatürks Tod das Bemühen auf, sich dezidiert vom jungtürkischen Erbe, das Talât wie kein anderer verkörperte, zu distanzieren, denn sie hatte, wie unzählige im Land wussten, von Anfang an darauf aufgebaut. Nun gestand sie diese Realität ein und ergab sich der Tatsache, dass damit auch dunkle und verdrängte Seiten von Talâts Türkei ein Teil von ihr waren und dass sie sich von diesen nicht emanzipiert hatte.

In der Wahrnehmung zeitgenössischer Wortführer war die «Rückkehr Talâts», das heisst seiner sterblichen Überreste, ein feierlicher Höhepunkt. Der wahre Revolutionär Talât, ein volksverbundener Patriot und Vorläufer der kemalistischen Revolution, musste nach der Tragödie des Ersten Weltkriegs dramatisch nach Deutschland fliehen, wo ihm weder Freundschaft noch Gerechtigkeit vergönnt war, wie es der Journalist Orhan Seyfi formulierte. «Aber heute hat Deutschland seinen Respekt gegenüber dem Märtyrer Talât Pascha bekundet und hat sich von seiner alten Schuld ihm gegenüber befreit, und darauf haben die Türken schon lange gewartet.» Chefredaktor Yunus Nadi (Abalıoğlu), vormaliges Sprachrohr von Grosswesir Talât, stellte ohne Umschweife die Republik Türkei als Erbin der herausragenden Bemühungen Talâts und des CUP dar. Der militärische Sieg der Nationalbewegung 1921 bei Sakarya gegen die Griechen gründe auf demjenigen von 1915 bei Gallipoli, schrieb er in der Tageszeitung *Cumhuriyet* (Republik). Er beharrte auf der historischen Kontinuität und rechtfertigte Talâts Vorgehen gegen nichttürkische Elemente. «Nun habt ihr alle Gelegenheit zur Wertschätzung dafür», sprach er seine Leserschaft an, «dass die von Talât Pascha gestern der Erde des Vaterlands anheimgegebenen heiligen Knochen diejenigen eines der unsrigen, nicht eines uns irgendwie fremden Mannes sind».[208] Die Spitze gegen

---

208 Yunus N. Abalıoğlu: «Talat Paşa Türk vatanının kucağında», in: *Cumhuriyet*, 26. Februar 1943, 1, 3 (Botschafter Papens Kondolenztelegramm findet sich auf Seite 2 derselben Ausgabe); Orhan Seyfi in der Tageszeitung *Tasvir-i Efkâr* vom 18. Februar 1943, zitiert und zusammengefasst in Robert W. Olson: «The Remains of Talat. A Dialectic between Republic and Empire», in: *Die Welt des Islams* 26 (1986), 47–49; Jäckh, Rising Crescent, 8, 95.

Minderheiten in Yunus Nadis Artikel war insofern von Bedeutung, als die während des Zweiten Weltkriegs ganz disproportional erhobene Vermögenssteuer (*varlık vergisi*) das Vermögen von Nichtmuslimen, dieses Mal auch der Juden, an den Staat umverteilte, wie das unter Talât und während des Völkermords in noch viel grösserem Ausmass schon einmal geschehen war.

So wurde nach Atatürks Tod die Kontinuität vom CUP zum Kemalismus offen eingestanden, was die Verdienste des «ewigen Führers» Atatürk etwas relativierte. Im Zuge dieser Entwicklung wurde es zum ersten Mal möglich, so wichtige CUP-Quellen wie Talâts Memoiren oder die Tagebücher von Cavid zu veröffentlichen, bezeichnenderweise allerdings nur in zensurierter Form. Zentrales Tabu war und blieb das Verbrechen an den Armeniern. Es dauerte bis zum letzten Drittel des 20. Jahrhunderts, bis nach Jahrzehnten fast absoluten Schweigens neues und gesteigertes internationales Interesse an diesem Thema hervorbrach. So gelangte es auf Umwegen zurück in die türkische Öffentlichkeit – in Familiengeschichten war es über armenische Grossmütter immer präsent, wenn auch überaus tabuisiert. Es dauerte indes nochmals bis zum Anfang des 21. Jahrhunderts, bis auch freimütige, der Wahrheit verpflichtete Stimmen sich zu diesem Thema Gehör verschaffen konnten – zumindest zeitweilig.[209]

Seinen oben zitierten Artikel vom Februar 1943 schloss Yunus Nadi Abalıoğlu in untertänigem Ton mit den Worten, die türkische Nation sei «ihrem geliebten Führer [dem Präsidenten İsmet İnönü] und der Regierung von Şükrü Saraçoğlu von ganzem Herzen dankbar verbunden» für diese Überführung von Talâts Überresten. Damit hätten die Führer der Republik «beispielhaft ihre Schicksalsverbundenheit mit diesem Märtyrer für das Vaterland bekundet». Hüseyin Cahid Yalçın hielt in Istanbul die Trauerrede auf dem Hügel und beim Denkmal der Freiheit (Hürriyet-i Ebediye Tepesi), wo die im Kampf gegen die Konterrevolution von 1909 gefallenen Märtyrer (*şehit*) der Armee und später auch noch andere Helden des CUP beigesetzt worden waren. Der Journalist Yalçın, der über viele Jahre Talât nahegestanden hatte, verkörperte mit seinem Werdegang nicht nur die Kontinuität vom CUP-Parteiregime zur türkischen Republik, sondern wurde fortan zu einem wichtigen Herausgeber von CUP-Quellen. Auch Ahmed Emin Yalman, ebenfalls Journalist, den wir im Herbst 1918 noch an der Seite des Grosswesirs angetroffen haben (Kapitel 41), nahm an der Seite des deutschen Konsuls in Istanbul und eines Vertreters des türkischen Premierministers Şükrü Saraçoğlu am Trauerzug teil.

Envers sterbliche Überreste wurden 1996 von Tadschikistan nach Istanbul überführt und beim Denkmal der Freiheit beigesetzt. Manche in der heutigen Türkei

---

209 In diesem Zusammenhang wurde im frühen 21. Jahrhundert zur Verteidigung von Talâts Person und Erbe von Doğu Perinçek und Rauf Denktasch das «Talât-Pascha-Komitee» gegründet. Perinçek steht einer Kleinstpartei vor, die seit den 1980er-Jahren Verbindungen zum innersten Kreis der Staatsmacht («Staat im Staat») unterhielt. Denktasch war ehemaliger Präsident von Nordzypern. In den ersten Jahren seiner Herrschaft befand sich das AKP-Regime im Streit mit Perinçek, während das AKP-Regime der 2010er-Jahre ihn unterstützte und seine Positionen weitgehend befürwortete. «‹Talat Pasha Organization› to Protest against Recognition of ‹Armenian Genocide› in Germany», in: *Today.az*, 16. Februar 2006; «Talat Pasha Committee Holds Genocide Conference», in: *Hurriyet Daily News*, 16. April 2007; Alan Cassidy: «Dogu Perinçeks sonderbare Welt», in: *Tages-Anzeiger*, 3. Januar 2017. Siehe auch Hans-Lukas Kieser, Elmar Plozza (Hg.): *Der Völkermord an den Armeniern, die Türkei und Europa*, Zürich: Chronos, 2006.

wünschen, dass die Überreste von noch weiteren CUP-Grössen, namentlich Cemal Pascha, ebenfalls dort begraben werden, damit deren «Seelen» sich mit denjenigen der dort schon Beigesetzten vereinigten.[210] Doch wären sie damit «zur ewigen Ruhe gebettet»? Der Streit um sie und ihren Platz in der Geschichte hält bis zum heutigen Tag an. Es ist ein Streit um die Grundlegung und Ausrichtung der Türkei. Denn nicht nur scheiden sich an ihnen die Geister, und zwar demokratisch-menschenrechtliche versus nationalistisch-autoritäre, sondern es scheiden sich auch fundamentale Geschichtsdeutungen, die länderübergreifend kulturell und religiös bedingt sind. Das macht sie zu Prüfsteinen auch in und für Europa.[211]

Wie sollen gegen Putsche und autoritäre Machtkonzentration gefeite demokratische Institutionen entstehen und bestehen, wenn nicht nur die aus Talâts und Atatürks Ära stammenden nationalen Narrative nicht erhellt und überwunden, sondern im Gegenteil weiter zelebriert werden? Trotz vielversprechender Aufbrüche führten die Phasen globalen Wandels Ende der 1940er Jahre und in den 1990er Jahren zu keinem robusten demokratischen Durchbruch, der das wenig gefestigte Gemeinwesen in Kleinasien glücklich aus seinen ultranationalistischen Angeln gehoben hätte. Massgebliche Autoritäten im Westen behielten ihre aus der Zwischenkriegszeit und dem Zweiten Weltkrieg gezogenen Lektionen für sich und machten jahrzehntelang bei Besuchen in Ankara mit bei obligaten Ritualen, die dem Zeitgeist *vor* 1945 entstammten.

Die vollumfängliche öffentliche Rehabilitierung von Mehmed Talât als verdienstvoller Figur moderner türkischer Geschichte nahm mit der Rückführung seiner Leiche von Nazideutschland nach Istanbul ihren Anfang. Wie wir gesehen haben, handelte es sich dabei nicht – wie man gerne vermuten würde – um einen flüchtigen Augenblick in der düsteren Zeit Adolf Hitlers und des Zweiten Weltkriegs, sondern es war der Beginn eines Prozesses in der Übergangsphase der Türkei zu einem Mehrparteiensystem unter der Ägide der USA. In diesen ersten Jahren des Kalten Krieges begann eine ambivalente, stark geostrategisch bedingte Phase türkischer Westorientierung, die eine Gelegenheit verpasste und den Imperativ vertiefter Demokratisierung in die hinteren Ränge verwies. Zwar entwickelte die Türkei ein Mehrparteiensystem, das ein vergleichsweise korrektes Wahlverfahren institutionalisierte und bis zu einem gewissen Grad Vereinen und lebhaften öffentlichen Debatten Raum gab. Dennoch erwuchs daraus keine nachhaltige Demokratisierung jenseits des bestehenden, zunehmend auf die Armee abgestützten Staats im Staat oder «Wächterstaats». Der parteilich polarisierten Politik gelang es nicht, über Parteiinteressen und Klientelpolitik oder gar den

---

210 So Yücel Güçlü in seiner Buchbesprechung «Talaat Pasha: Father of Modern Turkey, Architect of Genocide», in: *Journal of Muslim Minority Affairs*, 2018, 8, DOI: 10.1080/13602004.2018.1502405.
211 Der Menschenrechtsgerichtshof in Strassburg hob 2013 und 2015 im Fall «Perinçek - Schweiz» ein Urteil des schweizerischen Bundesgerichts auf, was in türkisch-nationalistischen Kreisen als grosser Erfolg gefeiert und – fälschlich – als Freipass für weitere Leugnungen aufgefasst wurde. Indem er vorsätzlich einreiste und in der Schweiz den Armeniergenozid öffentlich leugnete, brach der Mitbegründer des «Talât-Pascha-Komitees» die fortschrittliche schweizerische Antirassismusstrafnorm (Artikel 261bis). Strassburg verzichtete 2013 in der kleinen und 2015 in der grossen Kammer darauf, Perinçeks massgebliches historisch-ideologisches Motiv zu ergründen. Menschenrechtskreise inner- und ausserhalb der Türkei reagierten konsterniert. Urteil und Urteilsbegründung finden sich auf https://hudoc.echr.coe.int.

Wächterstaat hinaus unabhängige rechtsstaatliche Institutionen zu entwickeln. Daher blieb trotz verfassungsmässiger Pressefreiheit das vorgegebene nationale Narrativ unantastbar. Das freie Wort war umso eingeschränkter, als Krisen und Putsche die Türkei in den Jahrzehnten nach 1960 prägten und die wenig demokratischen, vom Westen kooptierten Akteure zu ihrem Machterhalt auf Krisen und Notstandsmassnahmen angewiesen waren.[212]

Was Talât und sein Erbe betrifft, dienten die neuen Freiheiten der Zeit nach 1945 dazu, das abzuschliessen, was 1943 als türkisch-deutsches Gemeinschaftsprojekt begonnen hatte: die Rehabilitierung von Talât, nun unterstützt durch die Publikation von diversen Schriften früherer CUP-Mitglieder, an erster Stelle Talâts von seinem langjährigen Mitarbeiter Hüseyin Cahid Yalçın herausgegebenen Memoiren. Zahlreiche weitere Jungtürken des CUP veröffentlichten nunmehr ungestört ihre Erinnerungen an die fast drei Jahrzehnte lang verdrängte Ära Talât, ohne sich deswegen vor kemalistischem Tadel zu fürchten. Auf viele dieser Partei- und Egodokumente wird in dieser Biografie Bezug genommen. Wenn auch noch zurückhaltend und ohne die kemalistische Meistererzählung zu kritisieren, so frischten diese Zeitzeugen bei ihren Weggefährten und jenen, die den Ersten Weltkrieg erlebt hatten, doch die Erinnerung an die Ära Talât auf, die mit ihrem 1913 einsetzenden national-imperialen «Heils-» oder «Unabhängigkeitskrieg» den Krieg von 1919 bis 1922 und den türkischen Nationalstaat vorbereitet hatte. Denn schon lange vor 1919, der kemalistischen Stunde null, hatten diese Weggefährten von Talât für die uneingeschränkte Souveränität der türkischen Muslime in Anatolien gekämpft.

Talâts 1943 einsetzende Rehabilitierung wurde in der Türkei von keiner Seite ernsthaft hinterfragt, weder von der Linken noch von der Rechten, und auch nicht von muslimisch-konservativen oder islamistischen Kreisen, die im neuen Vielparteiensystem seit Mitte des Jahrhunderts wieder in Erscheinung traten. Freilich gab es von kemalistischer Seite (zum Beispiel Yusuf Bayur) wie auch von der entgegengesetzten Seite des politischen Spektrums, dem politischen Islam, Kritik am CUP zu hören. Letztere Exponenten hatten dem CUP nie die blutige Niederschlagung des Putsches vom April 1909 vergeben. In den folgenden Jahrzehnten wurden zahlreiche Moscheen, Schulen, Strassen und Quartiere in der Türkei nach Talât Pascha wie auch nach Ziya Gökalp benannt. Atatürk genoss indes weiterhin eine unangetastete Vorrangstellung; der quasireligiöse Kult um ihn als «ewigen Führer» setzte sich fort. Jedenfalls blieb der Aufbruch nach 1945, der in der Türkei zu grösserem Wohlstand und einem demokratischeren System führte, doch von Anfang an überschattet von den wiederkehrenden Geistern der letzten osmanischen Dekade, ohne dass diese erste Gründungsphase der nationalstaatlichen Türkei eine Klärung erfuhr.

Der Journalist und Herausgeber Hüseyin Cahid Yalçın und Enver Bolayır, der Verleger von Talâts Memoiren, gaben 1946 die Konturen von Talâts Bild in der neuen öffentlichen Wahrnehmung vor: «Talât war ein starker Patriot, bereit, für die Rettung und das Wohlergehen des Vaterlandes alles zu opfern, sogar sein eigenes Leben», schrieb Yalçın in seinem Vorwort zu den von ihm editierten Memoiren. Er räumte

---

212 Hamit Bozarslan: *Histoire de la Turquie contemporaine*, Paris: La Découverte, 2007, 50–96; Kerem Öktem: *Angry Nation. Turkey since 1989*, London: Zed, 2011, 40–121; Kieser, Nearest East, 124–130.

immerhin Talâts Verbindungen zu «einem der schlimmsten Geschehnisse jener Zeit» ein, was die Herausgeber der Zeitung damals davor zurückgehalten habe, die Memoiren zu veröffentlichen. In seinem Vorwort zur gleichen Memoirenausgabe schrieb Bolayır, Talât sei «einer von nur wenigen und seltenen [wirklichen] Staatsmännern, die die türkische Geschichte hervorgebracht hat. Unter den osmanischen Grosswesiren hat dieser grosse türkische Führer seine hohe Stellung dank seines Patriotismus, seiner Ehrlichkeit, Intelligenz und Beharrlichkeit erreicht. […] Indem er dieses Buch schrieb, verteidigte er sich selber, die Partei Einheit und Fortschritt und die türkische Nation vor der weltweiten öffentlichen Meinung. Die Lektüre dieses Buches enthüllt schonungslos, wie hässlich und unbegründet die Diffamierungen waren, die unsere Feinde in jener Zeit über uns erfanden. Ich schliesse meinen Beitrag, indem ich mich voller Respekt vor der erhabenen Gegenwart des seligen Talât Pascha verneige.»[213] Bolayır steht für viele andere, die sich bis zum heutigen Tag respektvoll vor Talâts Aura verneigen. Dessen Memoiren erscheinen seither in zahlreichen neuen Ausgaben, die alle mehr oder weniger im selben Geist veröffentlicht werden.

Weit weg von der Türkei erhob in den 1940er- und 50er-Jahren Ernst Jäckh in den Vereinigten Staaten seine politisch-akademische Stimme für Talât, mit dem er seit 1908 sympathisierte. Als Professor für öffentliches Recht und Staatswesen an der Columbia University und 1948 Gründer des dortigen Middle East Institute strich er die geostrategische Einzigartigkeit der Türkei in der Vergangenheit und Gegenwart heraus und machte sich für türkisch-amerikanische Freundschaft stark. Diese Fürsprache schloss an sein vom «Türkenfieber» ergriffenes Engagement für türkisch-deutsche Freundschaft zur Zeit Talâts an. «Die Revolution der Jungtürken hatte eigenartige Folgen», schrieb er 1944, nachdem er vorgängig Talât gepriesen und die Überführung seiner sterblichen Überreste in die Türkei begrüsst hatte. «Sie führte […] zu einem Befreiungskrieg und zur Verwirklichung von nationaler Unabhängigkeit. Man könnte fast sagen, dass die Erfahrung der Jungtürken damals den Kurs für die weitere Aussenpolitik festlegte, was dazu führte, dass die Türkei heute in einer Reihe mit jenen Kräften steht, die aufgestellt sind, um die Armeen der Achsenmächte zu besiegen.» Den führerzentrierten kemalistischen Parteistaat etikettierte er als eine «prodemokratische und friedliebende Macht». Sein beliebtes Buch *The Rising Crescent* (1944) hatte die deutsche Version von 1909 mit dem gleichen Titel als Vorlage (1946 wurde auch eine türkische Ausgabe veröffentlicht). Darin setzte er sich mit dem Prozess gegen Tehlerian im Jahr 1921 auseinander, wobei er «die Leugnung von Schuld durch das Gericht» und dessen angebliche Manipulation durch die deutsche Regierung beklagte. Deutschland werde dafür bestraft, indem die Türkei sich nun von ihm abwende, meinte er in einem seiner Gedankensprünge. «Nicht ohne Konsequenz sorgte der Aussenminister [Friedrich Rosen] dafür, ‹dass Deutschland nie mehr irgendetwas mit türkischer Freundschaft zu tun haben würde›. Das war 1921. 1944 ist es nun die Türkei, die nichts mehr mit deutscher Freundschaft zu tun haben will.»[214]

Diese Behauptung war übertrieben und traf nur auf die Regierungsspitze zu. Denn Sympathien mit Hitlerdeutschland und ein von Nazideutschland geförderter

---

213 Talat Paşa'nın hatıraları, 5–8.
214 Jäckh, Rising Crescent, 8, 96, 270.

Mythos der Waffenbruderschaft im Ersten Weltkrieg waren in der Türkei weitverbreitet, wie sich im Zusammenhang mit der Überführung von Talâts sterblichen Überresten zeigte. Opportunismus, als Hitlers Schicksal besiegelt war, gepaart mit der Angst, Stalin würde mit sowjetimperialer Absicht nach 1945 die armenische Frage aufleben lassen, sorgten für die definitive strategische Anlehnung der Türkei an den Westen. Das Bekenntnis und der Wille zur Demokratie standen nie an erster Stelle dieser damals beginnenden, oft problematischen Allianz. Ihre Prioritäten scheinen im Gegenteil dazu beigetragen zu haben, die historische Aufarbeitung von Völkermord und Parteidiktatur auf weitere Jahrzehnte hinaus erfolgreich zu ersticken. Jäckh offerierte in den 1940er- und 50er-Jahren politologische Interpolationen für den Konsum in Washington, so wie er das schon für das deutsche Kaiserreich getan hatte, als er mit der hohlen Erhabenheit eines wilhelminischen Geostrategen über Dinge wie Völkermord hinwegging. Ohne Bruch in seinem Denken brachte er es fünfundzwanzig Jahre später fertig, einem liberalen Amerika und dessen neuer, quasiimperialen Rolle zuzudienen. Seine Art kommoder und trendiger Wissenschaft suchte das momentan Opportune, aber verstellte den Blick auf die langen Linien von Konflikten und die möglichen Wege, diese zu lösen. Diese mit der nötigen Anstrengung herauszuarbeiten war Ziel dieses Buches. Lösungswege und neue Aufbrüche im 21. Jahrhundert erfordern Einsicht in Wahrheiten, die ohne Bescheidenheit und Demut nicht zu gewinnen ist. Die alte Leier von der «neuen Türkei», die abgenutzte Parole «Die Türkei wieder gross machen» und der beklemmend abgründige Wahlspruch «Die Türkei den Türken» stammen aus einer jungtürkischen Rumpelkammer voller Leichen, die neu zu besichtigen nicht schön, aber nötig war.

Als einziger konstruktive Ansatz bleibt zu guter Letzt die Möglichkeit, die Türkei – wie manche es schon vor mehr als hundert Jahren mit Ernst und Einsicht anstrebten – zu einem Verfassungsstaat im vollen Wortsinn zu machen, unabhängig von deren wie auch immer verstandenen «Grösse». Dieser Ansatz ist im Jahr 2020 zugegebenermassen nicht unmittelbar greifbar, ja geradezu utopisch, aber nicht weniger wahr. Wenn die Zeit dafür kommt, wird dies eine späte Ehrung der besten Geister des osmanischen Frühlings von 1908, von denen viele 1915 ermordet wurden, und die Beanspruchung der besten demokratischen Standards des 21. Jahrhunderts sein.

Epilog

Mehr als hundert Jahre danach ist es höchste Zeit, Talâts osmanische Türkei besser zu verstehen und einige elementare Schlüsse zu ziehen: Talât Pascha und seine jungtürkischen Mitstreiter versäumten den schmerzlichen und heilsamen Bruch mit dem Reich und seinen ihm innewohnenden Vorstellungen von imperialer Überlegenheit. Sie machten das Osmanische Reich zum diktatorischen Parteistaat und sorgten nicht nur für eine Verlängerung der osmanischen Agonie in den 1910er-Jahren, sondern steigerten diese ins Extrem. Mit Rachsucht, Vernichtungswut und übersteigerter Ambition kämpften sie für Reich und türkische Nation, die beiden Ideale, mit denen sie sich identifizierten. Dabei kapitulierten sie vorzeitig im Kampf um ein wichtigeres, wenn auch bescheidener klingendes, aber realistisches und lohnendes Ziel.

Dieses Ziel war ein existenzfähiger Verfassungsstaat auf reduziertem anatolischem Territorium, aber mit dessen ganzem Reichtum, an erster Stelle mit dessen vielfältiger Bevölkerung. Das Ziel wäre mit Mut und Weitsicht anzugehen, ja erreichbar gewesen und hätte der Türkei den extrem gewaltsamen Umweg des Ersten Weltkriegs und dessen bis heute unbewältigten Hypotheken erspart. Ein Jahrhundert später wäre man versucht, achselzuckend über lange zurückliegende Abwege – von denen es in jener Zeit so viele gab! – hinwegzugehen, wären da nicht die anhaltenden Folgen, die es zur Pflicht machen, nochmals sorgfältig und genau hinzuschauen. Denn es liegt offen zutage, dass Aufgabe und Ziel unvermindert bestehen geblieben sind, und leider trifft diese Kontinuität auch auf irreführende Ideale zu.

Talâts jungtürkisches Einparteiregime eröffnete 1913 Europas Ära der Diktaturen, Völkermorde und Vertreibungen. Sein neuer Politikstil erwies sich als paradigmatisch für die Zeit der Weltkriege, obwohl er im Westen lange fälschlich als peripheres «orientalisches» Phänomen ausgeblendet oder beschönigt wurde. Talâts selbst erklärte jungtürkische Idealisten waren, in der Begrifflichkeit dieses Buches, Revolutionäre von rechts. Sie wollten das Reich retten und stärken, indem sie einer ultranationalistischen imperialen Revolution den Weg bereiteten. Ihnen entglitt 1918 zwar das Reich, aber sie leiteten erfolgreich die nachfolgende, ebenfalls radikal ethnonationalistische Revolution der Kemalisten im anatolischen Kerngebiet des ansonsten verlorenen Reichs ein. Noch immer unterstützt von ihrem langjährigen Chef aus dessen Exil in Berlin, gingen Talâts zu Kemalisten gewordene Jungtürken nach dem Ersten Weltkrieg von Ankara aus eine Zweckehe mit den linksrevolutionären Bolschewiken ein. Erst nach dem Zweiten Weltkrieg ordneten sie sich strategisch dem Westen ein, ohne die zentralen Inhalte ihrer Gründungsideologie und nationalen Gründungsgeschichte der Welt nach 1945 anzupassen.

Damit überlebten die Ideologeme ebenso wie die Probleme und Schäden, die diese Art Politik ungelöst zurückgelassen oder nur vermeintlich behoben hatte, den globalen Bruch des Zweiten Weltkriegs. Sie sind – in aktualisierten Formen – bis heute eine Ursache oder ein bestimmender Hintergrund für Erschütterungen im Nahen Osten. Für alle erkennbar und nicht mehr als «weit hinten in der Türkei» abzutun, sind diese alt-neuen Themen in den globalpolitischen Mittelpunkt gerückt, wie tägliche Nachrichten beweisen. Insbesondere hinterliessen Talât und seine Gesinnungsgenossen Völkermordwunden, die selbst ein Jahrhundert nicht heilen konnte. Denn die Nachfahren der damaligen Opfer, an erster Stelle die Armenier, können darum weder vergeben noch vergessen, weil eine glaubwürdige Anerkennung von Verantwortung – die Vorbedingung solcher Heilung – bis heute aussteht. Nach Talâts Tod gab ein enger armenischer Freund der frühen oppositionellen Jungtürken seiner Hoffnung Ausdruck, dass «Türken, die sich der wahren Interessen ihres Landes bewusst sind, diesen früheren Minister nicht zu ihren guten Staatsmännern zählen werden» (siehe Kapitel 44), doch diese Hoffnung blieb bis heute unerfüllt. Die Staatenwelt hat nach dem Vertrag von Lausanne das ihre dazu beigetragen, indem sie die Opfer sich selbst und die Fragen nach Gerechtigkeit, Faktizität und Wahrheit einer fernen Zukunft überliess.

Auch wenn es im nachosmanischen Jahrhundert einige demokratische Aufbrüche und Perioden mit relativem Wohlstand gab, so hat der jungtürkische Parteistaat übers Ganze gesehen zerrissene Gesellschaften und tödlich polarisierende Politikstile hinterlassen. Die europäischen Mandatsverwaltungen in der frühen nachosmanischen Welt trugen wenig oder nichts dazu bei, die Polarisierungen durch neue Gesellschaftsverträge und eine geförderte Praxis egalitärer Koexistenz zu überwinden. Weil die geschichtlichen Hintergründe nie geklärt wurden und historische Selbstkritik in nachosmanischen politischen Kulturen nicht oder höchstens halbherzig erfolgte, waren diese nicht imstande, sich von überkommenen, offensichtlich negativen Mustern zu emanzipieren. Der Kemalismus profitierte zwar von den Zuständen, die Talâts Regime in Anatolien geschaffen hatte, aber als dessen Nutzniesser nahm er ein vergiftetes Erbe an und zeigte sich ausserstande, dem Übel auf den Grund zu gehen, das diesem Erbe innewohnte. Dieses historische Fazit zu Talâts politischer Biografie fällt nicht erhebend aus, erweist sich aber hoffentlich als umso erhellender: Auf lange Sicht kann uns Talâts Vermächtnis heute helfen, einerseits besser zu verstehen, weshalb welcher Politikstil in tödliche Sackgassen führte und führt, andererseits, und sei es nach kollektiven Abstürzen, welche Alternativen langfristig gangbar und lebbar sind.

Die vorliegende Untersuchung hat nicht die Absicht verfolgt, Talât zu verurteilen, sondern seine politische Persönlichkeit zu erforschen, um ihn *sub specie aeternitatis* gleichsam zu verabschieden – das heisst, die Analyse so weit voranzutreiben, dass er sich in der Geschichte, die ihm und seiner Zeit eigen ist, möglichst klar verorten und schliesslich auch dort belassen lässt. Als Historiker und damit «Experte für die Vergangenheit» meine ich, den Wert und die gesellschaftliche Wirkung eines solchen aufgeklärten historischen Abschiednehmens würdigen zu können. In den 2010er-Jahren sehen wir die Türkei in einem nachkemalistischen Wandel begriffen. Das Land ist daran, nicht nur Grundzüge des Kemalismus und seine nach dem Zweiten Weltkrieg gefundene Westorientierung, sondern auch seinen zeitgemässen Kompass vom Anfang des 21. Jahrhunderts wegzugeben: die Einführung von EU-Standards im Rahmen einer verbindlichen Annäherung an die Europäische Union. Mit vielen positiven Auswirkungen hat diese Ausrichtung in den 2000er-Jahren ermöglicht, demokratische Ideale des osmanischen Frühlings von 1908 erneut aufzunehmen und zugleich erstmals kritisch und frisch auf die ganze spätosmanische Geschichte zurückzublicken.

Mit der jüngsten Entwicklung hingegen wird das Land von Ideologemen und Aufbrüchen heimgesucht, die nicht zuletzt bei Talât und seinem Freund Gökalp wurzeln. «Die Moscheen sind unsere Kasernen / Die Kuppeln unsere Helme / Die Minarette unsere Bajonette / Und die Gläubigen unsere Soldaten», rezitierte der gegenwärtige Staatspräsident aus einem Gedicht Gökalps von 1912. Inzwischen gleichsam der Erbe von Atatürk, Talât und Abdulhamid, wiederholte Erdogan diese militante Rezitation seit den frühen 1990er-Jahren mehrfach öffentlich, wobei er anfänglich dafür eine Strafverfolgung und Gefängnis gewärtigte.[1] Der Geist von Talât und Gökalp ist somit aufgelebt und hat sich der regierenden türkischen Partei für Gerechtigkeit und Fortschritt (AKP) bemächtigt, die in den frühen 2000er-Jahren so hoffnungsvoll begonnen hatte. Machthunger, Parteiinteressen, Ideologeme und einmal mehr landesweite Korruption haben die Oberhand da erhalten, wo Demokratie vorwalten sollte. Ein türkischer Analyst schrieb 2017, dass die polarisierende, rachsüchtige Ideologisierung des politischen Alltags «für die Türkei eines der grössten Probleme heutzutage bleibt. Die AKP hat dieses Problem natürlich nicht erfunden, aber sie hat eifrig darauf aufgebaut, anstatt zu versuchen, die Türkei in ein wirklich demokratisches Land umzuwandeln, das auf der ganzen Welt respektiert würde.»[2]

So hat eine Kombination von personenzentrierter Macht, Korruption, imperialer Voreingenommenheit und national-religiösem Appeal («Neoosmanismus») die Politik heute erneut zur Beute persönlicher, parteilicher und ideologischer Interessen gemacht. In Fachkreisen blieb die Ära von Mehmed Talât Pascha als die erste Gründungsphase des türkischen Nationalstaats lange wie unter einem Schleier verborgen, in der öffentlichen Geschichtsdarstellung ist sie das bis heute geblieben. Islamistische und pantürkische Akteure, Ultranationalismus ebenso wie der Kampf ums Sultanat-Kalifat machten Talâts turbulente Ära aus, aber all dies ist für die meisten heute nur in unterbelichteten, unscharfen Bildern erkennbar geblieben. Doch gerade das lässt sie als wiederverwertbare mythische Vorlagen verwenden, um wirksame neue Identifikationen im Rückgriff auf sie zu schaffen. Umso dringender ist es daher, die Gestalten zu erforschen, zu analysieren und zu dekonstruieren, um auf diese Weise unangebrachten, ja verheerenden Neuidentifikationen entgegenzutreten.

Diese Biografie Talâts ist nicht nur eine Studie für Gelehrte, sondern soll auch diesem Zweck mit Blick auf die Zukunft dienen. Ihr Blick in historische Abgründe ist nicht Selbstzweck, sondern Anstrengung und Teil eines aktuellen, hoffentlich für viele hilfreichen Lernprozesses.

---

1 Das Gedicht geht zurück auf Gökalps «Des Soldaten Gebet», wobei die zitierte Strophe eine spätere Ergänzung zu sein scheint, allerdings ganz auf der Linie Gökalps. Siehe Murat Bardakçı: «Şiiri böyle montajlamışlar», in: *Hürriyet*, 22. September 2002. Siehe auch Deborah Sontag: «The Erdogan Experiment», in: *New York Times Magazine*, 11. Mai 2003; «Erdoğan, Asker Duası şiirini yeniden okudu: Minareler süngü, kubbeler miğfer», in: *Karar*, 7. März 1919.
2 Semih Idiz: «Turks Have Mixed Emotions about This Anniversary», in: *Turkish Daily News*, 18. Juli 2017.

Dank

Die vorliegende biografische Studie beruht auf einer Vielzahl von Primärquellen aus unterschiedlichen Archiven und in diversen Sprachen. Hervorragende Unterstützung hat es mir möglich gemacht, Dokumente aus osmanischen, armenischen, deutschen, österreichischen, britischen und israelischen Archiven in effizienter Weise zu verarbeiten, wofür ich Serhat Bozkurt, Dikran Kaligian, Martina Narman-Berli, Raymond Kévorkian, Mehmet Polatel, Ozan Ozavci, Thomas Schmutz und Vahé Tachjian herzlich danke.

Ganz zu Beginn war die Unterstützung durch Osman Kavala von der Kulturstiftung Anadolu Kültür in Istanbul entscheidend, um die Forschungsarbeit überhaupt erfolgreich starten zu können. (Dieser unvergleichliche Freund und ausserordentliche Philanthrop sitzt ohne gültigen Rechtsgrund in einem Gefängnis von Erdogans Türkei.) Wenig später durfte ich als Fellow des Australian Research Council am Zentrum für Gewaltstudien der Universität Newcastle in Australien neben grosszügiger Forschungsunterstützung eine herzliche Aufnahme bei den dortigen Historikerinnen und Historikern und jenes anregende geistige Umfeld geniessen, das für die freimütige Erarbeitung und Abfassung einer umfassenden Arbeit wie meiner Studie zu Talât Pascha unverzichtbar war.

Über die vielen Jahre hinweg, in denen diese Untersuchung sukzessive Gestalt gewann, waren mir Diskussionen mit Studierenden im Rahmen von Seminaren, aber auch der Austausch an Diskussionsrunden und Konferenzen sehr wertvoll. Zusammen mit Fachkolleginnen und -kollegen organisierte ich an den Universitäten Basel und vor allem Zürich mehrere themenspezifische Workshops und Konferenzen rund um die «osmanische Katastrophe» – das letzte und entscheidende Jahrzehnt des Osmanischen Reichs, in welchem Talât Pascha eine herausragende Rolle spielte. Diese Veranstaltungen wurden sowohl vom Schweizerischen Nationalfonds als auch von der Universität von Newcastle gefördert. Genannt seien stellvertretend Fatima Leine und Barbara Welter Thaler vom hilfreichen Team des Historischen Seminars der Universität Zürich, wo ich während fünfzehn Jahren lehrte, und Maurus Reinkowksi, der Leiter des Instituts für Nahoststudien an der Universität Basel.

Grossen Gewinn bedeutete für mich das reichhaltige Feedback, das ich von unterschiedlicher Seite auf mein Manuskript erhielt: von den anonymen Gutachtern von Princeton University Press sowie namentlich von der Historikerin Margaret L. Anderson; von Philip Dwyer, dem Direktor des Zentrums für Gewaltstudien in Newcastle; von meinem Doktoranden Thomas Schmutz; meinem Kollegen in der Philosophie, Markus Stepanians (Universität Bern); und von Ronald G. Suny, Ümit Kurt und Johannes Houwink ten Cate. Die Zusammenarbeit mit dem grossartigen Team von Princeton University Press und der überaus hilfreichen Cheflektorin Brigitta van Rheinberg war ein Privileg. Grosser Dank geht auch an meine Kartografin Shane Kelley und von Herzen auch an meine Lektorin Cathy Slovensky.

Dieses Buch widme ich all jenen, die resilient bleiben, obwohl sie unter in der Türkei erneut vorherrschenden politischen Mustern leiden, die auf Talât Pascha zurückgehen, den Pionier imperialer Einparteiherrschaft im 20. Jahrhundert.

Zudem widme ich dieses Buch mit Dank meiner Familie. Meine Frau und unsere Söhne haben dafür gesorgt, dass ich bei meinem tiefen Eintauchen in eine herausfordernde Forschung nicht den Kontakt zum Alltagsleben verloren habe. So blieb ich achtsam und ansprechbar für Themen der Gegenwart und Zukunft.

Allen, die mir in der einen oder anderen Form behilflich waren und dazu beitrugen, diese Arbeit zu einem guten Abschluss zu bringen, spreche ich an dieser Stelle meinen herzlichsten Dank aus.

Bibliografie

Archive

Başbakanlık Osmanlı Arşivi, Istanbul (BOA, Osmanisches Staatsarchiv)
Central Zionist Archives, Jerusalem (CZA)
Deutsche Bank, Historisches Institut, Orientbüro, Frankfurt
Foreign Office Archives, London (FO)
Genelkurmay Askerî Tarih ve Stratejik Etüt Arşivi, Ankara (ATASE, Militärarchiv)
Musée du Vieux-Montreux, Archives Louis Rambert, Montreux
Österreichisches Staatsarchiv, Wien
Politisches Archiv des Auswärtigen Amtes, Berlin (PA-AA)
SALT Research, Istanbul, http://saltresearch.org
Somerset Heritage Center, Nachlass von Aubrey Herbert
Türk Tarih Kurumu, Ankara, Ismail Enver Pasha Papers (TTK; offizielles türkisches Geschichtsinstitut)
Yale University Library, Nachlass von Ernst Jäckh

Veröffentlichte Quellen

Armenians in Ottoman Documents (1915–1920), hg. vom Directorate of Ottoman Archives, Ankara, 1995.
Arşiv belgeleriyle Ermeni faaliyetleri 1914–1918, hg. vom T. C. Genelkurmay Başkanlığı, Ankara: Genelkurmay Basım Evi, 8 Bände, 2005–2008.
Der interfraktionelle Ausschuss 1917/18, 2 Bände, hg. von Erich Matthias, Düsseldorf: Droste, 1959.
Der Völkermord an den Armeniern 1915/16. Dokumente aus dem Politischen Archiv des deutschen Auswärtigen Amts, hg. von Wolfgang Gust, Springe: zu Klampen, 2005.
Die grosse Politik der europäischen Kabinette 1871–1914. Sammlung der Diplomatischen Akten des Auswärtigen Amtes, hg. von Johannes Lepsius, Albrecht Mendelssohn Bartholdy, Friedrich Thimme, Berlin: Deutsche Verlagsgesellschaft für Politik und Geschichte, 40 Bände, 1922–1927.
Die internationalen Beziehungen im Zeitalter des Imperialismus. Dokumente aus den Archiven der Zarischen und der Provisorischen Regierung, 11 Bände, hg. von Otto Hoetzsch, Berlin: Hobbing, 1931–1943.
Documents diplomatiques français, 1914–1916, 5 Bände, hg. von Jean-Claude Montant, Bern: Peter Lang, 2002–2017.
Dokumente zur Geschichte des deutschen Zionismus 1882–1933, hg. von Jehuda Reinharz, Tübingen: Mohr Siebeck, 1981.
Emigrations turques des Balkans, Bd. 1: *Un exode turc*, hg. von Bilal Şimsir, Ankara: Türk Kültürünü Araştırma Enstitüsü, 1968.
Frederic von Rosenberg. Korrespondenzen und Akten des deutschen Diplomaten und Aussenministers 1913–1937, hg. von Winfried Becker, München: R. Oldenbourg, 2011.
İttihadçı'nın sandığı, hg. von Murat Bardakçı, Istanbul: Türkiye İş Bankası, 2014.
Les grandes puissances, l'Empire ottoman et les Arméniens dans les archives françaises (1914–1918). Recuil de documents, hg. von Arthur Beylerian, Paris: Publications de la Sorbonne, 1983.

Materials for the History of the ARF, Bände 6–9, Beirut: Hamazkayin Press, 2010/11 (in armenischer Sprache).
Meclis-i Mebusan Zabıt Ceridesi (MMZC), 7 Bände, Ankara: Türkiye Büyük Millet Meclisi, 1982–1992.
Talat Paşa'nın Evrak-ı Metrûkesi, hg. von Murat Bardakçı, Istanbul: Everest, 2008.
The Armenian Genocide [in österreichischen Archiven], München: Institut für armenische Fragen, 1988.

Memoiren und Egodokumente

Ahmed İzzet (Furgaç): *Feryadım*, 2 Bände, Istanbul: Timaş, 2017.
Ali Münif: *Ali Münif Bey'in hâtıraları*, hg. von Tahat Toros, Istanbul: Isis, 1996.
Apak, Rahmi: *Yetmişlik bir subayın hatıraları*, Ankara: TTK, 1988.
Atatürk, Kemal: *Gazi Mustafa Kemal Atatürk, Atatürk'ün Söylev ve Demeçleri*, 3 Bände, Ankara: Atatürk Kültür, Dil ve Tarih Yüksek Kurumu, 1997.
– *Nutuk: Vesikalar*, Ankara: Atatürk Kültür, Dil ve Tarih Yüksek Kurumu, 1991.
– Nutuk: 1919–1927, Ankara: Atatürk Kültür, Dil ve Tarih Kurumu, 1989
Atay, Falih Rıfkı: *Çankaya*, Istanbul: Pozitif, o. J.
– *Zeytindağ*, Istanbul: Bates, 1981 (Erstveröffentlichung 1932).
– *Mustafa Kemal'in ağzından Vahdettin*, Istanbul: Pozitif, 2013.
Balakian, Grigoris: *Armenian Golgotha. A Memoir of the Armenian Genocide, 1915–1918*, New York: Vintage Books, 2009.
Ballobar, Conde de: *Jerusalem in World War I. The Palestine Diary of a European Diplomat*, hg. von Eduardo Manzano Moreno, Roberto Mazza, London: I. B. Tauris, 2011.
Bayar, Celâl: *Ben de yazdım. Millî mücadeleye giriş*, 8 Bände, Istanbul: Sabah kitapları, 1997.
Bernstorff, Johann Heinrich: *Erinnerungen und Briefe*, Zürich: Polygraphischer Verlag, 1936.
Bleda, Mithat Şükrü: *İmparatorluğun Çöküşü*, Istanbul: Remzi, 1979.
Dersimi, Nuri: *Kürdistan tarihinde Dersim*, Aleppo: Ani Matbaası, 1952.
– *Hatıratım*, Stockholm: Roja Nû, 1986.
Der Yeghiayan, Zaven: *My Patriarchal Memoirs*, Barrington: Mayreni, 2002.
Djemal Pascha: *Erinnerungen eines türkischen Staatsmannes*, München: Drei Masken Verlag, 1922.
Einstein, Lewis: *Inside Constantinople. A Diplomat's Diary during the Dardanelles Expedition*, hg. von Ara Sarafian, London: Gomidas, 2014.
Elkus, Abram I.: *The Memoirs of Abram Elkus, Lawyer, Ambassador, Statesman*, London: Gomidas, 2004.
Emmanuilidis, Emmanuil: *Osmanlı İmparatorluğu'nun son yılları*, Istanbul: Belge, 2014.
Faiz al-Huseyin: *Martyred Armenia*, übersetzt aus dem arabischen Original, New York: George H. Doran, 1918.
Filmer, Cemil: *Hatıralar. Türk Sinemasında 65 yıl*, Istanbul: Emek, 1984.
Graves, Robert: *Storm Centers of the Near East. Personal Memories, 1879–1929*, London: Hutchison, 1933.
Hafız Hakkı: *Hafız Hakkı'nın Sarıkamış günlüğü*, hg. von Murat Bardakçı, Istanbul: Türkiye İş Bankası, 2014.
Hayri, Mustafa: *Şeyhülislam Ürgüplü Mustafa Hayri Efendi'nin Mesrutiyet, Büyük Harp ve Mütareke günlükleri (1909–1922)*, hg. von Ali Suat Ürgüplü, Istanbul: Türkiye İş Bankası, 2015 (Hayri, Tagebuch).
Ionescu, Take: *Souvenirs*, Paris: Payot, 1919.
Kadri, Hüseyin Kazım: *Meşrutiyet'ten cumhuriyet'e hatıralarım*, Istanbul: İletişim, 1991.
Kalmykow, Andrew D.: *Memoirs of a Russian Diplomat. Outposts of the Empire, 1893–1917*, New Haven: Yale University Press, 1971.

Kapancızâde Hamit: *Bir Milli Mücadele valisi ve anıları. Kapancızâde Hamit Bey*, hg. von Halit Eken, Istanbul: Yeditepe, 2008.
Karabekir, Kâzım: *İstiklâl harbimizde Enver Paşa ve İttihat ve Terakki Erkânı*, Istanbul: YKY, 2010.
– *İttihat ve Terakki Cemiyeti*, Istanbul: YKY, 2014.
Künzler, Jakob: *Im Lande des Blutes und der Tränen. Erlebnisse in Mesopotamien während des Weltkriegs (1914–1918)*, Zürich: Chronos, 1999. Englische Übersetzung: *In the Land of Blood and Tears. Experiences in Mesopotamia during the World War, 1914–1918*, Arlington, VA: Armenian Cultural Foundation, 2007.
Kut, Halil: *Kutül-Amare kahramanları. Halil Kut Paşa'nın hatıraları*, Istanbul: Timaş, 2015.
Lemkin, Raphael: *Totally Unofficial. The Autobiography of Raphael Lemkin*, hg. von Donna-Lee Frieze, New Haven: Yale University Press, 2013.
Lütfi Fikri: *Dersim Mebusu Lütfi Fikri Bey'in Günlüğü*, Istanbul: Arma, 1991.
Lütfi Simavi: *Son Osmanlı sarayında gördüklerim*, Istanbul: Örgün, 2004.
Mahari, Gurgen: *Burning Orchards*, Cambridge, UK: Black Apollo Press, 2007 (Originalausgabe in armenischer Sprache: Yerevan, 1966).
Mehmed Cavid Bey: *Meşrutiyet Rûznamesi*, Bände 1–4, Ankara: TTK, 2014/15 (Cavid, Tagebuch).
Menteşe, Halil: *Osmanlı Mebusan Meclisi Reisi Halil Menteşe'nin anıları*, Istanbul: Hürriyet Vakfı, 1986.
Meyrier, Gustave: *Les massacres de Diarbekir. Correspondance diplomatique du Vice-consul de France 1894–1896*, Paris: Edition l'inventaire, 2000.
Mîzancı Murad: *Mîzancı Murad Bey'in II. Meşrutiyet dönemi hâtıraları*, Istanbul: Marifet, 1977.
Morgenthau, Henry: *United States Diplomacy on the Bosphorus. The Diaries of Ambassador Morgenthau, 1913–1916*, hg. von Ara Sarafian, Princeton, NJ: Gomidas Institute, 2004 (Morgenthau, Tagebuch).
Nogales, Rafael de: *Vier Jahre unter dem Halbmond. Erinnerungen aus dem Weltkriege*, Berlin: Reimar Hobbing, 1925.
Pekmen, Mahir S.: *31 Mart hatıraları. İsyan günlerinde bir muhalif*, Ankara: TTK, 2011.
Pomiankowski, Joseph: *Der Zusammenbruch des Ottomanischen Reiches. Erinnerungen an die Türkei aus der Zeit des Weltkrieges*. Zürich: Amalthea-Verlag, 1927.
Rey, Ahmet Reşit: *Gördüklerim-Yaptıklarım, 1890–1922*, Istanbul: Türkiye Yayınevi, 1945.
Ruppin, Arthur: *Memoirs, Diaries, Letters*, hg. von Alex Bein, New York: Herzl Press, 1972.
Sâbis, Ali İhsan: *Harb hatıralarım*, Bände 1, 2 und 5, Istanbul: Tan matbaası, 1943.
Şahingiray, Mehmed Reşid: *Hayatı ve Hâtıraları*, hg. von N. Bilgi, İzmir: Akademi Kitabevi, 1997.
Sanders, Liman von: *Fünf Jahre Türkei*, Berlin: A. Scherl, 1920. Englische Übersetzung: *Five Years in Turkey*, Annapolis: United States Naval Institute, 1927.
Sazonov, Sergej D.: *Fateful Years, 1909–1916. The Reminiscences of Serge Sazonov*, London: Jonathan Cape, 1927.
Sciaky, Leon: *Farewell to Salonica. City at the Crossroads*, Philadelphia: Paul Dry Books, 2003.
Shiragian, Arshavir: *The Legacy. Memoirs of an Armenian Patriot*, Boston: Hairenik, 1976.
Talat Paşa'nın hatıraları, hg. von Hüseyin Cahid Yalçın, Enver Bolayır, Istanbul: Güven, 1946.
Talat Paşa: *Hatıralarım ve müdafaam*, hg. von Atatürk'ün Bütün Eserleri çalışma grubu, Istanbul: Kaynak, 2008.
Temo, İbrahim: *İttihad ve Terakki Cemiyeti'nin kurucusu ve 1/1 no'lu İbrahim Temo'nun İttihad ve Terakki Anıları*, Istanbul: Arba, 1987.
Türkgeldi, Ali F.: *Görüp işittiklerim*, Ankara: TTK, 2010.
Yalçın, Hüseyin Cahid: *Siyasal anılar*, Istanbul: Türkiye İş Bankası, 2000.
Yalman, Ahmed E.: *Yakın tarihte gördüklerim ve geçirdiklerim*, 4 Bände, Istanbul: Yenilik Basımevi, 1970.

Ausgewählte Studien

Adak, Hülya: «National Myths and Self-Na(rra)tions: Mustafa Kemal's *Nutuk* and Halide Edib's *Memoirs* and *The Turkish Ordeal*», in: *South Atlantic Quarterly* 102, Nr. 2/3 (2003), 509–527.
– «Identifying the ‹Internal Tumors› of World War I: *Talat Paşa'nın Hatıraları*, or the Travel of a Unionist Apologia into History», in: *Räume des Selbst. Selbstzeugnisforschung transkulturell*, hg. von Andreas Bähr et al., Wien: Böhlau, 2007, 151–169.
Adatepe, Sabine: «‹Das osmanische Muster›. Das frühe Ideal des M. Ziya (Gökalp) anhand ausgewählter Artikel in der Wochenschrift Peyman», in: Hendrik Fenz (Hg.): *Strukturelle Zwänge – persönliche Freiheiten: Osmanen, Türken, Muslime. Reflexionen zu gesellschaftlichen Umbrüchen. Gedenkband zu Ehren Petra Kapperts*, Berlin: Walter de Gruyter, 2009, 31–45.
Ahmad, Feroz: *The Young Turks. The Committee of Union and Progress in Turkish Politics, 1908–1914*, London: Hurst, 2010.
Ahmad, Kemal M.: *Birinci dünya savaşı yıllarında Kürdistan*, Ankara: Berhem, 1992.
Akçam, Taner: *The Young Turks' Crime against Humanity. The Armenian Genocide and Ethnic Cleansing in the Ottoman Empire*, Princeton, NJ: Princeton University Press, 2012.
Akçam, Taner, Ümit Kurt: *The Spirit of the Laws. The Plunder of Wealth in the Armenian Genocide*, übersetzt von Aram Arkun, New York: Berghahn, 2015 (Übersetzung von *Kanunların ruhu. Emval-i metruke kanunlarında soykırımın izini sürmek*, Istanbul: İletişim, 2012).
Aksakal, Mustafa: *The Ottoman Road to War in 1914*, New York: Cambridge University Press, 2008.
– «The Ottoman Proclamation of Jihad», in: Erik-Jan Zürcher (Hg.): *Jihad and Islam in World War I. Studies on the Ottoman Jihad on the Centenary Snouck Hurgronje's «Holy War Made in Germany»*, Leiden: Leiden University Press, 2016.
Aktar, Cengiz: *Ademimerkeziyet elkitabi*, Istanbul: Iletisim, 2014.
Allen, William E. D., Paul Muratoff: *Caucasian Battlefields. A History of the Wars on the Turco-Caucasian Border, 1828–1921*, New York: Cambridge University Press, 2011.
Altınay, Ahmed Refik: *İki komite, iki kital*, Ankara: Kebikeç, 1994.
Anastassiadou, Meropi: *Salonique, 1830–1912. Une ville ottomane à l'âge des Réformes*, Leiden: Brill, 1997.
Anderson, Matthew S.: *The Eastern Question, 1774–1923*, New York: St. Martin's Press, 1966.
Arkun, Aram: «Zeytun and the Commencement of the Armenian Genocide», in: *A Question of Genocide. Armenians and Turks at the End of the Ottoman Empire*, hg. von Ronald G. Suny, Fatma M. Göçek, Norman M. Naimark, New York: Oxford University Press, 2011, 231–236.
Artuç, Nevzat: *Cemal Paşa. Askeri ve siyasi hayatı*, Ankara: TTK, 2008.
Auron, Yair: *The Banality of Indifference. Zionism and the Armenian Genocide*, New Brunswick: Transaction, 2000.
Avagyan, Arsen: *Karanlıkta Kalmış Bir Eylemci: İttihatçı Komünist Salih Zeki (Kuşarkov)*, Istanbul: Sosyal Tarih Yayınları, 2020.
Ayışığı, Metin: *Mareşal Ahmed İzzet Paşa. Askerî ve siyasî hayatı*, Ankara: TTK, 1997.
Babacan, Hasan: *Mehmed Talât Paşa, 1874–1921. Siyasi hayatı ve icraatı*, Ankara: TTK, 2005.
Baer, Marc D.: *The Dönme. Jewish Converts, Muslim Revolutionaries, and Secular Turkish Jewish Converts*, Stanford, CA: Stanford University Press, 2010.
Bahaeddin Şakir: *Bahaeddin Şakir Bey'in bıraktığı vesikalara göre İttihat ve Terakki*, Ankara: Alternatif, 2001.

Bali, Rifat N.: *Devlet'in örnek yurttaşları (1950–2003)*, Istanbul: Kitabevi, 2009.
Bayur, Yusuf H.: *Türk inkılâbı tarihi*, Bände 1–3, Ankara: TTK, 1991.
Benbassa, Esther, Aron Rodrigue: *Sephardi Jewry. A History of the Judeo-Spanish Community, 14th–20th Centuries*, Berkeley: University of California Press, 2000.
Ben-Bassat, Yuval: «Palestine's Population and the Question of Ottomanism during the Last Decade of Ottoman Rule», in: Hans-Lukas Kieser, Kerem Öktem, Maurus Reinkowski (Hg.): *World War I and the End of the Ottomans. From the Balkan Wars to the Armenian Genocide*, London: I. B. Tauris, 2015, 149–165.
– «Enciphered Ottoman Telegrams from the First World War concerning the Yishuv in Palestine», in: *Turcica* 46 (2015), 279–299.
Ben-Bassat, Yuval, Eyal Ginio (Hg.): *Late Ottoman Palestine. The Period of Young Turk Rule*, London: I. B. Tauris, 2011.
Ben-Gavriêl, Mosche Ya'akov: *Jerusalem wird verkauft*, hg. von Sebastian Schirrmeister, Wuppertal: Arco, 2016.
Berkes, Niyazi: *Turkish Nationalism and Western Civilization. Selected Essays of Ziya Gökalp*, New York: Praeger, 1959.
Beşikçi, Mehmet: *The Ottoman Mobilization of Manpower in the First World War. Between Voluntarism and Resistance*, Leiden: Brill, 2012.
Birgen, Muhittin: *İttihat ve Terakki'de on sene. İttihat ve Terakki neydi?*, 2 Bände, Istanbul: Kitapyayınevi, 2006.
Birinci, Ali: *Hürriyet ve İtilâf Fırkası. II, Meşrutiyet döneminde İttihat ve Terakki'ye karşı çıkanlar*, Istanbul: Dergah, 1990.
Bjørnlund, Matthias: «‹When the Cannons Talk, the Diplomats Must Be Silent›. A Danish Diplomat in Constantinople during the Armenian Genocide», in: *Genocide Studies and Prevention* 1–2 (September 2006), 197–224.
Bozarslan, Hamit: «Le Prince Sabahaddin (1879–1948)», in: *Schweizerische Zeitschrift für Geschichte* 52, Nr. 3 (2002), 287–301.
– *Violence in the Middle East. From Political Struggle to Self-Sacrifice*, Princeton, NJ: Markus Wiener, 2004.
– *Histoire de la Turquie. De l'Empire à nos jours*, Paris: Tallandier, 2013.
Bozkurt, Serhat: *Bir toplumsal mühendislik kurumu olarak «Aşâir ve Muhâcirîn Müdîriyyet-i Umûmiyyesi»*, Yüksek lisans tezi (Masterarbeit/Dissertation), Istanbul: Mimar Sinan Üniversitesi, 2013.
Çandar, Tevfik: *Talat Paşa. Bir örgüt ustasının yaşamöyküsü*, Istanbul: Imge, 2001.
Cemil, Arif: *I. Dünya Savaşı'nda Teşkilât-ı Mahsusa*, Istanbul: Arba, 1997.
Çetinkaya, Doğan: *The Young Turks and the Boycott Movement: Nationalism, Protest and the Working Classes in the Formation of Modern Turkey*, London: I. B. Tauris, 2014.
Çiçek, M. Talha: *War and State Formation in Syria. Cemal Pasha's Governorate during World War I, 1914–1917*, Oxon: Routledge, 2014.
– (Hg.): *Syria in World War I: Politics, Economy, and Society*, New York: Routledge, 2016.
Clark, Christopher: *The Sleepwalkers. How Europe Went to War in 1914*, London: Penguin, 2012.
Clayer, Nathalie: *Aux origines du nationalisme albanais. La naissance d'une nation musulmane en Europe*, Paris: Karthala, 2007.
Cohen, Julia P., Sarah A. Stein: *Sephardi Lives. A Documentary History*, Stanford, CA: Stanford University Press, 2014.
Dadrian, Vahakn, Taner Akçam: *Judgment at Istanbul. The Armenian Genocide Trials*, New York: Berghahn, 2011.
Dalby, Andrew: *Eleftherios Venizelos. Greece*, London: Haus, 2010.
Denker, Arif Cemil: *İttihatçı şeflerin gurbet maceraları*, Istanbul: Arma, 1992.
Deringil, Selim: *The Well-Protected Domains. Ideology and the Legitimation of Power in the Ottoman Empire, 1876–1909*, London: I. B. Tauris, 1998.

Der Matossian, Bedross: *Shattered Dreams of Revolution. From Liberty to Violence in the Late Ottoman Empire*, Stanford, CA: Stanford University Press, 2014.
Dockter, Warren: *Churchill and the Islamic World*, London: I. B. Tauris, 2015.
Dowe, Christopher (Hg.): *Matthias Erzberger. Ein Demokrat in Zeiten des Hasses*, Karlsruhe: G. Braun, 2013.
Dressler, Markus: *Writing Religion. The Making of Turkish Alevi İslam*, New York: Oxford University Press, 2013.
Dündar, Fuat: *İttihat ve Terakki Müslümanları iskân politikası (1913–1918)*, Istanbul: İletişim, 2001.
– *Modern Türkiye'nin Şifresi. İttihat ve Terakkki'nin etnisite ve mühendisliği (1913–1918)*, Istanbul: İletişim, 2008.
Duran, Tülay: «Dünya Savaşı sonunda Türk diplomasinin ilk başarısı. Brest-Litovsk harzırlıkları», in: *Belgelerle Türk Tarih Dergisi* 12 (1973), Nr. 67 f., 43–49; Nr. 69, 22–26; Nr. 70, 31–34.
Efiloğlu, Ahmet: *İttihat ve Terakki azınlıklar politikası*, unveröffentlichte Dissertation, University of Istanbul, 2007.
Erickson, Edward J.: *Ottomans and Armenians. A Study in Counterinsurgency*, New York: Palgrave Macmillan, 2013.
Erol, Emre: «‹Macedonian Question› in Western Anatolia. The Ousting of the Ottoman Greeks before World War I», in: Hans-Lukas Kieser, Kerem Öktem, Maurus Reinkowski (Hg.): *World War I and the End of the Ottomans. From the Balkan Wars to the Armenian Genocide*, London: I. B. Tauris, 2015, 103–130.
Esatlı, Mustafa Ragıp: *İttihat ve Terakki tarihinde esrar perdesi*, Istanbul: Hürriyet, 1975.
– *Meşrutiyet'ten önce Manastır'da patlayan tabanca*, Istanbul: Bengi, 2007.
Finkel, Caroline: *Osman's Dream. The Story of the Ottoman Empire, 1300–1923*, New York: Basic Books, 2005.
Fischer, August: *Aus der religiösen Reformbewegung in der Türkei. Türkische Stimmen verdeutscht*, Leipzig: Harrassowitz, 1922.
Fortna, Benjamin C.: *The Circassian. A Life of Eşref Bey, Late Ottoman Insurgent and Special Agent*, London: Oxford University Press, 2016.
Friedman, Isaiah: *Germany, Turkey, and Zionism, 1897–1918*, New Brunswick: Transaction, 1998.
Gaunt, David: *Massacres, Resistance, Protectors. Muslim-Christian Relations in Eastern Anatolia during World War I*, Piscataway, NJ: Gorgias Press, 2006.
Gençer, Mustafa: *Bildungspolitik, Modernisierung und kulturelle Interaktion. Deutsch-türkische Beziehungen (1908–1918)*, Münster: Lit, 2002.
Georgeon, François: *Abdulhamid II. Le sultan calife*, Paris: Fayard, 2003.
Gerçek, Burçin: *Report on Turks Who Reached-Out to Armenians in 1915*, The International Raoul Wallenberg Foundation, 2015, www.raoulwallenberg.net/wp-content/files_mf/1435335304ReportTurkishrescuerscomplete.pdf.
– *Akıntıya Karşı. Ermeni Soykırımında Emirlere Karşı Gelenler, Kurtaranlar, Direnenler*, Istanbul: İletişim, 2016.
Gingeras, Ryan: *Sorrowful Shores. Violence, Ethnicity, and the End of the Ottoman Empire, 1912–1923*, Oxford: Oxford University Press, 2009.
– *Fall of the Sultanate. The Great War and the End of the Ottoman Empire, 1908–1922*, Oxford: Oxford University Press, 2016.
Ginio, Eyal: *The Ottoman Culture of Defeat. The Balkan Wars and Their Aftermath*, London: Hurst, 2016.
Göçek, Fatma M.: *Denial of Violence. Ottoman Past, Turkish Present, and Collective Violence against the Armenians, 1789–2009*, New York: Oxford University Press, 2015.
Gökalp, Ziya: *Türkçülüğün esasları*, hg. von Salim Çonoğlu, Istanbul: Ötüken, 2014.

Gottschlich, Jürgen: *Beihilfe zum Völkermord. Deutschlands Rolle bei der Vernichtung der Armenier*, Berlin: Ch. Links, 2015.
Grassi, Fabio L.: *İtalya ve Türk sorunu 1919–1923. Kamuoyu ve dış politika*, Istanbul: YKY, 2003.
Gürzumar, Osman B.: «Die Übernahme westlichen Rechts in der Türkei vor 1926», in: Hans-Lukas Kieser, Astrid Meier, Walter Stoffel (Hg.): *Revolution islamischen Rechts. Das Schweizerische ZGB in der Türkei*, Zürich: Chronos, 2008, 35–47.
Hale, William: *Turkish Foreign Policy since 1774*, London: Routledge, 2013.
Hanioğlu, M. Şükrü: *The Young Turks in Opposition*, New York: Oxford University Press, 1995.
- *Preparation for a Revolution. The Young Turks, 1902–1908*, New York: Oxford University Press, 2001.
- *Brief History of the Late Ottoman Empire*, Princeton, NJ: Princeton University Press, 2008.
- *Atatürk. An Intellectual Biography*, Princeton, NJ: Princeton University Press, 2011.
Hartmann, Elke: *Die Reichweite des Staates. Wehrpflicht und moderne Staatlichkeit im Osmanischen Reich 1869–1910*, Paderborn: Ferdinand Schöningh, 2016.
Helfferich, Karl: *Harb-i Umûmî'nin menseileri*, Istanbul: Fratelli Hayim Matbaası, 1915 (osmanische Übersetzung von Reşid Safvet [Atabinen] von *Die Entstehung des Weltkriegs im Lichte der Veröffentlichungen der Dreiverbandmächte*, Berlin: Georg Stilke, 1915).
- *Die deutsche Türkenpolitik*, Berlin: Vossische Buchhandlung, 1921.
Heyd, Uriel: *Foundations of Turkish Nationalism. The Life and Teachings of Ziya Gökalp*, London: Harvill, 1950.
Hobsbawm, Eric: *Age of Extremes. The Short Twentieth Century, 1914–1991*, London: Michael Joseph, 1995.
Hosfeld, Rolf: *Operation Nemesis. Die Türkei, Deutschland und der Völkermord an den Armeniern*, Köln: Kiepenheuer & Witsch, 2005.
- (Hg.): *Johannes Lepsius – Eine deutsche Ausnahme. Der Völkermord an den Armeniern, Humanitarismus und Menschenrechte*, Göttingen: Wallstein, 2013.
Hosfeld, Rolf, Christin Pschichholz (Hg.): *Das Deutsche Reich und der Völkermord an den Armeniern*, Göttingen: Wallstein, 2017.
Hovannisian, Richard G.: *Armenia on the Road to Independence, 1918*, Berkeley: University of California Press, 1967.
Ihrig, Stefan: *Atatürk in the Nazi Imagination*, Cambridge, MA: Harvard University Press, 2014.
- *Justifying Genocide. Germany and the Armenians from Bismarck to Hitler*, Cambridge, MA: Harvard University Press, 2016.
İlkin, Selim, İlhan Tekeli: «Kurtuluş Savaşı'nda Talât Paşa ile Mustafa Kemâl'in Mektuplaşmaları», in: *Belleten* 44 (April 1980), 301–345.
Jäckh, Ernst: *Rising Crescent. Turkey Yesterday, Today, and Tomorrow*, New York: Farrar & Rinehart, 1944 (erweiterte Version der Originalausgabe: *Der aufsteigende Halbmond*, Stuttgart: Deutsche Verlags-Anstalt, 1909).
Jäschke, Gotthard: «Der Weg zur russisch-türkischen Freundschaft», in: *Die Welt des Islams* 16 (1934), 23–38.
Jongerden, Joost, Jelle Verheij (Hg.): *Social Relations in Ottoman Diyarbekir, 1870–1915*, Leiden: Brill, 2012.
Kaiser, Hilmar: *At the Crossroads of Der Zor. Death, Survival, and Humanitarian Resistance in Aleppo, 1915–1917*, Princeton, NJ: Gomidas Institute, 2002.
- *The Extermination of Armenians in the Diarbekir Region*, Istanbul: Bilgi University, 2014.
- «Shukru Bey and the Armenian Deportations in the Fall of 1915», in: M. Talha Çiçek (Hg.): *Syria in World War I: Politics, Economy, and Society*, New York: Routledge, 2016, 169–236.

Kaligian, Dikran: *Armenian Organization and Ideology under Ottoman Rule, 1908–1914*, New Brunswick: Transaction, 2012.
Karsh, Efraim, Inari Karsh: *Empires of Sand. The Struggle for Mastery in the Middle East, 1789–1923*, Cambridge, MA: Harvard University Press, 1999.
Kasaba, Reşat: *The Cambridge History of Turkey*, Bd. 4, Cambridge: Cambridge University Press, 2008.
Kayali, Hasan: *Arabs and Young Turks. Ottomanism, Arabism, and Islamism in the Ottoman Empire, 1908–1918*, Berkeley: University of California Press, 1997.
Kaynar, Erdal: *Ahmed Rıza (1858–1930). Histoire d'un vieux Jeune Turc*, unveröffentlichte Dissertation, Paris: EHESS, 2011.
Kechriotis, Vangelis: «On the Margins of National Historiography. The Greek *İttihatçi* Emmanouil Emmanouilidis – Opportunist or Ottoman Patriot?», in: *Untold Histories of the Middle East. Recovering Voices from the 19th and 20th Centuries*, hg. von Amy Singer, Christoph Neumann, Selçuk A. Somel, London: Routledge, 2011, 124–142.
Kedourie, Elie: «Young Turks, Freemasons and Jews», in: *Middle Eastern Studies* 7, Nr. 1 (Januar 1971), 89–104.
Kellogg, Michael: *The Russian Roots of Nazism. White Émigrés and the Making of National Socialism, 1917–1945*, Cambridge: Cambridge University Press, 2005.
Kévorkian, Raymond: *L'extermination des déportés arméniens ottomans dans les camps de concentration de Syrie-Mésopotamie (1915–1916). La deuxième phase du génocide*, Paris: Bibliothèque Nubar, 1998.
– *The Armenian Genocide. A Complete History*, London: I. B. Tauris, 2011.
Kieser, Hans-Lukas: *Der verpasste Friede. Mission, Ethnie und Staat in den Ostprovinzen der Türkei*, Zürich: Chronos, 2000.
– *Türklüğe İhtida. 1870–1939 İsviçre'sinde Yeni Türkiye'nin öncüleri*, Istanbul: İletişim, 2008. Revidierte Übersetzung von *Vorkämpfer der «Neuen Türkei». Revolutionäre Bildungseliten am Genfersee*, Zürich: Chronos, 2005.
– Nearest East. American Millennialism and Mission to the Middle East, Philadelphia: Temple University Press, 2010.
– «From ‹Patriotism› to Mass Murder: Dr. Mehmed Reşid (1873–1919)», in: Ronald G. Suny, Fatma M. Göcek, Norman Naimark (Hg.): *A Question of Genocide. Armenians and Turks at the End of the Ottoman Empire*, New York: Oxford University Press, 2011, 126–149.
– «Johannes Lepsius: Theologian, Humanitarian Activist and Historian of *Völkermord*. An Approach to a German Biography (1858–1926)», in: Anna Briskina-Müller, Armenuhi Drost-Abgajan, Axel Meissner (Hg.): *Logos im Dialogos. Auf der Suche nach der Orthodoxie. Gedenkschrift für Hermann Goltz (1946–2010)*, Münster: Lit, 2011, 209–229.
– *Iskalanmış Barış. Doğu vilayetlerinde misyonerlik, etnik kimlik ve devlet 1839–1938*, Istanbul: İletişim, 2018. Revidierte und erweiterte Übersetzung von *Der verpasste Friede*.
Kieser, Hans-Lukas, Margaret L. Anderson, Seyhan Bayraktar, Thomas Schmutz (Hg.): *End of the Ottomans. The Genocide of 1915 and the Politics of Turkish Nationalism*, London: I. B. Tauris, 2019.
Kieser, Hans-Lukas, Astrid Meier, Walter Stoffel (Hg.): *Revolution islamischen Rechts. Das Schweizerische ZGB in der Türkei*, Zürich: Chronos, 2008.
Kieser, Hans-Lukas, Kerem Öktem, Maurus Reinkowski (Hg.): *World War I and the End of the Ottomans. From the Balkan Wars to the Armenian Genocide*, London: I. B. Tauris, 2015.
Kieser, Hans-Lukas, Mehmet Polatel, Thomas Schmutz: «Reform or Cataclysm? The Agreement of 8 February 1914 regarding the Ottoman Eastern Provinces», in: *Journal of Genocide Research* 17, Nr. 3 (2015), 285–304.

Kieser, Hans-Lukas, Dominik J. Schaller (Hg.): *Der Völkermord an den Armeniern und die Shoah*, Zürich: Chronos, 2002.

Koptaş, Rober: «Zohrab, Papazyan ve Pastırmayciyan'ın kalemlerinden 1914 Ermeni reformu ve İttihatçı-Taşnak müzakeleri», in: *Tarih ve Toplum Yeni Yaklaşımlar* 5 (Frühjahr 2007), 159–178.

Köroğlu, Erol: *Ottoman Propaganda and Turkish Identity. Literature in Turkey during World War I*, London: I. B. Tauris, 2007.

Kreiser, Klaus: *Atatürk. Eine Biographie*, München: C. H. Beck, 2014.

Kühn, Thomas: *Empire, Islam, and Politics of Difference. Ottoman Rule in Yemen, 1849–1919*, Leiden: Brill, 2011.

Kuran, Ahmet B.: *İnkılap tarihimiz ve Jön Türkler*, Istanbul: Kaynak, 2000.

Kurt, Ümit: *Destruction of Aintab Armenians and Emergence of the New Wealthy Class. Plunder of Armenian Wealth in Aintab*, Dissertation, Worcester: Clark University, 2016.

Ladas, Stephen: *The Exchange of Minorities. Bulgaria, Greece and Turkey*, New York: Macmillan, 1932.

Landau, Jacob M.: *Tekinalp. Turkish Patriot*, Istanbul: Nederlands Historisch-Archaeologisch Instituut, 1984.

Lepsius, Johannes, Der Todesgang des Armenischen Volkes: Bericht über das Schicksal des armenischen Volkes in der Türkei während des Weltkrieges, Potsdam: Missionshandlung, 1919

Levy, Avigdor: *Jews, Turks, Ottomans. A Shared History, Fifteenth through the Twentieth Century*, Syracuse: Syracuse University Press, 2002.

Lévy, Noémi: *Ordre et désordres dans l'Istanbul ottomane, 1879–1909. De l'état au quartier*, Paris: Karthala, 2013.

Mandel, N. J.: *Turks, Arabs and Jewish Immigration into Palestine. 1882–1914*, Dissertation, Oxford: St. Antony's College, 1965.

Mandelstam, André N.: *Le sort de l'Empire ottoman*, Lausanne: Payot, 1917.

Mango, Andrew: *Atatürk*, London: John Murray, 1999.

Mangold-Will, Sabine: *Begrenzte Freundschaft. Deutschland und die Türkei 1918–1933*, Göttingen: Wallstein, 2013.

Mazza, Roberto: «‹We will treat you like the Armenians›. Djemal Pasha, Zionism, and the Evacuation of Jaffa, April 1917», in: M. Talha Çiçek (Hg.): *Syria in World War I: Politics, Economy, and Society*, New York: Routledge, 2016, 87–106.

McKeekin, Sean: *The Ottoman Endgame. War, Revolution, and the Making of the Modern Middler East, 1908–1923*, New York: Penguin, 2015.

Meissner, Axel: *Martin Rades «Christliche Welt» und Armenien*, Münster: Lit, 2010.

Miller, Owen Robert: *Sasun 1894. Mountains, Missionaries and Massacres at the End of the Ottoman Empire*, unveröffentlichte Dissertation, New York: Columbia University, 2015.

Moreau, Odile: *La Turquie dans la Grande Guerre*, Saint-Cloud: Soteca, 2016.

Mouradian, Khatchig: *Genocide and Humanitarian Assistance in Ottoman Syria, 1915–1917*, Dissertation, Worcester: Clark University, 2016. Wird 2021 erscheinen als *The Resistance Network. The Armenian Genocide and Humanitarianism in Ottoman Syria, 1915–1918*, East Lansing: Michigan State University Press.

Mühlmann, Carl: *Deutschland und die Türkei 1913–1914*, Berlin: Walther Rothschild, 1929.

Nebelin, Manfred: *Ludendorff. Diktator im Ersten Weltkrieg*, München: Siedler, 2010.

Nossig, Alfred: *Die neue Türkei und ihre Führer*, Halle: Otto Hendel, 1916.

Philliou, Christine M.: *Biography of an Empire. Governing Ottomans in an Age of Revolution*, Berkeley: University of California Press, 2011.

Plozza, Elmar: *Zwischen Berlin und Konstantinopel. Die diplomatischen Aktivitäten Alfred Nossigs für das zionistische Projekt*, unveröffentlichte Lizenziatsarbeit, Universität Zürich, 2004.

Polatel, Mehmet, Uğur Üngör: *Confiscation and Destruction. The Young Turk Seizure of Armenian Property*, London: Bloomsbury, 2013.

Rabinowicz, Oskar K.: *Vladimir Jabotinsky's Conception of a Nation*, New York: Beechhurst, 1946.
Reindl-Kiel, Hedda, Seyfi Kenan (Hg.): *Deutsch-türkische Begegnungen / Alman Türk Tesadüfleri*, Berlin: EB-Verlag, 2013.
Reynolds, Michael: *Shattering Empires. The Clash and Collapse of the Ottoman and Russian Empires, 1908–1918*, Cambridge: Cambridge University Press, 2011.
Safi, Polat: *The Ottoman Special Organization – Teşkilat-ı Mahsusa. An Inquiry into its Operational and Administrative Characteristics*, Dissertation, Ankara: Bilkent University, 2012.
Şapolyo, Enver B.: *Ziya Gökalp. İttihat ve Terakki ve Meşrutiyet tarihi*, Istanbul: Güven, 1943.
Sartiaux, Félix: «Le sac de Phocée et l'expulsion des Grecs ottomans d'Asie Mineure en juillet 1914», in: *Revue des deux mondes* 84 (November bis Dezember 1914), 654–686.
Schaller, Dominik J.: «Die Rezeption des Völkermords an den Armeniern in Deutschland, 1915–1945», in: Hans-Lukas Kieser, Dominik J. Schaller (Hg.): *Der Völkermord an den Armeniern und die Shoah*, Zürich: Chronos, 2002, 517–555.
Schaller, Dominik J., Jürgen Zimmerer (Hg.): *The Origins of Genocide. Raphael Lemkin as a Historian of Mass Violence*, London: Routledge, 2009.
Schmutz, Thomas: *Die deutsche Rolle bei den armenischen Reformverhandlungen 1913–1914*, Masterarbeit, Universität Zürich, 2014.
Schneer, Jonathan: *The Balfour Declaration. The Origins of the Arab-Israeli Conflict*, New York: Random House, 2012.
Schrader, Friedrich: *Eine Flüchtlingsreise durch die Ukraine. Tagebuchblätter von meiner Flucht aus Konstantinopel*, Tübingen: J. C. B. Mohr, 1919.
Sémelin, Jacques: *Purifier et détruire. Usages politiques des massacres et genocides*, Paris: Editions du Seuil, 2005.
Seyffarth, Kai: *Entscheidung in Aleppo. Walter Rössler (1871–1929), Helfer der verfolgten Armenier*, Bremen: Donat, 2015.
Şeyhun, Ahmet: *Islamist Thinkers in the Late Ottoman Empire and Early Turkish Republic*, Leiden: Brill, 2015.
Shaw, Stanford J.: *The Jews of the Ottoman Empire and the Turkish Republic*, Basingstoke: Macmillan, 1991.
Sjöberg, Erik: *The Making of the Greek Genocide. Contested Memories of the Ottoman Greek Catastrophe*, New York: Berghahn, 2016.
Soku, Ziya Şakir: *Yakın tarihin üç büyük adamı. Talat, Enver, Cemal Paşalar*, Istanbul: Kaktüs, 2010.
Somel, Selçuk A.: *Melekler, vatanperverler ve ajan provokatörler: Mutlakiyet devri Diyarbekir okul gençliği, bürokrasi ve Ziya Gökalp'in idadi öğrenciliğine ilişkin soruşturma kayıtları (1894–1895)*, Sabancı Üniversitesi, 2014, http://research.sabanciuniv.edu/19474.
Stanislawski, Michael: *Zionism and the Fin de siècle. Cosmopolitanism and Nationalism from Nordau to Jabotinsky*, Berkeley: University of California Press, 2001.
Suny, Ronald G.: *The Baku Commune, 1917–1918. Class and Nationality in the Russian Revolution*, Princeton, NJ: Princeton University Press, 1972.
Suny, Ronald G., Fatma M. Göçek, Norman Naimark (Hg.): *A Question of Genocide. Armenians and Turks at the End of the Ottoman Empire*, New York: Oxford University Press, 2011.
Taş, Necati Fahri: *Nureddin Pasa ve tarihi gercekler*, Istanbul: Nehir, 1997.
Tekin Alp (Moiz Kohen Tekinalp): *Türkismus und Pantürkismus*, Weimar: G. Kiepenheuer, 1915.
Tetik, Ahmet. *Teşkilat-ı Mahsusa (Umûr-i Şarkıyye Dairesi) tarihi*, Istanbul: Türkiye İş Bankası, 2014.

Toprak, Zafer: *Türkiye'de ekonomi ve toplum (1908–1950). İttihat-Terakki ve devletçilik*, Istanbul: Tarih Vakfı, 1995.
- *Türkiye'de milli iktisat 1908–1918*, Istanbul: Doğan, 2012.

Trumpener, Ulrich: *Germany and the Ottoman Empire, 1914–1918*, Princeton, NJ: Princeton University Press, 1968.

Tunçay, Mete: *Türkiye'de sol akımlar 1908–1925*, Istanbul: Iletisim, 2009.

Türkiye Diyanet Vakfı İslam Ansiklopedisi, 44 Bände, Islamic Arastirma Merkezi (ISAM), 1988–2013.

Türkmen, Zekeriya: *Vilayât-ı Şarkiye Islahat Müffettişliği*, Ankara: TTK, 2006.

Ünal, Hasan: «Young Turk Assessment of International Politics, 1906–1909», in: *Middle Eastern Studies* 32 (1996), 30–44.

Üngör, Uğur Ü.: *The Making of Modern Turkey. Nation and State in Eastern Anatolia, 1913–1950*, Oxford: Oxford University Press, 2011.

Uras, Esat: *Tarihte Ermeniler ve Ermeni Meselesi*, Ankara: Yeni Matbaa, 1950.

Uzer, Tahsin: *Makedonya eşkiyalık tarihi ve son Osmanlı yönetimi*, Ankara: TTK, 1999.

Varnaka, Andrekos: «French and British Post-War Imperial Agendas and Forging an Armenian Homeland after Genocide. The Formation of the Légion d'Orient in October 1916», in: *Historical Journal* 57, Nr. 4 (2014), 997–1025.

Wasti, Syed Tanvir: «Halil Menteşe – the Quadrumvir», in: *Middle Eastern Studies* 32, Nr. 3 (1996), 92–105.

Williamson, John G.: *Karl Helfferich, 1872–1924. Economist, Financier, Politician*, Princeton, NJ: Princeton University Press, 1971.

Yalçın, Hüseyin Cahid: *Talât Paşa*, Istanbul: Yedigün, 1943.
- *İttihatçı liderlerin gizli mektupları*, Istanbul: Temel, 2002.

Yanıkdağ, Yüksel: *Healing the Nation. Prisoners of War, Medicine and Nationalism in Turkey, 1914–1939*, Edinburgh: Edinburgh University Press, 2013.

Yeni Mecmua. Çanakkale özel sayısı 18 Mart 1918, transkribierte Ausgabe, Istanbul: Yeditepe, 2006.

Yessayan, Zabel: *In the Ruins. The 1909 Massacres of Armenians in Adana, Turkey*, Watertown: AIWA, 2016.

Zohrab, Krikor: *Gesammelte Werke*, hg. von Albert Charourian, Yerevan, 2003 (in armenischer Sprache).

Zürcher, Erik Jan: *The Unionist Factor. The Role of the Committee of Union and Progress in the Turkish National Movement, 1905–1926*, Leiden: Brill, 1984.
- *The Young Turk Legacy and Nation Building. From the Ottoman Empire to Ataturk's Turkey*, London: I. B. Tauris, 2010.
- «Young Turk Decision-Making Patterns», in: Conseil scientifique pour l'étude du génocide des Arméniens, *Le génocide des Arméniens*, Paris: Armand Colin, 2015, 15–32.
- (Hg.): *Jihad and Islam in World War I. Studies on the Ottoman Jihad on the Centenary Snouck Hurgronje's «Holy War Made in Germany»*, Leiden: Leiden University Press, 2015.

Zurlinden, Samuel: *Der Weltkrieg. Vorläufige Orientierung von einem schweizerischen Standpunkt aus*, 3 Bände, Zürich: Orell Füssli, 1917–1919.

Personenindex

Muslimische Osmanen trugen im Allgemeinen keinen Familiennamen. Im vorliegenden Index sind sie daher nach Vornamen in alphabetischer Reihenfolge aufgeführt: «Talât», «Enver», «Cavid», und wo üblicherweise ein Doppelname verwendet wurde, erfolgt die alphabetische Einordnung gemäss dem Vornamen: «Ali Rıza», «Ziya Gökalp» (nicht «Rıza, Ali», «Gökalp, Ziya»). Weniger häufig verwendete Zweitnamen werden dem gebräuchlichen Namen in Klammern hinzugefügt, und allgemein verwendete Titel werden zusätzlich aufgeführt: «Cemal (Ahmed Cemal/Jamal) Pascha.» Jene muslimischen Osmanen, die bis in die Zeit der türkischen Republik hinein überlebten und sich Mitte der 1930er-Jahre einen Familiennamen zulegten, wie es vom damals neu eingeführten Schweizer Zivilgesetzbuch verlangt wurde, sind hingegen nach ihrem Familiennamen aufgeführt: «Atatürk, Mustafa Kemal», «Uzer, Hasan Tahsin». Zuweilen werden im Index um der leichteren Auffindbarkeit eines Namens willen Querverweise vorgenommen oder es werden alternative Schreibweisen erwähnt und Titel oder Funktionsbezeichnungen beigefügt.

Aaronsohn, Aaron, 282A
Abalıoğlu, Yunus Nadi, 317, 400, 407 f.
Abdülhalik, siehe: Renda
Abdülkadir, Scheich, 394
Abdülkerim, 337–339, 338A
Abdulahad Nuri, 258
Abdulhamid II, Sultan, 20–22, 26, 32, 34, 53 f., 57–59, 62, 67–69, 72 f., 75, 77 f., 81, 83–86, 94, 105, 110–112, 150, 154, 185A, 199, 226 f., 229, 243A, 280, 284 f., 287, 293, 304, 312, 327, 338, 381, 415
Abdulkadir Bey, 149A
Abdullah Cevdet, 108, 112, 135, 395
Abdurrahman Nesib, 124
Abdurrezzak Bedirhan, 159, 220
Adıvar, Halide Edib, 120
Adom (Harutyun Shahrigian), 102, 107
Adorno, Theodor W., 275
Agayev / Ağaoğlu, Ahmed, 295, 297, 299, 317
Ahmed Cemal Pascha, siehe: Cemal
Ahmed Emin (Yalman), siehe: Yalman
Ahmed İzzet Pascha, 93 f., 136, 141, 146, 152, 164 f., 171 (Bildlegende), 171, 215, 238, 252, 315A, 320A, 368, 370, 372
Ahmed Midhat, 81
Ahmed Muhtar, siehe: Muhtar Pascha
Ahmed Niyazi, siehe: Niyazi

Ahmed Refik, siehe: Altınay
Ahmed Reşid, siehe: Rey
Ahmed Rıza, 60, 63, 65, 73, 76, 81–83, 106, 260, 263, 268, 335
Ahmed Tevfik Pascha, 83, 86, 368
Akçam, Taner, 228A
Akil Muhtar, 318
Aknuni (Khachadour Malumian), 83
Alexinsky, Gregor, 386A
Ali Cenani, 372, 401
Ali Haydar Pascha, 264 f., 314
Ali Kemal, 299, 390, 390A, 395
Ali Mazhar, 235 f., 379, 380A
Ali Münif, siehe: Yeğenağa
Ali Sâî (Pseudonym von Talât Pascha), 372
Ali Sabid, 241
Ali Suad, Distriktgouverneur von Der ez-Zor, 255, 266
Altınay, Ahmed Refik, 270
Andonian, Aram, 228A, 253A
Apak, Rahmi, 205
Arda, Hacı Âdil, 61, 136 f., 140
Arendt, Hannah, 280
Arif Cemil, siehe: Denker
Armen Garo (Karekin Pastermajian), 122, 178 f., 394
Arslan, Mustafa Rahmi, 61, 63, 78, 83, 106, 160, 175–177, 190A, 337, 338A
Arslan, Schekib, 394, 399
Asım, Abgeordneter, 105

Asquith, Herbert H., britischer Premierminister, 341
Astourian, Stephan, 29A
Atabinen, Reşid Saffet (Safvet), 32A, 359A, 401
Atatürk, Mustafa Kemal, 13 f., 16, 35 f., 39, 48 f., 51, 54, 63 f., 69, 85, 119, 147, 166A, 175, 194, 218, 235, 310 f., 315–317, 326 f., 340, 345–347, 347A, 348, 352, 354, 361, 366, 368, 377, 380–382, 384–386, 388–392, 398, 400–408, 410
Atay, Falih Rıfkı, 352, 390, 400
Atıf Bey, siehe: Bayındır

Babacan, Hasan, 14A, 117
Babanzâde, 140
Babikian, Agop, 90
Bahaeddin, Distriktgouverneur von Jaffa, Cemal Paschas Sekretär, 301
Bahaeddin Şakir, 40, 54, 64–66, 70–74, 76–78, 92, 95 f., 102, 106–108, 149, 159, 197–199, 203, 205 f., 208, 212, 214 f., 218, 225 f., 228, 228A, 239, 241 f., 245, 249, 270, 334, 370 f., 385, 387, 394 f., 398
Balakian, Grigoris, 28A, 267A
Balcioğlu, Mustafa, 390A
Balfour, Arthur J., britischer Aussenminister, 339, 349
Ballobar, Conde de, 303
Bayar, Mahmud Celâl, 17, 175, 175A, 176, 194, 400
Bayındır, Atıf, 235 f., 400
Bayur, Yusuf H., 33A, 368, 410
Bozkurt, Mahmut Esat, siehe: Mahmut Esat
Beau, M., französischer Botschafter, 316A
Becker, Hellmut, 275A
Becker, Julius, 293, 351 f.
Bekir Sami, siehe: Kunduh
Belger, Nihad Reşad, 144
Ben-Bassat, Yuval, 303A
Ben-Gavriêl, Moshe Y. (zuvor Eugen Hoeflich), 290A
Ben-Gurion, David, 291, 350A
Berchtold, Leopold, Aussenminister, 148, 160A

Bergman, Shemu'el Hugo, 350A
Bernstorff, Johann Heinrich, Graf, deutscher Botschafter, 42 f., 289, 289A, 323 f., 327A, 332, 339, 348, 351, 358, 367
Bethmann Hollweg, Theobald von, Reichskanzler, 144A, 150 f., 152A, 229, 302A, 324A, 361
Bieberstein, Adolf Marschall von, 95, 98, 102, 121, 150, 182
Birgen, Muhittin, 35A, 39, 107, 162, 172, 224, 321A, 361–366, 368, 400, 403
Bismarck, 277, 393
Bleda, Midhat Şükrü, 36, 40, 63–65, 68, 123, 128, 135, 137, 146, 163, 225, 353
Bolayır, Enver, 410 f.
Bonaparte, Napoleon, 57, 141, 215
Bozarslan, Hamit, 55A, 72A
Bozkurt, Mahmut Esat, 401
Briand, Aristide, französischer Aussenminister, 316A
Buber, Martin, 350A

Cafer Pasha, 265
Cahid, siehe: Hüseyin Cahid bzw. Yalçın
Cȃmi, 392A
Canbolad (İsmail Canbolad or Canbulat), 63, 65, 272, 272A, 340, 362
Çandar, Tevfik, 14A
Cavid (Mehmed Cavid) Bey, 40 f., 61, 76, 78, 82 f., 87, 91, 98, 99 (Bildlegende), 99 f., 102, 104, 106 f., 118–120, 122–124, 126–128, 130, 132, 134, 136, 140, 142, 151 f., 161–164, 170, 174A, 176 f., 182, 186 f., 189–192, 209, 211–215, 218 f., 224, 239, 251, 268–271, 282, 283A, 294, 303, 307 f., 311–314, 318–321, 326, 330, 334 f., 337, 339, 341, 351, 362, 364 f., 367 f., 371 f., 374, 377, 378A, 385 f., 392A, 393–395, 408
Celâl (Mehmed Celâl) Bey, 95, 101, 101A, 104, 157, 257
Celâl, siehe: Bayar, Mahmud Celâl
Celal Nuri, siehe: İleri, Celal Nuri
Cemal (Ahmed Cemal/Jamal) Pascha, 61, 78, 88, 106, 116, 140, 142 f., 144, 146 f., 149, 151 f., 164, 166, 182, 186, 209,

212, 214, 216, 219 f., 222, 230 f., 234,
  246, 254, 254A, 256–258, 265, 278,
  281, 285A, 288 f., 289A, 291–293,
  300 f., 303, 350–352, 370, 374, 385,
  387 f., 391, 400, 409
Cemal Azmi, 135, 250, 370, 398
Cemil Pascha, 130A
Cemil, siehe: Yakub Cemil
Çerkez Ahmed, 207
Cevdet, siehe: Abdullah Cevdet
Cevdet, Gouverneur, Envers Schwager, 100,
  203, 207, 217, 219–221, 223, 243 f.,
  250, 255
Churchill, Winston, 14, 30, 41, 47, 98 f.
  (Bildlegende), 120, 182, 188 f., 210,
  222–224, 287, 333, 341, 344 f.
Comte, Auguste, 20
Crawford, David, 161
Curzon, George, Lord, 87
Czernin, Ottokar, Graf, österreichischer
  Aussenminister, 331 (Bildlegende),
  335 f.

Dallwitz, Nikolaus von, Reichsstatthalter,
  384A
Denker, Arif Cemil, 225 , 380
Denktash, Rauf, 408A
Der Yeghiayan, Zaven, armenischer Patriarch
  in Istanbul, 11, 201, 203, 283
Disraeli, Benjamin, 344
Dündar, Fuat, 176A

Ebert, Friedrich, 371
Eckart, Gebrüder, 284
Edward VII, König, 68
Ehmann, Johannes, 222A
Einstein, Lewis, 281, 282A
Elkus, Abram, US-Botschafter, Nachfolger
  von Morgenthau, 289, 302A
Elmaliyah, Abraham, 288
Emmanuilidis, Emmanuil, 21A, 130, 139,
  179 f., 266, 310
Emrullah Efendi, 104
Enis Pascha, 111
Enver (İsmail Enver) Pasha, 15, 15A, 22,
  25, 30, 32, 35–37, 41 (Bildlegende),
  47, 63, 65, 68 f., 89 (Bildlegende), 98,

108, 116 f., 119, 124, 135, 137, 140,
  144, 146 f., 149, 151, 164, 166, 176,
  178, 182 f., 185–189, 191–195, 198,
  203, 205, 208–211, 213, 215–218,
  221 f., 224, 228, 230, 237, 244–246,
  255 f., 261, 269, 273–278, 282, 288 f.,
  301, 304, 307, 310, 323 (Bildlegende),
  325, 338–340, 338A, 347, 356–358,
  357A, 362 f., 365, 367, 369–371,
  373A, 374, 376, 379, 381, 385–387,
  391–393, 396A, 400, 408
Erdogan, Recep Tayyip, 404, 415
Erzberger, Matthias, 256, 261, 275 f., 332A,
  334, 358, 361, 363–365
Eskidjian, Hovhannes, 257
Eşref Kuşçubaşı, 175
Essad Effendi, Scheichülislam, 145
Essad Pascha, siehe: Toptani

Falih Rıfkı (Atay), siehe: Atay
Faiz al-Huseyin, 265, 282A
Feinberg, Avshalom, 281A
Ferid Pascha, 86 f., 123
Fevzi, siehe: Pirinççizâde Feyzi
Filipeli Hilmi, 197, 249
Filmer, Cemil, 272
Fitzmaurice, Gerald, 287
Frank, Henri, 296A
Franz Ferdinand, Erzherzog, 178, 181
Friedman, Isaiah, 288A, 304A
Fuad Selim, 337, 338A

Garo, siehe: Armen Garo
Gates, Caleb C., 226A
Gelfand, Lawrence E., 282A
Georg I, König, 142A
George, Lloyd, 337–339, 345
Georges-Picot, François, französischer Diplomat, 347 f., 354, 360
Giers, russischer Botschafter, 197A
Ginio, Eyal, 148
Girard, René, 285, 286A
Gladstone, William E., 344
Gökalp, siehe: Ziya Gökalp
Goremykin, Ivan, Premierminister, 200A
Graves, Robert, 61 f., 156, 161, 165 f., 185A
Grey, Edward, 87, 287

Günther, Franz, 394
Gürer, Mehmet Cevat Abbas, 340
Gulkevich, K. N., 147A, 166
Gust, Wolfgang, 36A
Gwinner, Arthur, 170A, 263, 339

Haam, Achad, 350A
Hacı Âdil, siehe: Arda
Hafız Hakkı (Pascha), 65, 205, 217 f., 217A
Hafız İbrahim Efendi, 59
Hakkı Pascha, siehe: İbrahim Hakkı Pascha
Halajian, Bedros, 91, 104, 128, 130, 132, 135, 163
Halevy, Dotan, 303A
Halide Edib, siehe: Adıvar
Halil Pascha (Onkel Envers), siehe: Kut
Halil Bey, siehe: Menteşe
Hall, William, 222
Hamid (Kapancızâde Hamid), 48 f., 156, 185, 185A, 236 f., 269–271, 314, 319
Hanioğlu, M. Şükrü, 55A, 62 f., 71
Harden, Maximilian, 335
Hasan Fehmi, 82
Hasan İzzet Pasha, 205, 217
Hasan Tahsin, siehe: Uzer
Hasankale, 221A
Hayri, siehe: Mustafa Hayri
Hayri Pascha, 69
Hayri Scheichülislam, 273
Hayriye Bafralı, Ehefrau von Talât Pascha, 17, 19, 59, 100, 371, 393 f., 400
Heathcote-Smith, C., britischer Generalkonsul, 190A
Helfferich, Karl, 31 f., 98–100, 334, 361 f., 375
Herbert, Aubrey, britischer Orientalist und Parlamentsabgeordneter, 23A, 314A, 315A, 339, 341, 344, 346, 377, 385
Hertling, 289A
Herzl, Theodor, 291, 294, 296, 304, 350A, 352
Hilmi, siehe: Filipeli Hilmi
Hilmi Pascha, siehe: Hüseyin Hilmi
Hintze, Paul von, 365
Hitler, Adolf, 47 f., 248, 280, 282, 292 f., 335A, 361, 364, 398 f., 407, 409, 412
Hochberg, Sami, 298

Hoeflich, Eugen, siehe: Ben-Gavriêl, Moshe
Hoff, Nicolai, Generalinspektor, 166, 180, 194
Hoffmann, Max, General, 331 (Bildlegende)
Hohenlohe, Botschafter in Sondermission, 229A
Holstein, Walter, deutscher Vizekonsul in Mosul, 37
Huguenin, Edouard, Pascha, 91, 98, 100, 128, 137, 215
Humann, Hans, 36–38, 274 f., 376
Hüseyin Cahid, siehe: Yalçın
Hüseyin Hilmi Pascha, 65, 82 f., 86 f., 91, 93, 116
Hüseyin Kâzım, siehe: Kadri
Hüseyin Mazhar, 235
Hüseyin Nesimi, 241
Hüseyin Rauf (Orbay), 368
Hüseyinzâde Ali, 123, 318
Hussein bin Ali, Scharif von Mekka, 265
Huysmans, Camille, 386

İbrahim Hakkı Pascha, Grosswesir, 93, 102, 119, 193
Ihrig, Stefan, 398
İhsan, Palastsekretär, 177
İleri, Celal Nuri, 395
Imam Yahya, siehe: Yahya
Imhoff, Heinrich K. A., Generalmajor, 95
İnönü, İsmet, 407 f.
Ionescu, Take, 167, 169 (Bildlegende)
İshâk Sükuti, 111 f., 395
Ishkhan (Nikoghayos Mikayelian), 223
İsmail Canbolad, siehe: Canbolad
İsmail Enver, siehe: Enver
İsmail Hakkı Bey/ Pascha (Generalintendant des Kriegsministeriums), 122, 136, 272
Ismail Qemali, 143
İsmail Yürükoğlu (or Yürükov), 59 f.
Israil, B., Journalist von *Le Jeune-Turc*, 298 f.
İzzet Pascha, siehe: Ahmed İzzet Pascha
Jabotinsky, Vladimir, 286, 291, 291A, 297
Jacobson, Victor, 137, 280, 281A, 294–298, 353

Jäckh, Ernst, 99, 273, 278, 283A, 325, 330, 330A, 375, 393 f., 404, 411 f.
Jäschke, Gotthard, 389
Jagow, Gottlieb von, 150A, 168A, 186A, 196, 274A, 311
Jaurès, Jean, 181
Jeppe, Karen, 284
Jesus, 281, 343

Kadri, Hüseyin Kâzım, 135, 135A, 159
Kaiser, Hilmar, 112A
Kalmykow, Andrew, 177
Kâmil Bedirhan, 220
Kâmil Pascha, Mehmed, Grosswesir, 79, 81 f., 116, 132 f., 136–138, 140, 150, 155, 340
Kâmil Pascha, General, siehe: Mahmud Kâmil
Kapancızâde Hamid, siehe: Hamid
Kara Kemal, 137, 214, 225
Karabekir, Musa Kâzım, Pascha, 368, 388
Karasu (Carasso), Emmanuel, 103, 135, 270, 294, 353, 371
Karl I, Kaiser von Österreich, 333 (Bildlegende)
Kaufmann, Max R., 133
Kavala, Osman, 417
Kaya, Şükrü, 258, 400
Kâzım, Hauptmann, 144
Kâzım Karabekir Pascha, siehe: Karabekir
Kempner, Robert M., 398
Kevork V, Katholikos von Etchmiadzin, 155
Kévorkian, Raymond, 29A, 230A
Killigil, Nuri, 358
Kör Ali, 80
Kolbe, Georg, 279 (Bildlegende)
Konyar, Nureddin İbrahim, Pascha, 347, 352, 390, 390A
Küçük Talât, siehe: Muşkara, Talât
Kühlmann, Richard von, deutscher Aussenminister, 289, 312, 324, 325A, 331 (Bildlegende), 356
Künzler, Jakob and Elisabeth, 222A, 253, 267, 284, 284A
Kunduh, Bekir Sami, 257, 392
Kut, Halil, 63, 221, 347, 357 f.

Layard, Austen Henry, 58
Lazare, Bernard, 350A
Lehmann-Haupt, Carl F., 292A, 323
Lemkin, Raphael, 35, 36A, 312, 398
Lenin, Vladimir I., 47, 350, 386, 388, 388A
Lepsius, Johannes, 38, 154, 253A, 273, 277, 284, 374, 397
Lichtheim, Richard, 179A, 278, 280, 291A, 293A, 298–300, 302
Liebknecht, Karl, 387
Lishansky, Yosef, 303
Lossow, Otto von, General, 357, 365
Lowther, Gerard, 287, 343
Ludendorff, Erich, 335, 356, 365
Lütfi Fikri, 141, 143
Lütfi Simavi, 125, 367, 370
Ludwig, Emil, 16A, 23 f., 30 f., 34, 40, 42, 42A, 95A, 274, 277, 307, 393, 397
Luxemburg, Rosa, 373, 387

Mahari, Gurgen, 201
Mahmud Bahri Pascha, 152
Mahmud Kâmil Pascha, General, 241, 245, 248
Mahmud Muhtar, 129, 131
Mahmud Şevket Pascha, 85 f., 116, 124, 126, 137, 139–144, 150, 152, 159, 215, 295 f.
Mahmut Esat Bozkurt, siehe: Bozkurt, Mahmut Esat
Mallet, Louis, 190A, 343
Malumian, Khachatur, 74
Mandelstam, André N., 160
Mansur Rifat, siehe: Rifat, Mansur
Manukian, Aram, 201
Manyasizâde Refik, 65, 65A
Marquart Joseph, Orientalist, 273 f.
Marx, Karl, 20
Mazliah, Nissim, 87, 103, 281, 294, 318, 353, 371, 377
McMeekin, Sean, 309
Mehmed V (Reshad), Sultan, 24, 84, 91, 119, 323 (Bildlegende)
Mehmed VI (Vahideddin), Sultan, 363, 368
Mehmed Cavid, siehe: Cavid
Mehmed Celâl, siehe: Celâl
Mehmed Cevad, 88

Mehmed Emin, 401, 401A
Mehmed Kâmil Pascha, siehe: Kâmil Pasha
Mehmed Reşid (Şahingiray, Dr.), 40, 60,
　　175, 180, 232, 237–241, 244, 249 f.,
　　252, 270
Mehmed Rifat, siehe: Rifat Pascha)
Mehmed Sadık, 118, 122, 124 f.
Mehmed Said Pascha, 85, 119, 121, 126
Menteşe, Halil, Aussenminister, 41 (Bild-
　　legende), 103 (Bildlegende), 104 f.,
　　122, 125, 127 (Bildlegende), 152,
　　152A, 163, 168 f., 176, 185, 187, 191,
　　209, 221A, 225, 273, 278, 282, 283A,
　　285A, 296, 329A, 385
Meyrier, Gustave, Vizekonsul, 110 f.
Midhat Şükrü, siehe: Bleda
Mikusch, Dagobert von, 398
Mohammed, Prophet, 15, 82, 266, 313
Mohammed Arslan, Emir, 83
Molotow, russischer Aussenminister, 389A
Montaigne, Michel de, 212
Montefiors, Francis, 87
Morgenthau, Henry, US-Botschafter, 28,
　　166A, 211, 213, 215, 221A, 224, 268,
　　274 f., 278, 281, 283, 289, 298, 301 f.
Moses, Armando, 278
Mouradian, Khatchig, 254, 254A, 258
Mühlmann, Carl, 50, 50A
Muhammed Ali, 144
Muhtar (Gazi Muhtar) Pascha, 126, 131
Musa Kazım Efendi, Scheichülislam, 323
　　(Bildlegende)
Muşkara, Talât (genannt «Küçük Talât»),
　　313A, 387
Mussolini, Benito, 47, 361, 398
Mustafa Atıf, 252
Mustafa Cemilpaşazâde, 239
Mustafa Hayri, 34, 76–78, 94, 113, 118 f.,
　　135, 137, 140, 145 f., 159 f., 165, 176,
　　199, 205 (Bildlegende), 214, 330, 368
Mustafa Kemal, siehe: Atatürk
Mustafa Rahmi, siehe: Arslan

Naciye Sultan, 119
Nahum, Chaim, Grossrabbiner, 219, 292,
　　294, 296, 298, 301 f., 302A, 353
Nail, 387

Naim Bey, 228A, 253A
Napoleon, siehe: Bonaparte
Nathan, Paul, 298A
Nâzım (Dr. Nâzım, Selanikli Nâzım), 40,
　　64–66, 70, 72–74, 76 f., 83, 92, 95 f.,
　　107 f., 111, 123, 128, 130, 136, 149,
　　212–214, 225, 228, 270, 294, 319,
　　353, 367, 370 f., 374, 387, 393
Nâzım Pascha, Kriegsminister, 136 f., 143 f.,
　　164, 340A
Necmettin Molla, 140, 160
Necmettin Sadık, siehe: Sadak
Nessimi Bey, Aussenminister, 312
Nihad Reşad, siehe: Belger
Nikolaus II, Zar, 68, 171, 342
Nissim Mazliah, siehe: Mazliah
Niyazi (Ahmed Niyazi), 69, 124
Noah, 41, 282
Nogales, Rafael de, 207, 234A
Nolte, Ernst, 291
Noradunkyan, Gabriel, 93, 131 f.
Nordau, Max, 72, 291, 297
Nossig, Alfred, 38, 41 (Bildlegende),
　　277–280, 277A, 278A, 280A, 353
Nubar, Bogos, Pascha, 155
Nureddin Pascha, siehe: Konyar
Nuri Dersimi, 217A
Nuri (Killigil) Pascha, siehe: Killigil

Okyar, Ali Fethi, 368
Ömer Naci, 63–65, 74, 106, 130, 197 f., 249
Ömer Nâzım, Envers Schwager, 68, 119
Orbay, Hüseyin Rauf, 368
Østrup, Johannes, 98A
Ozanian, Andranik, 219

Pallavicini, Johann Markgraf von, 160A, 186
Papazian, Vahan, 221, 223, 223A
Papen, Franz von, 398
Parvus (Alexander Parvus, zuvor Israil
　　Lasarewitsch Helphand), 106 f., 174,
　　174A, 260A, 279, 288, 318
Pastermadjian Karekin, siehe: Armen Garo
Peet, William, 193A
Perinçek, Doğu, 408A, 409A
Picot, François, siehe: Georges-Picot
Pilling, J. R., 337 f., 338A

Pirinççizâde Arif, 111 f.
Pirinççizâde Feyzi, 105, 111–114, 219, 237, 372, 401
Pittard, Eugène, 402A
Plekhanov, Georgi, 386A
Pomiankowski, Joseph, General und Militärattaché, 30, 30A, 161, 200, 222A

Radek, Karl, 386–388
Rahmi, siehe: Arslan, Mustafa Rahmi
Rambert, Louis, 76, 76A, 79, 81–83, 85 f., 91–93, 99 f., 102, 117–119, 121, 123 f., 126, 129, 133, 135 f., 140 f., 145, 147, 149 f., 152, 165, 170–173, 175, 177 f., 181, 190 f., 197, 208, 287
Rathenau, Walther, 42A, 334 f.
Renda, Mustafa Abdülhalik, 194, 218, 242–244, 250, 257, 259, 400
Reşid (Dr. Mehmed Reşid), siehe: Mehmed Reşid
Rey, Ahmed Reşid, 130A, 132
Richelieu, Kardinal, 299
Rifat Pascha, Finanzminister, 87, 140, 169, 372 f., 399A
Rifat, Mansur, Arzt, 399, 399A
Rıza, siehe: Ahmed Rıza
Rıza Nur, Dr., Sozialminister, 382
Rıza Tevfik, 87
Rodes, Jean, Journalist, 91A
Rössler, Walter, 253A
Rohner, Beatrice, 257–259
Rohrbach, Paul, 273, 273A, 275, 278 f.
Rosen, Friedrich, 411
Rosenberg, Alfred, 399
Rosenberg, Frederic-Hans, 311A, 326, 334, 351A, 362 f.
Rothschild, Baron, britischer Zionist, 349
Rüsuhi, Dr., 370
Ruhi al-Khalidi, 87, 103
Ruppin, Arthur, 301

Saadetian, Sempad, 197
Sabahaddin (Mehmed Sabahaddin), Prinz, 55, 66, 72 f., 79, 140 f., 144, 294, 298, 366
Sâbis, Ali İhsan, 211
Sadak, Necmettin Sadık, 321 f., 322A, 400

Sadık, siehe: Mehmed Sadık
Sahag II, Khabayan, Katholikos von Kilikien, 254A
Sahip Molla, Scheichülislam, 86
Said Halim, Prinz, Grosswesir, 32, 86, 113, 133, 137, 143–145, 147 f., 152, 165 f., 177, 185 f., 209, 214, 226, 261, 278, 282, 296, 307, 338
Said Pascha, siehe: Mehmed Said Pascha
Şakir, siehe: Bahaeddin Şakir
Salih Zeki, 255, 266
Sanders, Otto Liman von, Führer der deutschen Militärmission, 50, 164, 210, 218, 323, 325
Saraçoğlu, Şükrü, 401, 408
Sasonow, Sergei Dimitri, russischer Aussenminister, 155, 164, 172, 191A, 200, 309, 347 f., 354, 360
Scavenius, Erik, 270A
Schekib (Shakib) Arslan, siehe: Arslan, Schekib
Scheubner-Richer, Max, deutscher Vizekonsul, 243–246, 247A, 248
Schmitt, Carl, 398
Schrader, Friedrich, 323, 375
Şefik, Gouverneur, Cevdets Stellverteter, 207, 255
Selim I (Yavuz), Sultan, 21 f., 111, 189
Selim II, Sultan, 21, 147
Sémelin, Jacques, 286A
Şemsi Pascha, 69
Serengülian, Ohannes Vartkes, 102, 104 f., 122, 163, 282, 290, 294
Servet, Edip, 391A
Seyfi, Orhan, 407
Seyyid Abdulvehâb, 265
Sinowiew, Grigori, 387
Smith, Floyd, 239
Sobelsohn, Karol, siehe: Radek Karl
Solf, Wilhelm, 371 f.
Sophie, griechische Königsgemahlin, 191A
Souchon, Wilhelm, Admiral, 210, 379
Stalin, Joseph W., 47, 116, 280, 388A, 412
Steeg, Louis, 213
Stier, Ewald, 396, 398
Strauss, 371, 372A
Stresemann, Gustav, 396, 396A

Stürmer, Harry, 151, 151A
Stumm, Wilhelm von, 365
Şükrü Pascha, 134, 253
Sükuti, siehe: İshâk Sükuti
Süleyman Askeri, 149
Süleyman Nazif, 135, 238
Sykes, Mark, britischer Diplomat, 347–349, 354, 360
Szold, Henrietta, 281A

Tahsin, siehe: Uzer
Tanrıöver, Hamdullah Suphi, 373
Taray, Cemal Hüsnü, 401
Tehlirian, Soghomon, 35, 312, 393 f., 396 f., 399, 411
Tekinalp, Moïz Kohen, 174A, 260A, 280 f.
Temo, İbrahim Edhem, 144
Tevfik, siehe: Ahmed Tevfik
Thom, Daniel, 193
Titus, Römischer General, 281
Topal Osman, 250
Toptani, Essad Pascha, 143, 295, 299
Troeltsch, Ernst, 376
Trotzki, Leo, 96, 174
Tschitscherin, Georgi, 388
Tunçay, Mete, 373
Tusan, Michelle, 345

Ussher, Clarence, 203
Uzer, Hasan Tahsin, 106, 135, 135A, 137, 193 f., 198, 201–203, 205, 223, 241, 242, 244–250, 400

Vahdetî (Naqshbandi-Scheich), 82 f., 85
Vartkes, siehe: Serengülian, Ohannes Vartkes
Vehib Pascha, 357
Venizelos, Eleftherios, 142, 176, 223
Vierbücher, Heinrich, 396
Vogorides, Stephanos, 56
Vorontsov-Dashkov, Illarion, 200 f.
Vramian, Arshak, 178, 221, 223, 223A, 241, 255
Vratzian, Simon, 197

Wandel, Carl E., 269 f.
Wangenheim, Hans von, 28, 36–39, 150, 150A, 151 f., 161, 168, 178, 182, 185–188, 191–193, 196 f., 209, 215, 218, 224, 229, 243A, 246, 247A, 248, 261, 274A, 278, 278A, 289, 300, 302, 320A, 325, 364, 379
Wangenheim, Hanna, 371
Wassermann, Oscar, 311A, 335, 371
Weber (Dr. Weber), deutscher Dolmetscher, 138
Weber, Max, 114A
Wegener, Armin T., 396, 397A
Weil, Abraham P. E., Kodirektor von Régie des tabacs, 149
Weitz, Paul, 32, 98, 100, 170A
Weizsäcker von, 325A
Weizmann, Chaim, 350A
Wellisch, Dr., 299
Werfel, Franz, 290
Westenenk, Louis, 166
Wilhelm II, Kaiser, 186, 189 (Bildlegende), 191A, 323, 323 (Bildlegende), 335, 371
Wilson, Woodrow, US-Präsident, 348, 350, 366, 370, 390
Wolff-Metternich, Paul Graf, 51, 289, 320A, 324 f.
Wolffsohn, David, 294

Yahya, Imam, 94
Yakub Cemil, Major, 137, 326, 340, 340A
Yalçın, Hüseyin Cahid, 83, 118, 128, 130, 134, 136, 140, 142, 225, 313, 321 f., 334, 377, 408, 410
Yalman, Ahmed Emin, 317 f., 367, 400, 408
Yeğenağa, Ali Münif, 90, 100, 128, 130, 222
Yunus Nadi, siehe: Abalıoğlu,

Zaharoff, Basil, 337–339, 338A
Zar, siehe: Nikolaus II
Zaven, siehe: Der Yeghiayan
Zaven, Dikran, 395 f.
Zeki Pasha, 393
Zimmermann, Arthur, 162, 283A, 334 f.
Zitovsky, Vizekonsul, 96A
Ziya Gökalp, 13, 17, 27, 29 f., 34 f., 40 f., 46, 49, 53 f., 74 f., 77 f., 100, 107–115, 128, 137, 144, 158 f., 183 f., 188, 196, 205, 206A, 208, 212, 214, 217,

225 f., 235, 244, 249, 251, 268, 271,
277, 280, 282, 287, 298 f., 313A,
214, 317 f., 321, 332, 334, 345 f.,
353, 358–360, 362, 369, 381 f., 392,
401–406, 410, 415, 415A
Zohrab, Krikor, 28 f., 36 f., 85, 88, 104,
122–124, 132, 155, 163, 212, 282,
283A, 290, 366
Zvi, Schabbtai, 61